Neapel

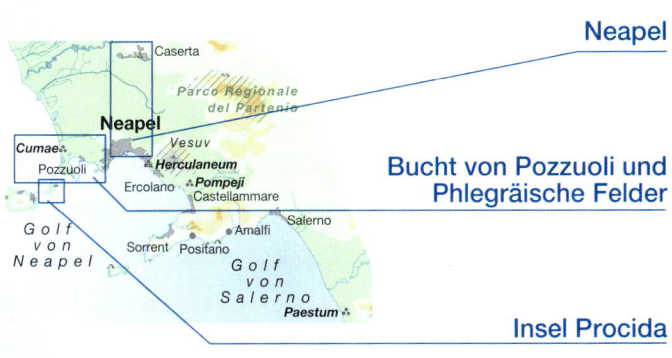

Bucht von Pozzuoli und
Phlegräische Felder

Insel Procida

Insel Ischia

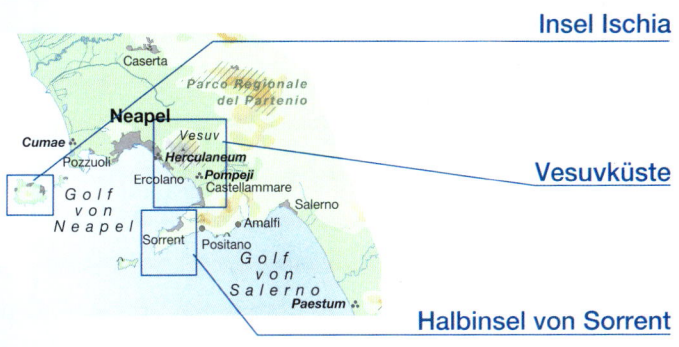

Vesuvküste

Halbinsel von Sorrent

Insel Capri

Amalfitanische Küste
Paestum

Text und Recherche	Michael Machatschek
Lektorat	Angela Nitsche, Sabine Senftleben (aktuelle Auflage)
Redaktion und Layout	Susanne Beigott
Fotos	siehe Fotonachweis auf Seite 384
Cover	Karl Serwotka
Titelfotos	oben: Neapel, Mergellina-Hafen mit Vesuv
	unten: Atrani
Karten	Hana Gundel, Judit Ladik, Michaela Nitzsche, Gábor Sztrecska

ISBN 978-3-89953-613-3

© Copyright 1999–2011 Michael Müller Verlag GmbH, Erlangen. Alle Rechte vorbehalten. Alle Angaben ohne Gewähr.
Druck: Wilhelm & Adam, Heusenstamm.

Aktuelle Infos zu unseren Titeln, Hintergrundgeschichten zu unseren Reisezielen sowie brandneue Tipps erhalten Sie in unserem regelmäßig erscheinenden Newsletter, den Sie im Internet unter **www.michael-mueller-verlag.de** kostenlos abonnieren können.

5. aktualisierte und komplett überarbeitete Auflage 2011

GOLF VON NEAPEL

**MICHAEL
MACHATSCHEK**

INHALT

ALLES IM KASTEN

Zeichenerklärung für die Karten und Pläne

Autobahn	▲ Berggipfel	𝐢 Information
Schnellstraße	⌒ Höhle	P Parkplatz
Hauptstraße	❈ Aussichtspunkt	Post
Asphaltstraße	Kastell	BUS Bushaltestelle
Wanderweg	Kirche, Kapelle	TAXI Taxistandplatz
Bahnlinie	Kloster	Λ Campingplatz
Fährlinie	Leuchtturm	Badestrand
Gewässer	Turm	Ⓜ Metrostation
Grünanlage	★ Sehenswürdigkeit	Quelle
	Ⓜ Museum	Archäolog. Ausgrabungsstätte

WAS HABEN SIE ENTDECKT?

Bitte schreiben Sie uns, wenn Sie Kritik, Verbesserungsvorschläge, Anregungen oder Empfehlungen haben. Was war Ihre Lieblingstrattoria, in welchem Hotel haben Sie sich wohl gefühlt, welchen Campingplatz würden Sie wieder besuchen?

Schreiben Sie an:

Michael Machatschek
Stichwort „Golf von Neapel"
c/o Michael Müller Verlag
Gerberei 19
91054 Erlangen
E-Mail: michael.machatschek@michael-mueller-verlag.de

Golf von Neapel

▲ Kaiser Tiberius gebietet über Capri

Landschaft, Geschichte und Kultur

Pompeji – Zeitreise in die Antike

Die klassische Italienreise

Der Golf von Neapel war bereits im 18. und 19. Jh. das Sehnsuchtsziel der romantischen Bildungsreisenden und noch immer zieht er jahraus, jahrein Heerscharen von Touristen aus aller Welt an. Vesuv, Pompeji, Capri samt Blauer Grotte, Ischia, Sorrent, Positano, Amalfi – alles klangvolle Namen, die bei jedem Italienliebhaber sofort ganz bestimmte Vorstellungen wecken: traumhafte Küsten, heiße Thermalquellen, aktiver Vulkanismus, die spürbare Gegenwart der Antike. Und mittendrin liegt Neapel, die wohl temperamentvollste Metropole im Süden Italiens.

Die griechischen Siedler, die ganz Unteritalien in der frühen Antike kolonisierten, erlebten die Gestade des Golfs von Neapel als wilde, vulkanische Naturlandschaft, die ihnen anfangs sogar Angst einflößte. Die nachfolgenden Römer waren von der bizarren Golfküste so fasziniert, dass sie dort das begehrteste und nobelste Siedlungsgebiet des gesamten Reichs entstehen ließen mit *Neapolis* als dem städtischen und kulturellen Mittelpunkt. In diese Zeit fiel auch der katastrophale Ausbruch des *Vesuv*, der die antiken Städte *Pompeji, Herculaneum* und *Stabiae* unter einem meterdicken Eruptionsregen begrub und sie somit für die staunende Nachwelt bewahrte. Im 18. Jh. führte die Rückbesinnung auf die Antike zur fieberhaften Suche nach den verschütteten römischen Städten und mit der langsamen Wiederauferstehung Pompejis erlebte die Epoche des *Klassizismus* ihren absoluten Höhepunkt. Im 18. und 19. Jh. zog es Gelehrte und Künstler aus allen Teilen Europas an den

Castello di San Nicola – an der Amalfitanischen Küste

Golf von Neapel, wo sie die unmittelbare Begegnung mit der durch Pompeji lebendig gewordenen Antike suchten. Im Zuge ihrer ausgedehnten Bildungsreisen entdeckten die zumeist betuchten Nordländer auch die landschaftlichen und klimatischen Reize der Golfküste. Der Vesuv, Capri, Sorrent und die Amalfitanische Küste übten dabei eine ganz besondere Anziehungskraft auf sie aus. In ihren Heimatländern lösten die schwärmerischen Schilderungen dieser Wegbereiter des Tourismus eine regelrechte Italiensehnsucht aus – die bis heute andauert.

Doch wie so viele stark frequentierte Urlaubsziele in Italien hat auch das „Glückliche Kampanien" (*Campania Felix*) seine Unschuld mittlerweile verloren. Konnten die Reisenden des 18. und 19. Jh. noch rückhaltlos von der idyllischen Golfküste schwärmen, so muss der heutige Urlauber sich schon ein bisschen bemühen, um die Spreu vom Weizen zu trennen. Gerade deshalb versucht das vorliegende Reisehandbuch, ein ausführlicher und zuverlässiger Begleiter zu sein. Es zeigt Ihnen den richtigen Weg durch die quirlige Großstadt Neapel, lässt entlang der dicht besiedelten Golfküste nichts Sehenswertes außer Acht, führt Sie hinüber zu den Inseln Ischia, Capri und Procida und erschließt zu guter Letzt die gesamte amalfitanische Steilküste. Kunst- und Kulturgeschichte, schöne Dörfer und Städte, Strände und seltene Naturphänomene kommen dabei ebenso wenig zu kurz wie die zahlreichen praktischen Informationen und Tipps, die Ihnen die Orientierung vor Ort erleichtern sollen.

Golf von Neapel – Highlights

Kunst- und kulturgeschichtliche Höhepunkte

Pompeji: eine Weltsensation. Über zwei Millionen begeisterte Besucher zieht diese absolut größte antike Ruinenstadt alljährlich an. Eine anschauliche und unvergessliche Zeitreise in die Antike → S. 220.

Herculaneum: faszinierende antike Ruinenstadt, längst nicht so groß und populär wie das weltbekannte Pompeji. Und gerade deshalb ermöglicht Herculaneum eine intensivere Begegnung mit der Antike → S. 214

Archäologisches Nationalmuseum (Neapel): weltweit eines der größten Museen antiker Kunst. Eine unverzichtbare Ergänzung zum Besuch der antiken Freilichtmuseen Pompeji und Herculaneum → S. 117.

Cuma: älteste griechische Akropolis am Golf von Neapel. Weitläufiges Ausgrabungsgelände mit spätarchaischen Kultstätten. Hier verkündete die mythische Sibylle vor über 2500 Jahren ihre Weissagungen → S. 142.

Pozzuoli: imposantes, gut erhaltenes Amphitheater aus der flavischen Kaiserzeit. Nach dem Kolosseum das größte im Römerreich → S. 135.

Paestum: monumentale Tempelruinen des antiken Griechentums in Unteritalien. Nur einen Katzensprung von der Golfküste entfernt → S. 360.

Villa Jovis (Capri): beeindruckende Überreste des römischen Kaiserpalasts → S. 286.

Villa Arbusto (Ischia): hier befindet sich das sensationelle Vermächtnis des deutschstämmigen Archäologen Giorgio Buchner → S. 188.

Sant'Andrea, San Pantaleone und **San Matteo** (Amalfi, Ravello und Salerno): frühe romanische Dombauten mit wertvollen Bronzeportalen → S. 330, S. 340 und S. 358.

Neapel: faszinierende Kunststadt mit einer erstaunlichen Fülle an Museen, Altstadtkirchen und Baudenkmälern aus allen Jahrhunderten → S. 78.

Gemäldegalerie von Capodimonte (Neapel): kunstgeschichtlich bedeutende Sammlung von Gemälden des 14. bis 18. Jh. Ein Hochgenuss für Kunstliebhaber → S. 120.

Reggia di Caserta: das Königsschloss der Bourbonen, ein italienisches Versailles → S. 128.

Landschaftliche Höhepunkte und Naturphänomene

Vesuv: der allgegenwärtige Vulkan der Golfküste. Die Gipfelbesteigung führt bis an den Rand des vegetationslosen Kraters → S. 211.

Costiera Amalfitana: eine betörend schöne Steilküste, an der sich die abenteuerlichste Küstenstraße Italiens entlangzieht → S. 301.

Capri: bizarre und grottenreiche Felseninsel mit einer geradezu alpinen Steilwand, die man übrigens zu Fuß auf dem „Passetiello" überwinden kann → S. 267.

Ischia: vegetationsreiche Badeinsel mit einem hohen Inselberg und unerschöpflichen Thermalquellen → S. 154.

Monti Lattari: die zerklüftete Bergkette der Halbinsel von Sorrent. Ein Revier für Alpinisten und Freizeitwanderer → S. 242.

Grotta Azzurra: die märchenhafte Blaue Grotte von Capri, die übrigens ein Deutscher am Anfang des 19. Jh. wiederentdeckt hat → S. 279.

Solfatarakrater: aktiver Vulkankrater der Phlegräischen Felder mit aufsteigenden Dämpfen und brodelnden Schlammlöchern → S. 136.

Die schönsten Orte

Positano: die mondäne Küstenperle der Costiera Amalfitana → S. 308.

Amalfi: stolzes und geschichtsträchtiges Küstenstädtchen mit der orientalischsten Kathedrale Italiens → S. 325.

Atrani: beschaulicher Küstenort mit der anmutigsten Piazza der Costiera Amalfitana → S. 336.

Ravello: romantisches mittelalterliches Bergstädtchen mit einem exklusiven Hotelangebot → S. 337.

Sorrent: traditionsreicher Urlaubsort mit herrschaftlichen Uferpalazzi und lebhafter Altstadt → S. 242.

Capri-Ort: weltberühmter Tummelplatz der Reichen und Schönen → S. 278.

Sant'Angelo: Ischias feinster Küstenort → S. 206.

Corricella (Procida): ein Fischerdorf aus dem Bilderbuch → S. 150.

Die besten Strände und Badestellen

Maronti-Strand (Ischia): feiner Vulkanschotter und glasklares Wasser → S. 204.

San-Montano-Bucht (Ischia): kleiner, heller Sandstrand; nur in der Hauptsaison gebührenpflichtig → S. 189.

Punta Carena (Capri): die friedlichste Badestelle der Insel; nacktes Felsufer → S. 299.

Marina del Cantone: abgeschieden an der Südspitze der Halbinsel von Sorrent gelegen → S. 262.

Gipfelsturm auf Ischia

Marina di Conca (Amalfitanische Küste): kleine Badebucht mit Kiesstrand, leicht zugänglich → S. 324.

Gavitella One Fire Beach: das ultimative Strandbad an der Amalfitanischen Küste → S. 321.

Kurioses

Neapels Altstadt: ein faszinierendes, menschenüberschäumendes Durcheinander → S. 104.

Neapels Untergrund: ein unterirdisches Höhlensystem von gigantischem Ausmaß → S. 126.

Eros in Pompeji: die ehemalige Geheimkollektion des Archäologischen Nationalmuseums → S. 118.

Klima und Reisezeit

Mit der Region Kampanien beginnt der Südens Italiens und damit auch das typisch mediterrane Klima mit milden, feuchten Wintern und heißen, trockenen Sommern. Im Juli und August liegen die durchschnittlichen Tagestemperaturen am Golf von Neapel bei 30 °C, da kommen sogar überzeugte Sonnenanbeter ganz schön ins Schwitzen. Aber eine ständige Meeresbrise macht auch die heißesten Sommertage einigermaßen erträglich. Vor allem auf den Inseln lassen sich die hochsommerlichen Temperaturen recht gut aushalten. Doch wer kann, sollte der Hitzeperiode ausweichen und sich eine angenehmere Jahreszeit aussuchen. Offensichtlich können das die wenigsten Urlauber, denn mit zuverlässiger Regelmäßigkeit rollt die große Urlauberwelle im Juli an, um dann im August mit dem Einsetzen der italienischen Ferienlawine ihren Höhepunkt zu erreichen. Das hochsommerliche Szenario mit ausgebuchten Hotels, überfüllten Orten und Stränden, Besucherschlangen, Höchstpreisen und Engpässen jeglicher Art verringert den Erholungswert eines Urlaubs erheblich. Genießer reisen deshalb im Frühjahr oder im Herbst, wenn sich der Golf von Neapel von seiner schönsten Seite zeigt.

März–Mai: Frühlingszeit und Frühsommer, es grünt und blüht überall. Küste und Inseln zeigen ihre üppige Pflanzenpracht. Tagsüber sorgt die Sonne für angenehme Temperaturen, abends und nachts kann es jedoch recht kühl werden. Mit Regen muss gerechnet werden und auch der kalte *Tramontana-Wind* bläst gelegentlich. Von Nachteil sind die relativ kurzen Tage im März sowie das noch recht kühle Meer. Abgesehen von der Osterwoche, genießt man alle Vorzüge der Nebensaison.

Juni: Der Sommer setzt sich durch, die Tage erreichen den Zenit und die Abende sind bereits lauschig. Mit dem Juni beginnt auch die Badesaison und vielerorts erfreut die Blütenpracht noch das Auge. Außerdem können die langen Öffnungszeiten der archäologischen Ausgrabungsstätten (bis 1 Std. vor Sonnenuntergang) ausgiebig genutzt werden. – Insgesamt ein idealer Reisemonat.

Juli/August: Hochsommer, in der Regel trocken und heiß, aber keineswegs verdorrt. Auf den Inseln empfindet man die hohen Temperaturen als nicht so unerträglich wie auf dem Festland. Die Besichtigung der archäologischen Ausgrabungsstätten kann in der prallen Sonne allerdings zur Qual werden. Voll auf ihre Kosten kommen jetzt eigentlich nur Sonnenanbeter und Badehungrige, aber für reine Badeferien gibt es wesentlich attraktivere Ziele als den Golf von Neapel. Mitte August (Ferragosto) erreicht die Urlaubssaison ihren Höhepunkt.

September/Oktober: die angenehmste Reisezeit. Der Sommer verabschiedet sich langsam, ein Vorgang der in manchen Jahren auch im Oktober noch nicht abgeschlossen ist. Mit der Nachsaison kehrt wieder Ruhe ein. Die Farben sind satt und an klaren Oktobertagen lohnt sich eine Vesuvbesteigung wegen der ungetrübten Fernsicht ganz besonders.

November–Februar: Winter, regenreich, aber mild. Allenfalls eine Reisezeit für Individualisten, die den Golf von Neapel im Normalzustand erleben wollen. Auf Ischia steht der Kurbetrieb nahezu still. Auf Capri und an der Amalfitanischen Küste genießen wenige Wintergäste die Einsamkeit.

Wettervorhersage im Internet: www.meteo.it und www.tempoitalia.it, detaillierter Reisewetterservice mit interaktiven Karten der einzelnen Regionen.

	Durchschnittliche Temperatur (°C)		Tägl. Sonnen- stunden	Regentage	Wasser- temperatur (°C)
	Tag	Nacht			
Jan.	11,2	5,7	3,8	10	14
Feb.	12,1	5,9	4,3	9	13
März	14,8	7,7	5,5	8	14
April	18,1	10,5	6,7	7	15
Mai	21,9	13,9	8,2	6	18
Juni	26,5	17,8	9,1	4	21
Juli	29,4	20,1	10,3	2	24
Aug.	29,2	20,3	9,8	3	25
Sept.	26,0	18,0	8,1	6	23
Okt.	21,1	14,1	6,3	9	21
Nov.	16,6	10,6	4,2	11	18
Dez.	12,8	7,2	3,1	12	16

Vulkanismus und Vulkanlandschaften

Mythische Landschaft

Bereits in der komplexen Welt der griechischen Mythologie hatten die Gestade des Golfs von Neapel einen festen Platz. Auf ihren frühen Entdeckungsfahrten kreuzten die sagenhaften Helden auch durch die tyrrhenischen Gewässer und beobachteten die unbekannten Gefilde wahrscheinlich mit gespannter Aufmerksamkeit. Die bizarre Kraterlandschaft mit der merkwürdigen Rauchentwicklung muss ihnen dabei besonders aufgefallen sein, solche aktiven vulkanischen Oberflächenerscheinungen kannten sie vermutlich noch nicht. Die aus der heißen Erde aufsteigenden Dämpfe schienen nichts Gutes zu verheißen. Hatten sie gar die Unterwelt erreicht, das Totenreich des Hades, wo in ihrer mythologischen Fantasie die Schatten der Toten herrschten? Jedenfalls kam den griechischen Heroen diese vulkanisch geprägte Golfküste gespenstisch und unmenschlich vor. Sie gaben ihr den Namen „brennende Erde", *Campi flegrei* (dt. Phlegräische Felder → S. 25) und machten sie zum Aufenthaltsort der *Titanen,* der finsteren Söhne und Töchter der Erdmutter *Gäa*. Den Eingang zur Unterwelt erkannten sie gar in dem dunklen Kratersee *Lago d'Averno,* den kein Vogel lebend überqueren konnte, weil er vom sagenhaften Fluss der Unterwelt *(Styx)* gespeist wurde und giftige Dämpfe aufsteigen ließ. Nach seinen Irrfahrten durch das Mittelmeer betrat der Trojakämpfer *Äneas* hier erstmals italischen Boden, um von der Seherin *Sibylle* sein Schicksal zu erfahren. Und aus den Homerischen Schriften erfahren wir, dass auch die *Sirenen,* diese unwiderstehlichen Fabelwesen, die nach der geglückten Durchfahrt des *Odysseus* den Tod fanden, an den sagenumwobenen Gestaden des Golfs beheimatet waren. Aber ein Feuer speiender Vulkan namens *Vesuv* kommt in dieser Schattenwelt der griechischen Mythologie nicht vor – obwohl es ihn schon gegeben haben müsste.

Der Vesuv

Um ihn ranken sich zarte Legenden und apokalyptische Visionen. Er war romantisches Etappenziel zahlreicher europäischer Dichter und Denker. 80 nachgewiesene Ausbrüche belegen seine vulkanische Vitalität. Am 24. August 79 n. Chr. begrub er die ahnungslosen römischen Kleinstädte Pompeji, Herculaneum und Stabiae unter meterdicken Eruptionsschichten und konservierte sie für die staunende Nachwelt.

„La montagna", im neapolitanischen Dialekt „a muntagna", ist einer der am meisten erforschten Vulkane der Erde mit einem eigenen vulkanologischen Institut

an seiner Westflanke. Nach seinem zweigipfligen Kegel werden alle Doppelvulkane der Erde als Somma-Vesuv-Typ bezeichnet. Falls er wieder einmal grollen sollte, sind mehr als eine Million Menschen unmittelbar gefährdet. Doch seitdem er 1944 nach seiner letzten Terminaleruption die über Jahrhunderte vertraute Rauchfahne, den *Pennacchio,* verloren hat, wirkt er von weitem bisweilen so harmlos wie ein Weinberg.

Vulkangeschichten und -geschichte:
Eine Vesuv-Entstehungslegende aus dem 18. Jh. erzählt von einem jungen neapolitanischen Liebespaar, das von den Eltern gewaltsam getrennt worden war. Während das schöne Mädchen Capri sich auf dem Weg zum Verbannungsort ins Meer stürzte und zur gleichnamigen Insel wurde, verwandelte sich ihr Angebeteter namens Vesuvius in den feurigen Vulkan, um ihr nahe zu sein. Eine rührende Geschichte, doch rein geologisch betrachtet sind die Felsinsel Capri und der Vesuv von zu unterschiedlicher Beschaffenheit, um sich nahe zu sein.

Der Vesuv war, wie entsprechende Gesteinsanalysen belegen, bereits in vor- und frühgeschichtlicher Zeit ein aktiver Vulkan. Man vermutet Ausbrüche im 12. und im 8. Jh. v. Chr. Erst nach diesen Ausbrüchen formte er sich vom eingipfligen Berg mit Kraterebene (Monte Somma) zum *Doppelvulkan* (Somma-Vesuv). Noch bevor der Altkrater (Caldera Somma) vom neuen Vesuvkrater, der aus seiner Mitte emporwuchs, überragt wurde, gab es eine historische Beschreibung des äußeren Erscheinungsbildes. Der griechische Geograf und Geschichtsschreiber *Strabon* notierte im Jahr 19 n. Chr. Folgendes:

Vegetationsloser Vulkanschlot

„Über diesen Orten [Herculaneum und Pompeji] liegt der Vesvios, in schönsten Feldgütern, rings umwohnt, außer dem Gipfel. Dieser ist zwar großenteils eben, aber gänzlich unfruchtbar, in Ansicht einem Aschenhaufen ähnlich. Er zeigt erdrissige Vertiefungen zwischen rußfarbigem und vom Feuer gleichsam zerfressenem Gestein, sodass man vermuten darf, diese Stelle habe ehedem gebrannt und Schlundbecher des Feuers gehabt, sei aber erloschen, als der Brennstoff verzehrt war. Vielleicht aber auch ist eben dieses die Ursache von der Fruchtbarkeit der Umgegend."
(Zitat aus: Dieter Richter, Der brennende Berg.
Eugen Diederichs Verlag, 1986)

Diese noch etwas unwissenschaftliche, aber dafür sehr anschauliche Beschreibung von Strabon sollte die letzte vor der großen Katastrophe gewesen sein. Doch auch die verheerende Eruption von 79 n. Chr. hatte einen kompetenten Beobachter:

Plinius d. J., ein römischer Politiker, der gerade bei seinem Onkel und Adoptivvater *Plinius d. Ä.* weilte. Vom jüngeren Plinius ist ein Brief an den römischen Historiker *Tacitus* erhalten – sozusagen eine antike Katastrophenreportage, die die mutige Rettungsaktion seines Onkels beschreibt, der ein hoher römischer Marineoffizier war:

„Er [Plinius d. Ä.] war in Misenum und befehligte persönlich die Flotte. Am vierundzwanzigsten August, etwa um ein Uhr nachmittags, meldet ihm meine Mutter, es zeige sich eine Wolke von ungewöhnlicher Größe und Gestalt. Er hatte ein Sonnenbad genommen, darauf kalt gebadet, liegend etwas gegessen und war eben in seine Studien vertieft. Er verlangt seine Schuhe, ersteigt eine Anhöhe, von wo er diese Wundererscheinung am besten betrachten konnte. Die Wolke erhob sich – für die von weitem Schauenden war es undeutlich, von welchem Berg; dass es der Vesuv war, wurde erst später bekannt –, der Form nach einem Baum, und zwar am ehesten einer Pinie ähnlich. Denn sie wuchs wie auf einem sehr hohen Stamm empor und breitete gewissermaßen Äste aus; wahrscheinlich, weil sie durch einen frischen Luftzug hochgetragen wurde und dann, wenn dieser nachließ – vielleicht auch durch ihr Eigengewicht –, ihren Auftrieb verlor und sich in die Breite verflüchtigte. Bisweilen war sie weiß, bisweilen schmutzig und fleckig, je nachdem sie Erde oder Asche mit sich geführt hatte.

Dies schien ihm, als einem wissensdurstigen Manne, wichtig und wert, näher betrachtet zu werden. Er befiehlt, einen Schnellsegler seefertig zu machen. Mir stellt er frei, mit ihm zu kommen. Ich gab ihm zur Antwort, ich wolle lieber arbeiten; und zufällig hatte er selbst mir etwas zum Schreiben gegeben. Er verließ das Haus; da bekommt er eine Botschaft von Rectina, der Frau des Cascus, die durch die drohende Gefahr erschreckt war – denn ihr Landhaus lag am Fuße des Berges, und sie konnte nur zu Schiff fliehen; er möge sie aus der bösen Lage befreien, lautete die Bitte. Er ändert seinen Plan, und was er als Gelehrter begonnen, dem geht er nun als Held entgegen. Er lässt Vierruderer ausfahren, steigt selbst an Bord, nicht allein um Rectina, sondern vielen andern – die Küste war nämlich ihrer Lieblichkeit wegen stark besucht – Hilfe zu bringen. Er eilt dorthin, woher die anderen fliehen, und steuert in geradem Kurs auf die Gefahr zu, so ganz frei von Furcht, dass er alle Veränderungen, alle Phasen dieses Unheils, wie er sie wahrnahm, diktierte und aufzeichnen ließ.

Schon fiel Asche auf die Schiffe – je näher sie herankamen, desto heißer und dichter –, schon fielen auch Bimssteine und schwarze, halbverbrannte und von der Hitze geborstene Steine, schon zeigte sich plötzlich eine Untiefe, und durch den Bergsturz wurden die Ufer unzugänglich. Er zögerte einen Augenblick, ob er umkehren solle, dann sagte er dem Steuermann, der zur Umkehr riet: Dem Mutigen hilft Gott! Vorwärts zu Pomponianus! Dieser war in Stabiae, auf der anderen Seite des Golfes – denn ein sanft geschwungenes Gestade umfasst das Meer in einem Bogen. Obschon dort die Gefahr noch nicht unmittelbar drohte, war sie doch sichtbar, und wenn sie sich steigerte, sehr nahe; Pomponianus hatte deshalb sein Gepäck auf Schiffe verladen lassen, zur Flucht entschlossen, wenn sich der Gegenwind gelegt hätte. Dieser Wind war für die Fahrt meines Onkels sehr günstig; er umarmt den Ängstlichen, tröstet ihn, muntert ihn auf und lässt sich, um dessen Furcht durch seine eigene Sorglosigkeit zu beheben, ins Bad tragen; nach dem Bad liegt er zu Tisch und speist frohgemut oder, was gleich groß ist, tut, als sei er frohgemut.

Unterdessen leuchteten aus dem Vesuv an verschiedenen Orten sehr breite Feuergarben und hohe Feuersäulen auf, deren Glanz und Helligkeit durch das Dunkel der Nacht noch gesteigert wurde. Mein Onkel sagte zur Beschwichtigung der Angst immer wieder, das seien Herdfeuer, die die Bauern in ihrer Aufregung nicht gelöscht hätten, und verlassene Landhäuser, die jetzt leer dastünden und brennten. Dann begab er sich zur Ruhe und schlief wirklich tief ein. Aber der Hof, durch den man zu seinem Zimmer gelangte, war bereits so hoch mit Asche und Bimssteinen angefüllt, dass ihm bei längerem Verweilen im Schlafgemach der Ausgang verwehrt worden wäre. Man weckt ihn, er steht auf und begibt sich zu Pomponianus und den andern, die wach geblieben waren. Sie beraten gemeinsam, ob sie im Hause bleiben oder sich im Freien aufhalten sollten. Denn infolge häufiger und heftiger Beben begannen die Häuser zu schwanken und schienen, gleichsam aus ihren Fundamenten gehoben, sich bald hierhin, bald dorthin zu bewegen. Unter freiem Himmel andrerseits war das Herabfallen der wenn auch leichten und vom Feuer angefressenen Bimssteine zu fürchten. Sie legen Kissen auf den Kopf und binden sie mit leinenen Tüchern fest. Dies war ihr Schutz gegen die herabfallenden Steine.

Schon war es anderswo Tag, hier aber Nacht, schwärzer und dichter als alle Nächte; doch erhellten sie viele Fackeln und verschiedene Lichter. Man beschloss, zum Strand zu gehen und aus der Nähe zu schauen, ob das Meer schon einen Versuch gestatte; es war immer noch stürmisch, und der Wind blies aus der Gegenrichtung. Hier legte sich mein Onkel auf ein ausgebreitetes Leintuch, verlangte mehrmals kaltes Wasser und trank. Dann treiben die Flammen und der Vorbote der Flammen, der Schwefelgeruch, die andern in die Flucht, ihn veranlassen sie zum Aufstehen. Gestützt auf zwei junge Sklaven erhob er sich und brach sogleich wieder zusammen, weil ihm, wie ich vermute, durch die zu dicke Luft das Atmen verunmöglicht und die Luftwege verschlossen wurden, die bei ihm von Natur aus schwach und eng und häufig entzündet waren. Als es wieder Tag wurde – es war nach dem, den er zuletzt erlebt hatte, der dritte –, fand man seine Leiche unversehrt; sein Aussehen glich eher einem Schlafenden als einem Toten."

(Zitat aus: Dieter Richter, Der brennende Berg.
Eugen Diederichs Verlag, 1986)

Was Plinius hier so dramatisch als persönliches Schicksal seines Onkels beschreibt, war die Hölle für die Bewohner der drei Städte *Pompeji, Stabiae* und *Herculaneum* sowie der verstreut an den Vesuvhängen lebenden Landbevölkerung. Allein Pompeji zählte damals ca. 15.000 Einwohner und geht man davon aus, dass sich infolge des plötzlichen Vulkanausbruchs kaum jemand retten konnte, dürften schätzungsweise 30.000–50.000 Menschen Opfer der Katastrophe geworden sein. – Ungefähr 1700 Jahre danach entdeckte man die Hohlräume der verschütteten Körper in den erhärteten Ascheschichten. Mitte des 19. Jh. hatte ein italienischer Archäologe den genialen Einfall, diese Hohlräume mit flüssigem Gips auszugießen. Die so entstandenen

Pompeji – faszinierende Museumsstadt

Abdrücke zeigen die schmerzverzerrten Gesichtszüge und bewegten Körper der
Vulkanopfer im Augenblick des Todes. Einige dieser Gipsabdrücke sind heute in der
Museumsstadt Pompeji als mahnende Skulpturen zu sehen.

Der Verlauf des Vulkanausbruchs von 79 n. Chr. lässt sich nach heutigen Erkennt-
nissen leicht rekonstruieren: Der Vesuv ist kein einfacher, sondern ein so genannter
Stratovulkan mit umgekehrter Schichtenfolge, d. h. er wirft bei einer Eruption zunächst zähes und dann immer weniger zähflüssiges Magma aus. Im Unterschied zu
permanent aktiven Vulkanen, deren Schlote offen sind, war der Somma-Vesuv damals
äußerlich völlig inaktiv und ein fester Pfropfen aus erstarrter Lava verschloss seine
Schlotöffnung hermetisch. Doch darunter stauten sich die aufsteigenden Gase und
brodelte der Magmaherd. Am 24. August 79 mittags war es dann so weit, der Vesuv
erwachte urplötzlich und ohne Vorwarnung – einmal abgesehen von den leichten
Erdstößen, die die Vesuvanrainer wahrscheinlich gewohnt waren. Mit einem
gewaltigen Knall wurde der Pfropfen in die Luft geschleudert und die schweren
Bruchstücke sammelten sich um den Krater. Aus dem jetzt offenen Schlot trat
unter hohem Druck mit Gasen angereichertes Magma aus und eine Gassäule stieg
mehrere tausend Meter hoch. Als der Auftrieb nachließ, fiel poröser Bimsstein in
großen Mengen herab und begrub *Pompeji* und *Stabiae* unter einer zweieinhalb
Meter dicken Schicht. Mit dem einsetzenden Eruptionsregen legte sich eine kompakte sandhaltige Ascheschicht darüber, die stellenweise eine Stärke von über einem Meter erreichte. Das nordwestlich gelegene *Herculaneum* wurde währenddessen
von heißen Strömen aus Lavaschlamm zugeschüttet, die sich schließlich ins Meer
ergossen. Dieser schreckliche Vulkanausbruch dauerte gerade einen Nachmittag
lang und ging in ein heftiges Erdbeben über, das auch die weitere Umgebung
erschütterte. Erst nach drei Tagen herrschte wieder normales Tageslicht. Zurück
blieb ein weiträumiges Katastrophengebiet, in dem alles kultivierte Land zerstört war.

Nach dem Initialausbruch des Jahres 79 blieb der Vesuv über mehr als ein Jahrtausend hinweg aktiv. Die spärlichen Quellen des Mittelalters berichten von gelegentlichen Lavaströmen, glühenden Auswürfen und sporadischen Ascheregen, aber auch von längeren Ruhephasen, in denen eine landwirtschaftliche Nutzung der Hänge wieder möglich war. Geradezu paradiesische Zustände vermitteln die Vesuvgeschichten der frühen Neuzeit, als der Vegetationsteppich sogar das Innere des Kraters erreichte, wo warme mineralische Quellen friedlich sprudelten. Doch als sich die Menschen gerade mit ihrem Berg ausgesöhnt hatten, kehrte er *1631* sein Inneres wieder nach außen. Dieser erneute Initialausbruch, vergleichbar mit dem von 79 n. Chr., machte ihn wieder zur Metapher des Bösen. Lavaströme zerstörten die Ortschaften *Torre del Greco, Torre Annunziata* und *Portici.* Tausende fanden den Tod und aus Angst vor der Pest schloss die Stadt Neapel ihre Tore vor den Flüchtenden. Nur dem Schutzheiligen *San Gennaro* war es zu verdanken, so sagen die Neapolitaner noch heute, dass ihre Stadt von den Lavamassen weitgehend verschont blieb; denn sie waren mit der Heiligenstatue bis an die Stadtmauer gezogen und hatten sie dem Feuer speienden Vulkan entgegengehalten.

Im 18. und 19. Jh. blieb der Vesuv weiterhin aktiv, allerdings nur schwach, aber dafür mit einer anmutigen permanenten Rauchfahne, dem legendären *Pennacchio.* In dieser Zeit vollzog sich ein kompletter Imagewechsel, der Vulkan wandelte sich vom Sinnbild des Bösen zum attraktiven Naturwunder. Wissenschaftler und Entdeckungsreisende kamen aus dem Norden Europas und machten ihre Vesuvbeobachtungen. Ob wissenschaftlicher Bericht oder kunstsinnige Prosa, ihre Texte avancierten zur beliebten Lektüre ihrer Landsleute und zogen immer mehr Vesuvbesucher an. Natürlich gehörte auch unser *Johann Wolfgang von Goethe* zu den Vulkanpilgern. In dieser Zeit entwickelte sich Italien überhaupt zum Inbegriff nordeuropäischer Sehnsuchtsvorstellungen und der rauchende Vesuv war ein romantisches Etappenziel auf der damals obligatorischen Italienreise.

In der ersten Hälfte des 20. Jh. schien dem Berg der ganze Rummel um ihn zu viel geworden zu sein. Von der Beschaulichkeit des 18. und 19. Jh. war kaum noch etwas übrig geblieben. Schon 1880 hatten findige Unternehmer dem Ausflugsvulkan eine mechanische Bergbahn verpasst, die *Funicolare,* um mehr am ständig wachsenden Besucherstrom verdienen zu können. Doch drei heftige Terminaleruptionen in den Jahren 1929, 1932 und 1944 ließen die Erinnerungen an alte Zeiten wieder lebendig werden. 1944, beim bisher letzten Ausbruch, gingen zehn Tage lang Lava, Bimsstein und Asche auf die Umgebung nieder – insgesamt 50 Millionen Kubikmeter. Das seismographische Frühwarnsystem und natürlich San Gennaro, der neapolitanische Schutzheilige, verhinderten eine Katastrophe. Aber seitdem hat der Pennacchio ausgeraucht und die unheimliche Ruhe vor dem Sturm ist wieder eingekehrt.

Der Vesuv heute: Die verbrannte Erde, die die 80 nachgewiesenen Vulkanausbrüche im Laufe der Jahrhunderte hinterlassen haben, hat sich stets erholt. Auch wenn die einstige Gipfelvegetation verschwunden ist, so war doch die Aufforstung der Hänge und deren landwirtschaftliche Nutzung immer nur eine Frage der Zeit. Je nach der Struktur der Laven, der Verwitterungsgeschwindigkeit und der Menge des herbeigeschafften Mutterbodens grünten die Flanken bald wieder. Mit Ginster und Akazien konnte man relativ schnell kleine Forstgürtel anlegen und in den flacheren Lagen hielten sich sogar Olivenbäume. Dort, wo die von Natur aus nährstoffreichen vulkanischen Ablagerungen arbeitsaufwendig untergehackt und gut bewässert

Herculaneum – das „kleine Pompeji"

wurden, zieren heute längst wieder Obst- und Weinterrassen die Hänge. Fast erweckt die Fruchtbarkeit der schwarzen Vulkanerde den Eindruck von Harmlosigkeit; doch spätestens der Gipfelkrater mit seinen trostlosen Schlackenhalden erinnert deutlich an die Gefährlichkeit des Vulkans. Vor allem die hellen *Fumarolen* (Dampfschwaden) an den oberen Kraterwänden, mit Temperaturen von über 100 °C, signalisieren vulkanische Aktivität.

„Der Berg schläft", sagen die Anwohner, während die Wissenschaftler vom vulkanologischen Institut, dem *Osservatorio vesuviano,* eher von einer dynamischen Ruhe des Vulkans reden. Wie schon vor dem katastrophalen Ausbruch von 79 n. Chr. verstopft seit der letzten Terminaleruption von 1944 wieder verfestigtes Magma die Schlotöffnung wie ein Pfropf. Und darunter kann sich mit der Zeit ein Gas-Magma-Gemisch zusammenbrauen, das sich irgendwann in einer gewaltigen Explosion entlädt. Wie die innere, so gleicht auch die Außensituation von heute ungefähr derjenigen vor etwa 1900 Jahren. Die unteren Hänge des Berges sind kultiviert und dicht besiedelt, jedoch alles um ein Vielfaches intensiver. Die 18 Städte und Gemeinden um den Vesuv bilden heute eine ameisenhafte Megalopolis mit mehr als einer Million Menschen die näher als 10 km am Krater leben. Mit dem Computer simulieren die Wissenschaftler immer wieder die mögliche *Katastrophe des Tages X:* Eine gewaltige Gassäule, ein Eruptionsregen, stürzende Lavaströme und in 15 Minuten wären die Orte *Torre Annunziata, Pompei, Castellammare di Stabia, Ercolano, Torre del Greco* etc. in der Finsternis verschwunden. Und Neapel selbst? Neapel hat ja seinen Schutzheiligen San Gennaro, während sich die Vesuvgemeinden nur mit aufmunternden Gedenktafeln wie „Der Wille des Menschen ist stärker als der Vulkan" beruhigen können. Doch im Zeitalter der Computersimulation gibt es natürlich auch einen klugen und detaillierten Notfallplan, der eine rechtzeitige Evakuierung vorsieht. Wenn die elf seismologischen Stationen in der bedrohten Region durch Magmabewegungen verursachte Erdstöße registrieren, wird sofort Alarm ausgelöst; dann bleibt laut Plan Zeit genug, um die Menschen mit ihrer wichtigsten Habe zu evakuieren per Schiff, Bahn, Bus und Privatauto. Doch es gehört nicht viel Fantasie dazu, sich vorzustellen, dass die Evakuierungsstrategie auch im Chaos enden könnte. Schon öfter ist es in Neapel vorgekommen, dass irgendein Scherzbold mit der Behauptung „der Vesuv ist aufgewacht" eine Telefonkette ausgelöst hat und binnen weniger Stunden strömten Abertausende von Neapolitanern aus ihren Häusern und verursachten ein furchtbares Verkehrschaos, in dem niemand mehr vor oder zurück kam. Die letzte offizielle Schreckensmeldung fällt jedenfalls ins Jahr 1983, als beim regelmäßigen Fiebermessen eine leicht erhöhte Bergtemperatur festgestellt wurde. – Aber vergeblich ermuntert die Regierung die Vesuvanwohner seitdem mit einer Prämie von 25.000 Euro zum Wegzug aus der so genannten „Roten Zone".

Die Phlegräischen Felder (Campi flegrei)

Die Phlegräischen Felder ziehen sich um die Bucht von Pozzuoli und sind ebenso wie der Vesuv vulkanischen Ursprungs. Im 16. Jh. ereignete sich hier der letzte Vulkanausbruch und 1970 und 1983 erschütterten letztmals heftige Erdstöße das Gebiet westlich von Neapel. Heute erinnern vor allem die heißen Dampfquellen und brodelnden Schlammlöcher des Solfatarakraters oberhalb von Pozzuoli an die vulkanische Aktivität der Phlegräischen Felder.

Man bezeichnet die Campi flegrei auch als ruhende Kraterlandschaft, deren obere Magmaschichten noch längst nicht erstarrt sind. Die Erde ist folglich in ständiger Bewegung, ein Phänomen, das die Wissenschaft bradyseismische Oszillation (s. u.) nennt.

Die Entstehung der Phlegräischen Felder fällt, rein geologisch betrachtet, in die Erdneuzeit, als sich die erkaltete Erdkruste infolge aufsteigender Erdhitze zu falten begann. Ergebnis dieser kontinuierlichen Erdfaltung ist das Gebirge des Apennin einerseits und der Grabenbruch des Tyrrhenischen Meeres andererseits. Ein Vorgang, der seit mehreren Millionen Jahren andauert. Die Phlegräischen Felder stellen in diesem Zusammenhang eine vulkanische Kegelkraterlandschaft dar, die sich durch immer wieder aufsteigende Magmamassen geformt hat. Man nimmt an, dass am Anfang der Entwicklung ein mächtiger Stratovulkan *(Ur-Phlegräus)* mit einem riesigen Krater *(Ur-Caldera)* stand, an dessen Rand sich durch Explosivausbrüche kleinere Calderen (Kegelkrater) geformt haben. Durch dieses ca. 150 qkm große Gebiet verläuft heute die Küstenlinie, da der südliche Bereich unter den Meeresspiegel abgesunken ist. Den bizarr zerklüfteten Nordrand der Ur-Caldera, der mit zahlreichen Vulkankegeln, Kraterseen und Klippen gespickt ist, bildet die halbkreisförmige Bucht von Pozzuoli.

Vulkanische Gesteinsschichten: An ihnen lässt sich am besten ablesen, wie sich die aktive Vulkanlandschaft der Phlegräischen Felder permanent verändert hat. Aus der ältesten Entwicklungsphase stammen die *grauen kampanischen Tuffe,* die mit den Tuffsteinschichten der Steilküste von Sorrent identisch sind. Eine spätere Auswurfphase mit Laven, Schlacken und Aschen ergab die so genannte *Piperno-Schicht,* die einst als besonders haltbarer Baustoff abgebaut wurde. Darüber befinden sich die geschichteten *gelben neapolitanischen Tuffe,* die noch heute einen guten Baustein abgeben. Die jüngsten vulkanischen Oberflächenschichten bilden unverfestigte Materialien, wie sie z. B. der Solfatarakrater von Pozzuoli aufweist. Diesen weichen Boden aus vulkanischen Sanden und Aschen nutzten bereits die Römer für ihre Zwecke. In der Antike waren diese Lockermaterialien als *Pozzolanerde* bekannt. Mit Wasser und Kalk vermischt, ergab diese Erde einen festen und zugleich elastischen Mörtel, ohne den die antiken Großbauten und Thermalanlagen an diesem Küstenstreifen nicht hätten errichtet werden können.

Der Monte Nuovo: Die Entstehung dieses ca. 150 m hohen, abgestumpften Vulkankegels direkt an der Küstenlinie zwischen Pozzuoli und Baia fällt in das 16. Jh. Durch mehrere Erdbeben kündigte der „Neue Berg" einst seine Geburt an und „wuchs" in sage und schreibe nur zwei Tagen. Nach heftigen Erdstößen hob sich zunächst das Ufer, dann brach der Vulkan mit einem gewaltigen Knall aus, spie Wurfschlacken und hüllte die Umgebung in Finsternis. Als sich der Rauch am nächsten Tag verzogen hatte, präsentierte sich der Monte Nuovo den staunenden Zeitgenossen. Seit seiner plötzlichen Erhebung im Jahr 1538 hat sich dieser jüngste Vulkankegel der Phlegräischen Felder nicht wieder bewegt.

Bradyseismische Oszillation: Die unglaubliche Entstehung des Monte Nuovo sowie der aktive Vulkanismus der Campi flegrei überhaupt stehen in Zusammenhang mit diesem geophysikalischen Phänomen, das weltweit einzigartig ist. Bei der bradyseismischen Oszillation handelt es sich um die abwechselnde Hebung und Senkung von Teilen der Erdkruste. Voraussetzung dafür sind oberflächennahe Magmamassen, die noch nicht erkaltet, also noch in Bewegung sind. Mit diesen Magmabewegungen hebt und senkt sich auch die Erdoberfläche in unregelmäßigen Abständen, mit einer unregelmäßigen Atmung vergleichbar, mehr oder weniger heftig und schnell. Zunächst hatte man sich diesen Vorgang mit Veränderungen des Meeresspiegels erklärt, aber da sich die Uferlinie immer nur in der Bucht von Pozzuoli veränderte, war bald offensichtlich, dass es sich um lokal begrenzte Erdbewegungen handelt.

Die bradyseismische Bewegung der Phlegräischen Felder lässt sich erstaunlich gut an den antiken Säulen in Pozzuoli ablesen. Diese zum *Serapistempel* (→ S. 133) gehörenden Marmorsäulen weisen Bohrlöcher von Meeresmuscheln auf, die sie zum zuverlässigen Indikator der Bodenbewegungen innerhalb der letzten 2000 Jahre machen: Die erste Absenkung der relativ kleinen Erdscholle von Pozzuoli um 10 m dauerte bis ins 10. Jh. an. Es folgte eine etwa gleich große Hebung bis zum Ausbruch des Monte Nuovo (1538), an die sich wieder eine Senkung um rund 7 m anschloss. Die plötzliche, mit heftigen Erdstößen verbundene Hebung im Frühjahr 1970 um ca. 1,5 m ließ einen erneuten Vulkanausbruch befürchten, der aber nicht eintrat. Die jüngste sprunghafte Hebungsphase von 1983 um einen knappen Meter war ebenfalls mit heftigen Erdstößen verbunden. Aus dem seismischen Krisengebiet mussten Abertausende Menschen evakuiert werden. Seither registrieren die Vulkanologen wieder einen relativen Stillstand in der Bucht von Pozzuoli.

In der römischen Antike konzentrierte sich am Küstenstreifen der Phlegräischen Felder ein unvorstellbarer Reichtum. Von dieser einstigen Pracht sind heute nur noch wenige Reste erhalten. Die monumentale Architektur wurde größtenteils vom Meer überspült oder durch Erdbeben zerstört. Und was von der Natur verschont blieb, fiel lange Zeit dem Vandalismus der Menschen zum Opfer. Mehr dazu im Reiseteil-Kapitel „Bucht von Pozzuoli und Phlegräische Felder" (→ S. 131 ff).

Griechischer Monumentalbau in Paestum

3000 Jahre Geschichte

Frühe Antike

Mykener, Minoer und andere griechische Volksstämme, die den östlichen Mittelmeerraum bevölkerten, hatten am Anfang des ersten vorchristlichen Jahrtausends bereits weite Teile des Mittelmeeres ausnavigiert. Zur Zeit, als die frühen griechischen Mittelmeerpioniere auf ihren Entdeckungsreisen auch den Golf von Neapel inspizierten, lebten hier bereits Menschen, italische Stämme, die sich trotz der unberechenbaren vulkanischen Umgebung häuslich eingerichtet hatten. In den Homerischen Schriften kann man nachlesen, dass die griechischen Seefahrer nicht viel von diesen einheimischen Italikern, Angehörigen der späten Bronzekultur, hielten. Den Griechen erschienen sie wie finstere Urmenschen, rückständig und ungebildet. Was veranlasste also diese Kulturmenschen, sich im 8. Jh. v. Chr. erstmals unter diese „Barbaren" zu mischen? Und kamen sie mit kriegerischen oder friedlichen Absichten?

Magna Graecia (Großgriechenland), dieser schillernde Begriff steht für die Hellenisierung Unteritaliens ab dem 8. Jh. v. Chr. Griechen aus Kleinasien und der Inselwelt des östlichen Mittelmeers gründeten entlang der süditalienischen Küste ihre Pflanzstädte und Kolonien. Syrakus (Sizilien), Kroton (Kalabrien) und Tarent (Apulien) waren damals die größten Griechenstädte, während der Golf von Neapel mit seinen Inseln den vorläufigen Endpunkt dieser glorreichen griechischen Expansion bildete. Die Auswanderungsmotive sind im Lauf der Menschheitsgeschichte offensichtlich bis heute die gleichen geblieben: Arme und durch kriegerische Unruhen aus ihrer Heimat vertriebene *ionische Euböer* waren es, die sich auf der Insel Ischia niederließen und die erste griechische Kolonie am Golf gründeten. Die Ankömmlinge hatten offenbar friedliche Absichten, denn sie kamen als Händler und boten sich als Vermittler des griechischen Kulturguts an.

Die Griechen auf Ischia: Die ionischen Euböer, diese Griechen der ersten Stunde, siedelten nachweislich auf dem *Monte Vico* bei Lacco Ameno auf Ischia (→ S. 189). Ihre neue Heimat nannten sie *Pithekoussai* (ital. Pitecusa). In der unmittelbaren Nachbarschaft ihrer schnell errichteten Akropolis lebten bereits Einheimische. Vermutlich begegneten sich Ankömmlinge und Einheimische mit Neugierde, Aufgeschlossenheit und Respekt, denn nur unter solchen Voraussetzungen war ein Kulturaustausch denkbar. Die Euböer pflegten ganz im Gegensatz zu den bodenständigen Italikern bereits weitreichende Handelsverbindungen. Als Fernhändler bereisten sie das gesamte östliche Mittelmeer und brachten u. a. Waren aus Ägypten, Phönizien, Rhodos und Kreta nach Ischia. Welch ein Kulturschock muss diese Begegnung mit den feinen Waren des Ostens für die im Vergleich eher rückständigen Einheimischen gewesen sein? Aber nicht nur an den neuen Gebrauchsgegenständen aus Keramik, Eisen, Bronze und Edelmetallen konnten sich die Italiker erfreuen, auch bisher unbekannte Lebensmittel wie Olivenöl und Wein führten die Griechen ein, ganz zu schweigen von deren geistigen Errungenschaften, dem Alphabet und der komplexen Religion.

Man kann davon ausgehen, dass die Euböer in ihrer Heimat Meister der Keramikmanufaktur, Schmiedekunst, Bronzegießerei und Eisenverhüttung waren, während die ischitanischen Italiker gerade mal einen Hauch der auf dem Festland aufkommenden etruskischen Kultur mitbekommen hatten. Die Griechen wählten mit Ischia also einen idealen Wirtschaftsstandort, so würde man heute sagen. Hier und auf dem benachbarten Festland konnten sie ausgiebig Entwicklungshilfe betreiben. An den notwendigen Rohstoffen mangelte es nicht. Die Insel verfügte über große Vorkommen an mergeligen Tonen, aus denen feinste Keramik angefertigt werden konnte, und Erze für die Eisen- und Bronzeherstellung beschaffte man sich u. a. von der etruskischen Insel Elba.

Antiker Know-how-Transfer: Aus den anfänglichen griechischen Händlern wurden im Lauf des 8. Jh. v. Chr. Kulturvermittler, die ihr hohes technisch-handwerkliches Wissen vermarkteten und verbreiteten. Die unter griechischer Anleitung auf Ischia gefertigten Gegenstände besaßen neben ihrem konkreten Gebrauchswert auch die Funktion von Kulturträgern. Die Keramikgefäße waren in Form und Machart nicht nur vielfältiger und feiner als diejenigen aus den Nachbarregionen, sondern obendrein auch noch kunstvoll dekoriert und beschriftet. Wie einst der mythische *Dädalus,* der legendäre Handwerker, Erfinder und Baumeister der minoischen Kultur, vermittelten die Euböer im Einzugsgebiet des Golfs von Neapel die Fertigkeiten ihrer hohen Zivilisation. Man hörte die Glocken des antiken Abendlandes bereits läuten, ein neues Zeitalter war angebrochen. Neue Techniken, die Schrift, die Religion und die Alltagskultur des Griechentums hatten den Golf von Neapel erreicht, Magna Graecia begann, Wurzeln zu schlagen.

Der Schritt aufs Festland: Doch was friedlich begonnen hatte, nahm eine gewaltsame Fortsetzung. Die aus der euböischen Heimat nachrückenden Flüchtlinge sprengten bald die Aufnahmekapazität der griechischen Kolonie Pithekoussai auf Ischia, und schlimmer noch, der Flüchtlingsstrom drängte gewaltsam aufs benachbarte Festland. Mitte des 8. Jh. v. Chr. ließen sich Euböer und Angehörige anderer griechischer Volksstämme vis-à-vis von Ischia in *Kyme* (heutiges Cuma → S. 142) nieder. Die dort lebenden Italiker wurden im Handstreich assimiliert und die

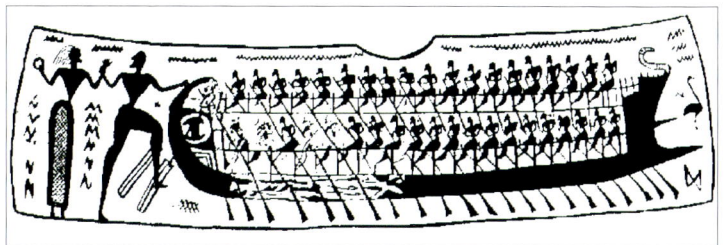

Griechisches Ruderschiff aus dem 8. Jh. v. Chr

schützende Akropolis war im Handumdrehen errichtet. Das fruchtbare Umland von Kyme machte die ersten Festlandgriechen am Golf von Neapel vorwiegend zu Ackerbauern, die vermutlich auch ihre Kulturpflanzen Weinstock und Olivenbaum von hier aus verbreiteten. Zu Ehren der Götter errichteten die griechischen Kymäer auf ihrem Burgberg die spätarchaischen Kultstätten des *Apollo* und des *Zeus,* die von der weissagenden Tempeldienerin *Sibylle* bewacht wurden, womit auch die griechische Götterwelt auf dem italischen Festland Einzug gehalten hatte und wie alles Griechische bald Anklang bei den Einheimischen finden sollte.

Im 7. und 6. Jh. v. Chr. vergrößerte sich der griechische Einfluss und eine weitere Landnahme rief die ersten Feinde auf den Plan: Die Altertumsforschung weiß mittlerweile, dass nach Kyme zwei weitere griechische Küstensiedlungen am Golf von Neapel gegründet worden waren, und zwar *Dikaiarchia* (heutiges Pozzuoli) und *Parthenope* (heutiges Neapel). Im Norden erhob sich währenddessen das sagenhafte Volk der *Etrusker* langsam aus dem Halbdunkel der Frühantike und errichtete überall in Mittelitalien seine befestigten Städte. Als das Einflussgebiet der Etrusker gegen Ende des 6. Jh. v. Chr. Capua erreichte, schien eine Konfrontation mit Kyme unvermeidbar. Anfang des 5. Jh. v. Chr. ereigneten sich dann die wesentlichen kriegerischen Zusammenstöße zwischen den mächtigsten Kulturen der damaligen Zeit, den Griechen und den Etruskern, wobei die Römer letztlich die lachenden Dritten waren: Anfangs, als *Tarquinius Superbus,* der letzte etruskische König von Rom (533–509 v. Chr.), noch gute Beziehungen zu den Aristokraten von Kyme unterhielt, schien alles unter diplomatischer Kontrolle zu sein. Doch als Etrurien die fruchtbare kampanische Ebene für sich beanspruchte, eskalierte der Konflikt. Gegen die Kriegsflotte der Etrusker konnten sich die Kymäer nur mit Hilfe ihrer griechischen Alliierten aus Syrakus und Athen behaupten. In den anschließenden Kämpfen wurden die Etrusker in ihr Mutterland Etrurien (heute Toskana/Umbrien) zurückgedrängt. Indirekt war das ein Sieg Roms, denn die Römer waren damit ihre etruskische Besatzungsmacht los und konnten ungestört an ihrem Imperium basteln. Das kriegsgeschwächte Kyme wurde nach dem Abzug der Schutztruppen aus der Heimat zur leichten Beute der Samniten (s. u.), die sich zwischenzeitlich im Hinterland zusammengerauft hatten.

Das entstehende Römische Reich und die vorläufige Samnitenherrschaft bedeuteten aber keinesfalls das Aus für das Griechentum am Golf von Neapel. Zwar führten die Samniten ihre oskische Sprache in Kyme ein, bedienten sich aber ansonsten des verfügbaren griechischen Kulturguts. Rom beanspruchte seinerseits noch keine Territorialgewalt über Kyme, war aber vom strahlenden Kult um den Kultur- und

Sehenswertes aus der frühen Antike

Villa Arbusto (Ischia → S. 188): große Sammlung von Gebrauchs- und Kultgegenstände aus den Nekropolen von **Pithekoussai**, der ersten Griechenstadt am Golf. Die Keramiken stammen größtenteils aus den antiken Produktionsstätten der Insel; darunter auch der berühmte *Becher des Nestor*, der mit Inschriften aus der Homerischen Dichtung verziert ist. Das Sensationelle an diesem Fund ist, dass das Alter der Keramikschale mit der Entstehungszeit der darauf zitierten Homerischen Verse übereinstimmt (ca. 750 v. Chr.).

Griechische Tempelbauten (Cuma → S. 142): Auf dem archäologischen Ausgrabungsgelände des frühantiken **Kyme** stehen die Ruinen der spätarchaischen Kultstätten des Zeus (ital. Giove) und des Apollo sowie die Grotte der Tempeldienerin Sibylle mit dem imposanten über 130 m langen Gang.

Paestum (südlich von Salerno → S. 360): archäologisches Ausgrabungsgelände der griechischen Kolonie **Poseidonia** aus dem 7. Jh. v. Chr. mit drei monumentalen dorischen Tempeln und einem sehenswerten Museum mit einzigartigen Exponaten.

Museo Archeologico Nazionale (Neapel → S. 117): weltweit eines der größten Museen der antiken Kunst. Umfangreiche griechische Sammlung mit Gebrauchs- und Kultgegenständen, Schmuck, Münzen, Reliefs, Skulpturen etc. aus der Golfregion und anderen Ausgrabungsgebieten. Zu den Highlights der griechischen Abteilung gehören die anmutigen Monumentalstatuen der *Venus* und das faszinierende Basrelief *Orpheus und Eurydike* mit einer der ergreifendsten Abschiedsszenen der griechischen Antike.

Kolonisationsgott Apollo und der Tempeldienerin Sibylle mit ihren weissagenden Schriften berauscht. 433 v. Chr. erbaute man in Rom einen eigenen Apollotempel und konsultierte bei jeder wichtigen Angelegenheit die in Griechisch verfassten Wahrsagungen der Sibylle. Auch das in der Folgezeit immer mächtiger werdende Rom ließ sich von den religiösen und zivilisatorischen Errungenschaften der griechischen Kultur am Golf von Neapel leiten und brachte das antike Abendland letztlich zur Blüte. – Zu diesem Zeitpunkt hatten die griechischen Kolonien Pithekoussai und Kyme längst ausgedient und ihre Mission erfüllt.

Römerzeit

Samnitisches Intermezzo: Bevor die Römer den Golf von Neapel beherrschten, dauerte es noch eine ganze Weile, denn in der Übergangszeit vom 5. zum 4. Jh. v. Chr. dominierten erst einmal die Samniten in der Golfregion und überschatteten das dortige koloniale Griechentum. Die *Samniten (Osker)* waren raue Bergbewohner aus den Abruzzen und aus Kalabrien, die auf der Suche nach fruchtbarem Land in die kampanische Ebene herabkamen. Sie huldigten ihrem Stammesgott Mars. Man kann sich leicht vorstellen, dass diese „Barbaren" vom kultivierten Griechentum am Golf mächtig beeindruckt waren, doch das hinderte sie keineswegs an der Unterwerfung von Kyme und Dikaiarchia (Pozzuoli). Die Eroberung verlief brutal und löste eine Fluchtbewegung der griechischen Golfbewohner nach *Parthenope (Neapel)* aus. Dort konnte sich die griechische Aristokratie wundersamerweise gegen eine mehrheitlich oskische Bevölkerung behaupten. In dieses griechisch-samnitische Neapel brach Rom im Zuge der *Samnitenkriege* 328 v. Chr. ein. Erst mit Waffengewalt und dann mit diplomatischem Geschick zerschlugen die Römer die griechisch-samnitische Koexistenz, vertrieben die Samniten und schlossen 326 v. Chr. ein Abkommen mit der griechischen Stadtoligarchie, womit sich Neapel die

Pompeji, Amphitheater – so groß wie ein modernes Fußballstadion

politisch-kulturelle Selbstständigkeit und seine griechische Identität bewahrte. Diese Sonderbehandlung Neapels durch die ansonsten auf Unterwerfung bedachten Römer lässt sich mit deren Faszination für die griechische Zivilisation erklären. Außerdem befand sich das Römerreich zu diesem Zeitpunkt noch auf einem ungewissen Vormarsch und wollte die starken Griechenmetropolen Tarent und Syrakus nicht provozieren.

Aus Parthenope wird Neapolis: Im Laufe des 3. Jh. v. Chr. breiteten sich die Römer unaufhaltsam in ganz Italien aus. Längst hatte Rom auch Süditalien im Griff und die schmerzlichen Niederlagen gegen den epirotischen König Pyrrhus und den karthagischen Feldherrn Hannibal waren vergessen, als die griechische Enklave Neapel immer noch eine geduldete autonome Polis im jungen Römerreich war. Wirtschaftlich zwar unbedeutend, aber politisch und kulturell überlebensfähig. Ganz im Stil der griechischen Stadtplanung besaß Neapel eine *hippodamische Anlage* mit streng rechtwinkligem Straßennetz und zweckmäßiger Einbindung öffentlicher Gebäude und Plätze. Innerhalb der ca. 3 km langen, massiven Stadtmauern lebten schätzungsweise 10.000–15.000 Menschen mit einem von der Volksversammlung *(Demos)* gewählten Bürgermeister und anderen Würdenträgern. Traditionell griechisch waren nicht nur die Stadtanlage und die Verwaltung, sondern das gesamte Arbeits- und Alltagsleben einschließlich Sprache, Religion und Philosophie. Mit ein wenig Fantasie lässt es sich leicht ausmalen, mit welcher epikureischen Lebensfreude die griechischen Neapolitaner ihre Spiele, Kulte und geistreichen Versammlungen pflegten. Theater, Odeon und Agora waren dabei die zentralen Stätten des öffentlichen Lebens. Und den mächtigen Römern gefiel diese selbstgenügsame griechische Enklave in ihrem Reich, die sie wie einen Hort der Bildung frequentierten. Das Patriziat der römischen Republik tummelte sich ständig in dieser Hochburg griechischer Traditionen, deren Verbindung zum griechischen

Mutterland nie ganz abriss. Neapel erhielt von den Römern sogar den Beinamen „die Gelehrte". Auch im 2. Jh. v. Chr. hielt diese griechisch-römische Koexistenz an. Das griechische Kulturgut prägte die Römer in dieser Zeit zweifellos in vielen Bereichen und es kam mit der Entfaltung des römischen Weltreichs weltweit zur Blüte.

Der römische Bürgerkrieg: Während dieses Konflikts von 88–82 v. Chr. beging Neapolis einen verhängnisvollen Fehler, indem es mit der Verliererseite sympathisierte und dafür von *Sulla* mit dem Entzug der gesamten wirtschaftlichen Grundlagen bestraft wurde. Die Vernichtung der Flotte und die Enteignung des Umlands degradierten das alte Parthenope zur abhängigen römischen Provinzstadt. Doch als griechische Vergnügungsstätte blieb es den Römern noch bis zur Kaiserzeit erhalten. Von *Augustus* bis *Vespasian* dürften alle römischen Kaiser wenigstens einmal in Neapel gewesen sein. Im Katastrophenjahr 79 n. Chr. zerstörte der Vesuvausbruch auch Teile der Stadt und tötete einen Großteil ihrer Bewohner. Nach dem Wiederaufbau mit römischer Hilfe siedelten sich v. a. lateinische Volksgruppen in der Stadt an, im Lauf des 2. und 3. Jh. verschwand das neapolitanische Griechentum schließlich völlig. – Aber natürlich ließ sich der hellenische Ursprung Neapels niemals ganz auslöschen, noch heute ist er ein wichtiger Schlüssel zum Verständnis des Wesens der Neapolitaner.

Pompeji – antiker Decumanus mit erhöhten „Zebrastreifen"

Villeggiatura – imperialer Luxus an der Golfküste: So wie sich die Römer am Griechentum labten, so genossen sie auch die traumhaften Ufer des Golfs von Neapel. Während sie in Neapolis dem geistreichen und vergnüglichen Leben frönten, aber keinerlei städtebauliche Maßnahmen ergriffen, erschlossen sie die Küstenregion des Golfs dafür umso mehr mit den prunkvollsten Villen und Sommerresidenzen der damaligen Zeit. Im 2. Jh. v. Chr. zog es bereits die ersten verdienstvollen Würdenträger der römischen Republik an die Traumküste, die seinerzeit als die allerschönste Gegend an heimischen Gestaden galt. Zwischen dem Kap von Misenum und Pozzuoli, in unmittelbarer Nachbarschaft zu Neapolis, errichteten die namhaftesten römischen Adelsfamilien ihre stattlichen Anwesen. Am Fuß des Vesuvs entstanden die beiden römischen Kleinstädte *Pompeji* und *Herculaneum* sowie weitere luxuriöse Villenanlagen. Die Liste der illustren Namen, die in *Misenum, Bacoli, Baiae* oder *Pozzuoli* ein Küstengrundstück erwarben, ist lang, sie reicht von *Scipio Africanus* bis *Claudius* und von *Cicero* bis *Seneca*. Welch ein Reichtum an

Privatbesitz, gepaart mit einem ausschweifenden Lebensstil sich damals an der Golfküste konzentrierte, kann man sich heute kaum noch vorstellen. Nicht einmal die mondäne italienische Riviera des späten 19. Jh. dürfte eine angemessene Vergleichsgröße sein. Damals hieß dieser Luxus *Villeggiatura* (Sommerfrische) und war den Reichen und Schönen vorbehalten. Die besten Architekten des Landes schufen die stilvollsten Villen, prächtigsten Gärten und komfortabelsten Thermenanlagen der frühen Kaiserzeit. Dabei wurden Bauformen realisiert, die es noch nicht einmal in Rom gab. Auch an imposanten Zweckbauten fehlte es an der Golfküste nicht. Der Naturhafen von Misenum wurde zum Stützpunkt der römischen Flotte ausgebaut, während in Pozzuoli einer der wichtigsten Handelshäfen des Römischen Reichs entstand. Das Amphitheater von Pozzuoli war fast so groß wie das Kolosseum und auf dem hiesi-

Kunstvolles Detail der Villa Oplontis

gen Edelsklavenmarkt sahen die exotischsten Gesichter einem ungewissen Schicksal entgegen. Als *Tiberius* seinen Kaiserpalast auf der Insel Capri errichtete, erreichte die Zeit der Villeggiatura am Golf von Neapel ihren Höhepunkt; aber die unberechenbare vulkanische Natur dieser Küstenlandschaft richtete in der Folgezeit schwere Zerstörungen an. Ein Grund dafür, warum heute nur noch wenig, allerdings Einzigartiges von der antiken Pracht am Golf zu sehen ist.

Sehenswertes aus der Römerzeit

Die Entdeckungen von **Herculaneum** (→ S. 214) im Jahr 1709 und von **Pompeji** (→ S. 220) im Jahr 1748 waren schlichtweg eine Sensation. Zwei intakte antike Römerstädte, begraben unter den Auswurfmassen des Vesuvs, kamen langsam wieder zum Vorschein: Theater, Häuser, Geschäfte, Tempel und Villen aus dem 1. Jh. n. Chr. mit kompletter Einrichtung, Hausrat, Schmuck, Münzen sowie Wandfresken, Bodenmosaiken und Statuen. Jährlich über 2 Mio. begeisterte Besucher aus aller Welt verzeichnet allein das riesige Ausgrabungsgelände von Pompeji.

Im Folgenden eine Aufzählung altrömischer Großbauten am Golf: das Amphitheater in **Pozzuoli** (→ S. 133); die Piscina mirabile in **Bacoli**, ein gigantisches Wasserbecken zur Versorgung der römischen Flotte (→ S. 140); die weitläufige Thermalanlage mit riesigen Kuppelkonstruktionen in **Baia** (→ S. 138); die luxuriöse **Villa Oplontis** (→ S. 239); die **Villa Jovis**, der Palast des Kaisers Tiberius auf Capri (→ S. 267).

Fresken, Mosaiken, Hausrat, Schmuck, Münzen, Statuen etc. aus Pompeji, Herculaneum und anderswo kann man ausgiebig im **Museo Archeologico Nazionale** von Neapel bewundern (→ S. 117).

Frühes Christentum

Katakomben-Dasein: Etwa 250 Jahre lang war das junge Christentum im Römischen Reich eine verachtete und verfolgte Religion. Das Dogma der römischen Kaiser lautete: „Die Christen sollen nicht sein!" Trotz dieser Ächtung existierten zahlreiche christliche Gemeinschaften im Römischen Reich, in Rom und auch in Neapel. Doch nur in Katakomben fanden sie einen sicheren Zufluchts- und Versammlungsort. Diese natürlichen Höhlensysteme waren zumeist mit Wand- und Deckenfresken geschmückt, deren Motive vom christlichen Erlösungsgedanken bestimmt waren. Die Katakomben wurden nicht nur liturgisch genutzt, sie dienten den Christen damals auch als Grabstätten und Behausungen. Erst nachdem *Kaiser Konstantin der Große* sich selbst zum Christentum bekannte (weil er glaubte, dass ihm der Christengott im Jahr 312 zum Sieg in der Entscheidungsschlacht um den römischen Thron verholfen hatte), war die Religion anerkannt und von der Katakombenexistenz befreit.

Die Legende des heiligen Januarius (San Gennaro)

Sie erzählt vom *Bischof Januarius von Benevent,* als die junge Christengemeinschaft noch unter der Verfolgung durch den römischen *Kaiser Diokletian* litt. Januarius, der seinem christlichen Glauben nicht abschwören wollte, wurde kurzerhand ins Amphitheater von *Pozzuoli* geschleppt, wo man ihn den Raubtieren zum Fraß vorwarf. Nachdem die wilden Tiere ihn wundersamerweise verschmähten, folterte man ihn in den glühenden Dämpfen des *Solfatarakraters.* Als er auch diese Tortur überlebte, wurde der Märtyrer schließlich geköpft – am 19. September 305, wie die Legende zu berichten weiß. Eine weitsichtige Christin soll heimlich ein wenig von seinem Blut aufgefangen haben. Nach seinem Märtyrertod genoss der Bischof in den neapolitanischen *Januariuskatakomben* große Verehrung, denn hier bewahrte man zunächst seine sterblichen Überreste auf (→ S. 127). Im 9. Jh., als Neapel kurzfristig in langobardische Hände fiel, raubte der Langobardenführer *Siko* die Gebeine und brachte sie nach Benevent, der damaligen Langobardenhochburg in Süditalien. Erst 1497 kehrten die Reliquien nach Neapel zurück, woraufhin die Domkrypta zur Heiligenkapelle umgebaut wurde.

Das Toleranzedikt von Mailand führte zu einer engen Verbindung Westroms mit der Kirche, während sich der Osten bald darauf für eine strikte Trennung von Religion und Staat aussprach. Diese und andere Streitigkeiten trugen zur Spaltung der Christenheit in West (Rom) und Ost (Konstantinopel) und zur Schwächung des Römischen Reichs bei. Als die heidnischen Westgoten 410 Rom eroberten, glaubten die westlichen Christen, dass die apokalyptischen Ereignisse, die in den heiligen Schriften angekündigt waren, eingetreten seien. Doch der Übertritt des mächtigen *Frankenkönigs Chlodwig* zum Christentum gab der westlichen Kirche wieder Auftrieb. Aufgrund der bewegten Geschichte des Christentums im frühen Mittelalter bis hin zum *Schisma,* dem endgültigen Bruch zwischen der römischen und der orthodoxen Kirche, sind heute kaum noch frühchristliche Kultstätten und Sakralbauten erhalten.

Der Untergang des weströmischen Kaiserreichs: Die Zeit bis zum Kollaps der einstigen antiken Weltmacht verbrachte die Golfregion im Zustand relativer Bedeutungs-

Sehenswertes aus frühchristlicher Zeit

Katakomben des heiligen Januarius (Neapel): Diese Tuffsteinhöhlen beherbergen die ältesten christlichen Fresken und Grabstätten Neapels und belegen die Existenz christlicher Gemeinden noch vor dem Toleranzedikt aus dem Jahr 313 (→ S. 127).

Santa Restituta (im Dom von Neapel): Diese frühchristliche Basilika wurde um 320 von Kaiser Konstantin, der das Toleranzedikt erlassen hatte, in Auftrag gegeben. Später wurde die fünfschiffige Basilika in den Dombau integriert (→ S. 106). Auch andere Kirchen Neapels enthalten vereinzelte Gebäudeteile (Apsis, Krypta oder Mosaikfußboden) aus frühchristlicher Zeit.

tungslosigkeit, nahezu gelähmt vom Schrecken der immer wiederkehrenden heftigen Vesuvausbrüche und Erdbeben.

476 starb *Romulus Augustulus,* der letzte Kaiser des Weströmischen Reichs, in Neapel. Im gleichen Jahr dehnte der byzantinische Kaiser des Oströmischen Reichs, *Justinian I.,* seinen Herrschaftsanspruch auf den gesamten Mittelmeerraum aus. Zu einem Zeitpunkt, als die Germanenhorden das römische Westreich bereits ausgiebig geplündert hatten.

Mehr zur späteren Geschichte der Golfregion sowie interessante lokale Details finden Sie in den Kapiteln zu Neapel (→ S. 80), Ischia (→ S. 154), Capri (S. 267), Pompeji (→ S. 220), Amalfi (→ S. 325), Ravello (→ S. 337) und Paestum (→ S. 360).

Kunstgeschichtlicher Überblick: 11.–20. Jahrhundert

Romanik

Die Romanik des 11. und 12. Jh. war die erste eigenständige und länderübergreifende Baukunst des abendländischen Christentums. Die charakteristische Grundform der romanischen Sakralarchitektur verkörpert der gedrungene Kirchenbau mit Tonnengewölben und Rundbögen. In den meisten Ländern und Regionen haben einheimische Architekten diese Grundform durch Abwandlungen erst zur vollständigen Reife gebracht. An der Amalfitanischen Küste *(Amalfi, Salerno, Ravello)* entstanden die ersten großen *Kathedralen* bereits in der zweiten Hälfte des 11. Jh.; kennzeichnend für sie ist die Verbindung romanischer und byzantinischer Stilelemente.

Sehenswertes aus der Romanik

Sant'Andrea (Amalfi → S. 330): ältester romanischer Kirchenbau an der Amalfitanischen Küste mit wertvoller byzantinischer Bronzetür. Heute ein orientalisch anmutender Prachtbau mit neoromanischer Fassade und originalem Glockenturm; innen aber fast vollständig barockisiert.

San Pantaleone (Ravello → S. 340): gründlich restaurierte dreischiffige Basilika mit wertvoller Bronzetür im byzantinischen Stil.

San Matteo (Salerno → S. 358): dreischiffige Säulenbasilika, nach dem Vorbild der Klosterkirche von Montecassino errichtet.

Farbenprächtige Domfassade von Amalfi

Frühgotik

Diese europaweit verbreitete Stilepoche des Mittelalters erreichte mit den neuen Orden der *Dominikaner* und *Franziskaner* im 13. Jh. auch den Süden Italiens. Die vertikal ausgerichtete Sakralarchitektur der französischen Frühgotik mit Rippengewölben und Spitzbögen wurde im angiovinischen Neapel durch einheimische Architekten leicht abgewandelt. So bevorzugte man anstatt der abschließenden vertikalen Steingewölbe im Quer- und Langhaus offene Dachstühle mit Holzeindeckung.

> ### Sehenswertes aus der Frühgotik
> **San Lorenzo Maggiore** (Neapel → S. 108): Altstadtkirche des Franziskanerordens, Baubeginn um 1270. Beispielhaft für die Gestaltung frühgotischer Kirchen mit offenem Dachstuhl.

Il Trecento

In diesem bedeutenden Jahrhundert des kulturellen Aufbruchs und der sich vorsichtig ankündenden Verabschiedung des Mittelalters spielte auch Neapel eine Rolle. Obwohl sich die kulturellen Zentren des Trecento in der Toskana und Rom befanden, weilten während der Regentschaft von *Robert dem Weisen (1309–1343)* einige der namhaftesten Künstler des 14. Jh. in der angiovinischen Residenzstadt Neapel. *Giotto,* einer der bekanntesten Freskenmaler der Zeit, arbeitete mehrere Jahre an der Ausgestaltung des königlichen Castel Nuovo. Mit seinen naturalistischen Menschendarstellungen gilt Giotto als früher Wegbereiter der Renaissance, während er in der Raumdarstellung noch mittelalterlichen Traditionen verbunden blieb. Auch die schreibende Zunft der *Humanisten* des 14. Jh. war durch eine längere Anwesenheit von *Boccaccio* und *Petrarca* in Neapel vertreten. Eine der zehn Liebesgeschichten des weltbekannten „Decamerone" von Boccaccio spielt in Neapel.

Sehenswertes aus dem Trecento

Hofkapelle des Castel Nuovo (Neapel → S. 116): In der restaurierten Kapelle dieser königlichen Residenz sind noch Fresken aus dem Trecento erhalten, darunter auch ein Minifresko, das Giotto zugeschrieben wird.

San Giovanni del Toro (Ravello → S. 342): diese mittlerweile säkularisierte Kirche ist ebenfalls mit Fresken aus dem 14. Jh. geschmückt.

Frührenaissance

Die in Italien „geborene" Renaissance markiert den Beginn der Neuzeit. Architektur und Dekorationskunst dieser revolutionären Stilepoche, die sich wieder an antiken Formen orientierte, prägten auch die städtebauliche Entwicklung Neapels unter *Alfons I. (1442–1458)* und *Ferdinand I. (1458–1494)*. Doch noch bevor diese beiden Könige der spanischen Dynastie die Renaissancekunst in die Stadt holten, ließ sich der *Kardinal Brancaccio* ein Grabmal im Stil der Renaissance anfertigen, und zwar von keinen Geringeren als *Donatello* und *Michelozzo*. Mit Alfons I., der das zerstörte Castel Nuovo neu errichten ließ, setzten sich zunächst spätgotische Formen durch, wie sie in Spanien üblich waren. Doch bald schon dominierte die neue Stilepoche auch in der aragonesischen Residenzstadt. Vor allem an der Fertigstellung des königlichen Triumphtors waren mehrere namhafte Renaissancekünstler beteiligt. Außerdem entstanden im Zuge der Stadterweiterung zahlreiche Monumente und Palazzi im reinen Renaissancestil.

Sehenswertes aus der Renaissance

Sant'Angelo a Nilo (Neapel → S. 110): Altstadtkirche mit dem **Renaissancegrabmal** (1426) des Kardinals Brancaccio.

Triumphtor des Castel Nuovo (Neapel → S. 116): Prachtportal im Stil eines Triumphbogens, von 1450–1470 meisterlich im Geschmack der Frührenaissance errichtet.

Porta Capuana (Neapel → S. 127): östliches Stadttor, Ende des 15. Jh. im reinen Renaissancestil erbaut.

Renaissance und Manierismus

In den ersten Jahrzehnten des 16. Jh. befand sich Neapel voll und ganz im Renaissancerausch, doch mit der Entwicklung des Manierismus setzte sich auch diese Stilepoche schnell durch. Der Manierismus begann etwa um 1520 und dauerte in Italien bis Ende des 16. Jh. an. Die religiösen Spannungen sowie die Entdeckungsreisen der Epoche hatten das Weltbild grundlegend verändert und somit einen wesentlichen Anteil an der Auflösung der ausbalancierten Welt der Hochrenaissance: In der Architektur setzten sich antiklassische Formen durch, die Plastik verweigerte dem Betrachter einen festen Standort und die Malerei verzerrte Proportionen und Perspektiven. Zu den namhaftesten Vertretern des italienischen Manierismus, die auch in Neapel wirkten, gehören *Bartolomeo Ammanati (1511–1592)* und *Giorgio Vasari (1511–1574)*.

Meister Tizians „Danae" im Museo di Capodimonte

Sehenswertes aus der späten Renaissance und dem Manierismus

Palazzo Gravina (Neapel → S. 127): einer der schönsten unter den erhaltenen feudalen Renaissance-Palazzi der Stadt aus der ersten Hälfte des 16. Jh.
Museo di Capodimonte (Neapel → S. 120): Gemälde von Vasari aus der Zeit seines Neapel-Aufenthalts (1544/45).

Barock

Auf Renaissance und Manierismus folgte um 1600 der Barock. Die im 16. Jh. einge-schlagene städtebauliche Entwicklung Neapels wurde auch im 17. Jh. zeitgemäß fortgesetzt. Die Grundidee war eine zentrierte Stadtanlage mit großen Achsen *(Via Toledo)* und einer strengen Anordnung sowie Konformität der Häuser. Auch bei der Ausschmückung älterer repräsentativer Gebäude setzte sich die neue Formge-bung durch. Kaum eine Kirche und ein Palazzo blieben von der grassierenden Baro-ckisierung verschont. Verschnörkelte und verspielte Steindekorationen kennzeichnen die Eingriffe dieser Zeit. Unumschränkter Baumeister des neapolitanischen Barock war *Cosimo Fanzago (1591–1678),* der etliche Kirchen und Paläste umgestaltete und auch zahlreiche *Guglie* (verzierte, obeliskartige Heiligensäulen) entwarf.

Die Barockmalerei war in zweierlei Hinsicht innovativ, einerseits, weil sie den Wechsel von der Fresken- zur Leinwandmalerei vollzog, und andererseits, weil sie versuchte, eine Vorstellung von Transzendenz und Jenseits sichtbar zu machen. Als es den begnadeten *Caravaggio* 1606 nach Neapel verschlug, verblasste der vorherr-schende Manierismus sofort. Sein krasser Naturalismus und seine dramatische Helldunkelmalerei (als *Chiaroscuro* bekannt) faszinierten wie schon zuvor in Rom die gesamte neapolitanische Kunstszene. Einer der erfolgreichsten Epigonen Cara-

vaggios wurde der Spanier *Ribera,* dessen Stil wiederum die neapolitanische Ma-
lergröße *Luca Giordano* beeinflusste.

> #### Sehenswertes aus dem Barock
> **Il Gesù Nuovo** (Neapel → S. 112): Jesuitenkirche mit barocker Innenausstat-
> tung, 1639 von Fanzago konzipiert.
> **Guglia di San Gennaro**: zum Domkomplex (Neapel → S. 108) gehörende baro-
> cke Heiligensäule von Fanzago.
> **Museo di Capodimonte** (Neapel → S. 120): Gemälde von Caravaggio (1573–1610)
> und Luca Giordano (1634–1705).
> **Certosa di San Martino** (Neapel → S. 122): Die Klosterkirche ist mit über hun-
> dert Werken der namhaftesten Barockmaler Neapels ausgestattet, darunter Ri-
> bera (1591–1652) und Giordano.

Später Barock und Rokoko

Die Jahrzehnte um die Jahrhundertwende (17./18. Jh.) waren für Neapel eine Zeit
des Verfalls. Der verheerenden Pest von 1656 folgte eine Serie von Erdbeben und
Epidemien. Während die Stadt im Schrecken dieser katastrophalen Ereignisse zu
verwesen schien, steigerte sich der Barock langsam zum Rokoko und streute seinen
sprichwörtlichen Puderzucker über den Verfall. In der Architektur verlagerte sich
das Interesse vom Außenbau auf den Innenraum. In Neapels Feudalpalästen wurden in dieser Zeit vor allem die Treppenhäuser umgestaltet. Mit dem Einzug der
spanischen Bourbonen 1734 erlebte Neapel einen erneuten Bauboom, der in die
Endphase des Barock fiel.

> #### Sehenswertes aus dem Spätbarock und Rokoko
> **Teatro San Carlo** (Neapel → S. 115): großes spätbarockes Opernhaus von 1737,
> dessen Inneneinrichtung allerdings mehrfach verändert wurde.
> **Palazzo di Capodimonte** (Neapel → S. 120): königliches Schloss, heute Gemäl-
> degalerie; im Spätbarock (1738) begonnener Monumentalbau.

Klassizismus

Die Abwendung vom Barock lässt sich kaum konsequenter vorstellen als durch
den Stil des Klassizismus. Mit der Wiedergeburt antiker Formen wurde der barocke Überschwang vehement gestoppt. Die klassizistische Architektur orientierte
sich deutlich an altrömischer Symmetrie. Einen wesentlichen Einfluss auf die Ent
stehung des Klassizismus hatten die Entdeckungen von *Herculaneum* 1709 und
Pompeji 1748 sowie die damit verbundene Gründung der klassischen Altertums
wissenschaft (Archäologie). Gelehrte aus aller Welt begaben sich damals an Ort
und Stelle, um den antiken Schatz, der allmählich ans Tageslicht kam, zu bewundern. Im Angesicht der aus der Vulkanasche geborgenen Form- und Farbenschön
heit nahm auch der Klassizismus Gestalt an. Der bourbonische Hof und seine Ar
chäologen hatten alle Mühe, Diebstahl und Ausfuhr der Schätze zu verhindern.
Zum Schutz wurden die Grabungsfunde aus Herculaneum und Pompeji in den
königlichen Palästen verwahrt: Marmorstatuen, Bronzen, Säulen, Fresken und
Mosaiken.

Kunsthandwerk in den Altstadtgassen von Neapel

Auch Neapel veränderte sich zeitgemäß. Pompejanisches Rot wurde auf die grauen Feudalpaläste aufgetragen und im Lauf des 19. Jh. entstanden zahlreiche neue Villen im klassizistischen Stil.

In Italien wird der Klassizismus übrigens als *Neoklassizismus* bezeichnet!

Sehenswertes aus dem Klassizismus

Villa Floridiana (Neapel → S. 122): klassizistische Museumsvilla auf dem Vomero.
Villa Pignatelli (Neapel → S. 125): klassizistische Museumsvilla nahe dem Uferpark Villa Comunale.

Landschaftsmalerei im 18. und 19. Jahrhundert

Das 18. und 19. Jh. war auch die Zeit großartiger Landschaftsdarstellungen in der Malerei. Die damalige Faszination der „antiken" Vulkan- und Küstenlandschaften spiegelt sich in unzähligen Werken italienischer und ausländischer Maler wider. Der Deutsche *Philipp Hackert (1737–1807)* gehörte zu den bedeutendsten Vertretern der Zunft. Seine klassizistisch geprägten Gemälde zeigen vor allem heroische Landschaften mit antiken Architekturmotiven. Von 1786 bis 1799 war Hackert sogar Hofmaler des bourbonischen Königshauses in Neapel. Eine seiner Hauptaufgaben bestand darin, die laufenden Ausgrabungsarbeiten in Pompeji in malerischen Ansichten zu dokumentieren. Der aktive Vesuv mit seinen Rauchfahnen und gelegentlichen Lavaströmen bildete dabei die adäquate Kulisse. Neben Hackert traten seinerzeit zahlreiche namhafte europäische Malerkollegen mit Vesuvbildern und anderen heroischen Landschaftsmotiven aus Neapels Umgebung hervor. Alles

Werke, die sich zunächst streng im Rahmen der klassizistischen Formensprache bewegten. Erst später orientierte sich die Landschaftsmalerei an den Vorstellungen und Empfindungen der *Romantik* und thematisierte das Aufgehen des Menschen in der Natur. In dieser Zeit formierte sich auch die neapolitanische *Malerschule von Posillipo,* deren wichtigster Vertreter *Giacinto Gigante* war. Bis zum Ende des 19. Jh. riss die Bilderflut mit anmutigen Motiven aus der „malerischen" Golfregion nicht ab. *Oswald Achenbach (1827–1905)* war einer der letzten bekannten deutschen Maler idealisierter Landschaften, der auch den Golf von Neapel bereiste.

Sehenswerte Landschaftsmalerei des 18. und 19. Jh.

Certosa di San Martino (Neapel → S. 122): Im Museum der Certosa befinden sich zahlreiche Werke der Malerschule von Posillipo.
Reggia di Caserta (Caserta → S. 128): in der Pinakothek des Königsschlosses der Bourbonen füllen die Gemälde des Hofmalers Philipp Hackert mehrere Säle.
Museo Correale (Sorrent → S. 254): beherbergt eine stattliche Sammlung von Golfgemälden des 18. und 19. Jh., darunter Bilder von Gigante und ausländischen Malern.

Internationale Gegenwartskunst

Als die moderne Kunstrichtung der *Pop-art* in den 60er-Jahren nach Europa herüberschwappte, war Neapel nach langer Kunstpause wieder dabei. Der neapolitanische Galerist *Lucio Amelio* stellte 1965 erstmals zeitgenössische Kunst aus – und das in einer Stadt, die aufgrund ihrer fast 3000 Jahre alten Geschichte für

Neapels Museo di Capodimonte mit beliebtem Schlosspark

Gegenwartskunst so gar nicht empfänglich schien. Als Kunstsammler und Besitzer von u. a. 150 Werken von *Joseph Beuys* avancierte Amelio zum modernen Kunstpapst von Neapel. Bis zu seinem Tod 1994 organisierte Amelio, der sogar von *Andy Warhol* porträtiert wurde, weit über 500 Ausstellungen in seiner Galerie sowie in historischen Gemäuern der Stadt. Zusammen mit den Galeristen *Giuseppe Morra* und *Lia Rumma* holte Amelio auch moderne Kunstrichtungen wie *Performance-art, Concept-art* und *Minimal-art* nach Neapel. Und selbstverständlich förderte man gemeinsam die italienische *Arte povera* (Hauptvertreter Mario Merz).

Amelios wichtigstes Projekt wurde jedoch *Terrae Motus:* 1980, nach dem apokalyptischen Erdbeben in Kampanien, das über 2500 Todesopfer gefordert hatte, initiierte er dieses Langzeitprojekt, dessen Leitmotiv das schreckliche Erdbeben war. Namhafte Künstler aus der ganzen Welt fertigten zwischen 1980 und 1995 Bilder und Installationen zum Thema an und stellten sie dem Terrae-Motus-Projekt zur Verfügung, darunter Beuys, Rauschenberg, Richter, Warhol, Kounellis, Twombly, Mapplethorpe, Cucchi, Kiefer, Merz, Fabro, Schnabel und Haring. In seinem Testament vermachte Amelio die Terrae-Motus-Werke der Stadt Caserta, die sie seit 1992 in einem Gebäudeflügel des Königsschlosses von Caserta ausstellt.

Seit 2005 bereichern ein Museum *(MADRE)* und ein Ausstellungszentrum für internationale Gegenwartskunst *(PAN)* Neapels Kunstlandschaft.

Sehenswertes aus der internationalen Gegenwartskunst

MADRE (→ S. 121): Neapels neues Museum für zeitgenössische Kunst.

PAN: Palazzo delle Arti Napoli, neues Ausstellungs- und Dokumentationszentrum für zeitgenössische Kunst im restaurierten Palazzo Roccella. Wechselnde Ausstellungen im Drei-Monats-Rhythmus.
Öffnungszeiten: Mo–Sa 9.30–19.30 Uhr, sonn- und feiertags 9.30–14 Uhr, Di geschlossen. Eintritt 5 €, bzw. mit Artecard. Via dei Mille 60, Chiaia-Viertel, www.palazzoartinapoli.net.

Reggia di Caserta (Caserta → S. 128): Terrae-Motus-Ausstellung.

Museo di Capodimonte (Neapel → S. 120): Im dritten Obergeschoss der Gemäldegalerie wird zeitgenössische Kunst gezeigt, die größtenteils aus Lucio Amelios Privatsammlung stammt.

Museo del Novecento Napoli (→ S. 122): neues Museum mit neapolitanischer Kunst des 20. Jh. im Castel Sant'Elmo.

Kunst in der U-Bahn (→ S. 93): Die neuen Stationen der U-Bahnlinie 1 sind wie moderne Kunsthallen gestaltet worden – ansehen und staunen.

Museo Hermann Nitsch: Im Kunstzentrum der Fondazione Morra, www.museonitsch.org, Nähe Piazza Dante.

Private Kunstgalerien in Neapel, die Gegenwartskunst präsentieren:
Galleria Lia Rumma, Chiaia-Viertel, Via Vanella Gaetani 12, www.liarumma.it. Schon zu Amelios Zeiten aktive Kunstgalerie mit einem zweiten Standbein in Mailand.

Galleria Artiaco, Piazza dei Martiri 58. Alfonso Artiaco ist der Shootingstar unter den Galeristen am Golf von Neapel, www.alfonsoartiaco.com.

Eine eher ungewöhnliche Anreisevariante

Anreise

Der Golf von Neapel verlangt hinsichtlich der verschiedenen Anreisemöglichkeiten schon einige Vorüberlegungen. Welche Anreiseform ist die beste? Welches Transportmittel bietet die meisten Vorteile? Das Flugzeug, der Zug oder gar das eigene Fahrzeug? Und wie wichtig ist Ihnen die Umweltverträglichkeit?

Angesichts der relativ großen Distanz stellt der Flug nach Neapel mit Abstand die schnellste und bequemste Form der Anreise dar und Sondertarife sowie Billigflieger machen den Jet immer attraktiver. Eine Zugfahrt ist längst nicht mehr in jedem Fall preisgünstiger als ein Flug, erfordert aber nach wie vor Ausdauer und gutes Sitzfleisch. Der Schlaf- bzw. Liegewagen verkürzt die Fahrtdauer zwar nicht, erhöht den Komfort jedoch erheblich. Wer eine Anreise mit dem eigenen Fahrzeug in Erwägung zieht, sollte allerdings berücksichtigen, dass er am Urlaubsziel nur begrenzt Vorteile vom fahrbaren Untersatz hat. – Im Folgenden sind die wichtigsten Informationen zu den verschiedenen Anreisemöglichkeiten zusammengefasst. Die angegebenen Preise beziehen sich auf den Sommer 2010.

Mit dem Flugzeug

Schnelligkeit und Komfort machen das Flugzeug zum attraktivsten Transportmittel. Zentraler Anreiseflughafen ist der *Aeroporto Capodichino* von Neapel (→ S. 90). Verschiedene Chartergesellschaften bieten Direktflüge nach Neapel an. Direkte Linienflüge nach Neapel gibt es zurzeit hingegen lediglich ab München (Lufthansa); ansonsten ist im Linienverkehr einmaliges Umsteigen erforderlich. Es ist ratsam, sich frühzeitig um das Ticket zu kümmern, vor allem die preisgünstigen Charterflüge

Schnäppchenflügchen

und die Sparangebote der Linienflugge-sellschaften sind in der Hauptreisezeit schnell ausgebucht. Zwecks Information und Buchung sollten Sie ein Reisebüro aufsuchen.

Charterflüge: Mittlerweile wird Neapel im Charterflugverkehr von fast allen deutschen Flughäfen direkt angeflogen; z. B. mit *LTU (Air Berlin)* ab Düsseldorf oder mit *Condor* ab München. Die Preise schwanken je nach Anbieter, Flugha-fen und Saison ungefähr zwischen 200 und 300 €. Charterflüge sind häufig nur wochenweise buchbar, d. h. der Rück-flug fällt immer auf den gleichen Wo-chentag wie der Hinflug.

Linienflüge: *Alitalia* sowie die *Luft-hansa* bieten von mehreren deutschen Flughäfen Linienflüge nach Neapel an, Schweizer fliegen ab Zürich oder Basel mit Swiss Air. Einmaliges Umsteigen (meist in Mailand) ist dabei allerdings fast immer erforderlich – ein deutlicher Nachteil im Vergleich zum direkten Charterflug. Die verschiedenen Sondertarife der Gesellschaften machen einen Linienflug jedoch wieder interessant.

Rail & Fly, mit dem Zug zum Flug. Preiswerte Möglichkeit, mit der DB zum Flughafen und wieder nach Hause zu reisen. Es gelten entfernungsabhängige Pauschalpreise. Entspre-chende Tickets können Sie in Verbindung mit dem Flugticket kaufen.

Billigflieger: Diese absoluten Preisbrecher der Branche haben den Flugverkehr in den letzten beiden Jahrzehnten revolutioniert. *TUIfly* und *Easy Jet* fliegen z. B. von Berlin, Hamburg, Düsseldorf, München, Basel und Zürich nach Neapel. Angebote und Buchung unter www.tuifly.com und www.easyjet.com.

Last-Minute-Flüge: Die nicht verkauften Sitzplätze im Charter- und Linienverkehr werden etwa 14 Tage vor dem Flugtermin ermäßigt angeboten. Vor allem in den größeren Flughäfen haben sich die Restplatzverkäufer mit eigenen Last-Minute-Schaltern etabliert. In den Tageszeitungen häufen sich die Last-Minute-Angebote der Reisebüros und auch das Internet hilft weiter unter www.opodo.de.

Mit der Bahn

Zugfahren ist noch immer *die umweltverträglichste Art des Reisens* und angesichts der günstigen italienischen Tarife auch eine lohnende Angelegenheit. So wie Deutschland ist auch Italien ein ausgesprochenes Bahnland mit Tradition, her-vorragend ausgebautem Schienennetz und häufigen Verbindungen. Aber trotz effi-zienter Streckenführung und schnellen Umsteigemöglichkeiten braucht die Fahrt in den Süden ihre Zeit. Von Hamburg zum Zielbahnhof *Napoli Centrale* (→ S. 91ist man im günstigsten Fall etwa 21 Stunden unterwegs, ab München sind es immerhin noch fast 15 Stunden. Unbedingt ratsam ist deshalb die Reise im Schlaf- oder Liegewagen. Hinsichtlich der Kosten herrschen allerdings deutliche Unterschiede. Während die Normaltarife in Deutschland, Österreich und der Schweiz ziemlich stark zu Buche schlagen, ist das Zugfahren in Italien vergleichsweise billig. Wer aus dem Norden Deutschlands anreist, muss also erheblich tiefer in die Tasche greifen als Schweizer und Schwaben. Billiger wird es jedoch für alle durch die Sondertarife der Deutschen Bahn. Die Anschaffung italienischer Bahnpässe bringt für die reine Hin- und Rückfahrt keine Preisvorteile. Und vor der Abreise unbedingt nach eventuell angekündigten Streiks *(sciopero)* des italienischen Bahnpersonals schauen!

Sondertarife der DB: Im Rahmen ihrer *Europa-Sparpreise* bietet die DB auch günstige Tarife für die Hin- und Rückreise von allen Bahnhöfen in Deutschland nach Italien an.

Noch günstiger fahren gemeinsam reisende Personen, Familien und junge Leute unter 26 Jahren.

Insgesamt lässt sich der Sondertarifdschungel hier nicht erschöpfend darstellen. Aktuelle und detaillierte Informationen erteilt der **DB Reise-Service** unter ☎ 01805/996633 (gebührenpflichtig) bzw. übers Internet unter www.bahn.de.

Auskünfte und Buchung auch bei allen Reisebüros mit DB-Lizenz.

Platzkarten: In der Hauptreisezeit sind die Züge in den Süden brechend voll. Die Platzkarte bis zum Zielbahnhof Napoli Centrale ist deshalb dringend zu empfehlen. Reser-vierung ist frühestens zwei Monate vor der Abfahrt möglich.

Schlaf- und Liegewagen: Italienische Schlafwagen *(Carrozza letti)* haben in der 1. Klasse Ein- oder Zweibettabteile, in der 2. Klasse zwei oder drei Betten. Liegewagen *(Carrozza cuccette)* haben in der 1. Klasse vier, in der 2. Klasse sechs Liegeplätze. Zu viel an Komfort darf man nicht erwarten, aber dafür ist die Nachtfahrt von München nach Neapel relativ preisgünstig (s. u.). Unbedingt rechtzeitig reservieren!

Preisbeispiel (Stand 2010): München–Neapel und zurück in der 2. Klasse: Normalfahrschein ca. 200 €, Liegewagen ca. 250 €, Schlafwagen (Dreibettabteil) ab 300 €.

Fahrradtransport: Darüber informiert die Radfahrer-Hotline der DB unter ☎ 01805/996633.

Mit dem eigenen Fahrzeug

Die Anreise mit dem eigenen Fahrzeug ist an einem Tag nicht zu bewältigen, mindestens eine Zwischenübernachtung muss einkalkuliert werden. Berücksichtigt man außerdem die Autobahngebühren sowie die Vignettenpflicht in Österreich und der Schweiz, summieren sich die Ausgaben. Ganz abgesehen von den hohen Kraftstoffpreisen. Erst wenn sich 3–4 Personen alle anfallenden Kosten teilen, wird die Fahrt im eigenen Auto relativ preiswert. Doch wie bereits gesagt, am Urlaubsziel bietet der fahrbare Untersatz nur begrenzt Vorteile. Dennoch sieht man zur Ferienzeit zahlreiche Fahrzeuge mit deutschen Nummernschildern am Golf von Neapel. Dabei handelt es sich sicherlich nicht nur

um italienische Gastarbeiter, die in der Heimat Urlaub machen. Vor allem Camper können schwerlich auf ihr Automobil verzichten.

Schnellste Route: Autobahn München–Neapel, ca. 1100 km, Autobahngebühren ca. 58 € plus Österreich-Vignette. Verlauf: München–Brenner–Verona–Modena–Florenz–Rom–Neapel.

Autobahnraststätten: gibt es in Nord- und Mittelitalien in ausreichender Zahl. *Agipristo, Motta* und *Pavesigrill* sind qualitativ und preislich akzeptabel.

Autobahngebühren: An den Mautstationen *(Alt stazione)* werden neben Barzahlung und Viacard (s. u.) inzwischen auch die gängigen Kredit- und EC-Karten akzeptiert. Die magnetische *Viacard* ist im Wert von ca. 25 und 50 € beim heimischen ADAC erhältlich sowie am Grenzübergang und an den großen italienischen Raststätten.

Papiere: Mitzunehmen sind der nationale Führerschein *(Patente di guida)*, der Fahrzeugschein *(Libretto di circolazione)* und die grüne Versicherungskarte *(Carta verde)* – letztere ist zwar keine Pflicht mehr, hilft aber bei der Schadensregulierung. Und nicht vergessen: wer kein Eurokennzeichen hat, muss das D-Schild aufkleben!

Höchstgeschwindigkeiten in Italien: innerhalb geschlossener Ortschaften 50 km/h; auf Landstraßen für Pkw und Motorräder 90 km/h, Pkw mit Anhänger 70 km/h. Auf Autobahnen für Pkw 130 km/h, mit Anhänger 80 km/h. Motorräder ebenfalls 130 km/h (bis 149 ccm verboten, bis 349 ccm nur 110 km/h). Bei Regen gilt 110 km/h auf Autobahnen! Bei Geschwindigkeitsüberschreitung sind extrem hohe Bußgelder fällig: mehr als 40 km/h zu schnell max. 2000 € und sofortiges Fahrverbot!

Weitere Verkehrsvorschriften: Das Abschleppen ist auf Autobahnen verboten; die Promillegrenze liegt bei 0,5 (Geldstrafe bei Alkohol am Steuer bis 2000 €); Warntafeln für Gegenstände, die über das Wagenende hinausragen, müssen aus Aluminium sein. Eine reflektierende Signaljacke pro Person gehört ins Notfallset und muss bei Panne oder Unfall getragen werden.

Tankstellen: an Autobahnen Tag und Nacht geöffnet; ansonsten in der Regel Mo–Sa 7–12.30 und 15–19.30 Uhr. Kredit- und EC-Karten werden an Autobahntankstellen und größeren Tankstellen akzeptiert.

Kraftstoff: Bleifrei Super, 95 Oktan *(Benzina senza piombo* bzw. *Benzina verde)* ca. 1,40 € pro Liter; Diesel *(Gasolio)* ca. 1,30 € pro Liter.

Pannenhilfe: Notrufsäulen stehen in Abständen von 2 km an den Autobahnen. Den Straßenhilfsdienst des **italienischen Automobilclubs ACI** erreicht man ansonsten in ganz Italien rund um die Uhr unter ✆ 116 bzw. unter ✆ 800/116800 (Festnetz und Handy).

Pannenhilfe ist für alle Fahrzeuge mit nichtitalienischem Kennzeichen mittlerweile kostenpflichtig. Nur Inhabern eines Euroschutzbriefs wird im Rahmen der Vertragsbedingungen kostenlose Hilfe gewährt.

Rund um die Uhr – auch übers Handy – erreicht man in ganz Italien außerdem den **Polizeinotruf/Unfallrettung** unter ✆ 112 bzw. 118.

So erreichen Sie den ADAC: in Deutschland unter ✆ 01802/222222 und 222222 (Handy), in Österreich (Wien) unter ✆ 01/2512060. Pannenhilfe in der Schweiz bekommen Sie unter ✆ 140.
Deutschsprachige Notrufstation des ADAC in Italien, täglich 24 Std., ✆ 03921041.

Mit dem Bus

Die *Deutsche Touring GmbH* bietet mit ihren Europabussen Fahrten von verschiedenen deutschen Großstädten nach Neapel an, z. B. von Hannover, Dortmund ,und Mannheim. Diese Busfahrten sind die absoluten Preisbrecher.

Auskunft/Buchung: in allen DER-Reisebüros und den Niederlassungen der Deutschen Touring. Zentrale: Am Römerhof 17, 60486 Frankfurt, ✆ 069/7903501, www.touring.de (Online-Tickets).

Ein Gepäckstück im Koffermaß und das Handgepäck sind frei.

Die schönste Art der Fortbewegung an der Amalfitanischen Küste

Unterwegs am Golf von Neapel

Ganzjährige Fährverbindungen zu den Inseln, häufige Nahverkehrszüge im Großraum Neapel und ein dichtes Netz von Linien-, Insel- und Stadtbussen sorgen für eine gute Mobilität. Das eigene Fahrzeug ist eher ein Klotz am Bein und Mietfahrzeuge sowie Taxis sind relativ teuer.

Fähren

Mit Abstand die schönste Art der Fortbewegung. Ein dichtes Netz von Linien durchkreuzt den Golf von Neapel auch in der Nebensaison. Die wichtigsten Fährhäfen auf dem Festland sind *Napoli/Calata Porta di Massa*, *Napoli/Molo Beverello*, *Napoli/Mergellina*, *Pozzuoli* und *Sorrento*. Zwischen dem Festland und den Inseln verkehren *Traghetti* (Fährschiffe) und Schnellboote, bei denen es sich zumeist um *Aliscafi* (Tragflügelboote) handelt. Beide Schiffstypen haben Vor- und Nachteile: Für das Aliscafo spricht in erster Linie die Geschwindigkeit, was vor allem bei Tagesausflügen wichtig ist. Die langsameren Traghetti bieten hingegen viel Bewegungsfreiheit und Aussicht auf dem Sonnendeck, während man in den Tragflügelbooten zumeist im Innenraum hinter gischtverschmierten Fensterscheiben sitzt und nur selten auf die kleinen Außenplattformen ausweichen kann. Die Fährschiffe sind preiswerter als die Schnellboote und transportieren auch Pkw, wobei sich die Mitnahme des Autos höchstens nach Ischia lohnt. Man hat die Wahl zwischen der staatlichen Reederei *Caremar* sowie mehreren privaten Reedereien; Preisunterschiede gibt es jedoch so gut wie keine, abgesehen von der subventionierten *Metro*

Linienbus an der Amalfitanischen Küste

del Mare. Reservierungen sind aufgrund der häufigen Verbindungen auch in der Hauptsaison nicht notwendig, jedoch möglich. Die Fahrkarten erhält man immer direkt am Fähranleger. Bei Tagesausflügen unbedingt die gewünschte Rückfähre bestätigen lassen, da die Reedereien ihre Fahrpläne im Laufe der Saison mehrmals ändern. Näheres zum Insel- und Küstenfährverkehr in den jeweiligen Kapiteln unter dem Stichwort „Verbindungen".

Fährfahrten entlang der Amalfitanischen Küste sind landschaftlich besonders reizvoll. Auf kleinen, modernen Fähren mit Sonnendeck genießt man die dramatische Küstenlandschaft in voller Pracht und kommt außerdem noch schneller voran als mit dem SITA-Bus auf der kurvigen *Amalfitana.* Die Pendelfähren zwischen Positano und Salerno laufen außer Amalfi mittlerweile auch Minori an.

Ausflugsboote: Auf dem Programm stehen u. a. Inselrundfahrten, Grotten- und Badetouren sowie ganztägige Kreuzfahrten mit Zwischenstopps. Außerdem sind in der Bucht von Pozzuoli, wo die Dichte an versunkenen archäologischen Schätzen besonders hoch ist, Spezialboote mit transparentem Boden im Einsatz. Mehr dazu in den jeweiligen Kapiteln.

Nahverkehrszüge

Zwei wichtige Bahnlinien führen westlich bzw. östlich aus Neapel heraus. Die *Ferrovia Cumana e Circumflegrea* verbindet Neapel mit der Bucht von Pozzuoli, während die *Ferrovia Circumvesuviana* einen ihrer Endbahnhöfe in Sorrent hat. Beide Vorortbahnen sind ideale öffentliche Verkehrsmittel, um die antiken Ausgrabungsstätten am Golf schnell zu erreichen (→ „Neapel/Verbindungen" S. 92). Eine ebenfalls wichtige FS-Zugstrecke führt von Neapel nach Salerno, von wo aus günstige Verbindungen zur Amalfitanischen Küste bestehen (Fähre, SITA-Bus).

Convalidare! Im Nahverkehr müssen die Tickets vor Antritt der Fahrt in den dafür vorgesehenen Automaten gestempelt werden. Andernfalls gilt man als Schwarzfahrer und das kann einiges kosten.

Busse

Das effiziente *SITA-Busnetz* sorgt vor allem im Hinterland von Sorrent und an der Amalfitanischen Küste für gute Verbindungen zwischen den Urlaubsorten. Geradezu vorbildlich funktionieren die Bussysteme auf den drei Inseln; dort sind die Busse allerdings oftmals überfüllt. Das *Stadtbussystem* von Neapel wirkt auf den ersten Blick etwas chaotisch, doch die modernen elektronischen Anzeigetafeln an den Bussen und an den Haltestellen erleichtern die Orientierung erheblich. Das dichte Netz der neapolitanischen Stadtbusse wird noch durch Straßenbahnen, Metrolinien und Schienenseilbahnen ergänzt.

Microtaxi auf Ischia

Die Fahrscheine für die Busse werden an Busbahnhöfen, Kiosken, in Tabacchi-Bars und an vielen Hotelrezeptionen verkauft – und immer häufiger erhält man sie auch beim Fahrer, wo sie in der Regel allerdings etwas teurer sind! Die wichtigsten Stadt- und Überlandverbindungen finden Sie in den jeweiligen Kapiteln unter dem Stichwort „Anfahrt/Verbindungen".

Eigenes Fahrzeug

Der eigene Pkw lohnt sich wie gesagt nur sehr begrenzt. Wer dennoch damit anreist, sollte zumindest den infernalischen Großstadtverkehr von Neapel meiden. Aber auch die Küstenstraßen bieten alles andere als reines Fahrvergnügen; vor allem zwischen Neapel und Sorrent herrscht nicht nur in der Ferienzeit zumeist dichter Stop-and-go-Verkehr. Und die Fahr- und Parkbedingungen auf der legendären Küstenstraße *Amalfitana* sind im Sommer geradezu abenteuerlich (→ S. 301). Allein Ischia verlockt ein wenig zur Mitnahme des Autos, zumal das Straßennetz gut ausgebaut ist und Ausländer eine uneingeschränkte Fahrerlaubnis auf der Insel haben – ganz im Gegensatz zu den Italienern aus der Region Kampanien.

Mietfahrzeuge

Wer die Mobilität vermisst, die das eigene Fahrzeug ermöglicht, kann sich durch Mietfahrzeuge jederzeit und fast überall wieder individuelle Bewegungsfreiheit verschaffen. Wir haben z. B. in Neapel einen Wagen reserviert, um die etwas abseits gelegenen Sehenswürdigkeiten besser erreichen zu können, und diesen dann in Sorrent wieder abgegeben. Auch auf Ischia ist der gemietete Wagen immer wieder nützlich. *Leihwagen,* kurzfristig vor Ort gemietet, sind allerdings ein relativ teures Vergnügen; am günstigsten fährt man mit den Wochentarifen. Einen Mietwagenvertrag kann man in Italien bereits mit 19 Jahren abschließen. Eine vorzeitige Buchung von Deutschland aus ist in jedem Fall ratsam – und deutlich preisgünstiger.

Scooter- und Vespavermieter haben sich vor allem auf den Inseln, in Sorrent und an der Amalfitana etabliert. Ein bisschen Zweiraderfahrung sollte man bei einem solchen Vorhaben allerdings mitbringen. Vor allem die Vespa – der legendäre italienische Motorroller – ist ein ziemlich gewöhnungsbedürftiges Gefährt, denn die kleinen Reifen sorgen für ein völlig neues Fahrvergnügen. Wer z. B. die Küste gemächlich nach ruhigen Badestellen absuchen will, tut mit dem Scooter den richtigen Griff. Die ab 50 ccm vorgeschriebenen Helme gibt es gratis dazu.

Fahrräder werden wegen des steilen Terrains eher selten bis gar nicht vermietet.

Auf den Inseln und in den Urlaubsorten an der Küste floriert der *Bootsverleih* – ein teurer Spaß, aber auch eine feine Sache, da sich viele Badebuchten nur vom Wasser aus erreichen lassen.

Taxis

Für viele gehört Taxifahren eher zu den Luxusvergnügen – aber manchmal ist der Wink nach dem Chauffeur unverzichtbar. In Neapel ist die Taxidichte tagsüber

Das letzte Taxi-Cabrio aus den 50er-Jahren auf Capri

sehr hoch, abends nimmt sie jedoch spürbar ab (Tarife und Zuschläge → S. 92). Die neapolitanischen Taxifahrer sind äußerst kommunikativ und je weiter die Fahrt geht, desto freundlicher werden sie. Stadtrundfahrten im Taxi lohnen sich nicht, da der Verkehr mehr steht als rollt.

In Sorrento und an der Amalfitanischen Küste starten die Taxis mit über 4 € auf dem Taxameter und die besondere Spezialität der dortigen Fahrer sind Langstrecken, die sie bei jeder sich bietenden Gelegenheit empfehlen, z. B. Sorrento–Positano (ca. 50 €).

Bunt ist die Taxiwelt auf den Inseln. Auf Ischia und Procida verkehren sogar noch dreirädrige *Microtaxis.* Diese urigen Zweitakter gleichen den südostasiatischen Tuk-tuks und transportieren mühelos ganze Familien die steilsten Wege hoch. Auf Capri geht es hingegen stilvoll zu, dort gondeln gepflegte Taxilimousinen und -cabrios in der Einheitsfarbe Weiß über die Insel.

Übernachten

Enorme Hotelkapazitäten auf Ischia und in Sorrent, ernst zu nehmende Engpässe im Juli und August, ein gutes Campingangebot an der Sorrentiner Küste, ein steigendes Angebot an B & B sowie viele Pauschaltouristen – das sind die Hauptmerkmale der Übernachtungssituation.

In so traditionsreichen Urlaubsgebieten wie dem Golf von Neapel und der Amalfitanischen Küste ist das Hotelangebot selbstverständlich breit gefächert. Die gehobene Klasse überwiegt zwar eindeutig, aber letztlich gibt es überall Hotelunterkünfte in jeder Kategorie. Auch die Kapazitäten sind vergleichsweise groß. Dennoch lassen sich von Ort zu Ort markante Unterschiede und Besonderheiten feststellen: Im kleinen Bergstädtchen Ravello stecken z. B. einige der luxuriösesten Herbergen der Amalfitanischen Küste. In den weltbekannten Urlaubsorten Positano und Amalfi findet man überraschenderweise auch einfache und preisgünstige Unterkünfte. Auf Capri schreiben die Hoteliers die Tradition ganz groß, hier purzeln die Preise auch in der Nebensaison nicht bzw. nur unwesentlich. Ischia bietet Kur- und Thermalhotels in allen Kategorien und zieht vor allem Pauschaltouristen an. In Sorrent gibt es keineswegs nur Grandhotels nach britischem Geschmack, auch Backpacker und Camper sind herzlich willkommen. In Neapel hingegen mangelt es leider noch immer an soliden Mittelklassehotels.

Trotz der insgesamt überzeugenden Hotelsituation am Golf von Neapel und an der Amalfitanischen Küste lässt sich das Gesamtangebot nur schwer auf einen Nenner bringen. In den einzelnen Gebiets- und Ortskapiteln des Reiseteils wird die jeweilige Übernachtungssituation deshalb immer kurz skizziert. Im Folgenden einige allgemeine Informationen.

> **Internet:** Auf den meisten Websites der lokalen Fremdenverkehrsämter sind Hotels und andere Unterkünfte abrufbar, z. B. für die Stadt Neapel unter www.inaples.it; weitere Webadressen finden Sie in den jeweiligen Ortskapiteln.

Hotels   (Alberghi)

In Italien werden die Hotels von den regionalen Fremdenverkehrsämtern in fünf Kategorien unterteilt (1 bis 5 Sterne). Wir haben die Sterne bei den Hotelbeschreibungen im Reiseteil jeweils angegeben, obwohl sie nicht immer etwas über Zustand, Ausstattung, Service, Freundlichkeit etc. des Hauses aussagen – und auch nicht immer etwas über den Preis! Nicht selten kommt es vor, dass stilvolle Drei-Sterne-Hotels in schöner Lage teurer sind als schlichte Vier-Sterne-Hotels. Die in Italien praktizierte Klassifizierung ist nämlich nicht an festgesetzte Preisgrenzen gekoppelt. Die Hoteliers dürfen die Zimmerpreise ihrer Herbergen so hoch ansetzen, wie es ihnen beliebt. Diese müssen dann nur noch von der zuständigen Tourismusbehörde registriert und natürlich eingehalten werden. Alljährlich werden die Preise neu festgesetzt, wobei es in der Regel zu Preiskorrekturen kommt.

Preise: Die von uns angegebenen Summen beziehen sich auf eine Übernachtung für zwei Personen im Doppelzimmer (DZ) mit Bad, wobei das Frühstück nicht immer inbegriffen ist. Die Preisspanne (z. B. 90–140 €) erfasst den Preisunterschied zwischen Neben- und Hauptsaison. Die Zimmerpreise können auch aufgrund einer unterschiedlichen Zimmerqualität (Meerblick, Größe, Ausstattung etc.) differieren.

Obere Luxusklasse *****, in vielen renommierten Urlaubsorten am Golf vertreten, maximaler Komfort, stilvoll bis ins Detail, manchmal traumhaft gelegen, Küche und Keller mitunter auf Gourmetniveau. Wie in den anderen Kategorien gibt es aber auch hier durchaus Unterschiede. Mehr oder minder unbezahlbar, Preise auch in der NS kaum unter 200 €.

First-Class-Hotel ****, sehr verbreitet, für gehobene Ansprüche, im Komfort der Luxusklasse z. T. ähnlich, zumeist mit vornehmem Restaurant. Swimmingpool und Sporteinrichtungen nicht immer vorhanden. Preise in der NS schon ab 100 €, meist jedoch weit darüber.

Obere Mittelklasse ***, ebenfalls sehr stark vertreten, deutliche Qualitätsunterschiede sind festzustellen. In der Regel solide ausgestattet, bisweilen sogar geschmackvoll und komfortabel, häufig mit Restaurant. Preise um die 100 € mit überraschenden Schwankungen nach unten und oben.

Untere Mittelklasse **, häufig anzutreffende Kategorie. Die Kennzeichnung „einfach, aber sauber" trifft vorwiegend zu. Je nach Besitzer viel familiäre Atmosphäre oder völlig anonym, manchmal sind die zwei Sterne tiefgestapelt und die Herberge hat Stil. Zimmer z. T. ohne eigenes Bad, Preise im Schnitt unter 80 €, aber durchaus auch darüber.

Einfache Herbergen *, vielerorts anzutreffen, auch hier gibt es Niveauunterschiede. An die Ausstattung darf man grundsätzlich keine Ansprüche stellen, erfreuliche und unerfreuliche Überraschungen sollte man allerdings einkalkulieren. Preise um die 50 €.

Reservierung: Wer im Hochsommer ohne Reservierung an den Golf von Neapel reist, muss damit rechnen, an der Rezeption mit einem freundlichen „tutto completo" abgewiesen zu werden. Wer solche unliebsamen Juli/August-Überraschungen vermeiden will, kann nur durch rechtzeitige Zimmerreservierung vorbeugen. Greifen Sie dabei am besten auf unsere kommentierten Übernachtungstipps in den jeweiligen Ortskapiteln zurück.

Die sicherste und einfachste Form der Reservierung ist diejenige **per E-Mail**. Ist keine Internetverbindung vorhanden, geht es auch **per Fax**. Fragen Sie zunächst telefonisch an, ob zum gewünschten Termin etwas frei ist und wickeln Sie die verbindliche Reservierung dann per Fax ab. In der Regel wird die Kreditkartennummer verlangt.

Unterkunftsverzeichnisse erhalten Sie bei den italienischen Fremdenverkehrsämtern in Deutschland, der Schweiz und Österreich (Adressen → S. 69). Darin sind alle registrierten Hotels (oft auch Campingplätze, Jugendherbergen und Privatvermieter) mit Adresse, Preisangaben, Öffnungszeiten und Hinweisen zur Ausstattung verzeichnet.

Besonderheiten

Pensionspflicht: In der Hochsaison verpflichten viele Hoteliers ihre Gäste konsequent zur Halbpension (Mezza pensione), d. h. Übernachtung, Frühstück und Abendessen. Das Abendessen ist dann selten à la carte, sondern es wird brav gegessen, was auf den Tisch kommt. Oftmals wird auch ein **Mindestaufenthalt** von drei Tagen verlangt. Gegen diese Machenschaften ist leider kein Kraut gewachsen. In Hotels ohne angeschlossenem Restaurant kann man der obligatorischen HP natürlich entkommen. In der Nebensaison ist der Gast wieder König und von Pensionspflicht ist dann kaum noch die Rede. Bei unseren Übernachtungstipps sind z. T. auch die HP-Preise pro Person angegeben.

Frühstück (Colazione): Im Zimmerpreis ist das Frühstück nicht unbedingt enthalten, deshalb immer vorher klären, ob ein Aufpreis berechnet wird. Manchmal sind die Frühstückspreise unverschämt hoch, wobei das Gebotene selbst eher lächerlich ausfällt. Grundsätzlich gilt: Frühstück darf nur serviert werden, wenn der Gast es wünscht.

Zimmerpreise: Die von den Fremdenverkehrsämtern registrierten Zimmerpreise müssen für die Gäste an der Rezeption einzusehen sein und auch in den Zimmern selbst deutlich aushängen (meist an der Innenseite der Tür). Viele Hotels besitzen keine Einzelzimmer. Falls Singles ein DZ zugewiesen bekommen, ohne es verlangt zu haben, darf dafür eigentlich nur ein EZ-Preis bzw. bis zu 85 % des DZ-Tarifs berechnet werden. Ein Zusatzbett im DZ darf den Preis hingegen maximal um 35 % erhöhen. Sollte es bei der Bezahlung zu Unstimmigkeiten kommen, hilft meist schon der Hinweis auf die Polizia – falls nicht, sollte man die Drohung auch ausführen.

Rechnung (Ricevuta fiscale): Abreisende Hotelgäste sollten immer eine Rechnung verlangen und nicht leichtfertig abwinken. Das kurzfristige Aufbewahren der Hotelrechnung ist in Italien Pflicht und gilt auch für Ausländer. Die Finanzpolizei (Guardia di Finanza) macht in der Urlaubssaison mitunter stichprobenartige Kontrollen, wobei zum Vorzeigen der *Ricevuta* aufgefordert wird. Ein Fehlen derselben kann unangenehme Folgen für Gast und Wirt gleichermaßen haben, denn die vorgesehenen Bußgelder sind gesalzen (gleiches gilt fürs Restaurant → S. 59).

Pauschalangebote

Der Golf von Neapel ist eine bevorzugte Region der deutschen Reiseveranstalter, die dieses Urlaubsgebiet mittlerweile seit Jahrzehnten vermarkten. Dabei konzentrieren sich die Angebote vorwiegend auf Ischia und Sorrent. Ein Pauschalangebot sieht in der Regel die An- und Abreise per Flugzeug, den Transfer zum Hotel und mindestens eine Woche Halbpension vor. Preislich sind solche Pauschalreisen kaum zu unterbieten und für Familien mit Kindern gibt es z. T. spezielle Angebote. Wer auf Ermäßigungen und Sondertarife achtet, kann mitunter nochmals erheblich sparen. Wenn Sie pauschal verreisen wollen, besorgen Sie sich am besten die aktuellen Kataloge der einschlägigen Reiseveranstalter in einem Reisebüro und stellen Preisvergleiche an. Wir haben gute Erfahrungen mit dem Spezialveranstalter *Ischia Tourist* gemacht (→ S. 167).

Ferienwohnungen (Case per vacanze)

Für Kleingruppen und Familien mit Kindern eine echte Alternative zu den oft kostspieligen Hotels. Bei der Suche nach Ferienwohnungen und -häusern am Golf von Neapel stellt man jedoch schnell fest, dass das klassische Katalogangebot der auf Italien spezialisierten Agenturen und Reisebüros recht dünn ist. Viel bessere Chancen hat man hingegen im Internet, z. B. unter *tourist-online.de*.

● *Agenturen* vorwiegend exklusive Angebote an der Amalfitanischen Küste und auf der Sorrentiner Halbinsel: **Novasol**, ✆ 040/23885982, www.novasol.de, und **Non Solo**

Casa, ✆ 04321/852608, www.nonsolocasa.de. Einige wenige Objekte auf Ischia und Capri: **Sard-Reisedienst**, ✆ 06139/766, ✆ 1488, www.sard.de.

Agriturismo

Urlaub auf dem Lande – in einer *Azienda agrituristica* – ist am Golf von Neapel nicht annähernd so verbreitet wie in der Toskana und in Umbrien. Dennoch gibt es auf der Sorrentiner Halbinsel und an der Amalfitanischen Küste einige empfehlenswerte „touristische" Bauernhöfe (siehe in den jeweiligen Kapiteln), auf denen Urlauber noch ein wenig mit dem bäuerlichen Alltag in Berührung kommen. Um die in der Regel offene, z. T. familiäre Atmosphäre auf diesen Agriturismo-Höfen besser genießen zu können, sollte man schon ein paar Sprachkenntnisse mitbringen, aber es geht natürlich auch ohne. Wer allerdings die Erntezeit durch tatkräftige

Mithilfe hautnah erleben will, kann dies nur auf einer Azienda agrituristica, wo Landarbeit („Partecipazione attività agricola") auch ausdrücklich vorgesehen ist.

Auf dem *Speiseplan* jeder Azienda stehen in erster Linie die eigenen Erzeugnisse, denn die behördliche Zulassung ist strikt an eine aktive Landwirtschaft und die Bewirtung der Gäste mit vorwiegend eigenen Produkten gebunden. Wer bei Agriturismo jedoch an eine Billiglösung denkt, irrt sich. Man muss ungefähr mit Mittelklassehotel-Preisniveau rechnen, aber dafür gibt es schließlich einen soliden Gegenwert. *Information* www.agriturismo-on-line.com.

B & B und Privatzimmer

Privatzimmer werden am Golf von Neapel in geringem Umfang angeboten. Die lokalen Fremdenverkehrsbüros haben in ihren Unterkunftsverzeichnissen häufig auch die offiziellen Affittacamere-Adressen aufgelistet und sind gelegent-

Feine Herberge

lich bei der Vermittlung behilflich. Bei diesen „privaten" Quartieren wird in der Hochsaison nicht selten ein Mindestaufenthalt von drei Tagen bzw. einer Woche verlangt. Wer sein Glück auf eigene Faust versuchen will, sollte in den örtlichen Bars nach Privatzimmern herumfragen; die Besitzer oder Kunden haben häufig Tipps parat.

Ein neues Gesetz regelt hingegen die B & B-Situation in Italien. Danach dürfen private Anbieter insgesamt nicht mehr als drei DZ offerieren und müssen selbst im Haus bzw. auf dem Grundstück wohnen. Die Realität sieht jedoch häufig anders aus. Jedenfalls hat das neue Gesetz in Verbindung mit Subventionen zu einem B & B-Boom in ganz Italien geführt, so auch am Golf von Neapel, wo sich vor allem das Übernachtungsangebot in Neapel verbessert hat.

Information B & B-Agenturen mit Angeboten im gesamten Urlaubsgebiet: **B&B a Napoli e dintorni**, www.bb-napoli.com; **RentaBed**, www.rentabed.it.

Jugendherbergen   (Ostelli per la gioventù)

Low-Budget-Reisende finden lediglich in Neapel/Mergellina, Salerno sowie in der amalfitanischen Berggemeinde Agerola ein Ostello, das dem italienischen Jugendherbergsverband angehört (siehe unter „Übernachten" in den jeweiligen Ortskapiteln). Informationen dazu gibt der italienische Jugendherbergsverband *Associazione Italiana Alberghi per la Gioventù* unter www.ostellionline.org. In und bei Neapel (Portici → S. 212), auf Ischia, in Sorrent/Sant'Agnello, Positano und Atrani haben wir jedoch Privatherbergen aufgespürt, die ähnlich wie Ostelli privat geführt werden und nur geringfügig teurer sind (siehe dort).

Camping   (Campeggio)

Von allen Übernachtungsvarianten am Golf von Neapel ist die Campingsituation sicherlich die extremste: Während das Angebot an der Sorrentiner Küste zufriedenstellend ist, gibt es an der gesamten Amalfitanischen Küste aufgrund des steilen Terrains keine Plätze. Die Inseln präsentieren sich ebenfalls extrem gegensätzlich: Capri zeigt Campern die kalte Schulter und verbietet das Zelten auf der ganzen Insel. Ischia verfügt nur über zwei, allerdings empfehlenswerte Campingplätze. Auf Procida gibt es zwar mehrere, aber dafür nur sehr einfach ausgestattete Plätze.

Wenn man den Juli und August meidet, kann der Campingurlaub viel Spaß machen. Im Hochsommer ziehen nicht nur Touristen, sondern vor allem italienische Familien mit Sack und Pack ans Meer, die Plätze sind oft bis zum letzten Quadratmeter belegt. Warteschlangen bilden sich vor den Duschen und Toiletten. Dauerlärm ist garantiert. Der Besitzer reibt sich allerdings die Hände, denn der macht im Juli/August den größten Teil seines Jahresumsatzes. Mai, Juni und September sind dagegen vergleichsweise entspannte Campermonate. Viele Plätze bieten auch Bungalows und Wohnwagen an.

Öffnungszeiten: Die Saison beginnt für die meisten Plätze im Mai und endet Anfang Oktober; nur wenige bleiben das ganze Jahr über geöffnet.

Preise: Wie bei den Hotels gibt es unterschiedliche Tarife für die Haupt- und Nebensaison. Zwei Erwachsene mit großem Zelt und Auto müssen in der HS je nach Lage und Ausstattung des Platzes mit 25–35 € pro Tag rechnen. Verwirrung stiftet die Zusammensetzung der Preise – mal sind Auto und Stellplatz im Personenpreis inbegriffen, mal geht alles extra und häufig wird ein Preisunterschied zwischen großen und kleinen Zelten gemacht (*Tenda canadese* = kleines Zelt).

Hier kommen Selbstversorger auf ihre Kosten

Essen und Trinken

Gut essen und trinken, das machen uns die Italiener eindrucksvoll vor, gehört mit zu den größten Lebensfreuden des Landes. Und der Golf von Neapel bildet da keine Ausnahme, immerhin ist er die Heimat von Pizza, Pasta und Pomarola, ganz abgesehen von den zahlreichen lokalen Spezialitäten.

Die authentische kampanische Küche, die *Cucina campana*, ist im Vergleich zu anderen italienischen Regionalküchen betont einfach, sie komponiert aus schlichten Zutaten schmackhafte und aromatische Gerichte. Gemüse und Kräuter spielen dabei eine ganz wichtige Rolle. Absolut unverzichtbar ist die Tomate *(Pomodoro)*, sie bildet die wichtigste Grundzutat, die in kaum einem Rezept fehlt. Die Vielfalt an heimischen Gemüsesorten (Tomaten, Auberginen, Artischocken, Zucchini, Paprika, Fenchel, Kartoffeln etc.) degradiert das ansonsten so gefragte Fleisch regelrecht zur Beilage. Sogar dem Käse kommt eine größere Bedeutung zu als dem Fleisch; *Mozzarella, Provolone, Caciocavallo* und andere Käsesorten prägen den Geschmack der kampanischen Küche ganz wesentlich mit. Aber selbstverständlich gibt es auch einige regionaltypische Fleischgerichte, so auf Ischia das Wildkaninchen nach Art der Jägerin.

Die Besonderheit der kampanischen Küche besteht jedoch darin, Fisch und Meeresfrüchte mit Feldfrüchten aufs Trefflichste zu kombinieren; typisch für diese *Cucina di mare e terra* ist beispielsweise das amalfitanische Hauptgericht *Seppie con patate* (Tintenfisch mit Kartoffeln). Gehaltvolle Fischsuppen *(Zuppa di pesce)* kennzeichnen die Regionalküche ebenso wie frischer Mittelmeerfisch aus dem Ofen *(Pesce al forno)* oder frittiert *(Frittura di pesce)* – nur teuer sind sie geworden, die begehrten Delikatessen aus dem Meer.

Reisepraktisches

Über all dem thronen unangefochten die zahlreichen Pastagerichte, die es mit den verschiedensten Tomaten-, Fleisch-, Gemüse- und Muschelsaucen gibt, wobei aber längst nicht jede Nudelsorte zu jeder Sauce passt! Und nicht zu vergessen, in Napoli regiert bekanntlich die Pizza. – *Buon appetito!*

Italienisches Frühstück   (Colazione)

Das authentische italienische Frühstück wird in der *Bar/Pasticceria* eingenommen. Man sucht sich in der Glasvitrine seine *Pasta* (namensgleich mit dem Nudelteig, der eigentlich Pastasciutta heißt) aus; das kann z. B. ein *Cornetto* (Hörnchen) sein oder auch eine *Sfogliata* (gefüllte Blätterteigtasche). Wer seinen Geschmacksorganen morgens nichts Süßes zumuten mag, findet eine große Auswahl an *Panini* (belegte Brötchen) und *Tramezzini* (dreieckige Weißbrotschnitten) vor. Dazu bestellt man sich den ersten *Cappuccino* des Tages oder gleich einen *Caffè* (Espresso) – und das italienische Frühstück ist komplett. Den Einheimischen reicht diese erste Mahlzeit in der Regel bis zum Mittagessen, nicht so dem Gast aus dem Norden, der wiederholt diesen Vorgang beliebig oft, denn Bars und Pasticcerie gibt es wie Sand am Meer und vom *Caffè italiano* kann man nie genug kriegen.

Das *Hotelfrühstück* fällt hingegen zumeist „international" aus; je nach Kategorie mit einem üppigen Büfett oder ganz bescheiden mit Zwieback und Marmelade. Auch der Hotelkaffee hat selten Barqualität.

Essen gehen

Auf *Pranzo* (Mittagessen) und *Cena* (Abendessen) wird in Italien großer Wert gelegt und die Essenszeiten werden dabei pünktlich eingehalten, mittags von 13 bis 15 Uhr und abends ab 20 Uhr. Es handelt sich jeweils um reichhaltige Mahlzeiten mit mehreren Gängen, wobei das Abendessen etwas üppiger ausfällt als das Mittagessen. Im Ristorante beginnt eine komplette Mahlzeit mit den *Antipasti* (Vorspeisen), die mitunter auf dekorativen Vitrinentischen irgendwo im Lokal stehen. Danach geht es weiter mit dem ersten Gang *(Primo piatto),* entweder einer *Pastasciutta* (Nudelgericht), einem *Risotto* (Reisgericht) oder einer *Minestra* (Suppe). Das anschließende Hauptgericht *(Secondo piatto),* entweder *Pesce* (Fisch) oder *Carne* (Fleisch), wird durch ein extra zu bestellendes *Contorno* (Gemüse oder Salat) ergänzt. *Formaggio* (Käse) schließt bekanntlich den Magen. Der Nachtisch, *Frutta* (Obst) oder *Dolce* (Dessert), setzt den Schlusspunkt. Danach helfen nur noch *Caffè* und *Grappa!*

Der Wirt erwartet zwar grundsätzlich, dass eine komplette Mahlzeit verzehrt wird, toleriert jedoch einige individuelle Kombinationen. Der Gast kann z. B. auf die Vorspeise verzichten oder den ersten Gang überspringen und/oder die Nachspeise streichen. Wer es jedoch mit der Reduzierung übertreibt, vielleicht sogar auf das Hauptgericht verzichten will, bekommt in einigen Ristoranti zumindest die Andeutung von Geringschätzung zu spüren.

Dem Sättigungsvorgang folgt die Bitte um die *Rechnung:* „Il conto, per favore". Der Preis für eine rundum komplette Mahlzeit ohne Getränke dürfte kaum unter 30 € liegen – je nach Standort und Qualität geht es natürlich auch teurer. Hinzu kommen die Posten *Servizio* (Bedienung, 10–15 %) sowie eine Pauschale für *Pane e coperto* (Brot und Gedeck, 1–3 €); beides wird auf der Rechnung extra aufgeführt, sofern es nicht schon im Grundpreis enthalten ist (*Coperto e Servizio compreso*).

Pizza, Pasta und Pomarola

Pizza und Pasta sind die berühmtesten Gaumenfreuden, die der Golf von Neapel bereithält. Und lässt man der neapolitanischen Überschwänglichkeit freien Lauf, dann erreichen diese kulinarischen Genüsse nur in Neapel ihre höchste Vollendung. Entsprechend blumig sind die Schöpfungsgeschichten, die sich um Pizza und Pasta ranken.

Die *Pizza*, das darf man nicht bezweifeln, schmeckt nirgendwo besser als in Napoli. Nur die neapolitanischen Pizzaioli haben das richtige Gefühl für den Teig und die Zutaten. Ausschließlich Mehl, Wasser, Hefe und Salz verwenden sie. Und heiß muss der Steinofen sein, in dem die Pizza gebacken wird, so heiß wie der Vesuv im Innern. Aufgrund der spärlichen Zutaten ist die Pizza seit eh und je ein ur-neapolitanisches Arme-Leute-Gericht, aber am 11. Januar 1889 geschah Folgendes:
Die italienische Königin Margherita von Savoyen weilte im Schloss von Capodimonte und verlangte nach einer Pizza, von der sie schon so viel hatte reden hören. Ein Bediensteter begab sich daraufhin zum bekanntesten Pizzabäcker der Stadt, einem gewissen Raffaele Esposito. Spontan und voller Stolz über den Auftrag kreierte dieser Pizzaiolo eine wahrhaft königliche Pizza in den Nationalfarben Weiß, Rot und Grün, indem er den Fladen mit Mozzarella, Tomaten und Basilikum belegte. Ihre Majestät war begeistert und jedes Mal wenn sie in Neapel weilte, verlangte sie wieder danach. Die legendäre Pizzeria, in der die Pizza Margherita damals geboren wurde, existiert übrigens noch heute (→ S. 97).

Die *Pasta*, das Heiligtum der italienischen Küche, wurde selbstverständlich ebenfalls in Neapel erfunden – das behaupten zumindest die Neapolitaner. Obwohl die seriöse Nudelforschung da anderer Meinung ist und in den Sizilianern die Urheber sieht, bleibt unbestritten, dass die Pasta von Neapel aus die ganze Welt erobert hat. Hier entstanden die ersten Teigwalkereien und Pasta-Maschinen und hier kreierte man die bekanntesten Nudelformen: Maccheroni und Spaghetti, Penne und Vermicelli. Bereits im 19. Jh. besaß Neapel eine eigene exportorientierte Pasta-Industrie. Doch die Tradition der hausgemachten Pasta casalinga ist trotz industrieller Fertigung ungebrochen geblieben. Die neapolitanische Mamma ist immer noch die unangefochtene Nudelkünstlerin und jedes neapolitanische Restaurant, das etwas auf sich hält, serviert selbst gemachte Pasta.

Ohne den Siegeszug der *Tomatensauce (Pomarola)* wären Pizza und Pasta allerdings nur fade Mehlspeisen: Mit der Entdeckung der Neuen Welt gelangte auch die Tomate nach Europa, wo sie zunächst als Zierpflanze Bewunderer fand. Goldapfel, Pomo d'oro, nannte man sie, weil die goldgelbe Farbe der unreifen Frucht das Auge erfreute. Erst neapolitanische Küchenexperimente verhalfen der Tomate zum Sprung in den Kochtopf. Ein geradezu revolutionäres Ereignis, denn durch die kulinarische Entdeckung der Tomate bekamen die blassen Mehlspeisen Pizza und Pasta erst Farbe und Geschmack. Tomatensauce, Pomarola, hieß das Zauberwort, womit die Neapolitaner den Pizzafladen und die Nudelspeise vollendeten. Für den neapolitanischen Schriftsteller Luciano De Crescenzo (→ S. 71) beginnt mit der Einführung der Tomate in die Küche sogar ein neues Zeitalter: post pummarolam natam. Auch der massenhafte Anbau der Tomate ließ nicht lange auf sich warten. Die fruchtbaren Vesuvhänge eigneten sich dazu besonders gut. Bereits gegen Ende des 19. Jh. hatte sich in Neapel und Umgebung eine florierende Tomatenindustrie etabliert, deren Konservendosen mit Pelati (geschälte Tomaten) seitdem in alle Welt exportiert werden. Zu den schmackhaftesten Sorten gehört übrigens die San-Marzano-Tomate.

Rustikales Strandrestaurant – gleich heißt es: „a tavola, prego"

Trinkgeld (*Mancia*) gibt nur ein zufriedener Gast. Die Rechnung muss unbedingt mitgenommen und eine Weile aufbewahrt werden, um sie bei eventuellen Kontrollen der Finanzpolizei vorzeigen zu können. Achten Sie darauf, dass Ihnen nicht einfach ein handbeschriebener Zettel als Rechnung untergejubelt wird, bestehen Sie auf die Aushändigung einer *Ricevuta fiscale*. Das ist Pflicht in Italien, denn wo keine Rechnung ausgestellt wird, wird natürlich auch nichts versteuert (→ „Übernachten" S. 53).

Kleine Restaurant-Tipps

Platzwahl: Man stürzt beim Restaurantbesuch nicht auf den nächstbesten freien Tisch zu, sondern wartet, bis man vom Kellner einen Tisch zugewiesen bekommt. Selbstverständlich kann man Wünsche äußern.

Konversation: Die bei uns typische Höflichkeitsfrage, ob es denn geschmeckt habe, ist in Italien nicht üblich. Dafür wird vor dem Abräumen mit *„Posso, signori?"* um Erlaubnis gefragt. Vorher werden jedoch immer erst Obst, Dessert und Kaffee angeboten: *„Desidera altro – frutta, dolce, caffè?"* Die **Rechnung** kommt diskret verdeckt auf einem Tellerchen, man legt sein Geld darauf und erhält das Wechselgeld darauf zurück. Eventuelles Trinkgeld lässt man beim Gehen auf dem Tellerchen liegen. Es kann nicht schaden, die Rechnung zu überprüfen, dabei aber nicht die Extras vergessen.

Unbeliebt ist die Angewohnheit, getrennt zu zahlen. In Italien heißt das u. a. *pagare alla romana* und bereitet den meisten Kellnern wenig Freude. Wenn es keinen besonderen Grund gibt, getrennt zu zahlen, sollte die Gesamtrechnung einfach durch die Anzahl der Tischrunde geteilt werden.

La Lista (Speisekarte): Sie kann sich für Sprachunkundige als ein Buch mit sieben Siegeln entpuppen, das die spezialitätenhungrigen Gäste mit Namen bombardiert, die absolut im Unklaren lassen, was es da nun eigentlich Leckeres gibt. Viele Gerichte sind sogar im Dialekt geschrieben. Eine kleine Hilfe, um nicht ins Blaue tippen zu müssen, bieten unsere kulinarischen Tipps in den Ortskapiteln sowie der Spezialitätenüberblick auf den folgenden Seiten.

Lokale: Früher waren die Bezeichnungen *Ristorante*, *Trattoria* und *Osteria* noch eindeutig. Wer z. B. eine Osteria aufsuchte, konnte sicher sein, dass es sich um ein volkstümliches und preisgünstiges Lokal handelte. Da sich die Unterschiede der

Speiselokale heute zusehends verwischen, kann man sich auch nicht mehr auf ihre Bezeichnungen verlassen. Deshalb hat die folgende Differenzierung leider nur begrenzt Gültigkeit. Aber dort, wo zusätzlich mit *Cucina tipica* (lokaltypische Küche) oder mit *Cucina casalinga* bzw. *Cucina casareccia* (Hausmannskost) geworben wird, werden in der Regel schmackhafte Speisen zu ehrlichen Preisen serviert.

In den stark frequentierten Urlaubsorten stößt man immer häufiger auf Lokale, die ein *Menu turistico* zum festen Preis anbieten. In der Regel handelt es sich dabei um preiswerte Zwei- bis Drei-Gänge-Mahlzeiten von durchschnittlicher Qualität, häufig inkl. Wein, Wasser und Caffè.

Die Preisangaben im praktischen Reiseteil dieses Buches sind durchschnittliche Grundpreise und beziehen sich auf ein Drei-Gänge-Essen à la carte ohne Getränke. Wir orientieren uns dabei an der landesüblichen Praxis in Gastronomieführern und -verzeichnissen. Der Einfachheit halber heißt es dann bei den jeweiligen Restaurantbeschreibungen: *Menü* 20–30 €, 30–40 €, 40–50 € oder über 50 €.

Ristorante: meist das vornehme Speiselokal mit gestärkter weißer Tischdecke und korrektem Kellner. Es werden regionale und nationale Gerichte serviert. Die Weinkarte enthält ausgewählte Flaschenweine, offener Wein wird nur selten ausgeschenkt. Ein gutes Ristorante kann sehr teuer sein, es gibt aber viele Ristoranti, die preislich und qualitativ ausgewogen sind. Um Überraschungen zu vermeiden, immer erst die Preisliste vor der Tür studieren.

Trattoria: dem Ursprung nach ein Speiselokal, das sich den Traditionen der lokalen Küche verpflichtet fühlt; heute bietet diese Bezeichnung aber keine Garantie mehr dafür. Häufig handelt es sich bei einer Trattoria jedoch um einen gemütlichen Familienbetrieb, wo die *Mamma* im Verborgenen kocht, der *Padrone* auf die Zufriedenheit der Gäste achtet und der Nachwuchs bedient. Eine solche Trattoria ist meistens rustikal eingerichtet und hat eine persönliche Note.

Osteria: einst die volkstümliche Variante der Trattoria, wo der kleine Angestellte seine Mittagspause verbrachte und zur deftigen Hausmannskost seinen *Quartino* (Viertelliter Wein) trank. Die echte Nachbarschaftsosteria hat heute in ganz Italien Seltenheitswert. Die Bezeichnung besagt gar nichts mehr, dahinter kann sich auch ein gestyltes Restaurant verbergen. Zuerst mal einen Blick hineinwerfen, bevor man sich setzt.

Pizzeria: taucht meistens in Verbindung mit dem Zusatz *Ristorante* auf, was besagt, dass es neben einer großen Pizzaauswahl auch alle anderen Gänge und Speisen gibt, qualitativ jedoch oft unter dem Niveau eines reinen Ristorante und es geht meist auch viel lebhafter zu. Die Pizza kommt in jedem Fall aus einem mit Holz beheizten Steinofen – und wie gesagt, schmeckt sie in Napoli am besten.

Tavola calda: eigentlich eine kleine Garküche mit wenigen Tischen und Stühlen, wo deftige Leckereien zu *Pane e vino* gebrutzelt werden.

Birreria: eine Art Kneipe, in der aber nicht nur Bier *(Birra)* getrunken wird, sondern auch ganze Mahlzeiten bzw. Snacks serviert werden. Hier trifft sich ein junges Publikum.

Rosticceria: eine Art Imbissstube, zumeist ohne Sitzgelegenheiten. Mittags und abends stehen die Einheimischen Schlange, um Gegrilltes und Beilagen oder dampfende Nudelgerichte mit nach Hause zu nehmen. Es werden auch Nachspeisen und Getränke verkauft.

Bar/Café/Pasticceria: Bars gibt es an jeder Straßenecke; hier kehrt man tagsüber im Vorübergehen ein, um den x-ten *Caffè* oder *Cappuccino* am Tresen zu trinken; den ganzen Tag über werden in der Regel auch Snacks bereitgehalten; abends schlürft man hingegen seinen *Aperitivo* bzw. *Digestivo*. Im Gegensatz zur Bar gibt es in den Cafés gemütliche Sitzgelegenheiten und es ist zumeist auch eine Pasticceria (Konditorei) angeschlossen. Achtung, ob Bar oder Café, im Sitzen verdoppeln sich die Preise ungefähr! In den Urlaubsorten avanciert so manche Bar zum beliebten Treffpunkt, serviert abends auch Cocktails und bleibt lange geöffnet.

Gelateria: die Eisdiele! Italienisches Eis gilt weltweit als das beste; *Gelato artigianato* heißt keineswegs künstlich hergestellt, sondern vielmehr kunstfertig. Häufig findet man auch die Kombination Bar/Gelateria.

Einige kampanische, neapolitanische und insulare Spezialitäten

Snacks aus der Backstube (Forno) oder Konditorei (Pasticceria)

Calzone – kleine, gefüllte Pizzataschen. In den Füllungen tauchen die verschiedensten Käsesorten, Schinken, Salami, Kräuter und Gemüse auf.

Pizza Margherita – mit Tomaten, Mozzarella und Basilikum; wird in den neapolitanischen Backstuben immer frisch vom großen Blech angeboten. Man kauft sie am Stück nach Gewicht *(a taglio)*.

Pizzette alla napoletana – frittierte Minipizzen, mit einer würzigen Tomatensauce bestrichen.

Mozzarella in carrozza – Mozzarella zwischen Weißbrotscheiben knusprig in Öl ge-

backen, reichlich mit Salz, Pfeffer und Oregano gewürzt.

Arancine – frittierte Reiskugeln mit einer Füllung aus Rinderhackfleisch, Erbsen und Mozzarella.

Zeppole – schwimmend ausgebackene, kleine Krapfen.

Sfogliatella – Blätterteigtasche, mit Ricotta oder Pudding gefüllt.

Babà – ein in Rum getränktes, pilzförmiges Kuchenstück.

Delizie al limone – Zitronenkuchen bzw. Zitronengebäck.

Antipasti

Crostini alla napoletana – kleine geröstete Brotscheiben mit Sardellen und verschiedenen Kräutern.

Bruschetta – Tomatenstücke in Öl, Salz, Pfeffer auf angemacht und auf gerösteten Knoblauchbrotscheiben serviert.

Insalata caprese – Mozzarella- und Tomatenscheiben, Basilikum und bestes Olivenöl, Salz und Pfeffer aus der Mühle.

Verdure sottolio – verschiedene Gemüse, in Essig und Öl eingelegt

Insalata di mare – Meeresfrüchtesalat, gegarte Meeresfrüchte (Tintenfische, Muscheln etc.), in Öl, Petersilie und Zitrone angemacht.

Acciughe marinate – marinierte Sardellen.

Pepata di cozze – frische Miesmuscheln, mit Zitrone, Pfeffer und Petersilie gekocht und im eigenen Sud serviert.

Primi

Maccheroni al ragù napoletano – Röhrchennudeln mit kräftiger, sämiger Fleisch-Tomaten-Sauce, die laut Originalrezept stundenlang auf kleinster Flamme einkochen musste.

Fusilli alla napoletana – Spiralnudeln mit würziger Knoblauch-Tomaten-Sauce.

Scialatielli – diese kurzen Nudeln sind eine absolute Primo-Spezialität der Golfküste und werden mit den verschiedensten Saucen serviert.

Gnocchi alla sorrentina – ein Klassiker mit Tomaten-Käse-Sauce, den man nicht nur in Sorrent bekommt.

Gelato und mehr in Capri-Ort

Vermicelli alle vongole – dünne Fadennudeln mit Venusmuschelsauce.

Spaghetti alla puttanesca – Spaghetti mit Oliven-Kapern-Sauce.

Penne con melanzane – abgeschrägte Röhrennudeln mit Auberginen-Mozzarella-Sauce.

Secondi

Fritto misto di mare – gebackene frische Fische und Krustentiere, z. B. Tintenfische, kleine Rotbarben, Sardellen, Sardinen, Garnelen.

Polpi alla napoletana – Tintenfisch in würziger Tomaten-Oliven-Sauce.

Baccalà alla napoletana – Klippfisch auf neapolitanische Art mit Tomaten, Kapern und Oliven.

Zuppa di pesce – Fischsuppe aus verschiedenen Fischen, Meeresfrüchten und Muscheln mit Tomaten und Röstbrotscheiben; sehr gehaltvoll, wird deshalb ohne einen Primo vorweg gegessen *(piatto unico)*.

Neapolitanischer Pizzabäcker

Spaghetti caprese – Spaghetti mit einer Sauce aus Tomaten, Oliven, Sardellen, Thunfisch und Mozzarella.

Sartù di riso – gehaltvoller Reisauflauf mit Kalbshackfleisch, Hühnerklein, Schinken, Pilzen, Erbsen, Tomaten und Mozzarella.

Pesce al forno – frische Mittelmeerfische aus dem Ofen; Preise meist *al etto* (100 Gramm). Zu den schmackhaftesten und teuersten Edelfischen gehören *Sogliola* (Seezunge) und *Orata* (Goldbrasse).

Bistecchine – geschmorte Rindersteaks mit Schinken und Champignons.

Costolette alla pizzaiola – Schweinekoteletts mit Tomaten und Knoblauch.

Coniglio alla cacciatora – Wildkaninchen nach Art der Jägerin, Fleischstücke in einer herzhaften Kräutersauce mit Salbei, Knoblauch und Kapern.

Contorni

Parmigiana di melanzane – Auberginenauflauf mit Tomaten, Basilikum, Parmesan, Mozzarella und hartgekochten Eiern.

Insalata di rinforzo – Blumenkohlsalat mit Paprikaschoten, Oliven, Sardellenfilets, Peperoni und Kapern.

Zucchine marinate – eingelegte Zucchinischeiben mit Minze und Basilikum.

Cianfotta – Kartoffel-Auberginen-Topf mit Paprikaschoten und Tomaten.

Friarelli stracinati – die leicht bitteren Blätter des Brokkoli mit ihren winzigen gelben Blüten werden mit Olivenöl, Knoblauch und Peperoncino angemacht.

Formaggi

Mozzarella di bufala – aus der Milch von den Wasserbüffeln in der Sele-Ebene südöstlich von Neapel wird der schmackhafteste Mozzarella Italiens gemacht.

Fior di latte – Kuhmilchmozzarella.

Provolone/Provola – gereifter Büffelmilch- bzw. Kuhmilchkäse.

Caciocavallo – Hartkäse aus Kuh-, Schafs- oder Ziegenmilch.

Pecorino fresco – frischer, milder Schafskäse.

Dolci

Coviglia di caffè – geeiste Kaffeecreme mit Schlagsahne.

Zuppa inglese alla napoletana – gehaltvoller Vanillecreme-Biskuit mit Ricotta und Schokolade.

Private Weinernte auf Ischia

Wein (vino)

Zum guten Essen gehört selbstverständlich der einheimische Wein. Man kann sich in der Regel auf den offenen Wein, den die jeweiligen Speiselokale anbieten, verlassen. Er kommt meistens aus der Umgebung und ist mit Sachverstand ausgewählt. Wer eine Flasche kontrollierten regionalen *DOC-Qualitätswein* ausprobieren möchte, begeht natürlich keinen Fehler, aber bezahlt dafür entsprechend mehr.

Weinbau: Der Golf von Neapel gehört zu den ältesten Anbaugebieten Italiens. Auf den vulkanischen Böden gedeiht die Rebe hervorragend. Schon die griechischen Siedler Magna Graecias wussten das und brachten den Wein aus ihrer Heimat hierher. Die *Greco-Rebe*, eine Sorte aus der griechischen Antike, wird heute noch am Golf von Neapel kultiviert. Auch die Römer bevorzugten die vulkanische Gegend wegen ihrer Fruchtbarkeit und pflanzten hier den einstmals so geschätzten *Falerno* an. Doch dieser altrömische Wein würde uns heute wohl kaum schmecken, denn er wurde mit Harz, Salzwasser und Honig versetzt.

Obwohl die natürlichen Voraussetzungen gegeben sind, produziert die Region heute viel weniger Wein als möglich. Außerdem ist die Tendenz zum Qualitätswein (DOC) längst nicht so ausgeprägt wie in den renommierteren Weinregionen Italiens. Fast 90 % der Produktion ist nicht DOC-würdig, aber Ausnahmen bestätigen bekanntlich die Regel. So hatte Ischia die Ehre, bereits 1966 als zweiter DOC-Bereich Italiens anerkannt zu werden. Der weiße und rote *Ischia DOC* erfreut sich großer Beliebtheit bei den Urlaubern und verlässt die Insel deshalb kaum als Exportwein (→ S. 168). Auch der *Capri DOC* ist von echter Klasse, aber als verwöhnte Ferieninsel hat man dort den Weinbau fast einschlafen lassen. Verbreitet ist hingegen der Vesuvwein *Lacrimae Christi DOC,* der an den fruchtbaren Hängen des Vulkans gedeiht. Schon bevor Pompeji unter der Asche versank, war der Weinbau am Vesuv verbreitet. Der Lacrimae Christi, dessen Name aus frühchristlicher Zeit stammt, ist ein beliebtes Souvenir und wird entsprechend auffällig vermarktet. Bemerkenswerte „Küstenweine", die Sie sich nicht entgehen lassen sollten, kommen aus den amalfitanischen Anbaugebieten Furore (→ S. 322) und Ravello (→ S. 337). Eine Rarität ist hingegen der *Aversa Asprinio DOC* aus dem neapolitanischen Hinterland. Dieser trockene Weiße wird aus Asprinio-Trauben gekeltert, die auf meterhohen Weinbäumen wachsen! Geerntet wird folglich mit Leitern.

Weinkauf: Wer ein paar Flaschen mit nach Hause nehmen möchte, um den Urlaub nachklingen zu lassen, sollte eine *Enoteca* aufsuchen. Diese auf Weine und Spirituosen spezialisierten Geschäfte gibt es auch in vielen Ferienorten. Eine Verkostung ist dort allerdings nicht möglich. Auf Ischia kann man die Weine hingegen direkt beim Erzeuger verkosten und kaufen (Casa D'Ambra → S. 198).

Sonstige Getränke

Acqua minerale (Mineralwasser) – Die obligatorische Frage im Restaurant lautet „*Gasata o naturale?*", mit oder ohne Kohlensäure.

Birra (Bier) – Landesweit steigt der Bierkonsum, während der Weinkonsum nachlässt. In den Bars und *Birrerie* gibt es neben den nationalen und internationalen Flaschenbieren oft auch Fassbier *(Birra alla spina);* aber nur wenige Speiselokale haben Bier auf der Karte.

Gassosa (Limonade) – Dieses beliebte Erfrischungsgetränk gibt es in den Bars in allen erdenklichen Farben und Geschmacksrichtungen.

Spremuta (Fruchtsaft) – *Spremuta d'arancia* (Orangensaft) wird in den Bars frisch gepresst und frisch gepresste *Spremuta di limone* (Zitronensaft) ist geradezu eine Spezialität der Golfregion, wo die sprichwörtlichen Zitronen blühen.

Granita – fein gemahlenes Wassereis, meist in den Geschmacksrichtungen *al limone* (Zitrone) und *al caffè* (Kaffee); wird mit dem Löffel gegessen.

Limoncello (Zitronenlikör) – eine Spezialität der Region; er besteht aus Zitronenschalen aroma, Sirup und Alkohol und wird überall in dekorativen Geschenkflaschen verkauft. Im Ristorante gibt es manchmal einen Limoncello gratis.

Nocino (Walnusslikör) – ebenfalls eine regionale Spezialität.

Caffè   (Espresso)

Der *Caffè italiano* ist ein Lebensgefühl, zumal in Neapel, wo der beste ganz Italiens gebraut wird und wo er häufig schon gezuckert serviert wird. Es gibt ihn als *Caffè* (klein und schwarz), als *Caffè doppio* (doppelt), als *Caffè ristretto* (besonders stark), als *Caffè lungo* bzw. *Caffè alto* (mit etwas mehr Wasser), als *Caffè macchiato* (mit einem Schuss Milch), als *Caffè hag* (koffeinfrei), natürlich als *Cappuccino* (mit Milchschaum) oder als *Caffè corretto* (mit einem Schuss Schnaps). – Und mittlerweile wundern sich die italienischen Baristi, warum die deutschen Urlauber verstärkt *Latte macchiato* bestellen, wo es sich dabei in Italien doch um ein Kindergetränk handelt!

Die sympathischste und anrührendste Art, in Neapel in den Genuss eines Espresso zu kommen, heißt *Caffè sospeso:* Wenn ein Neapolitaner besonders gute Laune hat, dann bestellt und bezahlt er nach guter alter Sitte mit dem Caffè, den er trinkt, auch „einen Caffè für die Menschheit". Dieser Caffè sospeso wird dann vom Wirt bei der nächsten Gelegenheit an einen Armen bzw. Fremden ausgeschenkt.

Limone di Pane heißen die kindskopfgroßen Zitronen

Wissenswertes von A bis Z

Ärztliche Hilfe

Wer in einer gesetzlichen Krankenkasse versichert ist, hat im Rahmen des Sozialversicherungsabkommens mit Italien einen Anspruch auf ärztliche Hilfe. Dafür benötigen Sie die *Europäische Versichertenkarte* Ihrer Krankenkasse bzw. eine provisorische Ersatzbescheinigung, die Sie von der zuständigen Geschäftsstelle Ihrer Krankenkasse zusammen mit einem Merkblatt über die Leistungen der Krankenversicherung erhalten.

Wenden Sie sich im Urlaub im Bedarfsfall zunächst an die *Azienda Sanitaria Locale (A.S.L.)* – die örtliche Niederlassung des staatlichen italienischen Gesundheitsdienstes. Dort liegt ein Anschriftenverzeichnis der zugelassenen Vertragsärzte aus. Die Adressen der A.S.L.-Zweigstellen stehen im Telefonbuch unter „A"; am besten jedoch im Infobüro, einer Apotheke oder im Hotel nach der Adresse und dem Weg fragen. Theoretisch kann man jetzt einen Arzt aufsuchen und sich kostenfrei behandeln lassen. – Weil jedoch viele niedergelassene Ärzte sowohl die Europäische Versichertenkarte als auch die Ersatzbescheinigung nicht annehmen, kann es vorkommen, dass man bar bezahlen muss. In diesem Fall lassen Sie sich vom behandelnden Arzt eine detaillierte Rechnung *(Ricevuta fiscale)* ausstellen, die Diagnose, Art und Kosten der Behandlung beinhalten sollte. Ihre Krankenkasse wird dann zu Hause feststellen, ob und gegebenenfalls welcher Betrag Ihnen erstattet werden kann. Der volle Betrag wird in der Regel jedoch nicht erstattet! Deshalb ist der Abschluss einer zusätzlichen *privaten Reisekrankenversicherung* sinnvoll, die die meisten privaten Krankenversicherer (auch für Mitglieder gesetzlicher Kassen) und manche

Automobilclubs preiswert anbieten. Darin ist neben der vollen Abdeckung der ärztlichen Behandlungskosten auch ein aus medizinischen Gründen notwendiger *Rücktransport* nach Hause eingeschlossen, den die gesetzlichen Kassen nicht übernehmen.

Für **Österreicher** ist der oben beschriebene Ablauf identisch. *Schweizer* hingegen müssen ihre Behandlungskosten selbst tragen, es sei denn, es besteht ein so genanntes „Personenfreizügigkeitsabkommen".

In Urlaubsgebieten gibt es während der Saison in fast jedem Ort eine von der Gemeinde unterhaltene Sanitätsstation, die **Guardia medica turistica**, in der zumeist angehende Ärzte ihren Erste-Hilfe-Dienst ableisten. Eine vorbildliche Einrichtung, aber auch dort ist die Europäische Versichertenkarte Voraussetzung für eine kostenfreie Behandlung.

In größeren Städten kann man auch direkt die **Erste-Hilfe-Station** (*Pronto soccorso*) des *Ospedale* (Krankenhaus) aufsuchen. **Notfall (Soccorso pubblico di emergenza):** ✆ 118 wählen – diese Nummer gilt einheitlich in ganz Italien. Aufenthaltsort möglichst genau angeben und um *Pronto soccorso* bitten. Die *Polizia* am anderen Ende der Leitung schickt dann eine Ambulanz.

Apotheken

Die *Farmacia* kann bei kleineren Wehwehchen den Arzt ersetzen. Viele Medikamente sind rezeptfrei erhältlich, darunter auch einige Antibiotika.

Apotheken sind Mo–Sa 9–12.30 und 15.30–19.30 Uhr geöffnet. Die Not- und Wochenenddienste (*Farmacia di turno*) sind an jeder Apotheke angeschlagen.

Baden

Ein etwas delikates Thema, denn an der Golfküste ist die Meerwasserverschmutzung ein beklagenswerter Dauerzustand. Die vorhandenen Kläranlagen erweisen sich als unzureichend und der intensive Schiffsverkehr hinterlässt deutliche Spuren.

Nicht überall sind die Badefreuden ungetrübt

Zum Teil treibt der Zivilisationsmüll sichtbar im Wasser. Doch hinsichtlich Wasserqualität und Badetauglichkeit gibt es große Unterschiede: Im Innenbogen der Golfbucht herrscht stellenweise striktes Badeverbot, während die Sorrentiner Steilküste je nach Strömung weitgehend badetauglich ist. Hinter der Punta Campanella bietet die Westküste der Costiera Amalfitana hingegen tadellose Wasserqualität, während auf den Inseln vor allem die geschützten und auf das offene Meer ausgerichteten Strände ungetrübte Badefreuden versprechen.

Näheres zum Baden in den jeweiligen Gebietskapiteln; eine kleine Übersicht der besten Badeplätze der Region finden Sie außerdem auf S. 15.

Diplomatische Vertretungen → Neapel, S. 90.

Ermäßigungen

Campania Artecard: Dieser Pass sorgt für ermäßigten Eintritt in den Museen *(Musei)* und archäologischen Ausgrabungsstätten (*Siti archeologici* bzw. *scavi*) der Golfregion. Es gibt ihn in verschiedenen Ausführungen. Der Drei-Tage-Pass für Neapel und die Phlegräischen Felder *(Napoli e Campi flegrei)* schließt die Benutzung der öffentlichen Verkehrsmittel ein. Die umfangreichere Variante des Drei-Tage-Passes *(Tutta la regione 3 giorni)* gilt in der gesamten Region inkl. Verkehrsmittel. Der Wochenpass *(7 giorni)* gilt ebenfalls in der gesamten Region, schließt aber die Benutzung der öffentlichen Verkehrsmittel nicht ein. Die Artecards kosten zwischen 12 und 30 €. Und für „Wiederholungstäter" gibt es mittlerweile auch die Jahreskarte *(365 giorni)* für 40 €. Erhältlich sind sie vor Ort in allen Museen und Ausgrabungsstätten, am Infopoint im Hauptbahnhof von Neapel – nicht jedoch in den Informationsbüros! Vorverkauf übers Internet bzw. das Artecard-Callcenter. Die Pässe haben einen Magnetstreifen und ihre Laufzeit beginnt mit der Erstbenutzung. Weitere Informationen unter www.artecard.it bzw. unter ✆ 800/600601 (Callcenter, innerhalb Italiens gebührenfrei) und 0039/06/39967650 (aus dem Ausland und mobil).

EU-Bürger unter 18 Jahren und ab dem 65. Lebensjahr haben in allen staatlichen Museen und Einrichtungen *freien Eintritt*; 18- bis 25-Jährige zahlen nur die Hälfte des regulären Eintrittspreises. Ein Ausweis muss selbstverständlich vorgezeigt werden.

Feiertage

Am 15. August, an Mariä Himmelfahrt, wird in ganz Italien *Ferragosto* gefeiert. Dieses Hauptfest der Marienverehrung ist außerdem das größte Familienereignis Italiens und Höhepunkt der Urlaubssaison – dran denken, dass an diesem Tag alles geschlossen ist!

Gesetzliche Feiertage: Weihnachten/*Natale*, Neujahr/*Capodanno* und Dreikönigstag/*Epifania* (6.1.) wie in der Heimat. Karfreitag/*Venerdì santo* ist kein Feiertag, Ostermontag/*Lunedì di Pasqua* jedoch wie gewohnt.

25.4. *Anniversario della Liberazione* (Tag der Befreiung von der deutschen Wehrmacht).

1.5. Tag der Arbeit/*Festa del Lavoro*. Pfings-

ten/*Pentecoste* (nur Sonntag).

2.6. *Fondazione della Repubblica* (Republikgründung).

15.8. *Ferragosto*/Himmelfahrt – absolutes italienisches Hauptfest.

1.11. Allerheiligen/*Ognissanti*.

8.12. *Festa dell'Immacolata* (Mariens unbefleckte Empfängnis).

Feste und Veranstaltungen

Die Teilnahme an einem Volksfest gehört mit zu den Höhepunkten eines Urlaubs in und um Neapel. Insgesamt bilden Feierlichkeiten mit einem religiösen Hintergrund den Hauptanteil. Um die Weihnachtszeit, in der Karwoche und zu Ostern sowie an Pfingsten und Fronleichnam ballen sich natürlich die *Kirchenfeste*. Ihr Ablauf ist jedoch keineswegs nur streng religiös, sondern mit viel Lokalkolorit verwoben. Bei den unzähligen Karfreitagsprozessionen sind z. T. kostbare Gewänder und kunstgeschichtlich wertvolle Sakralgegenstände zu sehen, die ansonsten unter Verschluss gehalten werden.

Vorbereitungen fürs Volksfest

Ein besonders großes Ereignis ist auch immer das Fest des Schutzheiligen. In farbenfrohe Trachten gekleidet, nimmt nicht selten die ganze Gemeinde teil. Die obligatorischen Prozessionen auf diesen *Patronatsfesten* gipfeln vielerorts in stimmungsvollen Volksfesten mit einem Feuerwerk als Höhepunkt. Besonders eindrucksvoll sind die zahlreichen Bootsprozessionen und Lichterspektakel über dem Meer.

Die Anlässe für weltliche Feste sind sehr unterschiedlich, teils basieren sie auf Ortsgründungslegenden oder gehen auf wichtige historische Ereignisse zurück. Gedenktage für lokale Helden sind ebenfalls beliebte Gründe zum Feiern. Die Eröffnung bzw. das Ende einer Ernte- oder Jagdsaison ist häufig mit einer *Sagra (Kirmes)* verbunden, wo natürlich die Gaumenfreuden im Mittelpunkt stehen.

Außerdem gibt es eine stattliche Anzahl von *Kulturveranstaltungen*, die zum regelmäßigen Unterhaltungsprogramm der Sommersaison gehören; sie finden zumeist in einem sehr eleganten Rahmen statt und werden in historischen Gemäuern abgehalten.

Auf die wichtigsten Feste und Veranstaltungen wird in den jeweiligen Ortskapiteln des Reiseteils hingewiesen. Fragen Sie jedoch in den Infobüros vor Ort immer nach den genauen Terminen!

Finanzen

Seit der Einführung des Euro im Januar 2002 ist es für Italienurlauber endgültig aus mit dem Millionärsgefühl. Geldwechsel (Cambio) ist für Deutsche und Österreicher Schnee von gestern. Empfehlenswert sind jetzt *Euro-Reiseschecks*; sie werden u. a. von American Express, Thomas Cook und Visa angeboten. Kaufquittung und Schecks immer getrennt aufbewahren. Bei Verlust oder Diebstahl wird Ersatz geleistet, falls man die Kaufquittung für die Schecks vorweisen kann.

Reisepraktisches

Öffnungszeiten der Banken: werktags (Mo–Fr) von 8.30 bis 13.30 Uhr und von 14.45 bis 16.30 Uhr.

Geldautomaten (Bancomat) gibt es flächendeckend. Mit EC-/Maestro-Karte und Geheimnummer kann man auch an Wochenenden problemlos Bargeld bis zu 250 € bekommen – vorausgesetzt, die Apparate funktionieren und weisen das EC-/Maestro-Zeichen auf. Zu Hause werden bis zu 5,99 € Gebühren für jede Abhebung berechnet, die an die ausländische Bank gehen.

Bei *Verlust der EC-/Maestro- bzw. Kreditkarte* sofort das Konto über die Frankfurter Zentrale sperren lassen. Von Italien aus wählen Sie ☏ 0049/116116 (24-Std.-Service).

Bei *finanziellen Engpässen*, die eine sofortige Überweisung aus der Heimat nötig machen, ist der Postbank Direkt-Service das beste Mittel (→ S. 72).

Die gängigen *Kreditkarten* werden in vielen Geschäften, Hotels und zunehmend auch Restaurants akzeptiert; verbreitet sind *Eurocard/MasterCard* und *Visa*. Geldautomaten können mit der Kreditkarte ebenfalls benutzt werden, wenn sie das entsprechende Zeichen aufweisen.

Information

Informationen vor der Reise: Für erste Anfragen wenden Sie sich am besten an das staatliche italienische Fremdenverkehrsamt *ENIT* (Ente Nazionale Italiano per il Turismo). Es unterhält in Deutschland zwei Niederlassungen, in der Schweiz und in Österreich je eine.

Lassen Sie sich allgemeine Informationen über die Golfregion, Kartenmaterial und bei Bedarf die Unterkunftsverzeichnisse schicken.

ENIT in Deutschland, Neue Mainzer Str. 26, 60311 Frankfurt/M., ☏ 069/237434, ✆ 232894, enit.ffm@t-online.de. Prinzregentenstr. 22, 80538 München, ☏ 089/531317, ✆ 534527, enit-muenchen@t-online.de.

ENIT in Österreich, Kärntner Ring 4, 1010 Wien, ☏ 01/5051639, ✆ 5050248, info@enit.at. **ENIT in der Schweiz**, Uraniastr. 32, 8001 Zürich, ☏ 043/4664040, ✆ 4664041, info@enit.ch.

Informationen im Internet

www.enit.de
Offizielle touristische Website der Region Kampanien: www.incampania.com.
Offizielle touristische Website der Stadt Neapel: www.inaples.it .
Speziellere Internetadressen finden Sie in den jeweiligen Sach- und Ortskapiteln.

Informationen vor Ort: Jeder größere Ferienort am Golf hat ein offizielles Informationsbüro, das *Ufficio di Informazioni*. Ein Gang zum Infobüro lohnt sich immer, die Adressen finden Sie in den Ortskapiteln unter dem Stichwort „Information". Häufig spricht jemand hinter dem Schalter Deutsch oder Englisch. Kostenlos ausgegeben werden zumeist nützliche Stadt- und Umgebungspläne, Unterkunftsverzeichnisse und Prospektmaterial zu Sehenswürdigkeiten etc. Immer auch auf aktuelle Veranstaltungshinweise achten und die oftmals zahlreich ausliegenden Handzettel privater Anbieter (Segel-, Surf- und Tauchschulen, Reedereien, Fahrzeugvermietungen etc.) durchforsten.

Die Infobüros dürfen übrigens aus Wettbewerbsgründen keine Hotels empfehlen und vermitteln!

Öffnungszeiten: schwanken von Ort zu Ort, werden jedoch in der Regel groß-zügig gehandhabt. Mo–Fr 9–13 und 15–19 Uhr, in der HS auch durchgehend. Sa und So oft nur vormittags geöffnet.

Landkarten/Wanderkarten

Karten zur Region gibt es eine ganze Menge im Handel, die meisten sind gut, hun-dertprozentig genau ist jedoch keine – man hat also die Qual der Wahl. Wer die ge-samte Golfregion mit dem eigenen Fahrzeug bereist, sollte eine detaillierte Straßen-karte dabeihaben. Wer sich z. B. nur auf den Golfinseln aufhält, dem reichen unter Umständen die guten Inselkarten, die die Fremdenverkehrsämter von Ischia, Capri und Procida gratis bzw. gegen einen kleinen Betrag ausgeben. Auch der Stadtorientierungsplan, der in den Informationsbüros von Neapel umsonst verteilt wird, ist für einen Neapelaufenthalt ausreichend. Im Folgenden eine kleine Aus-wahl empfehlenswerter Straßen- und Wanderkarten zum Urlaubsgebiet, die u. a. bei www.karten-schrieb.de erhältlich sind:

Kampanien, Kümmerly & Frey, 1:200.000, übersichtliche und detaillierte Straßenkarte der Region, eine Lizenzausgabe des Istituto Geografico De Agostini.

Golf von Neapel, Freytag & Berndt, 1:150.000, gute Straßenkarte zum gesamten Golfgebiet, inkl. Amalfitana.

Penisola Sorrentina, Costiera Amalfitana, inkl. Vesuv, Kompass-Wanderkarte Nr. 682, 1:50.000, mit Begleitheft.

Monti Lattari, Penisola Sorrentina, Costiera Amalfitana, der Wanderkarten-Klassiker des Club Alpino Italiano (C.A.I.), 1:30.000, genaue und detaillierte Wanderkarte zur Halbinsel von Sorrent und Amalfitanischen Küste (inkl. Capri), übersichtliche Faltkarte mit Begleitheft (ital.). Vor Ort nur noch mit Glück erhältlich.

Parco Nazionale del Vesuvio, herausgege-ben von S.E.L.C.A., 1:20.000, die beste Wan-derkarte zum Nationalpark des Vesuv, mit Infos auf der Rückseite (ital. und engl.).

Literatur

Wer sich eingehender mit seinem Reiseziel beschäftigen will, dem stehen unzählige Publikationen verschiedenster Gattungen zur Auswahl. Das Angebot umfasst belletristische Reisetagebücher namhafter Schriftsteller, wissenschaftliche Sachbü-cher zu den archäologischen Ausgrabungen, detaillierte Kunstreiseführer, farben-prächtige Bildbände, lesenswerte Romane etc. Im Folgenden einige Buch-empfehlungen, die auch das vorliegende Reisehandbuch bereichert haben:

Johann Wolfgang von Goethe, Italienische Reise, der Klassiker unter den Reisetage-büchern. Im September 1786 brach Gehei-mrat Goethe fast fluchtartig nach Italien auf und kehrte erst Mitte 1788 nach Weimar zu-rück. Durch die Begegnung mit der italieni-schen Antike vertiefte Goethe seine ästheti-schen, dichterischen und naturwissen-schaftlichen Anschauungen. In Neapel und Umgebung hielt er sich mehrere Monate auf. In zahlreichen Ausgaben erhältlich, ge-bunden und als Paperback.

Ferdinand Gregorovius, Wanderjahre in Ita-lien, eine großartige literarische Hinterlas-

senschaft, Mitte des 19. Jh. geschrieben. Der deutsche Historiker und Nach-Romantiker Gregorovius hat fast 30 Jahre seines Lebens in Italien verbracht und dort vorwiegend ge-schichtswissenschaftliche Forschung betrie-ben. Amüsant sind seine Beobachtungen über Land und Leute auch aus heutiger Sicht; scharfsinnig und aufschlussreich sind die geschichtlichen Exkurse, die eine leicht verdauliche Erzählform haben. Fast 100 Sei-ten sind Neapel und der Insel Capri gewid-met. Verlag C.H. Beck.

Robert Etienne, Pompeji, der französische Historiker und Archäologe legte 1966 diese

Treppenweg bei Positano – steil und spektakulär

bis heute umfangreichste wissenschaftliche Arbeit über Pompeji vor. Ein kenntnisreicher und anschaulicher Forschungsbericht über das Leben in einer antiken Stadt, der sich streckenweise wie ein Roman liest. Verlag Philipp Reclam und Ravensburger Verlag.

Robert Harris, Pompeji, ein historischer Roman im Bestsellerformat, lehrreich und spannend. Heyne Verlag.

Umberto Pappalardo, Im Schatten des Vesuv, wunderbar anschaulich beschreibt der Archäologe, der selbst die Ausgrabungen in Herculaneum leitete, die versunkenen Stätten der griechisch-römischen Antike. Reich bebildert. Konrad Theiss Verlag.

Elsa Morante, Arturos Insel, melancholischer Procida-Roman (→ S. 153). Wagenbach.

Curzio Malaparte, Die Haut und **Kaputt,** zwei polemische Kriegs- bzw. Nachkriegsromane (→ S. 288). Fischer Taschenbuch.

Luciano De Crescenzo, ein begnadeter Geschichtenerzähler und leidenschaftlicher Neapolitaner, in dessen Romanen viel neapolitanisch-epikureische Lebensfreude mitschwingt. **Also sprach Bellavista** (1977) war sein erster Bestseller; ein humorvoller und intelligenter Roman über Neapel und den italienischen Nord-Süd-Konflikt. Diogenes Verlag.

Bruce Chatwin, Kultautor der modernen Reiseliteratur, 1989 gestorben. **Der Traum des Ruhelosen** ist eine postume Essaysammlung mit einem Text über Capri (Zwischen den Ruinen), in dem die drei „Insel-Narzissten" Axel Munthe, Baron Jacques Adelswärd-Fersen und Curzio Malaparte schonungslos porträtiert werden. Ein Tipp für Chatwin-Fans. Carl Hanser Verlag, gebunden und als Taschenbuch.

Marcello d'Orta, Am liebsten Neapel, mit humorigen Milieuschilderungen, Anekdoten und Schauermärchen präsentiert der Autor seine Heimatstadt. Eine Liebeserklärung an Neapel, voller Insider-Wissen. Rotbuch Verlag.

Roberto Saviano, Gomorrha, der junge Journalist aus der Umgebung von Neapel hat die aktuellen Machenschaften der Camorra (→ S. 88) so hautnah beschrieben, wie es bislang noch niemand gewagt und geschafft hat – ein Bestseller nicht nur in Italien. Die Kehrseite der Medaille: Roberto Saviano muss um sein Leben fürchten. Dt. Ausgabe bei Hanser und dtv.

Papiere

Für die Einreise nach Italien genügt der gültige Personalausweis *(Carta d'identità).* Wer auf Nummer Sicher gehen will, nimmt außerdem eine Kopie davon mit. Bei

Diebstahl oder Verlust hilft die Kopie der *Polizia* bei der Identitätsüberprüfung. Alle vorgeschriebenen *Fahrzeugpapiere* finden Sie auf S. 46.

Polizei (Polizia) → Neapel, S. 90.

Post

Die italienische Post genießt nicht gerade den besten Ruf. Die Karte an die Lieben daheim dauert ihre Zeit. Briefe laufen etwas schneller. Der Vermerk „per Luftpost" *(posta aera)* ist überflüssig, da Karten und Briefe grundsätzlich als Luftfracht befördert werden. Briefmarken *(Francobolli)* gibt es bei der Post und in autorisierten Tabacchi-Läden und -Bars. Das *Porto* für eine Postkarte bzw. einen Standardbrief in EU-Länder beträgt mittlerweile 0,65 €. Die italienischen Briefkästen sind rot.

Postbank Direkt-Service: Wenn die finanziellen Mittel ausgehen, ist dieser Service, den die Western Union Financial über die deutsche Postbank anbietet, **der schnellste Draht um an Bargeld zu kommen**, und zwar innerhalb von wenigen Stunden! Zu Hause anrufen, Aufenthaltsort angeben und bitten, die gewünschte Summe per Postbank-Direkt-Transfer unter Angabe des Empfängernamens nach Italien zu schicken. Der Empfänger bekommt die Auszahlungsstelle in Italien (ein Postamt oder eine Agentur der Western Union) sowie die Geldtransfer-Kontrollnummer vom Einzahler mitgeteilt. Gegen Vorlage des Ausweises (bzw. einer Kopie) und Nennung der Kontrollnummer wird der Betrag vor Ort in bar ausgezahlt. Diese Transaktion kostet eine Gebühr von 4 % der Transfersumme (vom Absender zu zahlen). **Info-Telefon** 0180-3040500 (0,09 €/Min.). Die Möglichkeit der telegrafischen Postüberweisung gibt es nicht mehr.

Sport/Wandern

Der Golf von Neapel ist zwar ein Urlaubsgebiet mit vielen landschaftlichen Reizen, aber ein Ferienparadies für Freizeitsportler ist er nur begrenzt. Abgesehen von den relativ guten Segel-, Surf- und Tauchmöglichkeiten, die Küste und Inseln bieten, steht lediglich das *Wandern* hoch im Kurs. Doch auch hier müssen in punkto Wegenetz, Zustand der einzelnen Wanderwege und deren Markierung einige Abstriche im Vergleich zu ausgewiesenen italienischen Wanderregionen gemacht werden. Außerdem handelt es sich am Golf weitgehend um steiles Terrain, das nicht für alle Freizeitwanderer geeignet ist. Dennoch sollten Golfurlauber ihre Wanderstiefel unbedingt im Gepäck haben, da sich trotz Einschränkungen etliche gute Wandermöglichkeiten ergeben, insbesondere an der Amalfitanischen und Sorrentiner Küste. Auf Ischia und Capri wollen die höchsten Erhebungen ebenfalls erklommen werden und nicht zuletzt lockt auch der Nationalpark des Vesuv.

In den entsprechenden Gebietskapiteln finden Sie mehrere kleine und große Wandervorschläge mit ausführlichen Wegbeschreibungen. Empfehlenswerte *Wanderkarten* → S. 70.

Sprache

Wer würde nicht gern fließend Italienisch sprechen? Ein erster Schritt dahin könnte der preisgünstige Sprachkurs an der heimischen Volkshochschule sein. Im Urlaub kann man dann seine frisch erworbenen Sprachkenntnisse ausprobieren. Wer es langfristig ernst meint mit dem Spracherwerb, sollte einen Intensivkurs in Italien in Erwägung ziehen. Eine umfangreiche Informationsbroschüre über

Sprachreiseveranstalter sowie sämtliche italienischen Sprach- und Hochschulen erhalten Sie bei der *Aktion Bildungsinformation (ABI)*.

Die Broschüre heißt „Italienisch lernen in Italien", umfasst ca. 230 Seiten und kostet inkl. Versand 16 € (gegen Rechnung). Zu bestellen bei: Aktion Bildungsinformation, Lange Straße 51, 70174 Stuttgart, ✆ 0711/22021630 bzw. unter www.abi-ev.de.

Strom

Fließt fast überall mit 220 Volt aus der Steckdose, allerdings passen die deutschen Schukostecker nicht. Adapter *(Spina di adattamento)* kann man in italienischen Elektrofachgeschäften kaufen bzw. im Hotel ausleihen; am besten aber schon zu Hause besorgen.

Telefonieren

Die italienische *Telecom* hat das Fernsprechsystem in den letzten Jahren stark verbessert. Mittlerweile kann man von allen öffentlichen Telefonen problemlos ins Ausland telefonieren. Und seitdem in ganz Italien das *Telefonino* (Handy) Einzug gehalten hat, gibt es auch keine Warteschlangen mehr. Ausgesprochen praktisch sind die modernen Apparate mit Digitalanzeige, die mit magnetischen *Telefonkarten* funktionieren. Die *Carta telefonica* kauft man in Tabacchi-Läden und -Bars sowie an Zeitungskiosken. Vor dem Gebrauch die rechte obere Ecke abtrennen, und wenn die Karte leer ist, kann man ohne Unterbrechung weitertelefonieren, indem man eine neue nachschiebt.

Die italienische Telecom hat ihr Vorwahlsystem geändert. **Man wählt die Null immer mit!** Die Ortsvorwahl muss mit der „0" beginnen, auch wenn man aus dem Ausland anruft! Im Ortsnetz gilt die neue Regelung ebenfalls, also z. B. Gespräche innerhalb Neapels immer mit ✆ 081 vorweg.

Die *Tarife* für Gespräche von Italien nach Deutschland sind höher als umgekehrt; am billigsten telefoniert man werktags nach 22 Uhr und sonntags ganztägig.

Wer mit dem *Handy* in Italien unterwegs ist, wird kaum Verbindungsprobleme haben. Das italienische Funknetz arbeitet nahezu flächendeckend, nur in abgelegenen Tälern herrscht manchmal Funkstille. Und wer es noch nicht weiß: Im Ausland angenommene Gespräche zahlt man anteilig mit! *Sparen* helfen spezielle Tarifoptionen der deutschen Mobilfunkanbieter (z. B. das Vodafone-Reiseversprechen) oder das Einlegen italienischer Chips ins eigene Handy.

Internationale Vorwahlen: von Italien nach Deutschland = ☏ 0049; nach Österreich = ☏ 0043; in die Schweiz = ☏ 0041. Aus dem Ausland nach Italien = ☏ 0039.

Zeit

Auch in Italien gilt die MEZ (Mitteleuropäische Zeit). Für das Sommerhalbjahr (Ende März bis Ende Oktober) wurde wie in Deutschland und anderswo die *Sommerzeit* (*Ora legale* bzw. *Ora estiva*) eingeführt. Es gibt also keine Zeitverschiebung.

Zoll

Im privaten Reiseverkehr innerhalb der EU dürfen Waren zum eigenen Verbrauch im Prinzip unbegrenzt mitgeführt werden. Um diese vage Bestimmung zu präzisieren und eine Mengenabgrenzung zwischen privater und gewerblicher Verwendung vorzunehmen, gelten folgende *Richtmengen pro Person:*

800 Zigaretten oder 400 Zigarillos, 200 Zigarren oder 1 kg Rauchtabak; 10 l Spirituosen oder 20 l Zwischenerzeugnisse (z. B. Campari), 90 l Wein, davon max. 60 l Schaumwein oder 110 l Bier.

Bei den möglichen stichprobenartigen Kontrollen muss den Zollbeamten im Falle einer Mengenüberschreitung glaubhaft gemacht werden, dass die Waren tatsächlich nur für den privaten Konsum gedacht sind!

Raucher haben's schwer

In Italien, dem europäischen Mutterland der Zwanglosigkeit, wurde früher an fast allen Orten und in allen Lebenslagen gepafft. Gesundheitsüberlegungen waren in der Bevölkerung kaum verbreitet. Das Anbieten von Zigaretten gehörte zur Grundhöflichkeit. Rauchverbote *(Vietato fumare)* wurden weitgehend ignoriert. Doch mittlerweile hat der Staat eingegriffen und *Europas schärfstes Gesetz gegen das Rauchen* verabschiedet. Seit Anfang 2005 sind die Tabakfreuden an vielen Orten verboten und hohe Geldstrafen sorgen dafür, dass die Rauchverbote auch eingehalten werden. Tabu sind Krankenhäuser – eigentlich eine Selbstverständlichkeit –, Postämter, Museen, Wartehallen, öffentliche Gebäude, Bars, Restaurants und Regionalzüge. Der Glimmstängel am falschen Ort kann zwischen 25 und 250 € Strafe kosten, und wer in der Umgebung von schwangeren Frauen oder Kindern unter zwölf Jahren raucht, den kann es sogar noch härter treffen.

Verunsichert und erstaunt sind vor allem Urlauber aus dem Norden Europas, die immer noch nicht wahrhaben wollen, dass die Italiener die Rauchverbote brav akzeptieren.

Kaiser Tiberius über den Klippen von Capri

Golf von Neapel

▲ Corricella – ein Fischerdorf aus dem Bilderbuch

Die Reiseziele

Neapel am Meer an einem Sonntag im Spätsommer

Neapel

(Napoli, ca. 1,1 Mio. Einwohner)

Neapel ist. Kein Zweifel! Aber was? An dieser Stadt scheiden sich die Geister wie nirgendwo sonst in Italien. Unregierbar und chaotisch behaupten die einen mit Verachtung, voll übersprudelnder Vitalität und Lebensfreude schwärmen andere. Kulturbeflissene rühmen die vergilianischen und angioovinischen Blütezeiten. Für nüchterne Statistiker ist Neapel lediglich die dichtest bevölkerte Stadt Europas. Für Kenner leidet sie an der Mittelmeerkrankheit ähnlich wie Palermo, Venedig, Genua und Marseille; alles Städte, die im Kern langsam an ihrer glorreichen Vergangenheit verfaulen. Romantiker auf der Suche nach den malerischen Gestaden des Golfs und der viel besungenen Capri-Sonne erleben in Neapel erst einmal den infernalischen Verkehr unter der permanenten Smogglocke.

Wenn man die Übernachtungszahlen sprechen lässt, dann spielt Neapel eher eine Nebenrolle in der Gunst der Golftouristen. In Neapel kommt man in der Regel nur an, zumeist mit dem Flieger, der Bahn oder dem Reisebus, selten mit dem eigenen Fahrzeug. Gerade angekommen, verteilen sich die Golfurlauber eilig auf die touristischen Perlen der Umgebung. Mit den wartenden Schiffen geht es hinüber zu den Inseln Ischia und Capri oder per Bahn und Bus nach Sorrent und zur Amalfitanischen Steilküste. In Neapel selbst bleibt nur eine Minderheit; umso häufiger allerdings trifft man Tagesbesucher an, die von ihren festen Urlaubsquartieren gezielt ins Zentrum von Neapel kommen. Auch die immer zahlreicher werdenden Kreuzfahrtschiffe spucken mehr und mehr Tagesbesucher aus. Alle steuern sie auf ihrer Stippvisite die gleichen Napoli-Highlights an: Pompeji-Begeisterte wollen ihren Trip in die römische Antike mit dem Besuch des *Archäologischen Nationalmu-*

seums komplettieren und Kunstkenner erfüllen sich mit dem Besuch der *Gemälde-galerie von Capodimonte* einen Herzenswunsch. Und wer die Berührung mit dem volkstümlichen Neapel jenseits der großen Museen sucht, der bewegt sich einen Tag lang durch das berühmt-berüchtigte Centro storico, schlendert durch die finsteren Häuserschluchten des *Spaccanapoli* und seiner engen Nebengassen, beobachtet das bizarre Treiben der Anwohner und Händler, lässt sich von dieser uneuropäisch anmutenden Mischung aus Süditalien, Afrika und Orient hypnotisieren, instinktiv auf der Hut vor unliebsamen Überraschungen. Kurzzeitige Erholungspausen in dem brodelnden Altstadtgewimmel, diesem menschenüberschäumenden Hexenkessel, bieten allein die zahlreichen Kirchen, die immer und jedem offen zu stehen scheinen. – Ein solcher Tagesausflug, von den Golfinseln oder von der Sorrentiner Halbinsel aus unternommen, endet in der Regel wie ein Spuk.

Doch zunehmend gibt es auch den Neapel-Touristen, der ein paar Tage, vielleicht sogar eine Woche bleibt und sich auf diese sprichwörtlich einzigartige Stadt einlassen und die Sehenswürdigkeiten in aller Ruhe erkunden will. Dazu braucht man neben zuverlässiger Orientierungshilfe vor allem eine solide Portion an Toleranz und

Neapel hat nicht gerade den besten Ruf, was das organisierte Verbrechen, Kriminalität und Nepp jeglicher Art anbelangt. Die Wahrscheinlichkeit, ins Schussfeuer camorristischer Fehden zu geraten, ist wohl ziemlich gering (→ siehe Kasten S. 88), viel wahrscheinlicher ist es hingegen, Opfer eines Straßenraubs (Scippo) zu werden. Die zumeist jugendlichen *Scippatori* arbeiten mit verschiedenen Tricks: Am häufigsten schnappen sie sich vom Motorroller aus locker geschulterte Taschen, Rucksäcke und Fotoapparate: Im Sommer vor ein paar Jahren wurden in nur sechs Wochen 265 Handtaschen per Motorroller oder Moped geraubt, woraufhin die Behörden die einschlägigen Straßen für Zweiräder sperrten. Ebenfalls verbreitet ist der Brieftaschen- und Geldbörsenklau. Dazu wird in der Regel eine Rempelei inszeniert bzw. ein dichtes Gedränge an Haltestellen, Bahnsteigen etc. ausgenutzt. Ganz bittere Folgen kann das Tragen von teuren Armbanduhren und Kameras haben: In jüngerer Vergangenheit hatte sich eine Bande auf den Raub von Rolex-Uhren spezialisiert, die sie zumeist ahnungslosen Touristen aus Japan mit vorgehaltener Waffe vom Handgelenk zerrten. Ein junger amerikanischer Tourist hingegen verfolgte den Dieb, der ihm seine Profikamera entrissen hatte, und stellte ihn in einer Altstadtgasse, wo er doch prompt von den herbeieilenden Anwohnern bedroht und vertrieben wurde. – All diese unschönen Dinge passieren in Neapel, es wäre verantwortungslos, sie einfach zu verschweigen. Doch sie passieren auch anderswo in Italien und auf der Welt und gehören leider zur bitteren Realität des Reisens. Deshalb weiß auch fast jeder, wie er sich schützen kann: Lassen Sie größere Mengen Bargeld, überflüssige Kreditkarten, Schmuck, Uhren und Kameras im Hotelsafe.

Abgesehen von den Scippatori und Taschendieben gibt es zahlreiche kleine Neppereien in dieser so kreativen Stadt. Ein Betrug, auf den wir (gerne) hereingefallen sind, ereignete sich an einer Bushaltestelle, wo ein kleiner Junge schon benutzte Fahrkarten für die Hälfte verkaufte. Er hatte die gestempelten Kanten einfach mit der Schere abgeschnitten. Einheimische konnte er damit natürlich nicht bluffen, aber ein ahnungsloser Tourist fällt allemal drauf rein.

Neapel
Karte siehe Umschlagklappe hinten

Finstere Altstadtgasse

viel Gelassenheit. Einerseits verfügt Neapel über einen gewaltigen Bestand an historischen Baudenkmälern und Kunstschätzen, aber andererseits konzentrieren sich hier auch sämtliche Klischees und Vorurteile, die einer maroden Großstadt so anhaften. Vieles davon entspricht der Wahrheit und bedeutet u. a. Sightseeing mitten im Lärm, Gestank und Abfall einer hektischen Millionenstadt, die sich immer am Rand des Verkehrsinfarkts befindet, wobei die alltägliche Reizüberflutung leicht die Vorstellung einer mediterranen Variante von Bangkok oder Rio de Janeiro evoziert. Dazu passt, dass in der Altstadt dieser Metropole seit Generationen ein sonderbarer Menschenschlag lebt, den *Pier Paolo Pasolini* einmal mit einem Indianerstamm verglichen hat, der es vorzieht auszusterben, anstatt die Regeln der modernen Zivilisation zu akzeptieren. Kein Zweifel, nur der aufgeschlossene Napoli-Besucher erlebt die Stadt wie ein faszinierendes Theater mit ständig wechselnder Kulisse. Und wer genug gesehen hat oder gar genug hat, weiß ja, dass keine andere Stadt so märchenhafte Gestade in greifbarer Nähe besitzt.

Geschichte

Alles Wissenswerte zur frühen Geschichte Neapels, dem griechischen Parthenope, dem römischen Neapolis und zu einer der ersten christlichen Glaubensgemeinschaften Italiens finden Sie im Kapitel „3000 Jahre Geschichte" (→ S. 27).

Mittelalter

Freies Herzogtum und reicher Seehafen: Als das mächtige *Langobardenreich* sich in Nord- und Mittelitalien ausbreitete und im 7. Jh. bis hinunter nach Benevent reichte, erlebte Neapel einen enormen Bevölkerungszuwachs, denn viele verzweifelte Flüchtlinge suchten im damals byzantinischen Neapel Schutz vor den germanischen Stämmen. Die Stadttore Neapels hielten auch den stürmischsten Langobardenattacken stand. Vom oströmischen Byzanz unterstützt und begünstigt, bildete Neapel jahrzehntelang eine Bastion gegen das mit der römisch-lateinischen Kirche verbündete Langobardenreich. Erst als sich Byzanz mit seinen ikonoklastischen Gesetzen (der so genannte *Bilderstreit*) in ganz Süditalien unbeliebt machte, löste sich auch Neapel von seiner oströmischen Schutzmacht und konvertierte zur lateinischen Kirche. Mit dem Segen des Papstes etablierte sich in der zweiten Hälfte des 8. Jh. ein freies neapolitanisches Herzogtum. Die Herzöge übten gleichzeitig auch das Amt des Erzbischofs von Neapel aus.

Lange vor den großen mittelalterlichen Seerepubliken Venedig, Pisa und Genua beherrschten die zeitweise verbündeten Seestädte *Amalfi* (→ S. 325), *Neapel* und *Gaeta* mit ihren Flotten den abendländischen Seehandel im östlichen Mittelmeerraum. Edle und kostbare Waren aus der arabisch-orientalischen Welt erreichten das Herzogtum, aber auch wertvollste byzantinische Kirchenkunst wurde weiterhin über Neapel im christlichen Abendland verbreitet. Am Ende des 1. Jahrtausends hatte sich Neapel zur wohlhabendsten und bevölkerungsreichsten süditalienischen Stadt entwickelt. Die begabtesten Schriftgelehrten, begnadetsten Kirchenkünstler und reichsten Handelsgesellschaften der damaligen Zeit residierten am Golf von Neapel.

Die Normannen kommen: In dieser Periode des kulturellen und wirtschaftlichen Wohlstands des freien Herzogtums von Neapel ereigneten sich zwei weltpolitische Vorgänge, die für Neapel nicht ohne Auswirkungen bleiben sollten. Das *Schisma*, der endgültige Bruch zwischen der römischen und der orthodoxen Kirche, führte 1054 zur definitiven Trennung Roms von Byzanz (Konstantinopel). Diese tief gehende Spaltung des Christentums in zwei selbstständige Einheiten wurde von der aufstrebenden Macht der *Normannen* begleitet. Im Nordwesten des heutigen Frankreichs gelegen, war die Normandie damals bekannt für ihre Klöster und die Lebendigkeit des christlichen Lebens, aber auch für ihre militärische Vormachtstellung im nördlichen Europa. In der zweiten Hälfte des 11. Jh. verlagerte sich das normannische Machtinteresse an die Schnittstelle der geteilten Christenheit, nach Unteritalien. Der normannische Zustrom führte unter dem genialen Feldherrn *Robert Guiscard* (ca. 1016–1085) schnell zur gewaltsamen Unterwerfung fast ganz Unteritaliens. Gierig eigneten sich die Normannen den byzantinischen Besitz in Süditalien an, ohne jedoch daran zu denken, ihr neues Reich mit dem Papst zu teilen, den sie nur als geistiges Oberhaupt der christlichen Welt achteten.

So wie die Römer am Widerstand des kleinen gallischen Dorfes von Asterix und Obelix verzweifelten, so verzweifelte Robert Guiscard auf seinem Süditalienfeldzug am Widerstand der starken Seestädte Neapel, Amalfi und Gaeta. Zwar ließ er sich in der Nachbarstadt Salerno gebührend feiern, aber eine fast zweijährige Belagerung Neapels blieb erfolglos. Konsterniert und fasziniert zugleich, wandte Guiscard sich von Neapel ab und versuchte sein Glück im damals islamischen Sizilien. Das freie neapolitanische Herzogtum hatte seine Selbstständigkeit erfolgreich gegen die führende weltliche Macht der Normannen verteidigt – jedenfalls vorläufig noch.

Nachdem die Normannen zur Freude des Papstes eine entscheidende Rolle bei der Eroberung Jerusalems (1. Kreuzzug 1096–1099) gespielt hatten und obendrein auch noch Sizilien christianisiert hatten, erhielt ihr süditalienisches Reich den offiziellen Status eines Königreichs. Der Normanne *Roger II.*, ein Neffe Robert Guiscards, ließ sich 1130 zum König von Sizilien segnen. Groß und mächtig war das süditalienische Normannenreich und die Städte erstrahlten im Glanz der neuen normannisch-romanischen Architektur. Nur Neapel – immer noch so störrisch wie das kleine gallische Dorf von Asterix und Obelix – verweigerte sich der Normannenherrschaft und verteidigte sein freies Herzogtum mit Waffengewalt. Erst 1139 öffnete die Stadt erschöpft ihre Tore, schaffte es aber dennoch, sich für die Treue zur Normannendynastie einige Privilegien zu sichern. Unter dem letzten

Neapel Karte siehe Umschlagklappe hinten

Normannenkönig *Wilhelm II.* wurden diese Sonderrechte der Selbstverwaltung sogar noch erweitert. Doch letztlich erwies sich die Normannenherrschaft in Unteritalien als kurzlebig, bereits gegen Ende des 12. Jh. beanspruchten die *Staufer* die Macht im Süden Italiens.

Neapel unter den Staufern: 1186 proklamierte der Stauferkaiser *Heinrich VI.*, der die Erbtochter Rogers II. geheiratet hatte, Unteritalien als staufisches Erbe. Ganz im Gegensatz zum übrigen Gebiet blieben die Neapolitaner ihrer Tradition des Widerstands gegen jegliche neuen Herren treu und boten dem Kaiser des Heiligen Römischen Reichs die Stirn. Doch schon bald war der Widerstand gebrochen, aber diesmal kamen die Neapolitaner nicht so souverän davon wie zuvor gegen die Normannen. Heinrich VI. riss die massiven Stadtmauern nieder und zerstörte einen Großteil der neapolitanischen Flotte, wovon die jungen Seerepubliken Genua und Pisa hinsichtlich des stark umkämpften Mittelmeerhandels erheblich profitierten. Das geschundene Neapel schwor den Staufern ewige Feindschaft und wurde im Lauf der Ereignisse dafür sogar belohnt. Aber vorläufig mussten die Neapolitaner noch Jahrzehnte der Stauferherrschaft erdulden – obwohl es ihnen unter *Friedrich II.* eigentlich gar nicht schlecht erging. Als umsichtiger und reformfreudiger Nachfolger seines Vaters Heinrich VI. strebte er die Versöhnung mit Neapel an, schenkte der Stadt 1224 die erste staatliche Universität Europas und betätigte sich darüber hinaus als Kunstmäzen. Doch Neapel zeigte sich dafür keineswegs dankbar, sondern drückte seine rachsüchtige Ablehnung durch einen Pakt mit den welfischen Erzfeinden der Staufer nur noch umso deutlicher aus. Erst nach Friedrichs Tod 1250 kam die Stunde der Vergeltung. Neapel verbündete sich als erste süditalienische Stadt mit *Karl von Anjou*, der, vom Papst angestachelt, eine beispiellose Vernichtung der geschwächten Stauferdynastie betrieb. Die Söhne und Neffen Friedrichs II. wurden allesamt Opfer dieses papsttreuen Anjou. Erst als der letzte Staufer *Konradin* 1254 in Neapel geköpft wurde, verstummte auch Neapels Stauferhass. Mit Ausnahme des abtrünnigen Siziliens hatte Unteritalien jetzt mit dem Franzosen *Karl von Anjou* einen neuen Herrscher aus der Fremde und die Residenzstadt Neapel hatte einen neuen König.

Das angiovinische Königreich: Neapel entwickelte sich unter Karl von Anjou (1265–1285) und seinen Thronfolgern zu einer prunkvollen Residenzstadt. Königlicher Amtssitz wurde das neu errichtete *Castel Nuovo* und das vernachlässigte Stadtbild Neapels wurde dem architektonischen Geschmack der Zeit sowie einer explosionsartig angestiegenen Einwohnerzahl angepasst. Zusammen mit der toskanischen Metropole Florenz setzte Neapel die Maßstäbe für Kunst, Architektur, Wissenschaft und Wirtschaft in ganz Italien.

Neuzeit

Spanisches Vizekönigtum: Mittlerweile hatte *Christoph Kolumbus* die Neue Welt entdeckt und das spanisch-habsburgische Reich schwang sich zur neuen Weltmacht auf. Der im Mittelalter alles beherrschende Mittelmeerhandel wurde nahezu bedeutungslos. Spanien und die nordwesteuropäischen Städte bildeten jetzt die Brückenköpfe der neuen Seehandelswege. Mit dieser Verlagerung des europäischen Macht- und Handelszentrums nach Westen verloren die italienischen Hafenstädte und Seerepubliken einen Großteil ihrer Bedeutung, so auch die bis dato königliche Residenzstadt Neapel. Verständlich also, dass die spanischen Könige, nunmehr rechtmäßige Erben des angiovinisch-aragonesischen Königreichs Neapel, ihr Imperium nicht von Italien aus verwalten wollten. 1503 schickte Spanien mit *Gonzalez von Cordoba* den ersten Gouverneur nach Neapel. Die Neapolitaner fanden das keineswegs lustig, denn sie waren schließlich einen in ihrer Stadt residierenden Monarchen gewohnt. Doch was blieb ihnen anderes übrig, als diesen königlichen Gesandten zu akzeptieren. An dieser Stelle der neapolitanischen Stadtgeschichte beginnt sich ein künftiger Wesenszug der Neapolitaner zu entfalten: Sie improvisierten und machten aus der Not eine Tugend, indem sie den Gouverneur einfach als *Vizekönig* bezeichneten, womit sie ihren Regenten hatten, wenn auch nur einen halben. Dieser neapolitanische Selbstbetrug funktionierte nicht nur kurzfristig, sondern begleitete die gesamte Herrschaft der spanisch-habsburgischen Dynastie und die dauerte immerhin bis zum Anfang des 18. Jh. an. Insgesamt fast 60 dieser spanischen Pseudokönige gaben sich in Neapel die Klinke in die Hand. Eine entwürdigende Chronik der Fremdherrschaft, während der Neapel seinen politischen und wirtschaftlichen Tiefpunkt berühren sollte.

Neapel platzt aus allen Nähten: König hin oder her, zumindest blieb Neapel die unangefochtene Metropole, von der aus die Spanier ihr italienisches Südreich verwalteten. Allein deshalb genoss die Stadt einzigartige Privilegien, wie etwa eine niedrige Steuerlast und subventionierte Lebensmittelpreise, während das ländliche Unteritalien mit Hilfe der *Baroni* (Feudalherren) unbarmherzig ausgebeutet wurde. Wieder einmal erlebte Neapel einen heftigen Bevölkerungsanstieg, diesmal infolge der einsetzenden Landflucht. Von ca. 40.000 Einwohnern im Jahr 1450 wuchs die Stadt auf 210.000 Einwohner im Jahr 1550 an und avancierte damit sogar zur größten italienischen Stadt noch vor Venedig (160.000 Einw.) und Mailand (70.000 Einw.). Die Wohnsituation in der Altstadt verschlechterte sich dramatisch und mangelnde Hygiene löste Pest- und Choleraepidemien aus. Zeitweise brach sogar die garantierte Lebensmittelversorgung zusammen und so mancher landflüchtige Geselle ließ sich aus Verzweiflung für den Militärdienst irgendwo im großen Spanierimperium rekrutieren. Ordentliche Arbeitsverhältnisse gab es für die wenigsten und wer keine Arbeit fand, der zog sich in die engen Gassen der Altstadt zurück, wo nur *Überlebenskunst* – ein bis heute gefragtes Talent der Neapolitaner – half. Nach wie vor vermittelt die Altstadt Neapels einen glaubwürdigen Eindruck von den Lebensverhältnissen in der frühen Neuzeit.

Fast kamen die entschlossenen städtebaulichen Maßnahmen des volkstümlichsten und fähigsten spanischen Vizekönigs *Don Pedro de Toledo* zu spät. Von 1532 bis 1553 realisierte dieser umsichtige Gouverneur die wesentlichen Schritte zur Erweiterung und Modernisierung der geplagten Stadt. Die wichtigsten Eingriffe bestanden in der Errichtung neuer Wohnviertel entlang der heute noch existierenden *Via Toledo*, während die Häuser der Altstadt kurzerhand um einige Etagen aufgestockt wurden. Auch das im Schachbrettmuster angelegte Spanierviertel *Quartiere Spagnolo* stammt aus dieser Zeit. Die wenigen repräsentativen Prunkbauten des 16. und auch 17. Jh. verdankt Neapel seiner Bedeutung als permanentem spanischen Verwaltungssitz; vor allem der Gouverneurspalast, der *Palazzo Reale*, war ein besonders prächtiger Vorzeigebau seiner Zeit. Ganz im Gegensatz zum einfachen Volk profitierten der städtische Adel und der Klerus sowie das Beamtentum von der spanischen Präsenz: Die neuen Wohnviertel standen in erster Linie den zahlreichen Beamten zur Verfügung und die Kirche erstarkte durch die Maßnahmen der Gegenreformation. Auch die Aristokraten erwiesen sich als Günstlinge der Spanier, sie besetzten hohe politische Ämter in der Stadt.

Neapel
Karte siehe Umschlagklappe hinten

Palazzo Reale – Neapels alte Königsresidenz

Revolten und Katastrophen: Im 17. Jh. entfremdeten sich die immer häufiger wechselnden Vizekönige samt Adel, Klerus und Beamtentum mehr und mehr vom Volk. Nirgendwo in der zivilisierten Welt war die innerstädtische Polarisierung von Arm und Reich krasser als in Neapel. Während der Reiche feierte, kultivierte der einfache Neapolitaner sein Talent als Überlebenskünstler. Als wäre dieses soziale Übel nicht schon schlimm genug, verzeichnet die Stadtchronik im 17. Jh. auch noch eine Reihe von Revolten und Katastrophen: Natürlich schwieg der Vesuv in keinem Jahrhundert und Erdbeben wurden im Laufe der Zeit etliche registriert; doch 1631 meldete sich der ständig aktive Vulkan mit einem seiner heftigsten Initialausbrüche überhaupt. Vielleicht rüttelte diese wuchtige Erschütterung das neapolitanische Volk ja kurzzeitig aus seinem fatalistischen Zustand, denn als die spanische Krone im Zuge ihrer kostspieligen Hegemonialpolitik den Bürgern einige ihrer garantierten Steuerprivilegien streichen wollte, mobilisierten die Neapolitaner ihre revolutionäre Energie, die sich 1647 im *Masaniello-Aufstand* entlud. Das Volk stieg auf die Barrikaden. Doch damit nicht genug, als Folge der erdbebenbedingten Zerstörungen und der Unruhen ließ auch die verheerende *Pest* von 1656 nicht lange auf sich warten. Geschwächt, mutlos und vom unsäglichen Überlebenskampf vereinnahmt, warteten die Neapolitaner den Ausgang des Spanischen Erbfolgekriegs (1701–1713/14) ab.

18. und 19. Jahrhundert

Glorreiche Bourbonenzeit: In den ersten Jahrzehnten des 18. Jh. wurde Süditalien von Wien aus regiert, seit 1720 wenigstens wieder als Königreich. 1735 trat Kaiser *Karl VI.* sein schwer regierbares Südreich an den spanischen Bourbonen *Karl IV.* ab und unter ihm ging es aufwärts mit Neapel. Beraten von dem toskanischen Reformpolitiker *Tanucci* erwarb sich König Karl erst einmal das Vertrauen des neapolitanischen Volks, indem er in den Reihen der korrupten Aristokratie und des Klerus aufräumte. Dieser bereits vom Gedankengut der Aufklärung inspirierte König zeigte eine unglaubliche Volksnähe, ohne dabei seine imperialen Aufgaben zu vernachlässigen. Neapels Stadtbild erhielt eine zeitgemäße Architektur mit prunkvollen Palästen und Opernhaus. Im Zuge dieser glorreichen Wiedergeburt ihrer Stadt erholten sich auch die Neapolitaner. Sie waren stolz auf ihren neuen König, aber noch viel stolzer auf sich selbst, denn sie waren wieder der beneidenswerte Mittelpunkt Süditaliens. Bis 1759 – Karl IV. wurde nun als König Karl III. in Spanien gebraucht – währte diese erfrischende Renaissance neapolitanischer Größe, die auch von einer kulturellen Erneuerung begleitet war. Als *Ferdinand IV.*, der jüngste Sohn Karls, seine lange Regentschaft antrat, zeichnete sich allmählich wieder ein bisschen Ernüchterung in der Bevölkerung ab. Die Durchschnittlichkeit dieses Monarchen konnten die Neapolitaner ja noch einigermaßen ertragen, aber durch den blamablen Feldzug gegen die französische Revolutionsarmee verscherzte er sich viele Sympathien. Obwohl es eigentlich seine Frau Caroline, eine Tochter der Kaiserin Maria Theresia war, die Ferdinand gegen die Franzosen aufhetzte. Als Napoleons General *Championnet* 1798 nach mehrtägigen Gefechten in Neapel einzog, blieb dem Königspaar nur noch die Flucht nach Palermo mit Hilfe der Engländer. Während vielerorts in Italien der französische Freiheitsgedanke euphorisch aufgenommen wurde, organisierten die Neapolitaner – diese unverbesserlichen Monarchisten – den Widerstand gegen die Franzosen, die zwischenzeitlich das Marionettengebilde *Parthenopeische Republik* ausgerufen hatten. Eine bunte Allianz aus Briganten und Königstreuen vertrieb die Franzosen bald und ermöglichte dem stark imagegeschädigten Ferdinand die Rückkehr in sein neapolitanisches Königsschloss. Doch anstatt eine vom Volk erwartete Generalamnestie anzuordnen, vollzog der unfähige König eine Strafaktion gegen die Sympathisanten der Republik, von denen die meisten weniger aus Überzeugung als aus Opportunismus gehandelt hatten. Wenig später (1805) entmachtete *Napoleon* König Ferdinand und zog 1806 in Neapel ein. Das Königspaar floh erneut nach Palermo. *Joachim Murat*, einer der engsten Weggefährten Napoleons, wurde bald darauf zum König von Neapel ernannt und machte sich schnell durch soziale Reformen beliebt. Doch das französische Intermezzo währte nur kurz. 1815 übernahm wieder das Bourbonenpaar die Macht in Neapel, nachdem es sich ein Jahrzehnt mit englischer Hilfe auf Sizilien versteckt hatte. Murat wurde nach mehreren Irrfahrten durch Europa an einem Strand südlich von Neapel exekutiert. Die Neapolitaner waren in erster Linie von ihrem König Ferdinand enttäuscht, der sich zweimal so feige aus dem Staub gemacht hatte; außerdem hatten sie den neuen Zeitgeist in Gestalt von Joachim Murat und seiner sozialen Reformen kennen gelernt. Trotz königlicher Rehabilitierungsversuche beäugten die Neapolitaner jetzt neugierig die neuen Bestrebungen der Unabhängigkeits- und Einigungsbewegung *Il Risorgimento* im Norden Italiens.

Skeptische Teilnahme am vereinigten Königreich Italien: Als der charismatische Abenteurer und Freiheitsheld *Giuseppe Garibaldi* am 7. September 1860 mit seiner legendären Freiwilligenarmee nach der triumphalen Eroberung Süditaliens in Neapel einzog, wurde er vom Volk umjubelt. *Franz II.*, der letzte Bourbone, flüchtete nach Gaeta und gab dort am 13. Februar 1861 seine Kapitulation bekannt. Garibaldis kurzer Triumphzug durch Neapel muss für die Neapolitaner wie ein Spuk gewesen sein; zumindest hinterließ er Ungewissheit über das künftige politische Schicksal der Stadt und des gesamten Südens. Die Neapolitaner waren zu Recht skeptisch. In dem

Neapel
Karte siehe Umschlagklappe hinten

historischen Treffen zwischen dem Freiheitsidol Garibaldi und „Onkel Viktor", *König Vittorio Emanuele II,* kam es zur offiziellen Übergabe des Südens an das neue italienische Königshaus. Damit war das vereinigte Königreich Italien geboren und die geschichtlichen Voraussetzungen für den *Mezzogiorno* (s. u.) waren geschaffen.

Es geht abwärts: Die neue konstitutionelle Monarchie, am 17. März 1861 proklamiert, schmeckte den Neapolitanern überhaupt nicht. Schnell hatten sie begriffen, dass das junge Italien nicht ihre Heimat war, denn alle nationalstaatlichen Bemühungen kamen dem Norden zugute, während der Süden sträflich vernachlässigt wurde. Ein historischer Augenblick blieb ungenutzt, anstatt die Integration des Südens zu fördern, schuf man den bis heute anhaltenden Nord-Süd-Konflikt: Während die nördlichen Regionen einen wirtschaftlichen Aufschwung erlebten, verarmte der gesamte Süden (Il Mezzogiorno). Die Neapolitaner besannen sich in dieser Zeit auf ihre stärkste Eigenschaft, die Überlebenskunst in der Not. Anarchische Zustände regierten den Alltag. Neapel ging seinen eigenen Weg, den der täglich neuen Improvisation. Proteste gegen die Zentralregierung waren zwecklos und Revolten wurden von dieser gewaltsam unterdrückt. Erst nach einer nicht abreißen wollenden Kette von Epidemien beschloss die Regierung in Rom 1885 wenigstens ein Notstandsprogramm zur Sanierung der Elendsviertel von Neapel; aber auch das war nur Kosmetik, ein Wassertropfen auf dem heißen neapolitanischen Pflasterstein. Weitere zwei Jahrzehnte blieb Neapel, mittlerweile eine Provinzstadt, auf sich gestellt und kultivierte seine sprichwörtliche Einzigartigkeit: das neapolitanische *arrangiarsi* – sich behelfen.

20. und 21. Jahrhundert

Industrialisierung und Faschismus: Am Anfang des 20. Jh. bekam der Süden zunächst seine Schwerindustrie vom Norden verordnet. Auch in Neapel entstanden die so genannten Industriekathedralen, große Raffinerien und Stahlwerke, aber eine Gesundung der schlechten Wirtschaftslage des Südens war damit nicht wirklich verbunden.

Wenige Jahre nach dem Ersten Weltkrieg marschierten die Schwarzhemden in Italien auf und der verarmte Süden bekundete mehr Sympathien als der Norden. 1922, unmittelbar vor dem *Marsch auf Rom,* fand in Neapel ein Faschistenkongress statt, aber überzeugte Faschisten waren die Neapolitaner nie. In diesem unrühmlichen Kapitel der Geschichte machten sie eher gute Miene zum bösen Spiel. Nach der Verhaftung Mussolinis (25.7.1943) besetzten deutsche Wehrmachtstruppen auch Neapel. Im hartnäckigen Partisanenkampf befreiten die Neapolitaner sich noch vor dem Eintreffen der Alliierten (1.10.1943) von ihren Besatzern, worauf der Vesuv mit einer gewaltigen Terminaleruption der Freude reagierte. Während der Stationierung von US-Truppen ging es den Neapolitanern offenbar gut, wie zahlreiche Anekdoten schmunzelnd belegen. Der Schwarzhandel blühte, die Stadt war in ihrem Element und ließ über Nacht so manche Schiffsladung samt Schiff verschwinden. Zumindest der allgegenwärtige Zigarettenschwarzmarkt der neapolitanischen Jetztzeit scheint ein Relikt aus diesen letzten Kriegsmonaten zu sein.

Nach dem Zweiten Weltkrieg: In der Nachkriegszeit kam Bewegung in das so bodenständige und heimatverbundene Volk der Neapolitaner. Bevölkerungsdruck und Armut führten zur *Emigration.* Zwischen 1950 und 1970 verließen ca. 800.000 Menschen Neapel und die Golfregion. Die Magneten dieser Auswanderungsbewegung waren in erster Linie die norditalienischen Fabriken, das Wirtschaftswunderland BRD sowie das verheißungsvolle Amerika. Wer in der Heimat blieb und den Verlockungen der großen weiten Welt widerstand, der erlebte den skandalträchtigen wirtschaftlichen Erschließungsversuch des Südens, der über die 1950 eingerichtete *Cassa per il Mezzogiorno* abgewickelt wurde. Milliardenbeträge aus dieser staatlichen Wirtschaftsförderung wurden veruntreut und landeten in den Händen korrupter Politiker sowie der neapolitanischen Mafia – *la Camorra* (→ siehe Kasten S. 88).

Eine ganz besonders kriminelle Karriere machte dabei Neapels christdemokratischer Bürgermeister *Achille Lauro,* der sich zwischen 1952 und 1960 mit Schmier- und Steuergeldern ein eigenes Wirtschaftsimperium aufbaute. Vor allem das Baugewerbe funktionierte in dieser Zeit ungefähr so: Der Bürgermeister und seine Parteifreunde schanzten einem eingeweihten Bauunternehmer öffentliche Aufträge zu und dieser „dankbare" Unternehmer – natürlich über drei Ecken ein Mitglied der Camorra – zahlte seinem politischen Paten nach Erhalt des Baugelds das abgesprochene Schmiergeld, die *Tangente*. Bei diesen so zustande gekommenen Bauvorhaben handelte es sich oft genug um reine Konkursprojekte, die zwar bezahlt, aber niemals fertig wurden. Unter der Regie von Achille Lauro erlebte Neapel eine Phase hemmungslosester Bauspekulation und städtischer Verwüstung. Erst als die Regentschaft dieses korrupten Bürgermeisters in offene Willkür ausartete, wurde er durch ein Regierungsdekret abgesetzt, woraufhin in Neapel bürgerkriegsähnliche Tumulte ausbrachen, denn Signore Lauro war schließlich auch ein großer Volkstribun, der sein Volk liebte und für *panem et circenses* sorgte: Neapel hatte schließlich einen erfolgreichen Fußballverein sowie ein modernes Stadion. Und vor dem Urnengang gab es schon mal einen rechten, danach den linken Schuh als Wahlgeschenk, wenn man das Kreuz an der richtigen Stelle machte.

Die zahlreichen Politiker, ob Christdemokraten oder Sozialisten, die nach dieser unrühmlichen Ära die Interessen der Stadt vertraten, waren im Grunde alle vom gleichen Schlag. Viele erinnern sich vermutlich noch daran: 1980 erschütterte ein schweres Erdbeben Kampanien sowie die Nachbarregion Basilicata und forderte über 2500 Todesopfer. Bei dem Nachbeben erlitt auch Neapels Altstadt beträchtlichen Schaden. Ganz Italien trauerte um die Opfer und die Regierung genehmigte schnell ein großzügiges Hilfsprogramm. Doch die Finanzspritzen für den Wiederaufbau belebten vor allem die alte Tradition der korrupten Machenschaften. Wieder einmal florierte in Neapel und Umgebung das Baugewerbe und so manche neue Bauruine gesellte sich zu den bereits existierenden, während zahlreiche Erdbebengeschädigte sich irgendwie selbst helfen mussten.

Obwohl weiterhin erhebliche Fördermittel nach Neapel flossen, blieb die Stadt von einer strukturellen und wirtschaftlichen Gesundung weit entfernt. Aber während der fetten Jahrzehnte des neapolitanischen Bonzentums entwickelte sich im Verborgenen eine bizarre Schattenwirtschaft. Dort wo die legale Wirtschaft nicht funktionierte, florierte eben die illegale: In den Hinterhöfen und Vororten schossen Manufakturen jeglicher Art aus dem Boden und kopierten die gängigen Markenartikel. Vor allem Kleidung, Lederwaren und Schuhe wurden dabei nicht selten von Kinderhand produziert. Die Schutzherren dieser einträglichen Schattenwirtschaft waren natürlich Mitglieder der Camorra. Erst als Raub- und Billigprodukte aus dem Fernen Osten auch den neapolitanischen Markt überschwemmten, nahm die Zahl dieser illegalen Betriebe wieder ab. Heute sind es vor allem asiatische Einwanderer, überwiegend Chinesen, die die Schattenwirtschaft Neapels zunehmend beherrschen.

Neapel
Karte siehe Umschlagklappe hinten

Camorra-Geschichte(n)

Wie auf Sizilien (Mafia) und in Kalabrien ('Ndrangheta) hat die organisierte Kriminalität auch in Neapel und Kampanien einen Namen: *Camorra*. Diese „ehrenwerte Gesellschaft", wie sie sich in aller Unschuld selbst bezeichnet, lebt von Schutzgelderpressung, Schmuggel, Drogenhandel, Menschenhandel, Prostitution, illegaler Abfallbeseitigung und anderen lukrativen kriminellen Aktivitäten. Mittlerweile hat die Camorra eine lange Tradition und ist allgegenwärtig. Das eherne Gesetz der absoluten Verschwiegenheit – *Omertà* – hat sie lange Zeit unantastbar und gesichtslos gemacht.

Wir kennen die Paten der Unterwelt vor allem aus den amerikanischen Mafiafilmen, allen voran den unvergesslichen Marlon Brando in „Der Pate" von Francis Ford Coppola. Aber diese eiskalten Leinwandbosse hatten wahre Vorgänger, z. B. in der Gestalt von *Lucky Luciano*, dem legendären New Yorker Unterweltkönig, den die amerikanischen Behörden seinerzeit nach Italien abschoben und der im Nachkriegs-Neapel die Fangarme des Camorra-Kraken in Bewegung setzte. Die Machenschaften von Lucky Luciano und seines Clans waren noch vorwiegend im Milieu angesiedelt, doch mit dem langsamen Verschwinden dieser alten Garde vollzog sich eine Modernisierung des organisierten Verbrechens. An der Spitze der neuen Camorra, der *Nuova Camorra organizzata (NCO)*, stand in den 70er Jahren *Raffaele Cutolo*, der „Boss mit dem Engelsgesicht". Er ebnete der neapolitanischen Unterwelt den Weg bis in die Führungsränge von Wirtschaft, Politik und Justiz. In einem undurchdringlichen Geflecht aus Gewalt, Korruption und Angst gerieten die Werte einer zivilisierten Gesellschaft dabei völlig durcheinander. Die Camorra kontrollierte ganze Wirtschaftszweige bis hinein in die Hochfinanz und ersetzte in gewissem Sinne auch staatliche Institutionen wie die Steuerbehörde, Gerichte und das Arbeitsamt. Auf dem Höhepunkt ihrer Macht brachte es die Camorra auf ca. 60 Familienclans, die schätzungsweise 300.000 Menschen in Neapel und Umgebung „beschäftigten". 1979 ging Raffaele Cutolo der Polizei ins Netz; es handelte sich damals um die erste spektakuläre Festnahme eines echten Paten. Doch aus seiner komfortablen Gefängniszelle heraus lenkte Cutolo die Camorra jahrelang weiterhin mit Erfolg.

Wie unsäglich verflochten Politik und Unterwelt waren, erfuhr die Öffentlichkeit 1981 im Zusammenhang mit der Entführung des Christdemokraten *Ciro Cirillo* durch die linksextremistischen *Brigate Rosse* (Roten Brigaden). Um die Befreiung des Politikers zu erreichen, spannte die damalige Parteispitze der Christdemokraten (DC) den einsitzenden Raffaele Cutolo ein. Nachdem Geheimdienstleute in der Zelle des Camorra-Bosses vorstellig wurden und ihn um Hilfe baten, kam der entführte Cirillo tatsächlich frei. Ob Cutolo dafür Gegenleistungen erhielt oder erhalten sollte, ist bis heute offen geblieben. Seine Verlegung auf die sardische Gefängnisinsel Asinara 1983 konnte oder wollte die DC jedenfalls nicht mehr verhindern. Noch immer befindet sich dieser letzte große neapolitanische Pate in Haft. 2007 ist er sogar noch einmal Vater geworden.

Mit der Verabschiedung der Kronzeugenregelung 1982 spürte die Camorra allmählich Gegenwind aus den eigenen Reihen: *Omertà*, das eherne Gesetz des absoluten Schweigens, schien endlich gebrochen zu sein. Immer mehr Camorristi wanderten nach Großrazzien hinter Gitter und waren erstmals auch bereit, gegen ihren jeweiligen Clan auszusagen. Obwohl die neapolitanische Camorra heute keinen eigentlichen Paten mehr hat und durch einen ehrgeizigen Polizei- und Justizapparat zunehmend in Bedrängnis gebracht wird, ist sie immer noch allgegenwärtig und gefährlich. Es vergeht kaum ein Tag ohne Blutrache, Mord oder Bandenkrieg in Neapel und Umgebung. Während der letzten zwei Jahrzehnte eskalierten die Bandenkriege der Camorra zeitweise derart, dass sie internationale Schlagzeilen machten und die Nationalregierung kurzfristig sogar Militär aufbot, um die öffentliche Ordnung in Neapel wieder herzustellen. Tagelang patrouillierten Soldaten durch die Straßen der Stadt, in denen sich die Clans zuvor blutige Scharmützel geliefert hatten, bei denen auch mehrere Zivilpersonen ums Leben kamen bzw. verletzt wurden (Buchtipp zur Camorra → S. 71).

Es geht aufwärts: Erst im Rahmen des nationalen Erneuerungsprozesses der 90er Jahre brach auch die korrupte neapolitanische Kommunalpolitik weitgehend in sich zusammen. In Neapel setzte sich *Antonio Bassolino* für die neue Mitte-Links-Regierung durch. Die Wahlen gewann er deutlich gegen das rechte Bündnis von *Alessandra Mussolini*, der Enkelin des früheren Diktators. In seiner siebenjährigen Amtszeit, in der Neapel einen ungeahnten Aufschwung erlebte, avancierte der Linksdemokrat Bassolino zu einem der populärsten Bürgermeister Italiens. Sein Konzept gegen Korruption und Camorra war aufrichtig und für neapolitanische Verhältnisse geradezu revolutionär: „Je mehr wir die Entwicklung dieser Gegend voranbringen, je legaler und transparenter wir regieren, desto mehr kontrastieren wir das organisierte Verbrechen." Eine seiner letzten Amtshandlungen, bevor er Ministerpräsident der Region Kampanien wurde, war weitsichtig und klang hoffnungsvoll: „Wir haben 30 Milliarden Lire [ca. 15 Mio. €] für die Sonderbeleuchtung von Bauwerken in Neapel bewilligt. Es scheint nur eine Kleinigkeit zu sein, aber diese Beleuchtung ist für mich ein Beitrag im Kampf gegen das organisierte Verbrechen. Denn wo es nachts hell ist, trauen sich die Leute hin. Touristen und Neapolitaner. Das Leben wird auch dort anders werden." – Ihrem Vorgänger hinsichtlich der politischen Grundeinstellung verbunden, hat heute *Rosa Russo Iervolino* das Ruder in der Hand und arbeitet konsequent weiter am neuen Aufschwung Neapels. Der Verbrechensbekämpfung widmet sich die resolute Bürgermeisterin, die mittlerweile schon über siebzig ist, ganz besonders, und zwar nicht erst, nachdem ihre eigene Tochter Opfer eines *scippo* (→ Kasten S. 79) wurde.

Vorwahl/Information

- *Vorwahl* ☎ 081. Auch bei Ortsgesprächen muss die Vorwahl immer mitgewählt werden.
- *Information* Das Fremdenverkehrsamt *EPT (Ente Provinciale per il Turismo)* hat seinen **Hauptsitz an der Piazza dei Martiri 58** und ist zuständig für Neapel und Umgebung. Das Personal bemüht sich, auch spezielle Fragen zu beantworten. Mo–Fr 9–14 Uhr, ☎ 081/4107211.

Auskünfte und Stadtpläne erhält man auch in den beiden *EPT*-**Infobüros in den Bahnhöfen** Stazione centrale (☎ 081/268779) und Stazione Mergellina (☎ 081/7612102), tägl. 9–18 Uhr. Verkauf der *Campania Artecard* (→ S. 67) nur im Hauptbahnhof.

An der Altstadt-Piazza del Gesù befindet sich ein städtisches Infobüro *(AAST)*, das Mo–Sa 9–19 Uhr und am So 9–14 Uhr besetzt ist (☎ 081/5512701). Weitere *AAST*-Infobüros sind im **Palazzo Reale** (☎ 081/2525711)

Un Posto al Sole, ein Platz an der Sonne, ist die erfolgreichste Seifenoper des italienischen Staatsfernsehens RAI 3 und vor allem in Neapel ein regelrechter Straßenfeger, denn dort wird die Serie seit über zehn Jahren produziert. 1996, als alles anfing, waren die Programmmacher noch skeptisch, ob eine romantische Daily Soap mit viel Amore und ein bisschen Sozialkritik in Neapel richtig angesiedelt sei. Doch der sofortige landesweite Erfolg der Serie gab ihnen hinsichtlich der Standortwahl recht. Über 3,5 Millionen Italiener schalten mittlerweile werktags um 20.30 Uhr zur Primetime ihre Fernsehgeräte ein und lassen sich von den Geschichten aus Neapel berieseln, in denen die Liebschaften, Streitigkeiten und Intrigen zwischen den Bewohnern eines Altstadtpalazzo im Mittelpunkt stehen. Sogar im nördlichen Bozen kommt die Nachbarschaftsserie gut an und hilft – nicht nur dort – die tief sitzenden Vorurteile gegen die chaotische Mezzogiorno-Metropole Neapel abzubauen. Diese überraschende Wirkung begreift das überwiegend aus Neapel stammende Produktionsteam mittlerweile als Chance und versucht mit Hilfe untadeliger Geschichten das Image Neapels im ganzen Land aufzupolieren – mit Erfolg wie es scheint, denn „Ein Platz an der Sonne" ist Kult in Italien. Vorbei scheinen die Zeiten zu sein, als die Neapolitaner von ihren norditalienischen Landsleuten noch als faule, unregierbare *Terroni* (Afrikaner) tituliert wurden. Da kann man nur hoffen, dass das neue Serienimage Neapels auch auf die Realität abfärbt.

sowie in der Via Santa Lucia 107 (✆ 081/2400914) untergebracht. In allen Büros liegt das praktische Zwei-Monats-Stadtmagazin *Qui Napoli* (engl./ital.) aus.

Das kommunale Kulturbüro *Osservatorio turistico culturale* findet man in den **Kolonnaden** der Kirche San Francesco di Paola. Aktuelle Tipps und Termine rund ums Kulturleben (✆ 081/2471123).

www.eptnapoli.info, offizielle Website des Fremdenverkehrsamtes *EPT*.

www.inaples.it, offizielle Website des städtischen Touristenamts *AAST*.

www.portanapoli.com, umfangreiche Website zur Stadt Neapel in deutscher Sprache.

Wichtige Telefonnummern und Adressen

• *Notruf* **Polizei und Erste Hilfe,** ✆ 113 und ✆ 118 (englischsprachig besetzt).

• *Ärztliche Hilfe* **Pronto soccorso autoambulanze** (Krankenwagen) ✆ 118.

Policlinico, Poliklinik mit ambulanter Behandlung, Piazza Miraglia/Via Tribunali (Altstadt).

• *Diplomatische Vertretungen* **Deutsches Generalkonsulat,** Via F. Crispi 69, ✆ 081/2488511, Nähe Metro-Piazza Amedeo, vormittags geöffnet, steht für Notfälle zur Verfügung.

Konsulat Österreichs, Corso Umberto I 275, ✆ 081/287724.

Honorarkonsulat der Schweiz, Via Carlo Poerio 9, ✆ 335/8315257.

• *Hauptpost* Ein faschistischer Monumentalbau von 1936, an der Piazza Matteotti, Nähe Via Toledo, mit **Postbank** und **Telefonzentrale.**

Anfahrt/Verbindungen

• *Mit dem Flugzeug* Ankunft am **Aeroporto Capodichino** (✆ 848/88773), nordöstliche Stadtrandlage, Zivil- und Militärflughafen gleichermaßen. Italiens Flughafen mit dem meisten Charterflugverkehr, schnelle, routinierte Abfertigung.

Terminal 2, wer hier ankommt, z. B. mit *Air Berlin,* steht etwas deplaziert da und muss für einige hundert Meter den Shuttle-Bus zum Hauptgebäude nehmen bzw. laufen.

Alle **Autovermietungen** haben ihre Counter im Hauptgebäude.

Unmittelbar vor dem relativ kleinen Flughafengebäude startet der **Alibus** im 20-Minuten-Rhythmus, er fährt direkt zum Hauptbahnhof und anschließend weiter zur Piazza Municipio (Castel Nuovo/Fährhafen Molo Beverello); Einzelfahrschein (3 €) im Bus erhältlich bzw. freie Fahrt mit Artecard!

Taxi, unbedingt auf die verbindlichen **Festpreise** *(Tariffe predeterminate)* bestehen: zum Hauptbahnhof 15,50 €, Piazza Municipio/Molo Beverello 19 €.

Ideale Busverbindung vom Flughafen direkt **nach Sorrent** mit *Autolinee Curreri* (℡ 081/8015420), 6-mal tägl., Tickets (10 €) im Bus erhältlich, ca. 1:15 Std. Fahrzeit.

Transfer-Tipp: 4-mal täglich fahren SITA-Busse von Capodichiono direkt **nach Salerno**, Endstation Piazza Veneto am Bahnhof, einfach 7 €, Fahrzeit 50 Min.

● *Mit der Bahn* Ankunft an der **Stazione centrale FS** (Hauptbahnhof) bzw. an der **Stazione Mergellina FS**. Beides IC-Bahnhöfe mit Infobüro und Metro-Anschluss. **Gepäckaufbewahrung** im Hauptbahnhof. Fast stündlich IC-Züge nach Salerno; von dort gute *SITA*-Busverbindungen zur Amalfitanischen Küste.

● *Mit dem Pkw* Auf keinen Fall ins Zentrum fahren, diese Erfahrung sollte man sich sparen: infernalischer Großstadtverkehr, kaum Orientierungshilfen, so gut wie keine Parkplätze, erhöhte Unfall- und Diebstahlgefahr. **Flughafenparkplatz P1**, auch für Nichtflieger ideal, Busse ins Zentrum (s. o.).

● *Mit den Fähren auf die Inseln, nach Sorrento und weiter* Es verkehren *Traghetti* (Fährschiffe) und Schnellfähren, zumeist *Aliscafi* (Tragflügelboote). Die Fährschiffe sind preisgünstiger, haben in der Regel ein Sonnendeck und transportieren auch Pkw. Für die Schnellfähren spricht ihre Geschwindigkeit, ein Argument vor allem bei Tagesausflügen.

> **Metro del Mare** heißen die Schnellbootverbindungen der *Regione Campania*. Mehrere Linien verkehren von Juni bis September an der gesamten Golfküste (inkl. Capri) sowie entlang der Amalfitanischen Küste bis nach Salerno. Die Vernetzung der kampanischen Küstenorte und die Erreichbarkeit der antiken Ausgrabungsstätten wird damit verbessert. Die Preise sind moderat, die Fährfrequenz ist allerdings gering. Infos und Fahrpläne ℡ 199/600700, www.metrodelmare.com.

Traghetti ab Napoli/Calata Porta di Massa nach Ischia, Capri, Procida und Sorrento mit der staatlichen Gesellschaft Caremar sowie Medmar.

Aliscafi ab Molo Beverello und Mergellina nach Ischia, Capri, Procida und Sorrento mit Caremar, NLG, Alilauro und Snav.

Fahrkartenschalter an allen Ablegestellen, häufige Verbindungen, kaum Preisunterschiede.

Auskünfte, Preise, Fahrpläne und Reservierungen: Caremar, www.caremar.it, ℡ 081/5513882; Medmar, www.medmarnavi.it, ℡ 081/3334411; NLG, www.navlib.it, ℡ 081/5520763; Alilauro, www.alilauro.it, ℡ 081/4972201; Snav, www.snav.it, ℡ 081/4285555.

Unterwegs in Neapel und Umgebung

● *Mit der Metropolitana* Moderne Untergrundbahn, deren Ausbau im innerstädtischen Gebiet nur langsam vorankommt, auch weil archäologische Funde die Bauarbeiten immer wieder verzögern.

Die **Linie 1** verbindet das Zentrum mit dem Vomero-Hügel, vorerst nur bis zur neuen Metrostation Piazza Dante, später bis Piazza Municipio/Castel Nuovo und Hauptbahnhof.

Die **Linie 2** mit den Endbahnhöfen *Gianturco/Piazza Garibaldi* und *Pozzuoli* bietet sich z. B. an für das archäologische Nationalmuseum (Piazza Cavour), Mergellina (FS-Bahnhof und Hafen) und Pozzuoli/Solfatara.

Betriebszeit: 5.30–23 Uhr.

● *Mit Stadtbus und Tram* Ideal für den gesamten Citybereich, häufige Verbindungen, allerdings oft brechend voll. Nach 20 Uhr nimmt die Frequenz deutlich ab.

Bus: Wie findet man den richtigen? Die modernen elektronischen Anzeigetafeln funktionieren gut, ansonsten ist Durchfragen die beste Methode. An den Knotenpunkten des dichten Busnetzes steht tagsüber meistens uniformiertes Personal.

Die wichtigsten Haltestellen befinden sich an der *Piazza Garibaldi, Piazza Municipio* und *Piazza Vittoria*.

Im Altstadtbereich verkehren kleine Elektrobusse.

Neapel
Karte siehe Umschlagklappe hinten

Ein Ticket für alles: Die *UnicoNapoli-Tickets* gelten für Metro, Stadtbus, Tram, Schienenseilbahn und Vorortzüge, innerhalb der Gültigkeitsdauer darf auch auf die jeweils anderen Verkehrsmittel umgestiegen werden.

Einzelfahrschein (*Biglietto orario*) 1,10 €, 90 Min. gültig. Tageskarte (*Biglietto giornaliero*) 3,10 € (Sa und So kostet die Tageskarte 2,60 €).

Die Fahrkarten erhält man an Kiosken, in Bars und Tabacchi-Läden sowie an den Schaltern der Endbahnhöfe.

Unico Campania 3T heißt hingegen das Drei-Tages-Ticket für Touristen, es kostet 20 € und schließt auch den Alibus (Flughafen) sowie den EAVBus (Vesuv) ein.

Und bedenken Sie, dass man mit einigen *Artecards* (→ S. 67) freie Fahrt hat!

Tram: Sie rollt zurzeit nur noch die Hafenstraße Via Nuova Marina/Via Cristoforo Colombo entlang, es verkehren uralte und ultramoderne Bahnen.

● *Mit der Schienenseilbahn* Die **Funicolari** überwinden an mehreren Stellen der Stadt extreme Höhenunterschiede. Die älteste und längste der drei Schienenseilbahnen

Mit dem Sightseeing-Bus durch Neapel

auf den Vomero-Hügel ist die *Funicolare centrale*, Talstation Via Toledo/Piazza Trieste e Trento. Eine vierte Funicolare führt vom Mergellina-Hafen auf den Posillipo-Hügel.

● *Zu Fuß* Die Altstadt, das Centro storico rund um den *Spaccanapoli*, ist weitgehend Fußgängerzone, nicht etwa weil die engen Altstadtgassen für den Verkehr gesperrt wären, sondern weil sie für Autos schlichtweg zu eng sind; hier knattern allerdings umso mehr Zweiräder zwischen den Passanten herum. Trotz der überschaubaren Ausmaße erweist die Altstadt jedoch als relativ anstrengendes Fußgängerrevier, da es beträchtliche Höhenunterschiede gibt.

● *Mit dem Sightseeing-Bus* Etwas für eilige und evtl. auch ängstliche Napoli-Besucher. Am Castel Nuovo/Piazza Municipio starten die roten Open-Air-Busse; angeboten werden verschiedene City- und Umgebungstouren zum Einheitspreis von 22 €.

● *Mit dem Taxi* Etwas preisgünstiger als in der Heimat; Taxistände an allen größeren Plätzen der Innenstadt (z. B. Piazza Trieste e Trento). Vor allem abends, wenn die Busse nur noch in größeren Abständen verkehren, lohnt sich der Wink nach dem vorbeifahrenden Taxi.

Die Zeiten, als der **Fahrpreis** noch Verhandlungssache war, sind längst vorbei, stumm und brav wird auch in Neapel das Taxameter eingeschaltet. Man startet mit 3 €, hinzu kommen Nachtzuschläge (ab 22 Uhr) sowie ein Zuschlag an Sonn- und Feiertagen.

Corsa a tarifa predeterminata heißen alle **Taxifahrten zum Festpreis**, z. B. Molo Beverello/Piazza Municipio/Castel Nuovo–Flughafen 19 €.

● *Mit dem Vorortzug* Zwei Nahverkehrsbahnen führen östlich bzw. westlich aus Neapel heraus. Die **Ferrovia Circumvesuviana** hat ihren städtischen Endbahnhof am

Moderne Kunst und antike Ausgrabungen in der Metro: Die neuen Metrostationen der Linie 1 sind von international renommierten Künstlern gestaltet worden. In der Station Piazza Dante, die von der Architektin *Gae Aulenti* entworfen wurde, sind u. a. Arbeiten von *Jannis Kounellis* und *Michelangelo Pistoletto* zu sehen; die Station Piazza Cavour/Museo verschönern hingegen Fotografien italienischer Foto-Künstler.

Im Untergrund der Piazza Municipio verzögern archäologische Funde die Bauarbeiten. In 13 m Tiefe ist man auf die Molen des antiken Hafens gestoßen und konnte drei intakte Schiffsrümpfe und etliche Gebrauchsgegenstände freilegen. Nach Fertigstellung der Station Municipio sollen die aufwändig konservierten Schiffsrümpfe dort ausgestellt werden.

Corso Garibaldi/Stazione centrale. Eine Strecke führt um den Vesuv herum, die andere an der Küste entlang nach Sorrent. Die Circumvesuviana ist die ideale Verbindung zu den antiken Museumsstädten Herculaneum und Pompeji.

Die **Ferrovia Cumana e Circumflegrea** verbindet Neapel mit der Bucht von Pozzuoli; der städtische Endbahnhof Montesanto liegt ein Stück südwestlich der Piazza Dante. Diese Schnellbahn bietet sich z. B. für Fahrten zu den antiken Ausgrabungsstätten von Pozzuoli und Baia an.

Übernachten (siehe Karte Umschlagklappe hinten)

Nach wie vor gilt, dass die **Hotels in Bahnhofsnähe** aufgrund der verrufenen Umgebung eher zu meiden sind, wir beschränken uns deshalb auf unser altbewährtes Hotel *Cavour* sowie das neu eröffnete *Una* Hotel. Erfreuliches gibt es hingegen über die Situation im **Centro storico** und **Quartiere spagnolo** zu berichten; wo jahrelang kaum eine Empfehlung möglich war, sind mittlerweile einige gut geführte Drei-Sterne-Hotels sowie etliche B & B-Unterkünfte und kleine Etagenhotels in historischen Palazzi eröffnet worden. Die prächtigen **Luxushotels** für betuchte Reisende stehen stolz an der Uferstraße des Santa-Lucia-Viertels gegenüber dem Castel dell'Ovo und entlang des Corso Vittorio Emanuele am Hang des Vomero. **Backpacker** haben die Wahl zwischen der städtischen Jugendherberge und einigen zwanglos-geselligen Privat-Hostels.

● *Piazza Garibaldi* ***** Cavour (1)**, großer, gepflegter Palazzo am Ende der weitläufigen Bahnhofspiazza, gut geführt, wachsame Rezeption. Einige Zimmer sind etwas abgewohnt, andere hingegen frisch renoviert. Hotelrestaurant (separater Eingang), helles, pastellfarbenes Ambiente, vorwiegend von Hotelgästen frequentiert. DZ 60–90 € inkl. Frühstück. Piazza Garibaldi 32, ✆ 081/283122, ✆ 081/287488, www.hotelcavournapoli.it.

**** Una (2), neu eröffnetes Bahnhofshotel der italienischen Una-Hotel-Kette. Vollständig modernisierter Palazzo aus dem 19. Jh.; große Zimmer, modern und stilsicher eingerichtet. DZ ab ca.100 €. Piazza Garibaldi 10, ✆ 081/5636901, ✆ 081/5636972, www.unahotels.it.

● *Centro storico* **Sansevero (11)**, ist ein Verbund von zwei kleinen Etagenhotels in historischen Palazzi des Centro storico im Bereich Piazza San Domenico Maggiore und Piazza Gesù. Ohne Sterne, aber mit Charme. Die Zimmer sind geräumig, ruhig gelegen, behaglich und geschmackvoll eingerichtet. DZ 80–100 € inkl. Frühstück. Die Rezeption befindet sich an der Piazza San Domenico Maggiore 9, ✆ 081/7901000, www.albergosansevero.it.

Donnalbina (16), schickes B & B in der südlichen Altstadt, modern eingerichtet und gut geführt. Das Frühstück wird auf dem Zimmer serviert. DZ 65–90 € inkl. Frühstück. Via Donnalbina 7, ✆ 081/19567817, www.donnalbina7.it.

Portanova (13), B & B in einer ruhigen Seitengasse der südlichen Altstadt, gut vom Corso Umberto I aus erreichbar. Vollständig modernisierte erste Etage eines Altstadtpalazzo, große und recht komfortabel eingerichtete Zimmer mit Bad, Internetanschluss und Klimaanlage. Gemeinschaftsraum mit Küche. Das neu eröffnete B & B ist Mitglied der Antiracket-Bewegung (siehe Kasten Addiopizzo, S. 99). DZ 70–100 €. Via Portanova 38, ℡/℻ 081/19979283, www.bbportanova.it.

* Duomo (5), zentrale Lage im ersten und zweiten Stock eines hübschen Altstadtpalazzo in unmittelbarer Domnähe. Der alteingesessene Familienbetrieb wird mittlerweile von den beiden Söhnen geführt. Ungezwungene Atmosphäre, überwiegend jüngeres Publikum. Geräumige, aber etwas steril eingerichtete Zimmer mit Bad, das extra zu bestellende Frühstück gibt es auf dem Zimmer. DZ 55–65 €, Frühstück 4 €. Via Duomo 228, ℡ 081/265988, ℻ 081/2142918, www.hotelduomonapoli.it.

* Europeo (12), insgesamt ein sehr ordentliches Etagenhotel im Herzen der Altstadt. Relativ ruhig gelegen. Zimmer von unterschiedlicher Größe und Ausstattung. Frühstück ist nicht vorgesehen. DZ ab 50 €. Via Mezzocannone 109, ℡ 081/5517254, ℻ 081/5522112, www.sea-hotels.com.

*** Toledo (19), renovierter Palazzo mitten im Quartiere spagnolo, neben dem Teatro Nuovo. Recht komfortable Zimmer, Frühstück auf der Dachterrasse. Wer authentische Altstadtatmosphäre unmittelbar vor der Hoteltür sucht, ist hier richtig und obendrein gut aufgehoben. DZ 75–180 € inkl. Frühstück. Via Montecalvario 15, ℡/℻ 081/406800, www.hoteltoledo.it.

*** Piazza Bellini (4), coole Neueröffnung an der Piazza Bellini, helles, frisches Ambiente. Vollständig modernisierter Barockpalazzo, große, minimalistisch-modern eingerichtete Zimmer auf drei Etagen mit Internetanschluss. DZ 90–145 € inkl. Frühstück. Via S.Maria di Costantinopoli 101, ℡ 081/451732, ℻ 081/4420107, www.hotelpiazzabellini.com.

*** Decumani Hotel de Charme (15), neu eröffnet in der südlichen Altstadt. Obere Etage eines historischen Palazzo, dessen früherer Besitzer kein geringerer als Kardinal Sisto Riario Sforza war, der letzte Bischof des bourbonischen Königreichs Neapel. Der monumentale Ballsaal mit seiner vergoldeten Originaldekoration, in dem das Frühstück eingenommen wird, hat museale Dimensionen. Die geräumigen Stilmöbel-Zimmer mit den geschmackvollen Bädern sind mehr als komfortabel. Und der bescheidene Eingang verbirgt die überraschende Pracht bis zum letzten Moment! DZ 104–149 €. Via San Giovanni Maggiore Pignatelli 15, ℡/℻ 081/5518188, www.decumani.com.

• Piazza Municipio und Umgebung

*** Chiaia Hotel de Charme (25), beste Lage, in der ersten Etage eines Adelspalazzo aus dem 17. Jh. an der verkehrsberuhigten Shoppingmeile Via Chiaia und eines der besseren dieser Kategorie. Stilmöbel im kleinen Salon und im hellen Frühstücksraum. Klimatisierte und hübsch eingerichtete Zimmer. DZ 100–165 € inkl. Frühstück. Via Chiaia 216, ℡ 081/415555, ℻ 081/422344, www.hotelchiaia.it.

Hostel of the Sun (21), kleine, zwanglos-gesellige Herberge Nähe Castel Nuovo und Molo Beverello. Unterbringung in Doppel- und Mehrbettzimmern. Kochmöglichkeit, Internetpoint. Die Rezeption ist rund um die Uhr besetzt. Nicht nur für Backpacker geeignet. Schlafplatz im Mehrbettzimmer ca. 20 €, DZ ca. 50 €, jeweils inkl. Frühstück. Via G. Melisurgo 15, ℡ 081/4206393, www.hostelnapoli.com.

• Santa Lucia ***** Vesuvio (34), herrschaftliches Traditionshotel, exklusiver geht es nicht in Neapel. Blick auf das Castel dell'Ovo, romantisches Dachrestaurant. DZ rund 400 €, inkl. Frühstück. Via Partenope 45, ℡ 081/7640044, ℻ 7644483, www.vesuvio.it.

*** Rex (33), älterer Palazzo in einer Seitenstraße der Uferstraße N. Sauro, relativ sparsam ausgestattet, insgesamt aber eins der originellsten dieser Kategorie. DZ ab 100 €, inkl. Frühstück, das auf dem Zimmer serviert wird, da es keinen Frühstücksraum gibt. Via Palepoli 12, ℡ 081/7649389, ℻ 081/7649227, www.hotel-rex.it.

• Vomero **** Vomero Britannique (23), etwas in die Tage gekommenes Traditionshotel aus der Zeit der vorletzten Jahrhundertwende, am Hang des Vomero. Historisches, leicht abgewohntes Mobiliar, gediegenes Restaurant. Unbedingt Zimmer in den oberen Etagen mit Blick auf die Golfbucht verlangen. Leider etwas umständlich mit Bus, Metro und Funicolare zu erreichen. DZ 170–190 € inkl. Frühstück. Corso Vittorio Emanuele 133, ℡ 081/7614145, ℻ 081/760457, www.hotelbritannique.it.

**** San Francesco al Monte (18), ehemaliges Kloster aus dem 16. Jh., ruhig und still am Hang des Vomero gelegen. Eine gelungene Mischung aus dezentem Luxus, unaufdringlicher Eleganz und klösterlicher Vergangenheit. Vornehmes Terrassenrestaurant, Pool. DZ ab ca.200 € inkl. Frühstück. Corso Vittorio Emanuele 328, ℡ 081/4239111, ℻ 081/2512485, www.hotelsanfrancesco.it.

Der Spaccanapoli spaltet die Stadt

● *Mergellina* **** Ausonia (38)**, direkt am Mergellina-Hafen im Innenhof eines alten Uferpalazzo. Familiäre Atmosphäre, gepflegter Gesamteindruck, maritim eingerichtete Zimmer mit Bad. DZ 90–100 € inkl. Frühstück. Via Caracciolo 11, ☎ 081/682278, ✆ 081/664536, www.hotelausonianapoli.com.

Ostello Mergellina (30), internationale Jugendherberge, 200 m vom Mergellina-Bahnhof entfernt. Großes, neueres Gebäude, 200 Betten, DZ und Mehrbettzimmer. Einlass um 14 Uhr, Schließzeit 0.30 Uhr. Jugendherbergsausweis kann hier gekauft werden. Ganzjährig geöffnet, frühzeitig reservieren. Übernachtung im DZ ca. 20 € pro Pers., im Sechs-Bett-Zimmer 15 €, inkl. Frühstück. Salita della Grotta 23, ☎ 081/7612346, ✆ 081/7612391, www.ostellonapoli.org.

*E*ssen und *T*rinken (siehe *K*arte *U*mschlagklappe hinten)

Im Folgenden einige Empfehlungen, unterteilt nach Bezirken und Plätzen. Genaue Lage siehe Stadtplan (Ziffer).

● *Piazza Garibaldi und Umgebung* Die Hauptbahnhofspiazza und das anschließende Forcella-Viertel gehören zwar zu den Gegenden, die man nach Einbruch der Dunkelheit eher meiden sollte, aber hier befinden sich auch einige besondere gastronomische Empfehlungen:

Trianon (9), mitten im anrüchigen Forcella-Viertel, große, rustikale Pizzeria mit Tradition (seit 1923); vor allem von Einheimischen frequentiert. Pizza am Fließband, über 20 Variationen, Steh- und Sitzplätze, Bier vom Fass, offener Wein. Via Pietro Colletta 46, mittags und abends geöffnet, Mo Ruhetag.

Da Michele (8), diese Antica Pizzeria gibt es seit 1870. Im grünweiß gekachelten Ambiente werden abends mittags und abends aus-

schließlich die neapolitanischen Pizza-Klassiker Margherita (Tomate, Mozzarella, Basilikum) und Marinara (Tomate, Knoblauch, Oregano) nach Originalrezepten im Steinofen bei 600–650 Grad gebacken. Via Cesare Sersale 1–3, zwei Schritte vom o. g. Trianon entfernt, Mo–Sa 9–23 Uhr, So zu.

● *Spaccanapoli und Umgebung* Tagsüber laufen die zahlreichen *Forni* (Backstuben) und *Rosticcerie* (Garküchen) im Centro storico auf Hochtouren, Essensdunst zieht durch die Gassen und ständig sieht man Leute mit einem in Papier eingewickelten Stück Pizza in der Hand. Am späteren Abend hingegen präsentiert sich der Spaccanapoli kulinarisch eher zugeknöpft; einige Empfehlungen gibt es dennoch.

Ein Gang über den Fischmarkt ist in Neapel ein Fest für die Sinne

Antica Osteria Pisano (6), Via Duomo/Ecke Via Vicaria Vecchia, seit Jahren eine zuverlässige Adresse am Spaccanapoli. Schlichter, aber freundlicher Familienbetrieb, lokaltypische Küche, Studenten sowie echte Neapolitaner aus dem Viertel gehören zu den Stammgästen. Relativ kleiner Speisesaal, einige Tische auch draußen auf der Piazza. Große Antipasti-Auswahl, eine Primo-Spezialität sind die *Scialatielli alle vongole*, Fisch und Fleisch vom Grill. Menü 20–30 €. Piazza Crocelle ai Mannesi 2, ℅ 081/5548325, am besten reservieren, So Ruhetag.

Lombardi a Santa Chiara (14), am westlichen Ende des Spaccanapoli; fast schon legendäre Pizzeria, sehr beliebt, trotz der über 100 Plätze oft voll. Die *Pizza calzone* steht im Verdacht, die beste der Stadt zu sein. Via Benedetto Croce 59, ℅ 081/5520780, Mo Ruhetag.

Da Carmine (7), volkstümliche Altstadt-Trattoria mit täglich wechselnden Gerichten, besonders zur Mittagszeit sehr stimmungsvoll. Menü 20–30 €. Via Tribunali 330, direkt an der Piazza San Gaetano, ℅ 081/294383, Di–Sa mittags, Mi–Sa auch abends geöffnet, Mo zu.

Taverna dell'Arte (17), etwas versteckt in der unteren Altstadt gelegen; kleiner, gemütlicher Speiseraum und einige Tische auf der Terrasse. Don Alfonso kocht nach historischen Rezepten, seine authentische *Cucina tipica napoletana* findet große Anerkennung. Eine Primo-Spezialität sind die Pizzeria des Centro storico und einige *Tagliatelle Scammaro* mit gegrillten Tomaten und kaltem Olivenöl, die Fisch- und Fleisch-Secondi sind auf den Punkt zubereitet, offener Wein und Flaschenweine. Menü 30–40 €. Rampe San Giovanni Maggiore 1 a, ℅ 081/5527558, nur abends geöffnet, So Ruhetag.

• *Piazza Dante und Umgebung* Im Einzugsbereich der Piazza befinden sich die älteste Pizzeria des Centro storico und einige alteingesessene Nachbarschaftslokale.

Antica Pizzeria Port'Alba (10), zwischen Piazza Dante und Piazza Bellini am oberen Altstadttor, älteste Altstadt-Pizzeria (seit 1830), historisches Gemäuer, gemütliche Speiseräume auf zwei Ebenen, Tische auch draußen. Hier ist der neapolitanische Pizzafladen üppig belegt, z. B. als *Pescatore* mit Meeresfrüchten. Ein Antipasto-Hit ist die frische Mozzarellakugel mit Tomaten und Basilikum. Eine wichtige Nebensache: Das Brot kommt aus dem Pizzaofen und schmeckt ausgezeichnet. Bier und Flaschenweine. Via Port'Alba 18, ℅ 081/459713, Mi abends geschlossen.

Da Carmela (3), neben dem Teatro Bellini oberhalb der Piazza Dante. Die kleine, angenehm ruhige Osteria, jahrzehntelang von

Donna Carmela geführt, ist zwar kein Geheimtipp mehr, aber Touristen verirren sich dennoch eher selten hierher. Bereits 2007 ist die sympathische Signora Teresa in die gastronomischen Fußstapfen von Donna Carmela getreten, mit Erfolg! Menü 20–30 €. Via Conte di Ruvo 11, ✆ 081/5499738, So Ruhetag.

• *Piazza Trieste e Trento und Umgebung*
Ciro a Santa Brigida (22), Nebenstraße der Via Toledo, oberhalb der Galleria Umberto I. Seit 1932 ein zuverlässiger Tipp für authentische neapolitanische Küche, die auch anspruchsvollere Gäste zufrieden stellt. Elegantes Ambiente, schickes Publikum, leicht gehobene Preise. Standard-Menü *Sapori di Napoli* (ohne Getränke) 30 € , auch die Pizza hat DOC-Qualität, nur Flaschenweine. Via Santa Brigida 71, ✆ 081/5524072, So Ruhetag.

Nennella (20), hemdsärmelige Nachbarschaftstrattoria im ärmlichen Quartiere spagnolo, Tische auch draußen, deftige Hausmannskost, immer voll, kleine Preise. Nur etwas für Fortgeschrittene! Via Lungo Teatro Nuovo 104, Mo–Sa mittags und abends geöffnet.

Brandi (24), Seitengasse der Via Chiaia. In dieser legendären Pizzeria wurde 1889 zu Ehren der italienischen Königin Margherita die gleichnamige Pizza kreiert – in den Nationalfarben Rot, Grün und Weiß (→ S. 58). Traditionsreiches Ambiente, mehrere klimatisierte Speisesäle, einige Tische auf der Gasse, flinke Kellner. Pizza und mehr. Salita Sant'Anna di Palazzo 1, ✆ 081/416928, Di Ruhetag.

La Mattonella (26), oberhalb der Via Chiaia, dort wo der riesige Torbogen die Via Chiaia überbrückt, Fahrstuhl bzw. Treppe führen hinauf. Echte Nachbarschaftstrattoria, mit Herz und Leidenschaft geführt. Totò (→ S. 105) ist hier ewiger Ehrengast. Unverfälschte Hausmannskost, Menü 20–30 €. Nach 21.30 Uhr, wenn Fahrstuhl und Treppe verriegelt sind, erklärt der Wirt den Weg runter zur Piazza Trieste e Trento. Via Nicotera 13, ✆ 081/416541, Mo–Sa mittags und abends, So nur mittags geöffnet.

Amici miei (29), betagtes, alteingesessenes Ristorante mit Patina, oberhalb der Via Chiaia (s. o. La Mattonella). Viele einheimische Stammgäste, freundliche Kellner. Die Küche ist auf Fleisch- und Gemüsegerichte spezialisiert, Menü 20–30 €, nur Flaschenweine. Via Monte di Dio 77, ✆ 081/7646063, Mo Ruhetag, So nur mittags geöffnet.

• *Piazza dei Martiri* Im bürgerlichen Chiaia-Viertel haben wir zwei Empfehlungen.
Umberto (28), „Mangiare bene a Napoli" im „Locale storico d'Italia"; seit 1916 eine der besten Adressen für den neapolitani-

---

Pizza und Pasta sind die weltberühmten Grundpfeiler der neapolitanischen Küche. Auch in den Zeiten bitterster Armut fehlte es an diesen einfachen Mehlspeisen nie. Aber genießbar hat sie erst die Tomate gemacht, deshalb beanspruchen die Neapolitaner die „Entdeckung" der *Pomodoro* auch für sich. Die Pizza schmeckt den Einheimischen am besten von der Hand in den Mund und mit Tomaten, Mozzarella und Basilikum belegt – ein warmes und preiswertes Gericht für zwischendurch. In Napoli ist die Pizza ein Schnellgericht, in wenigen Minuten zubereitet, wird sie in zahlreichen Backstuben an der Straße verkauft und im Stehen gegessen. Aber natürlich gibt es den begehrten Pizzafladen auch im Sitzen, in einer *Pizzeria* oder im *Ristorante*. Jeder Napoli-Besucher sollte diesen göttlichen Fladen mindestens einmal probieren und einen Qualitätsvergleich mit der heimischen Pizzeria anstellen. Das zweite Heiligtum der neapolitanischen Küche ist die Pasta, die als *Maccheroni*, einer daumenlangen hohlen Nudel, ihre regionaltypische Idealform gefunden hat. Während der Durchschnittsitaliener nur 30 kg Nudeln im Jahr verzehrt, bringt es der Neapolitaner auf statistische 40 kg. Einen Maccheroni-Primo mit Tomatensoße (al pomodoro) oder mit Fleischsoße (al ragù) sollte man sich ebenfalls nicht entgehen lassen in der Heimatstadt von Pizza und Pasta, wo der Nudelteig bereits im 19. Jh. industriell gefertigt wurde (→ „Pizza, Pasta und Pomodoro", S. 58).

schen Teigfladen, man muss ja nicht un-
bedingt die *Pizza Krucco* (Schimpfwort für
Deutsche) mit „Wurstel" bestellen. Neben
Pizza auch viele andere Gerichte, gutes
Preis-/Qualitätsverhältnis, Bier und Wein. Via
Alabardieri 31, ✆ 081/418555, Mo Ruhetag.

Antica Latteria (27), einfache Trattoria mit
Charme, neapolitanische Hausmannskost,
kleine Preise, eher junges Publikum. Via
Alabardieri 30 (gegenüber von Umberto),
✆ 081/0128775, So abends geschlossen.

● *Santa Lucia und Borgo Marinari* Am Hafen des alten Fischerviertels Santa Lucia
neben dem Castel dell'Ovo geht man essen, wenn man die maritime Küche Neapels in ihrer folkloristischsten Variante erleben will. Früher waren die Fischerfamilien
hier unter sich, später wurde der Borgo
konsequent zum gastronomischen Mittelpunkt der Stadt ausgebaut mit Fischerromantik und Mandolinenklängen. Einheimische, Geschäftsleute, Touristen, Prominente, Alt und Jung tummeln sich gemeinsam in den berühmten Fischrestaurants
des Borgo Marinari; manche finden es hier
kitschig, andere stimmungsvoll.

La Bersagliera (37), die allererste Adresse
im Borgo Marinari. Gründerin dieses Fischtempels war die unermüdliche Donna Emi-

Neapels bürgerliches Chiaia-Viertel

lia Del Tufo, la Bersagliera (die Draufgänge-
rin). Geräumig, beste Qualität und recht
teuer. Borgo Marinari 10, ✆ 081/7646016, Di
Ruhetag.

Zi'Teresa (36), ebenso bekannt und teuer
wie La Bersagliera ist das benachbarte
Fisch-Ristorante von Tante Teresa; das Angebot reicht vom Meeresfrüchte-Antipasto
bis zum Hummer. Borgo Marinari 1,
✆ 081/7642565, So abends geschlossen.

Ciro (39), alteingesessenes Borgo-Ristorante
mit Pizzeria, schöne Lage, Tische am Wasser. Eine Primo-Spezialität sind die *Vermicelli
al Ciro* (mit Muscheln). Flaschenweine.
Menü 30–40 €. ✆ 081/7646006, Mi Ruhetag.

Da Patrizia (41), ebenfalls ein Original im
Borgo, halb offene Garküche mit Tischen
im Freien. Hat zu Recht den Ruf eines
Fischtempels für arme Leute. Nur bei gutem Wetter geöffnet.

Marino 1 (31), nicht im Borgo, sondern an
der Via Santa Lucia, ganz volkstümliche
Trattoria, nur vier, fünf Tische, mittags und
abends geöffnet, solide Hausmannskost,
kleine Tageskarte und kleine Preise. Der
Padrone Marino Ernesto serviert und Mut-
tern kocht im Hintergrund; ein bisschen
Santa-Lucia-Atmosphäre aus vergangenen
Tagen. Via Santa Lucia/Ecke Via Marino
Turchi 3, So Ruhetag.

Marino 2 (32), der Bruder von Marino 1
führt dieses einfache Ristorante mit Pizzeria in der Via Santa Lucia (Nr. 118), oftmals
geht es hier lautstark zu, jüngeres Publikum. Deftige Fischküche, sättigende Pizza,
die Qualität stimmt, die Preise auch.
✆ 081/7640280, Mo Ruhetag.

● *Mergellina und Marechiaro* **Da Ciro A
Mergellina (42)**, eine regelrechte Institution
am Mergellina-Hafen, immer voll und stimmungsvoll, Fisch und Meeresfrüchte in allen Variationen, Menü 30–40 €, am besten
einen Platz draußen unter der Markise reservieren. Via Mergellina 21, ✆ 081/681780.
Mo Ruhetag.

Al Sarago (40), beliebtes Fischrestaurant
mit Pizzeria, zwei hübsch eingerichtete
Speisesäle und eine Tischreihe draußen.
Menü 20–30 €. An der zentralen Piazza Sannazzaro 201, ✆ 081/7612587, kein Ruhetag.

Da Pasqualino (35), große Pizzeria, seit
1898 an der Piazza Sannazzaro (Nr. 79), Tische draußen, eher junges Publikum. Di geschlossen.

Der romantische Fischerhafen von **Marechiaro** am schroffen Felsufer des Posillipo-

Addiopizzo

Diese couragierte Bewegung geht auf die Initiative einer Gruppe junger Sizilianer zurück. Als sie 2004 ein Lokal in Palermo eröffnen wollten, stellten sie sich die entscheidende Frage: „Und wenn sie von uns den pizzo verlangen?" – Gemeint war die übliche Schutzgelderpressung des örtlichen Mafia-Clans.

Unter dem Motto *„Ein ganzes Volk, das den Pizzo bezahlt, ist ein Volk ohne Würde"* ist mittlerweile eine landesweite Bewegung gegen die Schutzgelderpressung entstanden. Überall in Italien schließen sich Gewerbetreibende zusammen, die den Pizzo verweigern. Noch sind es nur wenige Geschäfte, Bars, Restaurants etc., aber je mehr Unterstützung sie bei gleich gesinnten Kunden finden, desto schneller wächst die Addiopizzo-Bewegung, die sich in Neapel *Antiracket-Bewegung* nennt (Schutzgeld = pizzo bzw. racket).

Aus Solidarität mit dieser mutigen Bürgerinitiative haben wir das B&B Portanova (→ siehe Neapel/Übernachten) in unsere Empfehlungen aufgenommen, weil es sich als bisher einzige Herberge in Neapel an „Addiopizzo" beteiligt.

Wer interessiert ist, erfährt mehr im Internet unter www.addiopizzo.org und www.antiracket.it.

Hügels ist Neapels allererste Adresse in Sachen authentische Fischküche. Über dem winzigen Hafenbecken stapeln sich die Restaurants, unser Tipp ist **La Vela** mit einer Speiseterrasse direkt über dem Meer. Der Deutsch sprechende Padrone und sein Sohn führen das Lokal mit Freundlichkeit und Leidenschaft. Die lokaltypische Fischküche verdient Bestnoten und ist dennoch bezahlbar, Menü 30–40 €. ☏ 081/5751095, kein Ruhetag. Am besten mit dem 140er Bus hin, zu Fuß die Via Marechiaro hinunter zum Porticciolo und zurück mit dem Taxi, das der Padrone gerne telefonisch bestellt.

Cafés/Pasticcerie/Gelaterie

Die neapolitanischen Kaffeehäuser, Pasticcerie (Konditoreien) und Gelaterie (Eisdielen) sind ein ganz besonderes Vergnügen, zumal Neapel sich rühmt, den besten Caffè (Espresso) ganz Italiens zu brauen; auch die feinen Backwaren und Eissorten der Stadt haben einen guten Ruf. Für einen Caffè, das schwarze Gold der Neapolitaner („l'oro nero dei napoletani"), ist jeder Zeitpunkt der richtige, aber man sollte nicht unbedingt in einer beliebigen Bar einkehren, sondern die traditionsreichen Kaffeehäuser bzw. die beliebten Straßencafés aufsuchen.

An allererster Stelle steht das **Gran Café Gambrinus** an der Piazza Trieste e Trento/Ecke Via Chiaia; ein Inbegriff der neapolitanischen Kaffeehauskultur, einst Literatentreff und Salon der feinen Gesellschaft. Nach wie vor stilvoll bis ins Detail eingerichtet.

In der kleinen, bescheidenen Pasticceria **Pintauro** (Via Toledo 275) ist 1785 die neapolitanische Sfogliatella (→ S. 61) „geboren" worden.

Ein ganzes Stück weiter die Via Toledo hinauf (an der Piazza Carità) verführt seit 1933 die beliebte **Gelateria della Scimmia** Alt und Jung bei Tag und in der Nacht.

Auch der Spaccanapoli hat eine Bar/Pasticceria/Gelateria mit Tradition zu bieten, nämlich das **Scaturchio** an der Kirchen-Piazza San Domenico Maggiore; in den Mittagsstunden kommt man kaum an die Theke ran, aber es gibt auch Tische auf der hübschen Piazza, wo serviert wird. Das Hauptgeschäft des seit 1903 existierenden Familienbetriebs liegt jedoch in der Via Pignasecca 22/24, nahe der Stazione Montsanto.

Ein weiterer Tipp in der Altstadt ist die palmenbestandene **Piazza Bellini** (Nähe Piazza Dante/Port'Alba). Zwar haben die dortigen Piazzacafés keine traditionsreiche Vergangenheit, aber dafür handelt es sich um die lauschigste Ecke der Altstadt; gemütliche Atmosphäre unter Pergolen, junges Publikum. Am angenehmsten sitzt man im **Intra Moenia**, seit 1989 ein Studenten- und Literatentreff. Im gleichnamigen Verlag sind die auliegenden Publikationen zu Neapel erschienen.

Am Hafenbecken Molo Beverello

Die elegante **La Caffettiera** an der Piazza dei Martiri gilt seit Jahren als In-Café des Chiaia-Viertels, gegen Abend zur Aperitifzeit ist es dort am lebhaftesten.

Am Anfang der Via Filangieri befindet sich das traditionsbewusste **Gran Caffè Cimmino** mit Tischen im Freien.

Nachtleben

Mit zunehmender Dunkelheit leert sich das Centro storico. Wenn die Rolltüren der Läden, Geschäfte und Backstuben herunterrasseln, verschwinden die Menschen plötzlich in alle Richtungen. Der Spaccanapoli samt Nebengassen wirkt dann wie ausgestorben; aber an der **Piazza Bellini** hält sich die Stimmung noch, die dortigen Bars/Cafés haben lange geöffnet: **Intra Moenia**, **Internet Bar Lemme Lemme**, **Café Arabo** und **St. James**. Die Zeit zwischen 20 und 23 Uhr gehört konkurrenzlos den Restaurants, wer selbst nicht zum Essen einkehrt, weiß nicht so recht wohin; spätestens jetzt vermisst man die heimische Kneipenkultur – die o. g. Lokale an der Piazza Bellini bieten Trost! Die dortige **Internet Bar Lemme Lemme** hält einige Terminals zum Surfen bereit.

Wer nach einem ausgiebigen Abendessen ins Nachtleben eintauchen will, hat die Qual der Wahl: Stark im Trend sind die beiden **Clubs Bourbon Street** und **Volver** in der kleinen Via Bellini (Nr. 8 und 52, Nähe Piazza Bellini), wo vorwiegend Jazz und House gespielt wird.

Bluestone und **La Mela** sind zwei angesagte Discos im vornehmen Chiaia-Viertel (Via Alabardieri und Via dei Mille). Außerdem herrscht in den quirligen Gassen des Chiaia-Viertels (westlich der Piazza dei Martiri) am Abend viel Bewegung; in und vor den zahlreichen Bars und Cafès bilden sich zur Aperitifzeit und danach Trauben von jungen Leuten in Feierstimmung. – Ein Viertel das auch touristisch entdeckt werden will!

Tongue, beliebte Musikkneipe im bürgerlichen Posillipo-Viertel, Via Manzoni 207.

Virgilio Club, Sommer-Openair-Disco, nur samstags, Posillipo, Via Tito Lucrezio Caro.

Laboratorio occupato, linksalternativer Treffpunkt, gelegentlich Livemusik, Calata Trinità Maggiore (Nähe Piazza Gesù).

Die **Schwulen- und Lesbenszene** ist im Circolo culturale ArciGay/ArciLesbica organisiert, Univiertel, Vico San Geronimo 20/Ecke Via Mezzocannone.

Oᴘᴇʀ/Tʜᴇᴀᴛᴇʀ/Kɪɴᴏ/Vᴇʀᴀɴsᴛᴀʟᴛᴜɴɢᴇɴ/Sᴛᴀᴅᴛғᴇsᴛᴇ

Die aktuellen Programme von Opera, Teatro, Musica und Cinema finden Sie im *Qui-Napoli*-Stadtmagazin (s. o.) bzw. in der Tageszeitung *Il Mattino*.

Teatro San Carlo, monumentales Opernhaus von Weltruf, täglich (außer Sommerpause Juli/August) Opern-, Ballett- und Konzertaufführungen. Kartenkasse im Teatro, Mo–Sa 10–19 Uhr, So 10–15.30 Uhr, telefonische Reservierung unter ✆ 081/7972331, www.teatrosancarlo.it.

Neapel besitzt über 20 Bühnen, darunter das beliebte Altstadttheater **Teatro Bellini** mit volkstümlichen Stücken. Via Conte di Ruvo 14, Nähe Piazza Dante, ✆ 081/54991266, www.teatrobellini.it.

Teatro delle Palme, Kammermusik und mehr. Via Vetriera 12, Chiaia-Viertel, ✆ 081/418134, www.teatrodellepalme.it.

Teatro Nuovo, innovatives, experimentelles Theater, im Quartiere spangnolo, Via Montecalvario 16, ✆ 081/425958, www.nuovoteatronuovo.it.

Kinos, in denen internationale Filme (italienisch synchronisiert) gezeigt werden, sind ebenfalls zahlreich vertreten, z. B. das schön gelegene Kinocenter **Metropolitan** in der Via Chiaia.

Settimana della cultura, Ende April findet in ganz Italien die Kulturwoche statt, überall freier Eintritt und umfangreiches Begleitprogramm.

Maggio dei Monumenti, der Mai ist Monat der offenen Türen in Museen, Klöstern, Kirchen, Kastellen etc., mit Begleitprogramm.

Estate Napoli, von Juni bis August findet Neapels Kultursommer mit zahlreichen Veranstaltungen statt.

Napoli Strit (Street) Festival, internationales Straßenfestival im Centro storico, Anfang August.

Fußball (Calcio)

Obwohl die glorreiche Zeit des Diego Maradona und die großen Erfolge des *SSC Napoli* der Vergangenheit angehören, ist Neapel nach wie vor eine fußballverrückte Stadt. Echte Fußballfans sollten sich einmal ein Spiel im heimischen *Stadio San Paolo* anschauen – sicherlich ein Erlebnis, zumal Napoli wieder in der ersten Liga spielt. Die Heimspiele finden in der Regel sonntagnachmittags statt. Dann verwandeln die Tifosi das Stadion in einen Hexenkessel.

Fußballgott Diego lebt heute bekanntlich in seiner argentinischen Heimat, aber in Neapel ist er immer noch allgegenwärtig: z. B. in Form kleiner *Votivaltäre* in den Gassen der Altstadt oder an den Wänden der so genannten *Maradona-Häuser* im Stadtteil Secondigliano, die mit überlebensgroßen Porträts des unvergesslichen Fußballers bemalt sind.

Stadio San Paolo, Fuorigrotta, Metrostation Campi Flegrei, Kartenverkauf vor dem Spiel am Stadion, 18–55 €.

Diego forever

Neapel
Karte siehe Umschlagklappe hinten

Malocchio – der böse Blick

Der Aberglaube ist in Süditalien tief verwurzelt und besonders in Neapel bestimmt er bisweilen das Denken und Handeln der Menschen. Da ist es nicht verwunderlich, dass auch das Geschäft mit dem Aberglauben stark ausgeprägt ist. Schicksalsdeuter, Kartenleger, Hellseher, Magier und andere Zauberer haben in der Stadt Konjunktur. Ihre Zahl geht angeblich in die Tausende. Legal oder illegal, wer einen Draht zu übersinnlichen Kräften hat, versucht, bare Münze daraus zu machen. In aller Öffentlichkeit spielen sich die Beschwörungen der dunklen Mächte sowie die mystischen Schicksalsdeutungen allerdings nicht ab. Was der aufmerksame Neapeltourist aber manchmal in den Gassen der Altstadt zu sehen bekommt, das sind die Kartenleger, die ihren Tarockkarten, v. a. in der Vorweihnachtszeit, das Schicksal der Leute entlocken. Um so häufiger stößt man jedoch auf die merkwürdigen Amulette in Form von Hörnern *(Corni)*, die in fast allen Souvenirläden angeboten werden. Diese Talismane schützen gegen Malocchio, den bösen Blick, und jeder abergläubische Neapolitaner trägt ein solches Corno am Hals, am Schlüsselbund oder anderswo. Wer sich ebenfalls vom bösen Blick bedroht fühlt, sollte es mal mit einem dieser z. T. paprikaroten Hornamulette versuchen, vielleicht hilft es ja.

San-Gennaro-Feste, erstes Maiwochenende und 19. September, Volksfeste mit dem berühmten Wunder der Blutverflüssigung im Dom (→ S. 106).

Fest der Madonna di Piedigrotta, Anfang September. Einst das größte Volksfest der Stadt mit Umzügen, neapolitanischen Volksliedern *(Canzoni napoletane)* und Feuerwerk. Findet nach Jahren der Unterbrechung seit 2007 wieder regelmäßig statt.

Souvenirs/Einkaufen

Der neapolitanische **Schwarzmarkt** und die zahlreichen fliegenden Händler im Einzugsgebiet des Corso Umberto I sind sicher nicht jedermanns Sache (→ S. 113), aber am südwestlichen Altstadtrand sieht die Shopping-Welt schon ganz anders aus (s. u.). Das Zentrum der traditionsreichen **Einzelhandelsgeschäfte** befindet sich in der Via Toledo und der anschließenden Via Chiaia. Dort erinnern auch noch einige alteingesessene **Konfiserien** wie *Gay-Odin* (köstliche Schokoladen und Pralinen) an das alte Napoli (Via Toledo 214 und 427). Ein Tipp für Feinschmecker sind auch die betagten **Kaffeefachgeschäfte** am Toledo, wo die erlesensten Kaffeesorten angeboten werden.

Modebewusste finden ihr Revier vor allem in der verkehrsberuhigten Via Chiaia und dem anschließenden Chiaia-Viertel (Via Filangieri und Parallelgassen). In der kurzen Via Calabritto (zwischen Piazza dei Martiri und Piazza Vittoria) erreicht die Konzentration an Edelmarken ihren Höhepunkt. Um

es nicht zu verschweigen: hier sind die Preise auf vergleichsweise niedrigem Niveau, was vor allem viele Italiener zu einem Shoppingtrip nach Neapel lockt.

Die begehrtesten **Seidenkrawatten** Italiens kauft man bei Maestro Marinella, Riviera di Chiaia 287 (Villa Comunale).

Zahlreiche gut sortierte **Antiquitätengeschäfte** findet man insgesamt an der Piazza dei Martiri sowie rund um die Piazza Bellini/Via Costantinopoli.

Allerlei Kuriositäten und **Modeschmuck** halten die Läden am Spaccanapoli bereit (→ S. 105).

Ein ganz besonders typisches Souvenir sind **neapolitanische Krippenfiguren** aus der Via San Gregorio Armeno (→ S. 109).

Eine gute Adresse für in Leder gebundene **Tagebücher**, **Alben** und **Kalender** sowie **Ledertaschen** ist die kleine Altstadt-Bottega *Scriptura* in der Via San Sebastiano 22.

In **Buchläden** stöbert man am besten am Altstadttor Port'Alba, z. B. in der *Libreria Guida*.

Ein gute Adresse für nationale und internationale **Musik** ist *Tattoo Records* an der Piazzetta del Nilo 15 (Spaccanapoli).

*M*ärkte/*F*lohmarkt

In Bahnhofsnähe (Piazza Garibaldi) befinden sich zwei stimmungsvolle Märkte, auf denen vormittags das pralle Leben tobt. Hier versorgen sich die Altstadtneapolitaner mit Haushaltswaren und Lebensmitteln, es wird lautstark um die Preise gefeilscht: im Bereich der **Porta Capuana** erstreckt sich der größte Markt für Haushaltswaren, viel fürs Auge. **Porta Nolana**, größter Fischmarkt der Stadt, auch Obst und Gemüse, ein wahres Fest für die Sinne. Auf beiden Märkte ist jedoch erhöhte Vorsicht geboten! Auf dem Lebensmittelmarkt entlang der Via Pignasecca im **Quartiere spagnolo** geht es ebenfalls hoch her.

Der größte neapolitanische Flohmarkt **Fiera antiquaria napoletana** findet jedes dritte Wochenende im Monat am Stadtpark Villa Comunale (→ S. 124) statt, Zentrum des Marktes ist die Rotonda Diaz; Sa und So vormittags.

Neapel

Karte siehe Umschlagklappe hinten

Il Pulcinella

Keine Figur ist den Neapolitanern näher als Pulcinella. Zum unverwechselbaren Erscheinungsbild gehören das weite, weiße Gewand mit der großen Mütze und vor allem die schwarze Gesichtsmaske mit der Vogelnase. Die Pulcinella-Figur stammt aus der italienischen *Commedia dell'arte*, dem komödiantischen Volkstheater, wo sie den listigen, in neapolitanischer Mundart sprechenden Diener mit dem losen Mundwerk verkörpert. Pulcinella war bereits im 17. Jh. in ganz Europa als Figur des Puppenspiels beliebt. Neben dem frechen Mundwerk lebt Pulcinella auch durch die typisch neapolitanische Gebärdensprache mit viel sagender Mimik und Gestik sowie zahlreichen verschlüsselten Hand- und Fingerhaltungen. Die Pulcinella-Eigenschaften sind den Neapolitanern wie auf den Leib geschrieben: Beobachtet man zwei oder mehr Neapolitaner im Gespräch, erkennt man an ihrer gestenreichen Körpersprache

sofort, dass Pulcinella in ihnen lebt. – Die Altstadthändler sind natürlich auf Pulcinella-Puppen in allen Varianten spezialisiert.

Chaotische Metropole mit Herz

Sehenswertes

Neapels Altstadt

In der Altstadt pulsiert das wahre, das volkstümliche Neapel. Hier lebt das neapolitanische Volk seit Jahrhunderten nach eigenen Gesetzen. Aus Platzmangel entstanden in diesem engen Gassengewirr bereits im 15. Jh. mehrstöckige Wohnhäuser, die ersten Hochhäuser Europas, die seither kaum noch Sonnenlicht reinlassen. Daran hat auch die schützende Hand der UNESCO nichts geändert, die das Centro storico 1995 zum Weltkultur-erbe erklärt hat.

An kaum einem Ort Europas leben die Menschen so dicht beieinander wie im Zentrum Neapels. Man lebt, wohnt und arbeitet mehr auf der Straße als im Haus. Viele Anwohner schlagen sich mit allen Mitteln hart am Existenzminimum durch. Schmuggel gehört ebenso zum Alltag wie das tägliche Vergebungsgebet. Jährlich verlassen mehrere tausend Jugendliche vorzeitig die Grundschule, 65 von 100 jungen Leuten haben keinen legalen Job. Die extrem hohe Arbeitslosigkeit zeichnet für viele den Schritt zur Kriminalität vor. Wurden früher an jeder Ecke Zigaretten verschoben, handelt es sich heute zunehmend um harte Drogen, vor allem Kokain. Glücksspiele finden in Hauseingängen statt, Losverkäufer machen dem staatlichen Lottomonopol unverhohlen Konkurrenz und unter mancher Gemüsekiste verbirgt sich Hehlerware.

Die soziale Misere ist ein seit langem bekannter Dauerzustand, aber Veränderungen scheint offenbar niemand ernsthaft zu wollen oder zu erreichen. Auch bauliche Sanierungsmaßnahmen greifen nicht; selbst die letzten Erdbebenschäden von 1980 sind bis heute nur notdürftig behoben und noch an vielen Stellen sichtbar.

Der dünne Touristenstrom, der sich täglich durch die eigentümliche Altstadt schiebt, kriegt davon nicht unbedingt etwas mit. Im Schatten von Armut, Kriminalität und Verfall stöbern neugierige Napoli-Touristen in den Antiquitäten- und Kuriositätenläden herum, betreten die Verkaufsräume und Werkstätten der legendären Krippen- und Puppenmacher und haken das Besichtigungsprogramm der zahlreichen Altstadtkirchen ab.

Spaccanapoli

„Zerteile bzw. spalte Neapel", so heißt die zentrale Altstadtgasse, die das historische Zentrum gradlinig wie ein Schnitt durchläuft. Das Kernstück dieses insgesamt ca. 3 km langen Altstadtrückgrats wird von den großen Straßenzügen der *Via Duomo* und *Via Roma* begrenzt. In seiner vollen Länge (von Ost nach West) heißt der Spaccanapoli offiziell *Via Forcella, Via Vicaria Vecchia, Via San Biagio dei Librai, Piazzetta Nilo, Via Benedetto Croce, Via Domenico Capitelli* und *Via Pasquale Scura*, aber unter diesen Straßennamen, die alle paar hundert Meter wechseln, kennt ihn nur der Stadtplan.

Totò und Troisi

In der Vermarktung des neapolitanischen Brauchtums und kulturellen Erbes sind die Altstadthändler wirklich talentiert. Immer wieder stößt man in den Antiquitäten- und Kuriositätenläden auch auf die Gesichter von Totò und Troisi. Während Totò zumeist mit chaplinesker Miene dreinschaut, blickt Massimo Troisi seine Betrachter eher sentimental an. Die zahllosen Schwarzweißfotos dieser beliebten neapolitanischen Schauspieler sind z. T. sorgfältig gerahmt, z. T. abgegriffen – ob aber die vielen Autogramme auch wirklich echt sind oder nur geschickte neapolitanische Fälschungen, das muss jeder Kunde selbst entscheiden.

Totò (1898–1967), mit eigentlichem Namen *Antonio de Curtis Gagliardi Ducas Comneno di Bisanzio,* war einer der ganz großen Komiker der Weltkinematografie. Sein komisches Repertoire war mindestens so facettenreich wie das von Charlie Chaplin. Zum unverwechselbaren Outfit dieses adligen Neapolitaners gehörten der schäbige Zylinder, die zu weiten Hosen und die bunten Socken. Der italienische Publikumsliebling, der in Deutschland kaum bekannt ist, hat annähernd einhundert Kino- und Fernsehfilme gedreht und war außerdem ein vielbeschäftigter Theaterschauspieler. Unter anderem arbeitete er mit so bekannten Regisseuren wie *Roberto Rossellini, Sergio Corbucci, Pier Paolo Pasolini* und *Eduardo De Filippo* zusammen.

Massimo Troisi (1953–1994), neapolitanischer Schauspieler und Regisseur, starb bereits mit 41 Jahren an einem Herzinfarkt. Cineasten wird seine letzte Filmrolle in „Il Postino" (Der Postmann; 1994) von Michael Radford unvergesslich sein, wo er als der schüchterne Briefträger Mario zum Freund des großen chilenischen Dichters Pablo Neruda (Philippe Noiret) wird, der im Exil auf einer kleinen italienischen Insel lebt. Von Neruda lernt der unbeholfene Mario die Magie der Worte kennen und macht damit seine erste Eroberung namens Beatrice. Der Film „Il Postino" wurde teilweise auf der Golfinsel Procida gedreht (→ S. 144).

Neapel
Karte siehe Umschlagklappe hinten

Unter dem Pflasterstein verbirgt sich das griechisch-römische Siedlungszentrum von *Parthenope/Neapolis*. Metertief verschüttet, aber ungefähr dem heutigen Verlauf des Spaccanapoli und seiner Quergassen entsprechend, kreuzten sich die antiken Straßen (*Decumani* und *Cardines*). In der frühen Neuzeit war dieser Altstadtbereich noch ein bevorzugtes Wohngebiet der neapolitanischen Adelsfamilien, aber im Zuge der Stadterweiterung hat sich das alte Zentrum langsam zum Armenviertel gewandelt. Die Wohnsituation ist vor allem in den so genannten *Bassi*, den größtenteils fensterlosen Kellerwohnungen, katastrophal. Wenn nicht rechtzeitig etwas getan wird, stirbt dieser Teil der Altstadt an sich selbst, wie seit Jahrzehnten, wenn nicht Jahrhunderten behauptet wird. Jedenfalls gleicht das historische Zentrum über weite Strecken einem Armenhaus, auch wenn die Geschäftigkeit in den Läden und Werkstätten am Spaccanapoli und in den weit verzweigten Nebengassen tagsüber durchaus den Eindruck von halbwegs normalen Lebensverhältnissen erweckt.

Positiv hingegen hat sich die Ansiedlung einiger Fakultäten der Universität Federico II ausgewirkt. Studentisches Leben durchströmt und belebt seitdem die Altstadt. Aber auch das neue Museum für zeitgenössische Kunst *MADRE* sowie mehrere B&B- und Hoteleröffnungen in historischen Altstadtpalazzi hauchen dem Centro storico allmählich frisches Leben ein und lassen die Hoffnung auf eine umfassendere Sanierung nicht sterben.

Die Kirchen der Altstadt

Im Altstadtviertel gibt es überraschend viele Kirchenbauten. Von den Armen werden diese prunkvollen Gotteshäuser wie öffentliche Herbergen frequentiert und vor

Prächtiges Domportal

einigen Kirchenportalen haben Bettler ihr Revier gefunden.

Im Folgenden eine Beschreibung der wichtigsten Altstadtkirchen, vom majestätischen Dom des Schutzheiligen San Gennaro bis zur idyllischen Klosterkirche der heiligen Chiara. Die Kirchen Neapels sind in der Regel vormittags von 8 bis 12 Uhr und nachmittags von 16 bis 19 Uhr geöffnet, am Sonntagnachmittag jedoch meist geschlossen.

Duomo San Gennaro: Diese großartige Altstadtkathedrale beherbergt aus der Sicht der ehrfürchtigen Neapolitaner in erster Linie die sterblichen Überreste ihres Schutzheiligen San Gennaro (→ S. 34). Dieser heilige Januarius wird in Neapel wie kein anderer verehrt, obwohl er im offiziellen Heiligenkalender des Vatikans nur zweite Wahl ist. Von dem gewaltigen Dom sieht man zunächst die strenge neugotische Fassade aus dem 19. Jh., während das Portal noch originale Fragmente aus dem späten Mittelalter enthält. Bauherren

Wunder oder fauler Zauber

Blutwunder sind im erzkatholischen Italien keine Seltenheit. Zumeist sind es Christus- oder Madonnendarstellungen, denen die Flüssigkeit entweicht. Um die vermeintlichen Wunder nicht zu entmystifizieren, lässt die katholische Kirche die chemische Analyse dieses Heiligenbluts nicht zu, so auch im Fall von San Gennaro, dessen Wunderblut in zwei versiegelten Glasampullen aufbewahrt und zweimal im Jahr zur Verflüssigungszeremonie hervorgeholt wird (s. u.). Wissenschaftler sind sich jedoch ziemlich sicher, dass es sich bei dieser rätselhaften Substanz um ein so genanntes thixotropes Gel handelt. Dieses Gel ist im Ruhezustand etwa so fest wie Pudding, wird aber flüssig, sobald man es schüttelt. Schon die Alchimisten des Mittelalters hätten es aus Kalziumkarbonat, Kochsalz und einer Eisenverbindung einfach herstellen können.

Neapel
Karte siehe Umschlagklappe hinten

waren die im 13. und 14. Jh. in Neapel residierenden Anjou. Der dreischiffige gotische Bau blieb bis zu seiner Umgestaltung im 17. und 18. Jh. stilecht. Seitdem prangt hier alles im üppigen Barockstil. Sehenswert sind vor allem die vielen Kapellen und Grabmäler in den Seitenwänden und Apsiden. Das *Grabmonument* des Domerbauers Karl I. von Anjou findet man an der Innenseite des Hauptportals.

Der Domkomplex befindet sich nachweislich an der Stelle eines griechisch-römischen Tempelbezirks. Und zur Zeit des frühen Christentums ließ Kaiser Konstantin hier um 320 den ersten Kirchenbau Neapels, die *Chiesa Santa Restituta,* errichten. Diese frühchristliche Basilika wurde im 14. Jh. teilweise in den Domneubau integriert und ist vom linken Seitenschiff des Doms aus zugänglich. Ein grandioses Deckengemälde von *Luca Giordano* (17. Jh.) schmückt die ehemalige Basilika; es zeigt die Überfahrt der nordafrikanischen Märtyrerin Restituta. Sehenswert sind außerdem das spätmittelalterliche Apsismosaik sowie die beiden Reliefplatten aus Marmor, die die Geschichte des Josef im hochmittelalterlichen Stil darstellen (um 1200 entstanden). Hinter der Apsis der Restitutakirche befindet sich das *Baptisterium San Giovanni in Fonte,* ein frühchristlicher Oktogonalbau aus dem 5. Jh. mit einem Taufbecken und kunstgeschichtlich wertvollen Kuppelfresken.

Rechts angrenzend an den Dombau liegt der Zugang zur *Januarius-Kapelle* bzw. zum *Museo del Tesoro di San Gennaro.* In dieser ehemaligen Domkrypta, die im 16. und 17. Jh. zu einer würdigen Domkapelle mit Sakristei umgestaltet wurde, werden die Reliquien des neapolitanischen Schutzheiligen aufbewahrt. Im Hauptaltar lagern neben den Gebeinen des heiligen Märtyrers auch zwei Ampullen seines Bluts. Zweimal im Jahr erlebt der San-Gennaro-Kult seinen Höhepunkt: am 19. September, dem Todestag des Heiligen, und am ersten Maiwochenende ereignet sich das berühmte *Wunder der Blutverflüssigung.* Dann befindet sich ganz Neapel im festlichen Erwartungstaumel und der Dom ist übervoll mit Schaulustigen; vor allem wenn der Erzbischof das Blutwunder höchstpersönlich geschehen lässt. Falls es mit dem Wunder einmal nicht klappt und das Blut trocken bleibt – was durchaus vorkommt –, bedeutet das Unglück für die Stadt. Unvergesslich ist noch allen die missglückte Blutverflüssigung vom September 1980, als einige Wochen später das verheerende kampanische Erdbeben auch in Neapel große Schäden anrichtete; oder die Verflüssigungsschlappe vom Mai 1988, die den Fußballclub SSC Neapel doch glatt die Meisterschaft, den begehrten *Scudetto,* kostete.

• *Öffnungszeiten* **Dom und Restituta-Kirche,** Mo–Sa 8–12.30 und 16.30–19 Uhr, sonn- und feiertags 8–13.30 und 17–19.30 Uhr.

Januarius-Museum, Di–Sa 9.30–17 Uhr, sonn- und feiertags 9.30–14 Uhr, Mo geschlossen, Eintritt 6 € inkl. Audioführer, bzw. mit Artecard.

Zum San-Gennaro-Kult gesellt sich auch die neben dem Domkomplex stehende barocke *Heiligensäule*, eine so genannte *Guglia*, die im Jahr 1660 als erste der zahlreichen neapolitanischen Heiligensäulen enthüllt wurde.

Pio Monte della Misericordia: Unweit des Doms in der Via Tribunali 253 befindet sich dieses kleinste Gotteshaus Neapels, das von der ältesten Wohlfahrtseinrichtung der Stadt (Misericordia) errichtet wurde. Sehenswert ist hier das Altarbild, ein Meisterwerk *Caravaggios:* „Die sieben Werke der Barmherzigkeit", sie zeigen realistische Armutsszenen, bei denen man sich gut vorstellen kann, dass die Altstadt-Neapolitaner Modell gestanden haben. Der Kirche angeschlossen ist eine *Pinakothek* mit ca. 150 Gemälden aus der Zeit des 15.–19. Jh.

Öffnungszeiten **Quadreria (Pinakothek),** Mo–So 9–14.30 (Mi geschlossen), Eintritt 5 €, bzw. mit Artecard.

San Lorenzo Maggiore: größte neapolitanische Klosterkirche des Franziskanerordens; bereits ab 1270 mit Unterstützung der angiovinischen Könige errichtet. Die Bauzeit fiel in die Stilepoche der Frühgotik, die durch den Bettelorden der Franziskaner auch im Süden Italiens Verbreitung fand. Doch in San Lorenzo Maggiore wurden die vertikal ausgerichteten gotischen Formen nicht stilecht ausgeführt, wie man vor allem am breiten, saalartigen Innenraum mit offenem Dachstuhl erkennen kann. Der Chorraum jedoch verkörpert reinste französische Gotik. Die Fassade wurde nach dem Erdbeben von 1731 im Geschmack des Barock verändert. Sehenswert sind die zahlreichen freskenverzierten Kapellen und monumentalen Grabmäler im Kircheninneren.

Der angrenzende *Klosterkomplex mit Kreuzgang* diente im 14. und 15. Jh. zeitweilig als Versammlungsort des Stadtparlaments. *Petrarca* und *Boccaccio*, die großen italienischen Humanisten des 14. Jh., waren hier einst Gäste der Ordensbrüder.

Ähnlich wie der Dom hat auch die Kirche San Lorenzo Maggiore eine interessante Vorgeschichte aufzuweisen. An dieser Stelle befand sich im 6. Jh. bereits ein frühchristlicher Vorgängerbau. Von dieser *Laurentiuskirche* sind u. a. Teile des Mosaikfußbodens erhalten geblieben. Der Grundriss der frühchristlichen Bischofskirche ist durch Messinglinien auf dem Boden des Mittelschiffs gekennzeichnet. Damit nicht genug: Nachweislich wurde die Laurentiuskirche auf einem *griechisch-römischen Marktplatz* errichtet, von dem u. a. eine Ladengasse mit massiven steinernen Verkaufstischen freigelegt werden konnte.

Öffnungszeiten **Archäologischer Ausgrabungskomplex** unterhalb der Kirche, Mo–Sa 9.30–17.30 Uhr, So 9.30–13.30 Uhr. Eintritt 9 €, bzw. mit Artecard.

San Paolo Maggiore: einst schlichte Ordenskirche der Theatiner, gegen Ende des 16. Jh. errichtet und damit einer der repräsentativsten Kirchenbauten des neapolitanischen Frühbarock. Die Seitenschiffe und Kapellen kamen erst später hinzu. Die imposante Treppenanlage ist noch der manieristischen Formgebung verhaftet. Im Inneren überwiegt eine reiche Ausstattung mit Wand- und Deckengemälden im Barockstil.

San Gregorio Armeno: ebenfalls eine Ordenskirche mit angeschlossenem Kloster, in dem sich noch einige Benediktinerinnen in Klausur befinden. Bereits im 10. Jh. verehrten hier armenische Benediktinerinnen ihren Heiligen Bischof Gregor. Die heu-

Via San Gregorio Armeno – die Krippengasse

Die Via San Gregorio Armeno ist nicht nur eine typisch neapolitanische Altstadtgasse, sondern vor allem die skurrile Ladengasse, in der die berühmten Krippenmacher von Neapel ihre Werkstätten betreiben.

Zur Adventszeit herrscht in dieser Gasse der heiligen Puppenstube natürlich Hochkonjunktur.

In der Kirchengeschichte wird die Entstehung der Kirchenkrippe auf Franz von Assisi zurückgeführt, der erstmals zur Weihnachtszeit eine Figur des Jesuskinds im Futtertrog neben dem Altar aufgestellt hatte. Im Lauf der Zeit kamen Josef und Maria, die heiligen drei Könige sowie weitere bekannte Figuren und Tierdarstellungen hinzu. Die private Hauskrippe, eine Kopie der Kirchenkrippe, taucht erstmals im 16. Jh. auf. Erst im 18. Jh. begann sich die neapolitanische Krippenbaukunst so richtig zu entwickeln, zu einer Zeit, als jede Familie, die es sich leisten konnte, eine eigene Hauskrippe aufstellte. Die Herstellungstechnik der Krippenfiguren entwickelte sich dabei von der Ganzfigur zur zusammengesetzten Figur. Dabei werden die geschnitzten Holzgliedmaßen mit einem Drahtgeflecht verbunden und erhalten einen Kopf aus Ton sowie Kleidungsstücke aus Stoff. Mit der Hauskrippe  für jedermann nahm auch die Profanierung der ursprünglichen Krippenszene ihren Lauf – was zum besonderen Kennzeichen der neapolitanischen Krippe geworden ist. Die Weihnacht im Stall von Bethlehem rückte langsam in den Hintergrund und in den Mittelpunkt rückte der neapolitanische Alltag mit seinen deftigen häuslichen Szenarien. Zu diesen profanen Krippeninszenierungen gehören so „heilige" Figuren wie der Spaghetti essende Familienvater, der Pfeife rauchende Kartenspieler, die tanzende Kellnerin u. v. m. So wie wir schmücken auch die Neapolitaner ihr Weihnachtsfest mit einem Nadelbaum; doch für so manche Riesenkrippe dürfte der Baum eher schmückendes Beiwerk sein als umgekehrt. (→ Museo Nazionale di San Martino: große Krippenausstellung, S. 122)

Doch heute ist hier nicht mehr alles Gold, was glänzt; während die talentierten Kunsthandwerker immer seltener werden, verkaufen immer mehr geschäftstüchtige Händler industriell gefertigte Weihnachtskrippen und Zubehör. Empfehlenswerte Adressen: *Ferrigno*, Via San Gregorio Armeno 8, Manufaktur für traditionelle neapolitanische Krippenfiguren, Familienbetrieb seit 1836. *Capuano*, Via San Gregorio Armeno 28, alteingesessene Werkstatt für typisch neapolitanische Krippenszenarien.

heutige Kirche stammt allerdings aus dem 16. Jh.; die Hanglage machte damals eine Fassadenkonstruktion mit Freitreppe und Vorhalle notwendig. Im Innern beeindrucken die vergoldete Holzdecke und die Kuppelfresken von *Luca Giordano*, die aus dem wundersamen Leben des heiligen Gregorius erzählen.

Sant'Angelo a Nilo: Diese kleine Stiftskirche am Spaccanapoli ließ *Kardinal Brancaccio* gegen Ende des 14. Jh. bauen. Falls die künstlerisch wertvollen Originalholztüren des Portals geöffnet sind, kann man das Grabmal des Kardinals bewundern. Es handelt sich um eine gemeinschaftliche Steinmetzarbeit der berühmtesten toskanischen Bildhauer der Frührenaissance, *Michelozzo* und *Donatello*. Dieses so genannte Baldachingrab (1427 fertig gestellt) zeigt neben den mittelgroßen Trägerstatuen und dem aufgebahrten Kardinal u. a. auch einen kunstvoll gemeißelten Vorhang mit Faltenwurf.

San Domenico Maggiore: An der für neapolitanische Altstadtverhältnisse recht großen Kirchenpiazza steht erneut eine Ordenskirche mit angeschlossenem Kloster. Hier hatte der Bettelorden der Dominikaner seine neapolitanische Stammkirche. Dieser Predigerorden, der u. a. die Ketzerbekehrung zu einer seiner Hauptaufgaben machte, brachte mit *Thomas von Aquin* einen bekannten Gelehrten hervor, der von 1272 bis 1274 in Neapel lebte und an der Universität lehrte.

Diese äußerlich nahezu schmucklose Dominikanerkirche aus dem 14. Jh. verkörperte ursprünglich reinste gotische Formen, wovon nach den vielen Um- und Anbauten sowie Restaurierungsversuchen kaum noch etwas übriggeblieben ist. Der Eingang von der Piazza führt durch das zweiteilige Treppenhaus überraschenderweise direkt in den Altarbereich. Zur Kirchenausstattung gehörten früher sogar einige Werke *Tizians* und *Caravaggios*, die heute in der Gemäldegalerie von Capodimonte hängen. Geblieben ist die üppige Barockausschmückung der zahlreichen Kapellen und Grabmäler.

Wer angesichts der Kirchenpracht im Inneren den heilig gesprochenen Thomas von Aquin lebendig werden lässt, gekleidet im weißen Habit mit Kapuze und schwarzem Mantel, glaubt vielleicht auch an das überlieferte Wunder, das sich in der Kreuzkapelle im Westschiff ereignet hat, wo der Christus einer Kreuzigungsdarstellung mit Thomas Zwiesprache geführt haben soll. Auch der genaue Wortlaut dieses Dialogs unter vier Augen ist bekannt: „Du hast Gutes über mich geschrieben, Thomas. Welche Gnade darf ich dir erweisen? Keine andere als dich, Jesus!"

Auf der Kirchenpiazza steht die so genannte *Pestsäule*, die an die verheerende Epidemie von 1656 erinnert. Die Bronzestatue stellt den Ordensgründer Dominikus in der Pose eines Schutzheiligen dar.

Cappella San Severo: Diese Hauskapelle eines geheimnisvoll-exzentrischen Adligen des 18. Jh. ist heute als *Privatmuseum* eingerichtet und gehört zu den skurrilsten Touristenattraktionen der Altstadt. Der ganze Innenraum dieser raffiniert beleuchteten Kapelle ist mit Skulpturen und Fresken relativ unbekannter neapolitanischer Künstler gefüllt. Leise Requiemmusik dringt aus dem Hintergrund. Aufsehen erregte bereits damals die anmutige Skulptur des aufgebahrten, verhüllten Christusleichnams – *Il Cristo velato del Sammartino* –, die auf den ersten Blick wie eine perfekt gearbeitete Marmorskulptur wirkt. Doch angesichts der hauchdünnen Marmorschicht, die wie ein feuchtes Tuch auf dem Körper liegt, kommen Zweifel am Material auf. Bedenkt man, dass der geheimnisumwitterte Adlige und Gründer dieses Museums ein genialer Erfinder und Alchimist gewesen ist, der künstliche

Edelsteine und künstliches Wachs produzieren konnte, so erscheinen der *Cristo velato* und zwei andere Marmorskulpturen (*Pudicizia* und *Disinganno*) in einem anderen Licht. Tatsache ist, dass derartig filigrane und transparente Skulpturen, wie sie hier zu sehen sind, nicht aus echtem Marmor herzustellen sind. Handelt es sich also um eine Art Kunstmarmor, dessen Herstellung der adlige Schöpfer *Raimondo de Sangro,* der übrigens auch hier bestattet liegt, als Geheimnis mit ins Grab genommen hat?

Beim Verlassen der Kapelle wird es dann auch noch makaber, wenn man die vor über 200 Jahren mit einem geheimnisvollen Elixier konservierten Leichname eines Mannes und einer schwangeren Frau erblickt. Deutlich erkennt man ihre Skelette, durchzogen von einem Geflecht aus versteinerten Adern, haarfein bis fingerdick. Der grausame Gedanke, dass die beiden noch am Leben waren, als der Magier ihnen das Zaubermittel injizierte, das ihre Blutbahnen für immer zu Stein werden ließ, mag vielleicht so manchen Altstadtbummler von einem Besuch dieses Privatmuseums abhalten.

Öffnungszeiten Via de Sanctis 19, werktags (außer Di) 10–18, sonn- und feiertags 10–13.30 Uhr, Eintritt 6 €, bzw. mit Artecard.

Santa Chiara: die vielleicht interessanteste Altstadtkirche mit dem größten Klosterkomplex Neapels. Trotz ihrer strengen gotischen Formgebung ist Santa Chiara die beliebteste Hochzeitskirche der Stadt. Den zahlreichen Bettlern im Vorhof kann man angesichts ihrer theatralischen Gebärden kaum ein Almosen verweigern.

Anfang des 14. Jh. ließen *Robert der Weise* und *Sancha de Mallorca,* das beliebte Königspaar, dieses rein gotische Gotteshaus mit Campanile errichten. Die Eingliederung des Klarissenklosters geschah auf ausdrücklichen Wunsch der Königin und hatte Folgen für die bauliche Gestaltung der Kirche. Hinter der strengen Fassade

Santa Chiara – Chiostro delle maioliche

erstreckt sich ein ebenso strenger und schmuckloser Innenraum, der ohne Querhaus an der Altarwand mit dem Spitzbogenfenster endet. Dahinter verbirgt sich der Nonnenchor, in dem die Klarissinnen dem Gottesdienst abgeschirmt beiwohnten. Sehenswert sind vor allem die monumentalen Grabmäler, darunter das ursprünglich vierstöckige Königsgrab Roberts des Weisen. An dieser Totenkammer ist die halbe Herrscherfamilie in Reliefformat versammelt.

Der angrenzende *Chiostro delle maioliche (Klosterhof)*, den man über einen separaten Seiteneingang betritt, ist in seiner heutigen Anlage ein Werk des 18. Jh. Einerseits konserviert er die Strenge, in der früher die Klarissinnen in schmuckloser Frömmigkeit auf und ab schritten, andererseits verwandeln die kunstvoll mit farbenfrohen Majoliken gefliesten Gänge und Bänke den Klosterhof in eine idyllische Wandelhalle. Leider musste ein Großteil der üppigen Pflanzenpracht, die auf Betreiben der Bourbonenkönigin *Amalia von Sachsen* hier angelegt worden war, zum Schutz der motivreichen Majoliken entfernt werden. Das angeschlossene *Museum* beherbergt die Ausgrabungen einer römischen Thermalanlage und dokumentiert die bewegte Bau-, Umbau- und Restaurationsgeschichte des Klosters Santa Chiara, in dem heute noch einige Franziskanermönche leben.

Öffnungszeiten Chiostro und Museum werktags 9.30–17.30 Uhr, sonn- und feiertags 9.30–13.30 Uhr, Eintritt 4 €.

Gesù Nuovo: Diese Jesuitenkirche an der gleichnamigen Piazza wurde Ende des 16. Jh. erbaut und zwar unter Verwendung der Rustikafassade eines Renaissancepalazzos aus dem 15. Jh. Auch das dekorative Portal stammt noch von dem herrschaftlichen Gebäude, das einst zum Besitz der Adelsfamilie *Sanseverino* gehörte.

Jeder Neapolitaner, der diese Altstadtkirche betritt, erweist zunächst *Giuseppe Moscati* seine Ehrerbietung, dessen Porträt in das Hauptportal eingelassen ist. Dieser fromme und wundertätige Arzt wurde erst 1987 von Papst Johannes Paul II. heilig gesprochen. Kontrastreicher lässt sich der Übergang von innen und außen nicht denken, denn hinter der stachligen Diamantquaderfassade entfaltet sich eine barocke Pracht, die dem neapolitanischen Hang zur dekorativen Verspieltheit voll und ganz entspricht. Blickfänge bilden in erster Linie die prächtigen Altäre mit ihren Statuen und Bildnissen sowie die bewegenden Deckenfresken.

Auf der *Piazza Gesù Nuovo* hingegen erhebt sich eine imposante *Mariensäule*. Die vergoldete Madonna ersetzt seit 1750 das von den Neapolitanern zerstörte Reiterstandbild des unbeliebten

Gesù Nuovo – stachelige Fassade

Bourbonenherrschers Philipp V., eines Enkels des französischen Sonnenkönigs Ludwig XIV. Die Monumentalsäule erstickt geradezu im barocken Dekor.

Neapel
Karte siehe Umschlagklappe hinten

Die weitläufige Piazza del Plebiscito

Neapels große Straßenzüge und Plätze

Corso Umberto I und Umgebung

Unschön, aber wahr, der Corso ist eine abgasverseuchte Verkehrsader durch die Innenstadt und absolut keine touristische Flaniermeile. Im 19. Jh. wurde diese breite Hauptstraße nach dem Vorbild der Pariser Boulevards quer durch das Gassengewirr der Altstadt geschlagen. Die klassizistischen Prachtfassaden sind heute zumeist rußgeschwärzt und der infernalische Verkehr macht den Corso zur Bannmeile für Fußgänger. Aber auch die nähere Umgebung sollte man mit Vorsicht genießen, angefangen mit der Piazza Garibaldi am *Hauptbahnhof,* wo die Luft nach Meinung vieler vor Kleinkriminalität nur so knistert. Auch im angrenzenden *Forcella-Viertel* zeigt sich Neapels Innenstadt von ihrer unfreundlichen Seite. In diesem Elendsviertel links und rechts vom Corso zwischen Piazza Garibaldi und Piazza Nicola Amore befindet sich das Zentrum des berühmt-berüchtigten neapolitanischen Schwarzmarkts. Wo tagsüber zahllose Waren fragwürdiger Herkunft und Qualität verschoben werden, blühen abends die einträglichen Camorra-Branchen Prostitution und Drogenhandel. – Also diese Gegend besser meiden, zumal der nahe gelegene *Spaccanapoli* (→ S. 105) mit seiner proletarisch-volkstümlichen Atmosphäre schon genügend Nervenkitzel bietet.

Via Roma/Via Toledo und Umgebung

Kilometerlange, schnurgerade Durchgangsstraße und westliche Altstadtgrenze, weitgehend verkehrsgeplagt, aber dennoch Neapels beliebteste innerstädtische Flanier- und Shoppingmeile mit angrenzenden Plätzen, prächtigen Baudenkmälern und traditionsreichen Geschäften.

Piazza Dante: Mit ihrer markanten, im Halbkreis angeordneten Gebäudefront ist sie eine der schönsten Platzanlagen Neapels. Diese architektonisch durchgestylte Piazza wurde im 18. Jh. realisiert und ist nach jahrelangen Bauarbeiten an der neuen U-Bahn-Station wieder vollständig begehbar. An der nordöstlichen Piazza-Ecke befindet sich das *Stadttor Port'Alba* (17. Jh.). Von diesem Torbogen mit Uhrturm führt eine schmale, ansteigende Gasse in das Altstadtzentrum. Linker Hand gleich die palmenbestandene *Piazza Bellini*, eine kleine Oase im turbulenten Altstadtgewirr mit mehreren gemütlichen Cafés vor einer verwitterten Fassadenkulisse. Unter dem Pflaster der Piazza sind einige Quadratmeter der massiven Stadtmauern des antiken griechischen Parthenope freigelegt worden; man erkennt die großen, gelben Tuffsteinquader, aus denen die griechische Polis vor über 2500 Jahren errichtet wurde (→ S. 31).

Typische Gasse im Spanischen Viertel

Quartiere spagnolo: Als der Straßenzug Via Roma/Via Toledo im 16. Jh. unter dem spanischen Vizekönig *Don Pedro de Toledo* als ein wichtiger städtebaulicher Beitrag zur Verbesserung der damals schon katastrophalen Altstadtsituation angelegt wurde, entstand auch das im Westen angrenzende Spanische Viertel. Dieses Wohngebiet im Schachbrettmuster war für die spanischen Soldaten und Seeleute vorgesehen. Ein Jahrhundert später wurden die Spanier jedoch in Kasernen umquartiert und das Viertel stand den Altstadtbewohnern zur Verfügung. Heute erstreckt sich hier ein Wohngebiet echt neapolitanischer Prägung: In den engen, steilen Treppengassen hängt überall Wäsche, der Müll häuft sich, Mopeds lärmen und viele der mehrstöckigen Wohnhäuser sind in einem erbärmlichen Zustand. Einige Stadtplaner sähen das Spagnolo-Viertel am liebsten rigoros abgerissen ohne Rücksicht auf gewachsene Strukturen und die dortige Bevölkerung. Touristen beäugen die Szenerie zumeist nur am Rande und trauen sich eher selten herein, abgesehen von der nordwestlich verlaufenden *Via Pignasecca*, die zur wichtigen Metro-, Ferrovia- und Funicolare-Stazione Montesanto führt. Der tägliche Straßenmarkt (auch sonntags) entlang der Pignasecca ist einer der turbulentesten und schönsten der Stadt.

Galleria Umberto I: Sie erhebt sich am südlichen, verkehrsberuhigten Ende der Via Toledo, eine monumentale Glas- und Stahlkonstruktion mit Zentralkuppel aus dem späten 19. Jh., die nach dem Vorbild der Mailänder *Galleria Vittorio Emanuele II* errichtet wurde. Der über 50 m hohe Oktogonalbau steht in der Tradition der großen europäischen Einkaufspassagen und überdachten Ladenstraßen des 19. Jh. Und als hätten sich die Zeiten nicht geändert, fungiert die sehenswerte Galleria noch heute als Konsumtempel.

Aber vor allem in der vornehmen *Via Chiaia* setzt sich die Shoppingmeile Via Roma/Via Toledo fort. Komplett verkehrsberuhigt führt sie mitten hinein ins bürgerliche Chiaia-Viertel, wo herrschaftliche Palazzi von monumentaler Größe, prächtige Innenhöfe sowie die Löwen-Piazza dei Martiri das Auge erfreuen. – Neapels Wohlstands-Viertel, das unbedingt entdeckt werden will.

Piazza Trieste e Trento und Piazza del Plebiscito:

Diese beiden ineinander übergehenden Plätze bilden den südlichen Abschluss der Via Toledo und den repräsentativen Mittelpunkt der Innenstadt. An der hübschen Brunnenpiazza Trieste e Trento steht das das *Teatro San Carlo*, das berühmte Opernhaus Neapels, das 1737 in nur achtmonatiger Bauzeit errichtet und jüngst vollständig restauriert wurde. Mit Platz für 3000 Zuschauer war es seinerzeit der größte Musiktempel Europas. Hier fanden zahlreiche Welturaufführungen statt, noch heute geht hier internationales Publikum ein und aus.

Führungen Mo–So 10–17.30 Uhr (auf Italienisch und Englisch), Eintritt 5 €; Theaterkarten → S. 101.

Die Anlage der weitläufigen Piazza del Plebiscito wurde während der französischen Besatzung begonnen und unter dem Bourbonenkönig *Ferdinand IV.* beendet. Blickfänge dieser halbkreisförmigen Monumentalpiazza, die für Staatszeremonien, Militärparaden und Volksfeste genutzt wurde, sind die beiden platzfüllenden Großbauten *Chiesa San Francesco di Paola* und Palazzo Reale. Die klassizistische Gedächtniskirche ist dem Pantheon in Rom nachempfunden, während die durchgehende Kolonnadenreihe davor den vatikanischen Petersplatz nachzuahmen versucht. Im Innenraum ist der Blick in das gewaltige Rund der steinernen Kuppel imposant.

Der gegenüberliegende *Palazzo Reale* blickt auf eine lange Baugeschichte zurück, die 1600 begann. Die drei unterschiedlich große Innenhöfe umschließende Königsresidenz besticht zunächst durch ihre dreigeschossige Prachtfassade mit 21

Enrico Caruso (1873–1921)

Der weltberühmte Tenor erblickte in Neapel das Licht der Welt. Früh begann er seine Karriere als Straßensänger mit dem damals üblichen Repertoire an neapolitanischen Volksliedern, den *Canzoni napoletane*. Bereits als 16-Jähriger brillierte er in den städtischen Musikcafés mit Dialektliedern und erhielt seine ersten Gagen. Doch Caruso blieb kein treues Kind Neapels; nach einer gemäßigten Kritik, die auf ein Konzert im heimischen Teatro San Carlo folgte, drehte er der Stadt beleidigt den Rücken zu, ja mied bis auf wenige Auftritte sogar sein Vaterland, während er die Bühnen der Welt mit „O sole mio", „Santa Lucia" und anderen Ohrwürmern eroberte. Seine Heimatverbundenheit beschränkte sich fortan auf die italienischen Emigrantenviertel in den USA. Als 30-Jähriger erhielt er ein Engagement an der Metropolitan Opera in New York. Nur zum Sterben kam das Sängergenie wieder nach Neapel zurück. 1973, anlässlich seines 100. Geburtstags, fand im Teatro San Carlo ein Gedenkkonzert mit den berühmtesten Tenören statt und parallel dazu versöhnte sich auch das neapolitanische Volk wieder mit dem verlorenen Sohn, indem jeder seine alten Caruso-Schallplatten mit den Canzoni napoletane lautstark abspielte.

Neapel Karte siehe Umschlagklappe hinten

Fensterachsen und zahlreichen Steinskulpturen im Arkadenportikus. Das monumentale Treppenhaus, das Montesquieu einst als „die schönste Treppe Europas" bezeichnete, erhielt im 19. Jh. ihr heutiges Aussehen. Seit 1919 beherbergt der Palazzo Reale die Nationalbibliothek und Mitte des 20. Jh. residierte hier die Regionalregierung, die mittlerweile ins moderne *Centro Direzionale* (→ S. 128) umgezogen ist.

Gut zwei Dutzend der kostbar möblierten und z. T. freskenverzierten königlichen Gemächer des ersten Obergeschosses *(Appartamenti storici),* in denen sich auch eine vergleichsweise bescheidene Gemäldegalerie befindet, können besichtigt werden. Den Auftakt bildet das heute noch bespielte Hoftheater, den Abschluss hingegen die mit einem farbenprächtigen Marmoraltar ausgestattete Schlosskapelle *(Capella palatina).*

Öffnungszeiten täglich (außer Mi) 9–19 Uhr, Eintritt 4 €, bzw. mit Artecard. Die Innenhöfe und der Garten sind frei zugänglich.

Piazza Municipio

Diese weitläufige Platzanlage bildet den wichtigsten Übergang zum Fährhafen Molo Beverello. Seit Jahren prägt hier eine Großbaustelle das Klima und immer wieder verzögern neue archäologische Funde die Fertigstellung der neuen Metro-Station.

Castel Nuovo – mit einem Renaissanceportal vom Feinsten

Castel Nuovo (Maschio Angioino) mit **Museo civico:** An der Piazza Municipio ragt die mittelalterliche, wehrhafte Festung und königliche Residenz auf. Bereits gegen Ende des 13. Jh. konnte *Karl I.,* der erste angiovinische König von Neapel, seine herrschaftliche Stadtburg mit den markanten Rundtürmen beziehen. Der Umbau des Kastells erfolgte im 15. Jh.

Das monumentale *Burgportal* im Stil eines Triumphbogens ist ein faszinierendes Meisterwerk der Frührenaissance. Die helle Marmorfassade zwischen den beiden dunklen Rundtürmen strahlt auf den ersten Blick wenig Harmonie aus. Doch betrachtet man die vertikale Komposition des Triumphbogens im Detail, steigt die Begeisterung von Relief zu Relief. Im Prinzip handelt es sich um zwei übereinandergestellte Bögen, die im architektonischen Aufbau jeweils exakt ihren römisch-antiken Vorbildern entsprechen. Die zentrale Reliefdarstellung des Triumphzugs stammt von mehreren namhaften Renaissancekünstlern. Insgesamt waren laut Entstehungschronik über zehn Bildhauer zwischen 1450 und 1470 an der Fertigstellung dieses königlichen Triumphbogens beteiligt.

Die Stadtburg kann nahezu vollständig besichtigt werden. Vom Burghof gelangt man zunächst in die gotische *Hofkapelle*, die mit großflächigen Fresken aus dem 14. Jh. sowie kostbaren Marmorskulpturen (Sakristei) geschmückt ist. Man achte außerdem auf das einzige verbliebene Original-Freskofragment (dekorativer Kopf) von *Giotto* im Bogen des rechten Chorfensters sowie auf die beiden großartigen Wandtabernakel im Chor.

Über die Außentreppe des Burghofs betritt man den riesigen, kathedralenartigen *Festungssaal (Sala dei Baroni)*, dessen faszinierendes Deckengewölbe im Sternenmuster angeordnet ist. Einen weiteren Höhepunkt im Erdgeschoss bilden die *Verliese (Prigioni)*, die weitgehend freigelegt werden konnten.

In den oberen Stockwerken ist das *Museo civico* untergebracht. Die Räumlichkeiten im ersten Stock beherbergen Gemälde, Skulpturen und liturgisches Gerät aus säkularisierten neapolitanischen Kirchen. Hier befindet sich auch das sehenswerte Bronzetor aus 1475, das einst den Burgeingang verschloss. Im zweiten Stock sind mehr oder weniger interessante Kunstwerke des 18. bis 20. Jh. ausgestellt. Und zum Abschluss unbedingt den Blick von der Panoramaterrasse genießen!

Öffnungszeiten Castel Nuovo und Museo civico Mo–Sa 9–19 Uhr, So geschlossen; Eintritt 5 €, bzw. mit Artecard.

Neapels große Museen

Museo Archeologico Nazionale

Weltweit eines der größten Museen der antiken Kunst. Ein Besuch macht die Besichtigungen von Pompeji und Herculaneum erst komplett. Für die einzigartige archäologische Sammlung sollte man sich viel Zeit nehmen.

Die unermesslichen Fundstücke, die bei den systematischen Grabungen des 18. und 19. Jh. in den verschütteten Vesuvstädten Pompeji und Herculaneum zutage gefördert wurden, sprengten bald die zur Verfügung stehenden Räumlichkeiten des königlich-bourbonischen Hofs. Ein neues Museum musste her. 1822 war es endlich so weit, das ehemalige Universitätsgebäude am nordwestlichen Altstadtrand konnte nach langjährigen Umbauarbeiten bezogen werden. Mit einem feierlichen Umzug wurden die antiken Schätze aus dem

Campania Artecard

Dieser kombinierte Museumspass gilt an mehreren Tagen für die wichtigsten städtischen Museen und sorgt für ermäßigte Eintrittspreise. Es gibt ihn in verschiedenen Varianten: als Dreitagespass (3 giorni), als Wochenpass (7 giorni), und für „Wiederholungstäter" sogar als Jahrespass. Nähere Informationen unter „Wissenswertes von A bis Z/Ermäßigungen" → S. 67.

königlichen Palast von Portici ins neue Nationalmuseum von Neapel gebracht, wo sie seitdem untergebracht sind. Die Museumseinweihung war ein internationales Ereignis, an dem Gelehrte aus aller Welt teilnahmen. Gemälde und Kupferstiche aus dieser Zeit illustrieren den Aufsehen erregenden Kunsttransport in allen Einzelheiten: Von Gendarmen eskortierte Ochsenkarren, mit Reiterstatuen, Büsten, Marmorplastiken und anderen Kostbarkeiten beladen, wurden feierlich durch die Straßen von Neapel zum neuen Museumsgebäude gezogen.

Heute sind diese Schätze weitgehend systematisiert, katalogisiert und der Öffentlichkeit zugänglich gemacht. Hinzugekommen sind weitere berühmte antike

Neapel Karte siehe Umschlagklappe hinten

Sammlungen, die Farnese- und die Borgia-Sammlung, bei denen es sich vorwiegend um Monumentalstatuen aus dem antiken Rom sowie aus Ägypten handelt.

Erdgeschoss (Großplastiken): Zunächst betritt man das Museum durch das Atrium. Dort sowie in den angrenzenden Sälen ist ein Großteil der monumentalen

Eros in Pompeji – Il Gabinetto segreto

Die komplexe Religion, die die Römer von den Griechen übernommen hatten, war auch in den antiken Vesuvstädten allgegenwärtig. Die Verehrung der Gottheiten in öffentlichen und privaten Zeremonien gehörte bekanntermaßen zum Alltag des antiken Menschen, aber dass die Götter auch als Wesen aus Fleisch und Blut verehrt und ganz unverblümt dargestellt wurden, das irritierte die königlichen Archäologen dann doch etwas. Als ihr Blick auf die ersten eindeutigen erotischen Malereien, Mosaiken, Skulpturen und Inschriften der Pompejaner fiel, berieten sie sich mit den königlichen Sittenwächtern und zogen diese Erotika sofort aus dem Verkehr. – So landeten ca. 250, z. T. recht drastische erotische Darstellungen in der so genannten Geheimkollektion des Nationalmuseums, dem Gabinetto segreto.

Dionysos, ein Sohn des Zeus, bekannt als Gott des Weins und der Fruchtbarkeit, hieß bei den Römern *Bacchus* bzw. *Liber.* Sein bekanntestes Attribut war der mit Efeu und Reben umkränzte Thyrosstab. Um ihn rankte sich auch ein ekstatisch-orgiastischer Geheimkult, in dem der Phallus die zentrale Rolle spielte. Folglich waren dekorative Phallusdarstellungen im antiken Pompeji, wo die heilige Trias Herkules/Bacchus-Liber/Venus besonders verehrt wurde, verbreitet. In vielen pompejanischen Villen und Häusern wurden Phallusobjekte aus Bronze, Terrakotta, Tuffstein und Marmor entdeckt, zumeist in Form von Trinkgefäßmasken, Hängelampen, Türglockenspielen und Statuetten, aber auch ganz ungeniert als erigierte Penisse, die das Unheil vom Haus fern halten sollten. Neben diesen kunstvoll gearbeiteten Objekten fand man auch zahlreiche Bodenmosaiken und Wandfresken mit erotischen Szenen, und zwar nicht nur in den pompejanischen Schlafzimmern. Auch die Wegweiser zu den städtischen Bordellen bestanden aus richtungsweisenden Phallussymbolen, während das dortige Angebot an käuflicher Liebe über den Liebeskammern auf Wandmalereien angepriesen wurde. Sodomitische Kleinplastiken wie diejenige des Hirtengottes Pan, der sich mit einer Ziege vergnügt, gehörten ebenfalls zum religiös-erotischen Repertoire des antiken Pompeji. Doch was den Pompejanern insgesamt als völlig normal und selbstverständlich galt, verbannten die entsetzten Entdecker des 18. und 19. Jh. als obszön und sittenwidrig in die erwähnte Geheimkollektion des Nationalmuseums, die seinerzeit nur wenige Personen „reifen Alters und verbürgter Moral" zu sehen bekamen. Auch die gelehrten Italienreisenden der letzten zwei Jahrhunderte sahen nur „was zu sehen erlaubt war", wie es offiziell hieß.

Kaum zu glauben, aber mittlerweile sind die Hüllen gefallen. Seit 2000 kann die ehemalige Geheimkollektion problemlos besichtigt werden. Man muss sich nur mit seinem Eintrittsticket am Eingangstresen melden, wo man für eine der halbstündlich stattfindenden Führungen (auf Italienisch bzw. Englisch) durch das Gabinetto segreto eingetragen wird.

Marmorstatuen, Steinsarkophage, Großreliefs, Büsten, Köpfe, Bronzestatuen etc. untergebracht. Die Fülle an griechischen und römischen Plastiken ist überwältigend, wobei die bildhübschen, ebenmäßigen Venusstatuen durch ihre Anmut besonders herausragen. Das griechische Basrelief „Orpheus und Eurydike" mit einer der ergreifendsten Abschiedsszenen der Antike sollte man sich auf keinen Fall entgehen lassen (gleich hinter dem Eingang rechts). Einen weiteren Höhepunkt bildet der „Toro Farnese" (Farnesinischer Stier); diese unlängst restaurierte Figurengruppe aus Marmor stammt aus den römischen Caracalla-Thermen und imponiert nicht nur durch ihre Größe.

Zwischengeschoss (Mosaiken): Hier befinden sich die großartigen Boden- und Wandmosaiken aus Pompeji und Herculaneum. Was man in den antiken Museumsstädten etwas enttäuscht vermisst, kann man hier endlich bestaunen. Das Prunkstück unter den zahlreichen detailgenauen Mosaikarbeiten ist sicherlich das „Alexandermosaik", ein ungefähr 3 x 6 m großes Bild, das aus ca. 1,5 Mio. Mosaiksteinchen gearbeitet worden ist und die berühmte Alexanderschlacht von 333 v. Chr. darstellt – jedem fleißigen Schüler als Issos-Keilerei bekannt. Es handelt sich bei diesem Pompeji-Original um eine im 2. Jh. v. Chr. angefertigte Kopie eines griechischen Gemäldes aus dem 4. Jh. v. Chr.

Zu den anmutigsten Kleinmosaiken gehört das suggestiv angestrahlte Frauenporträt („Ritratto femminile"); hier sind Plastizität, Proportionen und Gesichtszüge so präzise ausgearbeitet wie bei einem Gemälde – hinsehen und staunen.

Aus dem großen Repertoire an Bronzestatuen, das sich im Obergeschoss befindet, ist der „Fauno danzante" (tanzende Faun) jetzt ins Zwischengeschoss verlegt worden. Diese Arbeit aus alexandrinischer Zeit, der das pompejanische Haus des Fauns seinen Namen verdankt, besitzt eine Harmonie, die eigentlich erst viel später in den Bronzearbeiten der Renaissance erreicht wird.

Im Zwischengeschoss finden Sie auch den Eingang zum *Gabinetto segreto* (→ Kasten, S. 118).

Obergeschoss (Fresken, Bronzen und Kleinkunst): Zunächst gelangt man in den riesigen Saal des Atlas (Grande Salone dell'Atlante) mit einem monumentalen Deckengemälde aus dem 18. Jh. Hier und in den angrenzenden Sälen befinden sich die farbenfrohen Wandmalereien und kunstvoll geformten Bronzen aus den antiken Vesuvstädten. Zu den Hauptmotiven der nach Sujets geordneten Großfresken gehören mythische Landschaften, Stillleben, historische Szenen sowie Darstellungen von Kulthandlungen. Unter den Bronzestatuen ragen diejenigen aus Herculaneum hervor.

Wer auf den Geschmack gekommen ist, kann sich in den restlichen Räumen an der antiken Kleinkunst satt sehen. In den Vitrinen steckt eine unglaubliche Fülle an feinen Keramikarbeiten, Gold- und Silberschmuck, Glas und Kristall, geschliffenen Edelsteinen, Gebrauchs- und Kultgegenständen aus dem täglichen Leben, Münzen etc.

Außerdem beschäftigt sich eine neu eingerichtete Abteilung mit den antiken Ausgrabungsfunden aus *Parthenope/Neapolis*, *Pithecusae* (Ischia) und *Cuma Antica* (→ S. 142), während im zweiten Obergeschoss eine Sammlung griechischer Vasen sowie prähistorische Funde aus der Golfregion zu sehen sind (Beide Abteilungen sind wegen Personalmangels leider manchmal geschlossen!).

Öffnungszeiten Täglich (außer Di) 9–19.30 Uhr, Eintritt 6,50 € inkl. Gabinetto segreto (→ „Eros in Pompeji") bzw. mit Artecard. Die neuen Audioführer gibt es vorerst leider nur auf Italienisch und Englisch (4 €), www.archeona.arti.beniculturali.it.

Neapel Karte siehe Umschlagklappe hinten

Museo Archeologico – weltweit eines der größten Museen antiker Kunst

Museo e Galleria Nazionale di Capodimonte

Museum und Gemäldegalerie sind im ehemaligen Bourbonenschloss *Palazzo Reale di Capodimonte* untergebracht. Dieses königliche Sommerschloss mit dem weitläufigen Schlosspark steht ca. 5 km nördlich der Altstadt in herrlicher Hanglage. Die Residenz war von Anfang an auch als Museum konzipiert, das die umfangreiche Kunst- und Gemäldesammlung der süditalienischen Bourbonendynastie beherbergen sollte. Neben der ständig erweiterten Gemäldesammlung gehörten auch eine Bibliothek und eine Porzellanmanufaktur zum königlichen Museum von Capodimonte. In der zweiten Hälfte des 18. Jh. avancierte Neapel unter dem Schlosserbauer *Ferdinand IV.* zur Künstlermetropole des Südens und zog auch nordeuropäische Künstler an, die vom Hof u. a. mit den notwendig gewordenen Gemälderestaurierungen betraut wurden. Nach dem Zweiten Weltkrieg gelangte das Schloss mit seinen unermesslichen Kunstschätzen in Staatsbesitz und es dauerte Jahrzehnte, bis ein angemessenes Museumskonzept realisiert wurde. Außerdem mussten 1980/81 noch zahlreiche Gemälde und Kunstgegenstände aus den erdbebenbeschädigten Kirchen und Museen der Innenstadt aufgenommen werden. Erst seit 1996 ist das Museum wieder vollständig geöffnet und zeigt in den restaurierten königlichen Gemächern und Sälen der ersten beiden Obergeschosse eine repräsentative Auswahl seiner umfangreichen Kunstschätze; darunter befinden sich einige wahre Kostbarkeiten.

Und anschließend bietet der gepflegte *Schlosspark* oder das Museumscafé im Hof die notwendige Erholung.

Im ersten Obergeschoss erstreckt sich die so genannte *Galleria Farnese* auf 30 Räumen. Nach dem großartigen Auftakt mit *Tizian, Sanzio, Masaccio* und *Vasari* setzt sich die Bilderflut mit Werken von *Giovanni Bellini, Raffael, Botticelli, El*

Greco, Pieter Bruegel d. Ä., Carracci u. a. fort. Die angrenzenden königlichen Gemächer sind derart prunkvoll eingerichtet und möbliert, dass es einem angesichts des Reichtums glatt die Sprache verschlägt. Vor allem der zentrale Ballsaal ist überreich mit edlen und künstlerisch wertvollen Accessoires bestückt. Hier befindet sich auch das *Porzellanmuseum* mit feinster Ware aus den renommiertesten Manufakturen Europas. Einen Höhepunkt bildet das einzigartige Porzellanzimmer *Salottino di porcellana* (18. Jh.), das vollständig mit floraler Keramik und Spiegeln im Rokokostil ausgestattet ist. Insgesamt besteht die Einrichtung des 30 qm großen Raums aus über 3000 Einzelstücken.

Im zweiten Obergeschoss dann die etwas bescheidenere Fortsetzung der Gemäldesammlung mit der *Galleria delle Arti a Napoli* in über 40 Räumen. Vom 13. bis zum 18. Jh. sind alle wesentlichen Epochen vertreten: spätmittelalterliche Meister des 13. und 14. Jh., Renaissancemaler, Manieristen des 16. Jh., neapolitanische Meister des 17. und 18. Jh.; darunter so stilbildende Maler wie *Caravaggio* und erneut *Tizian*. Die berühmte „Tavola Strozzi" von 1464, eine faszinierende Stadtansicht von Neapel, sucht man jedoch vergeblich, sie befindet sich mittlerweile im Museo Nazionale di San Martino (s. u.).

Im Dachgeschoss vollzieht sich dann ein krasser Wechsel hin zur zeitgenössischen Kunst mit Arbeiten von *Warhol, Kounellis, Nitsch, Mertz, Cucchi* u. a. (→ S. 41, „Internationale Gegenwartskunst").

Anfahrt/ Öffnungszeiten Stadtbus R4 ab Piazza Dante bis zum Schlosspark. Täglich (außer Mi) 8.30–19.30 Uhr. Eintritt 7,50 €, bzw. mit Artecard.

MADRE – Museo d'Arte Contemporanea Donna Regina

Neapels neues *Museum für internationale Gegenwartskunst*. Seit 2005 bereichert und verjüngt es die neapolitanische Museumslandschaft und ist durchaus als großes Museum der zeitgenössischen Kunst zu bezeichnen, das keinen internationalen Vergleich zu scheuen braucht. In der nordöstlichen Altstadt hat es im restaurierten Palazzo Donna Regina in Domnähe sein festes Domizil und belebt damit auch diesen etwas vernachlässigten Teil der Altstadt.

Liebhaber zeitgenössischer Kunst kommen hier unbedingt auf ihre Kosten. Namhafte Künstler aus den Bereichen der Transavantgarde, Arte Povera und der konzeptionellen Kunst haben ihre Skulpturen und Rauminstallationen exklusiv für das Museum geschaffen, darunter *Sol LeWitt, Jeff Koons, Anish Kapoor* und *Richard Serra*. Andere Räume wiederum sind mit beachtlichen Dauerleihgaben privater Sammler bestückt. Deutschland ist, wenn man so will, repräsentativ mit *Joseph Beuys, Gerhard Richter, Anselm Kiefer, Georg Baselitz, Thomas Ruff, Rebecca Horn* und *Thomas Struth* vertreten. Ein Blickfang ist auch *Mimmo Paladinos* 5 m hohes Tuffsteinpferd, das auf dem Dach installiert worden ist.

Während sich die ständige Ausstellung auf den ersten beiden Gebäudeebenen erstreckt, zeigen das dritte Obergeschoss und die benachbarte, säkularisierte Chiesa Donna Regina wechselnde Ausstellungen. Eine Cafeteria und ein Shop sind vorhanden.

Öffnungszeiten Mo, Mi, Do und Fr 10–21 Uhr, Sa und So 10–24 Uhr, Di geschlossen. Eintritt 7 €, bzw. mit Artecard, Mo freier Eintritt. Via Settembrini 79, www.museomadre.it.

Eine ideale Ergänzung zum MADRE-Museum ist das ebenfalls 2005 eröffnete Ausstellungs- und Dokumentationszentrum für internationale Gegenwartskunst *PAN* (→ S. 42) im bürgerlichen Chiaia-Viertel.

Neapel
Karte siehe Umschlagklappe hinten

Galleria dell'Accademia delle Belle Arti

Sicher keine große, aber eine erwähnenswerte Kunstsammlung besitzt die Akademie der Künste, die sich unweit der Piazza Bellini befindet. Mitten im studentischen Ausbildungsbetrieb bieten einige Säle in der obersten Etage Kunst vom 17. bis 20. Jh.

Öffnungszeiten Di, Mi, Do und Sa 10–14 Uhr, Fr 10–18 Uhr, Eintritt frei. Via Costantinopoli 107.

Neapel auf den Hügeln

Vomero

Raus aus dem Dunst der Innenstadt, hinauf auf den luftigen Stadthügel Vomero, am besten mit der City-Schienenseilbahn, der *Funicolare centrale* (Talstation Nähe Piazza Trieste e Trento). In herrlicher Hanglage am Rand eines bürgerlichen Wohngebiets befinden sich gleich zwei touristische Highlights, die erholsame Parkanlage der Villa Floridiana und der wuchtige mittelalterliche Festungskomplex Castel Sant'Elmo mit der benachbarten Certosa di San Martino.

Villa Floridiana: Der Eingang zum Park der Villa liegt an der Via Cimarosa, wenige Fußminuten von der Endstation der Funicolare centrale entfernt. Die gepflegte Anlage ist Anfang des 19. Jh. nach dem Vorbild südenglischer Gärten gestaltet worden. Eine wirklich erholsame Oase mit üppiger Vegetation und verspielt angelegten Sitzgelegenheiten (der Park schließt eine Stunde vor Sonnenuntergang). In dem klassizistischen Landhaus des Parks ist ein ausgesprochenes Liebhabermuseum untergebracht, das *Museo Duca di Martina*, ein Keramik- und Porzellanmuseum mit Exponaten aus europäischen und ostasiatischen Manufakturen. Außerdem gibt es kostbare Elfenbein- und Emaillearbeiten unterschiedlicher Provenienz zu sehen.

Öffnungszeiten täglich (außer Di) 8.30–13.30 Uhr; Eintritt 2,50 €, bzw. mit Artecard.

Castel Sant'Elmo: Kein Gebäudekomplex Neapels ist von unten betrachtet gewaltiger und auffälliger als das mittelalterliche Kastell aus der ersten Hälfte des 14. Jh. mit dem angegliederten Kloster der Kartäusermönche. Die vollständig restaurierte und abends pittoresk angestrahlte Festung ist komplett begehbar. Die Aussicht ist fantastisch, von hier oben sieht man u. a. besonders gut, wie geradlinig der Spaccanapoli die Altstadt durchschneidet.

Im ehemaligen Gefängnistrakt (Carcere) von Sant'Elmo ist jüngst das *Museo del Novecento Napoli* mit neapolitanischer Kunst des 20. Jh. eröffnet worden. Futurismus, Neorealismus und informelle Kunst sind wichtige Schwerpunkte der Dauerausstellung.

Öffnungszeiten Festung, täglich (außer Mi) 8.30–19.30 Uhr; Museum, täglich (außer Di) 10–19 Uhr, Eintritt jeweils 3 € bzw. mit Artecard.

Certosa di San Martino: Die benachbarte und zum Heiligen Jahr 2000 sorgfältig restaurierte Kartause stammt ebenfalls aus dem 14. Jh. und beeindruckt sowohl durch ihre Panoramalage als auch durch die Fülle an Kunstschätzen. Zunächst gelangt man in die Klosterkirche und ihre Annexräume (Sakristei, Kapitelsaal und Parlatorium, links und rechts hinter dem Hauptaltar!) die im 17. Jh. aufwändig barockisiert und mit über hundert Werken der namhaftesten Barockmaler Neapels ausgestattet wurden. Somit präsentieren sich Kirche und Annexräume wie ein städtisches Barockmuseum allererster Güte. Vom Parlatorium führt ein Nebeneingang in den hellgelb strahlenden, großen Kreuzgang und zum Klosterkomplex, in dem ein kulturhistorisches Museum untergebracht ist, das *Museo Nazionale di San*

Martino. Zu sehen gibt es kostbare historische Gemälde, Stiche, Zeichnungen, Land- und Seefahrtskarten sowie Stadtansichten aus verschiedenen Jahrhunderten, darunter die berühmte „Tavola Strozzi" von 1464. Aber auch allerlei typisch neapolitanisches Brauchtum ist hier versammelt. Besonders hübsch ist die große Krippenausstellung berühmter neapolitanischer Krippenbauer (→ S. 109). Unbedingt sehenswert ist auch der Gebäudetrakt des Priors *(Quarto di Priore)* mit seiner beachtlichen Pinakothek, die neben Werken der Renaissance weitere Gemälde aus der Zeit des neapolitanischen Früh- und Hochbarocks zeigt. Am Ende des Priorstrakts betritt man das so genannte *Belvedere*, seinerzeit der Privatbalkon des Priors – der Blick auf den Vesuv ist einfach umwerfend (siehe Foto) Und anschließend den herrlichen Blick auf Neapel vom Klostergarten aus genießen.

• *Öffnungszeiten* **Certosa e Museo Nazionale di San Martino**, täglich (außer Mi) 8.30–19.30 Uhr, Eintritt 6 € bzw. mit Artecard.

• *Hin- und Rückweg* Von der Bergstation der Funicolare centrale geht man am besten über die Piazza Vanvitelli und durch das südliche Wohnviertel des Vomero; über breite Treppenwege gelangt man zur Festung und zur Kartause.

Zurück in die Altstadt empfiehlt sich ein Abstieg zu Fuß (ca. 30 Min.). Von der Via T. Angelini (Zubringerstraße zur Certosa) führt ein gepflasterter Treppenweg in Serpentinen hinunter; anfangs geht es vorbei an den gewaltigen Stützmauern der Festungsanlage, dann durch ein merkwürdiges Wohngebiet in extremer Steillage, je tiefer man kommt, desto ärmer werden die Wohnverhältnisse. Vom Corso Vittorio Emanuele führt dann die leider viel befahrene Via Pasquale Scura direkt auf den Spaccanapoli.

Posillipo

Der zweite Stadthügel Neapels erhebt sich am Fährhafen Mergellina. Posillipo ist ein ausgesprochen nobles Viertel mit stattlichen Villen und prächtigen Gärten. So legendär wie spektakulär ist der Blick vom *Belvedere* der Kirche *Sant'Antonio di Posillipo*. Mit der *Funicolare* (Talstation am Mergellina-Hafen) ist man schnell oben.

Schon zur Römerzeit waren die Küstenhänge des Posillipo ein begehrtes Wohngebiet betuchter Patrizier, die sich hier vor allem ihre Sommerresidenzen bauen ließen. Eine der berühmtesten gehörte Publius Vedius Pollio, der mit Kaiser Augustus befreundet war. Seine *Pausilypon-Villa* (Villa Sorgenfrei) erstreckte sich über einen ganzen Küstenhang, umfasste mehrere Wohngebäude, Gärten und Thermalanlagen sowie ein Theater für 2000 Zuschauer und ein Odeon für literarische Lesungen.

Das weitläufige Areal war von der Landseite aus nur durch einen ca. 800 m langen Tunnel mit hohen Gewölbebögen zugänglich, der heute als *Grotta di Seiano* bekannt und wieder in voller Länge begehbar ist. Die Besichtigung des archäologischen Freigeländes mit den imposanten Überresten und dem einzigartigen Panoramablick auf die gesamte Bucht von Neapel ist ohne Übertreibung ein besonderes Highlight. Und wer schon mal hier ist, sollte auch genügend Zeit für einen Spaziergang im angrenzenden *Parco Virgiliano* mitbringen.

Anfahrt/Öffnungszeiten Bus C1 ab Fußballstadion San Paolo. Führungen (Grotta di Seiano e Pausilypon) Mo–Sa 9.30, 10.30 und 11.15 Uhr, Eintritt frei.

Neapel am Meer

Die Uferstraßen südöstlich der Innenstadt sind bis auf den Fähranleger *Molo Beverello* touristisch völlig uninteressant; Neapel am Meer heißt *Santa Lucia*. Dieses ehemalige Fischerviertel erreicht man am besten von der Piazza del Plebiscito aus über die Via Santa Lucia. Ein ausgiebiger Streifzug durch die Gassen von Santa Lucia führt unmittelbar in den Alltag dieses ältesten Wohnviertels der Stadt. Fischerromantik und heimelige Wohnatmosphäre sucht man hier jedoch vergebens, denn bereits Ende des 19. Jh. ist das legendäre Santa Lucia durch eine monotone Neubebauung mit breiter Uferstraße unwiederbringlich ausgelöscht worden. Lediglich der *Borgo Marinari* am Fuß des Castel dell'Ovo erinnert noch etwas an vergangene Zeiten. An lauschigen Abenden ist dieses folkloristische Santa-Lucia-Überbleibsel mit seinen stimmungsvollen Fisch-Ristoranti ein beliebter Tummelplatz für Einheimische und Touristen.

Castel dell'Ovo: Die Hauptattraktion von Santa Lucia steht auf einer Klippe im Meer und heißt wörtlich übersetzt Eierkastell. Die aus gelblichem Tuffstein errichtete Hafenfestung birgt der Legende nach nämlich ein vergilianisches Zauberei, das der Stadt Schutz garantiert, solange es heil bleibt. Die Klippe, auf der die Burg erbaut ist, war der Überlieferung nach die erste Anlegestelle griechischer Siedler in der Bucht von Neapel. Nachweislich gehörte der damals unbebaute Fels im 1. Jh. v. Chr. zum Küstengrundstück des römischen Politikers *Lucullus,* dessen Reichtum und luxuriöse Lebensführung noch heute sprichwörtlich sind. Im 5. Jh. siedelten hier erstmals Mönche aus Norditalien. Im 12. Jh. ließ der Normanne Wilhelm I. dann die trutzige Wasserburg errichten und die Staufer bauten sie im 13. Jh. weiter aus.

Seit Abschluss der aufwändigen Restaurierung kann die geschichtsträchtige Hafenfestung wieder besichtigt werden. Auf dem mittelalterlichen Pflastersteinweg bzw. mit dem Fahrstuhl gelangt man bis auf den normannischen Kanonenturm. Zu sehen gibt es zwar nicht viel, abgesehen von den Resten der gotischen Kirche *San Salvatore,* aber allein das nackte Mauerwerk und der herrliche Panoramablick machen einen Besuch lohnenswert.

Öffnungszeiten Mo–Sa 8.30–19 Uhr, So 8.30–14 Uhr, Eintritt frei.

Villa Comunale: lang gestreckter, gepflegter Uferpark westlich von Santa Lucia, nach dem *Parco di Capodimonte* (→ S. 120) die größte und beliebteste Grünanlage Neapels. Auf der benachbarten, mehrspurigen Uferstraße heult der Verkehr allerdings ohne Unterlass. Der Bummel durch den schattigen, mit mehreren Brunnenanlagen bestückten Stadtpark gehört für viele neapolitanische Familien zum regelmäßigen Wochenendvergnügen – kleine Erfrischungsstände garantieren die Versorgung.

Hauptattraktion ist das älteste **Aquarium** Europas, das zur angeschlossenen Meeresbiologischen Forschungsstation *(Stazione Zoologica)* gehört. Der deutsche Zoo-

Borgo Marinari und Castel dell'Ovo

loge *Anton Dohrn* gründete dieses wissenschaftliche Institut 1870 und der in Italien lebende deutsche Künstler *Hans von Marées* malte den großen Institutssaal im Obergeschoss mit heroisch-monumentalen Fresken aus. Der Freskenzyklus, der ländliche und maritime Motive variiert, gehört zu den Hauptwerken Marées. Auf dem Fresko an der Stirnseite ist der berühmte Palazzo Donn'Anna am Fuße des Posillipo zu sehen. Das Institut gehört übrigens heute noch zu den führenden Forschungsstätten in Sachen Meeresbiologie.

Das Aquarium selbst zeigt in ca. 30 Meerwasserbecken die gesamte Vielfalt der Unterwasserwelt des Golfo di Napoli. Über 200 Tier- und Pflanzenarten warten auf Ihren Besuch.

Öffnungszeiten Di–Sa 9–18 Uhr, So bis 19.30 Uhr, Mo geschlossen, Eintritt 1,50 €. Die Fresken im Institutssaal können besichtigt werden, wenn der Saal frei ist; an der Kasse fragen, es kommt jemand mit.

Villa Pignatelli: nur wenige Fußminuten oberhalb der Villa Comunale. Die prächtige klassizistische Parkvilla mit ihren stilvoll möblierten und dekorierten Räumen beherbergt eine Kunstsammlung sowie ein *Kutschenmuseum.* Die kunstvoll gearbeiteten Pferdefuhrwerke vermitteln einen anschaulichen Eindruck davon, wie elegant sich der neapolitanische Adel lange vor dem Automobilzeitalter durch die Stadt bewegte.

Öffnungszeiten Museo Diego d'Aragona Pignatelli Cortes und Museo delle Carrozze, tägl. (außer Di) 8.30–13.30 Uhr, Eintritt 2 €.

Mergellina: Westlich der Villa Comunale beginnt ein relativ vornehmes Wohnviertel mit großen, mehrstöckigen Hafenpalazzi aus der Zeit der vorletzten Jahrhundertwende. Das angrenzende Hafenbecken von Mergellina ist Sport- und Fischerhafen gleichermaßen, aber vor allem Fährhafen für die zahlreichen Inseltouristen und einheimischen Pendler.

Neapel
Karte siehe Umschlagklappe hinten

Bildungsreisende auf den Spuren antiker Kultstätten haben wahrscheinlich vom *Grab Vergils* im oberen Ortsteil von Mergellina gehört. Ein Treppenweg (Salita della Grotta) hinter dem Bahnhofsgebäude führt hinauf in einen kleinen Park mit einem Kolumbarium, dem vermeintlichen Grab des großen Epikers. Kaiser Augustus, der Vergil verehrte, hat diese bescheidene Grabstätte sicher nicht errichten lassen. Man darf davon ausgehen, dass es sich hier nicht um das authentische Grab des 19 v. Chr. verstorbenen Dichters handelt, der die letzten 21 Jahre seines Lebens in Neapel verbrachte und eine kleine Villa auf dem Posillipo-Hügel besaß.

Marechiaro: Dieser winzige Fischerhafen zu Füßen des Posillipo-Hügels wird immer wieder als der romantischste Fleck am Meer zitiert, den Neapel zu bieten hat. Macht man sich mit dem 140er Stadtbus von der Piazza Vittoria/Villa Comunale auf den Weg dahin, stößt man auf ein verschachteltes Konglomerat aus alten Fischerhäusern am Felsufer, das pittoresker kaum sein könnte. Allerdings dreht sich hier alles nur ums Essen, denn die Konzentration an Fischrestaurants ist überwältigend groß (Unser Gastro-Tipp ist das Restaurant *La Vela* → S. 99).

Neapels Untergrund

Was Napoli-Besucher kaum wissen: Die ganze Stadt ist auf einem gewaltigen unterirdischen Höhlensystem erbaut. Über eine Million Quadratmeter Labyrinth sollen es insgesamt sein, dessen Kerngebiet sich von der Altstadt über das Sanità-Viertel bis zum Capodimonte-Hügel erstreckt.

Untergrund-Geschichte(n): Die aus porösem Tuffstein bestehenden Bodenschichten Neapels waren schon von jeher mit natürlichen Grotten und Gängen unterhöhlt. Den ersten systematischen Abbau des gelblichen Tuffsteins als Baumaterial betrieben die Griechen, die damit das natürliche Höhlensystem erstmals künstlich erweiterten. Außerdem gruben die Griechen ihre verzweigten Nekropolen tief ins Erdinnere. Später zogen die Römer ein ausgedehntes Wasserversorgungssystem samt Wegenetz durch den neapolitanischen Untergrund. In den folgenden Jahrhunderten war es vor allem der Ausbau dieses antiken Wasserversorgungssystems, der Neapel weiter unterhöhlte. In der Frühzeit des Christentums suchten verfolgte christliche Glaubensgemeinschaften in dem unterirdischen Labyrinth Schutz und erweiterten es erneut, indem sie hier ihre Kult- und Grabstätten errichteten und teilweise sogar ihre Behausungen. In der Folgezeit fungierten die Katakomben Neapels auch als heimliche Friedhöfe der Armen samt heidnischem Totenkult, der von der katholischen Amtskirche geächtet wurde. Im Zweiten Weltkrieg wurden einige Höhlen zu Luftschutzbunkern ausgebaut und die Schmugglerbanden der Nachkriegszeit nutzten den Untergrund als Warenlager und Versteck.

Immer wieder haben starke Regenfälle zu Höhleneinstürzen geführt, die an der Erdoberfläche wiederum Hauseinstürze und Erdaufbrüche zur Folge hatten. Schritt für Schritt soll der Untergrund jetzt wissenschaftlich erforscht und saniert werden, nachdem die planlose Bautätigkeit der Nachkriegszeit die prekäre Situation der ausgehöhlten städtischen Bodenschichten noch erheblich verschlimmert hat. Kühne internationale Architektenpläne sehen als künftige Nutzung u. a. Tiefgaragen und Einkaufszentren auf mehreren Ebenen vor. Seit einigen Jahren können abgesicherte Trakte dieses sagenhaften neapolitanischen Labyrinths besichtigt werden.

• *Information/Führungen* **Associazione Napoli Sotterranea**, Piazza San Gaetano 68, ✆ 081/296944. Die Gruppenführungen dieser Kulturinitiative dauern ca. 1,5 Std. und werden nach Absprache auch deutschsprachig abgehalten. Man gelangt zunächst über 40 m tief in den neapolitanischen Untergrund und sieht u. a. einen intakten Teil des antiken Wasserversorgungssystems – wir waren begeistert. Der zweite Teil der Unterweltexkursion führt in ein teilweise freigelegtes antikes Theater *(Teatro greco-romano)* das man durch eine finstere Armeleutebehausung *(Basso)* erreicht. Treffpunkt und Eingang an der Altstadtpiazza San Gaetano. Ganzjährig Führungen, Mo–Fr um 12, 14 und 16 Uhr, Do auch um 21 Uhr; Sa sowie sonn- und feiertags um 10, 12, 14, 16 und 18 Uhr. Eintritt 9 €, Ermäßigung mit Artecard. Die Temperatur unter Tage beträgt in den Sommermonaten 16–17 Grad. Einen kleinen Vorgeschmack können Sie sich im Internet unter www.napolisotterranea.org holen.

Die **Associazione Culturale LAES** (✆ 081/400256) führt an anderer Stelle in den Untergrund, und zwar zu den Kanälen und Brunnen eines weiteren Teils des alten Wasserversorgungssystems. Treffpunkt an der Piazza Trieste e Trento, vor dem Gran Café Gambrinus. Führungen (ca. 1 Std.): Sa 10, 12 und 18 Uhr, sonn- und feiertags 10, 11, 12 und 18 Uhr, Do 21 Uhr. Eintritt 9 €.

Katakomben des heiligen Januarius (Catacombe di San Gennaro): Diese Kultstätte gehört zum unterirdischen Labyrinth Neapels und ist wegen der gut erhaltenen Wandfresken von besonderer Bedeutung. Die ältesten Fresken stammen aus dem 2. Jh., also noch aus der Zeit vor der offiziellen Anerkennung des Christentums, und sind seltene Beispiele frühester christlicher Kunst. Im 5. Jh. avancierte die auch liturgisch genutzte Grabstätte durch die Beherbergung der Gebeine des Schutzpatrons der Stadt zum Kultort der Januariusverehrung (→ S. 34). Noch bis ins 10. Jh. hinein diente der Komplex als Grabstätte der neapolitanischen Bischöfe und Herzöge.

Anfahrt/Öffnungszeiten Stadtbus R4 ab Piazza Dante. Eingang an der Via Capodimonte neben der Chiesa Madre del Buon Consiglio. Führungen (Dauer ca. 45 Min.) Di–Sa stündlich 10–17 Uhr, So nur bis 13 Uhr, Eintritt 8 €. www.catacombedinapoli.it.

Renaissance in Neapel

Anfang des 16. Jh. befand sich Neapel voll und ganz im Renaissancerausch. Neben dem Grabmal des Kardinals Brancaccio in der Kirche Sant'Angelo a Nilo (→ S. 110) und dem kunstvollen Triumphtor des Castel Nuovo (→ S. 116) gibt es für Renaissanceliebhaber noch weitere gut erhaltene Baudenkmäler aus dieser revolutionären Stilepoche zu sehen.

Porta Capuana: Das östliche Stadttor wurde gegen Ende des 15. Jh. im reinen Renaissancestil errichtet und hat seine volle Pracht bis heute bewahrt. Von der architektonischen Komposition ähnelt es dem Triumphtor des Castel Nuovo, doch der zwischen die beiden wehrhaften Rundtürme gezwängte Torbogen besitzt längst nicht so großartige Reliefdarstellungen wie das königliche Portal. Der Gesamtentwurf stammt von dem Toskaner *Giuliano da Maiano*.

Palazzo Gravina: einer der wuchtigsten und schönsten unter den feudalen Renaissancepalazzi Neapels (Sitz der architekturwissenschaftlichen Fakultät), nahe der Piazza Gesù gelegen. Die strenge Fassadengestaltung mit der deutlichen Trennung von Ober- und Untergeschoss steht den florentinischen und römischen Palazzi in ihrer stillechten Harmonie in nichts nach. Der ebenfalls im ursprünglichen Zustand befindliche Innenhof kann betreten werden.

Neapel Karte siehe Umschlagklappe hinten

Neapels moderne Bürocity

Die Wolkenkratzer des *Centro Direzionale* sind unübersehbar. Hinter dem Hauptbahnhof ist Neapels neueste Stadterweiterung in die Höhe gewachsen. Ein modernes Büro- und Bankenzentrum sowie der Regierungssitz der Region Kampanien, tagsüber vom Big Business und Beamtentum belebt, abends menschenleer. Dieses neapolitanische Wallstreet-Viertel ist das komplette Kontrastprogramm zum historischen Neapel.

Reggia di Caserta

Einer der lohnenswertesten Abstecher ins kampanische Hinterland führt nach Caserta, zu einem der größten Königsschlösser Europas, der Reggia di Caserta.

Diese monumentale Bourbonenresidenz, die den schillernden Beinamen „Versailles des Südens" trägt, gehört mit weit über 1,5 Millionen Besuchern jährlich zu den Hauptsehenswürdigkeiten Italiens. Karl IV., der spätere spanische König Karl III., der ab 1734 in Neapel residierte, beabsichtigte 1750, einen königlichen Repräsentationsbau zu schaffen, der das Versailles seines Urgroßvaters Ludwig XIV. an Größe und Schönheit übertreffen sollte. Für dieses größenwahnsinnige Vorhaben gewann er mit *Luigi Vanvitelli* (1700–1773) einen der fähigsten Architekten der Zeit.

Der Entwurf Vanvitellis sah einen rechteckigen Flügelbau mit vier symmetrischen Innenhöfen vor. Der längste Flügel des 41 m hohen Baus misst 252 m, der kürzeste 202 m. Stilistisch repräsentiert diese gigantische Anlage mit der kolossalen Bossenwerkfassade und den 1200 Zimmern den Übergang vom Spätbarock zum Frühklassizismus. Als das Schloss, das die enorme Summe von über 8 Mio. Dukaten verschlang, nach 20-jähriger Bauzeit (1752–72) endlich bezugsfertig – aber noch nicht vollendet – war, weilte der Bauherr längst in Madrid auf dem spanischen Thron.

Erstmals bewohnt wurde die Reggia di Caserta von Ferdinand IV., dem jüngsten Sohn Karls III. Aus dem Haus der Bourbonen residierten hier außerdem noch Franz I., Ferdinand II. und Franz II. 1847, mit der Fertigstellung des Thronsaals, des größten Saals der königlichen Gemächer, war der Schlossbau offiziell vollendet. Doch schon viel früher, noch zu Lebzeiten Vanvitellis, löste das ungeliebte Bourbonenschloss heftige Kritik aus und stieß aufgrund seiner kasernenhaften Strenge auf ziemlich einhellige Ablehnung. – Und wenn man dann selber das erste Mal vor diesem Riesenschloss des Absolutismus steht, versteht man diese Kritik. Versöhnlich stimmen bei näherer Betrachtung dann jedoch wieder das harmonisch gestaltete Treppenhaus, die prunkvoll eingerichteten Säle und vor allem der 120 ha große Schlosspark mit seinen beeindruckenden Kaskaden und dem englischen Garten.

• *Verbindungen* häufige **Zugverbindungen** ab Napoli/Stazione centrale nach Caserta, ca. 30 Min. Fahrzeit, einfach ca. 3 €. Entlang der Strecke nichts als Vorstadttristesse. Bei der Einfahrt in den Bahnhof erblickt man bereits das Schloss.

• *Öffnungszeiten* tägl. (außer Di), Schloss (Appartamenti storici) 8.30–19.30 Uhr, Schlosspark (Parco) 8.30–18 Uhr (Juni–August), englischer Garten (Giardino Inglese) schließt 1 Std. früher, Terrae-Motus-Ausstellung 9–18 Uhr. Eintritt (Sammelticket) für Schloss, Park, Garten und Terrae-Motus-Ausstellung 10 €. Audioführer für die Appartamenti storici 4 €, www.reggiadicaserta.beniculturali.it.

Im Park verkehrt ein Shuttlebus zum englischen Garten, hin und zurück 1 €; außerdem werden Fahrräder vermietet (Std. 3 €). Im Schlosshof befinden sich eine Bar und ein Selfservice-Restaurant.

Diana- und Aktäon-Brunnen im Park der Reggia di Caserta

Neapel
Karte siehe Umschlagklappe hinten

Sehenswertes

In das Hauptgeschoss (erstes Obergeschoss) gelangt man über die *große Ehren-treppe* des zentralen Treppenhauses. Ihre breite Mittelrampe und die beiden an-schließenden Seitenrampen sind vollständig mit edelstem Stein verkleidet. Das Treppenhaus gilt aufgrund seiner perfekten Harmonie als eines der schönsten des italienischen Barock.

Die Besichtigung beginnt mit den *königlichen Gemächern des 19. Jh.,* die teilweise während der relativ kurzen französischen Regentschaft eingerichtet worden sind.

Den eindrucksvollsten Akzent setzt der monumentale *Thronsaal* mit seinen ver-goldeten Wand- und Deckendekorationen. In dem umlaufenden Fries befinden sich 44 Medaillons mit den Porträts der sizilianisch-neapolitanischen Könige von Roger II. bis Ferdinand II. Bis auf den Thronsaal, der lediglich mit dem vergolde-ten Königsthron bestückt ist, sind alle angrenzenden Säle mit großformatigen Wandgemälden, farbenprächtigen Deckenfresken, marmornen Skulpturengrup-pen und kostbaren Möbeln im Empirestil ausgestattet. Die vielfarbigen Böden bestehen sowohl aus echtem Marmor als auch aus marmorierten Terrakottaplat-ten (Thronsaal).

Im Hauptgeschoss des zweiten vorderen Gebäudeflügels befinden sich die *königli-chen Gemächer des 18. Jh.* Hier dominieren die prunkvoll ausgestatteten Säle der Jahreszeiten und die Gemächer Ferdinands IV. mit dem so genannten Prunkkabi-nett. An den Bibliothekssaal und den Ovalsaal mit der königlichen Krippe, die ganz der neapolitanischen Krippentradition entspricht, schließt die Gemäldegalerie an. Diese *Pinakothek* steht größtenteils im Zeichen *Jakob Philipp Hackerts,* der von 1786–99 als Hofmaler im Dienst Ferdinands IV. stand. Dieser beauftragte Hackert u. a. mit einem großen Ölgemäldezyklus der wichtigsten Seehäfen des Königreichs.

Die Gemälde sollten außerdem die Schönheit und die Bedeutung der Küstenregionen Kampanien, Apulien, Kalabrien und Sizilien zum Ausdruck bringen. Bei der Umsetzung dieses Auftrags gelang es dem deutschen Maler, die Tradition der höfischen Historienmalerei mit der Bildsprache der klassizistischen Landschaftsmalerei zu verbinden. Daneben hält die Pinakothek eine stattliche Anzahl von Porträts der bourbonischen Könige und Königinnen bereit.

Die *Hofkapelle*, ein kleinerer Nachbau der Schlosskirche von Versailles, kann auf Anfrage (Personal ansprechen!) besichtigt werden, ebenso das *Hoftheater* im Erdgeschoss, bei dem es sich um eine verkleinerte Kopie des Teatro San Carlo in Neapel handelt.

Der *Schlosspark* ist ebenfalls unter der Federführung von Luigi Vanvitelli angelegt worden. Als Vorbild dienten ihm die französischen Gärten des 17. und 18. Jh. – Und was sich da vor den staunenden Augen auftut, wenn man den lang gestreckten Portikus des Schlosses durchschritten hat, ist schon nachhaltig beeindruckend: Man erblickt eine 3 km lange, langsam ansteigende Gerade, die sich aus breiten Wegen, riesigen Wasserbecken und Brunnenanlagen zusammensetzt, gesäumt von Alleen und weitläufigen Grünflächen. Und ganz am Ende dann ein künstlicher Wasserfall *(Cascata italiana)*, der einen bewaldeten Hügel herunterplätschert und sich in den ovalen *Diana-und-Aktäon-Brunnen* ergießt, der von riesigen Skulpturengruppen eingefasst wird.

Die gewaltige Wassermenge, die für diese Kaskadenanlage notwendig ist, holte sich der Schloss- und Gartenarchitekt Vanvitelli aus dem 41 km entfernten Massiv des Monte Taburno (1394 m ü. d. M.), indem er ein antikes Aquädukt aus der römischen Kaiserzeit teilweise nachbaute und zur Reggia di Caserta führte. Der Bau dieses *Acquedotto Carolino* dauerte zwölf Jahre und kostete angeblich genauso viel wie das Königsschloss.

Auch der *englische Garten*, dessen Eingang sich neben dem Diana-und-Aktäon-Brunnen befindet, ist unbedingt sehenswert (obligatorische Führung). Die 25 ha große Gartenanlage besticht durch ihren seltenen Baumbestand, die künstlichen Seen und Ruinen, die z. T. mit Ausgrabungsstücken aus Pompeji und Herculaneum errichtet worden sind.

Terrae Motus heißt eine ständige Kunstausstellung im Königsschloss, die thematisch nichts mit der Reggia di Caserta zu tun hat. Es handelt sich um das wohl wichtigste Projekt des neapolitanischen Galeristen *Lucio Amelio*, der Künstlerfreunde aus der ganzen Welt dazu bewegen konnte, ihren künstlerischen Solidaritätsbeitrag anlässlich des schrecklichen kampanischen Erdbebens von 1980 zu leisten. Darunter namhafte Meister der zeitgenössischen Kunst, wie Beuys, Rauschenberg, Warhol, Kounellis, Twombly, Mapplethorpe, Cucchi, Kiefer, Mertz, Schnabel und Haring. In seinem Testament vermachte Amelio die Terrae-Motus-Werke der Stadt Caserta, die sie seit 1992 in einem Gebäudeflügel des Schlosses ausstellt (→ „Internationale Gegenwartskunst", S. 41).

Die Bucht von Pozzuoli ist ein besonders geschichtsträchtiges Gestade

Bucht von Pozzuoli und Phlegräische Felder

Der Küstenstreifen westlich von Neapel ist vollständig vom Hauch der griechisch-römischen Antike durchdrungen – aber mindestens ebenso stark von der hemmungslosen Be- und Zersiedlung der Moderne geprägt.

Vergangenheit und Gegenwart prallen am Golfo di Pozzuoli schier unvereinbar aufeinander. Dass diese bizarre Küstenlandschaft einst zu den Kultur bringenden Vorposten Magna Graecias gehörte und anschließend zum exklusivsten Wohngebiet des Römischen Kaiserreichs avancierte, kann man angesichts der tristen Gegenwart kaum glauben (Geschichte → S. 32). Touristisch ist diese etwas unwirtliche Gegend für diejenigen interessant, die sich auf eine relativ zeitaufwändige Spurensuche begeben wollen, wobei allerdings nicht jede Entdeckung zum großartigen Ereignis wird. Doch einige monumentale Überreste der antiken Küstenarchitektur machen einen gezielten Abstecher hierher allemal lohnenswert. Und wer sich auf diesem antiken Trümmerfeld mit seiner fast 3000 Jahre alten Siedlungsgeschichte bewegt, erlebt außerdem noch die spektakulären Begleiterscheinungen des aktiven Vulkanismus, der schon den griechischen Mittelmeerpionieren unheimlich vorkam, weshalb die Landschaft seitdem „brennende Erde", *Campi flegrei (Phlegräische Felder)* heißt (→ S. 25).

Zu den entdeckenswerten Relikten dieser Gegend gehören in erster Linie die römischen Großbauten von *Pozzuoli, Baia* und *Bacoli,* die sich trotz Vulkanismus und Vandalismus in die Gegenwart gerettet haben, sowie die griechischen Tempelruinen mit der *Sibyllengrotte* in *Cuma.* Das gut erhaltene *Amphitheater* von Pozzuoli

war gleich nach dem Kolosseum das größte im Römerreich. Die Ruinen der *Thermalanlage* von Baia lassen die gewaltigen Ausmaße und den Komfort dieser antiken Badeanstalt noch eindrucksvoll erkennen. Das gigantische *Wasserbecken* von Bacoli, das einst die römische Flotte mit Frischwasser versorgte, macht bewundernswert deutlich, zu welchen Leistungen die römischen Ingenieure damals in der Lage waren. Ein Gang durch die über 130 m lange *Grotte der Sibylle* auf dem Ausgrabungsgelände von Cuma lässt jeden geschichtsbewussten Zeitgenossen ehrfürchtig erschauern; und die dortigen Ruinen der *Tempel des Zeus und des Apollo* sind die ältesten griechischen Kultstätten am Golf von Neapel. Natürlich gibt es an diesem Küstenstreifen noch zahllose weitere antike Trümmer, aber sofern sie nicht unter der Erde liegen bzw. vom Meer überspült wurden, sind sie bis zur Unkenntlichkeit mit der Bebauung dieser Gegend verwachsen und lassen sich kaum noch identifizieren. Wie dicht und respektlos die moderne Zivilisation den Relikten der Vergangenheit auf den Leib gerückt ist, sieht man beispielsweise auf dem Ausgrabungsgelände von Baia, wo die angrenzenden Privathäuser ganz ungeniert auf dem Mauerwerk der Thermalanlage stehen.

Zum reinen Naturerlebnis hingegen wird der Besuch des vulkanischen *Solfatarakraters* oberhalb von Pozzuoli, wo es seit Menschengedenken an der Erdoberfläche dampft und brodelt. Weiter nördlich erhebt sich der unter Naturschutz stehende

Schon 1876 warnte *Karl Baedekers* Handbuch für Reisende beim Besuch der Phlegräischen Felder nachdrücklich:

„Die speculative Phantasie ist hier überaus thätig gewesen, um unscheinbare und interesselose Dinge mit volltönenden klassischen Namen zu umkleiden und in Folge dessen wird der Fremde von Kutschern, Ciceroni, Wirthen, die sämtlich wie Kletten aneinander hängen und die Trinkgelder theilen, zu einer Menge von so genannten Sehenswürdigkeiten hingeschleppt, die alle zu sehen weder Zeit noch Geld lohnt".

vegetationsreiche *Astroni-Krater*. Ein Produkt der vulkanischen Urgewalt ist auch der *Monte Nuovo,* dessen bewaldete Flanken bestiegen werden können; während ein Abstecher zum *Lago d'Averno* direkt in den Hades der griechischen Mythologie führt.

● *Anfahrt/Verbindungen* **Pkw**, die Autobahnumgehung Napoli (*Tangenziale*) bis Ausfahrt „Pozzuoli/Solfatara".

Traghetti (Autofähren) verbinden die Bucht mit Ischia (→ Pozzuoli/Verbindungen).

Metro del Mare, die Küstenfähren dieser neuen Bootsverbindung (→ S. 91) pendeln zwischen Bacoli, Pozzuoli, Napoli/Mergellina und Napoli/Molo Beverello. Baia wird nicht angelaufen.

Metro, Line 2 bis Endstation „Pozzuoli/Solfatara".

Bahn, *Ferrovia Cumana e Circumflegrea*, zwei Schnellbahnen, die fast alle Ortschaften an der Bucht von Pozzuoli mit Neapel (Endbahnhof Montesanto) verbinden.

SEPSA-Busse, Linienbusverkehr zwischen den Ortschaften an der Bucht von Pozzuoli; Busse z. B. von Pozzuoli (Hafen) zum Ausgrabungsgelände von Cuma.

Pozzuoli   (ca. 75.000 Einwohner)

Industrialisierter Vorort von Neapel und wichtiger Fährhafen nach Ischia und Procida. Pozzuoli steht auf vulkanischem Boden und ist neben dem Vesuv das erdbebengefährdetste Zentrum am Golf.

Hier ließen die Römer ihren bedeutendsten Handelshafen der frühen Kaiserzeit entstehen. Das flavische Amphitheater und der aktive Solfatarakrater sind die beiden touristischen Anziehungspunkte von Pozzuoli; aber auch den täglichen Markt in Hafennähe sollte man sich nicht entgehen lassen. Und Verehrer von Sofia Scicolone, besser als Sophia Loren bekannt, wissen ja, dass die schöne Filmdiva hier einen Teil ihrer Jugend verbracht hat.

Im Zentrum von Pozzuoli, ganz in der Nähe des Fährhafens, befindet sich der freigelegte römische Marktplatz *(Macellum);* man kann das tief liegende Gelände zwar nicht betreten, aber die Fundamente sowie die steinernen Verkaufsstände sind von der Einzäunung aus gut zu erkennen. Mitten auf diesem Ausgrabungsgrundstück stehen auch die antiken Marmorsäulen des so genannten *Serapis-Tempels,* die Bohrlöcher von Meeresmuscheln aufweisen und damit zum genauen Indikator der vulkanischen Bodenbewegungen dieser Gegend geworden sind (Bradyseismische Oszillation → S. 26).

Bis vor ein paar Jahren direkt am Fährhafen, jetzt etwas versteckt im hinteren *Hafenviertel,* findet täglich vormittags der turbulente Obst-, Gemüse- und Fischmarkt statt, dessen Einzugsgebiet weit über die Stadtgrenzen hinaus reicht. Wenn man dieses bunte Markttreiben einmal gedanklich auf den antiken Marktplatz überträgt, beschwört man einen Teil der glorreichen Vergangenheit dieses Orts herauf, an dessen Hafenmole einst die feinsten und exotischsten Handelswaren aus Afrika und dem Orient umgeschlagen wurden – wo gleichzeitig aber auch eifrig Sklavenhandel betrieben wurde.

Hoch über dem Hafen erstreckt sich die unbewohnbar gewordene Altstadt *Rione Terra*, die die vulkanische Bedrohung, der Pozzuoli ausgesetzt ist, besonders augenfällig macht. Nach den beiden heftigen Beben von 1970 und 1983 musste die gesamte Altstadtbevölkerung evakuiert werden. Die ca. 700 Familien leben noch heute in den gesichtslosen Nachbarorten Toiano und Monterusciello, während der zerstörte Altstadthügel nach und nach saniert und in ein archäologisches Freilichtmuseum transformiert wird. Dabei treten die antiken Ruinen der ehemaligen Akropolis wieder zu Tage, die die griechischen Kolonisatoren im 6. Jh. v. Chr. errichteten. Dieses griechische *Dikaiarchia* (→ S. 29) entwickelte sich später zum römi-

Bucht von Pozzuoli und Phlegräische Felder

Karte S. 132

Serapistempel und antiker Marktplatz im Zentrum von Pozzuoli

schen *Puteoli* und wurde systematisch zur wichtigsten Hafen- und Handelsstadt am Tyrrhenischen Meer ausgebaut. Hier tummelten sich angesehene Diplomaten, Bankiers, Reeder, Händler, Handwerker, Architekten, Künstler und Gelehrte, die Puteoli zur heimlichen Hauptstadt des jungen Kaiserreichs machten, in der man angeblich besser lebte als in Rom.

● *Information* **AAST-Infobüro**, Largo Matteotti 1, etwas versteckt an der Porta Napoli gelegen. In den Sommermonaten tägl. 9–20 Uhr, ℡ 081/5266639, www.infocampiflegrei.it. Erhältlich ist die Monatsbroschüre *Benvenuto nei Campi Flegrei* (it./engl.) mit Stadt- und Umgebungsplan sowie allen nützlichen Infos.

● *Anfahrt/Verbindungen* **Bahn**, *Ferrovia Cumana* ab Napoli/Montesanto. Bhf. im unteren Zentrum von Pozzuoli (Hafennähe).

Metro, Linie 2 ab Napoli/Montesano, Endbahnhof „Pozzuoli/Solfatara" im oberen Stadtteil gelegen.

Bus, ab Pozzuoli-Hafen, *SEPSA*-Busse u. a. nach Cuma.

Autofähren (Traghetti) der staatl. Gesellschaft *Caremar* und der privaten Reederei *Medmar* im Sommer täglich nach Procida und Ischia (Porto und Casamicciola), in der HS teils stündlich zwischen 4 und 22 Uhr, Wagen (Ischia) ca. 30 €, pro Person ca. 10 €, Tickets im Gebäude der *Biglietteria Marittima*. Auskunft und Reservierung: Caremar ℡ 081/5513882, www.caremar.it; Medmar ℡ 081/3334411, www.medmarnavi.it. Auch

Tragflügelboote (Aliscafi) nach Procida und Ischia.

● *Übernachten/Camping* ****** Solfatara**, Pozzuoli-Oberstadt, nahe Solfatarakrater, sehr ordentlicher Gesamteindruck, recht komfortable Balkonzimmer, Hotelrestaurant. DZ 60–90 € inkl. Frühstück. Via Solfatara 163, ℡ 081/5262666, ℻ 081/5263365, www.hotelsolfatara.it.

Darsena, vier hübsche Privatzimmer direkt am Hafen, nette Wirtsfamilie. DZ 65 € inkl. Frühstück. Vico Magazzini 35, ℡ 081/3031281, ℻ 081/8530202, www.pensionedarsena.com.

*** Camping Vulcano Solfatara, kleiner, schattiger Platz am Rand des Kratergeländes, allerdings nichts für Geruchsempfindliche (Schwefel liegt in der Luft), aber ansonsten super Lage. Pool und Schwefelbäder. Kratergelände für Gäste frei zugänglich. Guter Standort auch für Tagesausflüge nach Neapel (Metro). Ganzjährig geöffnet, auch Bungalowvermietung. 2 Pers. mit Auto und Zelt ca. 30 €, Bungalows ab 45 € pro Tag. Via Solfatara 161, ℡ 081/5267413, ℻ 081/5263482, www.solfatara.it.

*** **Complesso turistico Averno**, Landhotel, Bungalowvermietung und Campingplatz. Gepflegtes Gelände, viel Grün, mit Thermalpool und Sportmöglichkeiten. Restaurant und Disco. 2 Pers. mit Zelt und Auto 30 €, DZ 85–100 €. Westliche Stadtausfahrt von Pozzuoli (Richtung Lago d'Averno) an der Via Domiziana (S 7), Nähe Autobahnauffahrt, ☎ 081/8042666, ✆ 081/8042570, www.averno.it.

● *Essen und Trinken* **Il Capitello/Acqua Pazza**, geschmackvoll eingerichtetes Kellerlokal direkt am Macellum (römischer Marktplatz), Tische auch draußen, authentische kampanische Küche, die Fisch-Pasta-Spezialität des Hauses heißt *Gramigna al pesce*, Menü 20–30 €. Via Serapide 33, ☎ 081/3030197, Mi Ruhetag.

Il Capitano, beliebtes Hafenrestaurant mit Pizzeria direkt am Fähranleger. Ausgezeichnete Fischküche, vom Meeresfrüchte-Antipasto bis zur reichhaltigen Fischsuppe, Fischmenü 40–50 €. Lungomare Colombo 13, ☎ 081/5262283.

Café Puerto Svago, Snackbar mit gemütlicher Terrasse am Hafen, junges Publikum.

Sehenswertes

Rione Terra: Während die Sanierung des Altstadthügels andauert, kann ein unterirdischer Teilbereich der antiken Stadtanlage bereits besichtigt werden. Der geführte Rundgang folgt dem Verlauf des rechtwinkligen Gassensystems (*decumani* und *cardines*) der griechisch-römischen Stadt. Auf grobem Pflasterstein geht es vorbei an den gewölbten Räumen ehemaliger Läden, Werkstätten, Tavernen und Vorratslager. Beeindruckend sind die kunstvoll mit Ziegelsteinen gemauerten Wände, Bogengänge und Zisternen sowie die noch vorhandenen Freskenverzierungen der Kulträume. Zurück an der Oberfläche, folgt die Besichtigung des Altstadtdoms und dessen Vorgängerbaus, der *Basilika San Procolo*, die wiederum auf den Fundamenten eines antiken Säulentempels errichtet worden ist.

Öffnungszeiten Rione Terra, Führungen nur Sa und So 9–19 Uhr, Sammelticket (2 Tage gültig) 6 €, gilt auch für das Anfiteatro Flavio, den Parco Archeologico di Cuma und Baia (antike Thermen und Museum), bzw. mit Artecard.

Anfiteatro Flavio: Einziger nahezu unversehrter Großbau aus der ruhmreichen Römerzeit ist das im oberen Stadtteil gelegene Amphitheater aus dem 1. Jh. Dieses Prachtexemplar einer römischen Arena (149 x 116 m) bot ungefähr 20.000 Besuchern Platz und besitzt noch gut erhaltene unterirdische Gladiatoren- und Raubtiergänge. Die zahlreichen Säulen- und Skulpturenfragmente zeugen von der prunkvollen Ausstattung – ganz im Stil der flavischen Kaiser und dem Kolosseum in Rom in nichts nachstehend.

Eine Besichtigung sollte mit dem unterirdischen Gewölbelabyrinth beginnen; man kann es komplett durchlaufen. In den gemauerten Ziegelsteingängen und Nischen liegen überall massive, tonnenschwere Säulen und Kapitelle. Die Tribünen dürfen aus Sicherheitsgründen leider nicht mehr betreten werden, aber die Arena ist rundherum begehbar.

● *Anmarsch/Öffnungszeiten* 5 Min. zu Fuß ab Metro-Station (2-mal rechts). Tägl. (außer Di) von 9 Uhr bis 1 Std. vor Sonnenuntergang, Sammelticket (2 Tage gültig) 6 €, gilt auch für das Rione Terra, den Parco Archeologico di Cuma und Baia (antike Thermen und Museum), bzw. mit Artecard.

Aufgang zur Altstadt Rione Terra

Bucht von Pozzuoli und Phlegräische Felder

Karte S. 132

Der Solfatarakrater

(Vulcano Solfatara)

In diesem aktiven Vulkankrater dampft und brodelt es seit Menschengedenken. Helle Schwaden steigen aus rotglühenden Erdritzen auf und ein leichter Schwefelgeruch liegt in der Luft. Die Schritte auf dem festen gelblichen Boden klingen hohl und hinter den mit Warnschildern versehenen Absperrungen blubbern gräuliche Schlammlöcher bei ca. 150° C wie ein überkochender Erbseneintopf. Im näheren Umkreis gibt es keine Spuren von Vegetation, erst am felsigen Kraterrand wuchert wieder die Macchia.

Was den Griechen einst Angst einflößte, machte die Römer bereits neugierig. Obwohl auch sie Respekt vor dem vulkanischen Terrain hatten, nutzten die Römer die aufsteigenden Dämpfe zur Beheizung von Schwitzkammern, die sie in die Felsnischen meißelten und wie Saunen frequentierten. Die Inhalation von Schwefeldämpfen war auch im Mittelalter eine gängige Heilmethode und führte zahlreiche Kranke zum Solfatarakrater. Angeblich erholte sich hier auch der Staufer *Friedrich II.* von seinem anstrengenden Kaiserdasein. Bis ins 19. Jh. hinein spricht die Kraterchronik von einem regen Kurbetrieb, doch dann versiegten die Quellen allmählich auf den heutigen schwachen Stand. Einziges Relikt aus der Zeit des Kurbetriebs ist eine gemauerte Schwitzkammer am nördlichen Kraterrand. Am stimmungsvollsten zeigt sich der Solfatarakrater gegen Abend, wenn die Rauchschwaden im tief stehenden Sonnenlicht zu flimmern beginnen.

• *Öffnungszeiten* tägl. von 9 Uhr bis 1 Std. vor Sonnenuntergang, Eintritt 6 €, Ermäßigung mit Artecard.

🚋 *Anfahrt* **Metro**, Linie 2 von Napoli/Montesanto bis Endstation „Pozzuoli/Solfatara". Vom Hafen aus erreicht man den oberhalb von Pozzuoli liegenden Krater mit dem SEPSA-Bus P 9.

• *Übernachten/Essen und Trinken* Auf dem Kratergelände befindet sich das **Café/Restaurant Chalet**, ein rustikaler Holzbau mit Sitzmöglichkeiten im Freien, sowie ein **Campingplatz** (→ „Pozzuoli/Übernachten"). Nächtigt man hier, hat man freien Zutritt zum Krater.

Lago d'Averno

Einsamer, trüber Kratersee; von der Küstenstraße zwischen Pozzuoli und Baia über eine Stichstraße (ca. 1 km) zu erreichen. Diesen heute so harmlos erscheinenden See identifizierten die Helden der griechischen Mythologie als den *Eingang zur Unterwelt,* in der die Schatten der Toten hausten. Die verfallenen Thermalanlagen am schilfbewachsenen Uferrand bezeugen, dass die Römer weitaus weniger von diesem stillen Wasserloch beeindruckt waren als die Griechen und ganz pragmatisch eine ihrer komfortablen Badeanstalten errichteten. Heute tummeln sich hier an den Wochenenden die Einheimischen mit Angeln in der Hand, aber ins Wasser traut sich niemand. Aus Angst vor den Abgründen des Hades? Wohl eher eine Frage der Wasserqualität.

Um eine ganz andere *Unterwelt* handelte es sich am frühen Samstagmorgen des 10. Juli 2010, als Neapels Mafiajäger am Averner See auftauchten und den kompletten See sowie einen angrenzenden Country Club beschlagnahmten. Alles *Camorra*-Besitz, hieß es als Begründung!

Essen und Trinken **Caronte**, kleines Ausflugslokal direkt am Seeufer, vorwiegend Fischküche, alles schmackhaft zubereitet, Menü 20–30 €. Via Lago d'Averno 2, ☎ 081/8041429, Mo Ruhetag.

Lago d'Averno und Monte Nuovo (links)

Monte Nuovo

Neben dem Lago d'Averno erheben sich die bewaldeten Flanken des Monte Nuovo. Die Entstehung dieses 134 m hohen, abgestumpften Vulkankegels fällt in das 16. Jh. Durch mehrere Erdbeben kündigte der „Neue Berg" einst seine Geburt an und „wuchs" dann in sage und schreibe nur zwei Tagen. Mit einem gewaltigen Knall brach er aus, spie Wurfschlacken und hüllte die Umgebung in Finsternis. Als sich der Rauch am nächsten Tag verzogen hatte, präsentierte sich der frisch gebackene Berg den staunenden Zeitgenossen, während der benachbarte Kratersee *Lago Lucrino* durch den Ausbruch des Monte Nuovo nahezu eliminiert worden war. Seit seiner plötzlichen Erhebung im Jahr 1538 hat sich dieser jüngste Vulkankegel der Phlegräischen Felder nicht wieder bewegt. Im letzten Jahrhundert verkam er zur illegalen Müllkippe, bis sich ein Gruppe von Naturschützern der Sache annahm und die *Oasi Naturalistica di Monte Nuovo* gründete. Heute steht er unter Naturschutz und kann erklommen werden.

● *Öffnungszeiten/Anfahrt*   tägl. von 9 Uhr bis 1 Std. vor Sonnenuntergang, Eintritt frei. Von der Ortschaft Arco Felice führt eine beschilderte Stichstraße hinauf zum Eingang; dort erhält man ein Faltblatt mit naturkundlichen Informationen (ital. und engl.). Ein leicht zu gehender Weg führt durch einen schattigen Pinetawald und vorbei an Dampfschwaden (Fumarolen) in ca. 30 Min. bis zum Kraterrand. Der tiefe und breite Kraterkessel, in den man hinabsteigen kann, ist erstaunlich vegetationsreich. Oben genießt man einen herrlichen Blick auf die Campi flegrei und erkennt bereits einige der weiter westlich liegenden Sehenswürdigkeiten.

Gli Astroni

Nordöstlich des Solfatarakraters erstreckt sich das weitläufige Gebiet des Astroni-Kraters, der vor ca. 3700 Jahren entstanden ist und zu den markantesten Vulkankegeln der Phlegräischen Feldern gehört. Auch hier sind die Thermalquellen nahezu vollständig versiegt und aus der einstigen Mondlandschaft ist eine vegetationsreiche Naturoase entstanden, die als *Riserva Naturale Cratere degli Astroni* unter Naturschutz gestellt worden ist. Gekennzeichnete Wanderwege durchziehen dieses max. 250 m hohe Terrain, zu dem auch ein Kratersee *(Lago Grande)* gehört.

Anfahrt/Öffnungszeiten Mit dem Auto über Agnano zu erreichen, ab dort ausgeschildert. Fr–So, 9.30–14 Uhr, Eintritt 5 €.

Baia   (ca. 5000 Einwohner)

Kleiner, zersiedelter Küstenort mit Hafenanlagen und Werften am wenig sauberen Kiesufer. Insgesamt eine ärmliche Ortschaft ohne Vergangenheit, so scheint es zumindest auf den ersten Blick. Und dennoch, das antike Baiae war der mondänste Vergnügungsort des Römerreichs.

Baia – antikes Thermalbad

In Baiae residierte die gesellschaftliche Elite der Zeit, hier besaßen die höchsten Vertreter der römischen Oberschicht Küstengrundstücke mit Prachtvillen und paradiesischen Gärten und hier befand sich auch der legendäre Kaiserpalast des *Claudius.* An Reichtum, Architektur, Komfort, Lebensart, Laster und Intrige stellte Baiae damals alles andere in den Schatten. Überlieferte Geschichten berichten von ausschweifenden Festen und Banketten für mehrere Tausend Personen, von feinsinnigem Müßiggang und grenzenloser Genusssucht. Von allen römischen Kaisern, die hier weilten, sagte man *Nero* geradezu eine Baiae-Besessenheit nach. Ihm galt der Ort als Mittelpunkt seines Imperiums und für die Ausstattung und Erweiterung des Kaiserpalasts war ihm kein Aufwand zu groß. Natürlich gehörte auch der sprichwörtlich gewordene *Lucullus,* einer der reichsten Männer der Zeit, zur auserwählten Gesellschaft von Baiae. Literarische Zeugnisse des dekadenten Lebensstils in Baiae liefern die *Epistolae morales ad Lucilium* von Seneca sowie das *Gastmahl bei Trimalchio* von Petronius.

Von dieser ans Sagenhafte grenzenden Edelenklave der römischen Antike ist kaum etwas übrig geblieben. Was nicht dem Vulkanismus und dem Vandalismus zum Opfer fiel, versank so wie der Kaiserpalast im Meer. Einzig der höher gelegene *antike Thermenkomplex* hat sich ins trostlose Baia von heute gerettet und lässt durch seine monumentalen Ruinen ein wenig vom einstigen Prunk erahnen. Am westlichen Ortsrand springt dem Besucher außerdem das trutzige *spanische Castello* aus dem 16. Jh. ins Auge, heute eines der besten archäologischen Museen ganz Kampaniens.

● *Verbindungen/Anfahrt* Von Neapel am besten mit der **Bahn** (Ferrovia Cumana) zu erreichen.

● *Essen und Trinken* **El Sub/Nudibranko**, alteingesessenes Fischristorante am Hafen, auch Pizza. Tische im Freien, Menü 20–30 €. Via Molo di Baia 2, ✆ 081/8549382, Di Ruhetag.

Sehenswertes

Parco archeologico sommerso di Baia und **Area marina protetta**: Ein Großteil der antiken Pracht von Baiae ist im Meer versunken und die Einrichtung eines archäologischen Unterwasserparks sorgt seit 2002 für den Schutz des Areals, dessen Erforschung und Freilegung andauert. Im neuen Besucherzentrum (Centro visite) des Parco sommerso können sich Interessierte rundum informieren sowie Boots-, Tauch- oder Schnorchelexkursionen in das geschützte Gebiet buchen.

Außerdem befährt das *Spezialboot Cymba* die spektakulärsten Unterwasser-Fundorte des antiken Baiae. Durch den transparenten Rumpf erkennt man (allerdings nur bei ruhiger See) Mauerfundamente, Mosaikfußböden und Architekturfragmente am Meeresboden.

● *Öffnungszeiten und Exkursionstermine* **Centro Visite**, Piazza De Gaspari, Di–Do 9.30–13.30 Uhr, Fr–So 10–16 Uhr, www.area marinaprotettabaia.it.

Cymba schippert von März bis Nov. im Küstengewässer, Sa und So 10, 12 und 15 Uhr, 10 € pro Pers., Tickets an Bord, ca. 1 Std. dauert die Tour, Erklärungen auch auf Deutsch, www.baiasommersa.it.

Antike Thermen (Parco Archeologico di Baia): Das Ausgrabungsgelände liegt oberhalb des Hafens; ein bequemer Treppenweg führt hinauf. Von den Bahnschienen abgetrennt passiert man zunächst einen wuchtigen, halb offenen Kuppelbau, den so genannten *Dianatempel*; ein Stück weiter dann der Eingang zum Thermalkomplex. Die imposante antike Badeanstalt erstreckt sich in extremer Hanglage auf mehreren Ebenen, die durch Treppenwege und Tunnelgänge miteinander verbunden sind. Ganz oben befinden sich die lang gestreckten, teils überdachten Terrassen. Der heute von der Küstenstraße abgetrennte riesige *Venustempel* (Rundturm) mit den Bogenfenstern gehörte ebenfalls zum Thermalkomplex. Die etwas missverständlich als Tempel bezeichneten Zentralbauten hatten nie eine religiöse Bedeutung, die Namen stammen noch aus der Zeit, als Archäologen und Historiker die Ruinen von Baiae irrtümlicherweise für Kultstätten hielten. Wandfresken, Bodenmosaiken sowie andere kunstvolle Ausstattungen von Bedeutung gibt es hier leider nicht mehr zu sehen. Dennoch reicht ein wenig Fantasie aus, um dem antiken Mauerwerk wieder Leben einzuhauchen. Und vom erfrischenden Wasser, das hier einst für das leibliche und seelische Wohl der privilegierten Bevölkerung von Baiae sprudelte, wünscht man nach der schweißtreibenden Begehung der weitläufigen Anlage auch ein bisschen für sich selbst.

Öffnungszeiten tägl. (außer Mo) von 9 Uhr bis 1 Std. vor Sonnenuntergang, Sammelticket 6 € (→ Pozzuoli/Anfiteatro Flavio) bzw. mit Artecard.

Bucht von Pozzuoli und Phlegräische Felder
Karte S. 132

Dianatempel in Baia – perfektes römisches Kuppelgewölbe

Museo Archeologico dei Campi flegrei: Das sehenswerte archäologische Museum ist seit 1995 im Spanier-Castello von Baia untergebracht. Es beherbergt einzigartige Funde aus dem versunkenen Baiae, die vom Meeresboden geborgen werden konnten. Auf mehreren Ebenen des Castello sind Marmorstatuen und Reliefs zu sehen, die einst die Patriziervillen von Baiae schmückten. Monumentaler Höhepunkt der Ausstellung ist eine komplette antike Tempelfront mit Säulen und intaktem Architrav. Ebenso eindrucksvoll ist die originalgetreue Rekonstruktion eines Nymphäums mit Apsis und Seitennischen voller Marmorskulpturen, das zum versunkenen Kaiserpalast gehörte. In der Apsis ist die Trunkenheit des Zyklopen Polyphem dargestellt, dem Odysseus einen Weinkelch reicht, während sein Gefährte Baios (nach dem der Ort benannt war) einen Weinschlauch bringt. Auf Schautafeln sind die Fundorte der wichtigsten Exponate, darunter auch eine Reiterstatue aus Bronze, verzeichnet. Und auf der oberen Terrasse des Castello, dem Belvedere, kann man die Ausdehnung des versunkenen archäologischen Gebiets *(Parco archeologico sommerso di Baia)* genau erkennen.

• *Verbindungen* Vom Ferrovia-Bhf. erreicht man das Museums-Castello in ca. 30 Min. zu Fuß bergauf die Straße entlang. Oder den SEPSA-Bus in Richtung Bacoli nehmen und den Fahrer bitten, am Castello zu halten.

• *Öffnungszeiten* Di–So von 9 Uhr bis 1 Std. vor Sonnenuntergang , Sammelticket 6 € (→ Pozzuoli/Anfiteatro Flavio) bzw. mit Artecard.

Bacoli

Am südlichen Ortsrand von Bacoli erstreckt sich der lang gezogene Kratersee *Lago Miseno*, der eine natürliche Verbindung zum Meer hat. Durch Bebauung und Straßenführung ist der fjordartige Verlauf heute kaum noch zu erkennen, aber früher muss der römischen Marine diese Bucht so perfekt vorgekommen sein, dass sie hier den größten Hafen der römischen Kriegsflotte entstehen ließ. Längst ist natürlich auch dieser antike Hafen samt Reparaturwerften ein Opfer der Zeit geworden, aber übrig geblieben sind noch zwei gigantische Frischwasserspeicher in Bacoli, die Piscina mirabile und die Cento camerelle: Die *Piscina mirabile* diente einst zur Wasserversorgung der Flotte und ist ein faszinierendes Monument römischer Architektur. Die riesige, von Pflanzen überwucherte Zisterne hat eine Grundfläche von 70 x 25 m, ist 15 m hoch, wird von 48 Säulen gestützt und hatte ein Fassungsvermögen von 12.600 Kubikmetern. Das Wasser wurde über einen Aquädukt aus den Irpinia-Bergen hierher geleitet. Das kathedralenartige Areal bezeugt die Genialität der römischen Architekten und Wasserbauingenieure wie kein anderer Bau an der Bucht von Pozzuoli – einfach sensationell.

Im Zentrum von Bacoli befindet sich außerdem der Frischwasserspeicher *Cento camerelle* aus dem frühen 1. Jh., vermutlich diente diese auf zwei Ebenen in „hundert Kammern" unterteilte Zisterne zur Wasserversorgung der hiesigen Bevölkerung.

Bacoli – Piscina mirabilei

● *Öffnungszeiten* **Piscina mirabile** und **Cento camerelle** (Hinweisschilder im Ort) sind verschlossen; in unmittelbarer Nähe der Eingänge nach den autorisierten Schlüsselträgerinnen *(Custode)* fragen.

Zwei ältere Damen, Signora Filomena Illiano, Via Piscina mirabile 9, und Signora Antonietta Scotto, Via Cento camerelle 117, gewähren Zutritt; ein Trinkgeld wird erwartet.

Miseno

Im römischen *Misenum* befehligte *Plinius der Ältere* damals persönlich die Kriegsflotte; dort startete auch seine Rettungsaktion ins Katastrophengebiet von Pompeji (→ S. 20).

Baden: Der Südstrand von Miseno *(Spiaggia Miliscola),* eine schön geschwungene Sandbucht mit Blick auf die vorgelagerten Inseln Procida und Ischia, ist der einzige halbwegs badetaugliche Küstenabschnitt westlich von Neapel. Am Ufer befinden sich einige Strandbäder, -bars und -restaurants. – Die angrenzende Anhöhe des *Capo Miseno* findet in historischen Schriften mehrfach Erwähnung und die Archäologie hofft, an dieser Stelle noch einige spektakuläre unterseeische Entdeckungen aus der Antike zu machen.

An der Straße nach Cuma erstreckt sich der Küstensee *Lago di Fusaro. Luigi Vanvitelli,* der Architekt des Königsschlosses von Caserta (→ S. 128), baute hier auf Wunsch Ferdinands IV. ein schmuckes, jüngst restauriertes Jagdschlösschen auf einer künstlichen Insel. Zum so genannten *Casino Reale* bzw. *Casina Vanvitelliana* gehört ein kleiner, gepflegter Uferpark.

Öffnungszeiten Park tägl. 8–20 Uhr, Casino So 10–13 Uhr, Eintritt 1 €.

Legendäres Cuma – Eingang zur Sibyllengrotte

Cuma
(Parco Archeologico di Cuma)

Älteste griechische Akropolis am Golf von Neapel (8. Jh. v. Chr.), nordwestlich der Bucht von Pozzuoli direkt an der tyrrhenischen Küste gelegen. Das weitläufige Ausgrabungsgelände erstreckt sich heute wie damals inmitten von Bauernland. Der Tempelbezirk des frühantiken Burgbergs mit der erst 1930 entdeckten Sibyllengrotten ist unbedingt sehenswert.

An der Zufahrtsstraße liegt zunächst das noch nicht zugängliche Siedlungszentrum des römischen *Cumae*. Die griechische *Akropolis von Kyme,* den Burgberg, der einst vollständig von einem schützenden Wall umgeben war, betritt man durch einen wuchtigen, in den gelben Tuffstein gegrabenen Tunnel, von dem links und rechts rätselhafte Schächte und Vertiefungen abgehen. Linker Hand öffnet sich dann gleich die *Grotte der Sibylle.* Dieser unbeleuchtete Gang mit dem trapezförmigen Querschnitt führt ca. 130 m tief in den Fels. Die in unregelmäßigen Abständen gegrabenen Luftschächte werfen nur ein spärliches Licht in den dunklen Gang, dessen tiefe Nischen im Halbdunkel verborgen bleiben. In den Kammern am Ende des Gangs muss die mythische Sibylle, die Wahrsagerin von Kyme, damals anzutreffen gewesen sein. In der Frühantike wurde die Grotte der Sibylle von den griechischen Siedlern am Golf als Orakelstätte frequentiert. Die Etrusker brachten den Sibyllenkult von hier aus nach Rom, wo die auf Schriftrollen verfassten Weissagungen der Prophetin lange Zeit ehrfürchtig konsultiert wurden (→ Geschichte, S. 30).

Steigt man den mit Steineichen bewaldeten Burgberg hinauf, gelangt man zunächst zu den imposanten Ruinen des *Tempels des Apollo,* der von den Kymäern als Kolonisationsgott verehrt wurde. Ganz oben, auf dem höchsten Punkt der Akropolis, befindet sich dann der *Tempel des Zeus* (ital. „Giove"), der höchsten Gottheit in

Die Sibylle von Kyme

Im Altertum stand der Name Sibylle für etwa zwölf weissagende Frauen. Der Name geht zurück auf eine legendäre Prophetin, die in einer Quellgrotte in *Erythrai* (einem ionischen Stadtstaat in der heutigen Türkei) ihre Weissagungen verkündete. Bei der Besiedlung Unteritaliens durch die ionischen Euböer kam dieser Kult auch nach Kyme. Bereits im 6. Jh. v. Chr. gelangten die so genannten *Sibyllinischen Bücher*, Schriftrollen, die in griechischer Sprache verfasst waren, nach Rom. Initiiert wurde dieser Transfer durch die etruskische Dynastie der Tarquinier, die damals gute Beziehungen zur griechischen Kolonie Kyme unterhielt. Über den Kauf dieser begehrten Schriften wird berichtet, dass die Sibylle von Kyme höchstselbst den sehr hohen Preis mit dem letzten Etruskerkönig von Rom, *Tarquinius Superbus*, aushandelte. Zur Zeit der römischen Republik wurden die Sibyllinischen Weissagungen auf Beschluss des Senats in allen wichtigen Angelegenheiten konsultiert und befolgt, bis die Schriftrollen im Jahr 83 v. Chr. tragischerweise verbrannten. Daraufhin schrieb man die Weissagungen der Sibylle neu und verbreitete sie unter dem Namen *Sibyllinisches Orakel* als gesammelte Spruchweisheiten, die später auch jüdisches und christliches Gedankengut aufnahmen.

Die Wahrsagerin Sibylle fungierte auch als Tempeldienerin und steht in engem Zusammenhang mit dem spätarchaischen Zeus- und Apollokult, der natürlich auch in Kyme gepflegt wurde und von hier aus ähnlich wie der Sibyllenkult seine Verbreitung fand.

Bucht von Pozzuoli und Phlegräische Felder
Karte S. 132

der komplexen griechischen Götterwelt. Dieser Tempelbezirk wurde später als frühchristliche Kultstätte überbaut. Aus dieser Zeit stammt z. B. das runde Taufbecken auf den Fundamenten des Zeustempels. Entlang dem Serpentinenweg, der sich durch

eine dichte Vegetation über den Berghang zieht, bieten sich immer wieder herrliche Blicke auf die Umgebung und an einigen Stellen laden Steinbänke neben den Resten antiker Säulen und Skulpturen zum Verweilen ein. Von der fruchtbaren Ebene mit dem sandigen Küstenstreifen schweift der Blick hinüber nach Ischia und Procida, während in der entgegengesetzten Richtung in ein paar Kilometern Entfernung die Schneise des *Arco Felice* zu erkennen ist. Dieses gemauerte Bogentor (gut zu sehen von der jüngst errichteten Panoramaterrasse) überbrückte die alte Römerstraße zwischen Cumae und Puteoli (Pozzuoli). Und irgendwo versteckt sich auch das relativ kleine, noch nicht freigelegte römische *Amphitheater* von Cumae in der dichten Vegetation.

● *Anfahrt/Verbindungen*   Wer nicht mit dem eigenen Fahrzeug unterwegs ist, wird vom **SEPSA-Bus** P 12, ab Pozzuoli/Hafen (ungefähr stündlich), an der Landstraße (Haltestelle Cuma) abgesetzt. Aufgepasst: Der Bus fährt durch den **Arco Felice** (s. o.) über das alte Basaltpflaster! Und unbedingt beim Fahrer die Zeiten für den Rückbus erfragen, sonst steht man u. U. fest! Von der Bushaltestelle führt dann eine ca. 500 m lange Zufahrtsstraße zum Eingang des weitläufigen Ausgrabungsgebiets. Anfahrt mit der **Bahn** (Ferrovia Circumflegrea) ab Napoli/Montesanto. Allerdings läuft man vom Bahnhof Cuma ca. 30 Min. zum Parco archeologico.

● *Öffnungszeiten* tägl. von 9 Uhr bis 1 Std. vor Sonnenuntergang, Sammelticket 6 € (→ Pozzuoli/Anfiteatro Flavio) bzw. mit Artecard.

● *Essen und Trinken* an der Bushaltestelle sowie am Kassenhäuschen jeweils ein kleiner Barbetrieb.

Corricella – ein Fischerdorf aus dem Bilderbuch

Insel Procida
(ca. 11.000 Einwohner, 3,7 qkm)

Die kleinste der drei Inseln im Golf von Neapel wird vom Tourismus weitgehend ignoriert. Procida besitzt keine sprudelnden Thermalquellen wie Ischia und nicht einen Hauch der Exklusivität Capris. Aber wer einen Zwischenstopp auf Procida plant, hat bestimmt schon von dem friedlichen Küstenort Corricella gehört, der mit seinen farbenprächtigen Würfelhäusern und seiner Fischerromantik der Vorstellung von einem heutzutage noch authentischen Fischerort sehr nahe kommt.

Am höchsten Punkt der *Terra Murata* steht die mittelalterliche Inselfestung mit dem ältesten Siedlungskern und der skurrilen *Kirche San Michele*. Aber nicht nur an der Terra Murata, sondern fast überall erweist sich Procida als schwer zugänglich, Steilküste fast rundherum. Und wer sich gar eine gemütliche Inselrundwanderung vorgestellt hat, wird angesichts des rasanten Verkehrs auf den fußgängerfeindlichen, schmalen Straßen schnell enttäuscht sein, denn nicht zuletzt ist das kleine Procida mit seinen 11.000 Bewohnern auf nur 3,7 qkm die am dichtesten besiedelte Insel Italiens.

Obwohl Procida rein geologisch zur aktiven Vulkanlandschaft der Phlegräischen Felder gehört (→ S. 25), sind die Magmaschichten hier längst erstarrt. Es gibt keine heißen Quellen, keine Dämpfe, keine bradyseismische Bodenbewegung, aber dafür zeigt der Küstenverlauf eindeutige vulkanische Formen: Die Buchten mit ihren dunklen Steilwänden lassen die Rundungen der abgesackten Vulkankrater deutlich erkennen. Die schmalen Strände dieser rundlichen Kraterbuchten bestehen zumeist aus dunklem Kies, nur der meerseitige Hauptstrand der Insel, *La Spiaggia di Ciracciello*, ist mit hellem Sand durchmischt. Abgesehen vom Steilufer weist Procida kaum Höhenunterschiede auf, sondern gleicht eher einem Hochplateau, das mit fruchtbarer Vulkanerde bedeckt ist. Trotz der dichten Besiedlung gibt es im Inselinneren erstaunlich viele bewirtschaftete Flächen mit Zitrusbäumen und Wein. Nur der Süden zeigt sich weitgehend rau und urwüchsig, bewachsen mit Macchia, Riesenagaven und wuchernden Feigenkakteen. Vollständig unter Naturschutz steht hingegen die kleine vorgelagerte *Insel Vivara*, die nur im Rahmen genehmigungspflichtiger Exkursionen betreten werden darf.

*I*nformation/*V*orwahl

• *Information* **Pro Loco-Informations-büro**, leider nicht mehr am Fährhafen neben den Fahrkartenschaltern der Reedereien, sondern (unverständlicherweise) abseits an der südöstlichen Inselstraße Via Vittorio Emanuele 173, geöffnet 9–14 Uhr und 16–20 Uhr, ✆ 081/8969628, www.procida.net und www. infoischiaprocida.it. Inselplan, Unterkunfts-

und Campingplatzverzeichnis, aktuelle Veranstaltungshinweise.
Unmittelbar am Hafen befindet sich das Reisebüro **Graziella Travel**, dort erhält man ebenfalls Auskünfte.
• *Vorwahl* ✆ 081 für die ganze Insel, auch bei Ortsgesprächen muss die Vorwahl immer mitgewählt werden.

*A*nfahrt/*V*erbindungen

• *Anfahrt/Verbindungen* ganzjährig **Fährverbindungen vom Festland**. Ab Pozzuoli und Napoli/Calata Porta di Massa mit den *Traghetti* (Fährschiffe/Autofähren) der staatl. Gesellschaft **Caremar** sowie der privaten Reederei **Medmar**. Außerdem verkehren häufig *Aliscafi* (Schnellboote) mehrerer Gesellschaften ab Pozzuoli und Neapel (Molo Beverello und Mergellina). Preise: Aliscafo ab Napoli/Molo Beverello ca. 8 €. Die meisten Traghetti und Aliscafi laufen nach dem Zwischenstopp in Procida auch Ischia an.
Auto, die Mitnahme lohnt sich höchstens für Camper. In den Sommermonaten abends und nachts Fahrverbot für Privatautos!

Reedereien: *Caremar*, ✆ 081/5513882, www.caremar.it; *Medmar*, ✆ 081/3334411, www.medmarnavi.it; *Snav*, ✆ 081/4285555, www.snav.it.
EAV-Inselbusse, mehrere Linien durchkreuzen die Insel. Wichtigste Verbindungen ab Fährleger: Linie C 2 hinauf zur Terra Murata, Linien L 1 und L 2 nach Chiaiolella. Einzelfahrschein (*Corsa semplice*) ca. 1 €, auch im Bus erhältlich.
Scooterverleih, *Sprint*, Nähe Hafenkirche, 25 € pro Tag, ✆ 081/8969435.
Organisierte **Bootstouren** um die Insel, mit Badestopp, ab Marina Grande und Chiaolella.

*Ü*bernachten/*C*amping/*F*ewo

Wegen der begrenzten Hotelkapazitäten ist eine Reservierung unbedingt ratsam. Bei den Campingplätzen handelt es sich durchweg um kleine und einfache Plätze. *Procida Holiday*, in Chiaolella, deutschsprachige Vermittlung von **Ferienwohnungen** ✆ 081/8969594, www.isoladiprocida.it.

**** **La Casa sul mare (10)**, die allererste Adresse auf Procida, Panoramalage im oberen Ortsteil von Corricella. Stilvoller Palazzo aus dem 18. Jh., freundlich geführt, komfortable Zimmer mit Terrasse und Meerblick. Das Frühstück wird im Hofgarten serviert. DZ 90–170 € inkl. Frühstück. Via Salita Castello 13, ✆/℡ 081/8968799, www.lacasasulmare.it.

*** **La Corricella (11)**, schöne, erhöhte Lage am Ende der Marina von Corricella. Geschmackvoll ausgebauter, alter Gebäudekomplex, große Zimmer teils mit Hochbett, klimatisiert. Terrasse mit Blick auf die Hafenbucht. Die sympathische Wirtsfamilie

betreibt auch das angrenzende Ristorante La Lampara mit bestem Hafenblick. DZ 70–140 € inkl. Frühstück. Via Marina Corricella 88, ✆/℡ 081/8967575, www.hotelcorricella.it.

*** **Crescenzo (6)**, gepflegtes, älteres Hafenhaus direkt an der Uferpromenade von Chiaiolella. Gut geführt, recht kleine, modern eingerichtete Zimmer, teils mit Meerblick, ausgezeichnetes Hotelrestaurant. DZ 70–120 € inkl. Frühstück. Via Marina Chiaiolella 33, ✆ 081/8967255, ℡ 081/8101260, www.hotelcrescenzo.it.

*** **Savoia (9)**, altes Inselhaus, jüngst komplett renoviert und modernisiert. An der

Insel Procida
Karte S. 146

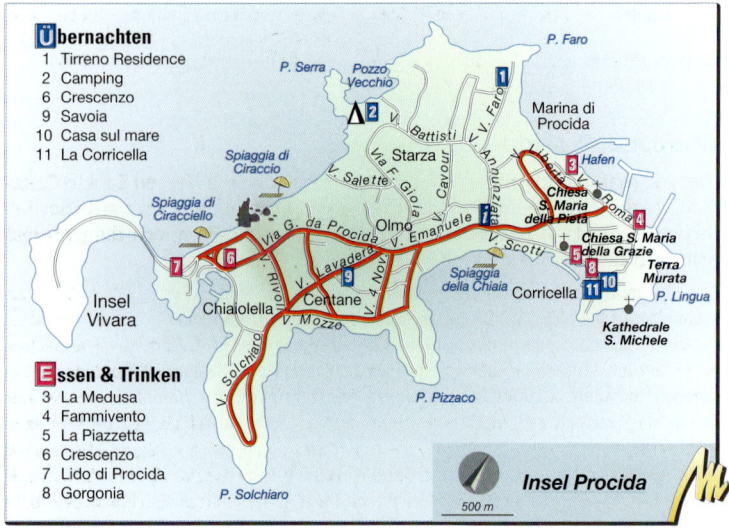

Hauptstraße zwischen Olmo und Centane gelegen. Große, geschmackvoll eingerichtete Zimmer, teils mit Balkon. Garten mit Pool, Hotelrestaurant. Bushaltestelle vor der Tür. DZ 70–130 € inkl. Frühstück. Via Lavadera 32, ℡ 081/8967616, 🖷 081/8967215, www.mediturhotels.it.

*** **Tirreno Residence (1)**, Apartmentanlage, bestehend aus zwei älteren, inseltypischen Landhäusern, ideal für einen etwas längeren Aufenthalt. Kleine und große Apartments mit Küche für Selbstversorger,

kein Restaurant. Schöner Garten und Dachterrasse. Allerdings etwas abseits gelegen im Norden der Insel, keine direkte Busverbindung. Im Sommer Hotel-Shuttlebus rund um die Insel. 2-Pers.-Apartment 45–60 € pro Tag. Via Faro 34, ℡ 081/8968341, 🖷 081/19305182, www.tirrenoresidence.it.

• *Camping* ** **Punta Serra (2)**, kleiner Platz im Nordwesten, viel Schatten, auch Bungalowvermietung. 2 Pers. mit Zelt ca. 25 €. Nähe Ciraccio-Strand, Via Serra 4, ℡ 081/89695 19, 🖷 081/8968966.

*E*ssen und *T*rinken

La Medusa (3), Marina di Procida, an der vorderen Hafenpromenade mitten im Hafenrummel. Alteingesessenes, volkstümliches Fischrestaurant der freundlichen Familie Altafini. Eine Spezialität ist die Fischsuppe, das Preis-Qualitäts-Verhältnis stimmt hier. Via Roma 116, ℡ 081/8967481, Di geschlossen.

Fammivento (4), Marina di Procida, hintere Hafenpromenade, netter Familienbetrieb. Tadellose Fischgerichte mit Frischegarantie, für seine hausgemachten Dolci hat der Koch eine Gambero-Rosso-Auszeichnung erhalten. Tische im Freien. Menü 30 €. Via Roma 39, ℡ 081/8969020.

La Piazzetta (5), einfache Bar/Pizzeria an der luftigen Piazza dei Martiri, auf halbem Weg zur Terra Murata. Pizza nur abends,

tagsüber Barbetrieb, Tische im Freien. Im Gegensatz zu den Hafencafés sitzt man hier angenehm ruhig.

Gorgonia (8), Corricella, lauschiges Fischristorante direkt an der Hafenpromenade. Gute Fischküche, auf den Punkt zubereitet. Eine Primo-Spezialität ist *Pasta e fagioli con cozze* (Nudeln, dicke Bohnen und Miesmuscheln). Sehr beliebt wegen Lage und Qualität, vor allem an Wochenenden unbedingt reservieren. Menü 30 €. Marina di Corricella 50, ℡ 081/8101060.

Crescenzo (6), Chiaiolella, Hotelrestaurant (→ „Übernachten") an der Uferpromenade, Tische draußen, beliebt bei Einheimischen und Touristen gleichermaßen. Tadellose Fischküche, mal die Primo-Spezialität Seeigelspaghetti *(al riccio)* probieren. Menü 30 €.

Lido di Procida (7), großes Strandbad an der Spiaggia di Chiaiolella, gemütliches

Self-Service-Strandristorante, auch **Zimmervermietung**. Lungomare C. Colombo 6, ✆ 081/8967531, www.lidodiprocida.com.

Marina di Procida

Der Fährhafen und größte Ort der Insel trägt auch die Namen Sancio Cattolico, Marina Grande und Porto. Schon vom Fährschiff aus ein herrlicher Anblick. An der lang gestreckten Hafenpromenade reihen sich die pittoresk verwitterten Fassaden der alten Hafenhäuser aneinander.

In Marina Grande herrscht den ganzen Tag über ein hektisches Treiben: Der Verkehr drängt bis dicht an den Hafenrand, ständig werden Schiffe be- und entladen, Waren verpackt, und wenn die Fischerboote gegen Abend einlaufen, warten schon ungeduldige Abnehmer auf den frischen Fang. In den zahlreichen Ufercafés geht es ebenso turbulent zu. Der Lärm und die Geschäftigkeit des Hafenbetriebs reichen bis an die Tische heran, an denen wochentags zumeist Einheimische ihre Wartezeiten verbringen und grüppchenweise zusammensitzen. Den ruhigen Mittelpunkt der belebten Hafenpromenade bildet die weiße Kuppelkirche *Santa Maria della Pietà*. Die Tagestouristen, die in Procida an Land gehen, halten sich eigentlich nicht lange am Hafen auf, sondern bewegen sich zielstrebig hinauf zur Terra Murata.

Der Weg dorthin ist mit „Abbazia San Michele" beschildert und führt durch die holprigen Pflastersteinstraßen von Sancio Cattolico. Auf halber Höhe des Aufstiegs zunächst die luftige *Piazza dei Martiri* mit dem *Antonio-Scialoia-Denkmal* (Staatsmann und Risorgimento-Anhänger) und der angrenzenden Barockkirche *Santa Maria delle Grazie*. Von der Terrassenpiazza ergibt sich ein erster herrlicher Blick auf die Bucht von Corricella. Dann weiterhin steiler Weg zur Terra Murata. Wem der schweißtreibende Aufstieg zu anstrengend ist, kann direkt vom Fähranleger den Inselbus C 2 nehmen.

Insel Procida
Karte S. 146

Marina di Procida – schöner Anblick

Terra Murata – höchste Erhebung Procidas

Sehenswertes

Terra Murata heißt wörtlich übersetzt „gemauerte Erde" und bezieht sich auf das dramatisch steile Kap an der Südostküste, auf dem die mittelalterliche Inselfestung steht. Mit ihren fast senkrechten Steilwänden bildet die Terra Murata die höchste Erhebung (ca. 90 m) der Insel. Bereits im Hochmittelalter entstand hier der erste befestigte Siedlungskern, der im Lauf der Zeit zu einer wuchtigen Zitadelle ausgebaut worden ist. Anfangs schützte das massive Gemäuer die Inselbewohner vor sarazenischen Piraten, dann beherbergte es die Kardinäle und Vizekönige von Neapel während ihrer Inselausflüge. Später wurden hier politische Gefangene und Schwerverbrecher weggesperrt. Heute stehen die verwitternden Hauptgebäude weitgehend leer und warten geduldig auf ihre neue Bestimmung. Ein tiefes Bogentor *(Porta di Mezz'omo)* führt in den Mauerring und am höchsten Punkt steht standesgemäß die Kirche, die *Kathedrale San Michele*. Allerdings ist diese kaum sichtbar, denn an ihrer Flanke wuchert ein dichtes Konglomerat aus Wohngebäuden, das auch die Kirchenfassade nahezu überlagert. Dieses älteste Wohnviertel der Insel ist noch heute vollständig bewohnt und nicht selten kommt es vor, dass einem ein freundlicher Anwohner ungefragt den Weg zum etwas versteckten Kircheneingang weist. Aber vorher lohnt sich der Blick von der meerseitigen Aussichtsterrasse, wo man staunend sieht, wie gerade und steil die Felswände der Terra Murata in die Tiefe stürzen – tatsächlich so, als seien sie vertikal gemauert.

Kathedrale San Michele: Der Weg in die Kathedrale (14. Jh.) führt durch den privaten Wohnbereich des Kirchendieners zur Sakristei, in der überraschenderweise auch ein kleiner Souvenirhandel betrieben wird, der voll und ganz dem Erzengel Michael verschrieben ist – wie die etwas finstere und verstaubte Kirche selber auch. Kitsch und Kunst liegen in den sakralen Räumen und Nischen von San

Karfreitagsprozession mit „Misteri"

Wer über Ostern am Golf von Neapel weilt, sollte sich die weithin bekannte Karfreitagsprozession von Procida nicht entgehen lassen, zu der von Neapel aus in aller Morgenfrühe auch organisierte Bootsausflüge stattfinden.

Der hiesige Umzug wurde erstmals 1627 von einer Bruderschaft namens *Turchini* veranstaltet, laut Überlieferung handelte es sich dabei um eine Art Selbstgeißelungsspektakel in aller Öffentlichkeit. Erst viel später nahm dieses ziemlich exzessive Ereignis den Charakter einer Prozession sowie eines Mysterienspiels an. Zum Karfreitagszug gehören seitdem lebensgroße Prozessionsfiguren des Gekreuzigten und der trauernden Madonna die zusammen mit den so genannten *Misteri* durch den Ort getragen werden. Die Misteri werden jedes Jahr in der vorösterlichen Fastenzeit neu angefertigt. Dabei handelt es sich um zentnerschwere, überdimensionale Darstellungen der Leidensstationen Christi in Figuren- und Bilderform. Nicht selten kommt es vor, dass sich auch profane Protestfiguren – etwa die Karikaturen korrupter Politiker – unter die ansonsten tief religiösen Misteri-Darstellungen mischen, ähnlich wie es bei den neapolitanischen Weihnachtskrippenfiguren der Fall ist. Zur Karfreitagsprozession, die frühmorgens auf der *Terra Murata* beginnt, kommen alljährlich mehrere Tausend Menschen aus Procida und Umgebung zusammen. Traditionell gehörten auch besondere Gaumenfreuden dazu, die man nach dem Trauerzug auf weiß gedeckten Festtafeln ausbreitete: gebratene Lämmer, Körbe mit Fischen und Meeresfrüchten, Gemüse- und Obstschüsseln, Brot, Gebäck und Inselwein.

Insel Procida Karte S. 146

Michele dicht beieinander: Heiligenbildchen, Votivgaben, Krippen, Statuen, Gemälde mit den Darstellungen der Heldentaten des Erzengels u. v. m. Kunstgeschichtlich wertvoll ist wohl in erster Linie das barocke Deckengemälde des neapolitanischen Malers *Luca Giordano*, das in die goldüberzogene Kassettendecke eingelassen ist und natürlich den Erzengel zeigt. Am 8. Mai wird die silberne Statue des Erzengels anlässlich des Patronatsfests am Abend feierlich und andächtig durch den Ort und hinunter zur Marina Grande getragen – eine wirklich eindrucksvolle Prozession.

Katakomben von San Michele: Noch skurriler als in der Kathedrale wird es im unterirdischen Kirchenlabyrinth. Zunächst gelangt man bei spärlicher Beleuchtung auf steilen Steintreppen in die so genannte *Biblioteca*, wo ein Heer von Folianten vor sich hin staubt, gemeinsam mit allerlei merkwürdigen Sakralgegenständen, darunter auch etliche Prozessionsfiguren samt Dekoration. Eine Kelleretage tiefer, in den Gewölben der kapellenartigen Vorgängerbauten der Kathedrale wird es dann etwas makaber. Hier lagern neben maroden Kruzifixen und Särgen auch die Gebeine früherer Benediktinermönche. Wen es angesichts baumelnder Skelette und Totenschädel eilig aus den Katakomben treibt, der sollte oben auf der zum Meer hin geöffneten Kirchenterrasse tief Luft holen – und dann mal die alte Sonnenuhr betrachten: pünktlich auf die Minute, aber schwer auf Sommerzeit umzustellen!

Öffnungszeiten Kathedrale und Katakomben tägl. 10–12.45 Uhr und 15–17.30 Uhr, So und Mo nachmittags geschlossen, Eintritt 2 €.

Blick von der Terra Murata auf Corricella

Corricella

Eine wirklich malerische Fischersiedlung und mit Abstand der friedlichste und harmonischste Ort auf Procida. Hier stimmen Rhythmus, Proportionen und Farben. Alles funktioniert nach den bescheidenen Bedürfnissen der hier lebenden Fischerfamilien – und zwar seit Jahrhunderten.

Der schönste und vollständigste Blick auf diese Idylle ergibt sich von der Aussichtsterrasse vor dem Torbogen zur Terra Murata. Besonders augenfällig aus dieser erhöhten Perspektive ist die unglaublich verschachtelte und verwinkelte Architektur von Corricella, nennen wir sie „fantasievolle Würfelhausarchitektur". Ein Merkmal dieser kompakten Bauweise, die keine Gesetzmäßigkeiten erkennen lässt, sind die rampenartigen Außentreppen, eine Platz sparende Lösung in diesem engen Wohnlabyrinth. Einen weichen Kontrast zu den kantigen, meist zweistöckigen Häusern bilden die runden Tür- und Gewölbebögen. Charakteristisch ist auch das Flachdach, das manchmal leicht abgerundet ist, um das Regenwasser besser auffangen zu können. Und natürlich hat jeder Wohnwürfel seinen individuellen Farbanstrich. – Jetzt hinein in diesen fußgängerfreundlichen, weil autofreien Fischerort und die Seele ein wenig baumeln lassen!

Mehrere Treppenwege führen durch den Ortskern hinunter zum Hafen. Mit ein bisschen Glück trifft man einen der Inselbauern an, die mit ihren schwer bepackten Mulis von Tür zu Tür ziehen und ihre Erzeugnisse verkaufen. Mitten im Wohnlabyrinth, das auch aus der Nähe viel architektonische Willkür erkennen lässt, verstärkt sich der Gesamteindruck einer eher spontan gewachsenen Ortschaft mit zumeist engen Wohnverhältnissen. Erst am Hafen läuft Corricella zu voller

Schönheit auf. Was sich an der langgestreckten Hafenpromenade abspielt, ist schlicht und ergreifend authentischer Fischeralltag: Boote dicht an dicht im Schutz der Wellenbrecher, Berge trocknender Fischernetze auf der Hafenmauer, freundliche, von Wind und Sonne gegerbte Gesichter, Fischgeruch und Arbeitsgeräusche, die aus den Lagergewölben unter den Treppenrampen dringen. Und immer wieder betört diese farbenfrohe Fassadenfront der einfachen Fischerhäuser. – Die einzigen Zugeständnisse an den Tourismus bzw. an die Tagesausflügler sind hier die Hafenristoranti und Bars. – Nicht nur in punkto Verkehr, Hektik und Anmut unterscheidet sich Corricella vom Fährhafen Marina Grande, auch die Fischertradition ist eine völlig andere. Während die Porto-Fischer tagsüber fischen, fahren die Corricella-Fischer nachts hinaus und kommen morgens in den Hafen zurück. Der Fischeralltag, der hier tagsüber herrscht, ließe sich stundenlang beobachten. – Und dann gibt es da noch die Erinnerungen an die Dreharbeiten zum Kinofilm „Il Postino“ (→ Kasten). Ein Ereignis, das den Einheimischen viel Abwechslung gebracht hat und an das sie sich gerne erinnern, zumal einige von ihnen als Statisten mitgewirkt haben. Es fällt nicht ganz leicht, diesen liebenswerten Ort wieder zu verlassen, zumal der urbane Rest der Insel nichts annähernd Vergleichbares mehr bietet.

Zu Fuß von Corricella nach Chiaiolella

Am Ende der Hafenpromenade führt ein Treppenweg hinauf zur Inselstraße, sofort macht man wieder Bekanntschaft mit dem rasanten Inselverkehr. Deshalb sollten nur robuste Naturen nach Chiaiolella, dem größten Ort der Südhälfte Procidas, laufen (ansonsten den Inselbus nehmen). Die Straße verläuft zunächst parallel zur Steilküste der *Spiaggia della Chiaia*, deren dunkler Kiesstrand nicht besonders einladend ist. Entlang der Straße gibt es dafür mehrere Gelegenheiten, einen Blick auf die üppigen Gartenoasen der Insel zu werfen, z. B. beim *Ristorante Mimante* (Via Vittorio Emanuele 225), das mitten in einem Zitronenhain am Steilufer liegt. Der Obst- und Gemüseanbau ist ein Haupterwerbszweig der Insulaner, wobei die saftigen Zitrusfrüchte an erster Stelle stehen. Auf dem Grundstück des erwähnten „Mimante“, in dem *Elsa Morante* (siehe Kasten) zeitweise lebte und an ihrem Inselroman schrieb, soll in unbestimmter Zukunft ein *Parco letterario dell'Isola di Arturo* entstehen.

Authentische Fischeridylle

Il Postino

Dieser Kinofilm von 1994 (Regie: *Michael Radford*), der in Deutschland unter dem Titel „Der Postmann" lief, wurde teilweise auf Procida gedreht. Erzählt wird vom Exil des in seiner chilenischen Heimat politisch verfolgten Dichters Pablo Neruda *(Philippe Noiret)* auf einer kleinen italienischen Insel. Der schüchterne und weltfremde Inselbriefträger Mario *(Massimo Troisi)* freundet sich mit Neruda an und lernt durch ihn die Magie der Worte kennen, die ihm zu seiner ersten Eroberung namens Beatrice Russo verhilft.

Die Bewohner von Corricella erinnern sich noch gut an die Dreharbeiten, als das Filmteam hier Quartier bezog und die Hafentrattoria, einer der Hauptschauplätze, eingerichtet wurde. Häufig genug wurden die Einheimischen in den vergangenen Jahren von Cineasten nach der Filmtrattoria gefragt und zeigten dann stolz auf den markanten Drehort. Mittlerweile ist es einfach geworden, ihn selber aufzuspüren, denn dort hat die „Locanda del Postino" eröffnet. Standfotos von den Filmaufnahmen kursieren immer noch in Corricella und Procida Marina. Die Bilder zeigen z. B. den neapolitanischen Schauspieler Massimo Troisi (→ S. 105), wie er mit unvergleichlich sentimentaler Miene am Hafenrand von Corricella sitzt. (Massimo Troisi starb übrigens tragischerweise unmittelbar nach den Dreharbeiten an Herzinfarkt.) – Ob es noch andere Postino-Schauplätze auf Procida gibt? Es gibt sie! Und zwar das Postamt, in dem Mario die zahlreichen Briefe an Neruda sortiert. Es handelt sich dabei um den *Limoncello*-Laden an der Piazza dei Martiri. Während der benachbarte Tabacchi-Laden kurzerhand zum Kino im Film wurde. Und wer sehen will, wo Philippe Noiret sein morgendliches Filmbad im Meer genommen hat, muss bis zur dunklen Kraterbucht Pozzo Vecchio laufen. Der dortige Kiesstrand heißt heute natürlich „Postino-Beach".

In *Olmo,* einem gesichtslosen Straßendorf, zweigt ein teilweise autofreier Weg nach Centane ab; an mehreren Stellen ergibt sich ein fotoreifer Blick zurück auf die Bucht von Corricella mit der Terra Murata. Bei *Centane* hat man dann den freien Blick auf die Südspitze der Insel, die *Punta Solchiaro,* während landwärts ein deutlicher Vegetationswechsel zu beobachten ist. Hier dominieren wild wachsende Feigenkakteen, Agaven und Macchiabüsche. Hinunter nach Chiaiolella läuft man wieder im fast schon vertrauten Verkehr.

Chiaiolella

Hübscher Sport- und Fischerhafen an einer fast kreisrunden Kraterbucht. Beschaulich ist die Ortschaft allerdings nur an der kurzen Uferpromenade, dahinter verzweigt sich das weitläufige und ziemlich reizlose Wohngebiet.

Das Maß aller Dinge ist Chiaiolellas nördlicher Badestrand, der in den Sommermonaten gut besucht ist. Diese *Spiaggia di Ciracciello* ist nämlich der einzige Sandstrand der Insel, relativ schmal, aber dafür lang.

Insel Vivara

Kleine, der Südwestspitze fast auf Rufweite vorgelagerte Felseninsel und seit 1959 durch eine Brücke mit Procida verbunden. Die bucklige, mit einem dichten Vegetationsteppich überzogene Insel steht vollständig unter Naturschutz. Einst ge-

„L'Isola di Arturo" von Elsa Morante

Ein Literaturtipp zur Einstimmung auf Procida bzw. zur anschließenden Vertiefung. Elsa Morante (1912–1985), die bekannte italienische Schriftstellerin, schrieb neben psychologischen Familienromanen auch Lyrik, Essays und Kinderbücher. Ihr Roman „Arturos Insel", den sie z. T. auf Procida schrieb, erzählt die Geschichte eines Jungen, der auf einer kleinen Insel aufwächst und langsam die vertrauten, aber sehr begrenzten Ausmaße seiner Umgebung zu überschreiten beginnt. Zwar findet man in der Romanhandlung keine konkreten Bezüge zu Procida, aber atmosphärisch ist die Geschichte hier deutlich spürbar angesiedelt (ital. Taschenbuchausgabe: Einaudi; dt. Ausgabe: "Arturos Insel", Wagenbach).

hörte sie zum Jagdrevier des neapolitanischen Adels, dann wurde sie sogar landwirtschaftlich genutzt, heute wuchern dort Macchia- und Steineichenwäldchen. Das Naturerlebnis auf Vivara ist fast ausschließlich italienischen Schulklassen und vorangemeldeten Besuchergruppen vorbehalten, neugierige Touristen werden von verschlossenen Toren gebremst – aber manchmal hat man Glück und es gibt so etwas wie einen „Tag der offenen Tür", dann kann man die angelegten Wege, die noch aus der Bourbonenzeit stammen, bis zum Aussichtspunkt oberhalb der *Punta di Mezzogiorno* entlang spazieren.

Spiaggia di Ciraccio und Pozzo Vecchio

Für Tagesbesucher kaum zu schaffen, nur wer länger bleibt, wird auch bis zu diesem Teil der nördlichen Steilküste mit den beiden Kiesstränden vorstoßen. Der Ciraccio-Strand wird vom Ciracciello-Strand durch imposante Klippenformationen getrennt, gute Schwimmer wechseln die Seiten schwimmend. An der *Via Salette*, der Zufahrtsstraße zum Ciraccio-Strand, befindet sich das Campingrevier Procidas (→ „Übernachten"). Ein Stück weiter dann die begehbare *Punta della Serra* mit einem wirklich Schwindel erregenden Steilufer. Von dort hat man auch einen herrlichen Blick auf die finstere Kraterbucht namens Pozzo Vecchio (alter Brunnen). Den wegen der Dreharbeiten „Postino-Beach" getauften Strand dieser Kraterbucht erreichen Cineasten über die Straße, die neben dem Inselfriedhof beginnt. Das Strandbad *Pozzo Vecchio* mit Barbetrieb lädt zum Verweilen ein.

Junge Tifosi (Fußballfans) zeigen ihre Stürmerstars her

Castello Aragonese – Wahrzeichen der Insel

Insel Ischia   **(ca. 56.000 Einwohner, 46,5 qkm)**

Eine Kurinsel par excellence. Die mineralhaltigen Thermalquellen, die hier seit Menschengedenken sprudeln, verschaffen vor allem Linderung bei rheumatischen Erkrankungen. Aber man muss keineswegs von Schmerzen geplagt sein, um auf Ischia zu urlauben. Die gepflegten Thermalparks der Insel bringen, abgesehen vom Angebot an medizinisch-therapeutischen Anwendungen, auch sehr viel Bade- und Saunaspaß. Ansonsten besitzt Ischia alle charakteristischen Merkmale einer mediterranen Urlaubsinsel: bergig, vegetationsreich, klimatisch mild und Strände fast rundherum.

Allgegenwärtig und landschaftsbestimmend ragt der *Monte Epomeo* aus der Inselmitte empor, sein zerklüfteter Gipfelbereich ist mit Abstand das schönste Wanderziel auf Ischia. Überraschend urwüchsig zeigt sich auch die südliche Inselhälfte mit einer spektakulären Steilküste, die von bizarren Tuffsteinschluchten zerfurcht wird. Die überschaubaren Dörfer des Südens heben sich wohltuend von der weitgehend zersiedelten Nordküste ab. Ischiaurlauber, die dem regen Kurbetrieb und seiner manchmal etwas gewöhnungsbedürftigen Stimmung entfliehen wollen, können das vor allem in den friedlichen Bergdörfern und nicht zuletzt an der schönsten Badestelle der Insel, dem *Marontistrand*.

Geologie: Ischia gehört zusammen mit Procida und den weiter nördlich gelegenen Pontinischen Inseln zur Vulkanlandschaft der Phlegräischen Felder (→ S. 25). Der höchste Inselberg, der Monte Epomeo, wird häufig als Vulkan bezeichnet, aber das ist falsch, denn dazu fehlen ihm die signifikanten Merkmale eines Vulkans, nämlich der Krater und der Vulkankegel. Bei seiner geologischen Formation handelt es sich hingegen um einen so genannten *vulkano-tektonischen Horst,* der sich im Zuge der apenninischen Faltung gebildet hat. Dabei hat sich eine unterseeische, etwa 1000 m dicke Bruchscholle aus grünlichem *Epomeotuff* – der erdgeschichtlich älter ist als alle anderen Tuffschichten dieser Region – unter vulkanischem Druck langsam quer gestellt und über den Meeresspiegel geschoben. Die höchste Spitze dieser Bruchscholle bildet der steilwandige Monte Epomeo (788 m). Er ist so gesehen ein ganz normaler Berg, allerdings mit einem darunter liegenden Magmaherd. Auch das Phänomen der bradyseismischen Oszillation (→ S. 26) ist auf Ischia messbar, jährlich senkt sich die Insel um durchschnittlich 3 mm. Die letzte Eruption fand hingegen im Jahr 1301 statt, als sich der *Arsokrater* im heutigen Fiaiano bildete und Lavaströme den Nordosten der Insel verwüsteten. 1883 ereignete sich das letzte verheerende Erdbeben, wobei der Küstenort Casamicciola binnen kurzer Zeit in Schutt und Asche gelegt wurde und über 3000 Menschen ums Leben kamen. Seitdem schweigt das ischitanische Erdbebengebiet und allein die friedlich sprudelnden Thermalquellen verweisen auf den vulkanischen Untergrund Ischias.

Landschaft und Vegetation: Jenseits des intensiven Thermalbetriebs und der zersiedelten Küstenorte bietet Ischia noch viel Raum für nachhaltige Naturerlebnisse. Wer abseits der asphaltierten Verkehrswege durch das Inselinnere streift, der erlebt die urwüchsige Seite der Insel. Gemeint sind z. B. die bizarren Tuffsteinschluchten der südlichen Inselhälfte. In diesen tiefen Einschnitten, die in den unterschiedlichsten Tuffsteinfarben schimmern, gedeiht eine seltene Inselflora. Durch die Wärme und Feuchtigkeit aufsteigender Dämpfe halten sich hier sogar tropische Pflanzen, darunter einige Farne mit meterlangen Wedeln sowie Papyruspflanzen. An anderen Stellen zeigt die urwüchsige Steilküste des Südens ihre immergrüne mediterrane Seite: Die ganze Palette an genügsamen Macchiagewächsen zusammen mit großblättrigen Kaktusfeigen, meterhohen Agaven, Disteln und dornigen Aloen. Und wenn man sich von den küstennahen Schluchten und Steilhängen den Hängen der vegetationsreichen Gebirgszone nähert, offenbart sich wiederum eine völlig andere Flora. Abgesehen von den landwirtschaftlichen Flächen, auf denen vorwiegend Gemüse, Wein und Obst angebaut wird, trifft man dort auf Gebiete mit einem vielfältigen Baumbestand: Kastanien, Akazien, Eichen, Eschen und Pinien. Auch das Unterholz der Wälder präsentiert sich mit wilden Orchideen, Veilchen, Anemonen und blühenden Wildkräutern ausgesprochen artenreich. Andere Höhenlagen des Inselinnern sind mit Ginster und Oleander bedeckt. An einigen Stellen überziehen sogar Bergwiesen die karstigen Hänge. Weitgehend kahl wird es auf der *Isola verde*, der grünen Insel, wie sie die Ischitaner nennen, erst im zerklüfteten Gipfelbereich des Monte Epomeo, wo überraschend schroffe Gesteinsformationen auftauchen.

Da die üppige Inselflora derartig vielfältig ist, kommen Naturliebhaber eigentlich zu jeder Jahreszeit auf ihre Kosten. – Aber, wie gesagt, die Schönheiten liegen nicht am Straßenrand, die muss man sich erlaufen, z. B. mit den Wandervorschlägen in diesem Buch.

Klima und Reisezeit: Die statistischen Wetterdaten Ischias erscheinen auf den ersten Blick extrem. Da werden einerseits jährlich etwa 300 Sonnentage gezählt, andererseits entspricht die durchschnittliche Niederschlagsmenge ungefähr derjenigen Deutschlands. Betrachtet man die Jahreszeiten einzeln, relativiert sich das Bild: Der kurze Winter ist mit Abstand die ungemütlichste Jahreszeit auf Ischia. Er ist zwar zumeist frostfrei, findet aber weitgehend als Regenzeit statt. Der anschließende Übergang zum Frühling gilt als die stürmischste Zeit im Jahr. Ende April beginnt dann allmählich der lange mediterrane Sommer. Für den Mai werden schon durchschnittliche Tagestemperaturen von 22° C und Wassertemperaturen von 20° C angegeben. Juli und August sind mit durchschnittlich 29° C die heißesten Monate. Doch stickig heiß wird es wegen der ständigen Meeresbrise auch im Insel-innern nie. Turbulenzen bringen eigentlich nur die starken Winde, die als feucht-warmer *Scirocco* von Afrika oder als kühler *Tramontana* von Norden herüberwe-hen. Der Herbst erweist sich als sonnenreiche Reisezeit für Genießer, mit ange-nehm milden Tagestemperaturen (durchschnittlich 22° C im Oktober) und einer schwachen nächtlichen Abkühlung. Doch seitdem das Wetter weltweit ziemlich verrückt spielt und auch bisher stabile Klimazonen überraschende Wetterverände-rungen mit z. T. verheerenden Auswirkungen erleben, entwickelt sich das Wetter mehr und mehr zu einem unberechen-baren Faktor. Auch auf Ischia hat es, wie in ganz Italien, in den letzten Jahren schon halb verregnete Sommermonate gegeben. – Aber eine zuverlässige Faust-regel ist auf der Insel nach wie vor gül-tig: Scheinen Capri und Procida zum Greifen nah, ändert sich das Wetter bald, sind die beiden Nachbarinseln hin-gegen dunstverschleiert, bleibt das Wetter, wie es ist.

Tourismus: Kein Zweifel, Ischia wird seinem Ruf als „deutsche Kurinsel" gerecht. In guten Jahren kommen fast 90 % der ausländischen Inselgäste aus Deutschland. Viele der älteren Herr-schaften sind Stammgäste, anfangs kur-ten sie hier mit Krankenkassenzuschüs-sen, mittlerweile kommen sie als Pau-schaltouristen oder mit Low-cost-Flü-gen ganz und gar auf eigene Kosten – und zwar Jahr für Jahr. Sie prägen die Urlaubsatmosphäre von Ostern bis No-vember. Überall auf der Insel begegnet man dem deutschen Kururlauber, in den gut temperierten Thermalgärten sowie-so. Mit Wanderschuhen und Wander-stock gerüstet, erklimmt er sogar den Gipfel des Monte Epomeo und in den Kaffeegärten einschlägiger Ausflugslo-kale fühlt er sich so richtig wohl. Aber die alljährliche Invasion der deutschen „Kurlauber" macht nur einen Teil der ischitanischen Urlaubsrealität aus. Wie authentisch italienisch die Insel geblie-ben ist, zeigt sich vor allem im Hoch-sommer, wenn Ischia vorwiegend von italienischen Urlaubern bevölkert wird.

Dann herrscht eindeutig südliches Temperament vor und die deutsche Kurinsel wandelt sich zur italienischen Ferieninsel für Jung und Alt.

Wer erinnert sich nicht an die unsägliche Polit-Farce von 2003, als ein Tourismus-Staatssekretär der *Lega Nord* die deutschen Italienurlauber pauschal beleidigte und von Ministerpräsident Berlusconi erst einmal Rückendeckung erhielt? Die Empörung war in Italien und Deutschland gleichermaßen groß. Bundeskanzler Schröder sagte seinen geplanten Italienurlaub ab und viele Landsleute folgten ihm. Vor allem die Honoratioren der Urlaubsinsel Ischia waren es, die das massenhafte Ausbleiben deutscher Kur- und Badegäste befürchteten und sich um Schadensbegrenzung bemühten, indem sie unseren ehemaligen Bundeskanzler zum Ehrenbürger Ischias

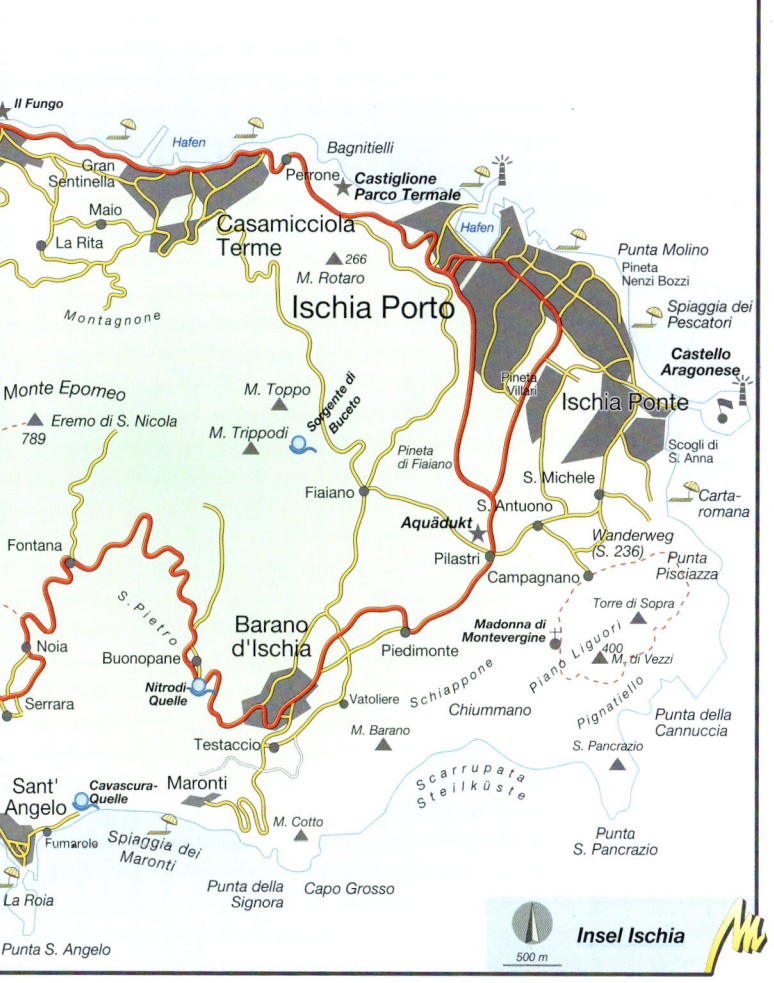

Marontistrand – vor dem Ansturm

ernannten! Kein Wunder, dass Angela Merkel, die bekanntlich seit Jahren im schönen Sant'Angelo urlaubt, mittlerweile ebenfalls die *Cittadinanza onoraria* erhalten hat. Auch nicht ganz uneigennützig, wenn man berücksichtigt, dass Ischia mit allen Mitteln versucht, den überraschend rückläufigen Urlauberstrom aus Deutschland schnell wieder in den Griff zu bekommen.

Geschichte

Vielerorts auf Ischia liest man auf gekachelten Schriftzügen die antiken Namen der Insel: *Pitecusa* oder *Aenaria*. Wer der Bedeutung Ischias in der Antike auf der Spur ist, für den klingen diese Bezeichnungen wie Schlüsselwörter, die direkt zu den Anfängen der glorreichen Besiedlungsgeschichte führen. (Mehr zur Geschichte des Golfgebiets finden Sie auf S. 27 f.)

Trotz der unberechenbaren vulkanischen Natur des Eilands ließen sich bereits in der ausgehenden Jungsteinzeit Menschen auf Ischia nieder und wurden sesshaft. Steinwerkzeuge und Tonscherben zeugen davon. Die bodenständigen Nachfahren dieser frühen Bewohner Ischias erlebten im ersten vorchristlichen Jahrtausend einen regelrechten Kulturschock, als sie Bekanntschaft mit den expandierenden Griechenstämmen machten. Im 8. Jh. v. Chr. begann die Hellenisierung Unteritaliens, die Kultur bringende Kolonialzeit *Magna Graecias*. Griechen aus Kleinasien und der Inselwelt des östlichen Mittelmeers gründeten entlang der süditalienischen Küste ihre Niederlassungen. Ischia bildete im Zuge dieser großgriechischen Expansion den nördlichsten geografischen Endpunkt. *Ionische Euböer* waren es, die wegen Überbevölkerung und sozialer Spannungen ihre Heimat verließen und auf Ischia die erste griechische Kolonie am Golf von Neapel gründeten namens *Pithekoussai* (ital. *Pitecusa*).

Pithekoussai: Insel der Vasen oder Insel der Affen?

Die Etymologie des griechischen Namens lässt beide Interpretationen zu. Die von den Euböern importierte Kunst der feinen Keramikproduktion, die auf Ischia wegen der großen Vorkommen an mergeligen Tonen geradezu manufakturartig betrieben wurde, spricht für die Lesart Insel der Vasen (Vase heißt auf Griechisch „Pithoi"). Weniger schön, aber nicht minder glaubwürdig, könnten die Euböer Ischia auch Insel der Affen genannt haben. Wie man in den Homerischen Schriften nachlesen kann, spotteten die Kolonialgriechen Magna Graecias über die Rückständigkeit und Ungebildetheit der Italiker. Hartnäckig hält sich vor diesem Hintergrund die Legende, dass die Siedler aus Euböa die ischitanischen Ureinwohner als Affen (griech. „Pithekoi") bezeichneten. Außerdem lebten nach den mythologischen Vorstellungen der Griechen die Nachkommen der affenähnlichen Kerkopen auf vulkanischen Inseln wie Ischia.

Während die Euböer aus dem Kerngebiet der antiken griechischen Hochkultur kamen und entsprechend zivilisiert waren, handelte es sich bei der ischitanischen Bevölkerung um ungebildete Menschen, die vielleicht gerade einmal einen Hauch von der aufkommenden etruskischen Kultur mitbekommen hatten. Diese so unterschiedlichen Volksgruppen prallten nun am Anfang des 8. Jh. v. Chr. aufeinander – und lebten vermutlich in friedlicher Koexistenz, denn nur unter solchen Voraussetzungen war ein Kulturaustausch denkbar. Als Fernhändler bereisten die Euböer das gesamte östliche Mittelmeer und brachten Waren aus Ägypten, Phönizien, Rhodos, Kreta sowie aus ihrer Heimat Euböa mit nach Ischia. Leicht vorstellbar, was für ein Staunen die feinen Dinge aus den unbekannten Gefilden bei den rückständigen Inselbewohnern ausgelöst haben müssen. Neben z. T. kostbaren Gebrauchs- und Kultgegenständen aus Keramik, Eisen, Bronze und Edelmetallen führten die Euböer auch bisher unbekannte Nutzpflanzen wie den Olivenbaum und Wein ein, ganz zu schweigen von den geistigen Errungenschaften des antiken Griechentums, dem Alphabet und der komplexen Religion.

Zunächst gründeten die Euböer eine Handelsniederlassung auf Ischia, aber schon bald errichteten sie ihre *Akropolis*. Diese typisch griechische Stadtburg befand sich auf dem *Monte Vico* bei Lacco Ameno (→ S. 189). Somit sesshaft geworden, verbreiteten sie schnell ihre fortgeschrittenen Kenntnisse in der Keramikmanufaktur und der Eisenverhüttung, indem sie große Produktionsstätten errichteten. Vermutlich bildeten sie die einheimische Bevölkerung auch aus. Die Euböer betrieben damals also eine Art Entwicklungshilfe und vermarkteten ihr technisch-handwerkliches Fachwissen – und wählten mit Ischia einen idealen Wirtschaftsstandort, würde man heute sagen. Die Insel eignete sich wegen der hochwertigen Tonvorkommen besonders gut für die Produktion feiner Keramiken, die hier massenhaft hergestellt wurden, wie umfangreiche Ausgrabungsfunde belegen. Die pithekoussanisch-euböischen Keramikarbeiten kennzeichnet ein geometrischer Stil mit einer scharfen Gliederung der Gefäße nach Fuß, Bauch und Hals. Typisch war auch die dunkle Verzierung auf hellem Grund. Neben der Keramikmanufaktur errichteten die Euböer auch Verhüttungsanlagen auf Ischia, in denen vor allem Eisenerze von der etruskischen Insel Elba geschmolzen und

Insel Ischia
Karte S. 156/157 und S. 171

verarbeitet wurden. Außerdem waren sie Spezialisten in der Bearbeitung von Edel- und Feinmetallen.

Doch die Monopolstellung Ischias hinsichtlich der Keramik- und Metallproduktion am Golf von Neapel währte nur kurz. Bereits Mitte des 8. Jh. v. Chr. ließen sich nachrückende griechische Siedler auf dem benachbarten Festland nieder und gründeten die Kolonien *Kyme, Dikaiarchia* und *Parthenope*. Der Kultur bringende Kontakt mit dem antiken Griechentum, der auf *Pithekoussai* begann, verlagerte sich nun auf das Festland.

Die zweite Hälfte des vorchristlichen Jahrtausends war eine unruhige Zeit für die Golfregion von Neapel, bedingt durch Naturkatastrophen und Kriege. Auch Ischia blieb davon nicht verschont. Im 5. Jh. kämpfte die pithekoussanische Flotte zusammen mit griechischen Alliierten in einer entscheidenden Seeschlacht gegen das expandierende Etruskerreich. In diesem *Seekrieg von Cuma* 474 v. Chr. befreite sich die großgriechische Golfregion von den feindlichen Etruskern. In den darauf folgenden Jahrhunderten erschütterten mehrere Vulkanausbrüche und Erdbeben Ischia und führten sogar zur zeitweiligen Entvölkerung der gesamten Insel.

Erst in römischer Zeit wurde Ischia allmählich wieder flächendeckend besiedelt. Von luxuriösen römischen Villen und großartigen Thermalanlagen, wie sie an der Festlandküste entstanden, gibt es auf Ischia zwar keinerlei Spuren, aber vermutlich gab es dennoch ähnlich bedeutende altrömische Großbauten auf der Insel wie seinerzeit in Bacoli, Baia und Pozzuoli. Doch wo befand sich der städtische römische Siedlungskern auf Ischia, das überlieferte *Aenaria?* Erst sehr spät entdeckten Archäologen Überreste dieser römischen Hafenstadt in der Bucht *Cartaromana*

Giorgio Buchner und der Becher des Nestor

Ein deutschstämmiger Archäologe aus Neapel entdeckte im 20. Jh. eine Nekropole der euböisch-griechischen Akropolis Pithekoussai. In den 1950er-Jahren erhielt der passionierte Archäologe Buchner eine Grabungserlaubnis auf dem Monte Vico bei Lacco Ameno, wo man das antike Pithekoussai vermutete – metertief verschüttet durch Erdbeben, Erosion und mehrfache Überbauung. Doch schon nach wenigen Grabungsmetern bekamen die offiziellen Schatzsucher im wahrsten Sinn des Wortes heiße Füße, denn auf Ischia erhöht sich die Bodentemperatur Tiefenmeter für Tiefenmeter. Dennoch konnte bei Temperaturen von über 50 °C ein wesentlicher Teil einer euböisch-pithekoussanischen Nekropole freigelegt werden. Die geöffneten Erdgräber und Grabhügel enthielten neben Urnen- und Knochenresten vor allem zahlreiche keramische Grabbeigaben. Dabei handelte es sich sowohl um einheimische, auf Ischia gefertigte Keramiken als auch um kostbare Gefäße aus dem östlichen Mittelmeerraum, die die Euböer seinerzeit importiert hatten. Das Prunkstück der Ausgrabungen und der sensationellste Fund war der berühmte *Becher des Nestor,* der mit Inschriften aus der Homerischen Dichtung verziert ist.

Diese bedeutsamen archäologischen Entdeckungen sind – nachdem sie jahrelang unter Verschluss gehalten wurden – seit 1999 wieder in der *Museumsvilla Arbusto* bei Lacco Ameno zu sehen. Neben dem *Becher des Nestor* kann dort eine beeindruckende Fülle an interessanten Exponaten bestaunt werden. (→ S. 188)

südlich des Castello Aragonese. Ein sensationeller Fund: Metertief unter der Wasseroberfläche ergaben Reste von Hafenmauern, gepflasterten Straßen und Marmorsäulen ein deutliches Bild der ischitanischen Römerstadt *Aenaria*. Anfangs wunderte man sich über die ebenfalls entdeckten Mengen an Bleibarren von unterschiedlicher Größe. – Der Stadtname lieferte jedoch eine Erklärung dafür: Aenaria bedeutet „Stadt des Metalls". Das Blei sowie andere Schwermetalle, die damals auf Ischia geschmolzen und verarbeitet wurden, waren vor allem für die römische Kriegsflotte bestimmt, die ihren Stützpunkt im nahen *Misenum* (→ S. 141) hatte. Wahrscheinlich versorgte die ischitanische Produktion sogar die gesamte Golfregion mit den unterschiedlichsten Metallen. Hatte Ischia sich unter den Euböern bereits zum bedeutenden Zentrum der Keramikmanufaktur und Metallverarbeitung entwickelt, so sorgte die römische Besiedlung zumindest für eine Fortsetzung in der Sparte Metallproduktion.

Der Steinpilz von Lacco Ameno

Die glorreichen Zeiten, die Ischia in der Antike als *Pithekoussai* und *Aenaria* erlebte, wurde am Ende der vorchristlichen Zeitrechnung ziemlich abrupt beendet, als *Kaiser Augustus* die Insel gegen Capri eintauschte. Aber vollständig erlosch die Bedeutung des römischen Aenaria erst im 2. Jh., als das Meer den Hafen verschlang.

*I*nformation/*V*orwahl

● *Information* direkt am Hafen von Ischia Porto. Offizielles **Informationsbüro** für die gesamte Insel, gut bestückt mit Unterkunftsverzeichnis, Fahrplänen und Prospektmaterial. Auch eine nützliche Inselkarte gibt es gratis. Großzügige Öffnungszeiten, tägl. 9–20 Uhr, ℡ 081/5074231.

Für spezielle Auskünfte kann man sich an das **Fremdenverkehrsamt AAST** wenden, ebenfalls Ischia Porto, Via Sogliuzzo 72, ℡ 081/5074211, Mo–Sa 9–13 Uhr, www.infoischiaprocida.it.
● *Vorwahl* ℡ 081 für ganz Ischia. Auch bei Orts- und Inselgesprächen muss die Vorwahl immer mitgewählt werden.

Drei umfassende Infopools zur Insel bietet das **Internet**: www.ischia.it, www.ischiaonline.it und www.pithecusa.com.

Thermalquellen und Trinkwasser

Schon in der Antike und im Mittelalter sprudelten heilkräftige Thermalquellen auf Ischia und wurden laut Überlieferung eifrig genutzt. Heilte man in alten Zeiten neben Brüchen, Hautleiden und allgemeinen Beschwerden auch Schwermut, Hysterie und Unfruchtbarkeit, so bewegt sich das Spektrum der heutigen Anwendungen vorwiegend im Bereich rheumatisch-arthritischer Erkrankungen. Seit mittlerweile drei Jahrzehnten genießen überwiegend deutsche Kurgäste die heilsame Wirkung der heißen Quellen. Die ischitanische Bäderlandschaft wird alljährlich von Heerscharen zumeist älterer Kururlauber bevölkert. Die Hauptsaison dauert von Ostern bis November.

Schier unerschöpflich sind die mineralhaltigen *Thermalwasservorkommen* auf Ischia. Über 200 Quellen gibt es insgesamt, aus denen dieses für die Insel so kostbare Nass strömt. Teils handelt es sich dabei um natürliche Quellen, die den Weg an die Erdoberfläche selber gefunden haben, teils musste tief gebohrt werden, um eine unterirdische Thermalader anzapfen zu können. Thermalwasser ist eine sekundäre Erscheinungsform des Vulkanismus: Ein Gemisch aus Regen und Meerwasser versickert kilometertief in die vulkanischen Schichten unter der Insel, wobei es sich mit den verschiedensten Mineralstoffen anreichert. In erhitztem Zustand gelangt es dann unter Druck wieder an die Oberfläche – im Idealfall als *Acqua bollente*, als kochend heißes Thermalwasser. Aber längst nicht alle ischitanischen Thermalquellen erreichen an der Erdoberfläche Temperaturen am Rand des Siedepunkts. Dabei gilt: Je niedriger die Temperatur, desto wertloser ist die Quelle für die therapeutischen Anwendungen.

Neben den mineralischen Substanzen reichert sich das Thermalwasser durch das Edelgas Radon auch mit *Radioaktivität* an. Diese so genannte natürliche Radioaktivität soll ebenfalls eine Heilwirkung haben, sagt man, ohne es jedoch medizinisch beweisen zu können. Schädlich ist sie jedenfalls nicht, denn schon nach wenigen Stunden scheidet man den aufgenommenen Radongehalt aus und die Strahlung pendelt sich wieder auf das stets im Körper vorhandene Maß an natürlicher Radioaktivität ein. – Ein Glück nur, dass sich das ischitanische Thermalwasser nicht auch noch mit Schwefelwasserstoffen anreichert, denn in diesem Fall würde stinkender Schwefelgeruch die Insel wohl längst zum menschenleeren Eiland gemacht haben.

Sprudelten die Thermalquellen in der Antike und im Mittelalter noch in der freien Natur und waren für jedermann frei zugänglich, so ist mittlerweile eine kaum mehr überschaubare *Bäderlandschaft* mit annähernd hundert Thermalanlagen entstanden, die alle ihren Preis haben. Die meisten Hotelanlagen verfügen über eigene Quellen und Thermalschwimmbecken und oftmals auch über eigene Kurabteilungen. Abgesehen von den hoteleigenen Einrichtungen gibt es auf Ischia mehrere öffentliche Thermalkomplexe, die *Giardini termali*. Diese gepflegten, parkähnlichen Thermalgärten bieten große und kleine Thermalwasserpools mit unterschiedlichen Temperaturen, Dampfsaunen und Meerwasserschwimmbecken sowie einen eigenen Strandabschnitt und natürlich therapeutische Anwendungen. Einen solchen Thermalgarten besucht man in der Regel einen ganzen Tag lang – eine Tageskarte kostet ca. 20 € pro Person. Die *Poseidongärten* südlich von Forio und die *Castiglione-Thermen* bei Casamicciola sind die größten Giardini termali der Insel. Eine vergnügliche Nutzung der öffentlichen Thermalparks bedeutet Bade- und Sauna-

Thermalquelle in den Castiglione-Thermen

spaß ohne Ende. Aber Vorsicht, ein ausgiebiges Plätschern im heißen Thermalwasser und Dauerschwimmen in den Pools können den Kreislauf ganz schön durcheinander bringen. Die zunächst kräftigende Wirkung eines langen Thermalwasserbads schlägt nicht selten in Erschöpfung um.

Eigentlich gehört der Besuch eines öffentlichen Thermalgartens zum Pflichtprogramm eines längeren Ischiaaufenthalts; aber besonders jungen Leuten sei gesagt, dass die etwas gesetzte Atmosphäre des dortigen Kurbetriebs samt Badekappenzwang doch arg gewöhnungsbedürftig ist.

Einen freien Zugang zu den Thermalquellen gibt es auf der gesamten Insel leider kaum noch. Ausnahmen bilden lediglich die Strandquellen in den Buchten von *Cartaromana* und *Sorgeto*. Auch die Quellrinnsale am Marontistrand *(Cavascura)* und die *Fumarole* (Dampfquelle) in Sant'Angelo gehören zu den wenigen naturbelassenen Thermalfreuden auf Ischia.

Ganz im Gegensatz zum überall auf der Insel sprudelnden Thermalwasser mangelt es an *Trinkwasserquellen.* Die einzige, halbwegs ergiebige Süßwasserquelle ist die *Sorgente di Buceto* am Osthang des Monte Epomeo auf ca. 500 m Höhe. In früheren Zeiten sammelten die Insulaner fleißig Regenwasser, um ihren Trinkwasserbedarf zu decken. Doch im Zuge der stetig wachsenden Population und der touristischen Erschließung war Ischia bald auf Wasserimporte per Schiff angewiesen. Seit 1958 bewältigt eine über 30 km lange Pipeline vom Festland die gesamte Trink- und Brauchwasserversorgung der Insel. – Wegen der nach wie vor relativen Wasserknappheit hat die ischitanische Landbevölkerung einen alten Brauch beibehalten: Die Gemüsegärten und landwirtschaftlichen Nutzflächen werden z. T. noch mit abgekühltem Thermalwasser bewässert. Welchen Effekt diese traditionelle Bewässerungsmethode auf das Wachstum und den Geschmack des Inselgemüses hat, vermochte uns allerdings niemand zu sagen.

Fährverbindungen

Die Hauptfährhäfen Ischias sind **Ischia Porto** und **Casamicciola**. Ganzjährig und im Sommer fast stündlich bestehen Fährverbindungen mit dem Festland. Es verkehren *Traghetti* mit Autobeförderung sowie die schnellen *Aliscafi* (zumeist Tragflügelboote). Traghetti ab **Napoli/Calata Porta di Massa** und **Pozzuoli**. Aliscafi ab **Napoli/Molo Beverello**, **Napoli/Mergellina** und **Pozzuoli**. Fahrzeit der Traghetti ca. 1:30 Std.; Aliscafi ca. 45 Min. Man hat die Wahl zwischen der staatlichen Gesellschaft Caremar und den privaten Reedereien Medmar, Alilauro und Snav; am günstigsten ist Caremar.

• *Reedereien* Caremar ℡ 081/5513882, www.caremar.it, Alilauro ℡ 081/4972201, www.alilauro.it, Snav ℡ 081/4285555, www.snav.it, Medmar ℡ 081/3334411, www.medmar.it.

• *Preise* Napoli–Ischia einfach mit Caremar: Traghetto ca. 5 € pro Pers., Auto ab 22 €, Aliscafo ca. 13 € pro Pers.; Fahrkartenschalter *(Biglietteria)* an den jeweiligen Anlegestellen. Preisgünstigste Fährverbindung mit Autobeförderung ab Pozzuoli (→ S. 134).

• *Buchen* Aufgrund der häufigen Fährverbindungen besteht eigentlich keine Notwendigkeit zu reservieren. Wer auf Nummer Sicher gehen will, kann aber auch vorbuchen (Reedereien s. o.). Bezahlung bei Abholung der Tickets.

• *Inselspringen* häufige Verbindungen auch zwischen den Golfinseln und der Halbinsel von Sorrent. Fahrpläne bei Bedarf am besten vor Ort an den Fähranlegestellen von Porto oder Casamicciola besorgen.

Unterwegs auf Ischia

• *Pkw* hohes Verkehrsaufkommen vor allem in den Sommermonaten. Die Inselringstraße ist relativ gut ausgebaut; die Zentren der Küstenorte sind weitgehend verkehrsberuhigt. Der eigene Pkw ist nicht zuletzt wegen der guten Busverbindungen entbehrlich. **Fahrverbot**: Um das sommerliche Verkehrsproblem auf der Insel einigermaßen in den Griff zu bekommen, ist ein Fahrverbot für alle in Neapel und Kampanien zugelassenen Autos erlassen worden, nur Ischitaner, Italiener aus anderen Regionen sowie Ausländer dürfen mit dem Auto auf die Insel. **Parken**: gebührenpflichtige Parkplätze und Parkzonen in allen Küstenorten; teure bewachte Parkplätze an den Zufahrtsstraßen einiger Strände; Sant'Angelo ist gänzlich autofrei. Parksünder müssen mit hohen Geldbußen rechnen und werden sogar abgeschleppt! **Mietfahrzeuge**: In jedem Küstenort gibt es mehrere *Autonoleggi* (Autovermieter). Neben Kleinwagen der Marke Fiat und Smart werden auch Scooter vermietet; Mofas sind wegen der z. T. extremen Steigungen nicht geeignet. Die Mietwagenpreise ab 35 € pro Tag (ab 200 € pro Woche) inkl. Versicherung; für italienische Verhältnisse geradezu günstig. Scooter pro Tag (inkl. Helm) ab 25 €. Mieten kann man ab 18 gegen Vorlage des Führerscheins. Nicht vergessen: Die Parkgebühren summieren sich. Man darf die Insel mit dem Mietwagen nicht verlassen.

Wir haben gute Erfahrungen gemacht mit **Speedycar**, Ischia Porto, direkt am hinteren Traghetti-Anleger; der offene Smart war gut in Schuss, ℡ 081/985720, www.autonoleggiospeedycar.com.

Weitere Vermieter: **Scooter Mazzella**, Ischia Porto, Piazza Trieste e Trento (neben dem Busbahnhof), ℡ 081/982573. **Di Costanzo**, Casamicciola, Corso Vittorio Emanuele, ℡ 081/996547.

• *Inselbusse* vorbildliches Busnetz der *EAV*; mehrere Hauptlinien umrunden und durchkreuzen die Insel zwischen 6 und 24 Uhr. Einziger Nachteil: Zu den Stoßzeiten sind die Busse oftmals brechend voll, man hat dann das Nachsehen und wartet geduldig auf den nächsten Bus, der hält. Der zentrale **Busbahnhof** befindet sich in Porto am Hafen. Die **Busfrequenz** schwankt je nach Linie und Tageszeit zwischen 15 und 75 Min. **Bustickets** kauft man am Busbahnhof, in Zeitungskiosken, Tabacchi-Läden/Bars und an den meisten Hotelrezeptionen. **Preise**: 90-Minuten-Ticket 1,30 €, Tageskarte 4,20 €, 3-Tage-Karte 8,50 €, Wochenkarte 17 €, 14-Tage-Karte 25 €. **Ringlinie CD** (Circolare destra, im Uhrzeigersinn): Porto–Barano–Buonopane–Fontana–Serrara–Sant'Angelo–Forio–Lacco Ameno–Casamicciola–Porto.

Ringlinie CS (Circolare sinistra): CD-Ringlinie in Gegenrichtung.

Linie 1: Porto–Casamicciola–Lacco Ameno–Forio–Panza–Sant'Angelo und zurück.

Linie 2: Porto–Casamicciola–Lacco Ameno–Forio–Citara (Poseidongärten) und zurück.

Linie 5: Porto–Piedimonte–Testaccio–Maronti und zurück.

Linie 6: Porto–Piedimonte–Fiaiano und zurück.

Linie 15: Porto–Ponte und zurück.

Linie 8: Porto–San Antuono–Campagnano und zurück.

Linie C 12: Porto–Cartaromana–Campagnano–San Antuono–Porto.

Linie C 13: Linie C 12 in Gegenrichtung.

• *Taxis und Microtaxis* Limousinen gibt es wenige, umso häufiger trifft man auf Minibusse. Fast schon Seltenheitswert haben die dreirädrigen Microtaxis. Diese bunten, urigen Zwei-Takter-Bienen (ital. „Ape") transportieren bis zu sechs Personen. Sie stehen an den zentralen Plätzen der Küstenorte. Den Preis immer vorher aushandeln (Telefonnummern der Halteplätze in den jeweiligen Ortskapiteln).

Taxiboote verkehren in Sant'Angelo (→ S. 208).

Ausflüge

Pompeji, Herculaneum, Paestum, Vesuv etc. – von Ischia aus lassen sich alle Hauptsehenswürdigkeiten am Golf von Neapel relativ gut erreichen. Ausflüge, auf eigene Faust unternommen, erfordern aber einen z. T. erheblichen Organisationsaufwand (Fähren, Busse etc.). Ischitanische Agenturen bieten deshalb Gruppenausflüge zu allen interessanten Zielen am Golf an, die im Schnitt preiswerter sind als selbstorganisierte Touren. An den Rezeptionen der meisten Hotelbetriebe hängen diese Ausflugsangebote aus. Häufig werden auf einer Tagesfahrt mehrere Ziele miteinander kombiniert, z. B. Pompeji und Vesuv oder Neapel, Archäologisches Nationalmuseum und Herculaneum.

Gedränge am und im Inselbus

Insel Ischia
Karte S. 156/157 und S. 171

Größter **Veranstalter** von Ausflugsfahrten ist *Il Quadrante*, Ischia Porto, Via Morgioni 48, ☎ 081/991433, www.ilquadrante.com.

Bootstouren: halbtägige Inselrundfahrt ab Porto mit Aufenthalt in Sant'Angelo. Tagesfahrten nach Capri, Sorrent oder Amalfi und Positano z. B. mit *Linee Rumore*, Porto, ☎ 081/983636, www.rumoremarittima.it.

Geführte Wanderungen mit dem deutschsprachigen Geologen *Aniello Di Lorio*. 3- bis 5-stündige Wanderungen mit geologischen Informationen. 15–26 € pro Pers., Buchung an der Hotelrezeption oder unter ☎ 081/903058, www.eurogeopark.com.

Sport und Bewegung

Eine besonders sportliche und jugendliche Insel ist Ischia nicht, abgesehen von den Klettermöglichkeiten im neuen **Indianapark** (im Pinienwald von Fiaiano gelegen). Das Tennisangebot ist auffallend groß; jeder größere Ort und jedes bessere Hotel verfügt über Tennisplätze. Golfen ist unbekannt. Das sportliche Maß aller Dinge heißt auf Ischia: **Wandern auf eigene Faust** – auf eigene Faust deshalb, weil die Wegmarkierungen nach wie vor zu wünschen übrig lassen! Hilfreich sind jedoch die von den Gemeinden herausgegebenen Wandertipps (deutschsprachiges Faltblatt: Die Wanderpfade der Eidechse). Radfahren ist aufgrund der extremen Steigungen eine Sache für trainierte Mountainbiker. Relativ gut hingegen ist das Wassersportangebot für Surfer, Segler und Taucher; aber in erster Linie ist Ischia mit seiner 50 km langen Küste eine **Badeinsel**.

- *Tennis* Zahlreiche Clubs und Mietplätze in Porto, Forio und Lacco Ameno; z. B. **Tennis Club Pineta** im Pinienwald von Porto, Corso Vittoria Colonna, ✆ 081/993300. **Tennis Club Cartaromana**, Ponte, oberhalb der Cartaromanabucht, ✆ 081/993622.

- *Fahrräder* Verleih bei **Noleggio Da Franco**, Porto, Via Alfredo de Luca 133, ✆ 081/991334.

- *Surfen* Surfschulen und Brettvermietung an den Stränden San Montano, San Francesco, Citara und Maronti.

- *Segeln* Kontaktadresse für Segler, **Yacht Club Vela**, Forio, ✆ 081/3334720, www.yachtclubvela.it.

- *Tauchen* Kontaktadresse für Taucher, **Ischia Diving Center**, Porto, Via Iasolino 106, ✆ 081/981852, www.ischiadiving.net.

- *Wandern* Unsere Wandervorschläge mit Wegbeschreibung finden Sie in den jeweiligen Abschnitten.

- *Baden* Strände gibt es rund um die Insel herum, Näheres dazu an den entsprechenden Stellen.

*F*este

Im Folgenden eine kleine Auswahl aus der Fülle ischitanischer Kirchen-, Heiligen-, Folklore- und Erntefeste. Zu den Patronatsfesten gehören in der Regel eine Prozession und ein Feuerwerk.

Karfreitag, *Kreuzwegprozession* von Ponte zur Kathedralenruine auf dem Castello Aragonese.

Ostermontag, *Madonnenfest* in Buonopane mit Darbietung des *Ndrezzata-Tanzes*.

Mitte Mai, dreitägiges *Santa-Restituta-Fest* in Lacco Ameno mit Prozession und Markt, am letzten Tag wird das Feuerwerk gezündet.

13. Juni, *San-Antonio-Fest* in Porto, Casamicciola und Fontana.

23./24. Juni, *Johannesfest* in Buonopane mit *Ndrezzata-Tanz*.

26. Juli, Fest zu Ehren der *Sant'Anna* in Ponte, Bootsprozession und „Castello in Flammen" mit bengalischem Feuer.

15. August, *Mariä Himmelfahrt* in Lacco Ameno und Forio.

26. August, *San-Alessandro-Fest* in Porto, eines der Hauptfeste mit eindrucksvollem Trachtenumzug.

Ende August/Anfang September, *Sagra dell'uva e del vino* in Panza, stimmungsvolles Weinfest.

1. Septembersonntag, *Schutzheiligenfest* in Ponte und Porto, ein Hauptfest, Bootsprozession und Feuerwerk.

Ende September, *Erzengel-Michael-Fest* in Sant'Angelo, ebenfalls ein Hauptfest mit Bootsprozession und Feuerwerk.

*Ü*bernachten

Keine Frage, Ischia ist ein **Pauschalreiseziel**, d. h. Anreise mit dem Flugzeug, Transfer auf die Insel und mindestens eine Woche Halbpension im Hotel. Preislich ist ein solches Pauschalangebot kaum zu unterbieten. Doch was machen Individualreisende, die nur einen Kurzaufenthalt von einigen Tagen eingeplant haben? Die Anreise ohne vorherige Hotelreservierung ist zumindest in der Hauptreisezeit (Ostern bis Oktober) nicht ratsam. Also, am besten aus unseren Übernachtungstipps wählen und rechtzeitig vorbuchen! Hotelunterkunft, egal wie lange, heißt in der Regel **Halbpension**, daran führt selten ein Weg vorbei. Insgesamt gibt es **über 300 Hotels** auf Ischia, einen Gesamtüberblick bietet die Website des örtlichen Hotelverbandes: www.ischiahotels.it.

• *Reiseveranstalter* Wer sein festes Urlaubsdomizil auf Ischia aufzuschlagen gedenkt, sollte auf die Kataloge einschlägiger Reiseveranstalter zurückgreifen. Ein Spezialveranstalter mit langjähriger Erfahrung ist **Ischia Tourist**, Wandsbeker Marktstraße 113, 22041 Hamburg, ☎ 040/686252, www.ischiatourist.de.

Pauschal kann man auch kombinieren; z. B. eine Woche Ponte, anschließend eine Woche Sant'Angelo. Viele Reisebüros haben die umfangreichen Ischia-Kataloge vorrätig.

• *Privatzimmer* findet man vor Ort mit Glück nur im ländlichen Süden der Insel, z. B. in Panza (→ S. 197).

• *Campingplätze* gibt es in Porto/Ponte und am Marontistrand. Beides empfehlenswerte Plätze, die ebenfalls vorgebucht werden sollten.

• *Jugendherberge* Neu eröffnet hat das private Ring-Hostel in Forio (→ S. 192).

• *Ferienwohnungen* werden von spezialisierten Agenturen bzw. übers Internet (→ S. 54) angeboten.

> **Ischia-Preise**: In diesem Kapitel finden Sie öfter die Angabe HP und darauf folgend eine Preisspanne. Der kleinere Preis meint das Halbpension-Minimum pro Person, während der größere Preis das Halbpension-Maximum pro Person bedeutet. Der Übernachtungspreis ist dabei natürlich inbegriffen.

Essen und Trinken

Ischia bereichert die Küche Kampaniens vor allem durch eine inseltypische Spezialität: **Coniglio alla cacciatora**, Wildkaninchen nach Art der Jägerin (geschmorte Kaninchenstücke mit einer eingekochten Soße aus Olivenöl, Knoblauch, Peperoncino, Petersilie, Weißwein und Tomaten). Dieses ischitanische Hauptgericht probiert man am besten in einem der ländlichen Ausflugsrestaurants.

Bruschetta (geröstete Weißbrotscheiben mit Olivenöl, Knoblauch und kleinen Tomatenstücken) gehört zu den herzhaften Leckereien der ischitanischen Landküche. Dieses Tomatenbrot ist eine ideale Zwischenmahlzeit.

Frischer Mittelmeerfisch ist aus der authentischen Inselküche nicht wegzudenken. Der Fisch wird zumeist gegrillt, frittiert oder aus dem Backofen serviert. Im Folgenden eine kleine Hilfe, damit Sie sich in der Vielfalt des ischitanischen Fischangebots etwas besser zurechtfinden: *l'acciuga* – Sardelle, *il nasello* – Hechtdorsch, *il cefalo* – Meeräsche, *il branzino* – Seebarsch, *la cernia* – Wrackbarsch, *il dentice* – Zahnbrasse, *l'orata* – Goldbrasse, *il sarago* – Brasse, *la triglia* – Streifenbarbe, *la sogliola* – Seezunge, *il tonno* – Thunfisch, *il pescespada* – Schwertfisch.

In einer guten ischitanischen *Zuppa di pesce* (Fischsuppe) sind viele der oben genannten Fische enthalten zusammen mit Muscheln und Krustentieren.

Wein: Griechische Siedler brachten den Weinbau bereits im vorchristlichen Jahr-

Jause auf dem Monte Epomeo

tausend mit nach Ischia. Im 19. Jh. erreichte die Weinproduktion Ischias mit ca.
350.000 hl jährlich ihren Höchststand; seinerzeit war der Weinbau die Haupteinnah-
mequelle der Insel, bis eine Reblausplage
großen Schaden anrichtete. Heute werden
jährlich wieder ca. 80.000 hl Wein auf einer
Anbaufläche von insgesamt 1100 ha produziert. Neben den exportorientierten Groß-
winzern der Insel (z. B. *Casa D'Ambra*) gibt
es noch unzählige Kleinbauern, die ihren
Hauswein selbst erzeugen.

Auf Ischia werden hauptsächlich leichte
Weißweine ausgebaut; sie sind zumeist
trocken und haben einen frischen Geschmack. Der **Ischia Bianco** ist ein DOC-
Qualitätswein und wird aus *Forastera-* und
Biancolella-Trauben gekeltert. Wenn er be-
stimmten Geschmacksanforderungen entspricht und einen Alkoholgrad von mindestens 12 % erreicht, darf er **Ischia Bianco
Superiore** genannt werden. Der **Ischia Rosso** ist ein kontrollierter DOC-Rotwein, er wird
aus *Guarnaccia-* und *Piedirosso-Trauben* ge-
wonnen und passt auch zu Fischgerichten.

Der Nordosten –
Ischias städtisches Zentrum

Der flache, nordöstliche Küstenbereich ist weitgehend zersiedelt und wird fast vollständig von den beiden ineinander übergehenden – aber sehr gegensätzlichen –
Küstenorten *Ischia Porto* und *Ischia Ponte* eingenommen. Die touristische Hauptattraktion bildet das *Castello Aragonese*, das sich uneinnehmbar auf einer
schroffen Felseninsel erstreckt. Badefreuden kommen lediglich in der Bucht *Cartaromana* auf, wo sich an einigen Stellen Thermalwasser und Meerwasser mischen. Das
kleine Bergdorf *Campagnano* ist unbedingt einen Ausflug wert: fantastische Ausblicke auf den gesamten Nordosten der Insel und bei klarer Sicht auch hinüber
zum Festland. Außerdem ist Campagnano Ausgangspunkt einer herrlichen Steil-
uferwanderung.

Ischia Porto

**Quirliger Hauptort der Insel, hier zeigt sich Ischia von seiner städtischen
Seite mit Geschäften, Boutiquen, Souvenirläden, Nachtleben und viel Hafen-
atmosphäre. Den beschaulichen Mittelpunkt bildet der fast kreisrunde Kra-
terhafen, den Bourbonenkönig Ferdinand II. Mitte des 19. Jh. anlegen ließ.**

An der *Hafenpromenade Rive Droite* flaniert man tagsüber mit Blick auf den regen
Hafenbetrieb und abends, wenn die Lichter der beliebten Gastronomiemeile
angehen, herrscht hier ein vergnügliches Gedränge, umhüllt von Essensdüften und
Mandolinenklängen – stimmungsvoll, romantisch, aber bisweilen auch etwas
kitschig. Früher hieß die Promenade Via Porto, aber das hörte sich auf die Dauer
wohl zu bescheiden und provinziell an, kurzerhand taufte man sie in Rive Droite um.
Das klingt weltoffen und entspricht so ganz dem Erscheinungsbild des Yachthafens,
in dem sich Luxusyachten und Hochseesegler aus aller Welt aneinander reihen. Etwas
abseits, am Scheitelpunkt des Hafenbeckens, befindet sich der Fähranleger.

Sehenswertes/Baden

Jenseits der Beschaulichkeit des Hafens gibt es relativ wenig zu sehen in Ischia
Porto. Da auch die ehemalige *königliche Sommerresidenz* am Hafen (heute eine
Thermalanstalt für Militärangehörige) für Touristen nicht zugänglich ist, bleiben
eigentlich nur die Shopping- und Konsumfreuden entlang der quirligen *Via*

Rive Droite – Portos maritime Gastromeile

Karte S. 156/157 und S. 171

Insel Ischia

Roma/Corso Vittoria Colonna. Hier findet man alles, was das Herz begehrt: appetitliche Lebensmittelgeschäfte, bunte Souvenirkeramik, feine Boutiquen, prallvolle Antiquitätenläden, Gelaterie, Straßencafés, Imbiss- und Backstuben u. v. m. Erholsam wird es erst wieder im von *Giovanni Gussone,* dem Hofgärtner der Bourbonen angelegten *städtischen Pinienwald (Pineta),* durch den sich so etwas wie ein naturkundlicher Lehrpfad zieht, mit Hinweisschildern auf die inseltypische Botanik sowie auf bizarre Lavaformationen, die noch an den letzten Vulkanausbruch von 1301 erinnern (Arsokrater → S. 155).

Für Wasserratten gibt es zwar schönere Strände auf der Insel als die drei *Stadtstrände* von Porto, aber die sind trotzdem immer gut frequentiert. Schönster und beliebtester Stadtstrand ist die *Spiaggia dei Pescatori* – mit Blick auf das wuchtige *Castello Aragonese* (→ S. 175).

*A*dressen und *T*elefonnummern

- *Information* (→ S. 161
- *Ärztliche Hilfe* durch den örtlichen Erste-Hilfe-Dienst **Guardia medica turistica**, ✆ 081/983292.
- *Notruf* **Polizia**, ✆ 113 bzw. 081/5074711.
- *Taxis* am Fähranleger, ✆ 081/984998, und an der Piazza degli Eroi, ✆ 081/992550.

> Für die blau gekennzeichneten Parkstreifen in Porto sind **Parkscheine** gebräuchlich, die man wie Bustickets in Tabacchi-Läden und Kiosken kauft. Diese Parkscheine *(Buono di parcheggio prepagato)* sind relativ aufwändig in der Handhabung. Wie bei Rubbellosen kratzt man Jahr, Monat, Tag und Stunde frei und legt den Schein dann sichtbar hinter die Windschutzscheibe.

Der Kraterhafen

Im Hafenbecken von Ischia Porto, wo heute kleine und große Fährschiffe nahezu ohne Unterbrechung an- und ablegen, befand sich vor ca. 150 Jahren noch ein stiller Kratersee, damals ein fischreiches Gewässer von nur wenigen Metern Tiefe. Die einzige Verbindung zum Meer bestand in einer so genannten Rohrschleuse, die nur von einheimischen Fischern passiert werden durfte. Mitte des 19. Jh., als Bourbonenkönig *Ferdinand II.* Ischia zu einem seiner beliebtesten Feriendomizile auserwählt hatte, entstand der heutige Hafen. In fast zweijähriger Bauzeit wurde das Becken ausgehoben und die schmale Öffnung samt schützender Mole errichtet. Das königliche Projekt war damals bei der Bevölkerung willkommen, da zahlreiche verarmte Landarbeiter endlich wieder eine bezahlte Beschäftigung fanden, nachdem eine Reblausplage alle Weingärten der Insel vernichtet hatte. Am 17. September 1854 war es dann so weit: In Anwesenheit der königlichen Familie wurde der neue Hafen mit Böllerschüssen und Bootsparade eingeweiht. Damit war die Idylle der einstigen Fischersiedlung am stillen Kratersee unwiederbringlich dahin. Schnell entwickelte sich Ischia Porto zum Hauptort des bald einsetzenden Thermaltourismus.

Heute bewältigt das relativ kleine Hafenbecken den intensiven touristischen Fährverkehr längst nicht mehr allein, Entlastungshafen ist Casamicciola Porto.

Übernachten/Camping

Idealer Standort für Leute, die die lebhafte Atmosphäre eines geschäftigen Urlaubsorts mögen. Großes Hotelangebot, alle Kategorien vom luxuriösen Kurhotel bis zur einfachen Familienpension. Ein Campingplatz befindet sich am Stadtrand von Porto.

***** **Punta Molino (12)**, ruhige Lage direkt am Meer, inmitten eines großen Parkgrundstücks mit riesigen Schirmpinien. Schneeweißer Neubau mit mehreren Nebengebäuden, komfortable Zimmer, vornehmes Ristorante. Hoteleigene Thermaleinrichtungen. DZ mit HP 135–255 € pro Pers. Lungomare Cristoforo Colombo 23, ☎ 081/991544, ✆ 081/991562, www.puntamolino.it.

**** **Parco Aurora Terme (9)**, gepflegtes, modernes Strandhotel, internationaler Standard, geräumige Balkonzimmer mit Meerblick. Thermaleinrichtungen und Restaurant. DZ mit HP 74–105 € pro Pers. Via D'Avalos 17, ☎ 081/982022, ✆ 081/983304, www.dicohotels.it.

**** **Floridiana Terme (10)**, mitten im Zentrum, stilvoller, weißer Palazzo, schattiges Parkgrundstück, hübsche Balkonzimmer, größtenteils mit Meerblick, Thermaleinrichtungen, Restaurant. DZ mit HP 86–126 € pro Pers. Corso Vittoria Colonna 153, ☎ 081/991014, ✆ 081/981014, www.hotel floridianaischia.com.

**** **La Villarosa Terme (11)**, ebenfalls zentral, charmante, ältere Hotelanlage mit kleinem Thermalgarten, Dachrestaurant mit Meerblick, Zimmer und Aufenthaltsräume teils mit Stilmöbeln, familiäre Atmosphäre. DZ mit HP 75–120 € pro Pers. Via G. Gigante 5, ☎ 081/991316, ✆ 081/992425, www.dicohotels.it.

*** **Terme Oriente (7)**, architektonisch ansprechender Neubau im Zentrum, kleiner Palmengarten, unterschiedlich große Zimmer inkl. Frühstück, HP 60–86 € pro Pers. Via delle Terme 9, ☎/✆ 081/991306, www.orientehotel.it.

** **Macrì (4)**, an der Hafenstraße, einfache, nette Pension mit sauberen Zimmern, ohne Restaurant. DZ ca. 60 € ohne Frühstück. Via Iasolino 78, ☎/✆ 081/992603.

● *Camping* ** **Eurocamping dei Pini (14)**, südöstlicher Stadtrand, Zelten im schattigen Pinienwald, großes, gepflegtes Grundstück,

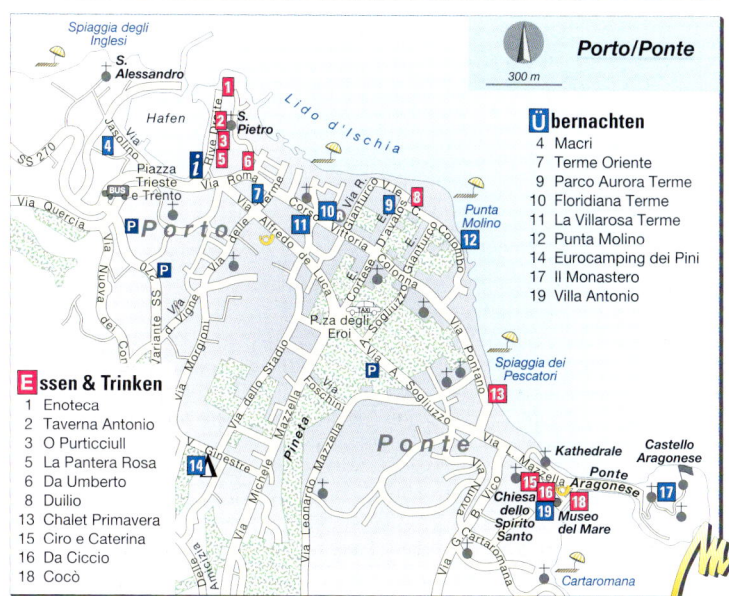

Porto/Ponte

300 m

Übernachten

4 Macri
7 Terme Oriente
9 Parco Aurora Terme
10 Floridiana Terme
11 La Villarosa Terme
12 Punta Molino
14 Eurocamping dei Pini
17 Il Monastero
19 Villa Antonio

Essen & Trinken

1 Enoteca
2 Taverna Antonio
3 O Purticciull
5 La Pantera Rosa
6 Da Umberto
8 Duilio
13 Chalet Primavera
15 Ciro e Caterina
16 Da Ciccio
18 Cocò

ausreichend Sanitäranlagen, auch Bungalow-vermietung, Sportplätze und Snackbar. Ge-öffnet April–Okt., im Juli/Aug. unbedingt rechtzeitig reservieren, 2 Pers., Zelt und Auto 30–35 €. Via delle Ginestre, ☎ 081/982069, ✆ 081/3334038, www.ischia.it/camping.

Essen und Trinken/Nachtleben

Eindeutig am stimmungsvollsten sind die Hafenrestaurants am Rive Droite (Via Porto), vor allem die alteingesessenen Lokale mit Talent und Gefühl für Gast-lichkeit, d. h. nette Bedienung, allgegenwärtiger kommunikativer Padrone und ein bisschen Folklore.

• *Essen und Trinken* **La Pantera Rosa (5)**, für Stammgäste natürlich *Da Amedeo*, rus-tikal eingerichtet, angenehme Atmosphäre, köstliche Primi und große Pizzaauswahl, mal die Primo-Spezialität *Paccheri allo scoglio* (mit Meeresfrüchten und Fisch) probieren. Menü 30–40 €. Rive Droite 53, ☎ 081/992483.

O Purticciull (3), alteingesessener Famili-enbetrieb, gemütliches Ambiente. *Pino*, der Padrone, kümmert sich allzeit einfühlsam um das Wohl seiner Gäste. Eine Primo-Spezialität des Hauses sind die *Bucatini* mit Miesmuscheln und Schafskäse, auch die Fischhauptgerichte sind auf den Punkt zubereitet. Allerdings leicht gehobene Preise, Menü 40–50 €. Rive Droite 42, ☎ 081/993222.

Taverna Antonio (2), älteste Weinschenke am Rive Droite, weitgehend mit Original-einrichtung. Der junge *Antonio* führt die Ta-verna seines Großvaters in dritter Gene-ration. Offene Weine, gute Meeresantipasti und -primi, preislich okay. Hier hat Regis-seur Visconti angeblich Helmut Berger ken-nen gelernt (siehe auch Villa Colombaia, S. 189, Via Porto, ☎ 081/984264.

Enoteca un attimo di vino (1), stimmungs-volles Weinlokal mit Küche, vorwiegend jüngeres Publikum. Am oberen der Via Porto (Nr. 103), ☎ 081/19368069.

Da Umberto (6), im Zentrum, nicht weit vom Hafen, am Scheitelpunkt der Fußgän-gerzone, typisch neapolitanische Pizzeria mit Riesenauswahl, aber auch Fisch- und Fleischgerichte, freundlich und recht preis-wert. Via Roma 83, ☎ 081/991581.

Duilio (8), alteingesessenes (seit 1948) Strandrestaurant am Lido d'Ischia. Große

Speiseterrasse mit Strohdach, freundliche Bedienung. Tadellose inseltypische Fischküche, eine allerdings nicht immer angebotene Primo-Spezialität sind die *Ravioli alla pescatora.* Menü 30–40 €. Lungomare Cristoforo Colombo 10, ✆ 081/991125.

Gran Caffè Vittoria, Kaffeehaus mit Tradition, verführerische *Dolci* und Snacks, abends beliebter Aperitif-Treff. Corso Colonna 110.

● *Nachtleben* **Dionisio**, beliebte Musikkneipe, im Zentrum, oft voll, Eintritt frei. Corso Vittoria Colonna 146.

Valentino, seit Jahren die In-Disco am Corso Vittoria Colonna, Eintritt am Wochenende.

Alchemie Friendsclub, der Allrounder unter den Clubs am Corso Colonna (Nr. 123). Bar, Lounge, Disco und Livemusik.

Mehrere maritim-romantische **Cocktail-Bars** am Rive Droite.

Calise, große Open-Air-Bar und Night Club mit Livemusik, etwas abseits, am Rande des städtischen Pinienwalds gelegen, Piazza degli Eroi, lange geöffnet.

Ischia Ponte

Obwohl Ponte und das geschäftige Porto nahtlos ineinander übergehen, liegen Welten dazwischen. Ponte (dt. Brücke), ein ehemaliges Fischerdorf, hat sich viel von seiner ursprünglichen Atmosphäre bewahren können und dabei sind auch die Proportionen überschaubar geblieben. Noch gehört der intakte Ortskern seinen Bewohnern, sie prägen hier den Alltag. Touristen kommen vor allem wegen der Hauptsehenswürdigkeiten, allen voran das geschichtsträchtige Castello Aragonese, dann die Kathedrale der Assunta und nicht zuletzt das interessante Museo del Mare.

Die alten Fischerhäuser der lang gestreckten Ortschaft leuchten mit ihren pastellfarbenen Kalkanstrichen aufs Meer, ohne dabei ihr trutziges Mauerwerk und die beengten Wohnverhältnisse zu verbergen. Gleich dahinter, sozusagen in zweiter Reihe, erheben sich die alten Bürgerhäuser von Ponte, das früher *Borgo di Celsa* hieß. Architektonische Harmonie beherrscht immer noch den Ortskern und Gelassenheit ist ein Wesenszug seiner freundlichen Bewohner. Entlang der Hauptgasse *Via Luigi Mazzella* bis hinunter zur kleinen Piazza vor dem Steindamm zum Castello spielt sich das gesamte dörfliche Leben ab, tagsüber und abends sieht man die Einheimischen grüppchenweise beisammen, als hätten sie alle Zeit der Welt: Wettergegerbte Fischer gestikulieren mit rüstigen Rentnern, kinderreiche Familien machen ihre Besorgungen, alteingesessene Kaufleute sortieren ihre Waren – Szenen eines intakten mediterranen Dorfalltags. Auch einige mittlerweile betagte Maler und Galeristen leben in Ponte, ihre Ateliers und Galerien findet man in der Via Luigi Mazzella ebenso wie die Kunstgewerbeläden, in denen auch traditionelle Keramikarbeiten aus den Werkstätten der Insel angeboten werden. Touristen fügen sich eher in das Ortsbild von Ponte, anstatt es wie in Porto zu dominieren. Auf leicht gestresste Ischiaurlauber wird sich die mediterrane Gelassenheit, die hier herrscht, wohltuend übertragen. Für mich einer der friedlichsten und authentischsten Orte Ischias – nur für das Badevergnügen ist Ponte absolut nicht geeignet.

● *Übernachten (→ Karte S. 171)* Im Ortskern von Ponte gibt es keine Übernachtungsmöglichkeiten – nicht zuletzt ein Zeichen dafür, dass dieser sympathische Ort tatsächlich noch den Einheimischen gehört. An der Cartaromana-Bucht südlich von Ponte herrscht hingegen wieder ein gewohnt großes Hotelangebot (S. 177).

*** Il Monastero (17), romantische Herberge im historischen Gemäuer des ehemaligen Konvents, wegen der außergewöhnlichen Lage auf der Castelloinsel sehr beliebt. Frisches, helles Ambiente nach gründlicher Renovierung. Geschmackvoll eingerichtete Zimmer, es handelt sich um die ehemaligen Wohnzellen der Klarissen. Kleines, aber feines Hotelrestaurant. DZ

Auf dem Castello Aragonese

100–160 € inkl. Frühstück, geöffnet Ostern bis Ende Okt. Castello Aragonese, ☎ 081/992435, ✆ 081/991849, www.albergoilmonastero.it.

** **Villa Antonio (19)**, angenehme Pension, familiäre Atmosphäre, direkt am zerklüfteten Südufer von Ponte, Blick auf das Castello Aragonese. Hübsche Zimmer mit Terrasse und Meerblick. Kleiner Pool und hoteleigener Felsstrand, kein Restaurant. Auch hier rechtzeitig reservieren, geöffnet Ostern bis Ende Okt. DZ 80–120 € inkl. Frühstück. Via San Giuseppe della Croce 77, ☎ 081/982660, ✆ 081/983941, www.villantonio.com.

• *Essen und Trinken (→ Karte S. 171)*
Einige stimmungsvolle Speiselokale findet man entlang der Via Luigi Mazzella; alles gemütliche, alteingesessene Familienbetriebe, die von Touristen und Einheimischen gleichermaßen frequentiert werden.

Ciro e Caterina (15), sympathische, kleine Trattoria am moosbewachsenen Brunnen der Via Luigi Mazzella, urgemütliches Ambiente mit kleinem Speiseraum und mehreren Tischen auf dem Trottoir. Die schnörkellose Hausmannskost lässt nichts zu wünschen übrig und ist auch preislich in Ordnung. Nur mit der Bedienung muss man etwas Geduld haben, denn Ciro serviert zumeist alleine – Caterina kocht – und hält unterwegs so manches Schwätzchen.

Menü 20–30 €, ☎ 081/993122. (Fast) jeden Abend singt Don Peppino neapolitanische Volkslieder – Folklore mit Herz.

Da Ciccio (16), ebenfalls an der Durchgangsstraße, sympathischer Familienbetrieb, solide lokaltypische Fischküche, insgesamt etwas vornehmer und teurer als bei Ciro. Nur wenige Tische draußen. Via Mazzella 32, ☎ 081/991686.

Cocò (18), direkt an der Dammbrücke zum Castello, eine regelrechte Gastro-Institution mit guter Fischküche zu akzeptablen Preisen. Große, lauschige Restaurantterrasse mit Blick auf die Castelloinsel, oft voll, hier feiern die Einheimischen so manches Familienfest und man erfährt nebenbei noch etwas über die Lokalgeschichte. Piazzale Aragonese, ☎ 081/981823.

Chalet Primavera (13), besser bekannt als *Da Salvatore*, seit 1970 am Fischerstrand von Ponte *(Spiaggia dei Pescatori)*. Einfaches Strandrestaurant auf Stelzen, toller Blick auf das Castello. Ausgezeichnete ischitanische Meeres- und Landküche, eine Spezialität ist das zarte Fleisch vom Holzkohlegrill, auch Pizza aus dem Steinofen. Menü 20–30 €. ☎ 081/992809. Der Weg lohnt sich.

• *Nachtleben* **Bar Cocò (18)**, die volkstümliche Bar zum gleichnamigen Ristorante, schlicht, aber nicht ungemütlich. In den

Abendstunden vorwiegend von Einheimischen besucht, wer keinen Sitzplatz mehr findet, gesellt sich derweil zu den Stehenden auf dem Piazzale. Eis, Longdrinks, Bier vom Fass, offener Wein und Snacks.

Sehenswertes

Chiesa dello Spirito Santo: An der Via Luigi Mazzella steht die bescheidene Heiliggeistkirche, geweiht ist sie dem Schutzpatron aller Ischitaner, *San Giovan Giuseppe della Croce.* Dieser Giovan Giuseppe (bürgerlicher Name: Carlo Gaetano Calorsirto) wurde 1654 im Borgo di Celsa (Ponte) geboren und 1839 heilig gesprochen. Sein Geburtshaus finden Sie in der Via Luigi Mazzella 34. Zeitlebens trug der Mönch die Kutte der Franziskaner und zwar immer ein und dieselbe, fast 64 Jahre lang, weshalb er als *Padre Centopezze* (Priester der hundert Flicken) in die Kirchengeschichte einging. Seine Reliquien werden in der Heiliggeistkirche verehrt, darunter befindet sich auch das Marienbildchen, mit dem er angeblich kommunizierte.

Kathedrale Santa Maria Assunta: gegenüber der Chiesa dello Spirito Santo. Diese aus dem 14. Jh. stammende Konventskirche der Augustiner wurde im 17. Jh. barockisiert. Nach der Zerstörung der Burgkathedrale erhob man sie zur Bischofskirche und zur neuen Kathedrale der Insel. Sie beherbergt einige Originalstücke, die aus der alten Castellokathedrale gerettet werden konnten: das Taufbecken mit den Trägerfiguren (14. Jh.) und das große romanische Holzkruzifix (13. Jh.), außerdem einige Gemälde neapolitanischer Meister des Barock.

Museo del Mare/Palazzo dell'Orologio: Allein schon der historische Palazzo, der dieses heimatkundliche Meeres-, Fischer- und Seefahrtsmuseum beherbergt, ist sehenswert. Auf drei Etagen wimmelt es von interessanten Exponaten, darunter zahlreiche Fotografien und Schiffsmodelle, mit denen man sich stundenlang beschäftigen könnte. Einen Schwerpunkt der Ausstellung bildet der ischitanische Fischeralltag, hier sind sie zu sehen, die bärtigen Fischer der Insel mit ihren originellen Mützen, in denen sie u. a. ihre Tabakrationen bunkerten. – Ein Museum, das Spaß macht.
Öffnungszeiten März–Nov. tägl. 10–12.30 Uhr und 17–20 Uhr, Eintritt 2,50 €. Der Palazzo mit der Uhr in der Fassade steht am Ende der Via Mazzella, der Eingang befindet sich in der Seitenstraße.

Ponte für Cineasten

Wie gesagt, die Einheimischen sind nicht leicht aus der Ruhe zu bringen, aber wenn sich mal wieder ein internationales Filmteam zu Dreharbeiten angekündigt hat, dann herrscht der Ausnahmezustand in Ponte. Die Älteren erinnern sich heute noch gerne an die beiden großen Filmspektakel der sechziger Jahre, als Liz Taylor und Richard Burton hier die Hafenszenen für den Monumentalfilm „Cleopatra" drehten und als Burt Lancaster in „Der rote Korsar" das Castello Aragonese unsicher machte. Das letzte Mal stand Ponte anlässlich der Dreharbeiten zu „Der talentierte Mr. Ripley" im Scheinwerferlicht, als Gwyneth Paltrow und Matt Damon einer Romanvorlage von Patricia Highsmith Leben einhauchten. In allen erwähnten Filmen wurden die Einheimischen scharenweise als Statisten engagiert, was heute noch für aufgeregte Diskussionen sorgt.

Castello Aragonese

Ein Wahrzeichen der Insel und vor dem Eurozeitalter sogar auf einer 100-Lire-Briefmarke verewigt. Die schroffe Felsinsel erhielt ihre allererste Befestigung bereits in vorchristlicher Zeit von den Kolonialgriechen Magna Graecias. Im 15. Jh. erfolgte der eigentliche Bau der Festungsanlage unter Alfons von Aragon. Neben ihrer militärischen Funktion diente die Inselfestung den Ischitanern stets als Zufluchtsort. Anfang des 18. Jh. lebten fast 10.000 Menschen auf der nahezu vollständig ausgebauten und befestigten Burginsel. Seit Anfang des 20. Jh. befindet sich das Castello Aragonese in Privatbesitz und kann besichtigt werden.

Aus den politischen Wirren des Spätmittelalters erwachte Ischia mit einem Paukenschlag, als *Alfons von Aragon* die Insel mit einigen Hundert Soldaten besetzte. Doch er verfolgte größere Ziele als die Inbesitznahme Ischias, er wollte das Königreich Neapel zurückerobern und auf diesem Weg war Ischia nur ein kleines Etappenziel. 1439 beschloss Alfons von Aragon die Burg völlig neu zu errichten und die Felsinsel bewohnbar zu machen. Zunächst ließ er den ca. 200 m langen Steindamm, *Il Ponte* bzw. *Pontinello,* anlegen, noch heute der einzige Zugang zum Castello. Bald standen auch die militärischen Kernbauten sowie das Kloster, die Kirchen, Wohnbauten, Werkstätten und Geschäfte inmitten der uneinnehmbaren Festungsmauern. 1442 setzte sich Alfons von Aragon dann an die Spitze des neapolitanischen Königreichs und hielt triumphalen Einzug in Neapel. Aber auch seinem ischitanischen Castello standen noch Sternstunden bevor: 1509 heirateten *Vittoria Colonna* und *Ferrante d'Avalos* in der Burgkathedrale. Sie war eine der schillerndsten Frauengestalten der Renaissance und er einer der größten Militärstrategen der Zeit. Nach Ferrantes Tod auf einem Schlachtfeld bei Pavia 1525 lebte Vittoria Colonna noch gut ein Jahrzehnt allein auf dem Castello Aragonese, wo sie im Laufe der Jahre einige der namhaftesten Persönlichkeiten ihrer Zeit empfing.

Weniger Rühmliches ereignete sich Jahrhunderte später, als 1823 alle Bewohner von der Burginsel vertrieben wurden und der amtierende Bourbonenkönig von Neapel das Castello zum Gefängnis degradierte. Ab 1851 waren hier auch politische Gefangene untergebracht. Zu diesem Zeitpunkt war das stattliche Castello bereits etwas lädiert, denn 1809 hatte die englische Flotte die Festung wegen der dort verschanzten Franzosen bombardiert. Zwar konnten diese Zerstörungen weitgehend behoben werden, aber die alte Burgkathedrale ist seitdem eine Ruine. Bombardierung und Gefängnisnutzung waren auch die Gründe dafür, dass die ehemaligen Festungsbewohner nach Ponte übersiedelten und dort den neuen Hauptort der Insel etablierten, bis Porto diese Rolle übernahm.

• *Öffnungszeiten/Konzerte*   März–Nov. tägl. 9 Uhr bis ca. 1 Std. vor Sonnenuntergang. Eintritt 10 €. An Sommerabenden finden in der Ruine der Burgkathedrale regelmäßig Konzerte statt, ein wirklich stimmungsvolles Ereignis (Eintritt z. T. frei, auf Ankündigungsplakate achten!).

Castello-Besichtigung

Auf den Burgberg führt heute ein moderner Fahrstuhl, sehr bequem – wer aber das labyrinthische Innenleben des Castello etwas genauer kennen lernen will, sollte den steilen *Treppenweg* nehmen. Er führt fast schon systematisch zu den einzelnen Gebäudekomplexen der Festung. Anfangs verschwindet der Treppenweg mit den

Insel Ischia
Karte S. 156/157 und S. 171

herrlich abgewetzten Steinstufen in einer langen Galerie, die regelrecht in den Trachytfels geschlagen worden ist und durch deren schießschartenartige Öffnungen nur spärlich Licht eindringt. Im oberen Teil des Aufgangs befindet man sich fast ausschließlich im Freien.

Chiesa dell'Immacolta: die ehemalige Kirche des angeschlossenen Klarissenklosters. Heute wird dieser helle Kuppelbau für wechselnde Kunstausstellungen benutzt. Neben den Bildern von einheimischen Malern gab es dort auch schon „große" Kunst zu sehen, etwa Werke von Dalí, Picasso und Giorgio De Chirico.

Konvent: Im ehemaligen Klosterkomplex ist heute u. a. eine romantische Herberge untergebracht (→ „Übernachten"). Zur Besichtigung freigegeben ist lediglich der etwas makabere *Nonnenfriedhof* in der Krypta der Konventskirche. Die dortigen Sitzgräber erinnern auf besonders grausame Weise an die Vergänglichkeit des Lebens. Auf den in Stein gehauenen Sitzen verwesten und vertrockneten die Nonnen vollständig, bis ihre Überreste durch die Löcher fielen. Ein wirklich makaberer Weg in die Ewigkeit. Im Angesicht ihrer dahingeschiedenen Schwestern trafen sich die Klarissinnen auf diesem – mit Verlaub – Friedhofsklo zum täglichen Gebet.

Pittoreske Cartaromana-Bucht

Foltermuseum: In einem geräumigen Wachturm der Festung befindet sich dieses gut bestückte Museum zum Thema Folter im späten Mittelalter. Die „Attraktion" unter den zahlreich ausgestellten Folterwerkzeugen, Rüstungen und Waffen ist der Hungerkäfig.

Burgkathedrale: 1509 Schauplatz der Hochzeit von Vittoria Colonna und Ferrante d'Avalos, 1809 von Nelsons Flotte zur Ruine bombardiert. Ursprünglich ein romanischer Sakralbau, der bereits 1301 der Heiligen Assunta geweiht wurde. Im 18. Jh. erhielt die Kathedrale ihre Barockausstattung. Einige kunstgeschichtlich wertvolle Stücke der ursprünglichen Ausstattung befinden sich heute in der Kathedrale von Ponte. Vom Vorplatz der Kirchenruine hat man einen herrlichen Blick auf Ponte und Umgebung.

Krypta: unmittelbar unterhalb der Kathedrale. Zu sehen sind mehrere kleine Altarnischen mit Resten der ursprünglichen Freskenbemalung. Trotz des fragmentarischen Zustands sehenswert, da sie aus dem Umfeld der Schule Giottos stammen.

Chiesa San Pietro a Pantaniello: ehemalige Kirche aus dem 17. Jh. mit ungewöhnlicher sechseckiger Grundform. Erhöhte Lage, toller Blick auf die Umgebung. Innen vollkommen leer.

Den höchsten begehbaren Punkt bildet die Terrasse des Castello-Cafés *Il Terrazzo*, eine wirklich imposante Aussichtsplattform.

Mittlerweile kann auch das *Bourbonengefängnis* besichtigt werden. Das hintere Festungsgelände mit dem Leuchtturm ist nach wie vor nicht zugänglich.

Cartaromana/Baden

Die bizarre, klippenreiche Bucht mit den markanten Sant'Anna-Felsen liegt südlich von Ponte. Ein herrliches Stück Steilküste mit zahlreichen Villengrundstücken in Hanglage, darunter auch mehrere Hotel- und Thermalanlagen. In der Cartaromana-Bucht wurden – metertief unter dem Meeresspiegel – die Überreste der altrömischen Hafenstadt *Aenaria* entdeckt (→ S. 160).

Im Bereich der Sant'Anna-Felsen mischen sich 40–50 Grad warmes Thermalwasser und Meerwasser. Es handelt sich um eine der ganz wenigen Stellen der Insel, wo man das Thermalvergnügen noch in freier Natur genießen kann und wegen der relativ schweren Zugänglichkeit ist diese Badestelle auch im Hochsommer selten überfüllt.

Über der Bucht erhebt sich ein imposanter und innen vollständig restaurierter *Wachturm* aus dem 15. Jh. namens *Torre di Guevara*, der im Rahmen wechselnder Ausstellungen besichtigt werden kann.

• *Verbindungen/Anmarsch* Mit dem Inselbus (Linie C12) bzw. zu Fuß bis ans Ende der Via Nuova Cartaromana (Stichstraße). Am Hotel Ninfe führt ein Treppenweg hinunter zur Badestelle am Felsufer, aber Vorsicht, auch bei leichter Brandung bleibt man nicht unbedingt trocken! Bequemer Zugang nur über das unten erwähnte Thermalbad Giardino Eden.

• *Übernachten* *** **Giardino delle Ninfe**, ansprechender Flachbau mit Arkadenfassade, Thermaleinrichtungen, Privatstrand, Hotelrestaurant. DZ 80–170 € inkl. Frühstück, HP 55–105 € pro Pers. Steilküstenlage oberhalb der Cartaromana-Bucht, am Ende der Stichstraße, Via Nuova Cartaromana 133, ℡ 081/992161, ℻ 081/983565, www.giardinodelleninfe.it.

**** **Strandhotel Delfini**, ins Steilufer gebaute, moderne, fast schon luxuriöse Hotelanlage, gepflegter Garten mit mehreren Thermalpools, Hotelrestaurant. DZ 160–280 €, inkl. Frühstück, HP 100–160 € pro Pers. Ebenfalls am Ende der Via Nuova Cartaromana, ℡ 081/981341, ℻ 081/993508, www.

hoteldelfini.it.

*** **Don Felipe**, kleine Hotelanlage in schöner Hanglage oberhalb der Cartaromana-Bucht. Gartenterrasse mit Blick auf die Castelloinsel, kleiner Thermalpool. Familiäre Atmosphäre, Hotelrestaurant. DZ 90–130 € inkl. Frühstück, HP 65–90 €. Via Nuova Cartaromana 121, ℡ 081/993899, ℻ 081/992630, www.hoteldonfelipe.it.

Giardino Eden, stilvolles Apartmenthotel mit gepflegtem Thermalgarten und großem Pool am Klippenufer der Cartaromana-Bucht. Viel exotische Vegetation, Zugang zum Meer, Bootssteg, Hotelrestaurant, Bar. DZ 150–180 € inkl. Frühstück, Apartment (max. 6 Pers.) 350 € pro Tag. Via Nuova Cartaromana 68, ℡/℻ 081/985015, www.ilgiardinoeden.it.

• *Essen und Trinken* **Terrassenbar** des Hotels Ninfe, schöne Aussicht, leckere Snacks und Getränke.

• *Thermalbad* Die Anlage des **Giardino Eden** (s. o.) ist auch für Nicht-Hotelgäste zugänglich, Tageskarte 18–20 €, halber Tag 15–18 €.

Tipp: In Ponte an der Piazzale zum Castello Aragonese organisieren einige Fischer und Bootsbesitzer tageweise einen Pendelverkehr zwischen Ponte und dem Cartaromana-Vecchia-Strand; der Preis für diesen privaten Taxibootservice ist Verhandlungssache.

Insel Ischia
Karte S. 156/157 und S. 171

San Michele und **San Antuono:** beides nahezu menschenleere Bergdörfer im östlichen Inselinneren ohne erkennbaren Ortskern. Keinerlei touristische Insignien, ringsherum nichts als Bauernland. Doch aus der Ortschaft San Michele führt ein ausgeschilderter Weg – zunächst Straße, dann Fußweg – hinunter zum „alten" Cartaromana-Strand *Cartaromana Vecchia:* eine schöne Badestelle, kleiner Sandstrand, fast noch im Naturzustand.

● *Übernachten* ***** Albergo Da Maria** ist fast noch ein Geheimtipp! Absolut ruhige Lage am Cartaromana-Vecchia-Strand. Auf dem Landweg (s. o.) bzw. mit dem Hotelboot von Ponte erreichbar. Etwas betagte, aber hübsche Anlage, saubere schlichte Zimmer. DZ 80–120 € inkl. Frühstück, HP 55–

80 €. ☎ 081/993275, www.albergodamaria.it.
● *Essen und Trinken* **Da Maria**, im lauschigen Strandrestaurant der gleichnamigen Pension (s. o.) kocht Maria inseltypische Leckereien zu akzeptablen Preise. Die Spaghetti bzw. Linguine *Oltremare* (mit Fisch und Meeresfrüchten) sind ein Hit.

Pilastri

Ein Straßendorf direkt an der viel befahrenen Inselhauptstraße. Hier befindet sich ein Teilstück des ehemaligen *Aquädukts,* einst ein mehrere Kilometer langes Bauwerk aus grauem Bruchstein, auf dem das Wasser aus der einzigen Trinkwasserquelle der Insel *(Buceto-Quelle)* nach Ponte und Porto geleitet wurde. Als Bauzeit gibt die Inselchronik das 16. und 17. Jh. an; ob ein vergleichbares Aquädukt bereits in der Antike das altrömische *Aenaria* mit Frischwasser aus der Buceto-Quelle versorgte, ist reine Spekulation – aber angesichts der genialen Wasserbautechnik der Römer nicht undenkbar. Jedenfalls lohnt ein Abstecher zu dieser mehrere hundert Meter langen, zweistöckigen Bogenkonstruktion trotz verkehrsgeplagter Lage.

Kirche in Campagnano

Campagnano

Friedliches Bergdorf in frischer Höhenlage mit herrlichem Panoramablick über den gesamten Nordosten der Insel und hinüber zum Festland. Den dörflichen Mittelpunkt bildet die *Chiesa dell'Annunziata* (17. Jh.) mit den bunten Majolikakacheln im oberen Teil der Fassade sowie auf der Spitze des linken Glockenturms. Im Kircheninnern befinden sich zahlreiche Votivgaben.

In Campagnano leben vorwiegend Winzerfamilien, die die umliegenden Weinfelder bewirtschaften. Zur Ernte-zeit herrscht hier Hochbetrieb, dann sieht man die kleinen, traktorähnlichen Transportfahrzeuge mit dem kostbaren Lesegut überall und der fruchtige Mostgeruch dringt aus den örtlichen Weinkellern. Das Bergdorf hat sich in den letzten Jahren zu einem beliebten touristischen Anlaufpunkt entwickelt, mit zwei – allerdings sehr unterschiedlichen – Ausflugslokalen und einem privaten Muschelmuseum. Doch in erster Linie ist Campagnano Ausgangspunkt einer Rundwanderung hoch über der Küste durch eine vegetationsreiche Natur- und Kulturlandschaft.

• *Übernachten/Essen/Sehenswertes* **La Capannina**, Ausflugsrestaurant in extremer Steilhanglage am meerseitigen Ortsrand von Campagnano. Panoramaterrasse mit Blick auf die Castelloinsel und die nordöstliche Inselküste. Rustikales Ambiente, authentische ischitanische Meeres- und Landküche, spätestens hier sollte man das Wildkaninchengericht Coniglio alla cacciatora probieren, außerdem leckere Grillspezialitäten und Pizza. Große Portionen und ehrliche Preise. Aus der einfachen Zimmervermietung ist mittlerweile ein ansprechendes, kleines Hotel mit geschmackvoll eingerichteten und klimatisierten Zimmern geworden. Ruhige Lage, viel Grün, tolle Aussicht, fast noch ein Geheimtipp! DZ 64–90 € inkl. Frühstück, Apartment mit Küche ca. 100 € pro Tag. Zugang zum Restaurant und Hotel über den Treppenweg links neben der Dorfkirche, ☎ 081/901017, www.hotella capannina.it.

Barracuda, Ausflugslokal mit Panoramaterrasse, ganz auf deutsche Kurgäste eingestellt mit Filterkaffee und Tortenstückchen. Barrucuda-Gäste erhalten Zutritt zum privaten **Muschel- und Korallenmuseum** mit einer umfangreichen Sammlung, die sich vor allem Liebhaber dieser Materie nicht entgehen lassen sollten. An der Ortsdurchgangsstraße, ☎ 081/902046.

Campagnano/Rundwanderung (ca. 1:30 Std.): Ausgangspunkt ist die Piazzetta von Campagnano (Endstation der Buslinien 8 und C 12). Rechts neben der Dorfkirche gelangt man auf den Steilküstenweg. Zunächst sanfter Anstieg auf einer schmalen gepflasterten Straße, entlang der Strecke Privatgrundstücke, meerseitig hingegen ungetrübter Blick in die Ferne. Am Ende der Straße befindet sich ein ehemaliges Kloster mit ruhigem Innenhof (heute Privatwohnungen), von dort ergibt sich ein fotoreifer Blick auf den weit unten liegenden Cartaromana-Strand. Jetzt führt der Weg die Steilküste in Richtung Punta San Pancrazio entlang, um die beiden Erhebungen *Torre di Sopra* und *Il Torrone* (Hügelkuppen mit Wachturmruinen) herum. Man geht durch eine üppige Landschaft mit Weinfeldern, Nutzgärten, Macchia- und Waldflächen. Der mehr oder weniger gut gekennzeichnete Pfad führt dann an einer alten Zisterne vorbei, wo er in Richtung Campagnano abknickt, abschüssig geht es über die Via Torre vorbei an der Casa Mazzella zum Ausgangspunkt zurück.

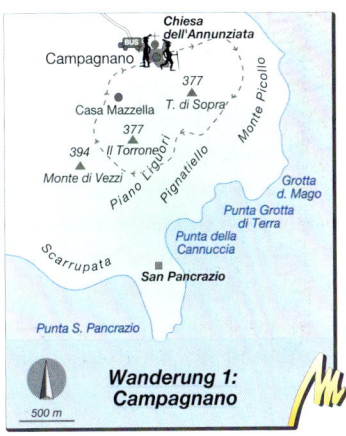

Wanderung 1: Campagnano

Insel Ischia Karte S. 156/157 und S. 171

Der Nordwesten –
Ischias Kur- und Thermalpark

Im Norden und Nordwesten Ischias liegen die drei Inselgemeinden *Casamicciola Terme, Lacco Ameno* und *Forio,* deren Ortszentren sich in den Küstenniederungen ausdehnen. An einigen Stellen der Nordwestküste bäumt sich die Uferzone zu einer unzugänglichen Steilküste auf, während das Hinterland sanft und sattgrün gegen den Gipfel des *Monte Epomeo* ansteigt. Nur die Berghänge im Rücken von Forio bilden da eine Ausnahme, sie sind weitgehend schroff und bedingt durch Erosion stellenweise völlig kahl. Auch klimatisch unterscheidet sich die Westküste von der milderen Nordküste, sie bekommt deutlich mehr Wind ab und ist zu allen Jahreszeiten spürbar trockener, weshalb sich Forio auch mehr und mehr zu einem Winterkurort entwickelt. Von allen Gemeinden der Insel ist Casamicciola Terme das unbestrittene Thermalzentrum mit den meisten und ältesten Kureinrichtungen, dem ausgeglichensten Inselklima und der artenreichsten Vegetation. Hier fühlen sich vor allem ältere deutsche Kurgäste wohl, bei denen allein schon der Klang des Namens *Fango* (Ortschaft oberhalb von Lacco Ameno) Wohlbefinden verursacht. Von Ostern bis November boomt der Thermaltourismus im *Castiglione Parco Termale* bei Casamicciola und in den *Giardini Poseidon* südlich von Forio, den beiden größten und modernsten öffentlichen Thermalparks der Insel, wo sich täglich Hunderte von Kur- und Badegästen tummeln und wo auch so manche Fangopackung verabreicht wird. Strandvergnügen pur hingegen bietet die Nordwestküste mit den beiden langen und feinsandigen Stränden von Forio: *Spiaggia di Citara* und *Spiaggia di San Francesco.* Vergleichsweise ruhig und gemächlich spielt sich das Strandleben in der kleinen geschützten Badebucht *Baia di San Montano* ab.

Casamicciola Terme

Ein Thermalkurort par excellence mit einem unüberschaubaren Hotel- und Bäderangebot, einem eigenen Fährhafen und dem weitaus größten Anteil an gesetzten Kurgästen aus Deutschland. An der Uferpromenade und an der weit ins Meer ragenden Hafenmole herrscht eher hektische Betriebsamkeit, während die Oberstadt mit den weitläufigen Ortsteilen Bagni, Gran Sentinella, Maio und La Rita für entdeckungsfreudige Urlauber noch einige beschauliche Winkel und Plätze bereithält. Die dicht bewaldete Hügelkuppe des nahen Monte Rotaro ist hingegen ein lohnendes Wanderziel für Naturliebhaber.

Im 19. Jh., als Ischia sich langsam zur internationalen Kurinsel entwickelte, hatte Casamicciola gegenüber den Nachbargemeinden bereits die Nase vorn, denn hier befanden sich die meisten erschlossenen Thermalquellen. Einige davon wurden vermutlich schon in der Antike genutzt, sicher aber im späten Mittelalter. Bis in die heutige Zeit machen sich die Einheimischen selbst recht wenig aus den Heilquellen, deren eifrigste Nutzer kamen stets vom Festland. Einer der zahlreichen illustren Inselgäste des 19. Jh., der in Casamicciola logierte, war *Henrik Ibsen.* Er schrieb hier an seinem Theaterstück „Nora oder Ein Puppenheim". Ein weiterer Prominenter war der italienische Freiheitsheld *Giuseppe Garibaldi,* der seine Wunden aus den

Moby Dick & Co – Whalewatching mit Umweltschützern

Selbst vielen Einheimischen ist unbekannt, dass in den Gewässern Ischias bis zu 20 m lange Finn- und Pottwale leben. Lange Zeit hielt man sie für verirrte Brüder und Schwestern der nordatlantischen Wale, doch mittlerweile herrscht Gewissheit: Es handelt sich tatsächlich um heimische Populationen mit einer ganz eigenen genetischen Struktur. Neben Finn- und Pottwalen gehören auch Grindwale sowie Delfine und Tümmler dazu.

Die sensiblen Dickhäuter leben bevorzugt im Seegebiet zwischen Ischia und der 90 km entfernten Insel Ponza, wo sie sich auch heute noch fortpflanzen. Bisweilen lassen sich Einzelgänger sogar dicht an der Küste Ischias blicken. Doch der Fortbestand der massigen Säugetiere ist durch die modernen Fischfangmethoden, die zunehmende Wasserverschmutzung und den hohen Lärmpegel unter Wasser gefährdet. Vor allem die geräuschempfindlichen Pottwale, die sich per Schall orientieren, leiden regelrecht unter dem Zivilisationslärm.

Eleganter Abgang

Delphis MDC, Mediterranean Dolphin Conservation, heißt das ischitanische Forschungsprojekt, das die Meeresgiganten und ihre Artgenossen seit 1991 erforscht. In Zusammenarbeit mit nationalen und internationalen Organisationen setzt sich Delphis außerdem für den Schutz der gefährdeten Säugetiere ein. Der bisher größte Erfolg ist die Meeresschutzzone (*Area Marina Protetta*) nördlich von Ischia, die 2008 unter dem Namen *Regno di Nettuno* eingerichtete wurde. Insgesamt gibt es damit jetzt fünf Schutzgebiete für Wale und Delfine im gesamten Mittelmeerraum. Doch die Umweltschützer von Delphis sind skeptisch, denn sie befürchten, dass die Schutzmaßnahmen, die mit „Neptuns Reich" verbunden sind, an der Realität nicht viel ändern werden, weil Vergehen wie z. B. Geschwindigkeitsüberschreitungen oder Ankerverbot nicht kontrolliert und bestraft werden, ganz zu schweigen von der Einhaltung der Fischfangverbote.

● *Segeltörns mit Delphis* Wer sich den faszinierenden Meeresbewohnern thematisch und physisch nähern möchte, dem bietet Delphis die Möglichkeit, einen Tag lang an Bord eines historischen Schoners aus den 30er Jahren in den Gewässern Ischias zu kreuzen. Obwohl die Wahrscheinlichkeit groß ist, auch tatsächlich Wale und Delfine auf dem Segeltörn beobachten zu können, gibt es natürlich keine Garantie dafür. Information und Anmeldung für den Tagesausflug unter ✆ 340/2618688 oder 349/ 2927722 bzw. livius@ischianet.com, www. delphismdc.org. Erwachsene zahlen 80 €, Kinder bis 12 J. 50 €, Verpflegung an Bord ist inbegriffen.

Wer noch intensiver eintauchen möchte, kann sogar einen Wochentörn buchen (Juni bis Okt.) unter www.lamar-reisen.de.
● *Museo dei cetacei* An Land können sich Interessierte im kleinen Meeresmuseum der Villa Arbusto (→ S. 188) über die ischitanischen Meeressäuger informieren.

Unabhängigkeitskriegen im Heilwasser von Casamicciola kurierte. In jener Zeit konzentrierte sich der Thermalbetrieb noch auf die ältesten und weithin bekannten Quellen *La Rita, Bagni* und *Gurgitello*. Doch am Abend des 28. Juli 1883 schien alles unwiederbringlich vorbei zu sein, denn ein schweres Erdbeben erschütterte Casamicciola und ca. 3000 Menschen starben unter den Trümmern. Große Teile der Ortschaft mussten von Grund auf neu errichtet werden, weshalb Casamicciola heute auch das modernste Stadtbild der Insel besitzt. Nachhaltig gelitten hat vor allem die Unterstadt, die einschließlich Hafen und Uferzone vorwiegend nach funktionalen Gesichtspunkten neu gestaltet wurde. Die lang gestreckte *Piazzia Marina* lässt jedenfalls – trotz neuer Fußgängerzone – keine mediterrane Piazzastimmung aufkommen. Anders hingegen die baumbestandene *Piazza Bagni* der Oberstadt, die noch viel Atmosphäre versprüht.

*A*dressen und *T*elefonnummern

• *Ärztliche Hilfe* Bei gesundheitlichen Beschwerden wenden Sie sich am besten zunächst an den örtlichen Erste-Hilfe-Dienst **Guardia medica turistica**, ✆ 081/983499.

• *Notruf* **Polizia** ✆ 113.
• *Taxis* an der Piazza Marina; ✆ 081/994800.

*K*unsthandwerk/*S*ouvenirs

Am Ortseingang (aus Porto kommend) stand jahrzehntelang unübersehbar eine der ältesten und größten **Keramikwerkstätten** (Fratelli Mennella) der Insel mit Schau- und Verkaufsräumen; mittlerweile wegen Geschäftsaufgabe geschlossen. Einziger Produktionsbetrieb mit hochwertiger Erzeugnissen ist jetzt **Keramos** in der Oberstadt. Piazza Maio, Via d'Aloisio 89, www.keramosischia.it.

*Ü*bernachten

Idealer Standort für Kururlauber, viel gesetztes Publikum. Das Kurhotelviertel befindet sich in der Oberstadt. Die meisten Hotelanlagen verfügen über eigene Thermaleinrichtungen; das durchschnittliche Preisniveau liegt leicht unter dem der Nachbarorte.

**** Elma Park Terme, modernes Kurhotel mit mehreren Nebengebäuden. Hanglage, Thermalhallenbad und Außenbecken, große Sonnenterrasse, vornehmes Hotelrestaurant. DZ 134–206 € inkl. Frühstück, HP 89–125 € pro Pers. Corso Vittorio Emanuele 57, ✆ 081/ 994122, ✇ 081/994253, www.hotelelma.it.

*** Villa Flavio, tolle Lage im oberen Ortsteil La Rita, kleine, gepflegte Pension, familiäre Atmosphäre, Thermalbecken, Restaurant mit Terrasse. HP 44–58 € pro Pers. Via Casacapezza 20, ✆ 081/994870, ✇ 081/980551, www.villaflavioischia.it.

*** Casa Di Meglio, ein Lesertipp! Nette Pension im oberen Teil der Durchgangsstraße Corso Vittorio Emanuele. Freundlicher Familienbetrieb, hübsche Anlage mit Thermalpool, gute Küche. HP 49–67 € pro Pers. Corso Vittorio Emanuele 46, ✆ 081/ 994144, ✇ 081/980195, , casadimeglio.it.

** Villa Teresa, einfache Hotel- und Apartmentanlage im Ortsteil Maio, mit Thermalpool und Restaurant. DZ 50–66 €, inkl. Frühstück, HP 30–40 € pro Pers. Via Costanito 40, ✆ 081/994388, ✇ 081/995696, www.hotelresidencevillateresa.it.

** Villa Angelina, an der Uferpromenade, gepflegte Familienpension, ordentlicher Gesamteindruck. Mindestaufenthalt 3 Tage. DZ 60–80 € inkl. Frühstück, HP 40–50 € pro Pers. Via S. Girardi 26, ✆/✇ 081/994103, www.villaangelinaischia.it.

*** Parco Mare Monte, ruhige, abgeschiedene Lage im Ortsteil Molara, am Anfang der Straße nach Fiaiano. Betagte Anlage, viel Grün, hoteleigene Thermalquelle, Dampfsauna im Freien und Pool, mit Restaurant. DZ 62–74 €, inkl. Frühstück, HP 34–41 € pro Pers. Via Monte Tabor 6, ✆/✇ 081/995355, www.parcomaremonte.it.

Vorzeigekurort Casamicciola Terme

Insel Ischia
Karte S. 156/157 und S. 171

Essen und Trinken/Nachtleben

Wer eine Abwechslung zur Hotelküche sucht, wird im Einzugsbereich der Hafenpiazza Marina fündig; dort gibt es einige empfehlenswerte Trattorien und Pizzerien.

● *Essen und Trinken* **Monfalcone**, aus der volkstümlichen Trattoria ist mittlerweile ein moderner Restaurantbetrieb geworden, auch Tische auf dem Vorplatz. Solide ischitanische Küche, Menü 20–30 €, auch Pizza. Corso L. Manzi 3, ℡ 081/994401.

Zelluso, Trattoria und Pizzeria, etwas versteckt am Ende der kleinen Fußgängerzone, in Hafennähe. Freundlicher Familienbetrieb, ischitanische Land- und Meeresküche vom Feinsten. Hier speisen die Einheimischen, eine bessere Empfehlung gibt es nicht, Menü 20–30 €. Via Parodi 41, ℡ 081/994423.

Calise, gemütliches Straßencafé und eine der besten *Pasticcerie* (Konditoreien) der Insel, große Auswahl an *Dolci e Gelato* (Gebäck, Kuchen, Kanapees, Eis). Der morgendliche Ansturm ist gewaltig, der ganze Ort scheint hier seinen ersten Cappuccino trinken zu wollen, und mittags sowie abends zum Aperitif wiederholt sich der Andrang. Piazza Marina 26.

● *Nachtleben* **Il Capriccio**, mitten auf der Piazza Marina. Der Allrounder von Casamicciola: Bar, Pianobar, Restaurant und Pizzeria zugleich, ein regelrechter Tummelplatz für Jung und Alt. Ansonsten herrscht in Casamicciola eher früh Nachtruhe.

Thermalanlagen/Baden

Auf den ersten Blick erscheinen sie alle gleich, die Thermaleinrichtungen von Casamicciola Terme. Doch dieser Eindruck täuscht gewaltig. Wie vielfältig die Bäderlandschaft tatsächlich ist, lässt sich am besten durch einen Blick auf die Extreme veranschaulichen: Einerseits gibt es da *Santa Rita,* das älteste noch aktive örtliche Heilbad, andererseits den modernen Thermalpark *Castiglione.*

La Rita: Der oberste Ortsteil der Gemeinde Casamicciola erstreckt sich in extremer Hanglage. In einer tiefen Schlucht sprudelt seit Ewigkeiten die *Santa-Rita-Quelle,* mit 94 °C eine der heißesten Thermalquellen der Insel. Laut Überlieferung war sie bereits den alten Römern bekannt. Das mittlerweile etwas baufällig wirkende Gebäude, das über dem Austritt der Quelle errichtet wurde, ist jedenfalls der älteste Kurbetrieb von Casamicciola. Fast gespenstisch wehen die gräulichen Laken zum Trocknen auf dem Dach und die Risse im Mauerwerk stammen vermutlich noch vom verheerenden Erdbeben des Jahrs 1883. Man traut sich kaum hinein in das verlassen wirkende Heilbad. Doch im Inneren plätschert aufgrund der hohen Temperatur und des hohen Gehalts an mineralischen Substanzen so ziemlich das beste Thermalwasser der Insel. Wer wenigstens einmal die Wirkung einer medizinischen Thermalanwendung erleben möchte, sollte es hier versuchen.

• *Wegbeschreibung* Vom Hafen zunächst hinauf in die Oberstadt zur Piazza Bagni und von dort weiter zur Piazza Maio, dann dem gelben Hinweisschild mit dem Brunnenmotiv und der Aufschrift „La Rita" folgen bis zur kleinen Piazza von La Rita. Von dort führt eine gepflasterte Serpentinenstraße steil hinunter zum Heilbad Terme Santa Rita.

• *Öffnungszeiten* April–Okt. Mo–Sa 8– 14 Uhr, Fango/Thermalbad/Dusche 20 €, am Empfang melden, nach kurzer Wartezeit geht es los bzw. Voranmeldung unter ☎ 081/900046.

Antiche Terme Belliazzi: Ganz anders als Santa Rita präsentiert sich das über hundert Jahre alte Belliazzi-Thermalbad an der Piazza Bagni in der Oberstadt. Ein imposanter Palazzo in der Form einer antiken Tempelanlage erhebt sich über der historischen *Gurgitelloquelle*. Die prächtige Eingangshalle hat Jahrhundertwendecharme, aber die thermalmedizinischen Anwendungen sind auf dem modernsten Stand. Besichtigt werden können die unterirdischen, vermutlich antiken Gewölbe und Bassins; am besten man verbindet die Besichtigung mit einem Entspannungsbad *(Bagno minerale)*.

Adresse Piazza Bagni 137, ☎ 081/994580, www.termebelliazzi.it.

Castiglione Parco Termale: östlich von Casamicciola an der Küstenstraße nach Porto. Das fast 40.000 qm große Gelände dieses öffentlichen Thermalparks zieht sich einen Steilhang hinunter bis ans Ufer. Eine Drahtseilbahn befördert ältere Herrschaften vom Eingang in den Park. Auf dem üppig begrünten Terrassengelände befinden sich insgesamt sieben unterschiedlich temperierte Thermal- und Meerwasserbecken sowie Dampfsaunen und natürlich Kureinrichtungen. Ein Treppenweg führt hinunter ans Meer zum Badesteg. Doch zunächst sucht man sich am besten ein möglichst schattiges Plätzchen mit Liegestuhl und schlägt sein Quartier auf. Jetzt kann der Bade- und Saunaspaß beginnen und einen ganzen Tag lang andauern zusammen mit Alt und Jung.

• *Öffnungszeiten* Von Anfang April bis Mitte Okt. tägl. 9–19 Uhr, Tageskarte 26 €, Nachmittagskarte (ab 13 Uhr) 22,50 €, Badekappenpflicht. Via Castiglione, ☎ 081/982551, www.termecastiglione.it. Passables **Mensarestaurant** auf dem Gelände und unten am Strand ein gemütliches **Ristorante**.

Der Monte Rotaro

Der sanfte Hügel (266 m) mit dem dichten Pinienwald südwestlich von Casamicciola ist schon von weitem ein optischer Genuss. Wandernd lässt sich der Monte Rotaro mit seinen interessanten Naturschätzen am besten erkunden. Abgesehen vom dichten mediterranen Nadelwald gibt es dort noch einige Dampfquellen (Fumarolen) in freier Natur zu sehen im so genannten *Fondo d'Oglio*, dem Krater des Monte Rotaro. Im Schutz dieser ca. 40 °C heißen Fumarolen gedeihen sogar einige tropische Gräser. – Nichts Spektakuläres, aber insgesamt ein lohnendes Wanderziel.

• *Wegbeschreibung*   Wandernd erreicht man den Monte Rotaro aus dem Ort Castiglione in ca. 1 Stunde. Mehrere gekennzeichnete Wege führen in und um den Krater Fondo d'Oglio. Wer mit dem eigenen Fahrzeug unterwegs ist, findet an der Verbindungsstraße zwischen Casamicciola und Fiaiano mehrere Pfade, die in das Waldgebiet und zum Fondo d'Oglio führen. Bus Nr. 16 von Casamicciola zum Wanderpfad, Haltestelle Cretaio/Monte Rotaro.

Lacco Ameno

„Liebliche Ebene", so nannten schon die ersten Griechen, die auf dem Monte Vico siedelten, den Ort. Und tatsächlich, sanft klettert die Küstenniederung den grünen Hang des Monte Epomeo hinauf – eine wirklich beeindruckende Naturkulisse. Davor breitet sich die Ortschaft weitläufig aus. Den auffälligsten architektonischen Akzent setzt der Glockenturm der Pfarrkirche Santa Maria delle Grazie, ein schneeweißes Minarett mit abschließender Kuppel.

In den 50er und 60er Jahren war Lacco Ameno ein bevorzugter Ferienort des italienischen Jetsets, bis heute ist das örtliche Hotelangebot klein, aber fein geblieben. Während der bizarre Tuffsteinpilz *Fungo*, der vor dem Hafenbecken aus dem Wasser ragt, zum Wahrzeichen erhoben wurde, hat das Bergdorf *Fango* oberhalb von Lacco Ameno Weltruf erlangt. Kulturgeschichtliches zwischen Fungo und Fango hält das Museum in der Santa-Restituta-Kirche bereit, wo die ältesten Ausgrabungsfunde Ischias für Interessierte ausgestellt sind. Das bedeutendere archäologische Museum der Ortschaft ist jedoch die *Villa Arbusto* in der Oberstadt.

Adressen und Telefonnummern

• *Ärztliche Hilfe*   Bei gesundheitlichen Beschwerden wenden Sie sich am besten zunächst an den örtlichen Erste-Hilfe-Dienst **Guardia medica turistica**, ✆ 081/998989.

• *Notruf* **Polizia** ✆ 113.
• *Taxis*   an der Piazza Santa Restituta; ✆ 081/986014.

Insel Ischia
Karte S. 156/157 und S. 171

Lacco Ameno in voller Schönheit

Übernachten

Vor allem ein relativ hohes Preis- und Qualitätsniveau kennzeichnet die Hotelsituation in Lacco Ameno. Wer exklusive Abgeschiedenheit bevorzugt, ist hier am richtigen Ort.

***** L'Albergo della Regina Isabella, luxuriöses, aber mittlerweile etwas betagtes Kurhotel, der Terme Regina Isabella angeschlossen, mit eigenem Jachthafen. Nobler geht es nicht in Lacco Ameno. DZ 330–1450 € inkl. Frühstück. Piazza Santa Restituta 1, ℡ 081/994322, ℻ 081/900190, www.reginaisabella.it.

***** Mezzatorre Resort, Luxushotel aus altem Festungsturm der Nordspitze des Felskaps, absolut ruhige und abgeschiedene Steiluferlage, Thermaleinrichtungen. DZ 300–720 €, inkl. Frühstück. Via Mezzatorre 23, ℡ 081/986111, ℻ 081/986015, www.mezzatorre.it.

**** Parco Terme Michelangelo, in der Ortschaft Fango, moderne, große Hotelanlage, architektonisch ansprechend in die Parklandschaft gesetzt, nicht luxuriös, aber komfortabel, Thermaleinrichtungen. HP 99–135 € pro Pers., Mindestaufenthalt 1 Woche. Via Fango 77, ℡ 081/995134, ℻ 081/995553, www.hotelmichelangeloischia.it.

**** Villa Svizzera, am Ortsrand, an der Küstenstraße, ältere herrschaftliche Villa mit mehreren Nebengebäuden, riesige Dattelpalmen erfreuen das Auge, Thermaleinrichtungen. DZ 110–170 € inkl. Frühstück, HP 70–100 € pro Pers. Via Litoranea 1, ℡ 081/994263, ℻ 081/994744, www.villasvizzera.it.

*** La Sirenella, kleines Strandhotel direkt am Stadtstrand, ordentliche Mittelklasse, gutes Restaurant (s. u.). DZ 110–140 € inkl. Frühstück, HP 70–85 € pro Pers. Corso A. Rizzoli 41, ℡ 081/994743, ℻ 081/994206, www.lasirenella.net.

Essen und Trinken

Die Restaurants an der verkehrsberuhigten Uferstraße *Corso A. Rizzoli* sind regelrechte Touristenmagneten, aber das Preis-Leistungs-Verhältnis stimmt dennoch.

Mamma Teresa, in der Ortschaft Fango, seit Jahren ein zuverlässiger Tipp für gute Hausmannskost. Lauschige Speiseterrasse im luftigen Ortskern. Tadellose Meeres- und Landküche, Primi-Spezialitäten sind z. B. *Bucatini al coniglio* (mit Kaninchenfleisch) oder *Linguine con scampi*. Menü 20–30 €. Via Borbonica 38, ℡ 081/995935. Der Weg lohnt sich.

O'Padrone dò mare, urgemütliches, kleines Ristorante am Hafenstrand, etwas versteckt gelegen, Tische im Freien. Schnörkellose Land- und Meeresküche zu akzeptablen Preisen. Corso A. Rizzoli, ℡ 081/900244.

Il Delfino, ebenfalls an der Uferpromenade, große Speiseterrasse mit Hafenblick, leckere Meeresküche, große Auswahl. Menü 20–30 €. Corso A. Rizzoli, ℡ 081/900252.

La Sirenella, Strandristorante des gleichnamigen Hotels, lauschige Terrasse. Neben Fisch und Krustentieren auch Pizza. Corso A. Rizzoli 41, ℡ 081/994743.

Sehenswertes

Ein Streifzug durch den Ortskern könnte an der belebten Uferpromenade beginnen, die von mehreren kleinen Strandflächen gesäumt wird.

Chiesa Santa Maria delle Grazie: Im Rücken des beschaulichen Stadtstrands ragt der minarettartige Glockenturm der Kirche auf. Der orientalisch anmutende Kuppelbau beherbergt eine kunstgeschichtlich wertvolle Herkulessäule aus dem 1. Jh. v. Chr. Wer jetzt – von Herkules in Löwengestalt angeregt – tiefer und intensiver in die christliche und vorchristliche Vergangenheit des Orts eintauchen möchte, sollte sich zur folgenden Kirche begeben.

Chiesa Santa Restituta: an der gleichnamigen Piazza am nordwestlichen Ende der Uferpromenade. In erster Linie ist die Restitutakirche das Domizil der Schutz-

Feine Herberge

patronin von Lacco Ameno, doch das angegliederte *archäologische Museum* macht einen Besuch doppelt interessant.

Der Legende nach stammt die heilige Restituta aus dem nordafrikanischen Karthago, wo sie im 2. Jh. aufgrund ihrer eifrigen Missionstätigkeit zum Tode verurteilt wurde. Nachdem ihre Häscher sie gefoltert hatten, wurde sie sterbend in ein Boot gelegt, das weit draußen auf dem Meer angezündet werden sollte. Doch die Mächte des Himmels schickten die Folterer in den Flammentod, während die Märtyrerin in ihrem Boot bis nach Ischia in die San-Montano-Bucht trieb, wo sie tot geborgen wurde. Ein Ölbilderzyklus im Deckengewölbe der Kirche erzählt die Leidensgeschichte der Heiligen, deren Reliquien in der *Chiesa Santa Restituta* in Neapel (→ S. 107) verwahrt werden.

Zur Zeit, als *Giorgio Buchner* am Hang des Monte Vico nach der verschütteten euböisch-griechischen Akropolis Pithekoussai grub (→ S. 160), schickte sich auch Pfarrer *Don Pietro Monti* an, unter dem Fußboden seiner Pfarrkirche Santa Restituta nach frühchristlichen und antiken Spuren zu suchen, und er wurde fündig. Zunächst legte er die Fundamente eines Baptisteriums samt Friedhof frei, die die Existenz einer frühchristlichen Gemeinde auf Ischia belegen. Darunter tauchten noch ältere Besiedlungsspuren auf. Eigenhändig hob der Priester antike Urnengräber aus und fand obendrein Keramik- und Metallgegenstände sowohl römischer als auch griechischer Herkunft. Sortiert und beschildert sind die zahlreichen Fundstücke heute im archäologischen Kirchenmuseum zu sehen; u. a. ein großer altgriechischer Krug, ein so genannter Schwanenkrater, in dem einst Wein mit Wasser gemischt wurde. Außerdem kann das gesamte Grabungsareal unter der Kirche besichtigt werden, wozu auch die Überreste einer griechischen Keramikwerkstatt gehören.

Öffnungszeiten/Museum   tägl. 9.30–12.30 Uhr und 16–19 Uhr, Sonntagnachmittag geschlossen, Eintritt 3 €.

Villa Arbusto (Museo archeologico di Pithecusae): Dieses didaktisch vorbildlich gestaltete Museum, das sich in einer ischitanischen Prachtvilla befindet, beherbergt das Lebenswerk des deutschstämmigen Archäologen *Giorgio Buchner* (→ S. 160). Auf

dem der Villa Arbusto gegenüberliegenden Monte Vico, wo sich die euböisch-griechische Akropolis *Pithekoussai* befand, wurden im Rahmen der von Buchner geleiteten Ausgrabungen über 1000 antike Grabstellen freigelegt, von denen die ältesten auf das 8. Jh. v. Chr. zurückgehen. Auf über 10.000 Einzelfunde beläuft sich der Grabungsfundus insgesamt, von dem hier eine repräsentative Auswahl zu bewundern ist. Eine wahre Fundgrube also für Altertumsinteressierte, die sich an antiken Amphoren, Krügen, Vasen, Bechern, Tellern, Masken, Siegeln, Urnen, Stelen, Statuetten, Büsten, Reliefs etc. satt sehen können.

Die Ausstellung beginnt mit der vorgeschichtlichen Eisen- und Bronzezeit auf Ischia und endet mit Exponaten aus dem römischen *Aenaria*. Zu den absoluten Highlights gehört der „Becher des Nestor", der mit Inschriften aus der Dichtung Homers verziert ist. Außergewöhnlich an dieser nahezu vollständig zusammengesetzten Keramikschale ist ihr Alter, das mit der Entstehungszeit der Verse Homers übereinstimmt (ca. 725 v. Chr.). Das im euböisch-griechischen Alphabet von links nach rechts geschriebene Epigramm besteht aus drei Versen und lautet: „Wer aus diesem Becher trinkt, wird sofort vom Verlangen nach der schönen Aphrodite ergriffen."

Der zur Villa gehörende, so genannte *kosmopolitische Garten* ist ein erholsamer Ort der Stille mit mediterranen und exotischen Pflanzen, Säulengängen, gekachelten Sitzbänken und schönen Aussichtspunkten.

Angeschlossen ist mittlerweile auch ein kleines Meeresmuseum (*Museo dei cetacei*), das sich speziell mit den in den Gewässern Ischias lebenden Walen und Delfinen beschäftigt. Eingerichtet wurde es von der Forschungsgruppe Delphis (→ Kasten S. 181).
Öffnungszeiten tägl. (außer Mo) 9.30–13 Uhr und 15–19 Uhr, Eintritt 5 €. Auf der Panorama-terrasse der Villa befindet sich ein Café.

Giardini La Mortella: Westlich von Lacco Ameno befindet sich der obligatorische Anlaufpunkt für Liebhaber seltener Pflanzen. Den tropischen Garten La Mortella legte sich der britische Komponist *William Walton* (1902–1983) in den 40er Jahren an, gewissermaßen als Inspirationsquelle. Die Pflanzenvielfalt in dieser gepflegten Gartenanlage ist enorm – es gibt allein 50 verschiedene Kamelienarten und so exotische Pflanzen wie die Lotusblume zu sehen. An Wochenenden finden regelmäßig Nachmittagskonzerte mit jungen Musikern statt, die von der Walton-Stiftung gefördert werden.

● *Verbindungen/Öffnungszeiten* La Mortella liegt an der Hauptstraße zwischen Lacco Ameno und Forio. Den Busfahrer bitten, an der entsprechenden Kreuzung zu halten. Geöffnet Di, Do, Sa und So 9–19 Uhr, Eintritt 12 €, Konzertnachmittag 20 € inkl. Gartenbesichtigung, www.lamortella.org.

Thermalanlagen/Baden

Terme Regina Isabella: Mit diesem Heilbad besitzt Lacco Ameno eine der exklu-sivsten Thermalanlagen der Insel. Gleich hinter der Kirchenpiazza Restituta er-streckt sich der große Gebäudekomplex mit der klassizistischen Säulenfassade. Das Regina-Isabella-Thermalwasser weist einen hohen Gehalt an natürlicher Ra-dioaktivität auf und besitzt deshalb einen besonderen therapeutischen Wert.
Öffnungszeiten April bis Oktober, Mo–Sa 8–12 Uhr und 17–19 Uhr.

San-Montano-Bucht: Der helle, feinsandige Strand wird regelrecht eingerahmt von den Steilhängen des Monte Vico und des nordwestlichen Felskaps. In den Sommer-monaten ist der Badebetrieb bis auf den letzten Quadratmeter durchorganisiert und gebührenpflichtig. Erst in der Nachsaison, wenn das Strandbad *(Bagno)* mit seinen Kabinen, Sonnenschirmen und Liegestühlen verschwunden ist, verwandelt sich auch die San-Montano-Bucht wieder weitgehend in ihren Naturzustand zu-rück, so dass man mit gutem Gewissen von einer friedlichen, abgeschiedenen Bade-bucht mit schützender Bergkulisse sprechen kann.

Oberhalb des Strands sprudelt eine ergiebige, relativ stark radioaktive Thermal-quelle, und rundherum erstreckt sich das weitläufige Gelände des öffentlichen *Ther-malparks Negombo:* fantastische Lage, üppige mediterrane und tropische Vegetation, elf Becken mit Thermal- und Meerwasser, Kinderbereich, türkisches und japanisches Bad, Massagewasserfälle und Zugang zum Sandstrand der San-Montano-Bucht.
Anfahrt/Eintritt Zufahrtsstraße von Lacco Ameno aus, obligatorischer Parkplatz ca. 3 €. Tageskarte ca. 30 €, Eintritt zum **Strandbad** inkl. Liegestuhl und Sonnenschirm ca. 10 € pro Pers., Strandbar und -restaurant sind vorhanden, www.negombo.it.

Spazieren gehen/Wandern

Monte Vico: Dieser Hausberg von Lacco Ameno, der über 100 m in die Höhe ragt, bietet dem Ort einen natürlichen Schutzschild. Durch Erdbeben, Erosion und Überbauung bedingt, liegen die Trümmer und Scherben der altgriechischen Akro-polis, die einst auf der Hügelkuppe des Monte Vico stand, metertief verschüttet. Von der Piazza Santa Restituta führt ein steiler Treppenweg hinauf auf den Küsten-berg; ein empfehlenswerter Spazierweg, der zu einer Panoramaplattform führt und dann weiter zum alten Küstenwachturm neben dem Gemeindefriedhof.

Punta Caruso: Ein leichter, abwechslungsreicher Wanderweg führt um das nord-westliche Felskap der Insel herum. Ausgangspunkt ist der steinerne Torbogen oberhalb der San-Montano-Bucht. Eine leicht ansteigende Asphaltstraße zieht sich zunächst durch ein Waldgebiet mit einigen herrschaftlichen Privatgrundstücken – mehrfach schöner Blick auf die Badebucht San Montano und den Monte Vico im Hintergrund. Dann geht die Straße in einen Waldweg über und führt bald an einer kleinen Madonnenandachtsstätte vorbei zur *Villa Colombaia* (s. u.). Dahinter schiebt sich plötzlich die Westküste mit Forio und den langen Stränden ins Bild. An der Straßengabelung geht man entweder hinunter in den Küstenort *San Francesco* oder setzt den Weg in Richtung Inselhauptstraße fort, wo man auf die sehenswerte Gartenanlage *La Mortella* trifft (→ S. 188).

Villa Colombaia: Märchenvilla mit Parkgrundstück am Wanderweg zur Punta Caruso. Von dem italienischen Neorealismus-Regisseur *Luchino Visconti* im maurischen Stil erbaut und als Ferienvilla genutzt. Nach Viscontis Tod verfiel die Villa mit dem markanten gläsernen Anbau. In den neunziger Jahren weitgehend restauriert, wurde

Insel Ischia
Karte S. 156/157 und S. 171

sie am 22. September 2001 in Anwesenheit von *Claudia Cardinale* feierlich eingeweiht. Nach den Feierlichkeiten zu Viscontis hundertstem Geburtstag 2006 wurde es
wieder still um die Villa Colombaia. Voraussichtlich ab 2011 wird hier eine Ausstellung zu sehen sein, die Viscontis Leben und Werk würdigt (www.colombaia.org).

Fango

Ein Name, der bei Rheumatikern wahrscheinlich sofort Wohlbefinden erzeugt. – Aus
Fango, dem unscheinbaren Bergdorf oberhalb von Lacco Ameno, stammt der
weltweit bekannte Heilschlamm ursprünglich. Noch heute ist die Ortschaft die größte
Kurschlammgrube der Insel. Die Schlammgewinnung erfolgt seit Jahr und Tag auf
dieselbe Weise: In den Wintermonaten prasseln ergiebige Regenfälle gegen die Nord-
hänge des *Monte Nuovo* oberhalb von Fango. Der Regen wäscht die hellen Tuffstein-
flanken des Berges aus und das mit Mineralien angereicherte Regenwasser sammelt
sich auf der Höhe der Ortschaft in natürlichen und künstlich angelegten Filterbecken,
wo sich die Schlammschichten langsam absetzen. Eimerweise wird der helle Schlamm
den Sammelbecken entnommen und in den jeweiligen Heilbädern mit Thermalwasser
durchtränkt, bevor er als *Fangopackung* auf die leidenden Körperstellen gerieben wird.
Hotel- und Restaurantadressen von Fango finden Sie in den jeweiligen Rubriken von
Lacco Ameno.

Forio

**Zweitgrößte Gemeinde der Insel und das städtische Zentrum der West-
küste. Die hübsche Ortschaft zieht sich über einen sanften Küstenhügel und
wird sowohl im Norden als auch im Süden von langen Sandstränden
begrenzt. Im Hintergrund zeigt die zerklüftete Epomeo-Flanke der Stadt
ihre kalte Schulter – sie ist nahezu vegetationslos, nur die unteren Son-
nenhänge sind mit ertragreichen Wein- und Gartenterrassen kultiviert.**

Von der schützenden Hafenmole aus erfasst man das Stadtbild auf einen Blick und
erkennt sofort einige der markanten Bauten Forios. Auffallend sind die zahlreichen
Kirchendächer und vor allem die eckigen und runden Küstenwachtürme, die aus
dem bunten Häusermeer wehrhaft und gezackt herausragen.

Viele deutsche Kurgäste bevölkern den behaglichen Ortskern und tummeln sich in
den zahlreichen Straßencafés des *Corso Umberto*, wo es neben Cappuccino natürlich auch deutschen Filterkaffee und „Apelstrudel" mit Schlagsahne gibt. Ganz
im Trend des florierenden Wellness- und Thermaltourismus setzt Forio neuerdings
verstärkt auf eine Zukunft als Winterkurort.

In den 40er und 50er Jahren avancierte Forio zur Künstlerkolonie, doch die malen-
den, schreibenden und komponierenden Künstler haben kaum Spuren hinterlassen. Angezogen fühlten sie sich wahrscheinlich von der dörflichen Atmosphäre und
der prächtigen Küstenlandschaft. Zur Künstlerkolonie von Forio gehörte seinerzeit
auch der Maler *Eduard Bargheer* aus Hamburg-Finkenwerder, der ab 1939 auf Ischia
lebte und vorwiegend abstrakte Landschaftsaquarelle malte. Weder Bargheers Ischia-
bilder noch die seiner mehr oder weniger bekannten Malerkollegen *Luigi De Angelis*
und *Lelò Fiaux* sind heute in Forio zu sehen. Ähnlich spurlos verschwunden ist auch
das legendäre Künstlercafé *Internazionale*, das damals ganz nach großstädtischem
Vorbild den Mittelpunkt der hiesigen Künstlerszene bildete. In späteren Jahren gehörte auch der deutsche Komponist *Hans Werner Henze* dazu, der sich mittlerweile
längst in Rom etabliert hat und zu den erfolgreichsten modernen Komponisten ge-

Forio – ein Urlaubsort par excellence

hört. Lediglich das künstlerische Vermächtnis des einheimischen Bildhauers, Malers und Dichters *Giovanni Maltese* ist dem Ort erhalten geblieben (s. u.).

*A*dressen und *T*elefonnummern/*F*ährverbindungen

• *Ärztliche Hilfe* Bei gesundheitlichen Beschwerden wenden Sie sich am besten zunächst an den örtlichen Erste-Hilfe-Dienst **Guardia medica turistica**, ✆ 081/998655.
• *Notruf* **Polizia** ✆ 113.

• *Taxis* an der Piazza Madraglia d'Oro; ✆ 081/997085.
• *Schnellfähren* aus Napoli/Molo Beverello legen in den Sommermonaten auch im Hafen von Forio an, ✆ 081/4972201, www.alilauro.it.

*Ü*bernachten

Die Gemeinde Forio erstreckt sich über die gesamte Westküste, entsprechend breit ist auch das überdurchschnittlich große Hotelangebot gestreut. Und neuerdings gibt es hier auch ein empfehlenswertes Ostello.

**** La Bagattella, komfortable Hotelanlage, Nähe San-Francesco-Strand, maurische Architekturelemente, exotische Vegetation, Thermaleinrichtungen, Ristorante. HP 90–150 € pro Pers. Via Cigliano 8, ✆ 081/986072, ✆ 081/989637, www.labagattella.it.

**** Punta del Sole, im Ort, flache, weitläufige Hotelanlage mit Haupt- und Nebengebäuden, Thermaleinrichtungen, viel Grün. DZ 100–180 € inkl. Frühstück, HP 70–110 € pro Pers. Piazzetta Maltese 8, ✆ 081/989156, ✆ 081/998209, www.casthotels.com.

**** Carlo Magno, an der Via Borbonica nach Fango, stilvolle Hotelanlage im Grünen,

ruhige Lage, Thermaleinrichtungen. DZ 106–176 € inkl. Frühstück, HP 75–100 € pro Pers. Via Baiola 215, ✆ 081/900098, ✆ 081/900114, www.hotelcarlomagno.it.

*** Lord Byron, am Ortsrand von Forio, im englischen Stil eingerichtete Hotelanlage, gepflegter Garten, Thermaleinrichtungen. DZ 92–114 € inkl. Frühstück, HP 62–75 € pro Pers. Via Castellaccio 21, ✆ 081/997518, ✆ 081/997641, www.hotellordbyron.it.

*** Zi Carmela, zentral, am Hafenbecken von Forio. Älterer. labyrinthischer Palazzo, jüngst renoviert, beliebt bei jüngeren Leuten, Pool, Thermaleinrichtungen, Garten,

Hotelrestaurant und externes Restaurant (s. u.). DZ 104–144 € inkl. Frühstück, HP 67–92 € pro Pers. Via Schioppa 27, ☎ 081/998423, ✆ 081/998876, www.zicarmela.it.

Ring Hostel, sehr gesellige Herberge in der Altstadt von Forio, ehemalige Klosteranlage aus dem 16. Jh., gut geführt von der sympathischen Familie Colella, ideal für kommunikative Backpacker. Das Hostel-Ristorante serviert durchgehend solide Hausmannskost zu kleinen Preisen. DZ 45–56 € inkl. Frühstück, Übernachtung im Mehrbettzimmer 16–22 € inkl. Frühstück. Via Gaetano Morgera 72, ☎ 081/987546, ✆ 081/987942, www.ringhostel.com.

Essen und Trinken/Nachtleben

La Romantica, unterhalb des Rundturms am Hafen, recht vornehmes Fischristorante, klimatisierter Speiseraum, auch Tische im Freien. Große Primi-Auswahl, Fisch vom Grill und aus dem Ofen. Menü 30–40 €. Via Marina 46, ☎ 081/997345.

La Bella Napoli, ebenfalls am Hafen, kleine, geschlossene Holzveranda, rustikales Ambiente, einige Tische draußen. Solide Meeres- und Landküche zu akzeptablen Preisen, eine Primo-Spezialität sind die *Tagliolini limone e scampi*, auch Pizza. Via Marina 18, ☎ 081/997540.

Zi Carmela, externes Restaurant des gleichnamigen Hotels, an der Durchgangsstraße. Appetitanregende Auslagen, sehr beliebt wegen des reichhaltigen Antipasto-Büfetts. Adresse s. o.

Umberto a Mare, alteingesessenes Fischrestaurant, seit 1936 am Felskap der Soc-corso-Kirche, gemütliche Speiseterrasse über dem Meer. Ausgezeichnete Küche, vielleicht mal den Fischeintopf *Cassuola di mare* probieren. Menü 30–40 €. Via Soccorso 2, ☎ 081/997171.

Bar Maria, lauschiges Straßencafé, am moosbewachsenen Brunnen des Corso Umberto. Eis, leckere Backwaren, Snacks, Cocktails, abends lange geöffnet.

Calise, Filiale des gleichnamigen Traditionscafés von Casamicciola. Erlesene Backwaren, Snacks, Gelato und mehr. Einziger Nachteil: keine Tische im Freien. Corso Umberto.

Bar Mimi, nettes Straßencafé an der Kirchenpiazza, vorwiegend jüngeres Publikum. Piazza Medaglia d'Oro.

La Dolce Vita, Disco, Livemusik und Pianobar. Gehört zum Hotelkomplex Zi Carmela (s. o.). Do, Fr und Sa geöffnet, Eintritt.

Sehenswertes

Wer sich von der Hafenmole aus einen ersten Gesamteindruck verschafft hat, kann jetzt den sehenswerten Dingen einzeln auf den Grund gehen:

Torrione: Zunächst bietet sich da der runde Küstenwachturm mit dem kleinen *Museo del Torrione* an. Nach der umfangreichen Restaurierung beherbergt der Turm jetzt ein Museum, das dem einheimischen Bildhauer, Maler und Dichter *Giovanni Maltese* gewidmet ist. Als einer von insgesamt neun Wachtürmen schützte der Torrione die Bevölkerung von Forio im späten Mittelalter vor Überfällen sarazenischer Piraten. Sein letzter Bewohner war der 1913 verstorbene Giovanni Maltese, dessen Skulpturen, Gemälde und Schriften hier ausgestellt sind. Und auf keinen Fall den Blick von der Panoramaterrasse des Turms versäumen.

Öffnungszeiten Mo, Mi und Fr 10.30–12.30 Uhr und Mo–Fr 18–22 Uhr, Eintritt frei. Zugang vom Corso Umberto, am Brunnenplatz.

Santa Maria Visitapoveri: Am Rathausplatz steht die Kirche der Erzbruderschaft der Barmherzigen Maria. Sie ist insofern interessant, als sie die vier hölzernen Prozessionsstatuen beherbergt, die am Ostersonntag im Laufschritt durch die Stadt getragen werden. Die goldgefassten Figuren (Engel, Maria, Jesus und Johannes) befinden sich in der Sakristei hinter Glas.

Basilika di Santa Maria di Loreto: am Corso Umberto. Das abstrakte Mosaikbild in der Kirchenfassade stammt von *Eduard Bargheer* (s. o.).

Chiesa San Francesco: an der Uferstraße Cristoforo Colombo lohnt ein Blick in die Franziskuskirche, wo Fragmente eines bunten Majolikafußbodens erhalten sind. Ansonsten dominiert barocker Kirchenschmuck.

Chiesa Santa Maria del Soccorso: Die faszinierendste Kirche Forios steht auf einem wuchtigen Felsvorsprung hoch über dem Meer. Schneeweiß und anmutig strahlt sie in alle Himmelsrichtungen. Santa Maria del Soccorso ist die Schutzpatronin der Seefahrer und Fischer von Forio. Eine breite Freitreppe führt hinauf zum schlichten Renaissanceportal aus dunklem Vulkangestein. Den hellen Innenraum zieren einige Modellsegelschiffe, wie es auch in den Seefahrerkirchen Ostpreußens üblich ist. Das sakrale Prunkstück ist jedoch ein Holzkruzifix, das der Erzählung nach im Jahr 1500 hier angespült wurde.

Auf der *Piazza* der Soccorso-Kirche geht es oftmals lebhaft zu. Fotografierende Urlauber warten mitunter lange auf den richtigen Moment, um das fotogene Gotteshaus abzulichten. Und viele, viele Tage im Jahr sitzt dort auch die alte Frau im Schatten des gekachelten Steinkreuzsockels und bastelt ihre Körbchen, Fächer und Untersetzer aus Stroh. Stroharbeiten haben eine lange Tradition auf Ischia, früher wurden allerdings vorwiegend kunstvolle Hüte geflochten, die sogar in den Modehäusern der europäischen Hauptstädte zu haben waren.

Wer hier den Sonnenuntergang abwartet, erlebt – vielleicht – den *grünen Strahl*, wie ihn die Einheimischen nennen. Denn manchmal, wenn die Sonne hinter der SoccorsoKirche verschwindet, blitzt plötzlich ein intensives grünes Licht auf.

Umgebung/Wandern/Baden/Thermalanlagen

Wandern: Aus dem Ortszentrum von Forio führen mehrere gekennzeichnete Wege auf den Gipfel des *Monte Epomeo*. Der Wanderweg mit dem sanftesten Anstieg beginnt im südlichen Ortsteil Capizzo ganz in der Nähe des Hotels Villa Angela.

Insel Ischia

Karte S. 156/157 und S. 171

Santa Maria del Soccorso – hoch und anmutig über dem Meer

Spiaggia di Chiaia und Spiaggia di San Francesco: Diese beiden hellen Sandstrände nördlich von Forio gehen ineinander über und bilden zusammen den längsten Badestrand der Insel. Parallel zum Chiaiastrand verläuft die Uferstraße mit zahlreichen einfachen Strandbars und -restaurants. In der Ebene dahinter breitet sich die Ortschaft *San Francesco* aus. Die Strandfläche ist weitgehend frei zugänglich, die ansonsten üblichen gebührenpflichtigen Bagni mit Umkleidekabinen, Liegestühlen und Sonnenschirmen fehlen fast vollständig. Im Hochsommer ist hier jedoch die sprichwörtliche Hölle los, während man gegen Ende der Badesaison viel Platz für sich und die Seinen hat. Gute Schwimmer machen es den Einheimischen nach und schwimmen bis zu den unterseeischen Thermalquellen, die dem San-Francesco-Strand vorgelagert sind.

• *Essen und Trinken* **Marechiaia** und **La Ruota**, zwei typische Strandbuden an der Spiaggia di Chiaia, sie fungieren als Bar, Eisdiele, Ristorante, Pizzeria, Weinstube und Kneipe zugleich. Der Andrang ist groß, die Bedienung auf Zack und die Preise sind niedrig. Vor allem abends recht stimmungsvoll, falls man einen der begehrten Tische direkt am Strand ergattert und der Sonnenuntergang seinen speziellen Beitrag leistet. Uferstraße Via Chiaia 62 und 64.

Cava dell'Isola: südlich von Forio. Der Cavastrand ist wegen der Steiluferlage relativ schwer von der Küstenstraße aus zugänglich, und da keine bequemen Treppenwege den Abstieg in diese Badebucht erleichtern, wird sie vor allem von meist einheimischen Jugendlichen bevölkert.

Spiaggia di Citara: Der anschließende Strand ist im Hochsommer mit Abstand die turbulenteste Badestelle der Insel; er zieht sich die Zufahrtsstraße zu den Poseidongärten (s. u.) entlang. Hier stehen die Buden der Schnellimbisse und Bars dicht an dicht und dazwischen tummeln sich Scharen fliegender Händler und bieten ihre bunten Strandutensilien feil – ein regelrechter Jahrmarkt. Der Strand selbst ist relativ schmal und mit feinem, dunklem Vulkanschotter durchmischt. Man findet sowohl freie Liegeflächen als auch gebührenpflichtige kleine Bagni. In Strandnähe entspringt die heiße Citara-Quelle.

Giardini Poseidon: größte öffentliche Thermalanlage Ischias, am südlichen Ende des Citarastrands. 60.000 qm terrassierter Küstenhang und ein halber Kilometer Meeresstrand. Exotische Vegetation, 22 Badebecken mit unterschiedlichen Temperaturen (28–40° C), thermaltherapeutische Anwendungen – einfach alles, was das Urlauberherz begehrt, ist vorhanden. Dieser gepflegte Mega-Thermalpark befindet sich hinsichtlich Leitung und Klientel fest in deutscher Hand und nennt sich selbst „das schönste Thermalbad der Welt".

Öffnungszeiten April–Okt. tägl. 8.30–19 Uhr, Tageskarte 30 €. Busverbindung (Linie 2).

Cuotto

Ein lang gestrecktes Straßendorf hoch oberhalb des Citarastrands. Mehrere Hotelanlagen im Einzugsbereich der Poseidongärten. Nur an der südlichen Ortsausfahrt erinnern noch Weinfelder an die fast vergangene bäuerliche Tradition Cuottos. Ein wenig ländliche Idylle von einst strahlt auch der charmant verwitterte Winzergutshof mit der Olivenbaumallee aus; diese *Cantina Calitto* (privat) steht inmitten einer alten Weinplantage an der Hauptstraße nach Panza.

Wanderung von Cuotto zum Faro (Leuchtturm) der Punta Imperatore: ein häufig empfohlener Spazierweg. In Wirklichkeit aber eine Enttäuschung, da man fast durchweg auf einer schmalen Asphaltstraße zwischen hohen Gartenmauern geht und obendrein ständig dem Anwohnerverkehr ausweichen muss. Fantastisch ist allerdings der Aussichtspunkt oberhalb des modernen Leuchtturms.

Bergwandern mit Küstenblick, auf Ischia ein ganz besonderer Genuss

Der Süden – Ischias raues Bauernland

Der Süden ist weitaus urwüchsiger als der nördliche Teil der Insel. Die extreme Steilküste hat die Besiedlung der Uferzone nahezu vollständig verhindert. Einziger Küstenort ist *Sant'Angelo*, ein ehemaliges Fischerdorf, dessen farbenfrohe Würfelhäuser sich über das zerklüftete Felsufer ziehen. Erst in den Höhenlagen, auf 250 bis 450 m gibt es wieder eine Kette von Dörfern. Diese Siedlungen unterhalb des *Monte Epomeo* stehen noch voll und ganz in ihrer bäuerlichen Tradition. In den Gemeinden *Serrara*, *Fontana* und *Barano* lebt die ischitanische Landbevölkerung. Den quirligen Touristenstrom kennen sie nur als Durchgangsverkehr auf dem Weg ins pittoreske *Sant'Angelo* und zum schönsten aller ischitanischen Strände, dem *Marontistrand*. Ansonsten ist der Süden Ischias Bauernland geblieben. Trotz der schroffen Berghänge bestimmen Gärten, kleine Felder und vor allem Weinterrassen das Landschaftsbild. Individualisten bietet dieser vergleichsweise einsame Teil der Insel noch genügend Raum für Entdeckungen. Aber wer die bizarren Tuffsteinschluchten erkunden oder den Epomeo-Gipfel auf Nebenwegen erstürmen will, muss schon gut zu Fuß sein und seinen Weg manchmal auch ohne Wegmarkierung finden. – Selbstverständlich sprudelt im Süden Ischias das Thermalwasser ebenso reichlich und reichhaltig wie im Norden: Die *Nitrodi-Quelle* bei *Buonopane* ist die älteste bekannte Thermalquelle der Insel. Sie wurde nachweislich schon in der römischen Antike genutzt und befindet sich wie die *Cavascura-Quelle* noch weitgehend im Naturzustand. Thermalvergnügen im Freien bieten auch die *Sorgetobucht* und die Strand-Fumarolen von Sant'Angelo. Wer hingegen einen gepflegten öffentlichen Thermalgarten bevorzugt, kommt in den *Aphrodite-Apollon-Gärten* bzw. den *Tropical-Gärten* in Sant'Angelo auf seine Kosten.

Würfelhäuser, Felsenhäuser, Weinkeller und Schneegruben

Auf der Südhälfte Ischias findet man noch besonders viele Beispiele der alten inseltypischen Architektur. Der Küstenort *Sant'Angelo* besteht aus einem dicht gestapelten Konglomerat von bunten *Würfelhäusern* und ist geradezu ein Lehrbeispiel aus dem Bilderbuch, was die mediterrane Bauweise anbetrifft. In Sant'Angelo besitzt nahezu jedes ältere Wohnhaus die auffälligen Merkmale des ischitanischen Würfelhauses: kubische Grundform, Kuppeldach und Fassadengewölbe. Das solide Mauerwerk besteht in der Regel aus Tuffstein, der in großen Mengen auf der Insel vorkommt. Er ist leicht zu bearbeiten und dennoch von harter Konsistenz, also ein idealer Baustoff. Das kubische Gebäude hat zumeist ein flaches Kuppeldach, das ebenfalls gemauert ist und im Idealfall mit wasserdichtem Pozzuolan-Mörtel abgedichtet wurde. Das Kuppeldach dient zum Sammeln von Regenwasser, das vom Dachrand über ein Abflussrohr in die Zisterne läuft, von wo es dann bei Bedarf als Trink- oder Brauchwasser geschöpft wird. Trotz der guten Trinkwasserversorgung vom Festland tun die meisten ischitanischen Kuppeldächer noch ihren Dienst. Ein weiteres Grundmerkmal des Würfelhauses bilden die Fassadengewölbe in den oberen Stockwerken. Diese Bögen, Loggien und Balkone stehen oftmals auf vorkragenden Hartsteinkonsolen. In Sant' Angelo ist die Gewölbearchitektur sehr stark ausgeprägt; und ein farbiger Kalkanstrich – ockergelb, ziegelrot oder amarantrosa – verschönert den Anblick der dortigen Fassaden. Wenn die ischitanischen Wohnhäuser Außentreppen besitzen, sind ihre Stufen häufig aus hellgrauem Lavastein, neben Tuff und Bims ebenfalls ein inseltypisches Baumaterial. Nur wer auf Ischia ein Mauerwerk aus gelblichem Tuffstein erspäht, kann sicher sein, dass es sich dabei um eine moderne Konstruktion handelt, denn mittlerweile werden die Bausteine vom neapolitanischen Festland importiert und dort sind die Tuffvorkommen vorwiegend gelblich.

Die bäuerliche Architektur findet im so genannten *Felsenhaus* ihre auffälligste und interessanteste Variante. Um regelrechte Höhlenwohnungen handelt es sich bei diesen steinzeitlich anmutenden Behausungen. Als Baugrundlage dienten riesige Tuffsteinbrocken und -vorsprünge, die in der Landschaft standen und nur noch ausgehöhlt und überbaut werden mussten. Die natürliche äußere Form ist dabei weitgehend unverändert geblieben. In *Ciglio*, oberhalb von Panza, stehen einige dieser urigen ischitanischen Felsenhäuser direkt an der Hauptstraße. Ihre Entstehungszeit entspricht allerdings keineswegs ihrem steinzeitlichen Aussehen!

Auf die gleiche Weise wie die Felsenhäuser sind auch die bäuerlichen *Weinkeller* entstanden. Sie befinden sich in unmittelbarer Nähe der Weinterrassen und sind direkt in die weichen Tuffsteinhänge gegraben worden. An den Straßenrändern der südlichen Inselhälfte findet man die typisch ischitanischen Weinkeller zuhauf. Die meiste Zeit im Jahr versperren stabile Holzgitter den Zugang zu den Lagerräumen, aber zur Erntezeit, wenn auch die Weinproduktion auf Hochtouren läuft, kann man die Weinbauern dabei beobachten, wie sie ihre Kellergewölbe in regelrechte Laboratorien verwandeln – mit Weinpressen, Fässern und großen Korbflaschen.

Eine weitere Besonderheit der ländlichen Architektur Ischias sind die Eiskeller bzw. *Schneegruben* in den Kastanienwäldern der *Falanga* an den Westhängen des Monte Epomeo. Bei diesen *Fosse della neve* handelt es sich um trichterförmige gemauerte Gruben, in denen die Bauern früher im Winter den spärlichen Schnee sammelten und zu Eis stampften. In den Sommermonaten war dieses Eis ein unentbehrliches Kühlmittel für verderbliche Lebensmittel. In den Falanga-Wäldern findet man noch einige dieser Schneegruben, die eine Tiefe von ca. 4,5 m und einen Durchmesser von über 5 m haben.

Die Bergdörfer des Monte Epomeo

Panza, Ciglio, Serrara, Fontana, Buonopane, Barano und Piedimonte bilden eine Kette von Dörfern entlang der zerfurchten Südhänge des allgegenwärtigen Monte Epomeo. Diese bäuerlichen Ortschaften haben noch überschaubare dörfliche Ausmaße und sind weitgehend vom ländlichen Lebensrhythmus geprägt.

Die Inselhauptstraße frisst sich im Süden kurvenreich durch die schroffen Täler und Schluchten und verbindet alle Bergdörfer miteinander. Stellenweise öffnen sich wirklich atemberaubende Aussichten auf die Steilküste sowie den zerklüfteten Gipfelbereich des Epomeo. Am höchsten liegt Fontana (ca. 450 m), der bevorzugte Ausgangspunkt für den Gipfelsturm. Überhaupt sind diese auf halber Höhe liegenden Dörfer ideale Ausgangspunkte für ausgedehnte Wanderungen: etwa von Panza steil hinunter zur Sorgetobucht oder von Serrara durch bizarre Tuffsteinschluchten zum Marontistrand bzw. auf landschaftlich reizvollen Pfaden über die Südwestflanke auf den Epomeo.

Touristisch haben die friedlichen Bergdörfer keinen Anschluss an die Entwicklung der Küste gefunden; Übernachtungsmöglichkeiten und Ausflugsrestaurants gibt es hier nur in bescheidener Anzahl. Gäbe es die intakten Bergdörfer des Südens nicht, dann wäre Ischia dem zweifelhaften Zustand einer touristischen Monokultur sehr nah.

Panza

Hübsche, angenehm lebendige Ortschaft im Südwesten, ungefähr 150 m über dem Meeresspiegel. Der Touristenstrom, der Sant'Angelo kontinuierlich überschwemmt, streift auch das dörfliche Panza, das unmittelbar an der einzigen Zufahrtsstraße nach Sant'Angelo liegt. Die örtlichen Bars, Läden, Geschäfte und kleinen Supermärkte profitieren zwar ein bisschen von den Touristen, die hier einen Zwischenstopp einlegen, aber den Ton geben in Panza immer noch die Einheimischen an.

Den architektonischen Mittelpunkt bildet die ummauerte *Barockkirche San Leonardo* (18. Jh.), deren Fassadendekoration Anfang des 20. Jh. von ausgewanderten Dörflern gestiftet wurde. Gegenüber der Kirche ragt ein bewohnter, spätmittelalterlicher *Verteidigungsturm* aus dem Ortskern. Viel mehr gibt es nicht zu sehen in diesem freundlichen, sympathischen Ort. Aber Ende August/Anfang September findet in Panza das stimmungsvollste Weinfest der Insel statt, dann ist Kirmes, *Sagra dell'uva e del vino* und die Gemeinde stimmt sich schon mal auf die bevorstehende Erntezeit ein.
Ein Blick auf die ausgedehnten Weinterrassen der Umgebung macht es deutlich: Weinbau ist das Maß aller Dinge in Panza. Verkosten und kaufen kann man den hiesigen Wein u. a. beim örtlichen Weinproduzenten *Casa D'Ambra,* auf dessen Betriebsgelände sich auch ein kleines landwirtschaftliches Museum befindet (→ S. 198). Ansonsten bieten sich von hier noch zwei Abstecher zur Küste an, nach *Sorgeto* und *Scannella.*

Übernachten

Einige ältere sowie moderne Hotelanlagen befinden sich in der unmittelbaren Umgebung von Panza. Das Preisniveau ist im Durchschnitt niedriger als im Norden der Insel und in Sant'Angelo. Im Ort selbst bieten Einheimische Privatzimmer und kleine Apartments an, sie machen z. T. mit Schildern („Affittasi Camera") auf sich aufmerksam. Wer in den örtlichen Bars und Geschäften nach privaten Ver-

Insel Ischia
Karte S. 156/157 und S. 171

mietern fragt, wird garantiert fündig, aber die angebotenen Zimmer/Wohnungen liegen selten im Ort, sondern in der nahen Umgebung.

*** La Ginestra, südöstlicher Ortsrand, direkt an der Verbindungsstraße nach Sant'Angelo. Inseltypische, mittelgroße Hotelanlage hinter dichter Vegetation, Thermaleinrichtungen. DZ 90–120 € inkl. Frühstück, HP 55–70 € pro Pers. Via Succhivo 44, ✆ 081/907032, 📠 081/909220, www.hotellaginestra.it.

*** Maremonti, südlicher Ortsrand, hübscher, aber etwas betagter Bau, ruhige Lage im Grünen, Thermaleinrichtungen, Pensionspflicht. HP 55–65 € pro Pers. Via Fumerie 2, ✆ 081/907275, 📠 081/907661, www.hotelmaremonti.it.

*** San Nicola, stilvolle Hotelanlage am oberen Ortsrand, herrlicher Blick auf Sant'Angelo und die Küste, prächtiger Garten, Thermaleinrichtungen, Pensionspflicht. HP 110 € pro Pers. Via D'Abbundo 15, ✆ 081/907155, 📠 081/907247, www.hotelsannicola.it.

*** Al Bosco, etwas abseits am südwestlichen Ortsrand, kleine Hotelanlage mit lauschiger Gartenterrasse und Thermalschwimmbecken. Die Wirtsfamilie betreibt auch das angeschlossene Ausflugsrestaurant La Forastera. DZ 80–100 € inkl. Frühstück, HP 50–60 € pro Pers. Via San Gennaro 45, ✆ 081/909132, 📠 081/907561, www.hotelalbosco.it.

*E*ssen und *T*rinken

Im Ort haben wir keine empfehlenswerte Gastronomie entdeckt, außerhalb jedoch umso mehr.

Montecorvo, weit oberhalb von Panza, am Hang des Monte Corvo gelegen. Alter Bauernhof mit Natursteingewölbe und Riesenkamin, geschmackvoll eingerichtet und dekoriert. Speiseterrasse im mediterran-exotischen Grün. Die authentische ischitanische Land- und Meeresküche ist vom Feinsten, erlesene Flaschenweine, Menü 30–40 €. Der etwas bärbeißige Wirt ist im Grunde ein sanfter Brummbär. Via Montecorvo 33, von Panza Richtung Cuotto, am Fußballplatz rechts hoch. Der Weg lohnt sich, ✆ 081/998029.

L'Arca, unübersehbar an der Straße von Panza nach Ciglio, kurz vor Ciglio, spektakuläre Lage auf einem überbauten Tuffsteinvorsprung, einzigartige Aussicht. Hier mal die *Bucatini* mit Wildkaninchenragout probieren, abends auch Pizza. Menü 20–30 €. Via Ciglio, ✆ 081/904226.

L'Oasi, am südlichen Ortsrand (Hinweisschilder), großes Ausflugsristorante mit Pizzeria. Panoramaterrasse, gemütlicher Speiseraum, großes Antipasti-Büfett, leckeres, selbst gebackenes Brot, Fleisch und Fisch vom Grill. Menü 20–30 €. Via Scannella, ✆ 081/907253.

Da Leopoldo, ebenfalls großes Ausflugsrestaurant, unterhalb des L'Oasi, Panoramaterrasse. Beliebt wegen der soliden Land- und Meeresküche. Deftige Primi, z. B. *Pasta e fagioli con cozze* (Nudeln mit Bohnen und Miesmuscheln), abends auch Pizza. Preislich wie das L'Oasi. Via Scannella, ✆ 081/907086.

Da Luca, hemdsärmelige Pizzeria im Zentrum, hier verkehrt die Dorfjugend, 30 verschiedene Pizzavariationen aus dem Steinofen, offener Wein, Bier vom Fass.

Bar Mike, nette, kleine Bar/Pasticceria im Ort, Nähe Kirche San Leonardo, leckeres Gebäck und guter Cappuccino.

Umgebung

Museo contadino dell'Isola d'Ischia: Bei diesem kleinen Landwirtschaftsmuseum handelt es sich um eine private Initiative des örtlichen Weinproduzenten *Casa D'Ambra*. Einen Schwerpunkt der Ausstellung bildet die Geschichte des Weinbaus auf Ischia. Zu sehen gibt es u. a. uralte Weinpressen, Tresterdrehsteine, Tongefäße, Fässer und allerlei landwirtschaftliche Gerätschaften. Insgesamt ein interessantes Museum mit zahlreichen Großaufnahmen und Lithographien sowie einer detaillierten geologischen Karte der Insel.

Die Weine des Hauses D'Ambra können verkostet werden, ein Kaufzwang besteht selbstverständlich nicht.

Lage/Öffnungszeiten oberhalb von Panza, an der Hauptstraße zwischen Ciglio und Cuotto, Mo–Fr 10–16.30 Uhr, Eintritt frei.

Scannella/Grotta del Mavone: Scannella heißt die schroffe Landzunge zwischen dem Capo Negro und der Punta Imperatore. Hier befindet sich auch die ominöse Mavonehöhle, über die sehr unterschiedliche Geschichten geschrieben wurden. Mal ist die Rede von einem natürlichen Höhlenlabyrinth oder gar von prähistorischen Höhlenbehausungen, auch wird dort „heiße Fumarolenluft" vermutet. Meine Recherche hat hingegen ein wesentlich nüchterneres Resultat erbracht. Demnach handelt es sich bei der Grotta del Mavone um von Menschenhand gegrabene Aushöhlungen. Abgebaut wurde vor allem im 19. Jh. vulkanisches Lockermaterial, das als Baumaterial diente – u. a. für die flachen Kuppeldächer der ischitanischen Würfelhäuser. Mit Booten wurde der Baustoff damals abtransportiert. Sieht man sich das schroffe Uferprofil einmal genauer an, erkennt man deutlich, dass es sich nicht um Felsgestein, sondern um kompakte Lockermaterialschichten handelt – es zerbröselt förmlich in den Händen. Die längst aufgegebenen Gruben sind von der Landseite nicht zu erreichen, zu sehen sind die Eingänge nur vom Meer.

● *Wegbeschreibung* Von Panza dem Hotelwegweiser „Leonard" folgen, vorbei an den Restaurants L'Oasi und Da Leopoldo (→ S. 198), ca. 2,5 km Asphaltstraße. Dann links neben dem Hotel St. Leonard hinunter; zunächst geht man auf einem breiten Fahrweg, dann schließt ein steiler Treppenweg an, unten tauchen plötzlich die Gebäude des Scannella-Clubs auf.

● *Übernachten/Essen und Trinken* **Club Scannella**, absolut ruhige und isolierte Lage direkt am Scannella-Ufer. Kleine, exklusive Hotelanlage mit zwei Thermalpools und Restaurant. März bis Okt. geöffnet. Nur wochenweise und nicht ganz billig, Vollpension pro Pers. ca. 500 €. Bootszubringerdienst von/nach Sant'Angelo. Via Scannella Mare, ✆/📠 081/907181, www.clubscannella.it.

Bar, **Restaurant** und **Bagno** des Scannella-Clubs stehen auch Tagesgästen zur Verfügung.

Umgebung/Baden

Sorgetobucht: schmale Felsbucht zwischen den Steilwänden von *Punta Chiarito* und *Capo Negro*. Im Uferbereich mischen sich Meerwasser und heißes Thermalwasser. Lange Zeit war die natürliche Badestelle ein Geheimtipp, aber seitdem auch die Taxiboote von Sant'Angelo hierher pendeln, ist es weitgehend aus mit den Thermalfreuden in aller Einsamkeit. Steiniges Ufer, kein Sand, kein Kies, aber ein Bootssteg mit Terrasse, auf der der Bar- und Restaurantbetrieb *La Sorgente* in den Sommermonaten für Verpflegung sorgt.

● *Wegbeschreibung* Hinweisschilder schon im Zentrum von Panza. Steile Asphaltstraße hinunter zum Parkplatz, von dort steiler Treppenweg ans Wasser. Der Treppenweg war in den letzten Jahren wegen Unfallgefahr mehrmals gesperrt, jetzt ist er aufwändig instand gesetzt worden und die Steilwände sind mit Stahlnetzen gesichert. Und wie gesagt, in Sant'Angelo warten die Taxiboote.

● *Übernachten* **Punta Chiarito**, eine der schönsten Hotel- und Apartmentanlagen im Süden der Insel, fantastische Lage auf der Spitze des gleichnamigen Felskaps, oberhalb der Sorgetobucht. Gepflegte Anlage, viel Grün, Pool und Thermaleinrichtungen. 25 geschmackvoll-rustikal eingerichtete Zimmer und Apartments. Gutes Restaurant mit lauschiger Speiseterrasse und Blick auf Sant'Angelo. DZ 130–200 € inkl. Frühstück. Via Sorgeto 51, ✆ 081/908102, 📠 081/909277, www.puntachiarito.it.

Ciglio

Bergdorf oberhalb von Panza an der Straße nach Serrara. Hier stehen die spektakulärsten *Felsenhäuser* der Insel (→ S. 196) direkt an der Straße. Besonders fotogen ist das *Ristorante L'Arca* (→ S. 198), das wie eine steinerne Schiffsbrücke aus dem zerklüfteten Berghang ragt – anschauen und staunen!

Insel Ischia
Karte S. 156/157 und S. 171

Felsenhaus auf Ischia

Serrara

Der Balkon der südlichen Inselhälfte. Das *Belvedere,* die breite Aussichtsterrasse von Serrara, bietet von allen Bergdörfern mit Abstand den schönsten Panorama-blick auf die zerklüftete Küste. Weit unterhalb erstreckt sich Sant'Angelo mit der vorgelagerten Felsinsel. Die Belvederepiazza mit der markanten Schirmpinie ist durch einen wuchtigen Torbogen mit der Inselhauptstraße verbunden. Auf der Pi-azza steht ein dichtes Gebäudekonglomerat mit Rathaus, *Chiesa Santa Maria del Carmine* sowie den unterschiedlichsten Zweckbauten. Der obere Ortsteil von Ser-rara gehört voll und ganz den Einheimischen: einfache Wohnhäuser, Nutzgärten, Hundegebell und um die Mittagszeit ist dort keine Menschenseele unterwegs.

Essen und Trinken **La Floreana**, Bar, Ristorante, Pizzeria, Eisdiele und mehr, direkt an der Belvederepiazza und auf den touristischen Durchgangsverkehr eingestellt. Am Bartresen werden auch einige ischitanische Spezialitäten verkauft.

Wanderung von Serrara über die Cavascura-Quelle zum Marontistrand (Gehzeit ca. 1 Std.): schöner, aber streckenweise extrem steiler Weg durch die Tuffstein-schluchten der Steilküste vorbei an einer der ältesten Thermalquellen Ischias (Weg-beschreibung → S. 206).

Fontana

Höchstes Bergdorf der Insel, auf ca. 450 m. Sehenswert sind die beiden Kirchen an den jeweiligen Ortseingängen, die *Chiesa Sant'Antonio* mit baumbestandenem Vor-platz und *Santa Maria della Mercede* mit der anmutigen Marienstatue vor der leuchtend hellen Kirchenfassade. Doch in erster Linie ist Fontana der bevorzugte Ausgangspunkt für die kürzeste Epomeo-Besteigung; ein regelrechter Trampel-pfad, den man von hier aus auch auf dem Maultierrücken bewältigen kann. Eine ernsthafte Wanderalternative zu diesem überlaufenen Weg führt über Pietra dell'Acqua auf den Gipfel (Wegbeschreibung s.u.).

Essen und Trinken   **La Fonte**, rustikale Dorftrattoria, Nähe Chiesa Sant'Antonio, Aussichtsterrasse, deftige Landküche, z. B. *Salsicce alla brace*, hausgemachte Würste vom Holzkohlengrill, kleine Preise, offener Wein. Piazza IV Novembre.

Der Monte Epomeo   (788 m)

Der stark zerklüftete Gipfelbereich des Monte Epomeo ist zweifellos das schönste Wanderziel auf Ischia. An klaren Tagen bringt der Aufstieg besonders viel Spaß und bietet überraschende Ausblicke und Naturerlebnisse – vor allem wenn man den Trampelpfad von Fontana meidet und dafür den längeren, anstrengenderen Gipfelsturm auf Nebenwegen vorzieht.

Die Abgeschiedenheit von Berggipfeln zieht seit Menschengedenken Eremiten an. Nachweislich wurde die erste Einsiedelei auf der Spitze des Epomeo Mitte des 15. Jh. errichtet, als auch das noch vorhandene Kirchlein *San Nicola* entstand. Im 16. Jh. lebte hier oben sogar eine kleine Klostergemeinschaft. Zu den letzten Einsiedlern, die die Epomeo-Chronik verzeichnet, gehörte auch ein namentlich bekannter deutscher Pilger aus Mainz: Dieser Michael Oberle lebte im 18. Jh. angeblich über 30 Jahre auf dem Gipfel.

Doch die Eremitenruhe auf dem Epomeo gehört der Vergangenheit an, spätestens seitdem zwei Ausflugslokale den bizarr zerfurchten Gipfelbereich zum bequemen Aufenthaltsort gemacht haben. Waghalsig kleben die betonierten Aussichtsterrassen der Restaurants an den schroffen Gesteinsformationen – schwindelfrei sollte schon sein, wer hier seine Jause hält.

Den höchsten begehbaren Gipfelpunkt bildet eine schmale Felsspitze mit in den Stein gehauenen Bänken, auf denen nur eine Handvoll Menschen gleichzeitig Platz findet. An klaren Tagen genießt man hier oben ein komplettes, faszinierendes Golfpanorama.

● *Übernachten/Essen und Trinken*   **La Grotta**, Berggasthof im Alpenstil, mehrere spektakuläre Aussichtsterrassen, deftige Hausmannskost, vorwiegend eigene Erzeugnisse, große Portionen für hungrige Wanderer, spätestens hier mal die Bruschetta probieren, akzeptable Preise. Übernachtungsmöglichkeit in den ehemaligen Mönchskammern auf Anfrage. Auf dem Epomeo-Gipfel, ✆ 081/999521, epomeolagrotta.it.

Wanderung auf den Monte Epomeo (Gehzeit ca. 3:30 Std.): Ausgangspunkt ist die Bushaltestelle *Via Falanga* zwischen Fontana und Serrara. Von dort aus zunächst dem Hinweisschild „Ristorante Il Bracconiere" folgen, links am Friedhofsgelände vorbei, dann die Asphaltstraße hinauf zum erwähnten Ausflugsrestaurant (ca. 3 km aufwärts). Links und rechts vereinzelt Bauernhäuser, Weinterrassen, Gärten, kleine Felder, aber stellenweise auch dichte Macchia.

Weiterhin der Asphaltstraße folgen, vorbei am Gipfel *Bocca di Serra*

Wanderung auf den Monte Epomeo

Wanderweg zum Gipfel

(566 m). Am Ende der Straße befindet sich ein Bergbauernhof, hier beginnt der eigentliche Wanderweg. Da dieser holprige Pfad nicht beschildert ist, muss man sich weitgehend an der Natur orientieren. Links schiebt sich erstmals die südliche Bucht von Forio ins Bild. Weiter geht es auf einem gut ausgetretenen Eselspfad hinauf zum höchsten Punkt der Umgebung, dem *Pietra dell'Acqua* (720 m). Am Wegesrand viele Ginsterbüsche zwischen teils riesigen Felsbrocken. Bei Weggabelungen immer rechts halten!

Bald kommt man durch einen kleinen Mischwald mit verwitterten Treppenwegen und langen Trockenmauern. – Diese überraschenden Pflasterungen und Stützmauern wurden zur Zeit des Faschismus im Rahmen eines Beschäftigungsprogramms angelegt; die Bergregion der Insel sollte auf diese Weise erschlossen werden. – Am Ende des Mischwalds steht man plötzlich vor einer bizarr ausgewaschenen Steilwand *(Balze)*; ganz in der Nähe befinden sich auch einige eingestürzte Zisternen und Schneegruben (→ S. 196). Ein Stück oberhalb erkennt man das Eisenkreuz des Gipfels *Pietra dell'Acqua* – ein herrlicher Panoramapunkt. Jetzt weiter aufwärts, vorbei an einem plötzlich auftauchenden Feld, bis der schmale Pfad auf einen breiten Weg trifft. Dieser Transportweg der Gipfelrestaurants führt, langsam ansteigend und exakt auf dem Berggrat verlaufend, zum längst sichtbaren Epomeo-Gipfel. Immer wieder ergeben sich Ausblicke auf die Nordwest- und Südostküste. Wir haben diesen Wegabschnitt Brombeerweg getauft wegen der zahlreichen Brombeersträucher (eine willkommene Versorgungsvegetation!).

Nach ca. 1 km steht man vor einem verschlossenen, grünen Gittertor, rechts davor zweigt ein schmaler Pfad nach oben ab. Das allerletzte Wegstück ist eine in den Tuff gefräste „Gehhilfe"; man befindet sich bereits auf dem Trampelpfad aus Richtung Fontana. Jetzt auf zur Gipfelerkundung samt Jause! – Zurück am bequemsten nach Fontana.

● *Essen und Trinken* **Il Bracconiere** (→ Wanderung), beliebtes Ausflugsrestaurant, ausgezeichnete Landküche (keine Fischgerichte), Spezialitäten sind z. B. die hausgemachten *Pappardelle* mit Wildschweinragout und das Wildkaninchen auf ischitanische Art *(Coniglio alla cacciatora)*. Menü 20–30 €. In den Sommermonaten tägl. 13–15 Uhr und 19–24 Uhr. Für Wanderer die letzte „Gelegenheit" vor dem Gipfel. Via Falanga, ☎ 081/999436.

Buonopane

Lang gestrecktes, friedliches Straßendorf auf etwa 300 m und Zentrum der *Ndrezzata*. – Dabei handelt es sich nicht etwa um die örtliche Mafia, sondern um einen folkloristischen Schäfertanz! Wer keine Gelegenheit hat, diesen schwungvollen Fechttanz der Männer von Buonopane am Festtag zu Ehren des Dorfheiligen Johannes des Täufers (23. bzw. 24. Juni) oder am Ostermontag zu erleben, findet im Ortskern zumindest bunte Ndrezzata-Darstellungen auf den Kachelbildern einiger Hauswände.

Unterhalb der Ortschaft, an der schmalen Brücke über die Schlucht, zweigt ein kurzer, aber steiler Fußweg zur *Nitrodi-Quelle* ab. Zur Römerzeit wurde diese recht hoch gelegene Thermalquelle nachweislich als Quellheiligtum verehrt. Eher zufällig fand man hier im 18. Jh. kleine, unversehrte Votivtafeln, die vermutlich von römischen Pilgern stammen (zu sehen in der *Villa Arbusto* → S. 188). Wahrscheinlich suchten diese Pilger der Antike nach Erlösung von unheilbaren Krankheiten. Heute jedenfalls kommen die Einheimischen und Urlauber vorwiegend zur Schönheitspflege hierher: An manchen Tagen stehen die Leute regelrecht Schlange, um sich das Gesicht begießen zu können. Hautkranke baden ihren Körper gleich vollständig im Quellwasser – gegen Entgelt und natürlich unter Berücksichtigung hygienischer Vorschriften. Abgesehen von den gemauerten Badebecken der kleinen Badeanstalt befindet sich die Nitrodi-Quelle weitgehend im Naturzustand.

• *Essen und Trinken* **La Cantina**, am Fußweg zur Quelle, rustikale bäuerliche Trattoria, Pasta, Bruschetta und allerlei Deftiges vom Holzkohlengrill, vorwiegend auf Mittagstisch eingestellt. Der Hauswein lagert in einem Tuffsteinkeller (→ S. 196).

Nitrodi-Bar, direkt an der Quelle, Snacks und Erfrischungsgetränke.

Barano und Umgebung

Barano bildet zusammen mit den Nachbarorten *Piedimonte*, *Casabona* und *Vatoliere* ein nahezu ineinander verschmolzenes Siedlungsgebiet. Strahlender Mittelpunkt von Barano ist die barocke *Chiesa San Sebastiano*. Wer die Ortschaft sowie die angrenzenden Nachbarorte nicht besichtigt, hat nicht unbedingt etwas versäumt, atmosphärisch bieten die beschriebenen Bergdörfer Buonopane, Fontana, Serrara und Panza wesentlich mehr.

Wanderung von Vatoliere über Schiappone nach Campagnano (Gehzeit ca. 3:30 Std.): ein Vorschlag für erfahrene Wanderer. Ausgangspunkt ist die Bushaltestelle in Vatoliere. Zunächst auf schmaler Asphaltstraße durch die Streusiedlung *Terone* zum Weiler *Schiappone* auf ca. 200 m, wo die weithin sichtbare *Chiesa Madonna Montevergine* steht. Diese anmutige, weißgekalkte Wallfahrtskirche ist leider zumeist verschlossen, aber auf der balkonartigen Kirchenpiazza lässt es sich eine Weile aushalten.

Jetzt beginnt der vielleicht einsamste Wanderweg der Insel. Er führt oberhalb der imposanten *Scarrupata-Steilküste* um den bewaldeten *Monte di Vezzi* (400 m) herum. Man geht vorbei an landwirtschaftlich genutzten Flächen, teils verlassenen Landhäusern und steinernen Schutzhütten. Am Scheitelpunkt des Wegs erstreckt sich weit unterhalb die Felszunge der *Punta San Pancrazio* (Abstecher möglich).

Auf dem Höhenweg bleibend, geht es über den Weiler Piano Liguori nach *Campagnano*. Zwei Wege führen dorthin: an der Weggabelung entweder über die *Via Torre* landeinwärts oder den Steiluferweg entlang (→ Wanderung S. 179).

Tipp Diese etwas knifflige Wanderung kann man auch als geführte Ostküstenwanderung buchen (siehe S. 165).

Insel Ischia Karte S. 156/157 und S. 171

Testaccio

Unterhalb von Barano, an der Zufahrtsstraße zum Marontistrand. Wie ein bebauter natürlicher Treppenabsatz klebt die Ortschaft am Hang ca. 150 m über dem Meeresspiegel. Einziger Blickfang ist die kleine *Chiesa Santa Maria delle Grazie* jenseits der baumbestandenen Durchgangsstraße. Von der Kirche führt ein bequemer, teils gepflasterter Treppenweg hinunter zum Strand. Diese *Scalone di Testaccio* wurde Ende des 18. Jh. angelegt und sollte den damaligen Kurgästen sowie den Einheimischen den Weg zum Strand erleichtern. Nur eine gute Viertelstunde dauert der aussichtsreiche Abstieg zur Marontipiazza.

Der Marontistrand   (Spiaggia dei Maronti)

Ischias schönster Strand. Bereits von der steilen Zufahrtsstraße ein herrlicher Anblick. Pures Badevergnügen auf ungefähr 2 km, flankiert von einfachen Strandbars und -restaurants auf Stelzen und mit viel freier Liegefläche auch im Sommer. Das Wasser ist glasklar und wird von untermeerischen Thermalquellen leicht erwärmt. Aber allein schon die sonnige Südlage macht die Spiaggia dei Maronti zum wärmsten aller ischitanischen Strände.

Der Strand selbst besteht größtenteils aus feinem Vulkanschotter, der in Richtung Sant'Angelo mehr und mehr mit Sand durchmischt ist. Doch seit Jahrzehnten verändert sich das Ufer kontinuierlich. Für die Einheimischen eine klare Angelegenheit, denn als Sant'Angelo noch nicht mit der vorgelagerten Felsinsel *La Roia* verbunden war, war die Strandfläche erheblich breiter als heute. Ebenfalls vor langer Zeit teilte ein Erdrutsch den Marontistrand in drei Abschnitte; erst beim Bau der Aphrodite-Apollon-Thermalgärten in Sant'Angelo wurde er wieder begradigt. Damals entstand auch die mittlerweile kaum noch sichtbare Stahlbetontrasse, die sich wie eine missglückte Uferpromenade über den Strand zog. Die letzte große Attacke auf den Marontistrand verursachte im Winter 2001 eine einwöchige Sturmflut *(Mareggiata)*, die einen Großteil des Strands wegspülte. Daraufhin musste in einer aufwändigen Notmaßnahme Sand vom Meeresboden hoch geholt und die Strandfläche in der gesamten Länge künstlich erneuert werden. Wochenlang pumpten holländische Spezialschiffe Sandfontänen auf den lädierten Marontistrand, bis er die gewünschte Breite hatte. Aber schon jetzt holt sich das Meer das kostbare Gut langsam wieder zurück und nagt an der Strandfläche, die im Südwesten bei Sant'Angelo und vor der Tuffsteilwand immer schmaler wird, während sie im Südosten relativ stabil bleibt.

Seit der Strandsanierung kann man den gesamten Uferstreifen bis nach Sant'Angelo wieder problemlos entlang spazieren, was vorher jahrelang nicht möglich und wegen der sehr ernst zu nehmenden Steinschlaggefahr verboten war. Aber falls das Meer in Zukunft wieder an der Tuffsteilwand kratzen sollte, gibt es ja immer noch den Landweg nach Sant'Angelo, der ab dem Albergo Angelino über die wuchtige Steilwand führt.

Übernachten/Camping

Mehrere Strandhotels stehen zur Auswahl von recht preiswert bis luxuriös. Außerdem gibt es einen empfehlenswerten Strandcampingplatz.

**** Parco Smeraldo Terme, gut geführtes First-Class-Hotel mit angeschlossener Apartmentanlage, direkt am Zugang zum Strand, stilvoller Flachbau, tropischer Garten, großes Thermalschwimmbecken, hoteleigener Strandabschnitt, Tennisplatz, recht vornehmes Restaurant. DZ 184–238 € inkl. Frühstück, HP 107–134 € pro Pers. Es werden

Taxiboot zum Marontistrand

auch Apartments mit Kochecke vermietet. Spiaggia dei Maronti, ☎ 081/990127, ✉ 081/905022, www.hotelparcosmeraldo.com.

**** San Giorgio Terme, flacher Neubau oberhalb des mittleren Strandabschnitts, internationaler 4-Sterne-Standard, Thermaleinrichtungen, hoteleigener Strandabschnitt. DZ 134–160 € inkl. Frühstück, HP 76–90 € pro Pers. Via Maronti 42, ☎ 081/990098, ✉ 081/906515, www.hotelsangiorgio.com.

** Vittorio, ganz am Ende des Strands, teilweise in die Tuffsteilwand hineingebaut, Balkonzimmer, Thermalschwimmbecken, eigener Strandabschnitt, Bootsservice, Pensionspflicht. DZ 90–100 € inkl. Frühstück, HP 58–65 € pro Pers. Via Maronti 71, ☎ 081/990079, ✉ 081/905211, www.hotelvittorio.com.

* Hotel Angelino, einfaches, kleines Strandhotel, fast am Ende des Strands, freundlicher Familienbetrieb, alle 15 Zimmer mit Meerblick, Pensionspflicht. HP 42–56 € pro Pers. Via Maronti 69, ☎ 081/990051, ✉ 081/905742, www.hotelangelino.it.

* Camping Mirage, direkt am Strand, vorwiegend Wohnmobile und Wohnwagen, nur wenig Baumschatten, aber genügend Strohmattenabdeckungen. Bar mit Lebensmittelverkauf für den Frühstücksbedarf und rustikales Restaurant; auch Bungalowvermietung. 2 Pers., Zelt und Auto ca. 35 €. Spiaggia dei Maronti, ☎/✉ 081/990551, www.campingmirage.it.

Essen und Trinken / Strandbad

Al Paradise, Restaurant, Pizzeria, Bar, weit oberhalb des Strands, hängt wie ein Adlernest an der oberen Haarnadelkurve der Zufahrtsstraße zum Marontistrand. Aussichtsterrasse, herrlicher Blick bis nach Sant'Angelo. Gute Meeresküche, große Auswahl. Menü 30–40 €. Via Maronti, ☎ 081/905614.

Ottomano, typisches Marontistrandrestaurant auf Stelzen. Die Primo-Spezialität Spaghetti Ottomano (mit Meeresfrüchten) wird einige Minuten im Pizzaofen gegart und ist garantiert sättigend, auch leckere Meeresfrüchtepizza. ☎ 081/905403.

Di Iorio, besser bekannt als **Da Franco**, helles Strandrestaurant, etwas vornehmer als die Konkurrenz. Sympathischer Familienbetrieb mit dem in die Jahre gekommenen Franco an der Spitze. Bruschetta, leckere Primi, aber auch komplette Fischgerichte aus der Garküche. Menü 20 €. Mit angeschlossenem **Bagno**, Liegestuhl und Sonnenschirm 5–10 € pro Pers. ☎ 081/990003.

Nuovo Tropical, Stelzenrestaurant am Strand, typische Holzbauweise, klein und gemütlich, solide Land- und Meeresküche, akzeptable Preise. Beliebtes **Bagno** und Surfertreff. ☎ 081/990574.

Wanderung von Serrara über die Cavascura-Quelle zum Marontistrand (Gehzeit ca. 1 Std.): schöner, aber streckenweise extrem steiler Weg durch die Tuffstein-schluchten der Steilküste. Feste Schuhe sind unverzichtbar. Ausgangspunkt ist die Belvederepiazza von Serrara (→ S. 200). An der Kirche geht es hinunter, zunächst auf der Asphaltstraße durch ein Wohngebiet, dann weiter auf dem Feldweg, links und rechts Wein- und Nutzgärten. Linker Hand öffnet sich langsam die tief einge-schnittene *Cavascura-Schlucht* mit wulstigen Gesteinsformationen und dichter mediterraner sowie tropischer Vegetation. Anschließend wird es etwas abenteuer-lich, denn der Weg führt durch eine sehr enge Schlucht. Man unterquert einen halb verlassenen Bauernhof. Am Ende des steilen Abstiegs geht es links zur *Cavascura-Quelle*. Eine der ältesten Thermalquellen Ischias und noch weitgehend unverbaut: Nur einige gemauerte Dusch- und Badebecken sowie eine Dampfsauna in der Fels-spalte (Eintritt!). Im Hintergrund erkennt man die jahrhundertealten, natürlichen Thermalgrotten mit in den Tuff geschlagenen Steinwannen. Jetzt führt der Weg am Thermalwasserrinnsal entlang zum Marontistrand, vorbei an einigen originellen bäuerlichen Garküchen, z. B. La Dolce Siesta.

Sant'Angelo

Zweifellos der feinste ischitanische Küstenort. Vom ehemaligen Fischerdorf ist nur noch die pittoreske Kulisse geblieben. Das mondäne Capri, so scheint es, ist nicht nur in Sichtweite, sondern hinsichtlich Exklusivität und Schick bereits angelandet.

Der penibel gepflegte Ortskern ist absolut autofrei. Geräuschlose Elektrokarren be-sorgen den Transport von Mensch, Gepäck und Waren jeglicher Art. Scharen von Ta-gestouristen fallen pünktlich mit den ersten Inselbussen über den adretten Urlaubsort her. Man flaniert, stöbert in den Boutiquen und trinkt ganz unten auf der Bilderbuch-piazza seinen Cappuccino. Von dort führt die Promenade hinüber zur vorgelagerten Felsinsel *La Roia*: rechts der kleine Badestrand, links das jüngst erweiterte Hafenbe-cken, alles fein säuberlich getrennt. Erst auf der Felsinsel erfasst man das anmutig ver-winkelte Treppenviertel mit seinen gestapelten Würfelhäusern auf einen Blick. Far-benfrohe, stets frisch gestrichene Fassaden mit den inseltypischen Arkaden, Balkonen und flachen Kuppeldächern. Im oberen Teil verzweigt sich Sant'Angelo dann, schmale Treppenwege führen zu den zahlreichen Hotelanlagen und privaten Ferienwoh-nungen. Wer nicht zu den Tagesbesuchern gehört, wird die langen friedlichen Abende genießen, treppauf, treppab in der autofreien Idylle und immer wieder landet man in einem der drei Piazzacafés am Hafen. – Vielleicht begegnet Ihnen dabei Angela Merkel, die ja bekanntlich zu den Stammgästen des Hotels Miramare gehört.

Ärztliche Hilfe/Polizei

• *Ärztliche Hilfe* Bei gesundheitlichen Be-schwerden wenden Sie sich am besten zu-nächst an den örtlichen Erste-Hilfe-Dienst

Guardia medica turistica, ✆ 081/997080.
• *Notruf* **Polizia** ✆ 113.

Übernachten

Die Idylle von Sant'Angelo hat natürlich ihren Preis und der liegt leicht über dem Inseldurchschnitt. Man findet sowohl kleine familiäre Pensionen im Ort als auch weitläufige Hotelanlagen am Ortsrand. Alle Hotels, die keine eigenen Thermal-pools haben, bieten ermäßigten Eintritt für die beiden öffentlichen Thermalgärten Aphrodite-Apollon und Tropical.

**** Miramare, allererste Adresse in Sant'Angelo, ruhige Lage in Hafennähe. Lang gestreckte, stilvolle Hotelanlage am Felsufer, große, komfortable Zimmer, vornehmes Restaurant, hoteleigene Badestelle am Ufer. DZ 260–414 € inkl. Frühstück, HP 170–247 € pro Pers. Via Maddalena 29, ☎ 081/999219, 📠 081/999325, www.hotelmiramare.it.

**** San Michele, ansprechender, weißer Flachbau im oberen Ortsteil, herrliche Panoramalage, stilvolles Ambiente, exotische Vegetation, hoteleigene Thermaleinrichtungen. DZ ab 160 € inkl. Frühstück, HP ab 130 € pro Pers. Via Sant'Angelo 60, ☎ 081/999276, 📠 081/837149, www.hoteltermesanmichele.it.

*** Casa Rosa, am östlichen Ortsrand, größter Hotelkomplex von Sant'Angelo, vorwiegend Pauschalurlauber, gut geführt, kleines Thermalbecken, Strandzugang, viel Grün, gute Küche. DZ 136–146 € inkl. Frühstück, HP 83–88 € pro Pers. Via Fondolillo 14, ☎ 081/5076111, 📠 081/999035, www.hotelcasarosaterme.it.

*** La Palma, zentral, ortstypisches, verwinkeltes Würfelhaus mit weißer Arkadenfassade und Balkonen. Schlichte, mittlerweile etwas betagte Einrichtung, aber ordentlicher Gesamteindruck. Hotelrestaurant, Pensionspflicht, Benutzung des Tropicalgärten im Preis inbegriffen. HP 95–105 € pro Pers. Via Maddalena 15, ☎ 081/999215, 📠 081/999526, www.lapalmatropical.it.

*** Conte, auf der Felsinsel La Roia, direkt am Hafen, toller Blick auf Sant'Angelo, schlichter, moderner Bau, insgesamt etwas steril. DZ 80–120 € inkl. Frühstück. Via Sauro 42, ☎ 081/999214, 📠 081/999076, www.hotelconteischia.it.

*** Casa Celestino, nette, familiär geführte Pension, am Ortseingang, Uferlage, Blick auf die Felsinsel La Roia, beliebtes Hotelrestaurant. DZ 175–220 € inkl. Frühstück, HP 120–

140 € pro Pers. Via Chiaia delle Rose 28, ☎ 081/999213, 📠 081/999805, www.casacelestino.it.

* Casa Garibaldi, ein Lesertipp! Kleine, ruhig gelegene Pension im oberen Ortsteil, schöne Aussichtsterrasse. Kein Restaurant, aber den Gästen steht eine Küche zur Verfügung. DZ ca. 80 € inkl. Frühstück. Via Madonella 52, ☎/📠 081/999420, www.casagaribaldi.com.

*E*ssen und *T*rinken

Dal Pescatore, an der Piazza, vornehmes und ausgezeichnetes Fischristorante. angenehmer Speiseraum, Tische im Freien. Tadellose regionaltypische Küche mit Frischegarantie, gute Flaschenweine. Menü 40–50 €. Piazza Ottorino Troia 10, ☎ 081/999206. Die separate, jüngst eröffnete **Pizzeria Dal Pescatore** befindet sich im ersten Stock, Tische auf der Terrasse.

Da Pasquale, Pizzeria und Ristorante, etwas versteckt im Ortskern gelegen, rustikal und preiswert, einfache Landküche, große Pizzaauswahl, offener Wein, Bier vom Fass. Via San Angelo 79, ☎ 081/904208.

Emanuela, rustikales Strandrestaurant am östlichen Ortsrand neben den Dampfquellen („Fumarole"). Leckere Fischküche, akzeptable Preise, auch Zimmervermietung (vier klimatisierte DZ mit Meerblick inkl. Frühstück 70–110 €). Via Fondolillo, ☎ 081/999697.

Il Pirata, **Ridente** und **Il Pescatore** heißen die drei stimmungsvollen Bars/Cafés an der Hafenpiazza, abends lange geöffnet.

Da Peppino, auf der Felsinsel von Sant'Angelo, seit Jahren ein zuverlässiger Tipp für authentische Fischküche und unverfälschte Atmosphäre. Hier speisen auch die Einheimischen gern. Sie lassen sich die aktuellen Tagesgerichte empfehlen und die Fische vor der Zubereitung zeigen. Teresa bedient mit viel Temperament, während Orazio (Peppino) in der Küche zaubert. Die Fischsuppe ist ein Renner und sehr sättigend. Um einen guten Platz auf der Holzveranda zu ergattern, muss man früh kommen bzw. reservieren. Menü 30–40 €. Via Sauro 26, ✆ 081/999283. Übrigens, die Städtepartnerschaft mit Waldkirchen (Bayern) besteht seit 1954 und wird bei Peppino alljährlich fröhlich gefeiert.

Thermalanlagen/Baden

Giardini Tropical: öffentlicher Thermalgarten in Hanglage oberhalb von Sant'Angelo. Mehrere Thermal- und Meerwasserbecken, Dampfsauna, FKK-Terrasse, Bar und Restaurant.
Öffnungszeiten Ostern bis Mitte Nov. tägl. 8.30–18 Uhr, Tageskarte 22 €. Zubringerbus vom Parkplatz, ✆ 081/999242, www.parco-tropical.com.

Giardini Aphrodite-Apollon: ebenfalls öffentlicher Thermalgarten im oberen östlichen Ortsteil, terrassiert und dicht begrünt. Thermal- und Meerwasserbecken, Dampfgrotten, Strandzugang, Bar und Restaurant.
Öffnungszeiten Ostern bis Ende Okt. tägl. 9–19 Uhr, Tageskarte 25 €, ✆ 081/999202, www.aphrodite.it.

Ausflüge/Umgebung

Taxiboote: Im Hafenbecken dümpeln nicht nur schicke Segel- und Motorjachten, dort befinden sich auch die Taxiboote. Vorwiegend ehemalige Fischer sind es, die jetzt Touristen unentwegt zu den Naturattraktionen der nahen Umgebung schippern: Fumarole (Dampfquellen) 2,50 €, Cavascura-Quelle 3 €, Marontistrand 3 €, Sorgetobucht 5 € (jeweils pro Person einfach).

Zu Fuß von Sant'Angelo zum Marontistrand: Die Treppenwege Via Sant'Angelo und Via Fondolillo führen östlich aus dem Ortskern heraus zu den Dampfquellen am Strand (Fumarole), vorbei am Hotelkomplex Casa Rosa und den Giardini Aphrodite-Apollon. Neben dem Strandrestaurant Emanuela (s. o.) befinden sich die frei zugänglichen *Fumarole*. Diese heißen Dampfquellen erhitzen einen Teil der Strandfläche sowie die aufgeschichteten Felsbrocken. Man sauniert auf den Steinen und kühlt sich im Meer wieder ab. Besonders abends, wenn der Andrang nachlässt, ein unvergleichliches Vergnügen.

Der Stranduferweg von den Dampfquellen hinüber zum Marontistrand ist jetzt wieder durchgängig begehbar, jahrelang war er wegen Steinschlaggefahr offiziell gesperrt!

Außerdem führt ein Steiluferweg zum Marontistrand vorbei an den *Grotte romane*. Diese überdachten Thermalbecken im Stil eines römischen Bads gehören zum angrenzenden Hotelkomplex. Anschließend ansteigender Pfad über das Steilufer. Hinter dem höchsten Punkt führt ein in den Tuff gegrabener Tunnel hinunter zum Marontistrand.

Vegetationsloser Vesuvgipfel

Vesuvküste

Über 20 Küstenkilometer drängen sich zwischen Neapel und Castellammare di Stabia. Ein schier undurchdringliches Wohn- und Industriegebiet, in dem kein Quadratzentimeter unberührt geblieben ist. Triste neapolitanische Vorstadtrealität, von Golfromantik nicht die geringste Spur. Nur der allgegenwärtige Vesuv mit seinen landwirtschaftlich genutzten Hängen und dem vegetationslosen Krater verleiht dieser uncharmanten Gegend einen Hauch von Anmut.

In der Antike gehörte der Küstenstreifen östlich von Neapel ebenso wie die Bucht von Pozzuoli zum begehrten Wohngebiet reicher Römer. Die luxuriösesten und bedeutendsten Villen jener Zeit befanden sich in der nahen Umgebung des Vesuvs. Bis heute sind über sechzig davon bekannt und immer wieder werden neue entdeckt. Später, im 18. Jh., ließen sich neapolitanische Adelsfamilien hier prächtige Villen und Palais errichten – damals eine „goldene Wohnmeile" unter dem Vulkan. Alles Vergangenheit. Heute beschränken sich die touristischen Hauptattraktionen im Vorstadtgewimmel östlich von Neapel auf wenige, aber dafür nachhaltig beeindruckende Unternehmungen: nostalgische Vesuvbesteigung und antike Spurensuche in Pompeji und Herculaneum.

Der Vesuv
(Il Vesuvio, 1281 m)

Der zweigipflige Vulkankegel überragt den Golf von Neapel in stattlicher Höhe. Ein anmutiges Bild, aber nur selten sieht man es klar, denn der Großstadtdunst ist ein ständiger Begleiter des Vulkans und bedeckt seine sanften Hänge zumeist mit einem Schleier. „A muntagna", der Berg, wie ihn die Anwohner liebevoll nennen, ist seit jeher ein beliebtes Ausflugsziel, doch seitdem er seine permanente Rauchfahne, il Pennacchio, verloren hat, hat er auch viel an Faszination verloren.

Die unteren Hänge des Vesuv bilden die größte zusammenhängende Agrarfläche am Golf von Neapel, gesäumt von raumgreifenden Kleinstädten wie *Ottaviano* oder *Boscoreale*, deren Bevölkerung größtenteils noch von der Landwirtschaft lebt. Obst-, Zitrus- und Olivenplantagen zieren die fruchtbaren Vulkanhänge ebenso wie Weinfelder und Gemüsegärten. Ebenfalls typische Landwirtschaftsprodukte der Vesuvregion sind Schnittblumen und Topfpflanzen. Geradezu eine Besonderheit ist

Die Vesuvvillen (Ville vesuviane)

Heute kaum zu glauben, aber im 18. Jh. erstreckte sich die „Miglio d'oro", eine mehrere Kilometer lange Prachtmeile aus spätbarocken Villen und Palais an der Küste von Ercolano. Einige hundert herrschaftliche Privatresidenzen reihten sich hier unter dem Vulkan aneinander.

Den Anfang machte die königliche Residenz in *Portici,* wo auch die ersten Ausgrabungsfunde von Herculaneum gelagert wurden. Die neapolitanischen Adelsfamilien taten es der königlichen Familie gleich und bauten sich prunkvolle Sommerresidenzen im architektonischen Geschmack der Zeit. Damals zählte diese noble Adelskolonie vor den Toren Neapels zu den elegantesten Wohngebieten überhaupt. Jeder mit Rang und Namen besaß ein repräsentatives Grundstück an der Vesuvküste. Bezeichnenderweise erhielten Portici und Ercolano 1839 eine Eisenbahnverbindung mit Neapel, die erste Eisenbahnlinie Italiens! Doch bereits einige Jahrzehnte später begann der langsame, aber unaufhaltsame Verfall der Vesuvvillen. So wie Neapel selbst von der königlichen Residenzstadt zum Armenhaus wurde, verfielen auch die Prachtvillen zwischen Portici und Ercolano. Aber erst die üblen Bauspekulationen der Nachkriegszeit machten den Villen dann endgültig den Garaus.

Dank der staatlichen Initiative zur Rettung der Vesuvvillen („Ente per le ville vesuviane") konnten wenigstens einige dieser herrschaftlichen Sommerresidenzen des 18. Jh. gerettet werden. Auch wenn es sich nicht unbedingt um die schönsten handelt, lohnt sich eine Besichtigung, zumal man sie gut mit einem Herculaneumbesuch kombinieren kann. Besichtigt werden können die Vesuvvillen *Campolieto* (→ S. 219) und *Ruggiero* sowie der Park der *Villa Favorita.*

Wer sich hingegen eher für die historische Eisenbahnlinie interessiert, dem sei der Besuch des *Museo Ferroviario* in Portici empfohlen.

Öffnungszeiten Mo–Fr 8.30–13.30 Uhr, Eintritt 5 €, Ermäßigung mit Artecard. Via Pietrarsa, an der Bahnstation Pietrarsa/Portici.

Vesuvküste
Karte S. 213

> Historisches, Geologisches und Gegenwärtiges zum Vulkan ist im Kapitel „Vulkanismus und Vulkanlandschaften" ab S. 18 zu lesen.

die aromatische Tomatensorte *San Marzano*, die für die Herstellung der Tomatensoße (Pomarola) fast zu schade ist und von den Einheimischen deshalb auch gerne als Salattomate gegessen wird. Aber vor allem der Weinanbau hat am Vesuvio eine lange Tradition. Eine Rebsorte trägt den Namen *Greco* und verweist damit auf ihre antike griechische Herkunft. Wie so manche kulturelle Errungenschaft übernahmen die alten Römer auch den Weinanbau von den griechischen Kolonisatoren Unteritaliens und entwickelten ihn weiter. Die Vesuvbauern waren im Römerreich lange vor dem Katastrophenjahr 79 n. Chr. als Produzenten guter Weine bekannt und einige pompejanische Großgrundbesitzer betrieben einen einträglichen Weinhandel mit dem *Vinum vesuvianum*. In christlicher Zeit erhielt der bekannteste unter den Vesuvweinen den Namen *Lacrimae Christi* (Tränen Christi). Noch heute hängt die Weinproduktion von den Launen des ruhenden Vulkans ab. Wenn sich die Bergtemperatur, wie es 1983 zuletzt der Fall war, plötzlich um einige Grade erhöht, dann ist mit einer schlechten Ernte zu rechnen und in den Weinkellern der

Tiefer Vulkanschlot

Winzer verdirbt sogar der Wein in den Fässern, heißt es. Wer diese bäuerliche Region und ihre Kleinstädte etwas näher kennen lernen will, sollte einmal rund um den Vesuv fahren; am bequemsten ist das mit dem eigenen Fahrzeug oder mit der Vesuvbahn *Ferrovia Circumvesuviana* zu bewerkstelligen. Aber um es gleich vorwegzunehmen, bei dieser Umrundungstour sind keine besonderen Entdeckungen zu machen – sogar der Vesuv zeigt einem auf der Nordseite eher die kalte Schulter.

● *Anfahrt/Rund um den Vesuv* mit dem **Pkw** am besten Autobahn (A 2) bis Abfahrt „Napoli–San Giovanni", dann die S 268 über Sant'Anastasia und Ottaviano nach Boscoreale (→ S. 238). **Bahn**, mit der *Ferrovia Circumvesuviana*, Strecke Napoli–Ottaviano–Poggiomarino–Sarno, mehrere Haltebahnhöfe. Zwischen den Vesuvstädten verkehren auch **Bahnbusse**.

● *Übernachten/Essen und Trinken* **Fabric Hostel**, in Portici, 10 Fußminuten vom Circumvesuviana-Bahnhof Portici-Via Libertà. Komplett modernisierte Herberge in einer ehemaligen Weberei, junges, dynamisches Team. Modern eingerichtete Doppel- und Mehrbettzimmer. Angeschlossen ist ein Kulturclub sowie ein einfaches Restaurant. DZ mit Bad 50 €, DZ ohne eigenes Bad 40 €, im Mehrbettzimmer 12–16 €, Frühstück 2 €. Via Bellucci Sessa 22, ☏/✆ 081/7765874, www.fabrichostel.com.

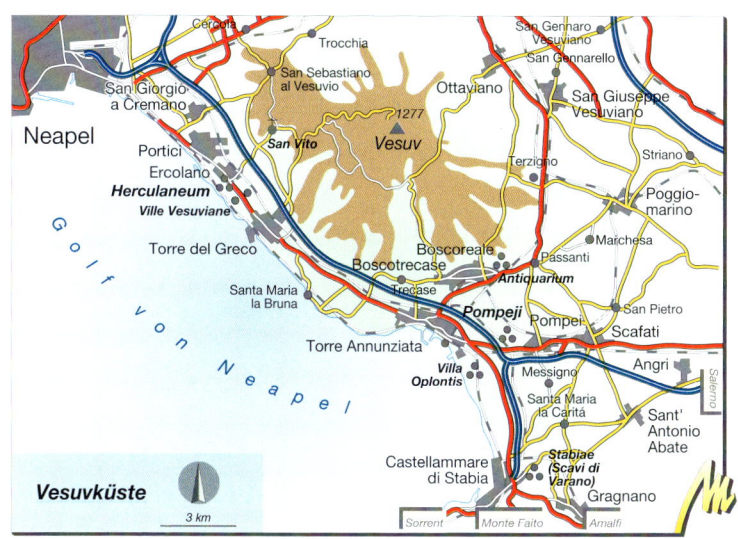

Neapel

Golf von Neapel

Vesuvküste

3 km

Vesuvküste Karte S. 213

Gipfelsturm

Der klassische Vesuvausflug führt von Ercolano auf den Gipfel und war lange Zeit eine sportliche Angelegenheit bzw. nur auf dem Maultierrücken zu bewältigen. Als der Vulkantourismus im späten 19. Jh. seinen ersten Höhepunkt erlebte, bauten geschäftstüchtige Unternehmer eine mechanische Drahtseilbahn, die einen bequemen Gipfelsturm ermöglichte. Dampfbetrieben brachte diese *Funicolare* ab 1880 unzählige Besucher von Ercolano fast bis an den Kraterrand. In der ersten Hälfte des 20. Jh. überstand sie sogar einige Erdstöße, aber mit der vorläufig letzten Terminaleruption von 1944 war es aus mit dieser legendären Vesuvbahn, der das weltbekannte neapolitanische Volkslied „Funiculì funiculà" gewidmet war. Ab 1953 wurde sie an gleicher Stelle durch einen Sessellift ersetzt, der bis zum verheerenden Erdbeben von 1980 schwindelfreie Ausflügler zum Gipfelbereich transportierte. Danach hatte der Berg für ein Jahrzehnt seine Gipfelruhe wiedergewonnen, denn der Krater durfte nicht mehr betreten werden. Seit 1991 schützt der *Parco Nazionale del Vesuvio* das gesamte Gebiet und ein neu angelegtes Wanderwegenetz bietet verschiedene Aufstiegsmöglichkeiten.

● *Anfahrt* mit dem **Pkw** ab *Ercolano* oder *Torre del Greco* über die Asphaltstraße an der Westflanke des Vulkans hinauf zur ehemaligen Bergstation des Sessellifts. Die Serpentinenstraße führt zunächst durch ein weitläufiges Wohngebiet mit Obst- und Gemüsegärten, dann folgen macchiabewachsene Schlackenfelder, Wald, vereinzelt Landhäuser und Ausflugsrestaurants. Unterwegs sieht man je nach Jahreszeit Einheimische auf der Suche nach Kräutern, Pilzen oder Wildgemüse (z. B. grüner Spargel). Auf halber Höhe geht es vorbei am vulkanologischen Institut *Osservatorio vesuviano*. Das rote Gebäude stammt noch aus der Bourbonenzeit, als erstmals ein wissenschaftliches Interesse am Vulkan aufkam. Die Straße endet in ca. 1000 m Höhe *(Quota mille)* auf einem gebührenpflichtigen **Parkplatz**; unmittelbar oberhalb dann der vegetationslose Krater.

Busse der Gesellschaft *EAV* **ab Napoli/Piazza Garibaldi** (2-mal tägl.) und **ab Pompeji/Piazza Anfiteatro** (ungefähr stündlich) auf den Vesuv, mit Unico-Campania-Ticket.

Private **Kleinbusse** stehen hingegen am Circumvesuviana-Bhf. Ercolano/Scavi bereit; z. B. mit *Vesuvio Express* tägl. ab 9 Uhr im 40-Min.-Rhythmus auf Quota mille, hin und zurück 10 € pro Pers. (nur 20 Min. Fahrzeit).

● *Aufstieg* Vom Parkplatz (Quota mille) schlängelt sich eine relativ steile Schotterpiste zum Kraterrand hoch (ca. 30 Min. Gehzeit); kurz vor dem Kraterrand dann die **Kasse** (6,50 € pro Pers.!). Der Kraterrand ist etwa zur Hälfte begehbar und zwar auf der Meerseite, d. h. herrlicher Panoramablick über den gesamten Golf. Faszinierend ist auch der Blick in den tiefen Krater mit seinen steilen Felswänden und dunklen Geröllhalden; Farbabstufungen von Hellgrau bis Tiefschwarz. Heiße Dampffahnen (Fumarolen) steigen meist nur an wenigen Stellen auf, aber die Fumarolentätigkeit schwankt je nach Laune des Vulkans. Im Kraterbereich stehen einige Souvenir- und Erfrischungsbuden.

Tipps: Bei klarem Wetter ist der Gipfelsturm ein Genuss; sieht man jedoch den Gipfel schon von unten im Dunstschleier, kann man sich die Auffahrt gleich sparen.

Und nicht von den sonnigen Temperaturen an der Küste täuschen lassen, je höher man kommt, desto frischer wird es. Außerdem braucht man für die Kraterbesteigung festes Schuhwerk. Aber auch damit den Trampelpfad nicht verlassen, auf den rutschigen Kraterhängen besteht Verletzungsgefahr.

● *Wandern* Mit der Einrichtung des **Parco Nazionale del Vesuvio** wurde nach und nach auch ein Wanderwegenetz angelegt, das Alternativen zur oben beschriebenen Massen-Gipfelbesteigung bietet. Detaillierte **Nationalpark-Wanderkarte** siehe S. 70. Sentiero Nr. 3 ist z. B. als Naturlehrpfad angelegt und führt vom *Osservatorio vesuviano* durch ein Waldgebiet auf den Grat des Monte Somma.

● *Essen und Trinken* entlang der Zufahrtsstraße zum Gipfel ein gutes Dutzend Ausflugsrestaurants. Eine gute Adresse ist die **Casa Rossa**, alteingesessener Familienbetrieb, leckere Pizzen, Primi und Secondi. Schöner Blick auf die Golfbucht. Von Torre del Greco kommend ca. 3 km, Via Vesuvio 42, ✆ 081/7779763, Di Ruhetag.

Ercolano

Dieser wild gewachsene Vorort von Neapel ist nicht nur Ausgangspunkt für die Vesuvbesteigung, hier befinden sich auch das archäologische Ausgrabungsgelände der antiken Ruinenstadt *Herculaneum* sowie einige der herrschaftlichen *Vesuvvillen* aus dem 18. Jh.

● *Information* am Bahnhofsvorplatz, Via IV. Novembre 82, ✆ 081/7881243, nur vormittags.

● *Verbindungen* mit der Ferrovia Circumvesuviana, Bahnhof Ercolano/Scavi.

● *Einkaufen* vormittags täglich (auch So) stimmungsvoller Lebensmittel- und Klamottenmarkt im Zentrum von Ercolano an der Straße zu den Ausgrabungen.

● *Essen und Trinken* Ganz passabel ist die **Pizzeria La Fornacella** am Bahnhofsvorplatz.

Herculaneum (Scavi di Ercolano)

Ein Opfer des tragischen Vesuvausbruchs vom 24. August 79 n. Chr. – aber längst nicht so populär wie die Schicksalsgenossin Pompeji. Zähe Ströme aus heißem Lavaschlamm begruben Herculaneum damals vollständig. Über 1600 Jahre schlief die Stadt gut 15 m unter dem heutigen Bodenniveau in harten vulkanischen Schichten. Nur mühsam konnte bisher ein Viertel der bereits 1709 entdeckten antiken Ruinenstadt freigelegt werden. Schonungslos wird das noch verschüttete Areal von den armseligen Wohnbauten des modernen Ercolano bedrängt und überragt.

In vorrömisch-samnitischer Zeit befand sich der Ort in landschaftlich reizvoller Lage zwischen zwei Flussmündungen auf einer leichten Anhöhe direkt am Meer. Die Bewohner lebten vermutlich größtenteils vom Fischfang. Später entwickelte sich Herculaneum ähnlich wie Pompeji zu einer römischen Kleinstadt. Wie die frei-

Monumentale Freskenzyklen

gelegten Stadtviertel, Wohnhäuser, Geschäfte und öffentlichen Bauten zeigen, war Herculaneum mit geschätzten 4000 Einwohnern deutlich kleiner als das benachbarte Pompeji. Die Bevölkerungsstruktur war jedoch wesentlich heterogener, worauf u. a. die einfachen Werkstätten und Läden der lokalen Handwerker und Händler schließen lassen. Auch ein anderer Häusertyp, eine Art Fachwerkhaus mit hölzernem Vordach, ergänzt die aus Pompeji bekannten altrömischen Stadthäuser und -villen. Außerdem sind zahlreiche gut erhaltene Bodenmosaiken, Wandfresken, Stuckdekorationen sowie verkohltes Holzinterieur auf dem archäologischen Gelände zu sehen, während die kostbaren Fundstücke natürlich ins Nationalmuseum von Neapel gewandert sind. Einzigartig sind die erhaltenen oberen Stockwerke der Gebäude, die Rückschlüsse auf die damaligen Raumverhältnisse und Bautechniken zulassen. Während der Bezirk des Stadtforums noch im Verborgenen schlummert, konnten die luxuriös ausgestatteten *Terme Suburbane* bereits freigelegt werden. Bald wird auch die außerhalb der Stadtmauern stehende *Villa dei Papiri*, die gerade erst vollständig ans Licht gebracht wird, zu den Herculaneum-Attraktionen gehören. Es handelt sich um eine der größten Vorstadtvillen des Vesuvgebiets, in deren Bibliothek ca. 2000 verkohlte Papyrusrollen zutage gefördert wurden, daher der Name der Villa.

Mit ca. 300.000 Besuchern jährlich wird das antike Freilichtmuseum Herculaneum touristisch nicht annähernd so stark frequentiert wie das weltberühmte Pompeji. Die Besucherschlangen vor den einzelnen Gebäuden halten sich auch in der Hauptreisezeit in Grenzen und mit viel Glück schlendert man sogar ganz allein über eine holprige Pflastergasse und kann seine Zeitreise in die Antike ungestört genießen. – Und längst ist es kein Geheimnis mehr: der Pflege- und Erhaltungszustand von Herculaneum ist besser als derjenige von Pompeji, was den Erlebniswert um einiges steigert!

Vesuvküste Karte S. 213

● *Anfahrt/Verbindungen* **Pkw**, Autobahnausfahrt Ercolano, dann 1 km meerwärts (beschildert mit „Ercolano Scavi"). Gebührenpflichtiger Parkplatz am Ausgrabungsgelände.
Bahn, mit der *Ferrovia Circumvesuviana* von Neapel bis Ercolano/Scavi, ca. 500 m südwestlich der Stazione liegen die Ausgrabungen, Eingang am Corso Resina.

● *Öffnungszeiten* tägl. 8.30–19.30 Uhr, Nov. bis März nur bis 17 Uhr. Eintritt mit **Artecard**, Einzelticket 11 €, Kombiticket inkl. Pompeji, Oplontis, Stabia sowie Boscoreale 20 € (3 Tage gültig). Die neuen Audioführer (6,50 €) gibt es jetzt auch auf Deutsch. Infos unter www.pompeiisites.org.
Villa dei Papiri, siehe oben, aktuelle Infos ☎ 081/8575347, www.arethusa.net.

Besichtigung: Vom Eingang führt ein abschüssiger Weg seitlich am Ausgrabungsgelände entlang bis hinunter zum meerseitigen Stadttor von Herculaneum, der *Porta Marina*. Auf dem erhöhten Weg überblickt man das rechtwinklige Gelände gut: Drei schmale Längsgassen in Nord-Süd-Richtung *(Cardo I, II und III)* werden von zwei Querstraßen (*Decumanus maximus* und *Decumanus inferiore*) gekreuzt. Auf dem freigelegten Gebiet befinden sich ca. 30 Stadthäuser, teilweise sogar noch mit Unter- und Obergeschoss, sowie einige öffentliche Bauten. Doch wegen Personalmangels und/oder Ausbesserungsarbeiten sind nicht immer alle Gebäude zur Besichtigung freigegeben.

Zunächst führt ein Tunnelweg hinunter zu den Thermen am Meer (1), die weitaus luxuriöser ausgestattet waren als die unten erwähnten Stadtthermen. Seit ihrer Wiedereröffnung gehören die *Terme Suburbane* zu den interessantesten Gebäudekomplexen des Freilichtmuseums. Vom Säulenatrium der Thermen verzweigen sich fünf Räume mit gut erhaltenen Marmorfußböden und Wanddekorationen. Im hinteren Teil befindet sich der Warmbaderaum *(Tepidarium)* mit dem großen Marmorbecken, gleich daneben das kreisförmige Schwitzbad *(Laconicum)*. Durch die freigelegten Fensteröffnungen, vor denen heute nackte Tuffwände aufragen, dürfte man früher den Strand und das Meer gesehen haben.

Der Thermalkomplex wird ebenso wie die benachbarte Südterrasse und der angrenzende Sakralbezirk von der imposant gewölbten Stadtmauer getragen. Der heilige Bezirk *(Area sacra)* Herculaneums, dessen Funktion noch nicht ganz erforscht ist, war u. a. der Göttin Venus geweiht.

Am Anfang des *Cardo III* dann das herrschaftliche Villengrundstück mit

Marmorstatue eines Volkstribuns

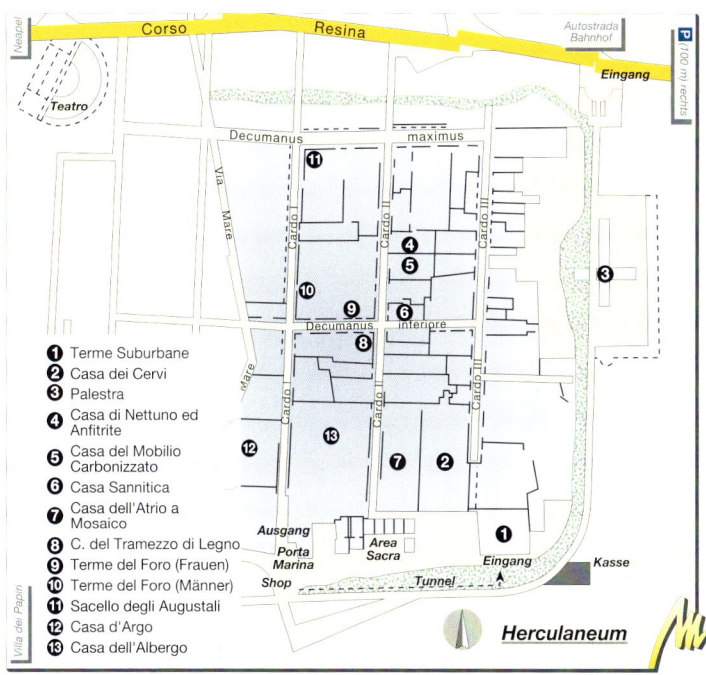

Corso   Resina
Autostrada
Bahnhof
Eingang
Teatro
Decumanus   maximus

❶ Terme Suburbane
❷ Casa dei Cervi
❸ Palestra
❹ Casa di Nettuno ed Anfitrite
❺ Casa del Mobilio Carbonizzato
❻ Casa Sannitica
❼ Casa dell'Atrio a Mosaico
❽ C. del Tramezzo di Legno
❾ Terme del Foro (Frauen)
❿ Terme del Foro (Männer)
⓫ Sacello degli Augustali
⓬ Casa d'Argo
⓭ Casa dell'Albergo

Ausgang
Porta Marina
Shop
Area Sacra
Eingang
Tunnel
Kasse

Herculaneum

dem *Haus der Hirsche* (2). Es stammt aus der Mitte des 1. Jh. und besticht durch seinen besonders aufwändig angelegten Skulpturengarten, zu dem auch ein Sommerspeisesaal sowie eine Terrasse mit Meerblick gehören.

An der ersten Straßenecke, dort wo sich die deutlich zu erkennende Ladentheke mit den eingemauerten Tonkrügen befindet, gelangt man zum unvollständig ausgegrabenen Sportplatz von Herculaneum, der *Palästra (3).* Von dem Säulengang, der sie einst vollständig umgab, sind zwei Säulenreihen komplett freigelegt worden. In der Mitte der Sportstätte, zu der auch eine große Zuschauerloggia gehörte, befand sich ein kreuzförmiges Wasserbecken mit einer Bronzefigur.

Beim anschließenden *Decumanus maximus* handelt es sich um die Hauptstraße Herculaneums, an der auch einige öffentliche Gebäude zu besichtigen sind. Der tempelartige *Sitz der Augustalen* (11), der während der Regierungszeit Augustus' errichtet wurde, diente dem Kaiserkult und weist noch besonders gut erhaltene, motivreiche Wandfresken auf. Das angrenzende *Sacellum* (11) war hingegen dem Herkuleskult gewidmet, mythologische Herkulesfresken glorifizieren den griechischen Helden, dem die antike Stadt ihren Namen verdankt.

An der Straßenecke *Cardo I/Decumanus inferiore* betrieb jemand eine kleine Weinschenke; sicherlich eine ideale Lage, denn die öffentlichen Stadtthermen, die die Badegäste vermutlich durstig verließen, waren nur ein paar Schritte entfernt. Den *Männertrakt der Thermen* (10) betritt man vom Cardo I aus; die Baderäume sind noch vollständig mit Mosaikböden, Sitzbänken und Konsolen ausgestattet.

Die Wände des Kaltbaderaums *(Frigidarium)* mit dem runden Wasserbecken zeigen Dekorationen mit Meerestieren. Der an ein Freigelände mit Portikus grenzende *Frauentrakt der Thermen* (9) ist ebenfalls gut erhalten. Der Mosaikfußboden des Umkleideraums *(Apodyterium)* weist besonders motivreiche Verzierungen auf.

Am *Cardo II* dann ein *Haus mit verkohltem Holzinterieur* (5). Daneben das *Haus von Poseidon und Amphitrite* (4), in dem ein vollständig mit Mosaiken verkleidetes Nymphäum zu sehen ist. Zu diesem Haus gehört auch ein großer Laden mit Obergeschoss, wo Lebensmittel in Amphoren und anderen Tongefäßen auf Holzregalen gelagert wurden.

An der Ecke *Cardo II/Decumanus inferiore* steht ein *samnitisches Atriumhaus* aus vorrömischer Zeit (6), das allerdings mehrfach umgebaut worden ist. Typisch für diesen ältesten Häusertyp Herculaneums ist das hölzerne, balkonartige Vordach.

Schräg gegenüber dann das *Haus mit der hölzernen Zwischenwand* (8); hier ist die zentrale Holzwand, die in einem römischen Haus den Empfangsraum *(Tablinum)* vom Atrium trennt, nahezu vollständig erhalten geblieben.

Am unteren Ende des *Cardo II* betritt man das *Haus mit dem mosaizierten Atrium* (7); einst eine prächtige Stadtvilla mit kunstvoller Ausstattung und Garten.

Am Ausgang steht das größte Wohnhaus der Stadt (13); es handelt sich nicht wie anfangs angenommen um ein Gasthaus, sondern um ein ehemaliges Patrizierhaus, das in ein Mehrfamilienhaus umgebaut worden ist.

Das gegenüberliegende *Haus des Argus* (12) besticht durch seinen großen, von Säulen umgebenen Innenhof *(Peristyl)*.

Villa Campolieto

Die Villa Campolieto

Die Villa Campolieto ist eine der berühmten Vesuvvillen (→ S. 211). Das repräsentative Gebäude mit der großen Kolonnadenterrasse haben wir uns außen mit Begeisterung angeschaut, waren allerdings ein wenig enttäuscht über die völlig leeren Säle im Inneren. Einzig die mehr oder weniger kunstvollen Wand- und Deckenfresken schmücken dieses stattliche Anwesen. Ein architektonischer Lkckerbissen ist jedoch das Treppenhaus, dessen Entwurf *Luigi Vanvitelli* zugeschrieben wird, dem Erbauer der Reggia di Caserta.

• *Anfahrt* **Bahn**, mit der Ferrovia Circumvesuviana bis zum Bahnhof Ercolano/Miglio d'oro.
Pkw, ca. 1 km östlich von Herculaneum; sichere und gebührenfreie Parkmöglichkeit auf dem Villengrundstück am Corso Resina 283.
• *Öffnungszeiten* Campolieto, Ruggiero und Parco Favorita tägl. (außer Mo) 10–13 Uhr, Eintritt 3 €, bzw. mit Artecard.

Am Eingang zur Villa Campolieto erhält man ein Faltblatt mit Erläuterungen, auf dem auch die Lage der ebenfalls zur Besichtigung freigegebenen Villa **Ruggiero** sowie des Parks der Villa **Favorita** verzeichnet ist.

Pompei

Am Rande des antiken Freilichtmuseums Pompeji hat sich ein unschönes und unüberschaubares Konglomerat aus Parkplätzen, Buden, Geschäften, Hotels und Restaurants entwickelt – gewissermaßen der planlos entstandene, kommerzielle Empfangsbereich Pompejis. Hier wird die antike Ausgrabungsstätte ausgiebig in Souvenirformat vermarktet und selbst ernannte Fremdenführer bieten ihre Dienste an.

Abseits davon erstreckt sich die neue Stadt Pompei, die nach dem Bau des 1891 geweihten *Santuario della Madonna del Rosario* entstanden ist. Kaum zu glauben, aber diese relativ junge Wallfahrtskirche zieht alljährlich mehrere Millionen Pilger aus ganz Italien an und hat insgesamt mehr Besucher zu verzeichnen als das antike Pompeji. Allerdings handelt es sich bei diesem Pilgerziel auch um eine außergewöhnliche Einrichtung, denn hier wird sehr konkret geholfen. Die Pilgerspenden fließen nämlich in die angeschlossenen Erziehungsheime, in denen weit über 1000 Waisenkinder aus ganz Italien behütet aufwachsen. Vom Glockenturm des Santuario hat man übrigens einen schönen Blick auf die Ruinenstadt (*Campanile*, tägl. 9–13 Uhr und 15–17 Uhr).

• *Übernachten/Essen und Trinken* ** **Villa dei Misteri**, relativ moderner Zweckbau mit Motelcharakter, direkt an der Bahn und Autobahn gelegen. 40 Zimmer, Parkplatz, Hotelrestaurant und Pool. DZ 70 €, Frühstück 7 € pro Pers. In unmittelbarer Nähe der Porta Marina (Eingang zum Ausgrabungsgelände), an der Straße zur gleichnamigen pompejanischen Villa, ✆ 081/8613593, ✆ 081/8622983, www.villadeimisteri.it.
B&B Casa Country Villa Pompei, kleines, hübsches Landhaus mit Parkplatz, unmittelbar am Ausgrabungsgelände (Porta Marina), ein Lesertipp. DZ 60–80 € inkl. Frühstück. Via Traversa Andolfi 23, ✆ 081/5369869, www.villapompei.it.

• *Camping* *** **Pompei**, *** **Spartacus** und * **Zeus**, drei Plätze in unmittelbarer Nähe der Ausgrabungen, Lärm durch Autobahn bzw. Bahnlinie; Camper sollten eher auf die Plätze bei Sorrent ausweichen.
• *Essen* **Il Principe**, alteingesessenes Ristorante im Zentrum von Pompei, bekannt für seine außergewöhnliche Küche nach überlieferten antiken Rezepten (*A tavola con gli antichi Romani*). Eine Pasta-Spezialität sind die *Vermicelli con garum* (Garum wurde im alten Pompeji aus Fisch, Salz und verschiedenen Kräutern hergestellt und sogar bis nach Rom exportiert). Sehr vornehmes Ambiente, gehobene Preise, Menu degustazione über 50 €. Piazza Bartolo Longo 1, ✆ 081/8505566, Sonntagabend und Mo geschlossen.

Vesuvküste
Karte S. 213

Symbolträchtige Fresken schmücken die pompejanischen Stadtvillen

Pompeji   (Scavi di Pompei)

Am 24. August des Jahres 79 ereignete sich der fürchterlichste aller Vesuv-ausbrüche und ließ das Leben im Umkreis von 10 bis 15 km erlöschen. Ein meterdicker Eruptionsregen begrub dabei auch die ahnungslose römische Provinzstadt Pompeji in ihrer morgendlichen Geschäftigkeit – und konser-vierte sie für die staunende Nachwelt.

Über zwei Millionen begeisterte Besucher zieht es jährlich in die absolut größte antike Ruinenstadt, wo das römische Stadtleben der frühen Kaiserzeit lebendiger wird als in einem Historienfilm. Unbedingt einen halben bis ganzen Tag einplanen für dieses weitläufige Ausgrabungsgelände mit den sich kreuzenden Pflasterstra-ßen, Wohnhäusern, Geschäften, Thermen, Tempeln und Theatern. Ein faszinieren-der Ausflug in die Antike, der zum hautnahen Erlebnis wird, anschaulich und de-tailreich – obwohl offensichtliche Misswirtschaft und unzureichende Pflege diese einzigartige Ruinenstadt, die zum Weltkulturerbe der UNESCO gehört, nach wie vor bedrohen. Und dran denken: Erst der Besuch des Archäologischen National-museums von Neapel macht den Gesamteindruck komplett, denn dort werden die kostbarsten Fundstücke und farbenfrohen Wandfresken aus Pompeji aufbewahrt.

● *Anfahrt/Verbindungen* **Pkw**, A 3, Abfahrt „Pompei ovest". Das Ausgrabungsgelände befindet sich unmittelbar an der Ausfahrt; es gibt mehrere gebührenpflichtige Parkplätze.
Bahn, ideale Verbindung mit der *Ferrovia Circumvesuviana*, Strecke Napoli-Sorrento, der Haltebahnhof heißt Pompei-Villa Miste-ri. Einzelfahrt von Neapel (Stazione centra-le) bzw. von Sorrent ca. 2 € bzw. mit Unico-Campania-Ticket, Fahrzeit ca. 40 bzw. 30 Min.; direkt gegenüber dem Bhf. liegt die Porta Marina, einer der drei Eingänge zum Ausgrabungsgelände.
Bus, von Pompeji/Piazza Anfiteatro fahren vormittags stündlich Busse der Gesell-schaft *EAV* auf den Vesuv, Tagesticket 9 € bzw. mit Unico-Campania-Ticket.

• *Öffnungszeiten/Allgemeines* tägl. 8.30–19.30 Uhr, von Nov. bis März nur bis 17 Uhr. Eintritt mit **Artecard**; Einzelticket 11 €. Außerdem Kombiticket zu 20 € inkl. Herculaneum, Oplontis, Stabia und Boscoreale, drei Tage gültig. Eingänge an der *Porta Marina* (am Bhf.), am *Anfiteatro* und an der Piazza Esedra. An allen Eingängen Gepäckaufbewahrung, Audioführer (6,50 €) nur an der Porta Marina. Einen detaillierten Faltplan sowie einen Leitfaden gibt es gratis. Infostand und Buchladen an der Porta Marina und Piazza Esedra.
Ein frisch gepresster Orangensaft an einer der zahlreichen Bars und Buden vor den Eingängen stärkt zumindest für den Anfang. Auf dem Gelände gibt es ein einfaches *Mensarestaurant* mit Barbetrieb sowie das neue *Archeorestaurant*; wer sich Verpflegung mitbringt, begeht allerdings keinen Fehler.

> **www.pompeiisites.org** – attraktive Website zu Pompeji, Herculaneum, Oplontis, Stabia und Boscoreale mit aktuellen Infos, z. B. über kulturelle Veranstaltungen im antiken Teatro Grande oder die beliebten Nachtspaziergänge *Pompeji by night*.

Pompeji/Geschichte

Ähnlich wie der gesamte Golf von Neapel geriet auch die kleine oskische Bauernsiedlung am Fuße des Vesuvs ab dem 7. Jh. v. Chr. langsam unter griechischen Einfluss und entwickelte sich in der Folgezeit nach griechischem Vorbild. Allerfrühestes Zeugnis dafür ist der in Pompeji nachgewiesene griechische Apollokult samt Apollotempel. Der erste Wohnbezirk sowie die ältesten Befestigungsmauern bezeugen ebenfalls griechische Bauweise. Im 5. Jh. v. Chr. erfolgte dann die gewaltsame Übernahme der Siedlung durch die Samniten, die einen plötzlichen Bevölkerungszuwachs nach sich zog. Doch trotz der samnitischen Bevölkerungsmehrheit verlief die urbane Entwicklung wie in der gesamten Golfregion weiter nach griechischem Muster. Erst nach den Samnitenkriegen (328–326 v. Chr.) setzten die Römer allmählich städtebauliche und politische Akzente in Pompeji.

Das Amphitheater: Parallel zur Entwicklung des privaten Häuserbaus entstanden auch die öffentlichen Gebäude des römischen Pompejis, die alle dem bescheidenen Rahmen einer Kleinstadt angemessen waren. Einzig das Amphitheater machte da eine Ausnahme, denn es überstieg die städtischen Verhältnisse, weil die Kapazität der Arena mit 20.000 Plätzen zusätzlich auf einige benachbarte Städte ausgerichtet war. Und so war es auch eine Veranstaltung in dieser antiken Vergnügungsstätte, die 59 n. Chr. überregionales Aufsehen erregte, ja sogar Rom beschäftigte:

> „Es geschah während eines Gladiatorenkampfes, den Livineius Regulus veranstaltete. Zügellos, wie die Bewohner kleiner Städte sind, neckten und beschimpften sie sich zuerst, dann griffen sie zu Steinen und schließlich zu den Waffen. Das Volk von Pompeji, wo die Spiele stattfanden, behielt die Oberhand. Viele Bewohner von Nuceria [Nocera] wurden verstümmelt und verwundet nach Rom transportiert. Zahlreich waren diejenigen, die einen Sohn oder einen Vater beweinten. Der [römische] Princeps übertrug die gerichtliche Entscheidung der Angelegenheit dem Senat, der Senat verwies sie an die Konsuln. Bei der neuerlichen Verhandlung vor dem Senat wurden der Stadt Pompeji für zehn Jahre alle derartigen Zusammenkünfte verboten. Livineius und die anderen Anstifter des Kampfes wurden mit dem Exil bestraft."
>
> (aus: Robert Etienne, „Pompeji" → S. 70)

Vesuvküste
Karte S. 213

Dieses Urteil des römischen Senats über das Massaker in der Arena von Pompeji war ein harter Schlag; schließlich hieß die innenpolitische Devise des Römischen Reiches *panem et circenses* und ein Verbot der öffentlichen Spiele ließ das Ansehen einer Stadt sowie das innerstädtische Stimmungsbarometer fast auf den Nullpunkt sinken. Aber es sollte – auf eine andere Art – noch schlimmer kommen für Pompeji.

Katastrophenprolog: Am 5. Februar 62 n. Chr. ereignete sich ein schweres Erdbeben, in dessen Epizentrum Pompeji lag. Seit jeher waren die Vesuvstädte leichte Erdstöße gewohnt, aber mit einer derartigen Naturkatastrophe rechnete wohl niemand. Kamen Neapel und Nocera noch glimpflich davon, blieb in Pompeji kein Stein auf dem anderen. Die Stadt bot ein Bild der Verwüstung und Verzweiflung. Sogar in den naturwissenschaftlichen Schriften *Senecas* finden diese Zerstörungen Erwähnung. Dem Erdboden gleichgemachte Tempel, Häuser, Mauern – kein öffentliches Gebäude, kein religiöses Bauwerk, kein Privathaus war verschont geblieben. 17 Jahre vor dem katastrophalen Vesuvausbruch legte also ein Erdbeben die leidgeprüfte Stadt in Schutt und Asche. Trotz der massiven Schäden wurde Pompeji von den Überlebenden nicht aufgegeben; doch bei der Schadensbeseitigung waren sie auf sich selbst gestellt, da Rom keine Wiederaufbauhilfe leistete. Mangels Geld, Baumaterial und Handwerkern zogen sich die Sanierungsarbeiten jahrelang hin. Vieles deutet darauf hin, dass der Wiederaufbau Pompejis im Katastrophenjahr 79 noch längst nicht beendet war. Wahrscheinlich hatte die Stadt gerade wieder Lebensmut geschöpft, als der Vesuvausbruch alles zunichte machte. Wer sich heute aufmerksam durch die Museumsstadt Pompeji bewegt, erkennt vor allem an der Bausubstanz der unverputzten Häuser, wie notdürftig das Mauerwerk nach dem Erdbeben in Stand gesetzt worden war: Mit behauenen Bruchstücken nach dem Arenaverbot von 59 n. Chr.aus Tuff und Kalkstein, Ziegeltrümmern und stellenweise sogar mit Pflastersteinen.

Pompeji unter Nero: Ein weiteres Ereignis sprengte in dieser Zeit den kleinstädtischen Rahmen Pompejis und ließ der Stadt überregionale Aufmerksamkeit zuteil werden. Eine hübsche Pompejanerin aus reichem Haus wurde im Erdbebenjahr 62 die zweite Frau von Kaiser Nero. Der Kaiser, der Pompeji vermutlich niemals betreten hatte, genoss in der Stadt allein bedingt durch die Hochzeit eine ganz besondere Popularität, obwohl es eigentlich genügend Gründe gab, ihn zu verteufeln. Denn das Senatsurteil des Jahres 59, das den Pompejanern für zehn Jahre alle Spiele im Amphitheater untersagt hatte, fiel mit der Zustimmung Kaiser Neros und nach dem Erdbeben von 62 war es wieder Nero, der dem zerstörten Pompeji Aufbauhilfe verweigerte. Im gleichen Jahr heiratete er dann die Pompejanerin *Poppäa Sabina,* die aus einer angesehenen Patrizierfamilie stammte, welche mehrere Häuser in Pompeji besaß. Die einzige positive Auswirkung, die diese Ehe für die Stadt hatte, bestand darin, dass Nero sich noch im Jahr 62 zu einer Aufhebung des Arenaverbots erweichen ließ. Aber was bedeutete diese kulante kaiserliche Geste schon für das nahezu vollständig zerstörte Pompeji, dessen Amphitheater ebenfalls schwer erdbebenbeschädigt war? – Poppäa Sabina lebte zeitweise in der *Villa Oplontis* (→ S. 239) bei Pompeji, bis sie im Jahr 65 an den Misshandlungen, die ihr Nero zugefügt hatte, starb. Unter den zahlreichen politischen Graffiti, die man bei den Ausgrabungen Pompejis entdeckt hatte und entziffern konnte, befinden sich auch einige, die Neros Popularität belegen; da heißt es z. B. „Es lebe der kaiserliche Beschluss [Aufhebung des Spieleverbots], es leben die Beschlüsse des Kaisers und der Kaiserin, es lebe die Kaiserin Poppäa!"

Leben und Sterben in Pompeji: Wie soll man sich die römische Stadt zum Zeitpunkt des tragischen Vulkanausbruchs von 79 n. Chr. vorstellen? Ein bisschen so wie es im Historienschinken „Die letzten Tage von Pompeji" (1959) mit den Mitteln eines gut ausgestatteten Filmstudios inszeniert worden ist? Der flavische *Kaiser Titus* hatte gerade die Macht in Rom übernommen und die kleine Provinzstadt Pompeji mit schätzungsweise 15.000 Einwohnern wurde von einem kaisertreuen Ädilen verwaltet, der neben der militärischen Aufsicht auch für die Lebensmittelversorgung und die Ausrichtung der öffentlichen Spiele verantwortlich war. Der Wohlstand und die architektonische Pracht Pompejis hielten sich in Grenzen, waren nicht mit den bevorzugten Städten des Imperiums zu vergleichen und schon gar nicht mit Baiae (→ S. 138) oder Rom. Pompeji war für damalige Verhältnisse eine ganz normale, landwirtschaftlich ausgerichtete Kleinstadt, in der die adligen Großgrundbesitzer zur Oberklasse gehörten, ebenso wie die Kaufleute, Bankiers und Gelehrten. Die zweite gesellschaftliche Schicht bildeten vor allem Handwerker, kleine Händler und Freigelassene (ehemalige Sklaven), während Tagelöhner und abhängige Sklaven zur untersten Schicht zählten. Vor den Toren der Stadt, auf den fruchtbaren Landgütern der unteren Vesuvhänge lebten noch etwa 5000 Bauern verstreut. Wahrscheinlich ging die Stadt- und Landbevölkerung von Pompeji gerade ihren alltäglichen Geschäften nach, als sich die Katastrophe ereignete, die wohl kaum jemand überlebte.

„Im Hause des Fauns konnten sich die Eigentümer nicht dazu entschließen, ihre Schätze im Stich zu lassen. In aller Eile suchte die Hausherrin ihre kostbarsten Besitztümer zusammen: goldene Armreifen in Schlangenform, Haarnadeln, Ohrringe, einen silbernen Spiegel und eine mit Goldstücken gefüllte Börse; dann erst wandte sie sich zur Flucht. Aus Angst vor der Asche kehrte sie ins tablinum (Wohnraum zum Atrium hin ausgerichtet) zurück; kurz darauf stürzte das Dach ein und begrub die Unglückliche samt ihren Schätzen unter sich. Die anderen Hausbewohner erstickten in ihren Verstecken.

Die öffentlichen Gebäude und die Tempel boten ebenso wenig Schutz wie die Privathäuser. Die Priester der Isis waren im triclinium (großer Speiseraum) um einen Tisch versammelt, der mit Brot, Wein, Geflügel, Eiern und Fisch bestellt war, und nahmen ihre Mahlzeit ein. Angesichts des Vulkanausbruchs beschlossen sie, einem aus ihrem Kreis den Tempelschatz anzuvertrauen: sie beluden ihn mit einem Sack, in den sie frisch geprägte Goldmünzen mit dem Bildnis des Titus, die Statuetten der Isis und Trinkschalen hineingepackt hatten; aber der Unglückliche kam trotz seiner Eile nicht weiter als bis zur Ecke der Via dell'Abbondanza; er stürzte, und der Inhalt seiner Bürde verstreute sich. Zwei seiner Begleiter wurden erschlagen, als ein Teil der Kolonnade des Forum triangolare zusammenbrach.

Die Gladiatorenkaserne wurde zu einer tödlichen Falle für ihre Bewohner. Der Tod ereilte dort dreiundsechzig Menschen, unter ihnen eine vornehme Dame von Pompeji, die herrlichen Schmuck trug: ein Smaragdkollier, Ohrringe und Armbänder. Sie war wohl gekommen, um einem Helden der Arena ihre Bewunderung auszudrücken."

(aus: Robert Etienne, „Pompeji" → S. 70)

Vesuvküste
Karte S. 213

Mit dem plötzlichen Ausbruch des Vesuvs verfinsterte sich der Himmel und die vulkanischen Auswurfmassen prasselten auf die Stadt nieder. Als die Pompejaner die Gefahr begriffen hatten, rafften sie eilig das Wertvollste unter ihren Habseligkeiten zusammen und flohen in Richtung Meer. Doch die meisten von ihnen schafften es nicht einmal bis zu den Stadttoren, sie erstickten in ihren Häusern oder auf den Straßen im Getöse der Auswurfmassen und einstürzenden Bauten: So oder so ähnlich jedenfalls muss sich der Tod in Pompeji ereignet haben. Und als die Vulkanasche erkaltet war, geriet diese verschüttete römische Kleinstadt, die im Getriebe des expandierenden Imperiums nur eine Statistenrolle spielte, langsam in Vergessenheit, bis sie fast 1700 Jahre später in allen Einzelheiten wieder ans Tageslicht kam. Heute veranschaulichen die Gipsabdrücke der Getöteten das schreckliche Drama am eindrucksvollsten.

Gras über Pompeji: Als Kaiser Titus alles, was nach dem Unglück noch aus der Vulkanasche emporragte, einebnen ließ und nachdem die Plünderer ihre weitgehend vergebliche Schatzsuche eingestellt hatten, wuchs das sprichwörtliche Gras bald im wahrsten Sinne des Wortes über die Stadt. Aber der Name Pompeji überdauerte die folgenden Jahrhunderte in den Schriften der Chronisten. Die Renaissance zeigte erstmals wieder Interesse am klassischen Altertum und in antiken Texten stieß man u. a. auf den von Plinius verfassten Bericht über den Vesuvausbruch des Jahres 79 (→ S. 20). Ganz nah, wenn auch zufällig, kam man dem untergegangenen Pompeji gegen Ende des 16. Jh., als eine unterirdische Wasserleitung vom Fluss Sarno ins heutige Torre Annunziata gelegt wurde. Obwohl die Bauarbeiten das Amphitheater und das Forum streiften, wusste man nichts mit den Entdeckungen anzufangen.

Grabungsgeschichte: Erst Anfang des 18. Jh., als die Bourbonen Süditalien von Neapel aus regierten, begann eine fieberhafte Suche, wobei Herculaneum (1709) und Pompeji (1748) durch systematische Grabungen wieder ans Tageslicht kamen. Weil die harten und meterdicken Schichten Herculaneums Freilegung erheblich erschwerten, konzentrierten sich die Ausgrabungen bald auf Pompeji, wo die Schichten leichter und schneller abzutragen waren. Unter den staunenden Augen der Weltöffentlichkeit kam langsam ein authentisches Stück römischer Antike zum Vorschein. Doch man grub in dieser euphorischen ersten Stunde der Entdeckung blindlings drauf los und wusste nicht so recht, wie das Freigelegte richtig geschützt werden sollte. Das Grundprinzip bestand darin, Architekturfragmente, Säulen, Statuen, Bodenmosaiken, Wandfresken, Hausrat, Schmuck sowie andere kostbare und bewegliche Teile in die königlichen Bourbonenpaläste von Portici zu schaffen. Das Gelände selbst diente lediglich als Fundgrube. Erst mit der Etablierung der klassischen Altertumswissenschaft (Archäologie) setzte sich die weitsichtige Erkenntnis durch, besser alles an Ort und Stelle zu lassen, weil eine Konservierung der Ruinenstadt vor Ort anschaulicher und lehrreicher ist als ihre Plünderung für das mittlerweile eingerichtete Archäologische Nationalmuseum von Neapel. Diese Einsicht kam zwar spät, aber nicht zu spät, so dass ab der zweiten Hälfte des 19. Jh. das Freilichtmuseum Pompeji entstehen konnte, wo kaum noch Architekturelemente, Malereien und Mosaiken von ihrem originalen Untergrund abgelöst wurden. Im Laufe der folgenden Jahrzehnte beseitigte man über 500.000 Kubikmeter Schutt, legte 2/3 der Stadtanlage einschließlich der Stadtmauern frei und machte sie der Öffentlichkeit zugänglich. Außerdem wurden die Grabungen wissenschaftlich betreut und dokumentiert, so dass das Bild von der antiken Stadt Pompeji vor dem Zeitpunkt ihrer Zerstörung immer deutlicher und vollständiger wurde. Und überhaupt ver-

„Sie wünschen?" – antike Ladentheke

größerte sich mit der detaillierten Wiederauferstehung Pompejis das allgemeine Wissen über die römische Antike, denn die vorwiegend auf schriftlichen Quellen beruhenden Erkenntnisse wurden jetzt transparent und gegenständlich wie nie zuvor.

Pompeji/Architektur

Die Ansiedlung römischer Veteranen gegen Ende der römischen Republik und in der anschließenden frühen Kaiserzeit brachte eine verstärkte Bautätigkeit mit sich. In dieser Zeit entstanden die für Pompeji charakteristischen Wohnhäuser und Stadtvillen, die öffentlichen Gebäude am Forum, Thermen und Theater. Die größten pompejanischen *Stadtvillen*, in denen die reichen Patrizierfamilien mit ihren Sklaven und Bediensteten lebten, hatten bis zu 3000 qm Gesamtfläche. In der Regel gehörte eine Gartenanlage mit Säulengängen (*Peristyl*) und kunstvollem Brunnen zu einem städtischen Villengrundstück. Das Peristyl galt zu jener Zeit als die gestalterische Weiterentwicklung des Atriums, des Herzstücks eines vornehmen römischen Hauses. Die wesentlich kleineren Wohnhäuser der Mittelschicht, die den größten Häuseranteil in Pompeji bilden, besaßen lediglich ein bescheidenes Atrium und der Wohnkomfort sowie die Ausstattung hielten sich ebenfalls in Grenzen. Die ärmlichste Behausung bildete die so genannte *Pergula*, eine enge und finstere Einzimmerwohnung. Händler und kleine Kaufleute lebten zumeist in *Ladenwohnungen* mit einer zur Straße hin geöffneten Verkaufstheke.

Pompeji/Kunst

Die reichen Pompejaner, die sich eine großzügige Stadtvilla leisten konnten, richteten sie selbstverständlich auch entsprechend würdig ein, wobei besonderer Wert auf die *wandfüllenden Malereien* gelegt wurde. Die vollständig ausgemalten,

Vesuvküste
Karte S. 213

Farbenprächtige Wandmalereien

farbenfrohen Räume dieser Patriziervillen gehören heute zu den Höhepunkten eines Pompejibesuchs. Der z. T. außerordentlich gute Erhaltungszustand der Wandmalereien ist ihrer raffinierten Herstellungstechnik zu verdanken, bei der der Kalk-Sand-Untergrund immer wieder mit Seife und Kreide gehärtet und geglättet werden musste, bevor die wässrige Farblösung mit Wachszusatz aufgetragen werden konnte. Nichts ist in Pompeji so gut erforscht wie der *pompejanische Malstil*, der hinsichtlich der Ausdrucksformen und der Motive in vier zeitlich aufeinanderfolgende Stile unterschieden wird: *plastischer Stil* aus der vorrömischen Zeit; *perspektivisch-illusionistischer Stil* aus der republikanischen Zeit; *ornamental-ägyptischer Stil* aus der frühen Kaiserzeit; *dekorativ-räumlicher Stil* aus der Regierungszeit Neros. Aber egal um welchen Malstil und welche Motive es sich handelt, bei den vor Ort belassenen Wandmalereien springen einem zunächst die leuchtenden Farben ins Auge, das unverwechselbare pompejanische Rot, Gelb und Blau. Glanz und Intensität dieser Grundfarben Pompejis sind einfach einmalig. Man schaffte sich damit eigene, imaginäre Welten in seinen privaten Räumlichkeiten, wobei die Motive und szenischen Darstellungen immer dem Geschmack der Zeit entsprachen. Häufige Darstellungen in den pompejanischen Patrizierhäusern sind exotische Fantasielandschaften, mythologische Themen und ornamentale Kompositionen.

Pompeji/Besichtigung

Eine ausgiebige Besichtigung Pompejis kann einen ganzen Tag dauern, schließlich handelt es sich um eine ganze Stadt. Wen die Anziehungskraft der antiken Ruinen packt, der macht ständig neue Entdeckungen und die Begeisterung steigt dann von Stunde zu Stunde.

Natürlich bewegt man sich nicht allein auf dem weitläufigen Ausgrabungsgelände, aber wer früh kommt, erlebt vielleicht für einen Augenblick das menschenleere Pompeji mit der Silhouette des Vesuvs. Dann erwacht die Ruinenstadt langsam, das Bürgerforum und die von tiefen Spurrillen zerfurchten Pflasterstraßen bevölkern sich, die erhöhten „Zebrastreifen" an den Kreuzungen werden mutigen Schrittes überquert und das *cave canem* in den Hauseingängen hält niemanden mehr zurück – jetzt beginnt die kollektive Besichtigungstour.

Im Folgenden werden die Hauptattraktionen etwas näher beschrieben, wobei es vorkommen kann, dass man einige Häuser und Stadtvillen geschlossen vorfindet (Personalmangel, Einsturzgefahr, Ausbesserungsarbeiten, Restaurierung etc.), während die öffentlichen Großbauten, Thermen, Tempel und Theater in der Regel immer geöffnet sind. Und bedenken Sie, dass für einige besondere Sehenswürdigkeiten mittlerweile eine Reservierung vorgeschrieben ist und zusätzliches Eintrittsgeld verlangt wird (→ Pompeji Besichtigungs-News, S. 230).

Der endgültige Untergang?

Einzigartigkeit und Faszination Pompejis stehen leider in keinem Verhältnis zum Pflege- und Erhaltungszustand dieses antiken Freilichtmuseums. Eine vielfältige Misswirtschaft wirft seit Jahrzehnten einen Schatten auf das UNESCO-Weltkulturgut Pompeji. Die häufig gestellte Frage nach dem angemessenen Schutz des Ausgrabungsgeländes ist am Anfang des dritten Jahrtausends anscheinend noch immer nicht zufrieden stellend beantwortet. Allein die zwei Millionen Besucher, die sich jährlich durch die antike Ruinenstadt bewegen, zehren schon an der Substanz Pompejis. Manche vergessen sogar ihre gute Erziehung und lassen etwas Marmor, eine Stuckecke oder ein Mosaiksteinchen mitgehen. So verfällt oder verschwindet täglich ein authentisches Stückchen Pompeji mehr. Dem interessierten und aufmerksamen Pompejibesucher wird jedenfalls nicht entgehen, dass sich die Ruinenstadt insgesamt in einem eher bedenklichen Zustand befindet – und schreitet die Verwahrlosung mangels Schutz und Pflege weiter fort, so erleben wir den endgültigen Untergang Pompejis nicht als Naturkatastrophe, sondern als Menschenwerk.

Finanznot wird von offizieller Seite immer wieder als Ursache für die Tatenlosigkeit angeführt. Anscheinend verschwinden die millionenschweren Eintrittsgelder und internationalen Zuschüsse mit Besorgnis erregender Regelmäßigkeit im bürokratischen Sumpf. Einziger Hoffnungsschimmer ist mittlerweile der Sonderbeauftragte zur Rettung Pompejis, dessen erklärtes Ziel es ist, einen längst fälligen Gesamtplan zu erarbeiten. Angeblich belaufen sich die notwendigen Mittel auf gut 250 Mio. Euro. Um diese gewaltige Summe auch nur annähernd zu beschaffen, sollen u. a. Sponsoren aus der Wirtschaft gefunden sowie Bildrechte exklusiv verkauft werden. Vorerst jedenfalls dauert der Niedergang Pompejis an.

Auch die Nachrichten von Vandalismus und Diebstahl reißen nicht ab. Der bis heute spektakulärste Fall des 21. Jh. ereignete sich im April 2003, als sich Diebe bei einem der beliebten Nachtspaziergänge auf dem Gelände versteckten und in derselben Nacht einige Fresken aus der *Domus dei Casti Amanti* entwendeten.

Aber es gibt auch immer mal wieder gute Nachrichten: jetzt ist die geschändete *Domus dei Casti Amanti* in der *Via dell'Abbondanza*, die seit 1987 mit modernsten wissenschaftlichen Methoden erforscht und restauriert wird, zur Besichtigung freigegeben (→ Pompeji Besichtigungs-News, S. 230).

Vesuvküste
Karte S. 213

Das Forum (27) und angrenzende Gebäude

Vom Eingang an der *Porta Marina* gelangt man über die meerseitige Ausfallstraße Pompejis zum *Bürgerforum*, dem Zentrum und Knotenpunkt des öffentlichen Lebens einer altrömischen Stadt. An dem lang gestreckten rechteckigen Platz (38 x 142 m) stehen die wesentlichen öffentlichen Bauten, darunter die Basilika, die wichtigsten Tempel, die Amtsräume der obersten Beamten, das Wahllokal, die Stadtwaage etc. Einen großen Teil des Forums nehmen auch die Märkte ein (Getreide- und Gemüsemarkt, Fleisch- und Fischmarkt). Das Forum von Pompeji war das Herz der Stadt, hier trafen sich die Bürger, hier wurden politische Versammlungen abgehalten und wichtige Mitteilungen verkündet. Der Platz musste zweckmäßig, harmonisch und repräsentativ zugleich angelegt sein; zwei *Triumphbögen* dominierten seine Nordseite.

Portikus: Der monumentale Säulengang aus gedrungenen dorischen Säulen umgab das Forum einst vollständig, darüber erhob sich ein Aufbau mit zierlichen ionischen Säulen. In den Zwischenräumen des doppelstöckigen Portikus standen die Ehrensäulen, auf denen die Bronze- und Marmorstatuen pompejanischer Persönlichkeiten ruhten, die allesamt verloren gegangen sind! Am Portikus sowie am Zustand der angrenzenden Forumsbauten kann man z. T. erkennen, dass die erwähnten Erdbebenschäden von 62 n. Chr. zum Zeitpunkt des Vesuvausbruchs 79 n. Chr. noch nicht vollständig beseitigt waren.

Amtsräume: An der Südseite des Forums befinden sich die drei Amtsräume der obersten Stadtverwaltung, deren Eingänge angeblich offen waren, damit die hohen Beamten das Geschehen auf dem Forum besser überwachen konnten.

Comitium (30): Die nicht überdachte Aula an der südöstlichen Ecke stand für Versammlungen zur Verfügung, außerdem fanden hier, ganz nach dem Vorbild Roms, die Magistratswahlen statt.

Basilika (32): Dieses imposante, gut erhaltene Bauwerk an der südwestlichen Forumsecke imitiert die Forumspiazza gewissermaßen architektonisch. Der rechteckige Grundriss wird von doppelstöckigen Säulenreihen gerahmt und an der Stirnseite erhebt sich eine *Tribuna* (bühnenartige Plattform), die mit sechs Säulen geschmückt war. Die pompejanische Basilika war in erster Linie der Ort der zivilen Rechtsprechung, der städtische Gerichtshof, auf dessen er-

❶ Percorso lungo le mura
❷ Villa dei Misteri
❸ Casa del Principe di Napoli
❹ Villa di Diomede
❺ Casa degli Amorini dorati
❻ Casa del Labirinto
❼ Casa del Chirurgo
❽ Casa dei Casti Amanti
❾ Casa dei Vettii
❿ Terme Centrali
⓫ Casa di Sallustio
⓬ Casa del Fauno
⓭ Casa di Venere
⓮ Casa di Loreius Tiburtinus
⓯ Anfiteatro
⓰ Casa del Poeta Tragico
⓱ Terme del Foro
⓲ Palestra
⓳ Lupanare
⓴ Tempio di Giove
㉑ Terme Stabiane
㉒ Orto dei Fuggiaschi
㉓ Casa del Menandro
㉔ Tempio di Vespasiano
㉕ Tempio di Apollo
㉖ Tempio di Iside

höhter Tribuna die Urteile öffentlich verkündet wurden. Die hallenartige Basilika, deren Giebeldachkonstruktion von 28 Ziegelsteinsäulen getragen wurde, ist einer der größten Profanbauten Pompejis. Später diente die Grundform der altrömischen Basilika der christlichen Basilika als architektonische Vorlage.

Gebäude der Eumachia (28): Bei dem an der Forumspiazza/Ecke Via dell'Abbondanza gelegenen eindrucksvollen Gebäude (60 x 40 m) handelt es sich vermutlich um den einzigen privaten Forumsbau. Heute fällt vor allem die marmorne Eingangsrahmung mit dem Travertinarchitrav ins Auge, der mit folgender Inschrift versehen ist: *„Eumachia, die Tochter des Lucius, öffentliche Priesterin, hat in ihrem Namen und im Namen ihres Sohnes Numistrius Fronto auf eigene Kosten eine Vorhalle, Kryptoportikus und einen Portikus errichten lassen und hat sie selbst zu Ehren der Concordia und der Pietas Augusta geweiht."* Die Priesterin *Eumachia* gehörte zur pompejanischen Familie der *Eumachii,* der vielleicht wohlhabendsten und einflussreichsten Familie der Stadt, wie dieser stattliche Forumsbau vermuten lässt. Wahrscheinlich waren die Eumachii maßgeblich und mit großem finanziellen Aufwand an der Beseitigung der Erdbebenschäden beteiligt. Offenbar verdienten sie

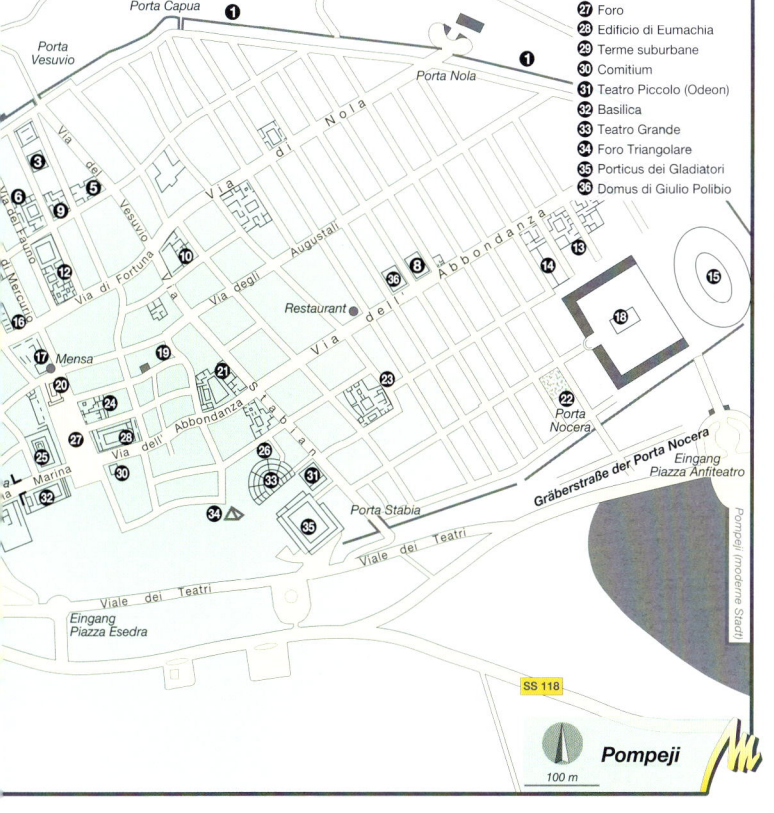

ein Vermögen mit dem Weinexport und dem Wollhandelsmonopol, das sie besaßen. Es wird angenommen, dass es sich bei dem Gebäude der Eumachia um eine Art Woll- und Textilbörse gehandelt hat. In einer unscheinbaren Nische fand man die anmutige Statue der Eumachia.

Pompeji Besichtigungs-News

Domus di Giulio Polibio (36) e cantiere-evento dei Casti Amanti (8): Diese beiden nebeneinander liegenden Stadtvillen in der Via dell'Abbondanza sind der ganze Stolz der Pompeji-Verantwortlichen und bieten seit 2010 ein ganz besonderes Erlebnis. Während das *Haus des Julius Polibius* in Form einer aufwändigen Multimediashow zum Leben erweckt wird, kann man den Archäologen und Restauratoren im *Haus der schamhaft Verliebten* bei der Arbeit zuschauen.

Führungen/Voranmeldung obligatorische Voranmeldung für die geführten Besichtigungen unter ✆ 199-104114 (in Italien), ✆ 0039/06/39967850 (aus dem Ausland) bzw. www.ticketone.it. Extra-Eintritt pro Haus 5 €, beide Häuser 7 €.

Vorstadt-Thermen (29): Zur Besichtigung freigegeben sind auch die Thermen vor dem Stadttor *Porta Marina*. Noch bevor Reisende und Händler die Stadt betraten, hatten sie die Gelegenheit, die Thermen aufzusuchen. Hier badeten Frauen und Männer gemeinsam, denn auf die übliche Einteilung in einen größeren Herren- und einen kleineren Frauentrakt wurde verzichtet. Aber damit nicht genug der Freizügigkeit: Die erotischen Fresken dieses vorstädtischen Thermalkomplexes gehören zu den aufschlussreichsten Darstellungen der in Pompeji verbreiteten erotischen Malerei. Von den ursprünglich 16 Abbildungen sind noch acht erkennbar und die lesen sich wie ein Katalog der sexuellen Dienstleistungen mit akrobatischen Stellungen zu zweit oder zu dritt bis hin zur einzigen überlieferten Abbildung lesbischer Liebe. Den Abschluss des Freskenzyklus bildet die einsame Figur des nackten Poeten, der wohl nicht zufällig an einer krankhaften Vergrößerung des Skrotums leidet.

Neu ins Besichtigungsprogramm aufgenommen wurde auch das **Haus des neapolitanischen Prinzen (3).**

Führungen/Voranmeldung Die **Terme suburbane** und das **Haus des Prinzen** können nur nach Voranmeldung (spätestens einen Tag vorher, unter ✆ 081/8575347, www.arethusa.net) ohne Aufpreis besichtigt werden.

Mauerweg (1): Dieser jüngst erschlossene Weg entlang der Stadtmauern gewährt besonders schöne Blicke auf die Stadt und ihre Umgebung und kann mittlerweile auch mit Leihrädern *(Pompeji by bike)* befahren werden. Der *Percorso lungo le mura* beginnt an der Piazza Anfiteatro, verbindet die vier Stadttore Porta Sarno, Porta Nola, Porta Vesuvio und Porta Ercolano miteinander, führt an verschiedenen Stellen in die Stadt hinein (ohne Rad!) und endet an der Vorstadtvilla dei Misteri (→ S. 235).

Leihräder gibt es zwischen 9 und 18 Uhr kostenlos am Eingang Piazza Anfiteatro, inkl. Helm!

Restaurierungen: Folgende Häuser und Villen werden in nächster Zeit mit einem Kostenaufwand von 3,5 Mio. Euro restauriert und deshalb ganz oder teilweise geschlossen sein: Casa dell'Efebo, Casa della Parete rossa, Casa del Criptoportico, Casa dell'Ancora, Casa di Loreio Tiburtino, Casa la Fullonico di Stephanus und die Villa dei Misteri.

Forumsmärkte: In der nordöstlichen Forumsecke hatte der städtische Fleisch- und Fischmarkt *(Macellum)* seinen Platz. Auf dem säulenbestandenen, überdachten Markt wurden jedoch nicht nur Lebensmittel verkauft; hier befand sich auch ein Opferaltar, an dem ein religiöses Kollegium rituelle Mahlzeiten einnahm. Schräg gegenüber dem Macellum war der Getreide- und Gemüsemarkt untergebracht. Diese Nordwestecke fungiert heute als Lager für archäologische Fundstücke, vor allem keramische Gebrauchsgegenstände, und in Glasvitrinen sieht man einige effektvoll platzierte Gipsabgüsse der pompejanischen Unglücksopfer.

Forumsthermen (17): Die öffentliche Badeanstalt ist der Inbegriff römischer Hygiene. Wie wichtig die Thermen auch in Pompeji waren, das zeigt ihre Anzahl, neben den Forumsthermen gab es noch die Stabianer Thermen, die zentralen Thermen und die *Terme suburbane;* einmal ganz abgesehen von den Bädern der privaten Haushalte, die in den großen Stadtvillen oftmals sehr komfortabel und natürlich beheizt waren. Die öffentlichen Thermen des Forums (nördlich der Forumspiazza gelegen) stammen aus der Zeit der römischen Republik und sind die kleinsten der Stadt. Wie üblich, gab es zwei Abteilungen, eine größere für Männer und eine kleinere für Frauen.

Männerbad: Von der Straße gelangt man zunächst ins *Apodyterium,* den Umkleideraum, der mit Steinbänken ausgestattet war. Über dem angrenzenden, runden *Frigidarium* (Kaltbaderaum) mit Wasserbecken wölbt sich eine stuckverzierte Kuppel; die Marmorstufen dienten als Sitzgelegenheiten. Das *Tepidarium* (temperierter Aufenthaltsraum) wurde noch mit einem offenen Kohlebecken aus Bronze beheizt (alte Heizmethode). Die schöne Dekoration zeigt athletische Atlanten an den Wänden, während ein bogenschießender Amor und ein delfinreitender Apoll von der Decke blicken. Das *Caldarium* (Warmbaderaum) mit seinen goldfarbenen Wänden und eleganten rötlichen Pilastern ist sehr gut erhalten; Marmorstufen führen in die beheizte Badewanne. In dem gegenüberliegenden Marmorbecken, dem *Labrum,* konnten sich die Badegäste zwischendurch mit kaltem Wasser erfrischen. Unbedingt mal auf die Stuckrillen an den Tonnengewölben achten, an denen der aufgestiegene Wasserdampf kondensierte und in Tropfen seitlich ablief. So verhinderte man, dass die Wassertropfen den Badegästen auf den Kopf prasselten! Vom Umkleideraum führte ein Verbindungsgang zum nicht überdachten Innenhof, der mit Bänken und anderen Sitzgelegenheiten ausgestattet war.

Der Tempelbezirk des Forums

Die Nordhälfte des Forums wird fast vollständig vom Tempelbezirk eingenommen, der sich aus dem *Apollotempel,* dem *Jupitertempel,* dem *Tempel des Vespasian* und dem *Heiligtum der Laren,* den Schutzgöttern der Stadt, zusammensetzt.

Apollotempel (25): Älteste und ehrwürdigste Kultstätte des Forums, einst von den Griechen gegründet, später von den Samniten und Römern übernommen. Wie das ursprüngliche griechische Apolloheiligtum (6. Jh. v. Chr.) ausgesehen hat, ist unbekannt. Bei dem römischen Apollotempel handelt es sich jedenfalls um einen erhöhten Podiumstempel aus dem 2. Jh. v. Chr., der über eine breite Treppe zugänglich war. Die Kultstatue des Apollo stand im Zentrum des Tempels, in der *Cella,* die von korinthischen Säulen umgeben war. Im großen Kolonnadenhof des Tempels steht ein bogenschießender *Bronzeapoll* – entwaffnet!

Jupitertempel (20): Der Podiumstempel des Jupiter mit der 3 m hohen Basis am Nordende des Platzes beherrscht das Forum. Seine exponierte Lage unterstreicht

Entwaffneter Apoll in Bronze

die Wichtigkeit der Kultstätte, in der neben dem Herrn des Olymp auch noch seine beiden Mitgottheiten *Juno* und *Minerva* verehrt wurden. Die wuchtigen Außenkolonnaden maßen über 8 m. Zum Tempelheiligtum selbst gelangte man über zwei schmale Freitreppen. In der Tempelmitte befand sich ein Altarraum, umgeben von ionischen und korinthischen Säulen. Drei kleine Kammern boten Platz für die drei Götterbildnisse und die kultischen Handlungen, die hier von Priestern verrichtet wurden. Den auf dem Podium verbliebenen monumentalen *Jupiterkopf* ziert eine üppige Haar- und Barttracht.

Tempel des Vespasian (24): Vermutlich der jüngste Forumsbau und ganz im Zeichen des Kaiserkults errichtet, denn die pompejanische Kaiserverehrung übertraf bisweilen alle anderen Kulte. Dabei stand die Beziehung der Pompejaner zu Kaiser Vespasian unter besonderen Vorzeichen. Vespasian war ihr Gott auf Erden, er bemühte sich nämlich – nach Neros schändlicher Tatenlosigkeit – ab 69 n. Chr. um die Belange der Stadt. Er schickte u. a. einen Katasterbeamten nach Pompeji, der die wichtige Aufgabe hatte, den Grundbesitz wieder zu regeln, da sich Privatleute nach dem Erdbeben unrechtmäßig Grund und Boden im Stadtgebiet angeeignet hatten. Der für Vespasian errichtete Podiumstempel mit dem quadratischen Säulenhof muss wohl ebenfalls als kaiserliche Wiederaufbauhilfe betrachtet werden. Inmitten des Hofs lenkt ein heller *Marmoraltar* die Aufmerksamkeit auf sich. Das Altarrelief stellt eine Opferszene dar, in der dem Kaiser ein Stieropfer gebracht wird; Priester und Opferdiener vollziehen die rituelle Handlung vor dem Hintergrund der Tempelfassade.

Heiligtum der Laren: Das angrenzende Larenheiligtum diente der Götterbesänftigung. Zu den *Laren*, den städtischen Schutzgöttern, gehörten *Fortuna, Venus* und *Ceres* sowie *Herkules, Merkur* und *Bacchus,* deren Statuen in der Apsis des Larenhofs gestanden haben. In einigen pompejanischen Stadtvillen wurden auch private Lararien entdeckt.

Stadtteil nördlich des Forums

Haus des Tragödiendichters (16): Gegenüber dem Eingang der Forumsthermen stößt man auf dieses Haus, in dessen Eingangsbereich ein schwarzweißes *Cave-camen-*

Mosaik vor der Bekanntschaft mit dem Wachhund warnt. Im Wesentlichen ist dieses kleine Atriumhaus repräsentativ für die Wohnhäuser der frühen Kaiserzeit. Der Erbauer hat sich exakt an die Baupläne eines römischen Musterhauses gehalten, die der römische Architekturtheoretiker *Vitruv* im 1. Jh. v. Chr. entworfen hat. Die motivreichen Wandmalereien und Mosaikbilder dieses Hauses befinden sich fast alle im Nationalmuseum.

Haus des Fauns (12): zwei *Insulae* (Häuserblocks) weiter östlich. Auf fast 3000 qm Gesamtfläche erstreckt sich diese größte pompejanische Stadtvilla, die zum Zeitpunkt der Vesuvkatastrophe vermutlich wegen Bauarbeiten nicht bewohnt war. Das doppelte *Atrium*, die beiden beheizbaren Bäder, die vier Speiseräume sowie die zwei *Peristyle* (Säulenhöfe) mit Garten zeugen von allergrößtem Wohlstand. Auch hier ist die kostbare Ausstattung größtenteils ins Nationalmuseum gewandert, darunter das weltberühmte Bodenmosaik der *Alexanderschlacht* sowie die bronzene *Statue des Fauns,* nach der das Haus benannt worden ist. Auf dem Grundstück verblieben ist u. a. ein großflächiges farbiges Bodenmosaik aus rautenförmigen Steinchen mit dreidimensionalem Effekt. Bei dem Mosaik der Alexanderschlacht sowie der kleinen Faunsfigur vor Ort handelt es sich um Kopien (siehe Foto).

Zentrale Thermen (10): Auf diesen „Neubau", der erst nach dem Erdbeben in Angriff genommen wurde, trifft man an der Straßenkreuzung *Via di Nola/Via Stabiana*. Diese größte der drei innerstädtischen öffentlichen Badeanstalten war zum Zeitpunkt des Vesuvausbruchs allerdings noch nicht ganz fertig gestellt. Abgesehen von der erstaunlichen Größe der Anlage sind einige zeitgemäße architektonische Neuerungen interessant: In der *Palästra* (Innenhof) gab es ein Außenschwimmbecken, das mit den Baderäumen verbunden war. Die eigentliche Innovation steckte jedoch im Heizsystem: Eine ausgetüftelte *Hypokaustenheizung* sollte für hohe Temperaturen in den Baderäumen sorgen. Diese antike Heizanlage funktionierte mit Heißluft, die mit Hilfe von Röhren in sämtliche Böden und Wände geleitet werden konnte. Herzstück des *Hypocaustum* war der Heizraum mit dem bleiernen Heizkessel, der sowohl die Baderäume als auch das Badewasser erwärmte. Geplant waren auch Räumlichkeiten, in denen Masseure, Haarentferner, Parfümeure etc. für das Wohlbefinden der Badegäste sorgen sollten.

„Vorsicht vor dem Hunde"

Haus der Vettier (9): Eine Querstraße weiter nordwestlich nimmt dieses Gebäude eine halbe *Insula* (Häuserblock) ein. Es ist wegen der am Fundort verbliebenen, farbenfrohen *Wandmalereien* eines der beeindruckendsten pompejanischen Privathäuser. Besonders das vollständig ausgemalte *Peristyl* (Säulenhof) mit seinen tiefroten und dottergelben Grundtönen hat wenig von seiner ursprünglichen Farbintensität verloren. Im *Vestibül* dieser luxuriösen Kaufmannsvilla gibt eine Phallusdarstellung Anlass für verlegenes bis heiteres Gekicher bei den Besuchern: Ein Fruchtbarkeitsgott legt hier seinen monströsen Penis auf eine Waage, um das Unheil vom Haus fern zu halten und den Bewohnern Glück und Geld zu bescheren. Erotische Objekte sowie Malereien, die bei den Ausgrabungen in Pompeji gefunden wurden, hatten von Anfang an die Sittenwächter auf den Plan gerufen (→ „Eros in Pompeji", S. 118).

Haus der vergoldeten Amoretten (5): Dieses Stadthaus mit Garten gehörte der Großfamilie der Kaiserin *Poppäa* (→ S. 222). Zu sehen gibt es u. a. Malereien im ornamental-ägyptischen Stil.

Haus des Labyrinths (6): Dieses prunkvolle Stadthaus mit dem labyrinthischen Bodenmosaik besaß einen in dieser Form einzigartigen, säulenbestandenen großen Salon *(Oecus)*. Im hinteren Gebäudetrakt befand sich eine hauseigene Bäckerei, deren Backofen und Mahlsteine noch an Ort und Stelle stehen.

Haus des Sallust (11) und **Haus des Chirurgen (7):** An der *Via Consolare,* die zum nordwestlichen Stadttor *Porta Ercolano* führt, kann man zwei der ältesten Häuser Pompejis besichtigen. Das Haus des Sallust (3. Jh. v. Chr.) war kein reines Wohnhaus, die Besitzer betrieben eine Schenke, eine Bäckerei, einen Straßenverkauf und vermieteten wahrscheinlich auch Gästezimmer. Verglichen mit den proportionierten Atriumhäusern wirkt dieses Gebäude finster und eng. Das Haus des Chirurgen kurz vor der Porta Ercolano stammt ebenfalls noch aus vorrömischer Zeit (3. Jh.

v. Chr.). Seinen Namen erhielt es aufgrund der hier gefundenen chirurgischen Gerätschaften.

Porta Ercolano (8): Eins von insgesamt acht Stadttoren; hinter jedem dieser Tore erstreckte sich eine *Nekropole* (Friedhof). Die leicht abschüssige *Gräberstraße* hinter der Porta Ercolano ist nahezu vollständig freigelegt und wird von Grabstätten unterschiedlicher Machart gesäumt. Es gibt große Marmorgrabstätten mit Altären, monumentale Grabhäuser mit Einfriedung, Gedenksteine, Grabstelen und sarkophagähnliche Einzeltumben. Die Toten wurden damals zumeist eingeäschert. Typisch für die pompejanische Gräberstraße ist, dass sie mit dem Stadtleben verbunden bleibt und nicht räumlich isoliert wird. Durch die Porta Ercolano verließen und betraten täglich unzählige Menschen die Stadt und kamen dabei wie selbstverständlich an der Nekropole vorbei. In unmittelbarer Nähe befanden sich auch Geschäfte, Herbergen und Landhäuser, während halbkreisförmig angelegte Steinbänke entlang der Straße zum Verweilen einluden. – Von hier öffnet sich tatsächlich ein herrlicher Blick hinüber zur Küste.

Villa des Diomedes (4): Dieses herrschaftliche Landhaus liegt bereits außerhalb der Stadtmauern am Ende der Gräberstraße und weist noch großzügigere Wohnverhältnisse auf als die größten pompejanischen Stadtvillen. Beeindruckend sind hier vor allem die privaten Thermen sowie der weitläufige Garten mit Wandelhalle *(Ambulatio)*, Wasserbecken und Sommerspeisesaal. Von einem kleinen Aussichtsturm genossen die Bewohner früher den Blick aufs Meer.

Mysterienvilla (2): Es handelt sich um eine pompejanische Vorstadtvilla mit landwirtschaftlichem Betrieb. Erst Anfang des 20. Jh. hat man den vornehmen Landsitz entdeckt, dessen insgesamt 90 Räume und Nischen sich auf fast 2.000 qm erstrecken. Die Villa wurde in Hanglage erbaut mit einer zur Küste hin ausgerichteten Eingangsfront, wobei einige architektonische Schwierigkeiten zu bewältigen waren. Zu besichtigen ist nur der vordere Gebäudetrakt um das große Atrium herum. In diesen Räumlichkeiten befinden sich die umfangreichsten und kunstgeschichtlich wertvollsten *Wandmalereien*, die man vor Ort belassen hat. Als Grundfarbe dominiert das *pompejanische Rot*. Chemische Analysen haben ergeben, dass hier mit echtem, damals sehr teurem Zinnober gearbeitet wurde, der diesen unverwechselbaren leuchtenden Farbton erbrachte. Die Motive und Darstellungen der Wandmalereien sind im perspektivisch-illusionistischen und ornamental-ägyptischen Stil gehalten (→ S. 226), sind also zum Zeitpunkt des Vesuvausbruchs bereits anderthalb Jahrhunderte alt. Beispielhaft für den Malstil in der frühen Kaiserzeit sind die Nillandschaften im großen Atrium; sie entstanden zu der Zeit, als Kaiser Augustus Ägypten eroberte und ägyptische Motive modern waren.

Im großen *Triclinium* (Speisezimmer) der Villa, dem *Mysteriensaal*, befindet sich einer der eindrucksvollsten und zugleich rätselhaftesten Freskenzyklen der pompejanischen Wandmalerei. Die ca. 17 m lange Bilderfolge auf rotem Hintergrund erzählt auf theatralische Weise eine Geschichte in zehn Szenen – aber welche genau? Auf den erster Blick könnte man meinen, der Besitzer feiert hier den Grund seines Reichtums, die Weinproduktion. Aber bei näherer Betrachtung ist deutlich erkennbar, dass die nahezu lebensgroßen Figuren in Verbindung mit den Mysterien des Wein- und Fruchtbarkeitsgottes Dionysos stehen. Ein Bild illustriert die Initiation der Ariadne, der späteren Gattin des Dionysos. Bezieht sich diese Szene vielleicht auf die Hochzeit der Tochter der Familie, von der bekannt ist, dass sie das höchste Priesteramt Pompejis innehatte, das der Venus gewidmet war?

Vesuvküste Karte S. 213

Forum – das Zentrum der antiken Stadt

Stadtteil östlich des Forums

Via dell'Abbondanza: Die „Straße des Überflusses" beginnt in der südöstlichen Forumsecke. Sie ist die Hauptstraße und der längste *Decumanus* der Stadt („Decumanus" hießen alle in West-Ost-Richtung verlaufenden Straßen, „Cardo" hingegen alle Straßen in Nord-Süd-Richtung). Entlang dieser zentralen Wohn- und Geschäftsstraße standen öffentliche Gebäude, gewerbliche Betriebe, Werkstätten, Ladenwohnungen und Stadtvillen. Seit 2010 gewährt der museale Gebäudekomplex *Domus di Giulio Polibio e cantiere-evento dei Casti Amanti* an der Straße des Überflusses einen ganz besonderen Einblick in das antike Pompeji (→ Besichtigungs-News, S. 230).

Stabianer Thermen (21): Die dritte innerstädtische öffentliche Badeanstalt Pompejis hatte ihren Haupteingang an der Via dell'Abbondanza. Durch das verzierte Tuffsteinportal betritt man zunächst die *Palästra,* den großen Kolonnadenhof. Den ältesten Teil der Anlage bildet der Nordflügel, der aus einem Korridor mit einer Reihe dunkler Räume besteht. Das Außenschwimmbecken (22 x 8 m) mit den angrenzenden Waschräumen und Sitzbädern diente zur gründlichen Körperreinigung. Vor allem die mit Öl gesalbten Athleten, die die Palästra der Thermen für Turnübungen nutzten, reinigten sich hier vor dem Betreten des beheizten Badetrakts. Anfangs lief die gesamte Wasserversorgung der Badeanstalt über einen zentralen Brunnen, aus dem mit Hilfe eines Wasserrads geschöpft wurde. Erst später erhielten die Stabianer Thermen „moderne", zeitgemäße Wasserleitungen. Das Männerbad, das man vom Kolonnadenhof aus über eine Vorhalle betritt, ist besonders kunstvoll ausgestattet. Seine Fußböden sind vollständig mit edlen Marmorsorten ausgelegt und farbige Stuckreliefs verzieren die Wände und Decken.

Lupanar (Bordell) (19): Die Gasse vor den Stabianer Thermen führt zu einer Ört-
lichkeit, in der das älteste Gewerbe der Welt seinen Platz hatte. Dieses Bordell ist
keineswegs das einzige der Stadt gewesen, insgesamt soll es über 20 dieser Etablis-
sements in Pompeji gegeben haben. Zunächst wunderten wir uns über das Gekicher, mit dem eine japanische Mädchengruppen das Lupanar wieder verlassen
hatte, dann entdeckten wir den Grund für die verschämte Heiterkeit: Über den Eingängen der kleinen Liebeskammern mit den steinernen Betten sind nämlich erotische Wandmalereien zu sehen, die recht deutlich zeigen, zu welchen Stellungen die
Zimmerdamen damals bereit waren. Nach gründlicher Restaurierung ist das Haus
der Freuden jetzt wieder zugänglich.

Großer Theater- und Tempelkomplex: erstreckt sich südlich der Stabianer Thermen und grenzt an die Stadtmauer. Sein Zentrum bildet das sehr gut erhaltene
große Theater (33). Es wurde im 2. Jh. v. Chr. im griechischen Stil erbaut und dann
langsam zu einem typisch römischen Theater umgebaut. Die *Cavea,* die halbrunde
Zuschauertribüne, bot ca. 5000 Besuchern Platz. Hinter der Bühne öffnet sich ein
geräumiger *Kolonnadenhof,* in dem sich die Zuschauer in den Pausen und nach den
Vorstellungen aufhalten konnten.

Odeon (31): Da Pompeji neben dem großen Theater auch noch über das benachbarte kleinere Odeon verfügte, muss das städtische Kulturleben besonders intensiv
gewesen sein. Der einst vollständig überdachte Bau fasste ca. 1300 Zuschauer und
war in erster Linie für Musikveranstaltungen und Dichterlesungen bestimmt. Das
Dach diente nicht etwa als Wetterschutz, sondern der besseren Akustik.

Gladiatorenkaserne (35): hinter dem Kolonnadenhof, wo u. a. zahlreiche Waffen
gefunden worden sind. Die unmittelbare Nähe dieser Kaserne zu den beiden Theatern sowie die direkten Verbindungswege zum großen Theater lassen darauf schließen, dass nicht nur Tragödien, Komödien, volkstümliche Farcen, Mimen- und Pan-
tomimenspiele zum pompejanischen Theaterprogramm gehörten, sondern auch
athletische Spektakel, die von bewaffneten Gladiatoren aufgeführt wurden.

Dreieckiges Forum (34): grenzt an die Westseite des Theaterkomplexes. Hier stand
einst der neben dem Apollotempel älteste griechische Tempel Pompejis (6. Jh.
v. Chr.). Von dem dorischen Monumentalbau sind allerdings nur noch kümmerli-
che Reste zu erkennen, anders als der Apollotempel am Forum wurde diese spätar-
chaische Kultstätte im Lauf der Stadtgeschichte aufgegeben.

Tempel der Isis (26): erhebt sich hinter der Zuschauertribüne des großen Theaters.
Die ägyptische Göttin Isis avancierte in Pompeji zu einer regelrechten Kultfigur,
die von allen Bevölkerungsschichten verehrt wurde. Entsprechend großzügig und
repräsentativ ist die Tempelarchitektur ausgefallen. In der Mitte des Kolonnaden-
hofs stand eine marmorne Isisstatue, umgeben von sechs Säulen. Insgesamt acht
Altäre gehörten zum Tempelbezirk, auf denen eine Priesterschaft täglich mehrere
Kulthandlungen verrichtete, darunter auch die Anbetung des heiligen Nilwassers,
das tatsächlich aus dem Nil geschöpft worden war und in einem Altargefäß aufbewahrt wurde.

Haus des Menander (23): Auf dem Weg zum Amphitheater steht diese luxuriöse
Stadtvilla mit Peristyl, Garten und eigenem kleinen Thermalbad. Die herrschaftlichen Räume rund um das Peristyl sind mit farbigen Fresken dekoriert. Der Besitzer
des Hauses muss ein ausgesprochener Theaterliebhaber gewesen sein, denn die

Vesuvküste
Karte S. 213

Wandmalereien zeigen u. a. Theaterszenen, Theatermasken und Porträts bekannter griechischer Dichter; darunter ein Bild des *Menander* (griechischer Komödiendichter, 3. Jh. v. Chr.). Vermutlich besaß der Hausherr auch eine umfangreiche Papyrusrollenbibliothek mit zeitgenössischen Theaterstücken.

Haus des Tiburtinus (14) und Haus der Venus (13): Die beiden stattlichen Patrizierhäuser, jeweils mit geräumigem Peristyl und prächtigen Wandfresken, stehen am Ende der Via dell'Abbondanza. Das Haus des Tiburtinus (oder auch nach dem Vorbesitzer *Haus des Octavius Quartio* genannt) erstreckt sich auf nahezu 3000 qm und besticht neben den kunstvollen Malereien durch seine idyllische Gartenanlage mit Brunnen, Kanälen und Wasserspielen, wobei der lange Kanal den Nil symbolisiert. Das benachbarte Haus der Venus zeigt ein fast schon an Protzerei grenzendes großes Wandbild, auf dem eine schöne Venus in einer Muschel schwimmt – ein in der Antike beliebtes Motiv, das *Botticelli* in der Frührenaissance wieder aufgreift.

Amphitheater (15): Das pompejanische Amphitheater (140 x 105 m) am südöstlichen Stadtrand ist eine architektonische Rarität, denn es repräsentiert die Frühform der römischen Arena. Die damals revolutionäre Ausgangsidee, zwei halbkreisförmige Theater zu einem ovalen Amphitheater zu verbinden – um sie getrennt bzw. zusammen nutzen zu können – wurde hier bereits ca. 70 v. Chr. realisiert mit allen Mängeln und Unzulänglichkeiten, die Pionierleistungen so mit sich bringen. Über Treppenrampen an den hohen Außenwänden gelangte das einfache Publikum auf die *Cavea* (Zuschauertribüne), während das vornehme Publikum die unteren Ränge durch die beiden abschüssigen monumentalen Eingänge erreichte, durch die auch die Gladiatoren und Tiere ins Oval kamen. Da die Arena kein unterirdisches Tunnelsystem besaß, durchzieht ein verwirrendes Wegesystem die unteren Ränge. Im Vergleich zu den architektonisch perfekten Amphitheatern der flavischen Kaiserzeit ist die pompejanische Vergnügungsstätte zwar ein recht großes, aber ziemlich plumpes Bauwerk (siehe auch Pompeji/Geschichte → S. 221). – 1972 bot es übrigens die Kulisse für den legendären Musikfilm *Pink Floyd: Live at Pompeji.*

Palästra (18): Neben dem Amphitheater erstreckt sich der weitläufige Sportplatz der Stadt, in dessen Mitte sich ein großes Schwimmbecken befindet.

Porta Nocera: Vorbei an diesem imposanten Stadttor aus dem 4. Jh. v. Chr. gelangt man zum so genannten *Garten der Flüchtenden* **(22)**, wo 13 Erwachsene und Kinder von dem plötzlichen Ascheregen des Vulkans verschüttet wurden. Beim Anblick der Gipsabgüsse dieser Unglücksopfer stockte uns der Atem.

Boscoreale

Agrarwirtschaftlich ausgerichtete Ortschaft unweit von Pompei/Pompeji. 1977 entdeckte man hier zufällig die antike *Villa Regina,* ein bescheidenes Landgut, auf dem Weinanbau betrieben wurde. Unmittelbar neben dem Ausgrabungsgelände befindet sich seit 1991 das *Antiquarium di Boscoreale,* ein interessantes Museum, das sich schwerpunktmäßig mit der landwirtschaftlichen Nutzung der Vesuvlandschaft in der Antike beschäftigt. Bekanntlich waren die unteren Vesuvhänge zur Zeit der Vulkankatastrophe von 79 n. Chr. bewohnt und weiträumig kultiviert. Hauptanbauprodukte waren Wein, Getreide, Oliven, Obst und Gemüse; außerdem deuten zahlreiche Fundstücke wie Kuhglocken und Rinderhörner auf eine verbreitete Viehzucht und Milchwirtschaft hin. Auf der Grundlage naturwissenschaftlicher Erkenntnisse hat man die natürliche und die kultivierte Vesuvlandschaft auf zahlreichen großformatigen Landschaftsbildern rekonstruiert. Begleitet wird diese anschauliche bildliche Darstellung von einer aufschlussreichen Sammlung der wichtigsten archäologischen Fundstücke zu den Themen Landwirtschaft, Ernährung, Medizin, Kosmetik etc. Insofern ist Boscoreale eine gute Ergänzung zu den bereits erwähnten Museen.

Das kleine archäologische Grabungsfeld der *Villa Regina*, auf dem auch ein Weingarten angelegt wurde, kann ebenfalls besichtigt werden. Übrigens, beim Bau der tristen Wohnsiedlung neben dem Ausgrabungsgelände ist das antike Weingut entdeckt worden.

- *Öffnungszeiten* tägl. 8.30–19.30 Uhr, von Nov. bis März nur bis 17 Uhr. Eintritt mit **Artecard** bzw. dem Kombiticket Pompeji/Herculaneum, Sammelticket (Boscoreale, Oplonti und Stabia) 5,50 €.
- *Verbindungen/Anfahrt* **Pkw**, ca. 5 km von Pompei/Pompeji entfernt (beschildert). **Bahn**, nur sehr schwer mit öffentlichen Verkehrsmitteln über die Circumvesuviana-Bahnhöfe Boscotrecase und Boscoreale zu erreichen.

Die Villa Oplontis (Scavi di Oplonti) in Torre Annunziata

Aus antiken Schriften war den Pionieren der Archäologie, die Pompeji wiederentdeckt hatten, auch bekannt, dass die gesamte Golfküste ein bevorzugtes Wohngebiet reicher Römer war. Schon damals begehrten die Reichsten der Reichen großzügige Villengrundstücke direkt am Meer. Doch erst in den 70er Jahren des 20. Jh. konnte eine der antiken Luxusvillen in ihrer ganzen Pracht von den vulkanischen Verschüttungsmassen befreit werden. Das Ausgrabungsgebiet Scavi di Oplonti liegt unweit von Pompeji im heutigen Torre Annunziata und bietet hinsichtlich der römischen Wohnkultur, gegenüber dem, was in Pompeji zu sehen ist, noch eine Steigerung. Wer z. B. die pompejanische Mysterienvilla besichtigt hat, wird im Vergleich beeindruckt feststellen, zu welchen Leistungen die römischen Architekten damals in der Lage waren, wenn es sich um wirklich exklusive Bauaufträge gehandelt hat.

Die Villa Oplontis erstreckt sich auf einem 8000 qm großen Küstengrundstück, wovon der eigentliche Wohnbereich ca. 3000 qm einnimmt und sich aus zwei durch einen Korridor verbundenen Baukomplexen zusammensetzt. Das *Atrium* bildet auch hier das Zentrum der herrschaftlichen Räume, die ganz mit farbigen Marmor- und Mosaikfußböden sowie leuchtenden Wandfresken ausgestattet waren. Auf kleinen Stillleben erkennt man realistisch exakt abgebildete Früchte, während die Dekoration der Atriumswände die Einfriedung eines Heiligtums erkennen lässt mit gemalten Votivbildern und -gaben. Die gesamte Innenarchitektur zeigt Eleganz und Raffinesse. Ein beheizbares Thermalbad, das mit motivreicher Dekorationskunst und feinsten Materialien überzogen war, steigerte ebenfalls den Wohnkomfort. In der weitläufigen *Gartenanlage*, die mit ihren verzweigten Säulengängen auf das Meer hin ausgerichtet war, hatte auch ein großes Außenschwimmbecken Platz. Bedauerlicherweise ist von den zahlreich gefundenen Skulpturengruppen keine einzige auf dem Ausgrabungsgelände verblieben.

Lange Zeit blieb rätselhaft, von wem diese Prachtvilla am Meer seinerzeit bewohnt worden war. Erst Inschriften auf einigen gefundenen Gebrauchsgegenständen ließen die Vermutung aufkommen, dass hier zumindest zeitweise *Kaiserin Poppäa*, die zweite Frau Neros, gelebt hat. Sie stammte aus einer reichen pompejanischen

Vesuvküste
Karte S. 213

Villa Oplontis – römische Luxusvilla vor trister Gegenwartskulisse

Großfamilie (→ S. 222) und ihre Eltern waren vermutlich die Erbauer der Villa Oplontis. – Bedenkt man, dass entlang der Küstenlinie zahlreiche dieser luxuriösen Anwesen gestanden haben, von denen mit Sicherheit noch einige unter der Erde schlummern, erscheint einem die heutige Umgebung noch trister als sie ohnehin schon ist.

● *Anfahrt* **Pkw**, der Weg zur Ausgrabungsstätte ist an der Ortsdurchgangsstraße von Torre Annunziata ausgeschildert; Eingang an der Via Sepolcri.
Bahn,Circumvesuviana-Bahnhof Torre Annunziata.

● *Öffnungszeiten* tägl. 8.30–19.30 Uhr, von Nov. bis März nur bis 17 Uhr. Eintritt mit **Artecard** bzw. dem Kombiticket Pompeji/Herculaneum, Sammelticket (Oplontis, Boscoreale und Stabia) 5,50 €.

Castellammare di Stabia (ca. 70.000 Einwohner)

Hektische, industrialisierte Hafenstadt und das Tor zur bergigen Halbinsel von Sorrent. Castellammare selbst ist aus touristischer Sicht eher uninteressant; einzig die alten Thermalbäder und Hotels am Stadtrand locken noch Kurgäste aus Italien an. Eine schier endlose Uferpromenade zieht sich die sanft geschwungene Hafenbucht entlang.

Stabiae war der antike Name von Castellammare di Stabia. Der verheerende Vesuvausbruch von 79 n. Chr. begrub auch diese römische Siedlung unter einem meterdicken Eruptionsregen. Der mutige *Plinius d. Ä.* legte damals bei seinem Katastropheneinsatz am Ufer von Stabiae an, wo er auch den Tod fand (→ S. 20). Die archäologischen Ausgrabungen im Siedlungsgebiet des antiken Stabiae sind vom

Umfang hier nicht annähernd so bedeutend wie diejenigen in Pompeji und Herculaneum, sie beschränken sich auf die beiden Villen Arianna und San Marco.

Castellammare/Sehenswertes und Umgebung

Scavi di Varano (Stabiae): Die Ausgrabungen, benannt nach dem städtischen Varanohügel, auf dem die beiden antiken Villen freigelegt wurden, sind nach jahrelanger Totalsperrung wieder zu besichtigen. *Villa Arianna* und *Villa San Marco* liegen ca. 500 m auseinander und bilden zwei getrennte archäologische Einheiten. Wer Pompeji, Herculaneum und Oplontis bereits besichtigt hat, wird hier keine besonderen Entdeckungen hinsichtlich antiker Bau- und Lebensweise machen. Aber die Lage der beiden Villen ist wirklich atemberaubend: Wie auf einem natürlichen Balkon thronen sie über dem Häusermeer des modernen Castellammare di Stabia und in der Ferne zeigt sich der Vulkan von seiner vielleicht anmutigsten Seite.

• *Anfahrt* **Pkw**, Autobahnausfahrt Castellamare, weiter Richtung Varano, auf Hinweisschilder „Scavi di Varano/Stabia" achten. **Bahn und Bus**, öffentlicher Bus (1 rosso) ab Circumvesuviana-Bahnhof Via Nocera.

• *Öffnungszeiten* beide Villen tägl. 8.30–19.30 Uhr, von Nov. bis März nur bis 17 Uhr. Eintritt mit **Artecard** bzw. dem Kombiticket Pompeji/Herculaneum, Sammelticket (Stabia, Oplonti und Boscoreale) 5,50 €.

Der Monte Faito (1131 m): der Hausberg von Castellammare. Ein waldreiches Naherholungsgebiet, in dem sich an heißen Sommerwochenenden zahlreiche Ausflügler tummeln. Bis 1997 führte eine Serpentinenstraße von Castellammare direkt zum Gipfelbereich, doch ein Erdrutsch hat diese gebührenpflichtige Privatstraße lahmgelegt; mittlerweile ist sie zwar wieder mit geländetauglichen Pkw befahrbar, offiziell jedoch noch immer gesperrt. Am besten man geht kein Risiko ein und nimmt die Panoramastraße vom Küstenort *Vico Equense* auf den Monte Faito (→ S. 257). Von Castellammare lässt sich der Gipfel jedoch im Höhenflug mit der *Funivia* (Kabinenseilbahn) erreichen.

• *Funivia* Die Talstation der **Kabinenseilbahn** auf den Monte Faito befindet sich neben dem Bahnhof der *Ferrovia Circumvesuviana* im Stadtzentrum; Betriebszeit: tägl. ca. 9–18 Uhr, Abfahrt ungefähr alle 20

Min. Ticket hin und zurück für *Non Residenti* ca. 8 €; schwindelfrei sollte man übrigens sein für diesen recht extremen Höhenflug.

Näheres über die zerklüftete Bergwelt des Monte Faito (Wandern, Übernachten etc.) siehe unter „Monte Faito/Wandern" (→ S. 257).

Gragnano: Diese betriebsame Ortschaft wenige Kilometer oberhalb von Castellammare ist eine *Pasta-Hochburg* mit weltweitem Ruf. Bereits im 17. Jh. arbeiteten hier die ersten Getreidemühlen. Aber erst nachdem das alte Zentrum der Pastaproduktion im Furoretal an der Amalfitanischen Küste seine Mühlen schloss, entwickelte sich Gragnano zum unangefochtenen Nudelzentrum der Gegend. Ein kleines *Museum* der *Cooperativa Pastai Gragnanesi* erzählt die örtliche Pasta-Geschichte. Dort kann man sich auch mit Pasta-Spezialitäten versorgen. – Haben Sie schon mal Paccheri gegessen?
Öffnungszeiten Mo–Fr 9–13 Uhr und 15–18 Uhr, Eintritt frei. Via della Rocca 20.

Vesuvküste Karte S. 213

Marina grande – der Fischerhafen von Sorrent

Halbinsel von Sorrent

Den südlichen Abschluss des Golfs von Neapel bildet die Sorrentiner Halbinsel. Der steile und vegetationsreiche Küstenabschnitt zwischen *Castellammare di Stabia* und der *Punta Campanella* repräsentiert mit Abstand den landschaftlich schönsten Teil der Golfbucht. Angesichts des großartigen Küstenverlaufs und der paradiesischen Zitruskulturen vergisst man das unwirtliche Vorstadtchaos von Neapel schnell.

Überragt wird die Sorrentiner Steilküste von dem wuchtigen Kalksteinmassiv der *Monti Lattari*, das mit seinen bizarr zerklüfteten Gipfeln (bis 1444 m hoch) eine fast alpine Kulisse bildet. Die zerfurchte Bergkette der Monti Lattari, die als Regionalpark geschützt ist (*Parco Regionale dei Monti Lattari*), prägt aber vor allem den Verlauf der südöstlich anschließenden Amalfitanischen Küste, der *Costiera Amalfitana* (ab S. 301), einer der aufregendsten und steilsten Küstenlandschaften des gesamten italienischen Mittelmeers und die krönende Fortsetzung des Golfo di Napoli.

Sorrent   (ca. 18.000 Einwohner)

Die Stadt erstreckt sich auf einem fruchtbaren Tuffsteinplateau, das abrupt und spektakulär ins Meer abfällt. Die Abbruchkante verläuft exakt 50 m über dem Meeresspiegel – ein atemberaubender Anblick sowohl vom Meer als auch vom Land.

Zugang zum Meer gibt es nur an wenigen Stellen, wo steile Treppenwege, Tunnelgänge und Aufzüge den beachtlichen Höhenunterschied überwinden. Selbst die beiden Häfen von Sorrento, *Marina piccola* und *Marina grande*, lassen sich nur mühsam über enge Serpentinenstraßen erreichen. Oben auf der Steilkante posieren die herrschaftlichen Uferpalazzi, zumeist Villen aus dem 18. und 19. Jh., heute größtenteils luxuriöse Hotelbetriebe.

Landeinwärts, jenseits dieser prächtigen Küstenarchitektur, ist die Stadt enorm angewachsen. Zusammen mit den Gemeinden *Sant'Agnello, Piano* und *Meta* erstreckt sie sich über das gesamte Tuffsteinplateau; ein dichtes Konglomerat aus alten und neuen Wohn- und Zweckbauten, das bis an die mächtigen Ausläufer der *Monti Lattari* reicht. Doch überall grünt und blüht es. Gepflegte Parks, üppige Nutzgärten und vor allem die meterhohen Zitrushaine sind es, die das Auge in Sorrent und Umgebung erfreuen.

Seit weit über einem Jahrhundert ist das sonnige Sorrent ein Urlaubsort par excellence, der bevorzugt von Briten, Amerikanern und Deutschen frequentiert wird. Heute mischen sich hier alte Urlaubstraditionen mit modernen Formen des Reisens: stilvoller Luxusurlaub, uniformierte Reisebusgesellschaften, Easy-Jetset und Backpacker-Tourismus, pauschal oder individuell. Sorrent lässt ein großes Spektrum an Möglichkeiten zu und empfiehlt sich nicht zuletzt auch als ausgezeichnetes Campingrevier. Insgesamt ein ideales Standquartier für Ausflüge im gesamten Golfgebiet und entlang der Amalfitanischen Küste.

Geschichte: Wie der größte Teil der Golfbucht so hat auch Sorrent eine griechisch-römische Vergangenheit. Im Zuge der griechischen Kolonisation Unteritaliens (Magna Graecia) gründeten griechische Teleboer die Stadt *Sirenum* im 7. Jh. v. Chr. Namengebend waren vermutlich die mythischen Sirenen, da die Gegend in der

Paradiesische Zitrusküste

Orangen, Mandarinen und Zitronen, die im Sonnenlicht leuchten – ein herrlicher Anblick. Nirgendwo sonst am Golf von Neapel sind die Zitruskulturen üppiger und auffälliger als an der Sorrentiner Küste: Meterhohe Haine schmücken die Landschaft, oftmals von Palisaden umzäunt und mit Netzen vor Wind und Wetter geschützt. Die immergrünen Pflanzen tragen das ganze Jahr über Früchte und geerntet wird mehrmals. Die Haupternte-zeit fällt in den November. Nach der langen Reifezeit in den Sommermonaten ist die Qualität der Früchte dann am besten und der Ertrag am größten. Die hiesigen Zitronen haben z. T. einen ungewohnt großen Umfang, während die Orangen eher klein sind. Die größeren Zitronensorten werden sogar zu Fruchtsaft gepresst, da sie einen geringeren Säuregehalt haben als die Durchschnittszitrone; gemischt mit Orangensaft ein gesundes Erfrischungsgetränk, das häufig auch am Straßenrand von fahrenden Händlern angeboten wird.

Im Mittelmeerraum werden Zitronen, die ursprünglich aus Vorderindien und China stammen, bereits seit Jahrhunderten angebaut, aber an der Sorrentiner Küste gibt es sie als landwirtschaftliches Haupterzeugnis erst seit dem 19. Jh. Der Hauptgrund umfangreicher Anpflanzungen war die weitgehende Vernichtung der alten Kulturpflanze Wein durch eine Reblausplage. Eine Kuriosität unter den hiesigen Zitronen sind die kindskopfgroßen *Cedro*-Früchte, auch *Limone di Pane* genannt. Als Tafelobst ist das „Zitronenbrot" ein unvergleichlicher Genuss; man entfernt die gelbe Schale und stückelt den ganzen Kern samt weißer Zwischenschicht zum Zitronensalat, der häufig auch mit Blattsalat gemischt wird.

griechischen Antike als der Aufenthaltsort dieser sagenumwobenen Gestalten galt. Aus dieser fernen Gründungszeit sind auch die Orte einiger Kultstätten überliefert, so z. B. der griechische Tempel der Göttin Athena, der sich auf der Punta Campanella befunden haben soll. Doch anders als die großen Griechenstädte am Golf von Neapel, *Pithekoussai, Dikaiarchia* und *Parthenope*, blieb das griechische Sorrent vergleichsweise unbedeutend. Erst als die Römer den Ort besiedelten und ihn zur Militärkolonie *Surrentum* ausbauten, beginnt eine glanzvolle Periode. Surrentum erhielt eine typisch römische Stadtanlage mit Forum, Stadtmauern und befestigten Stadttoren, wovon heute nur noch ein Teil des *Arco romano* zu sehen ist. In der Um-

Torquato Tasso

Der berühmteste Sohn der Stadt, Dichter und Historiograf, wurde 1544 in Sorrent geboren. Sein überlebensgroßes Denkmal steht auf der gleichnamigen Sorrentiner Hauptpiazza.

Torquato Tasso verfasste bereits als 18-jähriger Student sein Ritterepos „Rinaldo", das als erster Versuch gilt, die italienische Ritterdichtung in Anlehnung an antike Vorbilder wie *Vergil* zu erneuern.

Mit 21 Jahren verließ er Sorrent und lebte im Dienste der Adelsfamilie Este in der norditalienischen Stadt Ferrara, wo er u. a. sein Hauptwerk, das  Kreuzzugsepos „Das befreite Jerusalem" vollendete. Das handlungsreiche Werk, das die Eroberung Jerusalems unter Gottfried von Bouillon schildert, diente als Muster für zahlreiche Epen der Barockzeit. Auch Tassos lyrische Werke und Schäferspiele waren bahnbrechend für die Dichtkunst der Zeit.

Im Zustand geistiger Verwirrung flüchtete Tasso überstürzt aus Ferrara und lebte 1575 wieder einige Monate in Sorrent. Dann ging er auf unstete Wanderschaft, litt an Verfolgungswahn und wurde wegen Gewalttätigkeit sogar zeitweise inhaftiert. Er starb 1595 in Rom, wo ihn Papst Clemens VIII. später zum Dichterfürsten ernannte. Werke über Tasso verfassten u. a. *Goethe* („Torquato Tasso", 1790) sowie *Carlo Goldoni* und *Lord Byron*.

Das Sorrentiner Torquato-Tasso-Haus, die *Casa del Tasso*, befindet sich ganz unscheinbar am Altstadtrand (Nähe Piazza della Vittoria). Es handelt sich um ein kleines, verwittertes mittelalterliches Stadthaus mit einer Gedenktafel aus Marmor über dem Eingang.

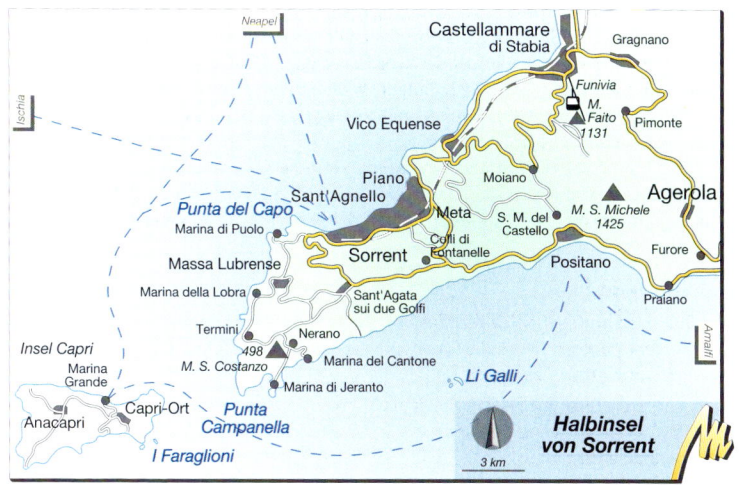

gebung siedelten damals verdienstvolle Kriegsveteranen und Patrizier, die sich entlang der Küste prachtvolle Villen errichteten. Auch *Kaiser Augustus* soll hier eine Sommerresidenz besessen haben. Aus dieser glanzvollen Römerzeit sind einzig die Ruinen der *Villa des Pollius Felix* geblieben, die sich auf der Sorrentiner Punta del Capo befinden. Darüber hinaus bietet Sorrent altertumswissenschaftlich Interessierten nichts Nennenswertes, aber bekanntlich liegen die berühmten griechisch-römischen Ausgrabungen (Pompeji, Herculaneum, Paestum etc.) ja in greifbarer Nähe.

Tourismus: Im 18. und 19. Jh. strömte eine Schar von betuchten Mittel- und Nordeuropäern an die Gestade des Golfs von Neapel und entdeckte die landschaftlichen Reize der Sorrentiner Steilküste. Ähnlich wie auf Capri ließen sich auch zahlreiche illustre Gäste in Sorrent nieder, kauften hier eine Villa oder quartierten sich vorzugsweise im milden Winter in den ersten Luxusherbergen ein. Den Anfang machten die reiselustigen Engländer, die ihrem nasskalten Inselklima nur allzu gerne entflohen, gefolgt von Russen, Deutschen und Skandinaviern, zumeist Dichter und Denker, viele blaublütig und wohlhabend. Das Register der prominenten Namen, die in alten Hotelgästebüchern und Chroniken verzeichnet sind, ist lang. *Lord Byron, John Keats, Percy Shelley, Walter Scott, Charles Dickens* gehörten ebenso dazu wie *Goethe, Stendhal* und *Platen. Wagner* und *Nietzsche* begegneten sich in Sorrent und *Ibsen* verfasste hier seine „Gespenster". Auch im frühen 20. Jh. riss die Anziehungskraft auf namhafte Reisende nicht ab, wie z. B. der langjährige Aufenthalt von *Maxim Gorki* belegt. Erst der Faschismus und der anschließende Zweiten Weltkrieg unterbrachen die europäische Reiselust.

Heutzutage sind es in erster Linie wieder Briten, die ihre Italiensehnsucht in Sorrent stillen. Das zweitgrößte Touristenkontingent kommt mittlerweile aus den USA. Dann erst hat das statistische Fremdenverkehrsamt die Deutschen ermittelt. Kein Wunder, dass Sorrent angesichts dieser Touristenstatistik zweisprachig geworden ist – so what!

So zeigt sich der Vesuv den Sorrentinern

Information/Wichtige Telefonnummern und Adressen

• *Information* **Azienda di Soggiorno e Turismo**, Via L. De Maio 35 (Nähe Piazza Antonino), im Gebäude des *Circolo dei Forestieri* (→ „Nachtleben"). Vorbildlich organisiertes Informationsbüro, qualifiziertes, mehrsprachiges Personal, großzügige Öffnungszeiten, im Sommer tägl. 9–19 Uhr, ✆ 081/8074033, www.sorrentotourism.com. Das Büro ist auch bei der Unterkunftssuche vor Ort behilflich.

• *Vorwahl* ✆ 081 für Sorrent und Umgebung. Auch bei Ortsgesprächen muss die Vorwahl immer mitgewählt werden.
• *Ärztliche Hilfe* durch den Erste-Hilfe-Dienst **Guardia medica**, ✆ 081/8088919 bzw. 118.
• *Polizei* **Vigili urbani** (Stadtpolizei), ✆ 081/8074433, bzw. **Polizia**, ✆ 113.
• *Post* Corso Italia 120.

Anfahrt/Verbindungen/Unterwegs

Pkw: Autobahn A 3 von Napoli bis Castellammare, von dort am besten über *Scansano* zur Küstenstraße S 145 und nicht durch die verkehrsgeplagte Innenstadt von Castellammare. Danach die Küstenstraße wahlweise mit oder ohne Tunnelumgehung über *Vico Equense* nach Sorrent. Hinter Vico beginnt ein chronisch verstopftes Nadelöhr, über diese Strecke rollt die gesamte Versorgung der Sorrentiner Küste samt Urlaubsverkehr. Vor allem an Wochenenden und im Hochsommer muss man viel Geduld im Stop-and-go-Verkehr mitbringen.
Bei einem kurzen Zwischenstopp in Sorrento am besten die gebührenpflichtigen **Parkplätze** benutzen bzw. einen weiß markierten, gebührenfreien Parkplatz suchen.

Außerhalb des zusammengewachsenen Stadtgebiets Sorrent/Sant'Agnello/Piano/Meta bewegt man sich mit dem Pkw recht problemlos, d. h. Ausflüge nach Massa Lubrense, Nerano, Sant'Agata und zu den Bergdörfern kann man bestens unternehmen; auch die Straßenverhältnisse sind durchweg gut.
Bahn: Die *Ferrovia Circumvesuviana* verbindet Neapel mit Sorrent (Fahrtzeit ca. 1:30 Std., häufige Verbindungen, einfach ca. 3,50 €). Hinter Vico Equense verschwindet der Zug zweimal für längere Zeit im Gebirgstunnel, ansonsten immer wieder herrlicher Blick auf die Küste und den Vesuv. Die Bahnhöfe in Sant'Agnello und Sorrent liegen relativ zentral. Die Schnellbahn ist

außerdem ideal für Tagesausflüge nach Pompeji und Herculaneum (mit Vesuv).

> **Transfer-Tipp**: von Neapels Flughafen gibt es eine ideale Busverbindung direkt nach Sorrent mit *Autolinee Curreri*, mehrmals tägl., einfach 10 €, ca. 1:30 Std. Fahrzeit.

Busse: effizientes Busnetz in Sorrent und Umgebung. Der Busbahnhof befindet sich am Circumvesuviana-Bahnhof, dort hängen auch die Fahrpläne aus, Tickets kauft man u. a. im Bahnhofskiosk. Die EAV-**Stadtbusse** (orange bzw. rot) verkehren nur im Stadtgebiet zwischen Meta und Sorrento/Capo. Die SITA-**Busse** (blau bzw. graugrün) bedienen das gesamte Hinterland samt Monte Faito und Costiera Amalfitana. Am besten fährt man seit der drastischen Preiserhöhung für die Einzeltickets mit den *Unicocostiera*-Tickets (gültig für EAV, SITA und Circumvesuviana), Tagesticket 7,20 €, 3-Tagesticket 18 €.

Fähren: Einziger Fährhafen von Sorrent ist *Marina piccola;* von dort ganzjährig häufige Verbindungen mit verschiedenen Reedereien nach *Capri und Neapel*. Recht preiswert ist die subventionierte **Metro del Mare** mit Fährverbindungen auch nach *Positano und Amalfi*. Im Einsatz sind zumeist *Aliscafi* (Schnellboote). Die Ticketschalter findet man unten am Hafen, Preisunterschiede zwischen den verschiedenen Gesellschaften (ausgenommen Metro del Mare) gibt es kaum. Stadtbusse pendeln zwischen Marina piccola und dem 50 m (!) höher gelegenen Zentrum, Einzelticket 1 €; der schweißtreibende Treppenweg vom Hafen hinauf mündet auf der Piazza Tasso.

Taxi: eine recht teure Angelegenheit, man startet mit über 4 € auf dem Taxameter; zentraler Taxiplatz an der Piazza Tasso.

Mietfahrzeuge: Der Scooter (Motorroller) ist ein geeignetes Gefährt, um die Küste etwas näher zu erkunden. Wen es z. B. auf den Monte Faito zieht, der fährt besser mit dem Auto.

Europcar, Corso Italia 210, ☏ 081/8781386, Auto- und Scooterverleih, gepflegte Fahrzeuge. *Jolly*, großer Fuhrpark, Corso Italia 3 und Via degli Aranci 180, ☏ 081/8781719, 8773450, www.sorrentorent.com. Motorroller ab 30 € pro Tag, Kleinwagen ab 50 € pro Tag.

*B*aden/*M*otorboote/*W*andern

Baden: Am städtischen Steilufer und an der *Marina grande* befinden sich einige gebührenpflichtige *Bagni*, es herrschen beengte Platzverhältnisse aufgrund des extrem schmalen Ufers. Bretterstege führen ins Wasser, die Wasserqualität ist mäßig. Schönere Badestellen und frei zugängliche Strände findet man südwestlich von Sorrent an der *Punta del Capo*, in *Marina di Puolo*, *Marina di Lobra* und *Marina del Cantone* (im Buch unter den jeweiligen Orten).

Motorbootverleih: das Angebot reicht vom Schlauchboot bis zur kleinen Motoryacht, eine tolle Sache, aber auch ein teurer Spaß. *Nautica Sic-sic*, Marina piccola, ☏ 081/8072283, www.nauticasicsic.com.

Wandern: Reizvolle Wandermöglichkeiten gibt es einige in der Umgebung von Sorrent. Mehrere landschaftlich eindrucksvolle Wanderwege führen hinunter zur Küste, z. B. von *Capo di Sorrento* zur *Punta del Capo*, von *Termini* zur *Punta Campanella* und von *Nerano* nach *Marina di Jeranto;* die genannten Wege sind gut erschlossen und weisen keine besonderen Schwierigkeitsgrade auf (Näheres bei den jeweiligen Wanderbeschreibungen).

Weniger anstrengend als vermutet sind die beiden reizvollen Treppenwege von *Sorrento* hinauf nach *Sant'Agata sui due Golfi*.

Wer ernsthafte sportliche Herausforderungen sucht und einige Etappen des **Höhenwegs** der *Monti Lattari* ablaufen möchte, zu dem auch das Wandergebiet des *Monte Faito* gehört, sollte sich unbedingt gutes Kartenmaterial besorgen (→ S. 70).

Recht brauchbar für den südwestlichen Abschnitt der Halbinsel ist das Faltblatt „A passeggio con le Sirene" (Wanderungen im Land der Sirenen), das im Infobüro von Sorrent sowie in den Pro-Loco-Büros in Massa Lubrense und in Sant'Agata gratis erhältlich ist.

Vorab im Internet ist die Website von *Giovanni Visetti* eine gute Informationsquelle: www.giovis.com. Der erfahrene Wanderführer, der in Massa Lubrense lebt, bietet auch mehrtägige Exkursionen und Trekkingtouren im Gebiet der Penisola Sorrentina und Costiera Amalfitana an.

Halbinsel von Sorrent
Karte S. 245

Straßenverkauf an der Sorrentiner Zitrusküste

Einkaufen/Souvenirs

Museobottega della Tarsialignea, diese ständige Verkaufsausstellung der örtlichen Kunsttischlereien sollten Interessierte unbedingt aufsuchen: Altstadt, Via San Nicola 28, obligatorische Führungen, tägl. (außer So) 10–13 Uhr und 15–18 Uhr, Eintritt 8 €, ✆ 081/8771942, www.alessandrofiorentinocollection.it.

Die gesamte Altstadt von Sorrent ist verkehrsberuhigt und präsentiert sich als touristenfreundliche Fußgängerzone mit Läden und Geschäften dicht an dicht. Hauptbummelgasse ist die **Via Cesareo** und deren Verlängerung **Via Fuoro**, aber auch in den Nebengassen findet man zahlreiche, geschmackvoll dekorierte *Botteghe*: Lebensmittelgeschäfte, Bäckereien, *Enoteche* (Wein- und Spirituosenhandlungen), Antiquitäten- und Souvenirläden, kleine Handwerksbetriebe u. v. m. Insgesamt viel fürs Auge, hier kann man ausgiebig stöbern, Kitschboutiquen gibt es so gut wie gar nicht. Wer sich für traditionelles Kunsthandwerk interessiert, stößt in den Altstadtgassen zwangsläufig auf kleine **Kunsttischlereien**, in denen seit Generationen hochwertige **Intarsienarbeiten** ausgeführt werden. Die kunstvollen und z. T. filigranen Einlegearbeiten treffen vor allem den Geschmack der britischen Urlauber, vielleicht hat sich diese eher seltene Kunstfertigkeit auch deshalb so lange in Sorrent halten können. Eine altehrwürdige Adresse für Intarsienarbeiten (auch Anfertigungen nach Wunsch): *Cuomo's Lucky Store*, Piazza Antiche Mura 2/7 (Nähe Kathedrale).

Feste und Veranstaltungen

Als Urlaubsort mit Tradition legt Sorrent auch viel Wert auf ein gut organisiertes Unterhaltungsprogramm. Das ganze Jahr über finden Feste und Veranstaltungen der unterschiedlichsten Art statt. Der Weg ins Informationsbüro lohnt sich, um die genauen Termine und Highlights zu erfragen.

Die **Tarantella** ist ein süditalienischer Volkstanz, der im schnellen 3/8-Takt mit sich steigerndem Tempo getanzt wird. Begleitinstrumente sind Mandoline, Gitarre und Akkordeon. Die Tänzerinnen verstärken den Rhythmus zumeist mit Kastagnetten und Schellentrommeln. Namengebend für den Tanz ist die im Mittelmeerraum verbreitete Tarantelspinne, deren schmerzenden Biss man früher mit wilden, ekstatischen Körperbewegungen zu lindern versuchte. Heute ist der Taranteltanz ein folkloristischer Schautanz, der manchmal noch auf Volksfesten am Golf von Neapel aufgeführt wird bzw. in einem Sorrentiner Nachtclub zu sehen ist (→ S. 253).

Sorrento inverno, um ihre Wintergäste bei Laune zu halten, bietet die Stadt von Dezember bis Februar sogar ein kostenloses Ausflugs- und Unterhaltungsprogramm an.

Festa patronale, Mitte Februar, Fest des Schutzheiligen Antonio.

La Via della Croce, Karfreitagsprozession in *Meta*, auf der Szenen vom Abendmahl bis zur Kreuzigung in historischen Kostümen nachgestellt werden.

Motoraduno, Mai, internationales Oldtimertreffen. Abends parken die auf Hochglanz polierten Oldtimer auf dem Corso Italia und können bewundert werden.

Festa di Sant'Anna, 1. Julisonntag, Kirchenfest mit Bootsprozession in *Marina grande*.

Giornate Antiquariato, Juli, alljährliche Antiquitätenmesse.

Sagra del mare, Juli, Kirmes rund ums Meer und den Fisch, in *Marina grande*.

Estate musicale, Juli/August, renommiertes internationales Musikfestival, Konzerte u. a. im Kreuzgang der Chiesa di San Francesco.

Festa della Madonna, 15. August, großes Marienfest.

Sagra dell'uva: 1. Oktoberwoche, größtes und stimmungsvollstes Weinfest der Umgebung in *Priora* (zwischen Sorrent und Sant'Agata).

Incontri internazionali del cinema, November, internationales Filmfest.

Übernachten/Camping (siehe Karte S. 251/252)

In Sorrento/Sant'Agnello ballt sich ein Großteil des Golftourismus, entsprechend vielfältig ist das Übernachtungsangebot. Nach Ischia weist Sorrent die höchste Hoteldichte am Golf auf. Pauschalurlauber und Reisebusgesellschaften bilden eindeutig das Hauptkontingent der Hotelgäste. Was Individualisten aber keinesfalls abschrecken sollte, denn es gibt genügend Pensionen und Hotelbetriebe, die nicht fest in der Hand von Pauschalreiseveranstaltern sind. Insgesamt ist Sorrent ein ideales Standquartier für Ausflüge im gesamten Golfgebiet einschließlich der Costiera Amalfitana. Die Quartierauswahl reicht vom luxuriösen Uferpalazzo aus dem 19. Jh. bis hin zum geselligen Ostello für Traveller. Das Ostello Sorrento in Sant'Agnello empfehlen wir jedoch nicht mehr. Gut ist mittlerweile auch das B&B-Angebot, das auf der offiziellen Website www.sorrentotourism.com gelistet ist. Außerdem gibt es entlang der Sorrentiner Steilküste mehrere empfehlenswerte Campingplätze. Wer mobil ist, sollte auch die Agriturismo-Höfe in der Umgebung in Erwägung ziehen.

● *In Sorrent* ***** **Excelsior – Grand Hotel Vittoria (15)**, altehrwürdiger Uferpalazzo, posiert unmittelbar über dem Fährhafen Marina piccola. Versprüht noch viel Atmosphäre vergangener Tage, nicht nur äußerlich eine nostalgische Luxusherberge, auch im Innern dominiert der Charme der Jahrhundertwende. Zentral gelegen, lang gestrecktes Parkgrundstück, Swimmingpool,

Hotelrestaurant. DZ ab ca. 300 € inkl. Frühstück. Piazza Tasso 34, ☎ 081/8777111, ✆ 081/8771206, www.exvitt.it.

***** **Bellevue Syrene (10)**, ebenfalls ein stilvolles Grandhotelrelikt aus dem vorletzten Jahrhundert, klassizistische Architektur, dezent modernisiert. Steiluferlage, idyllische Säulenterrasse, hoteleigener Strand mit Aufzug, Restaurant mit Garten im Stil einer

pompejanischen Villa angelegt. DZ ab 350 €
inkl. Frühstück. Piazza della Victoria 5, ✆ 081/
8781024, ✆ 081/8783963, www.bellevuesyrene.it.

**** La Tonnarella (7), ruhige Stadtrandlage
oberhalb der Marina grande, Zufahrt von
der Küstenstraße. Thront wie ein kleines
Tuffsteinschlösschen auf der Steiluferkante, ganz Sorrent im Blick. Familienbetrieb
mit Tradition, gutes Ristorante, Fahrstuhl
zum Privatstrand. DZ 112–225 € inkl. Frühstück. Via Capo 31, ✆ 081/8781153, ✆ 081/878
2169, www.latonnarella.com.

*** Regina (12), neben dem Hotel Syrene
(s. o.), ruhige Lage, großer Neubau, größtenteils Balkonzimmer mit Golfblick, viel
Grün, Hotelgarage. DZ 80–200 € mit Frühstück. Via Marina grande 10, ✆ 081/8782722,
✆ 081/8782721, www.hotelreginasorrento.it.

*** Villa di Sorrento (19), kleines, zentrales
Stadthotel (Nähe Piazza Tasso), gut geführt,
etwas mehr Business- als Holiday-Charak-
ter, kein Restaurant, italienisches Frühstück. DZ 125–160 € inkl. Frühstück. Viale E.
Caruso 6, ✆ 081/8781068, ✆ 081/8785767,
www.villadisorrento.it.

** Mignon (18), gut geführte Pension am
Altstadtrand, Nähe Kathedrale, Neubau,
sauber, große, helle Zimmer mit Klimaanlage. DZ 80–100 € inkl. Frühstück (wird auf
dem Zimmer serviert). Via A. Sersale 9,
✆ 081/8073824, ✆ 081/8774348,
www.sorrentohotelmignon.com.

* Elios (6), in die Jahre gekommenes 1-
Stern-Hotel mit Ostello-Charakter. Stadtrandlage, neben dem Tonnarella (s. o.). 14
schlichte Zimmer, zwei große Terrassen
mit Golfblick. Küchenbenutzung für Selbstversorger ohne Aufpreis. DZ 70–80 € ohne
Frühstück. Via Capo 33, ✆ 081/8781812,
www.hotelelios.it.

****** Camping Santa Fortunata Campogaio
(5)**, etwas abseits, an der Küstenstraße zur
Punta del Capo gelegen. Großes, gepflegtes Hanggrundstück mit Öl- und Zitrusbäumen. Moderne Sanitäreinrichtungen, großer Pool, Zugang zum Meer. Bar, Restaurant und Minimarket. April–Okt. geöffnet.
Stadtbus A von der Piazza Tasso, Haltestelle am Eingang. 2 Pers., Zelt und Auto 20–
30 €, auch Bungalowvermietung. Via Capo

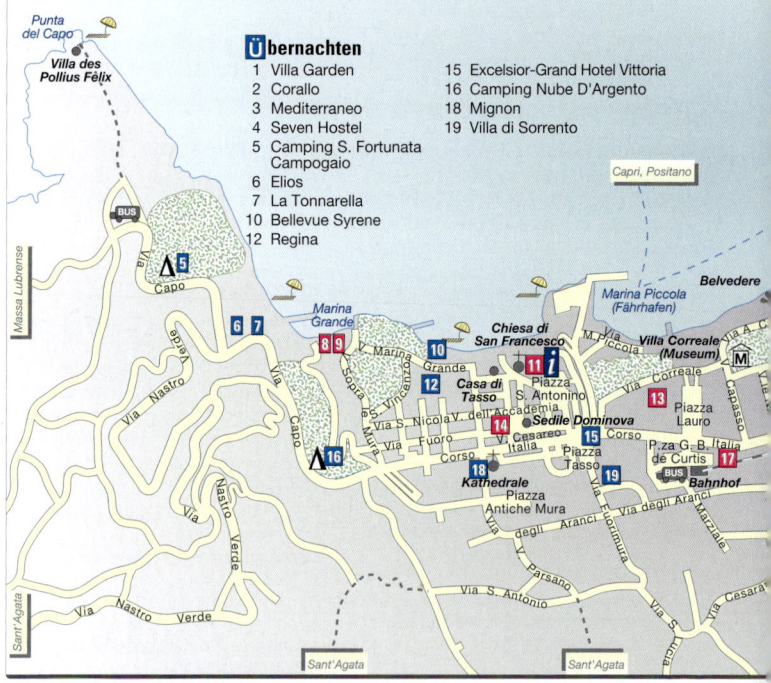

Übernachten
1 Villa Garden
2 Corallo
3 Mediterraneo
4 Seven Hostel
5 Camping S. Fortunata
   Campogaio
6 Elios
7 La Tonnarella
10 Bellevue Syrene
12 Regina
15 Excelsior-Grand Hotel Vittoria
16 Camping Nube D'Argento
18 Mignon
19 Villa di Sorrento

41, 📞 081/8073579, 📠 081/8073590, www.santafortunata.com.

**** Camping Nube D'Argento (16), stadtnah, oberhalb der Marina grande, tolle Hanglage, steile Zufahrt von der Küstenstraße, großes, terrassiertes Gelände, viel Grün, ausreichend Olivenbaumschatten, kleiner Pool, Bar, Pizzeria, Ristorante, Minimarket. Treppenweg zur Marina grande und zur Altstadt. April–Sept. geöffnet. 2 Pers., Zelt und Auto 25–37 €, auch Bungalowvermietung. Via Capo 21, 📞 081/8781344, 📠 081/8073450, www.nubedargento.com.

• *In Sant'Agnello* ****** Mediterraneo (3)**, oberhalb des kleinen Stadtstrands Marinella, gepflegter, wuchtiger Uferpalazzo mit Charme, Blick aufs Meer und auf Sorrent. Eins der schönsten dieser Kategorie, mit Pool und Restaurant. DZ ab ca. 150 € inkl. Frühstück. Via Crawford 85, 📞 081/8781352, 📠 081/8781581, www.mediterraneosorrento.com.

**** Hotel Corallo (2), ebenfalls an der Marinella, geschmackvoll renovierter Palazzo, schöne Lage direkt am Steilufer, Restau-

rant. DZ ab ca. 150 € inkl. Frühstück. Rione Cappuccini 12, 📞 081/8073355, 📠 081/8074407, www.hotelcorallosorrento.com.

**** Villa Garden (1), hinter dem Kapuzinerkloster, stilvoller, kleiner Uferpalazzo in Rot-Weiß, familiäre Atmosphäre, sehr ruhig gelegen, ohne Restaurant. DZ 130–224 € inkl. Frühstück. Via Rione Cappuccini 7, 📞 081/8781387, 📠 081/8784192, www.villagardenhotel.com.

Seven Hostel (4), neues Ostello für Jung und Alt, vollständig modernisierter Gebäudekomplex aus dem 19. Jh., hell und ansprechend durchgestylt, relaxte Atmosphäre. Der einladende Barbetrieb hat von morgens bis spät abends geöffnet und bildet das gesellige Zentrum der privat geführten Herberge. Vom Circumvesuviana-Bahnhof Sant'Agnello in wenigen Min. zu Fuß zu erreichen. DZ mit Bad 65–95 € inkl. Frühstück, Mehrbettzimmer (6–12 Pers.) 19–30 € pro Pers. inkl. Frühstück. Via Iommella Grande 99, 📞 081/8786758, 📠 081/8788513, www.sevenhostel.com.

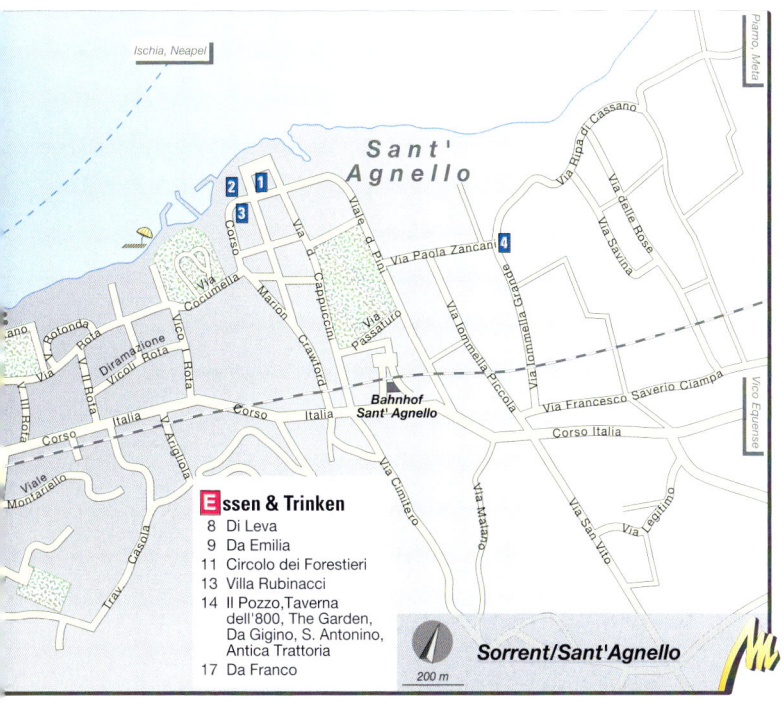

E ssen & Trinken
8 Di Leva
9 Da Emilia
11 Circolo dei Forestieri
13 Villa Rubinacci
14 Il Pozzo, Taverna dell'800, The Garden, Da Gigino, S. Antonino, Antica Trattoria
17 Da Franco

Sorrent/Sant'Agnello

200 m

Lauschige Speiseterrasse mitten im Fischerhafen Marina grande

Essen und Trinken (siehe Karte S. 251/252)

Die Sorrentiner Küche hält einige sättigende lokale Primo-Spezialitäten bereit: *Gnocchi alla sorrentina* (mit Tomaten-Käse-Sauce) und *Scialatielli di basilico alla sorrentina*. In der Altstadt konkurrieren zahlreiche Ristoranti und Trattorie. Das Preisniveau ist insgesamt recht akzeptabel, die Unterschiede liegen eher im Ambiente als in der Kochkunst. Selten habe ich in Italien so viele Gäste über zu deftige und große Portionen stöhnen gehört.

Dem appetitlichen Angebot der *Pasticcerie* (Konditoreien) dürften Leckermäuler kaum widerstehen können; eine örtliche Spezialität sind die *Delizie al limone* (Zitronenkuchen und -gebäck). Der leckere *Limoncello* (Zitronenlikör) wird übrigens auch in den Konditoreien verkauft.

Ristorante des **Circolo dei Forestieri (11)** (→ „Nachtleben"), große Speiseterrasse am Steilufer. Mittags Snacks und einfache internationale Gerichte, Mensaqualität und Mensapreise, flinke und freundliche Bedienung. Abends Restaurantbetrieb mit guter regionaltypischer Küche, der Speisesaal ist jedoch etwas steril, die Preise sind okay. Via L. De Maio 35, ✆ 081/8773263.

Da Emilia (9), alteingesessene volkstümliche Hafentrattoria in Marina grande. Die Tochter der mittlerweile verstorbenen Emilia schmeißt den Laden mit viel Temperament. Rustikaler Speiseraum mit halb offener Küche, lauschige Speiseterrasse di-

rekt am Wasser. Solide *Cucina Casareccia* (Hausmannskost), z. B. *Gnocchi di Mamma* und *Lasagne*, fangfrischer Fisch vom Grill und aus dem Ofen, reichhaltige *Frittura di pesce*, offener lokaler Wein, Menü 30–40 €. Via Marina grande 62, ✆ 081/8072720, im Winterhalbjahr Di Ruhetag.

Di Leva (8), ebenfalls alteingesessene Hafentrattoria in Marina grande, die von fünf dynamischen Schwestern geführt wird. In diesem Lokal drehte Neorealismus-Regisseur *Vittorio De Sica* 1954 mit *Sophia Loren* den Film *Pane, amore ...* La Loren kam nach 50 Jahren im Sommer 2004 hierher zurück, und seitdem die beliebte Filmdiva hier gegessen hat, erfreut sich die einfache Trattoria wieder großer Beliebtheit. Via Marina grande 2, ℅ 081/8783826.

Il Pozzo (14), im hinteren Teil der Altstadt, gepflegtes, kleines Ristorante, nur wenige Tische vor der Tür, Fisch- und Fleischküche, auch Pizza, akzeptables Preis-Qualitäts-Verhältnis. Via dell'Accademia 31, ℅ 081/8073124, Mi Ruhetag.

Taverna dell' 800 (14), gegenüber von Il Pozzo, rustikale Kellertaverne, einfache, schnörkellose Küche, große Weinauswahl, stimmungsvoll, stets Livemusik, keine überzogenen Preise. Via dell'Accademia 29, ℅ 081/8785970, Mo Ruhetag.

The Garden (14), lauschiges Gartenlokal im Centro storico, mit Zitruspergola, appetitliche Antipasti-Auslagen, Menü 30–40 €. Via Tasso 2, ℅ 081/8781195.

Da Gigino (14), Altstadt, Nähe Piazza Antonino, sehr beliebt, macht angeblich die beste Pizza im Centro storico. Via degli Archi 15, ℅ 081/8781927, Di Ruhetag.

S. Antonino (14), größtes Gartenlokal in der Altstadt, ein regelrechter Touristenmagnet, Riesenauswahl an Antipasti, Primi und Secondi, auch Pizza, preislich im Rahmen. Via S. Maria delle Grazie 6, ℅ 081/8771200.

Antica Trattoria (14), gepflegtes Altstadtristorante mit gutem Ruf und Speiseterrasse, hübsch verspielt nach britischem Urlaubergeschmack aufgemacht, ein Mandolinenspieler säuselt durch die Tischreihen. Gehobene Preise, doch deftige Portionen ersetzen raffinierte Kochkunst. Via Giuliani 33, ℅ 081/8071082.

Villa Rubinacci (13), großes, ruhig gelegenes Gartenrestaurant und Pizzeria, wenige Schritte von der hektischen Piazza Tasso, neben dem Hotel Eden. Beliebt bei Einheimischen, tadellose lokaltypische Gerichte und ausgezeichnete Pizza, flinke Kellner und anständige Preise. Via Correale 25, ℅ 081/8073357.

Da Franco (17), rustikale Panetteria und Pizzeria. Dutzende von Schinken hängen dekorativ an der Decke. Hier kehren die Einheimischen mittags ein. Corso Italia 265.

• *Konditoreien/Eisdielen* Eine Empfehlung für alle, die die köstlichen lokalen Gebäckspezialitäten probieren wollen, ist die **Pasticceria Primavera**, Corso Italia 142/144. Auch die dazugehörige Gelateria ist überaus beliebt.

Das beste Eis der Stadt macht jedoch unumstritten die **Gelateria Davide** (Altstadtgasse Via Giuliani 41 und in Bahnhofsnähe, Via Marziale 19).

*N*achtleben/*I*nternet

Gegen Abend bevölkern sich die Straßencafés der Innenstadt, der absolute Renner ist die **Fauno Bar** an der Piazza Tasso. Recht lebhaft gestaltet sich auch das Nachtleben, die Auswahl an Clubs, Pianobars und Pubs ist groß. Die vielen Pubs nach englischem Vorbild sind wohl eine Konzession an den Geschmack der zahlreichen Urlauber von der Insel. Wem das schwere, dunkle Bier ohne Schaum nicht das Maß aller Dinge ist, findet Alternativen.

Circolo dei Forestieri, Via L. De Maio 35 (Nähe Piazza Antonino), dieser *Foreigner's Club* wurde vom örtlichen Fremdenverkehrsamt ins Leben gerufen und wendet sich ausdrücklich an Touristen. Herrliche Lage über der Steilküste, große Terrasse, kleine Preise, Pianobar und häufig Tanzabende für ältere Semester. Mit Ristorante (→ „Essen und Trinken").

English Inn, Corso Italia 55, einer der beliebtesten Pubs.

Fauno Notte Club, Piazza Tasso, der Nachtclub des Piazzacafés Fauno, hier findet regelmäßig *Tarantella*-Folklore statt.

Teatro Tasso, Musicaltheater, Piazza S. Antonino. In einem folkloristischen Volkstanzmusical werden kleine Geschichten aus dem Sorrent des 19. Jh. präsentiert. Ohrwürmer wie „O Sole mio" und „Torna a Surriento" sind die Gesangshöhepunkte des Abends. Fast tägl. (21.30 Uhr) wird gespielt, Eintritt 25 €.

The Club, eine riesige Amüsiermaschine auf 2000 qm und sieben Ebenen, an der Steiluferseite der Piazza Tasso gelegen. Wechselndes Outfit, mit Bar, Lounge, Pianobar, Disco und Überraschungsevents.

• *Internet* Mehrere Möglichkeiten in der Altstadt, u. a. in der szenigen **Insolito-Bar** an der Kathedrale (Corso Italia 38, mit Drucker!).

Halbinsel von Sorrent
Karte S. 245

Sehenswertes

In der Altstadt

Ein rechtwinklig angelegtes Gassengeflecht mit viel mittelalterlicher Bausubstanz – pulsierender Mittelpunkt des öffentlichen Lebens und touristische Bummelzone zugleich.

Mitten im *Centro storico* steht der auffällige *Sedile Dominova* (15. Jh.), einst Versammlungsort des Sorrentiner Stadtadels. Diese Loggia mit der kunstvollen Majolikakuppel und den farbenfrohen Wandfresken aus dem 18. Jh. ist heute Versammlungsort der einfachen Leute. Vor allem ältere Männer treffen sich hier täglich und verbringen viel Zeit beim Gespräch und Kartenspiel ganz unbeeindruckt vom quirligen Touristenstrom – ein amüsanter Kontrast.

Am oberen Altstadtrand (Corso Italia) befindet sich die *Kathedrale* (15. Jh.) mit dem barocken *Campanile* (Glockenturm). Der mehrfach umgebaute *Duomo Santi Filippo e Giacomo* besitzt eine neugotische Fassade, ist im Innern jedoch voll und ganz barockisiert. Kunstgeschichtlich bedeutend sind u. a. Kanzel und Bischofsthron, in die antike Architekturfragmente eingearbeitet wurden. Portal und Chorgestühl sind kunstvoll mit Holzintarsien verziert, handwerkliche Meisterwerke von Sorrentiner Kunsttischlern (dazu siehe auch „Einkaufen/Souvenirs" → S. 248).

Die zweite städtische Hauptkirche ist die *Chiesa di San Francesco,* eine ehemalige Konventskirche. Bewundernswert ist hier vor allem der angrenzende *Kreuzgang* mit den orientalisch anmutenden Arkaden. Der einstige Klostergarten ist heute ein öffentlicher kleiner Küstenpark *(Villa Comunale)* mit dem vielleicht schönsten Blick auf die Golfbucht und den majestätischen Vesuv.

Chiesa di San Francesco mit Kreuzgang

Die Villa Correale
(Museo Correale di Terranova)

Diese herrschaftliche Museumsvilla am östlichen Ortsrand ist der ganze Stolz von Sorrent. Der Palazzo aus dem 18. Jh. mit der umfangreichen Kunstsammlung ist ein Geschenk der Adelsfamilie Correale an die Stadt.

Besichtigung: Im Erdgeschoss befindet sich zunächst die archäologische Sammlung mit ägyptischen, griechischen und römischen Architekturfragmenten, Säulen, Statuen, Sarkophagen und Reliefs. Angrenzend die Hauskapelle und die Privatbibliothek mit zwei Manuskripten von *Torquato Tasso* sowie einer Totenmaske des Dichters.

Im ersten und zweiten Stock dann die große Gemälde- und Möbelsammlung mit seltenen Liebhaberstücken, darunter Stillleben, Porträts, Intarsientische und Kommoden. Besonders zahlreich und beeindruckend sind die zumeist kleinformatigen Ölbilder und Aquarelle mit Landschaftsmotiven, auf denen auch viele historisch bedeutende Orte der Golfküste abgebildet sind: von Cuma und Baia über Neapel bis Sorrent. Ansonsten gibt es wertvolle Kleinkunst sowie Kunsthandwerk in Hülle und Fülle zu sehen. Im Dachgeschoss schließlich die Majolika- und Porzellanabteilung mit Sammlerstücken aus allen bedeutenden Manufakturen Europas. – Insgesamt ein Genuss für Kunstinteressierte.

Zum Villengrundstück gehört ein schmaler Zier- und Nutzgarten mit uralten Bäumen, der zum *Belvedere* führt, einem Schwindel erregenden Balkon auf einer hervorspringenden Spitze des Steilufers.

Öffnungszeiten tägl. (außer Di u. feiertags) 9–14 Uhr, Eintritt 7 €; Via Correale 50, ☎ 081/8781846.

Sedile Dominova

Marina grande

Der Fischerhafen von Sorrent ist aufgrund des extremen Höhenunterschieds weitgehend isoliert vom Rest der Stadt und führt gewissermaßen ein Eigenleben. Ein schöner Treppenweg sowie eine schmale Stichstraße (Busverbindung) führen hinunter zur beschaulichen Hafenbucht. Pittoresk verwitterte Hafenhäuser säumen das Ufer, der Fischeralltag ist allgegenwärtig. Und sogar eine Werft gibt es noch, wo der legendäre *Gozzo sorrentino* gebaut wird, ein robustes und elegantes Holzboot, das vollständig in Handarbeit hergestellt wird von den „Maestri d'ascia" (Axtkünstlern) unter Verwendung edelster Harthölzer. Die Werft heißt *Aprea Mare* (Via del Mare 49) – ein vorsichtiger Blick in die Fabrikationshalle ist möglich. Am hinteren Ende der Marina grande belegt ein gebührenpflichtiges *Bagno* den schmalen Strand, Brettterstege führen ins Wasser.

Punta del Capo

Nordwestliche Felsspitze von Sorrent, ein landschaftlich eindrucksvoller Spazierweg führt dorthin. Am flachen Felsufer des Kaps befinden sich die Ruinen der altrömischen *Villa des Pollius Felix.* Es handelt sich um das einzige Relikt der antiken Küstenbebauung, die einst die Sorrentiner Steilküste förmlich überzog. Ein phänomenales Modell der antiken Anlage befindet sich im Museum in der Villa Fondi (s. u.). Der Ort wird auch *Bagno della Regina Giovanna* (Bad der Königin Johanna) genannt, weil sich die neapolitanisch-angiovinische Königin hier häufig aufhielt, um in einem von der Natur geschaffenen Wasserbecken zu baden, das früher den meerseitigen Zugang zur Villa des Pollius Felix bildete. Auch heute ist das königliche Bagno noch eine beliebte Badestelle.

● *Anfahrt/Anmarsch* Mit dem Stadtbus nach Capo di Sorrento. Unmittelbar an der Bushaltestelle beginnt der kurze, abschüssige Weg hinunter zur Punta del Capo (ausgeschildert).

● *Essen/Trinken* Am Kap befindet sich das **Bagno La Solara** mit Bar und Restaurant.

Allgegenwärtiger Vesuv

Nordöstlich von Sorrent

Piano und Meta di Sorrento

Die beiden weniger touristischen Vororte des zusammengewachsenen Stadtgebiets Sorrento/Sant'Agnello/Piano/Meta werden vor allem von Italienern frequentiert. Zwischen der dichten Bebauung gibt es auch hier immer wieder kleine landwirtschaftlich genutzte Flächen und Gärten. Doch nicht die spärlichen Überreste einer ländlichen Idylle sind es, die Piano und Meta vor allem an Wochenenden zum beliebten Ausflugsziel werden lassen. Hier befindet sich für viele Italiener nämlich der ultimative Badestrand der Sorrentiner Küste, der für hiesige Küstenverhältnisse geradezu große *Sandstrand La Conca*. Eine unscheinbare Stichstraße sowie ein moderner Aufzug führen hinunter zur *Marina di Meta*. An der Uferstraße findet man Parkmöglichkeiten, Bars, Ristoranti und Bagni. Trubel, Strand und Wasser haben mich allerdings nicht überzeugt; für meinen Geschmack gibt es wesentlich schönere Badebuchten südwestlich von Sorrent.

Beschaulich und betriebsam ist hingegen die *Marina di Cassano* unterhalb von Piano di Sorrento. Auch hier führt eine Serpentinenstraße hinunter zum schmalen Ufer, das fast vollständig vom größten Fischereihafen der Sorrentiner Küste eingenommen wird. Es herrscht authentischer Fischeralltag und ein Teil der Hochseeflotte ist oft tagelang unterwegs.

Oben, am meerseitigen Altstadtrand von Piano, steht die prächtige *Villa Fondi* aus dem 19. Jh., in der sich das interessante *archäologische Museum* der Halbinsel befindet. Eine antike Monumentalstatue, die berühmte Sirenenvase aus der Nekropole von Sant'Agata sui due Golfi sowie ein römisches Nymphäum bilden die Highlights der ansprechend präsentierten Sammlung.

Öffnungszeiten **Museo archeologico „Georges Vallet"/Villa Fondi** Di–So 9–18 Uhr. Via Ripa di Cassano 14, Eintritt frei. Zur Museumsvilla gehört ein kleiner Küstenpark mit Café.

• *Camping/Essen und Trinken* ***** Camping I Pini**, großer, gepflegter Platz, ca. 1 km von der Küste entfernt. Guter Zeltboden, auch Bungalowvermietung, Pool. Ganzjährig geöffnet. 2 Pers., Zelt und Auto 23,50–33,50 €, Bungalows ab 55 € pro Tag. Piano di Sorrento, Corso Italia 242, ☎ 081/8786891, ✆ 081/8788770, www.campingipini.com.

Taverna del Re Carlo, eine gute Adresse in der Altstadt von Meta, hier wird mit viel Leidenschaft kreative und dennoch bodenständige Küche geboten. Erlesene Käsesorten, Salumi und Weine dürften auch anspruchsvolle Genießer zufrieden stellen. Der Weg lohnt sich. Menü 30–40 €, Di Ruhetag. Via Cosenza 56, ☎ 081/5342131.

Vico Equense

Dieses nette Küstenstädtchen in Steiluferlage besitzt einige architektonische Lichtblicke sowie ein kleines archäologisches Museum. Und entdeckungsfreudige Küstenbummler sollten sich die *Marina di Equa* nicht entgehen lassen; eine schmale, gepflasterte Serpentinenstraße führt hinunter zu dieser winzigen Fischerbucht. Außerdem ist Vico der Ausgangspunkt für ausgiebige Exkursionen im Gebiet des *Monte Faito*, einer bäuerlichen Landschaft mit friedlichen kleinen Bergdörfern.

• *Information* **Pro Loco**, örtliches Infobüro, vormittags und nachmittags geöffnet, gute Stadtpläne mit Wanderwegen zum Monte Faito. Piazza Umberto I 119, ☎ 081/8015752, www.vicotourism.it.
• *Sehenswertes* **Antiquarium Aequano – Silio Italico**, Altertumsinteressierte finden hier einige interessante archäologische Fundstücke etruskischer und griechischer Herkunft (8.–3. Jh. v. Chr.). Palazzo Comunale, Corso Filangieri, Mo, Mi und Fr 9–13 Uhr, Di und Do 15.30–18.30 Uhr, Sa und So 9.30–12.30 Uhr, Eintritt frei.

Der Monte Faito

Landeinwärts erhebt sich der Monte Faito (1131 m) mit seinem zerklüfteten Gipfelbereich. Aus dem Stadtzentrum von Vico führt eine landschaftlich reizvolle Straße auf den Hausberg von Castellammare di Stabia (→ S. 240), die Küstenhektik lässt man schnell hinter sich. Bis auf ca. 500 m ist das Hinterland besiedelt, Bauernhöfe und eine ausgeprägte Landwirtschaft bestimmen weitgehend das Bild.

Hinter der verträumten bäuerlichen Siedlung *Moiano* werden die Berghänge zunehmend steiler und schroffer, steinige kahle Flächen wechseln mit kleinen Mischwäldern. Immer wieder öffnen sich herrliche Ausblicke auf die Küstenlinie, erst ganz oben verdichtet sich der Wald. Im Gipfelbereich wird die Asphaltstraße holprig und löchrig, sie führt zur Bergstation der *Funivia* (→ S. 241) vorbei am *Belvedere* des Monte Faito und endet dann an der Einsiedelei *San Michele* auf dem Monte San Michele (1278 m). Die kleine Bergkirche ist dem Erzengel Michael geweiht, der einer Legende zufolge hier Einkehr gehalten hat auf seinem Weg von Monte Sant'Angelo (Apulien) nach Mont Saint-Michel (Normandie), aber ein Wallfahrtsort ist daraus geworden.

Insgesamt ist die Gegend ein ausgewiesenes Wandergebiet mit vielen Kombinationsmöglichkeiten, aber die Wegmarkierungen lassen etwas zu wünschen übrig.

• *Anfahrt/Verbindungen* am besten mit dem Pkw von Vico oder mit der *Funivia* vom Bahnhof in Castellammare (siehe S. 241); es verkehren auch einige wenige SITA-Busse von Vico Equense zum Monte Faito (Endstation Belvedere/Piazzale dei Capi).
• *Übernachten/Essen und Trinken* Der Monte Faito hat schon bessere Zeiten erlebt, was man hier oben deutlich am Zustand des ehemaligen *Grandhotels Monte Faito* sieht. Dieses stand jahrelang leer und verfiel, soll aber in unbestimmter Zukunft wiedereröffnen. Ausflugsrestaurants und gut geführte Pensionen für Wanderer entlang der oberen Bergstraße gibt es jedoch noch einige – **unser Tipp**:
** Sant'Angelo al Belvedere, hübsches Berghotel mit Ristorante in herrlicher Lage

Halbinsel von Sorrent Karte S. 245

direkt am Belvedere des Monte Faito, lauschige Terrasse mit Weinpergola, großer, rustikaler Speiseraum mit Kamin, ausgezeichnete kampanische Hausmannskost, deftige Portionen, Menü ab 20 €. Die sympathische Wirtsfamilie betreibt auch einen Minimarket für Selbstversorger sowie einen Infopoint für Wanderer und organisiert eigene Exkursionen mit Picknick unterwegs. DZ mit Bad 50 € inkl. Frühstück, geöffnet April–Okt. Monte Faito, Piazzale dei Capi, ✆/☎ 081/8793042, www.santangelofaito.it.

• *Sagra della castagna* Eigentlich geht es auf dem Monte Faito friedlich zu, aber wenn die Berggemeinde ihre weithin bekannte **Esskastanienkirmes** feiert, tobt hier oben der Bär (2., 3. und 4. Wochenende im Okt.).

Wanderung auf den Monte San Michele: vom *Belvedere des Monte Faito/Piazzale dei Capi* (SITA-Bushaltestelle und Hotel Sant'Angelo a Belvedere) über die Funivia-Bergstation zur Einsiedelei *San Michele*. Leichter Pfad durch Mischwald, stellenweise parallel zur Straße. Vorwiegend sanfte, kontinuierliche Steigung. Man startet bei ca. 1030 m auf dem Piazzale und erreicht die Einsiedelei bei 1278 m. Rotweiße Wegmarkierung (CAI Nr. 36), ca. 1 Std. Gehzeit.

Weiter von der Einsiedelei *San Michele* zum Gipfel des *Monte San Michele*. Ausgangspunkt dieser anspruchsvollen, aber schönen Wanderung ist der Parkplatz unterhalb der Kirche. Steiler Anstieg, teils Felspfad, vorbei an der Quelle *Sorgente Acqua Santa*; ringsum bizarre Felsformationen. Die Spitze des Monte San Michele, die so genannte *Molare* (Backenzahn) des *Monte S. Angelo a Tre Pizzi*, erreicht man bei Quota 1444 m. Rotweiße Wegmarkierung (CAI Nr. 50), Gehzeit ca. 1:30 Std. Das Panorama ist an klaren Tagen umwerfend!

Santa Maria del Castello

Wer mit dem Pkw unterwegs ist, sollte auf dem Weg zurück zur Küste einen Schlenker über die einsame Bergstraße machen, die die Ortschaften *Moiano, Ticciano, Preazzano* und *Arola* miteinander verbindet. Dieser Abstecher führt in eine abgeschiedene bäuerliche Bergwelt, die noch viel ländliche Idylle und Ruhe ausstrahlt – ein wirklich extremer Kontrast zur hektischen Küste. Friedlichster Außenposten an dieser Strecke ist der Weiler *Santa Maria del Castello* (685 m), der sich auf einem natürlichen Treppenabsatz der Monti Lattari (685 m) um einen mittelalterlichen Festungskern gruppiert und weit oberhalb von Positano thront. Der alte Treppenweg von Santa Maria del Castello nach Positano ist heute ein beliebter Wanderweg (Gehzeit ca. 1 Std. hinunter und 1:30 Std. zurück; weitere Wandermöglichkeiten → S. 316).

• *Übernachten/Essen und Trinken* **La Ginestra**, Agriturismo in seiner vielleicht schönsten Form. Altes Landhaus aus dem 18. Jh., im typischen Positano-Stil, am Rande des Weilers Santa Maria del Castello, umgeben von den rauen Flanken der Monti Lattari. Auf dem 7 ha großen Grundstück wird biologischer Gemüse- und Obstanbau betrieben, eigene Bienenzucht, Kleintierhaltung. Sieben geräumige, gemütlich ausgestattete Zimmer mit Bad (DZ und Drei-Bett-Zimmer). Auf den Tisch kommen vorwiegend eigene Produkte und hausgemachte Pasta, eine Secondo-Spezialität ist der Piatto del Contadino (Mais, Bohnen und Schweinefleisch), ein köstlicher Nachtisch sind die Honignüsse mit Provolone-Käse. DZ 80 € inkl. Frühstück, Halbpension 45 € pro Pers. Via Tessa 2, ✆/☎ 081/8023211, www.laginestra.org.

Zi Peppe, alteingesessenes Ausflugslokal im Weiler Santa Maria del Castello. Lokaltypische Landküche mit Frischegarantie, hausgemachte Pasta, z. B. Scialatielli mit Pilzen. Großer Speisesaal, mittags und abends geöffnet, ehrliche Preise, ☎ 081/8023070, kein Ruhetag.

Südwestlich von Sorrent

An der Spitze der Halbinsel von Sorrent bäumen sich die Gebirgsausläufer der *Monti Lattari* noch einmal gewaltig auf, bevor sie ins Tyrrhenische Meer abtauchen; dabei setzt der *Monte San Costanzo* mit seinen fast 500 m einen wuchtigen landschaftlichen Akzent. Nachhaltige Entdeckungen im Bereich der zerklüftete Südspitze, die nur an wenigen Stellen zugänglich ist, sind die stillen Buchten im schroffen Steilufer, vor allem die abgeschiedene Badebucht *Marina del Cantone*. Ein besonderes Ziel ist auch die äußerste Spitze der Halbinsel, die *Punta Campanella*, die man nur wandernd erreichen kann. Wo heute die Ruine eines wuchtigen quadratischen Küstenwachturms steht, verehrten in der Antike die Griechen und die Römer die Göttin Athena bzw. Minerva. Der griechische Geograf *Strabon* berichtet, Odysseus selbst sei auf seiner Irrfahrt hier vorbeigesegelt und habe den Tempel zu Ehren seiner persönlichen Schutzgöttin errichtet, und der römische Dichter *Statius* schrieb, dass heimkehrende Seeleute hier der Göttin geopfert und die Krüge anschließend an Ort und Stelle zerschmettert hätten. Tatsächlich fanden Archäologen in der Nähe des Küstenwachturms entsprechend viele Tonscherben. Seit 1997 dürfen diesem exponierten Kap keine Boote mehr zu nahe kommen, denn es gehört zur *Riserva Naturale Marina Punta Campanella*, einem 40 km langen Küstenschutzgebiet, das sich von der Sorrentiner Punta del Capo bis kurz vor Positano erstreckt und eine Land- und Meeresfläche von 1400 ha umfasst.

Marina di Puolo

Die erste vom Land aus zugängliche Bucht hinter Sorrent. Eine Stichstraße führt hinunter zur kleinen Fischersiedlung am geschwungenen Sand-/Kiesstrand. Hier herrscht eine gesunde Mischung aus Fischeralltag und Badebetrieb. Nur an heißen

Marina di Puolo

Wochenenden verschieben sich die Proportionen etwas, aber ein freies Plätzchen am Strand bzw. am anschließenden Felsufer findet man immer.

● *Verbindungen/Anfahrt* SITA-Busse ab Sorrent, Bushaltestelle jedoch weit oben an der Küstenstraße. Parkplatz gleich oberhalb der Bucht.

● *Übernachten/Essen und Trinken* ***** Baia di Puolo**, familiär geführtes Strandhotel am Ende der Bucht, solide Ausstattung, Zimmer mit Meerblick, lauschiges Terrassenrestaurant. DZ 70–130 € inkl. Frühstück. Via Marina di Puolo, ☎ 081/5339799, ✆ 081/5339788, www.baiadipuolo.com.

Agriturismo La Villanella, was so unscheinbar Agriturismo heißt, ist das größte Land-gut und einer der größten Zitronen- und Olivenproduzenten der Sorrentiner Halbinsel. Hier wird Landurlaub am Meer in seiner schönsten Variante geboten. Unterbringung in zwölf komfortablen Apartments bzw. sechs DZ in der herrschaftlichen Hauptvilla des Anwesens. Im angeschlossenen Restaurant mit Gartenterrasse wird eine vorzügliche Cucina di terra e mare serviert. Privatstrand. DZ bzw. Apartment für 2 bis 6 Pers., 40–70 € pro Pers. inkl. Frühstück. Capo di Massa, Via Parthenope 31, ☎ 081/5339601, ✆ 081/53396240, www.lavillanella.it.

Massa Lubrense

Größere Ortschaft oberhalb der Küste, ein landwirtschaftliches Zentrum mit ertragreichen Olivenhainen am Ortsrand. An den terrassierten Berghängen reifen neben Oliven vor allem Zitrusfrüchte und Wein. Gleich am Ortseingang steht die jüngst renovierte *Pfarrkirche Santa Maria delle Grazie* mit dem benachbarten ehemaligen Bischofspalast. Im Innern der barocken Ex-Kathedrale gibt es einen farbenprächtigen Majolikafußboden zu sehen. Ansonsten bietet die überschaubare Ortschaft nicht mehr und nicht weniger als sympathische Einblicke in die alltägliche Betriebsamkeit. Von der Balustrade am unteren Ende der Piazza hat man einen fabelhaften Blick auf das Meer.

Tief unten liegt die Hafenbucht von Massa Lubrense, *Marina della Lobra*. Einige alte Fischerhäuser bilden den verträumten Ortskern. Die Bucht wird weitgehend als Fischer- und Sporthafen genutzt, die Bademöglichkeiten sind eher dürftig. – Ein Ort, um die Seele ein wenig baumeln zu lassen.

● *Information* **Pro Loco**, örtliches Infobüro, vormittags und nachmittags geöffnet. Brauchbare Wanderkarte gratis. Viale Filangieri 11, ☎ 081/5339021, www.massalubrense.it.

● *Bootstouren/Tauchen* Die *Cooperativa Marina della Lobra* bietet täglich Schiffsausflüge nach Capri und Positano und organisiert Tauch- und Schnorchelkurse; auch Bootsverleih. Holzbude direkt am Hafen, Mai–Okt., ☎ 081/8089380, www.marinalobra.com.

● *Übernachten/Camping* ****** Delfino**, ansprechender, luxuriöser Neubau, an der Straße nach Marciano. Abgeschiedene, ruhige Lage außerhalb von Massa, toller Blick auf Capri. Meerwasserpool, Hotelrestaurant. DZ ca. 200 € inkl. Frühstück. Via Nastro D'Oro 2, ☎ 081/8789261, ✆ 081/8089074, www.hoteldelfino.com.

*** Piccolo Paradiso, Neubau, im oberen Ortsteil von Marina della Lobra, recht komfortabel und gut geführt, allerdings auch von Reisegruppen frequentiert, mit Hotelrestaurant. DZ 80–120 € inkl. Frühstück. Marina della Lobra 5, ☎ 081/8789240, ✆ 081/8089056, www.piccolo-paradiso.com.

● *Essen und Trinken* **Funiculì Funicolà**, beliebtes Fischristorante, direkt am Hafen, maritimes Ambiente mit Panoramaterrasse. Eine Spezialität sind die hausgemachten *Scialatielli Funiculì Funiculà* mit Zucchini und Meeresfrüchten, große Auswahl an Krustentieren und Fisch, preislich im Rahmen, auch Pizza. Marina della Lobra, ☎ 081/8789392.

● *Feste und Veranstaltungen* Einmal im Jahr, am 1. bzw. 2. Sonntag im September, stürmen Schaulustige und Gläubige den Hafen; in völlig überfüllten Booten geht es zum vorgelagerten Felsen, um die *Madonna del Vervece* zu ehren. Die Muttergottes ruht 18 m tief auf dem Grund des Meeres.

Punta Campanella – die Spitze der Sorrentiner Halbinsel

Wanderungen im Süden der Halbinsel von Sorrent

Von Termini zur Punta Campanella. Termini ist eine kleine Ortschaft an der Küstenstraße, ca. 320 m über dem Meer. Hier beginnt der herrliche Küstenwanderweg zur Spitze der Halbinsel (Wegweiser „Punta Campanella" beachten!). Anfangs folgt man der schmalen Asphaltstraße durch den unteren Ortsteil, dann geht der Weg in einen uralten Naturpfad über. Fast die ganze Strecke hat man das greifbar nahe Capri voll im Blick. Auf der Punta Campanella befand sich in der Antike der griechische Tempel der Göttin Athena. Neben der wuchtigen Ruine eines spätmittelalterlichen Küstenwachturms ragt heute der *Faro* (Leuchtturm) auf. Archäologen fanden hier die Reste einer antiken Treppe und eine oskische Inschrift im Felsen, die besagt, dass der altitalische Stamm im 3. Jh. v. Chr. den Schiffsverkehr an der Küste kontrollierte. Ein steiler Pfad führt sogar bis ans Felsufer zu den Eingängen zweier sagenumwobener Grotten. Hin und zurück insgesamt ca. 2:30 Std. Gehzeit einkalkulieren.

Ein Abstecher (ausgeschildert) führt hinunter zur Felsbucht *Cala di Mitigliano* (ab Termini ca. 45 Min. Gehzeit, ideal für einen Badestopp).

Eine etwas längere und anspruchsvollere Variante der beschriebenen Wegverbindung zur Punta Campanella führt von Termini über den *Monte San Costanzo* mitten durch den schattigen Pinetawald der Südflanke.

Ein kurzer, abschüssiger Weg verbindet Termini mit dem Nachbarort *Nerano* (s. u.).

Verbindungen/Verpflegung SITA-Bushaltestelle in Termini an der Durchgangsstraße. Am Ausgangspunkt des Wanderwegs gibt es ein kleines Lebensmittelgeschäft (Alimentari Elvira) für die Marschverpflegung!

Halbinsel von Sorrent Karte S. 245

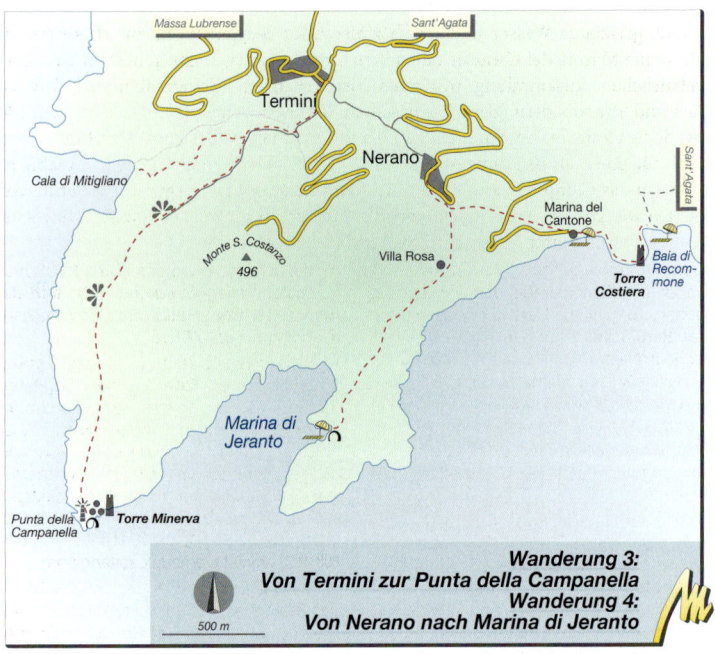

Massa Lubrense
Sant'Agata
Termini
Nerano
Cala di Mitigliano
Marina del
Cantone
Sant'Agata
Monte S. Costanzo
496
Villa Rosa
Baia di
Recom-
mone
Torre
Costiera
Marina di
Jeranto
Punta della
Campanella
Torre Minerva

Wanderung 3:
Von Termini zur Punta della Campanella
Wanderung 4:
Von Nerano nach Marina di Jeranto

500 m

Von Nerano nach Marina di Jeranto. Nerano (ca. 160 m ü. d. M.) ist eine bäuerliche Ortschaft (Olivenanbau) im Bergschatten der Kapanhöhe des *Monte San Costanzo*. Einzige Sehenswürdigkeit ist die Dorfkirche mit der interessanten Kachelkuppel; hier beginnt auch der Küstenwanderweg, Gehzeit hin und zurück ca. 2:30 Std. Etwas Wandererfahrung ist vonnöten, da es einige steile Wegabschnitte gibt. Zunächst führt ein Eselspfad von Nerano zur so genannten *Villa Rosa,* leichte Steigung, links und rechts Olivenpflanzungen. Dann beginnt der steile Teil hinunter zur Bucht durch typische Macchiaflächen. Der Weg endet in der *Marina piccola di Jeranto,* einer winzigen Bucht mit alter Mole, weißem Kiesstrand und zahlreichen Höhleneingängen in Meereshöhe. Die alte Mole stammt noch aus der Zeit, als hier ein Steinbruch betrieben wurde. Verpflegung und Badesachen nicht vergessen, denn hier hält man es eine ganze Weile aus!

Ein steiler, leicht zu findender Treppenweg verbindet Nerano mit *Marina del Cantone* (die Gehzeit beträgt lediglich eine gute halbe Stunde).

● *Verbindungen/Verpflegung* SITA-Bushaltestelle in Nerano an der Kirchenpiazza; in Olgas Lebensmittelgeschäft bzw. im Alimentari neben der Piazza-Bar kann man sich versorgen. Eine Begegnung der besonderen Art bietet **The Welcome Cafè in Art-Studio,** gemeint ist die landestypische **Piazza-Bar Cioffi.** Am besten auf einen Caffè einkehren und staunen oder sich mit dem sympathischen Francesco Cioffi auf ein Gespräch über Kunst und Philosophie einlassen.

Marina del Cantone

Zweifellos die schönste Badestelle an der zerklüfteten Landzunge der Sorrentiner Halbinsel, auch wenn Capri von hier aus nicht mehr zu sehen ist. Grober Kiesstrand, glasklares Wasser und ein faszinierendes Bergpanorama im Hintergrund. Die kleine Marina del Cantone hat keinen Ortscharakter, sondern besteht aus einer willkürlichen Ansammlung von alten Fischerhäusern, Standrestaurants, Hotels, Bars und Strandbädern (Bagni). An heißen Sommerwochenenden ist hier die Hölle los, doch an normalen Wochentagen findet man einen Ort zum Wohlfühlen vor. Auch für einen etwas längeren Aufenthalt bietet sich die abgelegene Marinabucht an, denn das Camping-, Hotel- und Restaurantangebot ist ausgezeichnet und wird kleinen wie großen Ansprüchen gerecht. Einziger Nachteil: Die Sonne verschwindet relativ früh hinter der wuchtigen Kapanhöhe im Westen.

● *Anfahrt/Verbindungen* Von Sorrent entweder die Küstenstraße über Massa Lubrense, Termini und Nerano oder quer über den Bergrücken nach Sant'Agata und weiter nach Nerano. Ab Nerano abenteuerliche Serpentinenstraße hinunter zur Marina und dort auf den gebührenpflichtigen Großparkplatz (ca. 10 € pro Tag).

SITA-Busse von Sorrent nach Nerano und von dort mehrmals tägl. nach Marina del Cantone.

● *Bootsausflüge/Bootsvermietung* **Cooperativa Sant'Antonio**, die Genossenschaft der örtlichen Fischer bietet mit ihren Kabinenbooten (Typ *Gozzo sorrentino* → S. 255) verschiedene Exkursionen und Ausflüge an (Marina di Crapolla, Baia di Jeranto, zu den Felsinseln Li Galli, nach Capri etc.); Taxiboote zur benachbarten Baia di Recommone; außerdem werden kleine Holzboote vermietet *(Noleggio barche)*. Man trifft die Fischer der Cooperativa am Bootssteg an, ansonsten ✆ 081/8081638.

● *Übernachten/Camping/Essen und Trinken*
*** Locanda e Taverna del Capitano, Strandhotel für höhere Ansprüche, geschmackvoll modernisiertes Fischerhaus, schönste Lage an der Marina. Mehrfach ausgezeichnetes, vornehmes Hotelrestaurant mit exzellenter Fischküche, Spitzenweine. DZ ca. 150 € inkl. Frühstück. Piazza delle Sirene 10/11, ✆ 081/8081028, ✆ 081/8081892, www.tavernadelcapitano.com.

*** Delle Sirene, gepflegtes, dreigeschossiges Strandhotel, ebenfalls tolle Lage an der Marina, gut geführt, die meisten Zimmer mit Meerblick. Angeschlossenes Restaurant und Bagno. Das hoteleigene Boot kann

Wanderweg oberhalb von Marina del Cantone

gemietet werden. DZ ab ca. 120 €. Marina del Cantone, ℘ 081/8081771, ✆ 081/8081027, www.lesirenehotel.it.

*** La Certosa, alteingesessene Strandpension in der ehemaligen Kartause von Marina del Cantone mit dem besten Preis-Leistungs-Verhältnis im Ort. Schlichte, z. T. große Zimmer mit Klimaanlage und Balkon. Angeschlossenes Terrassenrestaurant. DZ 80–105 € inkl. Frühstück und Strandliege. Marina del Cantone 23, ℘ 081/8081209, ✆ 081/8081245, www.hotelcertosa.com.

Camping Nettuno, Hanggelände unmittelbar oberhalb der Marina, gemischter Baumbestand, guter Zeltboden. Im restaurierten spätmittelalterlichen Küstenwachturm sind recht komfortable Ferienwohnungen untergebracht, die kleinen Bungalows sind hingegen spartanisch eingerichtet. Bar, Restaurant, Internetpoint, Supermarkt, Sportangebot und professionelle Tauchschule (www.divingsorrento.com). 2 Pers., Zelt und Auto 20–30 €, März–Okt. geöffnet. Bungalows. Via Vespucci 39, ℘ 081/8081051, ✆ 081/8081706, www.villaggionettuno.it.

Maria Grazia, rustikales Strandrestaurant, alteingesessen und beliebt, ausgezeichnete Meeresküche mit Frischegarantie. Spätestens hier sollte man die lokale Nudelspezialität *Scialatielli* mit Meeresfrüchten und Zucchini probieren, Menü 30–40 €. ℘ 081/8081011.

Al Cantuccio, lauschige Holzhütte auf Stelzen am Ende des Strands, freundlicher Familienbetrieb, solide Fischküche, akzeptable Preise. ℘ 081/8081288.

L'Africano, Strandbar auf Stelzen und Bagno mit Liegestuhlvermietung, von sympathischen jungen Leuten geführt, Snacks und Getränke, Surfer- und Tauchertipps, Kanuvermietung. Je nach Stimmung abends lange geöffnet, ℘ 081/8082021.

Kleine und große Umgebungswanderungen

Treppenweg von Marina del Cantone nach Nerano: Ein steiler, leicht zu findender Treppenweg verbindet die Marina mit der höher gelegenen Ortschaft. Die Gehzeit beträgt knapp 45 Min. In Nerano bietet sich die landestypische Bar Cioffi auf der Piazza für eine Pause an (s. o.). Zu Fuß oder mit dem SITA-Bus wieder zurück zum Ausgangspunkt.

Baia di Recommone und Scoglio Isca im Hintergrund

Spaziergang von Marina del Cantone zur Baia di Recommone: kurzer, leichter Uferweg um eine hervorspringende Felsnase mit stattlichem Küstenwachturm zur benachbarten Badebucht *Recommone*. Der kleine Kiesstrand ist zwar kein Geheimtipp mehr, aber dennoch eine unvergesslich schöne Badestelle. Zum Bleiben lädt sogar eine kleine, aber feine Strandpension ein.

Ein nicht ganz einfacher Weg des italienischen Alpenvereins (CAI) verbindet die Bucht mit dem Bergstädtchen Sant'Agata (s. u.).

● *Übernachten/Essen und Trinken* **La Conca del sogno,** feine Strandpension mit ebenso feinem Fischristorante (teuer!). Komfortable Zimmer, selbstverständlich mit Meerblick. Ostern bis Ende Okt. DZ ca. 150 € inkl. Frühstück. Erreichbar mit dem Taxiboot von Marina del Cantone bzw. von dort zu Fuß auf dem o. g. Uferweg. Autofahrer nehmen die Zubringerstraße des Villaggio turistico Syrenuse zur Baia di Recommone, ✆/℡ 081/8081036, www.concadelsogno.it.

> **Scoglio Isca:** Die der Baia di Recommone vorgelagerte Felsinsel Isca kaufte der neapolitanische Komödiendichter *Eduardo De Filippo* Mitte des 20. Jh., um sich dort ein Ferienhaus zu errichten. Doch der großzügig geplante Bau wurde niemals fertig gestellt. Die Insel befindet sich allerdings immer noch in Familienbesitz und darf nicht betreten werden.

Sant'Agata

Weitläufige, bäuerlich geprägte Ortschaft am höchsten Punkt des Sorrentiner Bergrückens. Bescheiden-beschaulich breitet sich der lebendige Ortskern vor der schlichten Pfarrkirche *S. Maria delle Grazie* aus, in der sich ein florentinischer Altar aus farbigem Marmor, Perlmutt und Halbedelsteinen befindet. Aber vor allem die frische Höhenluft ist es, die die Küstenbewohner an heißen Wochenenden nach Sant'Agata lockt. Gourmets hingegen kommen zu jeder Jahreszeit, denn hier oben versteckt sich ein Feinschmeckerlokal der besonderen Art.

Ganz oben erhebt sich das *Kloster Il Deserto.* Von dort überblickt man beide Küstengewässer, den Golfo di Napoli und den Golfo di Salerno; deshalb lautet der vollständige Name der Ortschaft auch *Sant'Agata sui due Golfi.* Den vollen Blick genießt man in Sant'Agata allerdings nur von der Dachterrasse des Klosters, weshalb die Ordensschwestern auch eine etwas zwiespältige Haltung zur hiesigen Pilgerschar eingenommen haben. Doch wem sie den Einlass (Öffnungszeiten April bis Sept. 17–20 Uhr, Okt. bis März 15–16 Uhr) verwehren sollten, der muss sich nicht grämen, denn entlang der Küstenstraße von Sant'Agata nach Positano gibt es mehrere Aussichtspunkte mit einer fast vergleichbaren *Vista sui due Golfi*, z. B. in der Ortschaft *Colli di Fontanelle.*

● *Information* **Pro loco,** örtliches Infobüro, gute Ortspläne und Faltkarten (Wanderwege), vormittags und nachmittags geöffnet. Corso Sant'Agata 11 (vor der Hauptkirche). ✆ 081/5330135, www.santagatasuiduegolfi.it.

● *Übernachten/Essen und Trinken* **Hotel-Ristorante Don Alfonso,** modernisierter historischer Palazzo an der Kirchenpiazza, ausgewiesenes Feinschmeckerlokal, sehr vornehm, vom Gastroführer „Relais & Chateaux" ausgezeichnet. Kreative kampanisch-neapolitanische Küche, Verarbeitung eigener landwirtschaftlicher Erzeugnisse aus Bioanbau (auch Verkauf), erlesene Flaschenweine, Menu degustazione

Halbinsel von Sorrent

Karte S. 245

130 und 150 €. Mo/Di Ruhetag. DZ ca. 250 € inkl. Frühstück. Corso S. Agata 11, ☎ 081/8780026, 🖷 081/5330226, www.donalfonso.com.

*** **Delle Palme**, hübsche Stadtvilla mit schattigem Garten im Ortskern von Sant'Agata, freundlich und familiär geführtes Hotel mit Restaurant, Pool und Parkplatz. DZ ca.100 € inkl. Frühstück. Corso Sant'Agata 32/36, ☎ 081/8780025, 🖷 081/8780177, www.hoteldellepalme.info.

*** **O Sole Mio**, nicht vom äußeren Erscheinungsbild abschrecken lassen, gut geführtes Hotel am Aufgang zum Kloster Il Deserto, landestypisches Restaurant mit Pizzaofen, gepflegter Garten, Pool. Nov.–März geschlossen. DZ 90–100 € inkl. Frühstück. Via Deserto 13, ☎ 081/8780005, 🖷 081/8780426, www.osolemiohotel.com.

Da Cardillo, beliebtes und recht preiswertes Gartenrestaurant, etwas versteckt, aber zentrumsnah gelegen. Solide Hausmannskost, abends auch Pizza. Mo geschlossen. Via dei Campi 3 (nahe Corso Sant'Agata), ☎ 081/5330417.

Fattoria Terranova, kinderfreundlicher Agriturismo in der Località Pontone bei Sant'Agata, von sympathischen jungen Leuten geführt. Kleines Landgut (4 ha) mit den Hauptprodukten Wein, Olivenöl, Obst und Limoncello. Absolut ruhige Lage mit Küstenblick. Die Unterbringung erfolgt in einfachen Apartments für 3–6 Pers. bzw. in DZ. Im Terrassenrestaurant, einem beliebten Ausflugsrestaurant, wird deftige, lokaltypische Cucina di terra serviert. Reiten, Sport- und Spielangebot, Pool, idealer Ausgangspunkt zum Wandern. Ganzjährig geöffnet. DZ ab 60 € inkl. Frühstück, Menü ca. 20 €, Apartments 350–800 € pro Woche (Sa bis Sa). Via Pontone, etwas schwer zu finden, da (absichtlich) keine Hinweisschilder aufgestellt sind, ☎ 081/5330234, 🖷 081/5330889, www.fattoriaterranova.it.

● *Bars*   **Bar Orlando**, zwischen 1960 und 1979 machte hier eine rauchende Katze namens *Jolly* Furore und lockte Schaulustige aus nah und fern an. Sogar in den USA erschienen Zeitungsberichte. Seither versucht der Barbesitzer Orlando vergeblich, anderen Katzen das Kunststück mit dem Glimmstängel beizubringen. Corso Sant' Agata 2. Während sich hier vorzugsweise die alten Männer versammeln, trifft sich die Jugend in der **Bar Centrale**, ein paar Schritte weiter am gleichen Corso gelegen.

Wanderungen „Sui due Golfi"

Zwei leichte und „aussichtsreiche" Treppenwege zum Golfo di Napoli führen hinunter nach *Sorrento*, Gehzeit jeweils ca. 1 Std.

Zur winzigen Fischersiedlung *Marina di Crapolla* am Golfo di Salerno führt hingegen ein etwas anspruchsvollerer Weg. Teils auf uralten Treppenwegen, vorbei an spärlichen antiken und mittelalterlichen Mauerresten, erreicht man die fjordartige Crapollabucht, die von hohen Felswänden geformt wird. Am Kiesstrand stehen einige steinerne Fischerhütten mit Tonnengewölbe (Verpflegung nicht vergessen!).

Über den gleichen Einstieg erreicht man den sehr schönen, aber nicht leicht zu gehenden CAI-Wanderpfad zur *Baia di Recommone* und weiter nach *Marina del Cantone* (→ S. 262). Ohne gutes Kartenmaterial ist der Weg jedoch nicht zu empfehlen. Lange Hosen sind Voraussetzung, da der Küstenpfad jahreszeitlich bedingt etwas zugewachsen sein kann. Anfangs hat man den *Scoglio Isca* (→ S. 265) im Blick. Achtung, der Abstieg zur Recommonebucht ist besonders steil! Gehzeit bis Marina del Cantone knapp 3 Std.

Die Faraglioni-Klippen – ein Wahrzeichen Capris

Insel Capri   (13.000 Einwohner, ca. 10 qkm)

Sprachlosigkeit beim ersten Anblick. Eine steil aufragende Naturschönheit, die alle Erwartungen übertrifft. Keineswegs sanft und geduckt, sondern von einer majestätischen Steilwand beherrscht, wie sie ansonsten nur in alpinen Gegenden vorkommt. Konsequent spaltet die schroffe Felswand die lang gestreckte Insel in zwei etwa gleich große Hälften und Gemeinden: das mondäne Capri einerseits und das provinzielle Anacapri andererseits – verbunden nur durch eine abenteuerliche Serpentinenstraße.

Längst hat die stolze Felseninsel ihre Unschuld verloren, sie ist weltweit bekannt und befindet sich in einem permanenten Belagerungszustand. Bis zu 15.000 Besucher kommen an „guten" Tagen. Die eiligen Tagesbesucher sind zielstrebig und haben alle das gleiche Programm: *Blaue Grotte, Piazzetta, Villa Jovis, Villa San Michele* und mit dem Sessellift auf den *Monte Solaro*. Wer sich nicht ranhält, schafft nicht mal die Capri-Highlights. Am Fährhafen *Marina Grande* herrscht von morgens bis abends Hochbetrieb, dort starten auch die Boote zur *Blauen Grotte* und die Inselrundfahrten. Die bildhübsche *Piazzetta* von Capri erreicht man hingegen in wenigen Minuten mit der *Funicolare,* vorausgesetzt es hat sich am Eingang zur Standseilbahn kein Stau gebildet. Weiter geht es durch die schmale Ladengasse *Via delle Botteghe* hinauf zur Ruine der altrömischen *Tiberiusvilla* und anschließend mit dem Inselbus hinüber nach Anacapri zur *Munthevilla.* Für einen Blick vom 589 m hohen *Monte Solaro* bleibt oftmals kaum noch Zeit. – Ein solches Tagesprogramm ist der pure Stress und hinterlässt nicht selten das enttäuschende Gefühl, nichts von Capri gesehen zu haben.

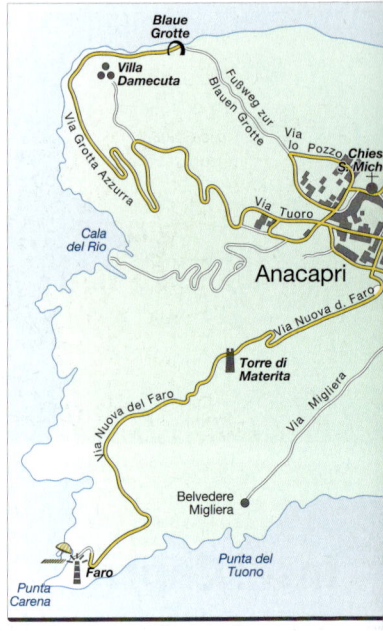

Nur wer ein paar Tage bleibt, wird erleben, wie faszinierend, erholsam und vielstimmig die Insel wirklich ist. Etwaige Vorurteile hinsichtlich kitschiger Sonnenuntergangsromantik („Wenn bei Capri die rote Sonne im Meer versinkt") oder exhibitionistischer Jetset-Allüren („Capri, die Insel der exzentrischen Reichen und Schönen") relativieren sich schon nach kurzer Zeit. Eine Anleitung zur Erschließung der Insel könnte lauten: Möglichst viel zu Fuß unternehmen, dabei auch die entlegenen Ecken aufsuchen und bei der Besichtigung der Hauptattraktionen auf jeden Fall die Stoßzeiten der Tagestouristeninvasion meiden. Wer morgens schon gegen 9 Uhr die Ruinen der Tiberiusvilla bzw. die Museumsvilla San Michele besichtigt, hat viel mehr davon. Ansonsten wird so manche Inselwanderung zum reinen Naturerlebnis, angefangen mit dem Steiluferweg von Capri, wo der bizarre Felsbogen *Arco naturale* und die schroffen Klippen namens *Faraglioni* aufragen. Alles andere als ein touristischer Trampelpfad ist der Wanderweg von Anacapri zum einsamsten Aussichtspunkt der Insel, dem *Belvedere di Migliera*. Und wussten Sie schon, dass erfahrene Wanderer vom Gipfel des *Monte Solaro* nach Capri laufen können, und zwar über den *Passetiello*, einen schmalen Pass in der ansonsten unbezwingbaren Steilwand? Diesen Schwindel erregenden Pfad nahmen auch die napoleonischen Franzosen, als sie im Jahr 1808 die in Capri stationierten Engländer angriffen. Das glatte Gegenteil eines Geheimtipps und dennoch garantiert unvergesslich bleibt die Besichtigung der weltberühmten *Blauen Grotte*, in die ihr Wiederentdecker *August Kopisch* einst staunend hineinschwamm.

Geschichte und Tourismus

Griechische Kaserne und römische Kaiserinsel: Der testamentarische Haupterbe *Julius Caesars* war dessen Großneffe *Gaius Octavian*. Dieser übernahm, mit dem ehrenden Beinamen *Augustus Caesar* geschmückt, 27 v. Chr. die Herrschaft im Römischen Reich und überführte es von der Republik zum Kaiserreich. Zu dieser Zeit gehörte die Insel Capri zu Neapel und war noch ganz vom Griechentum geprägt. Die Kolonialgriechen am Golf von Neapel hatten nämlich einst eine *Ephebenschule* auf Capri eingerichtet, in der junge wehrpflichtige Männer zwischen 18 und 20 Jahren eine militärische und sportliche Ausbildung erhielten. Der deutsche Historiker *Ferdinand Gregorovius* (→ S. 70) berichtet darüber:

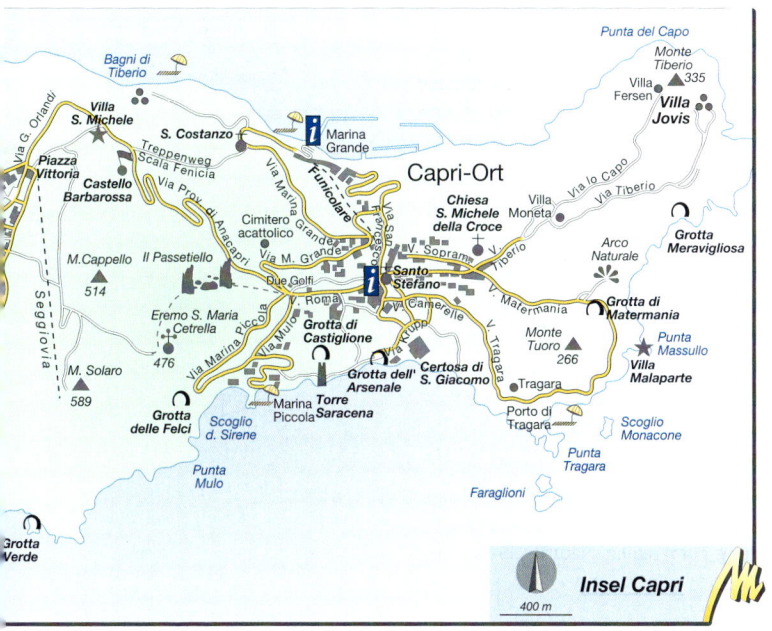

Punta del Capo
Monte Tiberio ▲335
Villa Fersen
Villa Jovis
Bagni di Tiberio
Villa S. Michele
S. Costanzo
Marina Grande
Capri-Ort
Villa lo Capo
Via Tiberio
Treppenweg Scala Fenicia
Piazza Vittoria
Castello Barbarossa
Via Prov. di Anacapri
Via Marina Grande
Funicolare
Chiesa S. Michele della Croce
Villa Moneta
Grotta Meravigliosa
M.Cappello
Il Passetiello
Cimitero acattolico
Via M. Grande
Due Golfi
V. Soprame
Tiberio
Arco Naturale
Santo Stefano
Roma
Via Cameren
Grotta di Matermania
Seggiovia
514
Eremo S. Maria Cetrella
Via Marina Piccola
Via Mulo
Grotta di Castiglione
Via Krupp
Matermania
Monte Tuoro ▲266
Punta Massullo
Villa Malaparte
M. Solaro ▲589
476
Grotta dell' Arsenale
Certosa di S. Giacomo
V. Tragara
Tragara
Porto di Tragara
Grotta delle Felci
Scoglio d. Sirene
Marina Piccola
Torre **Saracena**
Scoglio Monacone
Punta Mulo
Punta Tragara
Faraglioni
Grotta Verde
Insel Capri
400 m

> „Noch Augustus erfreute sich an den gymnastischen Spielen der Jünglinge
> Capris, denn zu seiner Zeit hatte diese Insel noch hellenisches Wesen. Er
> liebte Capri. Er trat den Neapolitanern, welchen sie damals gehörte, das Ei-
> land Ischia ab und tauschte dafür diesen klassisch geformten Felsen ein. Als
> er nämlich hier am Strande aus dem Schiff stieg, brachte man ihm als gute
> Vorbedeutung die Nachricht, dass eine altersdürre Steineiche plötzlich frisch
> zu grünen begonnen habe. Dies erfreute den Kaiser so, dass er jenen Tausch
> beschloss. Die balsamische Luft der kühlen Insel, die seltene Schönheit der
> Felsform wie der griechische Charakter des Volkes behagten Augustus; er
> baute sich in Capri eine Villa und Gärten."

Die *Kaiservilla Palazzo a mare*, die Augustus sich auf Capri errichten ließ, war das
erste monumentale römische Bauwerk auf der Insel. Dieser Palazzo befand sich
direkt am flachen Nordufer. Heute heißt die Stelle *Bagni di Tiberio* und es gibt dort
noch viel römisches Mauerwerk zu bewundern.

Kaiser Tiberius, der Schlüssel zum Mythos Capri: Augustus selbst war es, der
seinen Adoptivsohn und Nachfolger *Tiberius* mit auf die Insel brachte. Während
der Imperator Augustus auf Capri lediglich Mußestunden verbrachte, ansonsten
sein Reich aber von Rom aus dirigierte, verlegte Tiberius auch die Amtsgeschäfte
hierher und machte die kleine Felseninsel damit elf Jahre lang (26–37 n. Chr.) zum
Mittelpunkt der Welt. Um Kaiser Tiberius ranken sich zahlreiche Geschichten und

Legenden, die weitgehend auf die Schriften der damaligen Chronisten *Tacitus* und *Sueton* zurückgehen. Noch heute ist das Thema Tiberius ein regelrechtes Schlachtfeld für Altertumsforscher. Wer war dieser römische Kaiser, der insgesamt zwölf so genannte Göttervillen auf Capri besaß und die prunkvollste davon selbst bewohnte, die *Villa Jovis* (Villa des Zeus), deren mächtige Ruinen noch heute auf der Felshöhe von Capri thronen? Zum umstrittenen Charakter von Tiberius ein deutliches Zitat von *Bruce Chatwin* (→ S. 71):

> „War er – wie Norman Douglas glaubte – der schüchterne, genügsame, gelehrte Asket, der den Pöbel hasste und die Künste liebte und der seine griechischen Philosophenfreunde mit der Frage, welche Lieder die Sirenen sangen, verunsicherte, der glaubte, dem Regieren nur gewachsen zu sein, wenn er sich in seine luftigen Villen zurückzog, um mit seinen Gedanken und seinen Büchern allein zu sein?
>
> Oder war er – wie Suetonius ihn beschrieb – der widerliche alte Päderast, dessen linke Hand so stark war, dass er mit einem Finger einen unverdorbenen, frisch gepflückten Apfel oder den Schädel eines Knaben oder eines jungen Mannes durchbohren konnte?
>
> Holte er sexuelle Athleten aus dem ganzen Reich zu sich? Schwamm er mit verderbten Kindern in den Grotten? Spielte er mit seinen Opfern seine Spielchen, bevor er sie vom Salto di Tiberio tausend Fuß tief ins Meer hinunterstoßen ließ?
>
> In Anbetracht der dünnen Linie zwischen den Extremen von Askese und Sinnlichkeit sind der ‚gute‘ und der ‚schlechte‘ Tiberius wahrscheinlich ein und derselbe.“

Zweifellos hatte Tiberius Capri seinerzeit in einen prachtvollen Lustgarten verwandelt, in dem auch hemmungslose Orgien veranstaltet wurden. Aber was war daran schon ungewöhnlich, wenn man bedenkt, dass das römische Zeitalter im Schatten seiner imperialen Größe stets lasterhaft war. Vermutlich regierte Tiberius das Reich trotz seiner Ausschweifungen mit starker Hand, denn er galt als besonnener und vollendeter Diplomat. Neidisch blickte damals nur die Hauptstadt Rom auf die Kaiserinsel Capri, sie beklagte lautstark den Anwesenheitsverlust des Imperators in der Ewigen Stadt. Erfanden die Römer aus Verärgerung über das kaiserliche Inselexil gar Lügengeschichten über Tiberius, die dann von Tacitus und Sueton überliefert wurden? – Nach Tiberius Tod verfiel die Pracht Capris jedenfalls schnell. Die prunkvollen Bauten wurden z. T. sogar niedergerissen und wie zur Strafe geriet die kleine Insel eine halbe Ewigkeit in Vergessenheit.

Illustre Inselgäste des 19. und 20. Jahrhunderts: Erst knapp zwei Jahrtausende später erwachte Capri aus seinem Dornröschenschlaf. Ab Mitte des 19. Jh. wurde die Insel plötzlich romantisches Reiseziel und Wohnort einer wahren Flut von Ausländern. Wer den Anfang machte, lässt sich wohl kaum noch nachvollziehen, jedenfalls waren es hauptsächlich Briten, Deutsche, Skandinavier, Russen und später auch Amerikaner – vorwiegend Künstler und romantische Naturen –, die auf Capri weilten. Der deutsche Maler und Schriftsteller *August Kopisch* war einer der ersten und er machte zusammen mit dem deutschen Maler *Ernst Fries* 1826 eine folgenschwere Entdeckung: die *Blaue Grotte*. Der Historiker *Ferdinand Gregorovius* traf 1853 noch Augenzeugen auf Capri an, die ihm von diesem Ereignis berichteten: Kopisch und Fries schwammen damals in die – den Einheimischen bereits bekannte – Grotte und brachen angesichts dieses blau leuchtenden Naturwunders in Jubel und Jauchzen aus. Kopisch eilte daraufhin sofort nach Neapel und holte seine Freunde herbei. Die Nachricht von der Entdeckung der Wundergrotte verbreitete sich wie ein Lauffeuer und zog unzählige neugierige Nordländer an. Doch erst der Roman „Der Improvisator" (1835) von *Hans Christian Andersen* machte die *Grotta Azzurra* so richtig weltbekannt. Im Zuge dieser bis heute anhaltenden Grottenfaszination avancierte Capri zu einem Mekka der europäischen Dichter, Denker, Maler, Komponisten, Künstler, Lebenskünstler und Exzentriker. Erstmals seit Tiberius' Zeiten stand die kleine Felseninsel wieder im Blickpunkt der Weltöffentlichkeit.

Alle illustren Capri-Enthusiasten namentlich aufzuzählen wäre sicherlich langweilig, deshalb im Folgenden einige Zitate und Anekdoten von den Prominentesten der Prominenten:

Johann Wolfgang von Goethe, um es gleich vorweg zu nehmen, hat Capri nie betreten und konnte es folglich auch nicht besingen. Als er den Golf von Neapel bereiste, beschränkte er sich auf die Erkundung der Küstenregion.

Oscar Wilde, der englische Schriftsteller irischer Herkunft, der 1895 zu einer zweijährigen Zuchthausstrafe wegen Homophilie verurteilt wurde, erholte sich nach seinem Gefängnisaufenthalt auf der freizügigen Insel, wo ihn sein adliger Freund **Lord Alfred Douglas** erwartete.

Der große Historiker und Italienreisende **Ferdinand Gregorovius** wurde auf Capri vor allem für seine unangenehmen Erfahrungen in Neapel entschädigt: „Die Abgeschiedenheit von der Welt hat die Milde seiner Sitte bewahrt und den Zauber der Natur erhalten. Man weiß hier nichts von den Verbrechen der Zivilisation, es gibt nur Frieden, Armut und Tätigkeit. Der Fremde wird wie ein Bekannter empfangen und fühlt sich gleich heimisch, und wahrlich, einen grellern Gegensatz als den zwischen

Via Krupp – ein Geschenk aus Deutschland

der Welt in Capri und jener Neapels kann es nimmer geben."

Der russische Dichter **Iwan Turgenjew** empfand Capri als eine makellose Inkarnation der Schönheit.

Maxim Gorki schrieb hier das Schauspiel „Die Mutter", während sein Landsmann **Wladimir Iljitsch Lenin** mit den Einheimischen auf Fischfang ging. Lenin, den die Fischer von Capri bewunderten, war der einzige Gast, dem die Insel ein Denkmal setzte. Dem Lenindenkmal zu Füßen schlängelt sich die *Via Krupp*, „die schönste Straße der Welt" zum Ufer hinab. Seit 2009 erinnert hier ein gewollt rostiges Denkmal an den tragischen Aufenthalt des deutschen Rüstungsindustriellen und Ehrenbürger Capris **Friedrich Alfred Krupp**, über den Bruce Chatwin etwas verkürzt schreibt: „Der Kanonenkönig, der sich auf einem Felsen

Insel Capri
Karte S. 268/269

eine Junggesellenwohnung einrichtete – nur um Selbstmord zu begehen, als eine neapolitanische Zeitung das Gerücht über seine Homosexualität verbreitete".

Der **Marquis de Sade** war einer derjenigen, die auf Capri von finsteren Gedanken an Kaiser Tiberius heimgesucht wurden. Von sexuellen Ausschweifungen und Grausamkeiten erzählt sein Roman „Justine und Juliette".

Der deutsche Komponist **Felix Mendelssohn Bartholdy** hatte eher ein heiteres Gemüt und ließ sich von den bizarren Felsformationen der Insel sogar zu seiner „Italienischen Sinfonie" inspirieren.

Veit Harlan, der deutsche Schauspieler und Regisseur, der nationalsozialistische Tendenzfilme wie „Jud Süß" drehte, fühlte sich vom Nachkriegs-Deutschland gänzlich missverstanden und starb 1964 auf seiner Exilinsel Capri.

Viele der internationalen Inselgäste ließen sich nur kurzzeitig von der natürlichen Schönheit Capris berauschen, andere hingegen jahrelang und immer wieder, wiederum andere wurden gar bodenständig und setzten sich selbst architektonische Denkmäler wie *Munthe, Malaparte* und *Fersen*.

Ihren Ruf einer mondänen Urlaubsenklave hat die Insel allerdings einem ganz anderen Menschenschlag von Capri-Begeisterten zu verdanken. Gemeint sind die Schönen und Reichen der internationalen Mode-, Film- und Finanzwelt. Sie besitzen teilweise festungsartige Luxusvillen auf der Insel oder streifen nur gelegentlich in der Luxusfarbe Weiß durch Capri-Ort und kaufen die Edelboutiquen leer – wie einst auch *Dianas* Freund *Dodi*.

Information/Vorwahl

• *Information* Die **Azienda Turismo Isola di Capri** unterhält insgesamt drei Informationsbüros auf der Insel, die in der HS durchgehend von 9–20 Uhr geöffnet sind. Erhältlich sind ein nützlicher Inselplan mit detaillierten Stadtplänen von Capri und Anacapri (1 €) sowie eine umfangreiche, mehrsprachige Infobroschüre. Wer länger bleibt, sollte sich auch nach aktuellen Ausstellungen und Veranstaltungen erkundigen, die vorwiegend in der Certosa von Capri stattfinden (Konzerte, Kunstausstellungen etc.).

Informationsbüros: in **Marina Grande**, direkt an der Hafenmole, ✆ 081/8370634. In **Capri-Ort** im Glockenturm an der Piazzetta, so klein, dass immer nur eine Person hineinpasst, ✆ 081/8370686. In **Anacapri** an der Hauptgeschäftsstraße Via G. Orlandi 59, ✆ 081/8371524.

• *Vorwahl* ✆ 081 für ganz Capri. Auch bei Ortsgesprächen muss die Vorwahl immer mitgewählt werden.

Capri im Netz: www.capritourism.com, offizielle Website des Fremdenverkehrsamtes mit allen wichtigen Infos; www.capri.net und www.anacapri-life.com, zwei umfangreiche und gut gestaltete Infopools zur Insel.

Fährverbindungen

Effiziente Fährverbindungen zwischen Capri und dem Festland mit der staatlichen Gesellschaft Caremar sowie mit verschiedenen privaten Reedereien (Navigazione Libera del Golfo, Snav und Neapolis), wesentliche Preisunterschiede bestehen nicht. Einziger Fährhafen auf Capri ist **Marina Grande**. Es verkehren *Traghetti Veloci* (Fährschiffe) und *Aliscafi* (Schnellboote). In Neapel starten die ersten Fähren gegen 6 Uhr; letzte Schnellfähre zurück gegen 20 Uhr.

• *Verbindungen von/nach* **Napoli/Calata Porta di Massa**: *Traghetti Veloci* (Caremar) ca. 5-mal tägl., Fahrtzeit 50 Min., ca. 15 € pro Pers. **Napoli/Molo Beverello**: *Aliscafi* (N.L.G., Neapolis und Snav) ca. 20-mal tägl., Fahrtzeit 45 Min., ca. 17 € pro Pers. **Ischia**: *Aliscafi* (Alilauro) nur 1-mal tägl., Fahrtzeit 45 Min.

Sorrento: *Aliscafi* ca. 15-mal tägl., Fahrtzeit 25 Min.

Positano/Amalfi: *Aliscafi* ca. 3-mal tägl., Capri–Amalfi Fahrtzeit 50 Min.

Metro-del-Mare-Fähren verkehren von Juni bis September an der gesamten Golfküste (inkl. Capri) sowie entlang der Amalfitanischen Küste bis nach Salerno. Die Vernetzung der kampanischen Küstenorte und die Erreichbarkeit der antiken Ausgrabungsstätten sollen damit verbessert werden. Die Preise sind moderat, die Fährfrequenz ist allerdings gering. Infos und Fahrpläne ✆ 199/600700, www.metrodelmare.com.

• *Fahrpläne und Tickets* erhält man an den jeweiligen Anlegestellen. Es gibt nur einfache, keine Rückfahrtickets. Die Fahrpläne ändern sich oft, deshalb die gewünschte Fähre immer bestätigen lassen.

• *Infotelefone auf Capri* Caremar ✆ 081/8370700, N.L.G. ✆ 081/8370819, Alilauro ✆ 081/8376995, Snav ✆ 081/8377577, Neapolis ✆ 081/8377577.

Gepäckaufbewahrung (Deposito bagagli) für Tagestouristen. Diese sinnvolle Einrichtung gibt es unten am Hafen im Souvenirladen links neben der Pizzeria Buonocore und an der Bergstation der Funicolare in Capri-Ort (tägl. 8–20 Uhr; 3 € pro Gepäckstück). In unmittelbarer Nähe jeweils auch gebührenpflichtige öffentliche **Toiletten (Bagni pubblici)**.

Unterwegs auf Capri

Pkw: Ausländer dürfen ihr Fahrzeug grundsätzlich mit auf die Insel nehmen (Traghetti mit Autobeförderung ab Napoli/Calata Porta di Massa). In Anbetracht der Größe der Insel sowie der Straßen- und Parksituation wäre es jedoch ein völlig unsinniger Transport!

Inselbusse: vorbildliches Busnetz, von frühmorgens bis Mitternacht, Verbindungen zwischen *Marina Grande, Capri-Ort, Marina Piccola* und *Anacapri* (obligatorische Umsteigestelle: Der kleine Busbahnhof von Anacapri befindet sich ca. 300 m von der Piazza Vittoria entfernt an der Via De Tommaso). Von Anacapri nach *Faro (Punta Carena)* und *Grotta Azzurra*.
Die Tickets können auch im Bus gelöst werden – eher eine Ausnahme in Italien. Einzelfahrschein 1,40 €, Tagesticket 6,90 €.

Funicolare (Standseilbahn): zwischen Marina Grande (Hafenpiazza) und Capri-Ort (Piazzetta). In der HS von frühmorgens 6.30 Uhr bis 23 Uhr, ab Okt. nur bis 21 Uhr, Einzelfahrschein 1,40 €.

Tipp: Pkw-Reisende sollten sich in Sorrent einen bewachten Parkplatz nehmen, ab 15 € pro Tag.

Seggiovia (Sessellift): von Anacapri (Piazza Vittoria) auf den Monte Solaro in 12 Min., März–Okt. tägl. 9.30–16.30 Uhr Uhr, Nov.– Feb. tägl. (außer Di) 10.30–15.30 Uhr. Rückfahrticket 9 €, einfach 7 €.

Taxi: Von den legendären knallbunten Limousinen und Cabrios der 50er und 60er Jahre gibt es nur noch ein einziges Exemplar auf der Insel, und zwar einen offenen roten Fiat 1500. Mittlerweile verkehren moderne Cabrio-Spezialanfertigungen in der Einheitsfarbe Weiß.

Taxistandplätze: Marina Grande (Hafenpiazza), Capri (Piazza Martiri d'Ungheria, ✆ 081/8370543) und Anacapri (Piazza Vittoria, ✆ 081/8371175). Eine Fahrt von Capri-Ort nach Anacapri kostet 15 €.

Capri-Nahverkehr kurios: Im September 1997 erhöhte die Gemeinde Capri den Preis für eine Busfahrt kurzfristig von 1500 Lire auf 1650 Lire. Die Gemeinde Anacapri wehrte sich gegen diese einseitige Erhöhung, zog vor Gericht und bewirkte innerhalb von drei Tagen eine einstweilige Verfügung, woraufhin die Gemeinde Capri die Fahrpreiserhöhung wieder rückgängig machen musste. Mittlerweile ziehen beide Gemeinden an einem Strang und haben sich auf unterschiedliche Tarife für Einheimische und Touristen geeinigt, während die Einheimischen 1 € für ein Einzelticket zahlen, müssen Touristen 1,40 € berappen – eigentlich unerhört, raunt so mancher Inselgast.

Bootsausflüge/Mietfahrzeuge

Bootstour zur Blauen Grotte: ab Marina Grande, 22,50 € pro Pers. Da die beiden Inselgemeinden Capri und Anacapri gemeinsam am Big-Grotten-Business beteiligt sind, setzt sich der Preis folgendermaßen zusammen: hin und zurück mit dem Motorboot 11 € für die Gemeinde Capri, Ruderboot in die Grotte 7,50 € und Eintritt Grotte 4 € für Anacapri. – Bei unruhiger See ist kein Einbooten in die Blaue Grotte möglich!

Inselrundfahrt: ebenfalls ab Marina Grande, 14 € pro Pers. Beste Möglichkeit, um die grotten- und klippenreiche Felsküste der Insel zu erkunden.
Motorboot- und Kanuvermietung: in Marina Piccola, *Lo Scoglio delle Sirene*, Via Mulo 63, ☎ 081/8370221.
Rent an Electric Scooter, am Verkehrsknotenpunkt Largo Due Golfi, ☎ 081/8375863, Motorroller (inkl. Helm) ca. 50 € pro Tag.

Übernachten

• *Hotels* konzentrieren sich mit ca. 45 Häusern auf die weitläufige Gemeinde Capri; Anacapri verfügt über ca. 15 Hotels. Es handelt sich zumeist um alteingesessene **Familienbetriebe**, die traditionsbewusst und mit Stil geführt werden. Alle Kategorien (1–5 Sterne) sind vertreten; die Preisunterschiede zwischen der HS (Ostern und Juni–Sept.) und der NS sind nicht sehr groß, viele Häuser haben sogar nur einen ganzjährigen Einheitspreis. Erfreulich ist hingegen, dass selten eine Verpflichtung zur Halbpension besteht. Die Frühstückspreise werden jedoch häufig extra berechnet – das treibt die Preise hoch.
Die Fremdenverkehrsbüros dürfen (wie in ganz Italien) per Gesetz keine Hotelzimmer vermitteln und auch keine Empfehlungen geben.
Wichtig: In der HS auf keinen Fall ohne Hotelreservierung anreisen. Die meisten Hotels schließen im Winter für ein bis zwei Monate. Unsere Übernachtungstipps finden Sie in den jeweiligen Ortskapiteln.
Mittlerweile gibt es auch gut drei Dutzend **B & B-Unterkünfte** in den Gemeinden Capri und Anacapri, die unter www.capritourism.com verzeichnet sind; eine willkommene Alternative zum begrenzten Hotelangebot.
• *Transfer und Gepäck* Bei einigen Hotels der gehobenen Kategorie ist ein **Abholerservice** vom Hafen im Preis enthalten, ansonsten helfen nur Taxi, Bus oder Funicolare ab Marina Grande. Außerdem sind in Capri-Ort noch eine Menge **Facchini (Gepäckträger)** aktiv. Wer sein Hotel also in Capri-Ort gebucht hat, findet an der Bergstation der Funicolare in der Regel wartende, uniformierte Gepäckträger vor, die Koffer und schweres Reisegepäck bis zum Hotel transportieren. Ist niemand zur Stelle, wählt man ☎ 081/8370179 und wartet auf den bestellten Facchino. Pro Gepäckstück werden je nach Gewicht und Entfernung zw. 2,40 und 7,25 € verlangt.

Essen und Trinken

Inselküche: Wer kennt ihn nicht, den Antipasto-Renner *Mozzarella caprese*, der in den Nationalfarben serviert wird. Aber besser als anderswo in Kampanien schmeckt diese patriotische Tomaten-Mozzarella-Basilikum-Kreation auf Capri nicht. Ansonsten gibt es viele regionaltypische Pasta-, Gemüse-, Fleisch- und Fischgerichte. Mit Abstand am besten und preisgünstigsten isst man in den ländlichen Ausflugslokalen der Insel (mehr dazu in den jeweiligen Ortskapiteln).
Ein wirklicher Hochgenuss sind die feinen **Backwaren**, die in den appetitlichen Back-stuben und *Pasticcerie* (Konditoreien) von Capri-Ort angeboten werden. Eine örtliche Dolce-Spezialität ist die *Torta caprese*, dabei handelt es sich um einen Mandel-Schokoladenkuchen.
Der **Weinbau** hat auch auf Capri eine lange Tradition. Der steinige Boden bringt zwar gute Weine hervor, die Erträge sind jedoch bescheiden. Eine Flasche Capri DOC-Qualitätswein bianco oder rosso ist aber in den meisten Restaurants zu haben; die offenen Weine kommen hingegen selten von der Insel.

Big-Grotten-Business

Einkaufen/Souvenirs

Die Spatzen pfeifen es von den Dächern: Shopping ist auf Capri ein Vergnügen der besonderen Art, zumal für jene, die das nötige Kleingeld dazu haben. Denn alles, was in Sachen Mode, Design, Schmuck und Luxusartikel einen internationalen Namen hat, führt in Capri-Ort eine Filiale in der Via Vittorio Emanuele bzw. der anschl. Via Camerelle.

Keramik: Zahlreiche Geschäfte in Capri-Ort haben sich auf bunte Gebrauchs- und Souvenirkeramik spezialisiert. Die Ware selbst kommt fast ausschließlich vom benachbarten Festland.

Der Duft von Capri: Insgesamt gibt es auf Capri drei kleine Duftfabriken. Die älteste heißt *Carthusia – Profumi di Capri*. In ihrem Duftlaboratorium in der Via Matteotti 2 (Nähe Certosa) darf ohne Kaufzwang geschnuppert werden. Die Eaux de Toilette, Cremes, Seifen und Parfüms sind vorwiegend auf Zitronenbasis hergestellt.

Marina Grande

Der hektische Fährhafen Capris, hier legen die Schnellfähren, Fährschiffe, Ausflugsboote und Kreuzfahrtschiffe im Eiltempo an und wieder ab. Eigentlich gibt es keinen Grund, sich lange in Marina Grande aufzuhalten. Eilig zieht es die meisten Ankömmlinge sofort hinauf nach Capri-Ort. Und am schnellsten geht das mit der Standseilbahn, der *Funicolare,* deren Eingang sich vis-à-vis der Anlegestelle befindet (→ „Unterwegs auf Capri"). Als *Ferdinand Gregorovius* im Jahr 1853 in Marina Grande ankam, war alles noch ganz anders:

Insel Capri
Karte S. 268/269

„An einem Sonntag, es war die heiterste Frühe, stiegen wir in Sorrento in die Barke und ließen uns nach Capri hinüberrudern [. . .]. Capri stand vor uns groß und ernst, klippenstarr und felszackengepanzert [. . .] oben auf dem gebogenen Rücken des Eilandes ein heiteres Städtchen mit weißen gewölbten Häusern [. . .] unten an der schmalen Marina der Hafen der Schiffer [. . .] auf dem Ufer stand ein Fischermädchen, die Holzbank haltend, welche sie gleich in die Wellen hineinschob, als das Boot landete, damit wir trockenen Fußes ans Land kämen [. . .]. Alles war still und verschwiegen, kaum ein Fischer war zu sehen, nur ein paar badende Kinder an einer Klippe [. . .]. Und nun ging es von der Marina gleich aufwärts auf einem steilen und mühsamen Pfade zwischen Gartenmauern nach der Stadt Capri."

Bei dem steilen und mühsamen Pfad, von dem der Reisende des 19. Jh. schreibt, handelt es sich um die *Via San Francesco*. Dieser breite Treppenweg führt durch das obere Wohnviertel von Marina Grande, kreuzt dann zweimal die Fahrstraße und mündet schließlich parallel zur Funicolare im Zentrum von Capri-Ort.

Sehenswertes/Baden

Chiesa di San Costanzo: Die älteste Kirche Capris, deren frühchristlicher Baukern im 10. Jh. nach byzantinischem Vorbild überbaut wurde. Es handelt sich um das einzige Gebäude, das vom mittelalterlichen Capri nach der Zerstörung durch die Sarazenen übrig geblieben ist. San Costanzo befindet sich oberhalb von Marina Grande an der Fahrstraße. *Ferdinand Gregorovius* beschrieb die ehemalige Bischofskirche als klein, plump und gänzlich dörflich, ohne zu erwähnen, dass ihre Säulen aus der antiken Villa des Augustus stammen. Mittlerweile ist sie gründlich restauriert worden und erstrahlt in neuem Glanz. Einmal im Jahr, am 14. Mai, ist *Schutzheiligenfest,* dann wird die silberne Statue des heiligen Konstanz zur Prozession herausgeholt.

Scala Fenicia: Lange Zeit war diese „Phönizische Treppe" die einzige Verbindung zwischen Marina Grande und Anacapri. Sie wurde vermutlich schon von den Kolonialgriechen angelegt. Bis ins späte 19. Jh. diente diese weitgehend in den Fels gemeißelte Treppe auch als Transportweg. Auf historischen Fotografien sieht man wie die Männer und Frauen von Anacapri mit schweren Lasten bepackt die steilen Stufen überwinden. Der langsame Verfall der Scala Fenicia begann vor über 100 Jahren mit dem waghalsigen Bau der Fahrstraße zwischen Capri und Anacapri. Diese neue Straßenverbindungen machte den alten Treppenweg überflüssig, seine Stufen und Stützmauern begannen mangels Pflege langsam zu bröckeln und die Zugänge mussten schließlich aus Sicherheitsgründen gesperrt werden. Nach aufwändigen Restaurierungsarbeiten ist die rund 2500 Jahre alte Scala Fenicia seit einigen Jahren wieder ohne Gefahr in voller Länge begehbar, allerdings ist der Aufstieg noch nie vor beschwerlich, immerhin beträgt der Höhenunterschied ca. 250 m. 560 Stufen zählte Gregorovius seinerzeit bis zum alten Stadttor von Anacapri neben der Munthevilla, das entdeckungsfreudige Wanderer heute wieder passieren können. Direkt am Treppenweg liegt die kleine *Bergkapelle San Antonio* mit herrlicher Aussicht, auch die imposanten Stützkonstruktionen der abenteuerlichen Serpentinenstraße kann man aus nächster Nähe bestaunen.

Blick von der Bergkapelle San Antonio auf Marina Grande

Bagni di Tiberio: Dieser felsige Küstenabschnitt nordwestlich von Marina Grande bezeichnet die Stelle, an der Kaiser Augustus seinen *Palazzo a mare* errichten ließ, den ersten monumentalen Bau der römischen Antike auf Capri (→ S. 269). Altertumsinteressierte Urlauber können hier angesichts der Ruinen ihre Fantasie spielen lassen. Zu sehen sind nach der gründlichen Plünderung im späten 18. Jh. lediglich wuchtige Säulenfragmente unter Wasser, Mauerreste sowie eine große apsisartige Wölbung, die deutlich erkennbar in altrömischer Mauertechnik angelegt worden ist. Im angrenzenden Uferbereich haben Archäologen Reste eines kleinen römischen Hafens mit Werft und Zisternen entdeckt. Heute hat sich auf diesem antiken Ruinenfeld ein modernes *Bagno* ausgebreitet (Eintritt!) mit Barbetrieb, Liegestühlen und Sonnenschirmen. Von Juni bis September tummeln sich hier Badegäste, aber ab Oktober ist man hier weitgehend allein und kann die Ruinen ungestört erkunden.

● *Anmarsch* von der Hafenpiazza Vittoria die Fahrstraße hoch, vorbei am kleinen Hafenstrand bis zum Sportplatz (am Scheitelpunkt der Straße). Von dort dann der gekachelten Ausschilderung „Bagni" bzw. dem Restauranthinweis „Da Paolino" folgen. Der Weg führt durch eine ländliche Streusiedlung mit Nutzgärten.

● *Essen und Trinken* **Da Paolino**, am Weg zu den Bagni di Tiberio, mitten im duftenden Zitronenhain gelegen. Freundlicher Familienbetrieb, herzhafte Landküche, eine Primo-Spezialität sind die Rigatoni mit Zucchiniblüten, außerdem Fisch- und Fleischgerichte vom Grill, leckere Gemüse-Contorni und Nachspeisen *al limone*. Menü 20–30 €. Der Weg lohnt sich. ✆ 081/8376102.

Insel Capri
Karte S. 268/269

Cimitero acattolico: An der Straße, kurz vor dem Largo Due Golfi, dem Verkehrsknotenpunkt von Capri, findet man diesen kleinen Inselfriedhof, der ab 1878 von englischen und deutschen Wahl-Capresen angelegt wurde. Der so genannte Friedhof der Nichtkatholiken war seinerzeit notwendig geworden, da die katholische Inselgemeinde ihren Friedhof nicht mehr für Begräbnisse von Angehörigen anderer Konfessionen und Religionen zur Verfügung stellen wollte. So wurde das heute teilweise verwilderte Gräberfeld zur letzten Ruhestätte für Atheisten, Exzentriker, Libertins, Selbstmörder, Juden und verunglückte Touristen. Ein unspektakulärer Ort, aber auch ein Stück Kulturgeschichte des frühen Capritourismus. Unter anderen findet man hier das Grab von Baron Fersen (→ S. 285), das zumeist mit frischen Blumen bedeckt ist.

Die weltberühmte Piazzetta – sehen und staunen

Capri-Ort

Gibt es eine schönere Piazzetta in Italien als die Piazza Umberto I? Sie bildet den anmutigen Mittelpunkt der weitläufigen Ortschaft, hier münden alle größeren Gassen, Treppenwege und sogar die Funicolare. Dicht drängen sich die schmalbrüstigen Gebäude um den fast quadratischen Platz. Alles ist makellos in Schuss und glänzt.

Die Stirnseite der Piazzetta wird von den Seitenfassaden der *Chiesa Santo Stefano* und des *Palazzo Cerio* gebildet, dazwischen verlaufen die breiten Treppenstufen des erhöht liegenden Kirchenvorplatzes und gegenüber ziert die ockergelbe Fassade des *Municipio* (Rathaus) den Platz. Mehr kann man zwischen den bunten Markisen, Sonnenschirmen und Korbsesseln der vier feinen Piazzacafés nicht erkennen, abgesehen natürlich vom fast alles überragenden Glockenturm mit der farbigen Kacheluhr. Ihre weltberühmte Piazzetta nennen die Einheimischen kurz *Chiazza*, was so viel wie Fleck bedeutet. Doch wenn man diesen atmosphärisch dichten Fleck am Glockenturm verlässt und auf die angrenzende säulengesäumte *Terrazza* tritt, dann tut sich plötzlich ein weites Landschaftsbild auf, so als würde man das Panoramafenster eines kleinen Raums öffnen – einfach umwerfend.

Morgens ist die Welt im Zentrum von Capri noch in Ordnung, denn da gehört die Piazzetta Umberto I noch den Anwohnern. Mit der obligatorischen Tageszeitung in der Hand halten sie im Stehen ein Schwätzchen. Vor dem Kiosk am Glockenturm herrscht Hochbetrieb, das Rathaus öffnet seine Pforte und die warenbepackten Elektrokarren schleichen im Fußgängertempo über den belebten Platz. Ein ganz normaler Dorfalltag, doch der ist nicht von Dauer, denn sobald die ersten Fährboote eintreffen, beginnt die Tagesbesucherinvasion und verändert die morgendliche Piazzaatmosphäre. Die Einheimischen räumen das Feld und unzählige Touristen verteilen sich begeistert auf der Piazzetta samt angrenzender Panorama-Terrazza. Man macht es sich in den Korbsesseln der teuren Cafés bequem oder bevölkert die Kirchenstufen und die wenigen Steinbänke auf der Terrazza. Den ganzen Tag lang bildet die Piazzetta das Nadelöhr der ruhelos über die Insel strömenden Besucher. Erst abends, wenn die letzte Fähre abgelegt hat, kommt die vornehme, fast schon legendäre Piazzettastimmung auf: Den Anfang machen die Besitzer der angrenzenden feinen Geschäfte, die sich zum obligatorischen Aperitif einfinden; dann kommen die ersten herausgeputzten Gäste der Edelherbergen dazu und im Lauf des Abends lässt sich so manche prominente Inselgesellschaft, in der Luxusfarbe Weiß gekleidet, auf der Piazzetta nieder. Man zeigt sich und will gesehen werden. Geschäftstüchtige Fotografen lauern auf das zustimmende Nicken der Reichen und Schönen, um sie gegen gute Bezahlung auf dem Platz aller Plätze ablichten zu dürfen. Der durchschnittliche Urlauber merkt schnell, dass er nicht dazugehört. Aber wenigstens einmal sollte jeder das allabendliche Szenario der exhibitionistischen Piazzettagesellschaft von Capri aus der Korbsesselperspektive beobachtet haben – das muss sein!

*U*bernachten

***** **Quisisana**, Grandhotel mit Prachtfassade und Tradition, kurz Quisi genannt. Allerfeinste Adresse im Zentrum von Capri-Ort, prunkvolle Aufenthaltsräume, stilvolle Zimmer, parkähnlicher Garten mit Pool, vornehmes Ristorante, Pianobar und gut frequentiertes Terrassencafé an der Flaniermeile. DZ 320–820 € inkl. Frühstück. Via Camerelle 2, ✆ 081/8370788, ✆ 081/8376080, www.quisisana.com.

***** **Punta Tragara**, ruhige Lage am Belvedere di Tragara. Architektenhaus, von Le Corbusier entworfen, mit geschwungenen Formen. Blick auf die Südküste mit den Faraglioni-Felsen, sehr stilvoll ausgestattet, Garten und Pool in Hanglage. DZ ab 300 € inkl. Frühstück. Via Tragara 57, ✆ 081/8370844, ✆ 081/8377790, www.hoteltragara.com.

**** **La Palma**, Luxushotel mit mächtiger Palme vor dem Eingang, Nähe Piazzetta. Capri-Nostalgikern noch als Hotel Pagano bekannt, im 19. und frühen 20. Jh. logierten hier die illustren Inselgäste. Heute vollständig modernisiert und luxuriös ausgestattet. DZ 160–660 € inkl. Frühstück. Via Vittorio Emanuele 39, ✆ 081/8370133, ✆ 081/8376966, www.lapalma-capri.com.

**** **Gatto Bianco**, gegenüber vom La Palma, an der Shoppingmeile Vittorio Emanuele, aber etwas versteckt am Ende eines Gewölbegangs gelegen. Frisch renoviert, ganz in Weiß und picobello sauber. DZ 230–320 € inkl. Frühstück. Via Vittorio Emanuele 32, ✆ 081/8370203, ✆ 081/8378060, www.gattobianco-capri.com.

**** **A' Paziella**, Nähe Piazzetta, mitten im Altstadtviertel, kleines Luxushotel mit familiärer Atmosphäre, stilvolles Ambiente, exotisches Gärtchen. DZ 410 € inkl. Frühstück. Via Fuorlovado 36, ✆ 081/8370044, ✆ 081/8370085, www.apaziella.com.

**** **Mamela**, relativ neues Luxushotel, mit viel Marmor ausgestattet, Nähe Certosa, Zimmer mit Meerblick, Garten mit Pool, ohne Hotelrestaurant. DZ 210–430 € inkl. Frühstück. Via Campo di Teste 8, ✆ 081/8375255, ✆ 081/8378865, www.hotelmamela.com.

**** **La Floridiana**, nach der jüngsten Renovierung in den 4-Sterne-Himmel aufgestiegen. Nähe Certosa, ruhige Lage, ohne Garten, ohne Pool, mit Restaurant. Unbedingt Zimmer mit Meerblick verlangen! DZ 130–350 €, Frühstück stolze 28 € pro Pers.

Via Campo di Teste 16, ☎ 081/8370166, 📧 081/8370434, www.lafloridiana-capri.com.

*** La Prora, gepflegte, kleine Altstadtpension, am Ende der „Kasbahgasse" Via Madre Serafina, familiär, recht geschmackvoll eingerichtete Balkonzimmer, teils mit Golfblick. DZ 130–200 € inkl. Frühstück. Via Castello 8, ☎/📧 081/8370281, www.albergolaprora.it.

*** Villa Krupp, ältere herrschaftliche Villa in herrlicher Südlage oberhalb der Augustus-gärten, familiäre Atmosphäre. Unbedingt Zimmer mit Meerblick verlangen! DZ 130–170 €, Frühstück 5 € pro Pers. Via Matteotti 12, ☎ 081/8370362, 📧 081/8376489, www.villakrupp.it.

* La Tosca, einfache Pension, oberhalb der Certosa, guter Gesamteindruck, freundliche Atmosphäre. DZ 75–150 € inkl. Frühstück. Via Briago 5, ☎ 081/8370989, 📧 081/8374803, www.latoscahotel.com.

Essen und Trinken

La Capannina, gemütliches Altstadttristorante, seit Jahren die allererste kulinarische Adresse in Capri-Ort, ausgezeichnete Land- und Meeresküche, schickes Publikum, gehobene Preise. Via Le Botteghe 14, ☎ 081/8370732.

Buca di Bacco, für die Einheimischen natürlich **Da Serafina**, kleines, beliebtes Ristorante im Kellergewölbe, unweit der Piazzetta. Solide Hausmannskost, leckere Pizza. Preislich im Rahmen sind die Gemüse-Primi und Fleischgerichte, angemessen teurer hingegen die Meeresfrüchte-Primi und Fisch-Secondi. Via Longano 35, ☎ 081/8370723, Mi Ruhetag.

Verginiello, großes Terrassenrestaurant mit Garten und Hafenblick, kaum erkennbar ausgeschildert, für Capri-Verhältnisse fast noch ein Geheimtipp. Alteingesessener Familienbetrieb (seit 50 Jahren), solide inseltypische Land- und Meeresküche, auch Pizza, Menü 20–30 €. Via Lo Palazzo 25, ☎ 081/8370944.

Da Gemma, eine echte Gastro-Institution und unser Tipp in Capri-Ort. Stimmungsvolles Altstadtrestaurant in der Kasbah-Gasse, alteingesessener Familienbetrieb, riesiger Speiseraum, maritim eingerichtet, Fotos der prominenten Stammgäste zieren die Wände. Ausgezeichnete Land- und Meeresküche nach traditionellen Rezepten mit Schwerpunkt auf Fisch und Krustentieren. Am besten man wählt von der Spezialitätenseite der Speisekarte. Außerdem reichhaltiges, appetitliches Antipasti-Büffet und Pizza. Große Portionen, flinke Kellner. Menü 30–40 €. Oft voll, unbedingt reservieren, Via Madre Serafina 6, ☎ 081/8370461, Mo Ruhetag.

Cafés/Bars/Nachtleben

Ob Café, Cappuccino, Gelato, Aperitif, Cocktail, Bier oder Softdrink, wer sich in einer capresischen Café-Bar am Tisch bedienen lässt, muss erheblich tiefer in die Tasche greifen als am Tresen.

Gran Caffè, die feinste der vier teuren Piazzettabars; hier, nebenan oder gegenüber sollte man wenigstens einmal gesessen haben.

Bar Funicolare, volkstümliche Bar auf der Terrassenpiazza oberhalb der Funicolare-Bergstation; hier kann man dem Sonnenuntergang entgegenfiebern. Vorsicht, ebenfalls gehobene Preise.

Embassy, Straßencafé an der Via Camerelle zwischen den eleganten Boutiquen; leckeres Eis.

La Capannina, die stilvolle Altstadtbar des gleichnamigen Ristorante (s. o.), erlesene Weine und Grappe.

Buonocore, appetitlicher Tavola-calda-Imbiss und Pasticceria, ein Tipp für Selbstversorger, leckere Backwaren und lokaltypische Snacks sowie Primi und Secondi zum Mitnehmen, mittags und abends geöffnet, zentral gelegen, Via Vittorio Emanuele 35.

Medi Pub, unmittelbare Piazzettanähe, einfache Kneipe, junges Publikum, coole Musik, lange geöffnet, kleine Preise. Via Oratorio 9, gleich neben der Chiesa Santo Stefano.

Le Clochard, angesagte Diskothek, Via Camerelle 63, Eintritt.

Sehenswertes

Chiesa Santo Stefano: Die ehemalige Kathedrale grenzt unmittelbar an die Piazzetta Umberto I. Ein dichtes Konglomerat von unterschiedlich großen Kuppeln und Gewölbebögen formt das weiße Kirchendach, weiß strahlt auch die barocke Fassade. Im frühen Mittelalter stand an dieser Stelle ein Benediktinerkloster, 1685 wurde die heutige Kirche errichtet. Im Innern dominiert eine gemäßigte Barockausschmückung mit mehreren Seitenkapellen und Grabmälern. Der Fußboden um den Hauptaltar ist mit Marmorfragmenten aus der altrömischen Villa Jovis angefertigt worden. Das hölzerne Kruzifix wird alljährlich zur Karfreitagsprozession aus der Kirche geholt. Übrigens: Im Gewölbe des Piazzettacafés Tiberio befand sich einst das Beinhaus der Kirche.

Palazzo Cerio: gegenüber der Santo-Stefano-Kirche. Dieser schlichte mittelalterliche Palazzo gehört zu den örtlichen Vorzeigebauten des 14. Jh., 1689 wurde er erweitert und erhielt sein heutiges Aussehen. Der Palazzo beherbergt das *Centro Caprense Ignazio Cerio*, das das Lebenswerk des Heimatforschers *Ignazio Cerio* (1840–1921) verwaltet. Cerio, der bis zu seinem Tod in diesem Palazzo lebte, vermachte der Gemeinde seine umfangreiche Sammlung zur Archäologie, Geologie und Zoologie der Insel Capri. Außerdem legte er ein kulturgeschichtlich interessantes Capri-Archiv an, in dem auch zwei restaurierte Bände des Gästebuchs des legendären Hotels Pagano aufbewahrt werden. Diese mit aufschlussreichen Eintragungen versehenen Bände können auf Wunsch in der Bibliothek des Centro Caprense eingesehen werden. Ansonsten gibt es Mineralien, Fossilien, präparierte

Die Belvedere-Terrazza von Capri-Ort

Insel Capri
Karte S. 268/269

Tiere und archäologische Fundstücke en masse zu sehen. Insgesamt ein lohnenswerter Ausflug in die Vergangenheit Capris. Und nicht den Blick von der Dachterrasse versäumen!

Öffnungszeiten Di–Sa 10–13 Uhr, Eintritt 2,60 €.

Via Madre Serafina: Am oberen Ende des kleinen Kirchenvorplatzes öffnet sich das schmale Bogentor zur „orientalischen Kasbah" von Capri. Architektonisch gleicht das Altstadtviertel entlang der Via Madre Serafina, die dem Verlauf der alten Stadtmauer folgt, tatsächlich einer nordafrikanischen Kasbah. Finstere Tunnelgänge und Gassen führen durch ein unübersichtliches Wohngebiet mit zahlreichen Kellerläden und alteingesessenen Restaurants. Im Gegensatz zur touristischen Umgebung der Piazzetta scheint dieser Bezirk noch voll und ganz in der Hand der Einheimischen zu sein. Am Ende der Kasbahgasse Madre Serafina öffnet sich plötzlich eine lichte Terrassenpiazza, an der die *Klosterkirche Santissimo Salvatore* und die neomaurische *Villa Narcisus* stehen. Wer seinen Streifzug durch die anschließende Tunnelgasse fortsetzt, gelangt auf die Via Castello, die durch ein weitläufiges Wohngebiet hinauf zum *Belvedere Cannone* führt. Dieser herrliche Aussichtspunkt gibt den Blick auf die zerklüftete Südküste frei.

Via Le (delle) Botteghe: Nahezu unscheinbar beginnt diese enge Ladengasse an der Piazzetta Umberto I links neben dem Municipio (Rathaus). Auch nach Jahrhunderten herrschen hier noch mittelalterliche Platzverhältnisse, an manchen Stellen ist die Altstadtgasse so schmal, dass die Menschen kaum aneinander vorbei passen. Seit ihrer Entstehung im späten Mittelalter säumen Werkstätten, Backstuben, Metzgereien und Läden aller Art die Via Le Botteghe. Wer sich für gut erhaltene mittelalterliche Architektur begeistern kann, sollte auch in den Quergassen des angrenzenden Wohnviertels auf Spurensuche gehen.

Via Vittorio Emanuele/Via Camerelle: die noble Flanier- und Shoppingmeile von Capri-Ort. Auch wer es gewohnt ist, in den schicken Einkaufspassagen der heimatlichen Großstädte einzukaufen, wird von dem luxuriösen Glanz dieser superfeinen Geschäftsstraße geblendet sein. Juweliergeschäfte, Antiquitätenläden, Edelboutiquen dicht an dicht. Alles wird peinlich sauber gehalten, kein Schandfleck weit und breit, der das privilegierte Kaufvergnügen trüben könnte. Entlang der Via Vittorio Emanuele posieren auch die beiden ältesten und vornehmsten Grandhotels Capris, das *Quisisana* und das *La Palma*.

Certosa di San Giacomo: gewaltiger Klosterkomplex, abgesehen von den Wandfresken in der ehemaligen Klosterkirche und in der Seitenkapelle gänzlich ohne christliche Insignien. Den schönsten Anblick bietet die wuchtige Anlage von einem erhöhten Standpunkt aus (z. B. Giardini di Augusto), von dem man das ungleichmäßige Dächermeer aus unzähligen Kuppeln und Gewölben überblicken kann.

Im späten 14. Jh. wurde das ehemalige Kartäuserkloster nach dem Vorbild der Kartause von Neapel errichtet. Anfang des 19. Jh. säkularisierten es die napoleonischen Franzosen und funktionierten es zu einer Kaserne um. Anschließend diente es lange Zeit als Gefängnis und Militärkrankenhaus. 1924 wurde die Anlage grundlegend restauriert. Seitdem steht der schmucklose, unbewohnte Gebäudekomplex weitgehend leer. In den Sommermonaten organisiert die Gemeinde jedoch wechselnde *Ausstellungen* und öffentliche *Konzertabende* in der Certosa.

Aus touristischer Sicht ist das in der Certosa untergebrachte *Diefenbachmuseum* zumindest erwähnenswert. Der deutsche Maler *Karl Wilhelm Diefenbach* lebte um

In den Giardini di Augusto

die Jahrhundertwende auf Capri und widmete sich dort in seinen späten Lebensjahren einer finsteren Variante des Symbolismus. Seine großflächigen Fantasielandschaften driften in dunkle Sphären ab und tragen nicht gerade zur Erheiterung des Gemüts bei. Zu Lebzeiten soll Diefenbach, ein Anhänger esoterischer Lehren, im „Jesus-Outfit" über die Insel gewandelt sein.

Öffnungszeiten Certosa und Diefenbachmuseum tägl. (außer Mo) 9–14 Uhr, Eintritt frei.

Giardini di Augusto: Diese kleine, erholsame Parkanlage befindet sich oberhalb der Certosa am höchsten Punkt der Via G. Matteotti. Der deutsche Rüstungsindustrielle *Friedrich Alfred Krupp* ließ sie seinerzeit anlegen und vermachte sie der Gemeinde. Wer sich nicht für die artenreiche Vegetation der Augustusgärten interessiert, sollte zumindest den ungetrübten Blick auf die Südküste genießen.

Lenindenkmal: Auf der Aussichtsterrasse der Giardini steht auch das bereits erwähnte Denkmal (→ S. 271), eine kantige, weiße Marmorplastik mit dem Profil des großen Revolutionärs, ein Werk des italienischen Bildhauers *Giacomo Manzù*. Ob Herrn Krupp das Abbild Lenins in seinem Garten wohl gefallen hätte? Und ob ihm wohl sein rostiges Antlitz gefallen würde, das seit 2009 am Eingang zur *Via Krupp* (→ S. 289) steht?

Spaziergänge in der Umgebung

Wie weitläufig die nahezu autofreie Gemeinde Capri bebaut ist, merkt man erst, wenn man durch die Umgebung der Ortschaft streift. Die mittelalterliche Enge der Altstadt geht schon bald in eine großzügige Hangbebauung über. Vom Ortsrand bis weit auf den nordöstlichen Bergrücken hinauf ziehen sich die ummauerten Villengrundstücke und Gärten. Viele der Sehenswürdigkeiten von Capri lassen sich gut auf einem Spaziergang miteinander verbinden.

Insel Capri
Karte S. 268/269

Spaziergang zur Villa Jovis

Auf dem Weg zur Villa Jovis erfreuen vor allem die üppigen Gärten sowie die dichte Inselvegetation das Auge. Schon *Gregorovius* notierte begeistert:

> „Reichlich wachsen die Eichen, die Maulbeerbäume in großer Zahl; stark und fruchtgesegnet der Ölbaum; sparsam die Zypresse und die Pinie; groß und mächtig der Johannisbrotbaum; überaus fruchtreich und in Menge die Feige; häufig der Mandelbaum; kärglicher die Kastanie und der Nussbaum, aber reichlich die Orange und die Limone, die man in den Gärten in erstaunlicher Kraft findet und deren Früchte oft die Größe eines Kindeskopfs erreichen. Die Rebe wächst hier zwar nicht so üppig wie in Campanien, aber sie trägt schwere Trauben."

Zu ergänzen bleibt da nur noch die farbenfrohe Pracht blühender Sträucher und Büsche, von weißen, lila und feuerroten Bougainvilleen über den Hibiskus bis hin zu exotischen Pflanzen und vereinzelten Dattelpalmen.

Chiesa San Michele della Croce: Die kleine, unscheinbare Kirche aus dem 14. Jh. ist der Ausgangspunkt des Spazierwegs. Der malerisch verwitterte Bau aus Bruchstein beherbergt zwei anmutige Tafelgemälde, die sich zeitlich schwer einordnen lassen: Sie zeigen die Madonna mit dem Kind und den Erzengel Michael, der im Begriff ist, das Böse mit dem Speer zu töten.

Villa Moneta: Ein Stück weiter entlang der Via Tiberio steht die auffällige Villa inmitten eines Parks mit uraltem Baumbestand. Über diesen verwitterten, jahrhundertealten Landsitz wurde viel spekuliert, z. B. soll an dieser Stelle eine römische Münzprägestätte (Moneta = Münze) gestanden haben. Heute befindet sich das idyllische Anwesen in Privatbesitz und ist zumeist verschlossen (Gittertor).

Idyllisch gelegenes Kirchlein San Michele della Croce

● *Essen und Trinken* **La Savardina**, Ristorante und Pizzeria, an der Weggabelung Via Tiberio/Via Lo Capo (Hinweisschilder); dieses ländliche Ausflugslokal liegt inmitten eines Orangen-, Zitronen- und Weingartens und wird von einer sympathischen Familie geführt. Einfache, schnörkellose Landküche, gartenfrische Salate und Gemüse, ein Hit sind die *Ravioli capresi*. Das Fleisch für die Secondi wird auf dem Holzkohlengrill zubereitet, hausgemachte Dolci. Menü 20–30 €. Der Weg lohnt sich. Via Lo Capo 8, ✆ 081/8376300.

Villa Fersen (Villa Lysis): Die Via Lo Capo, der Abzweig von der Via Tiberio, führt zu einem mysteriösen, herrschaftlichen Landsitz unterhalb der Villa Jovis, den sich der exzentrische Schriftsteller *Baron Jacques Adelswärd-Fersen* 1905 errichten ließ. Heute befindet sich das stattliche Anwesen im Besitz der Gemeinde und ist vor einigen Jahren aufwändig restauriert worden. Früher stieß man hier bisweilen auf Neugierige, die am verschlossenen Eingangstor die Hälse reckten. Vermutlich hatten sie über das unzüchtige Leben des französischen Barons etwas gehört oder sogar den Roman „Exil in Capri" gelesen, in dem der Autor *Roger Peyrefitte* die Lebensgeschichte Fersens mit viel Fantasie und Übertreibung erzählt.

● *Besichtigung/Konzerte* Juni–Sept. Di–Sa 9–13 Uhr und 14–18 Uhr, So 9–12 Uhr und 15–18 Uhr, Eintritt frei.
Die Villa Fersen/Villa Lysis ist auch im Rahmen kleiner klassischer Konzerte, die die Gemeinde zusammen mit dem örtlichen Verein *Cultura Capri* organisiert, zu besichtigen. Im Anschluss an die musikalische Darbietung, die im Salon des Erdgeschosses stattfindet, ist in der Regel eine Führung durch die gänzlich unmöblierte Villa vorgesehen. Die Termine der Kulturabende an der Villa Fersen (*Incontri Villa Fersen*) hängen im Infobüro an der Piazzetta aus. Sie finden zumeist im Spätsommer an Wochenenden statt und sind gratis.

Wer war Jacques Adelswärd-Fersen?

Dazu einige Zitate aus einem Essay des englischen Schriftstellers *Bruce Chatwin* (→ S. 71):
„Er wuchs in den neunziger Jahren in Paris heran [...] und war immer übertrieben elegant gekleidet. Sein erster Gedichtband wurde in ehrbaren Häusern herumgereicht, ungeachtet des morbiden Tonfalls und der Vorliebe des Dichters für rosa Rosen [...]. Vor Gericht gestellt [wegen Päderastie], verurteilt und danach freigelassen, floh Fersen nach Italien, wo er zwei amerikanischen Damen begegnete [...], die ihn in ihre Villa auf Capri einluden. Dann beschloss er [...], sein eigenes Traumhaus zu bauen; und als Norman Douglas ihm den Platz unterhalb von Monte Tiberio zeigte, sagte Fersen: Hier könnte man Gedichte schreiben. Er ließ sich auch nicht abschrecken, als er gewarnt wurde, dass diese Stelle im Winter nicht mehr als zwei Stunden Sonne am Tag abbekomme. Während das Haus gebaut wurde, reiste er nach Ceylon, wo er sich das Rauchen von Opium angewöhnte. Dann gewöhnte er sich in Rom an einen Zeitungsjungen und nahm ihn als seinen Sekretär nach Capri mit [...]. Er verbot Nino, mit jungen Mädchen zu flirten, bestand jedoch darauf, ihn auf der Insel zu paradieren, als wäre er eine antike Apollostatue aus Bronze [...] Und zuletzt – wenn die Geschichte wahr ist – inszenierte er ein vorgetäuschtes Menschenopfer in der Mithrasgrotte von Matromania mit Nino als Opfer, und beide wurden von der Insel gejagt."

Fersen durfte letztendlich in seine Villa zurückkehren, wo er an einer Überdosis reinem Kokain starb.

Insel Capri
Karte S. 268/269

Villa Jovis – majestätische Kaiserpalastruine

Die Villa Jovis

Die römische Kaiservilla ist die größte archäologische Ausgrabungsstätte der Insel. Majestätisch thront die kolossale Ruine auf der äußersten Spitze der macchiaüberwucherten Felshöhe Lo Capo. Der etwas beschwerliche Aufstieg lohnt sich unbedingt.

Das letzte Wegstück der Via Tiberio führt durch eine wahre Macchia-Bilderbuchlandschaft und zum jüngst angelegten Steiluferpark *Parco Astarita,* dessen drei Aussichtsterrassen den Blick auf die bizarr zerklüftete Küste freigeben.

Aber ins Staunen bringt einen vor allem die Villa Jovis selbst: Welch eine extreme und zugleich imposante Lage hatte sich *Kaiser Tiberius* 26 n. Chr. für den Bau seines 7000 qm großen Herrscherpalasts ausgesucht! Die zu bebauende Fläche am Rande einer über 300 m hohen Steilküste war felsig und zerklüftet und der Höhenunterschied von der Eingangshalle bis zur höchsten bebauten Stelle betrug ungefähr 40 m. Die architektonischen Anforderungen waren enorm. Außerdem handelte es sich um den Wohn- und Regierungssitz des römischen Kaisers, der außerdem allerhöchste Ansprüche an Komfort und Ausstattung stellte. Der Bau muss seinerzeit alle anderen Villen des Römischen Reichs an Herrlichkeit übertroffen haben. Obwohl von der einstigen Pracht nur noch die labyrinthischen Fundamente übriggeblieben sind, verfallen Bildungsreisende hier stets ins Schwärmen.

Traurige Tatsache ist, dass dieses antike Trümmerfeld dem interessierten Besucher fast ausschließlich Mauerwerk zu bieten hat. Das schmückende Beiwerk in Form von Marmorsäulen, Statuen, Mosaiken, Wandmalereien etc. ist längst verschwundcn, denn lange bevor die offiziellen Ausgrabungen und Freilegungen begannen, wurde die Ruine systematisch geplündert. Vieles schafften die Kunsträuber des 18. und 19. Jh. aufs Festland und außer Landes. Außerdem dienten die Trümmer der kaiserlichen Villa den Einheimischen und den Neu-Capresen bis ins 20. Jh. hinein als Steinbruch und Fundgrube für den Bau eigener Villen. Demnach befinden sich unzählige Originalfragmente aus der Villa Jovis in capresischen Privathäusern und öffentlichen Gebäuden, wie z. B. der Marmorfußboden in der örtlichen *Chiesa Santo Stefano*.

● *Öffnungszeiten* tägl. 9 Uhr bis 1 Std. vor Sonnenuntergang, Eintritt 2 €.
● *Essen und Trinken* **Bar Jovis**, am Weg zum Ausgrabungsgelände, kleiner Bar-betrieb mit Gartenterrasse, Blick auf das Nordufer mit Marina Grande, Getränke und Snacks zu leicht überhöhten Preisen.

Villa Jovis/Besichtigung

Gleich am Eingang befindet sich der extreme Steilabhang *Salto di Tiberio* über der Meeresbrandung. Angeblich hat hier Kaiser Tiberius seine Opfer aus blankem Sadismus in die Tiefe springen lassen.

Ein paar Schritte höher, hinter dem Kassenhäuschen, stand *einer der höchsten Leuchttürme der Antike*, der laut Überlieferung an die Größe des Weltwunder-Leuchtturms von Alexandria heranreichte.

Das Ausgrabungsgelände selbst lässt die Ausmaße des Palasts deutlich erkennen. Gut kann man auch die verschiedenen Mauertechniken der alten Römer studieren. Zweifellos am imposantesten sind die riesigen Gewölbe der *Zisternen* im zentralen Bereich der ehemaligen Herrscherresidenz. An Wasser durfte es damals nicht fehlen in den kaiserlichen Bädern und Brunnenanlagen. Im hinteren Teil, mit Blick auf Neapel, befand sich die über 100 m lange *Wandelhalle* des Tiberius; hier mochte er seine politischen Ränke geschmiedet haben.

Am höchsten Punkt steht heute die kleine Wallfahrtskirche *Santa Maria del Soccorso* (19. Jh.). Die überlebensgroße Bronzestatue der Madonna mit Kind wurde 1979 mit einem Hubschrauber hierher geflogen, nachdem sie zuvor in Rom vom Papst geweiht worden war.

Spaziergang am südöstlichen Steilufer

Arco naturale: Der Weg hierher führt über die Via Matermania durch den villen-bestandenen Ortsteil *La Croce*. Über einen abschüssigen Treppenweg erreicht man schließlich dieses kuriose Werk der Natur. Man fragt sich verwundert, wie der bizarre Felsbogen entstehen konnte: Erdbeben, Winderosion?

● *Essen und Trinken* **Le Grottelle**, am Stichweg zum Arco naturale, kleine Trattoria in einer ausgebauten Felshöhle, mit Panorama-Speiseterrasse. Solide Land- und Meeresküche, auch Pizza. Akzeptable Preise trotz der (transportaufwändigen) Lage am Trampelpfad zum Arco, ℡ 081/8375719, April–Okt. bewirtschaftet, Juni–Sept. auch abends geöffnet.

Grotta di Matermania: Unmittelbar vor der Trattoria Le Grottelle führt ein steiler Treppenweg hinunter zur Höhle am tiefsten Punkt des Weges. Dieses enorme Gewölbe weist Bebauungsspuren aus altrömischer Zeit auf und wird u. a. als Mithras-tempel gedeutet. Im 1. Jh. n. Chr. erlangte der indo-iranische *Mithraskult*, dem immer wieder Menschenopfer nachgesagt wurden, auch im Römischen Reich Bedeutung. Aber dass Kaiser Tiberius hier in einer dämonischen Stunde seinen Lieblings-

Insel Capri
Karte S. 268/269

knaben der Sonne geopfert haben soll, ist reine Spekulation. In einer etwas harmloseren Deutung der Grotte ist von einem *Nymphäum* (antike Brunnenanlage) die Rede.

Villa Malaparte: Nach der Grotte steigt der Uferweg wieder an und führt durch eine herrliche Küstenmacchia und uralte Steineichenwälder. Auf dem Felsvorsprung der Punta Massullo erkennt man die ochsenblutrote Villa des Inselnarzissten *Malaparte,* eines der sonderbarsten Gebäude der Insel. Die Architektur regt nach wie vor die Fantasie der Betrachter an: Die Beschreibungen reichen von „Bügeleisen" bis „aztekischer Pyramidentempel". Heute wird die Villa von einer Stiftung verwaltet, die auch Stipendien an junge Künstler vergibt. – Betreten verboten.

Kurt Erich Suckert alias Curzio Malaparte

Sohn eines deutschen Textilfabrikanten und einer Florentinerin; er wurde 1898 in Prato (Toscana) geboren. Schriftsteller, Journalist, Kriegsberichterstatter, Dandy und „professioneller Possenreißer". In Anlehnung an *Bonaparte* änderte er seinen bürgerlichen Nachnamen in *Malaparte* um. Schon im zarten Alter von 15 Jahren trieb er sich in den Literatencafés von Florenz herum. Im Ersten Weltkrieg trat er in die italienische Garibaldi-Legion ein. Von 1928–31 war er Leiter der Tageszeitung „La Stampa". Anfangs sympathisierte er mit den Faschisten und beteiligte sich an deren Marsch auf Rom. Später verhafteten ihn die Faschisten wegen antifaschistischer Betätigung im Ausland und verbannten ihn einige Jahre auf die Insel Lipari vor Sizilien. In einem Artikel verunglimpfte Malaparte Hitler, der daraufhin seinen Kopf forderte. Auch Mussolini wurde von Malaparte verhöhnt. Dieser lud ihn zur Maßregelung sogar in sein Amtszimmer im Palazzo Venezia vor, bewies letztlich jedoch Humor. Während des Zweiten Weltkriegs baute Malaparte auf Capri seine Villa, die er *Casa come me* (ein Haus wie ich) nannte. Hier schrieb Malaparte seine umstrittenen Bücher „Kaputt" und „Die Haut", in denen er in expressionistischen Geschichten menschlicher Erniedrigung die Obszönität des Krieges vorführt. Später bekannte er sich zum Kommunismus, reiste in die Sowjetunion und nach China. Die Casa come me vermachte Malaparte, der 1957 in Rom starb, der Volksrepublik China, die das Geschenk höflich zurückwies.

Faraglioni-Klippen: Ein Stück weiter auf diesem Weg ragen plötzlich die spektakulären Capri-Klippen aus dem Meer, über 100 m messen die beiden höchsten Felsfinger. Jeder hat sie vorher schon einmal gesehen auf den zahlreichen Abbildungen, die es von ihnen gibt; längst sind sie zu einem Wahrzeichen Capris geworden. Auf diesen unzugänglichen Felstürmen (an denen sich bisweilen Kletterer üben) vermuteten Archäologen lange Zeit antike Grabmäler, doch diese kühne Vermutung bewahrheitete sich nicht. Aber der Heimatforscher Ignazio Cerio (→ S. 281) fand dafür eine endemische Eidechse auf dem äußeren Faraglione – immerhin! Am interessantesten ist jedoch der mittlere Faraglione: Man kann ihn mit dem Boot durchfahren, weshalb auch fast alle Inselrundfahrten dieses natürliche Nadelöhr passieren.

Porto di Tragara/Baden: Vom Uferweg führt ein steiler Treppenweg hinunter. Erst unten erkennt man die geschützte Lage dieses Naturhafens, dessen glatte

Porto di Tragara – beliebte Badestelle

Felswände geradezu bedrückend wirken. Kaiser Tiberius diente diese Stelle wahrscheinlich als Fluchthafen. Heute ist das Felsufer des Porto di Tragara eine beliebte Badestelle, allerdings verschwindet die Sonne früh! Die teils betonierte Uferfläche wird fast vollständig von zwei *Bagni* mit Bar und Restaurant eingenommen.

Da Luigi, Bagno/Bar/Ristorante, direkt am Hafenbecken gelegen, ✆ 081/8370591, Bagno-Eintritt ca. 15 €.

La Fontelina, Bagno/Bar/Ristorante, an der Rückseite des Porto gelegen, Blick auf Marina Piccola, schroffes Ufer, mit viel Zement begehbar gemacht. Die Nachmittagssonne scheint hier länger als bei Luigi, ✆ 081/8370845, Bagno-Eintritt ca. 15 €.

Belvedere di Tragara: An diesem baumbestandenen Aussichtpunkt endet der Steiluferweg, von hier führt die Via Tragara zurück nach Capri-Ort.

Spaziergang nach Marina Piccola

Via Krupp: Dieser nach seinem Finanzier benannte Serpentinenweg führt von den *Giardini di Augusto* (→ S. 283) zunächst steil hinunter zur *Grotta dell'Arsenale* und von dort weiter zum kleinen Badeort Marina Piccola. Arbeitsaufwändig wurde die schmale Via Krupp 1902 in den Steilhang gehauen und gemauert, ein wahres Kunstwerk des deutschen Ingenieurs Emil Mayer. Wegen Steinschlaggefahr war das Betreten dieses spektakulären Wegs jahrelang offiziell verboten, seit 2009 kann man die Via Krupp in voller Länge wieder begehen.

Grotta dell'Arsenale: Sie öffnet sich unterhalb der Serpentinen und ist vom Weg aus kaum sichtbar. Ein steiler Naturpfad führt hinunter zum Grotteneingang. Schon Gregorovius vermutete in dieser schwer zugänglichen Felshöhle, an deren

Karte S. 268/269

Insel Capri

Wänden römisches Mauerwerk sichtbar ist, ein Vorratshaus der kaiserlichen Marine oder eine antike Werft.

Grotta di Castiglione: Setzt man den Weg auf der Via Krupp fort, sieht man kurz vor den ersten Häusern von Marina Piccola oben die Öffnung einer der größten Felshöhlen Capris. Darüber thront in einsamer Abgeschiedenheit der Festungskomplex namens *Il Castiglione* (Privatbesitz).

Via Mulo: Treppenweg nach *Marina Piccola* und Alternative zur Via Krupp. Der Weg beginnt am capresischen Verkehrsknotenpunkt *Largo Due Golfi*. Bequem geht es auf breiten Ziegelsteintreppen durch ein vornehmes Wohngebiet mit gepflegten Gärten. Am Weg befindet sich auch die herrschaftliche Exilvilla *Maxim Gorkis* (nicht zu besichtigen).

Marina Piccola

Winziger Badeort auf der Sonnenseite der Insel. Den Mittelpunkt der Ortschaft bildet die kleine *Chiesa Sant'Andrea* an der Bushaltestelle. Links und rechts neben der Kirche führen Treppenwege hinunter zur hoffnungslos verbauten Badebucht. Mehrere *Bagni* und Restaurants teilen sich das kostbare Uferterrain, nur die beiden winzigen Kiesstrände sind gebührenfrei zugänglich. Hat man sich im Meer abgekühlt (am besten an der Bootsanlegestelle), öffnet der Blick nach oben eine ganz andere Perspektive: Steil ragt die imposante Felswand in die Höhe – ein Bild wie aus dem Hochgebirge mit schicken Villen im mediterranen Grün.

● *Übernachten* *** **Nautilus**, Ufernähe, moderner Flachbau, gepflegter Garten, recht komfortabel ausgestattet, ohne Restaurant. DZ 100–200 € inkl. Frühstück. Via Marina Piccola 98, ✆ 081/8375322, ✆ 081/8379366, nautilus@capri.it.

● *Essen und Trinken* **Le Sirene**, Strandbar mit Terrasse über dem Kiesstrand, Getränke und Snacks, preislich überhöht. Auf der anschließenden Felszunge (Lo Scoglio delle Sirene) befindet sich das dazugehörige *Bagno* mit Liegestuhlvermietung, ✆ 081/8370221.

Ciro a Mare, gepflegtes Strandrestaurant, leckere Meeresküche, mal die *Pennette con frutti di mare* probieren, gutes Preis-Qualitäts-Verhältnis. ✆ 081/8370264.

Anacapri

Hier tut sich eine ganz andere Insel- und Urlaubswelt auf. Von Capri aus unsichtbar, erstreckt sich die Gemeinde Anacapri hinter der majestätischen Felswand, die die Insel in zwei Hälften teilt.

Wie eine Nabelschnur verbindet die steile Serpentinenstraße die beiden ungleichen Gemeinden miteinander. Über diese Nabelschnur wird Anacapri gewissermaßen versorgt – auch touristisch. Gäbe es die bequeme Straßenverbindung nicht, wäre Anacapri völlig isoliert, regelrecht abgeschnitten von der ungeliebten Nachbargemeinde, dem gemeinsamen Inselhafen, überhaupt von der gesamten Außenwelt.

Auf einer schroffen Hochebene breitet sich die 6000-Seelen-Gemeinde friedlich aus; im Kern städtisch, aber rundherum gänzlich bäuerlich-ländlich, noch die kleinste Parzelle wird bewirtschaftet. Zugang zum Meer gibt es nur an ganz wenigen Stellen und zum Bau eines eigenen Hafens fehlt seit jeher der geeignete Platz. Der Touristenstrom, der in voll gestopften Bussen von Capri hoch nach Anacapri kommt,

Marina Piccola mit den Faraglioni-Klippen

Blick auf Anacapri vom Sessellift

streift die ländliche Idylle dieser weitläufigen Gemeinde nur am Rand, obwohl es einiges zu entdecken gibt.

● *Übernachten* ***** **Palace**, an der Piazza Vittoria, in unmittelbarer Nähe der Talstation der Seggiovia (Sessellift). Modernes Luxushotel, sehr komfortabel ausgestattet, Garten, Pool, Beautyfarm und feines Hotelrestaurant. Auch die Mode-Boutique La Mariorita gehört zum Hotelkomplex. DZ ab 340 € inkl. Frühstück. Via Capodimonte 2, ✆ 081/9780111, 📠 081/8373191, www.capripalace.com.

**** **San Michele**, etwas betagtes, aber komfortables Hotel in Hanglage, Park mit uralten Bäumen, Blick auf Marina Grande, Panoramaterrasse, teilweise Balkonzimmer, großer Pool, Hotelrestaurant. DZ 130–230 € inkl. Frühstück. Via G. Orlandi 1, ✆ 081/8371427, 📠 081/8371420, www.sanmichele-capri.com.

*** **Casa Caprile**, ältere, herrschaftliche Landvilla am südwestlichen Ortsrand, großer Garten, geschmackvoll eingerichtet, teils historisches Mobiliar, ohne Restaurant, familiäre Atmosphäre. DZ 90–200 € inkl. Frühstück. Via Follicara 9, ✆ 081/8373948, 📠 081/8371881, www.hotelcasacaprile.com.

*** **Biancamaria**, in der Fußgängerzone der Ortschaft, gepflegtes Albergo mit weißer Arkadenfassade, ohne Restaurant. DZ 130–160 € inkl. Frühstück. Via G. Orlandi 54, ✆ 081/8371000, 📠 081/8372060, hotelbiancamaria@capri.it.

● *Essen und Trinken* **Mamma Giovanna**, hat ihre urgemütliche Trattoria an der Kirchenpiazza Diaz aufgegeben und ist gewissermaßen aufs Land gezogen, Nähe Torre Materita. Serviert wird nach wie vor capresische Land- und Meeresküche wie bei Muttern, vom Antipasto bis zum Dolce alles garantiert hausgemacht. Hübsche Speiseterrasse, viel Grün, Menü 20–30 €. Via Chiusarano 4, ✆ 081/8372057, der Weg lohnt sich.

Materita, zentral an der Kirchenpiazza, aber nur als Pizzeria empfehlenswert, Tische auch im Freien. Piazza Diaz, ✆ 081/8373375.

Il Saraceno, aus der volkstümlichen Trattoria mit deftiger Bauernküche ist mittlerweile ein hübsches Lokal mit begrüntem Vorgarten geworden. Gute inseltypische Küche und leckere Pizza aus dem Steinofen, akzeptable Preise. Seitenstraße der Via Orlandi, Via Trieste e Trento 18, ✆ 081/8371181.

Sehenswertes

Fußgängerzone: Dreh- und Angelpunkt von Anacapri ist die *Piazza Vittoria*, hier beginnt auch die für den Verkehr gesperrte *Via G. Orlandi*. Diese Bummelgasse führt direkt in den Ortskern. Anfangs säumen bunte Souvenirläden, Boutiquen und Einzelhandelsgeschäfte den Weg. Darunter auch der Laden des sympathischen Schuhmachers *Antonio Viva*, der sich auf die Herstellung von robusten Ledersandalen spezialisiert hat: Im Gegensatz zu Capri-Ort, wo es nur superschicke Schuhboutiquen mit Designerware gibt, werden die Schuhe in Anacapri noch in Handarbeit hergestellt – ein bezeichnender Unterschied! Ein Stück weiter dann die auffällige *Casa Rossa*. Dieses mittelalterliche Turmhaus erwarb ein amerikanischer Capri-Enthusiast namens *J. C. MacKowen* gegen Ende des 19. Jh. und stattete es mit allerlei archäologischen Fundstücken von der Insel aus. Eine Besichtigung inkl. Blick von der Dachterrasse ist mittlerweile möglich.

Fußboden in der Chiesa di San Michele

Öffnungszeiten tägl. 11–13.30 Uhr und 17.30–21 Uhr, Mo geschlossen, Eintritt 3 €. Zu sehen sind außerdem Gemälde des 19. Jh. mit Capri-Ansichten sowie wechselnde Sonderausstellungen.

Chiesa monumentale di San Michele: barocke Pfarrkirche von Anacapri. Der Kirchenschatz besteht aus bunten Majolikakacheln die fast die gesamte Fußbodenfläche ausfüllen. Dargestellt ist die Vertreibung aus dem Paradies: Ein riesiges, kunsthistorisch wertvolles Kachelpuzzle mit Motiven wie aus „Brehms Tierleben". Eine schmale Treppe führt auf die Galerie, von dort hat man den besten Blick auf das Kunstwerk.

Öffnungszeiten tägl. 9–19 Uhr, Eintritt 2 €. Das gekachelte Hinweisschild zur Kirche an der Via G. Orlandi ist nicht zu übersehen.

Chiesa di Santa Sofia: Die Bummelgasse mündet auf der lauschigen Kirchenpiazza, die von einigen gekachelten Sitzbänken geschmückt wird. Falls die Kirche verschlossen ist, was sie häufig ist, muss man sich mit der anmutigen Sofienstatue in der Barockfassade begnügen, die in der Machart an afrikanische Ebenholzfiguren erinnert. Ansonsten lädt der Kirchenvorplatz – die *volkstümliche Piazzetta* von Anacapri, der Treffpunkt der Einheimischen – zum Verweilen ein.

Insel Capri
Karte S. 268/269

Der Sphinxfigur liegt Capri zu Füßen

Die Villa San Michele   (Museo Axel Munthe)

Eine der Hauptsehenswürdigkeiten der Insel, die in wirklich fantastischer Lage am Rande der Steilwand steht. Der Weg zum Eingang der weltbekannten Munthe-Villa wird von unvergleichlichen Stapeln von Kitsch und Souvenirs gesäumt, an denen sich dicht aufeinander folgende Reisegruppen vorbeischieben.

Ist der Andrang zu groß, sollte man sich zunächst eine Besichtigung verkneifen und dafür den herrlichen Panoramablick am Ende des Zubringerwegs genießen, der mit der *Scala Fenicia* (→ S. 276) verbunden ist.

Öffnungszeiten tägl., Mai–Sept. 9–18 Uhr, März/April und Okt. 9–17 Uhr, Nov.–Feb. 9–15.30 Uhr, Eintritt 6 €.

Besichtigung

Die Räume des Munthe-Museums sind prall gefüllt mit Antiquitäten und archäologischen Fundstücken, ein Sammelsurium, sehenswert, aber ohne Konzept. Besonders skurril wirkt Munthes *Schlafzimmer* im Stil eines Kirchengewölbes mit Kruzifix!

Über einen Säulengang, der mit Kopien antiker Skulpturen bestanden ist, erreicht man die *Sphinxterrasse* – mit atemberaubenden Blick über den Golf von Neapel.

Im exotisch-mediterranen Garten steht die *Kapelle von San Michele*, die Munthe in einen „Paschapavillon" umwandeln ließ. Von hier hatte er die Ruinen der gegenüberliegenden Villa Jovis stets im Blick.

Im naturkundlichen *Gartenpavillon* lernt man die Inselfauna etwas näher kennen und erfährt u. a. von der Wachtelgeschichte Capris: Bis 1880 exportierte Capri jährlich ca. 50.000 Wachteln. Das bevorzugte Wachtelgericht hieß damals *Quaglie su Crostone di polenta*, zu dem Vesuvwein gereicht wurde. Denn im Herbst und im

Axel Munthe

1857 in der schwedischen Provinz geboren, im biblischen Alter von 91 Jahren 1949 in Stockholm verstorben, Modearzt und Bestsellerautor. Mit 18 Jahren nach Italien gereist, um eine Lungenkrankheit auszukurieren. *Bruce Chatwin* (→ S. 71) berichtet weiter:

„Als er zufällig einen Tag in Anacapri verbrachte, entdeckte er eine verlassene Kapelle und daneben einen Garten, dessen Besitzer, Mastro Vincenzo, den Mosaikfußboden einer römischen Villa und eine Menge antiker Marmorfragmente ausgegraben hatte – *roba di Tiberio* oder *Zeug von Tiberius*, wie es einheimische Bauern nannten. Munthe erkannte in dem Ort eine von Tiberius' zwölf Villen, und wenn man ihm glaubt, fühlte er sich an Ort und Stelle zu der Mission berufen, ihn zu besitzen. Warum sollte ich nicht Mastro Vincenzos Haus kaufen, schrieb er im *Buch von San Michele*, und Haus und Kapelle durch Rebengewinde und Zypressengänge verbinden, mit weißen Loggien, auf Säulen ruhend, mit Marmorbildern von Göttern und Bronzestatuen von Kaisern."

Und so geschah es, Munthe realisierte sein Traumhaus, eine schneeweiße, lichtdurchflutete Villa im sarazenisch-romanischen Stil mit antiken Marmorfragmenten im Mauerwerk wie „Nüsse im Nougat".

Als Arzt beschäftigte sich Axel Munthe besonders mit Nervenkrankheiten und deren Heilung durch Hypnose. Seine Villa glich zeitweise einer Heilanstalt für schwermütige Königinnen und Kaiserinnen. Darunter war z. B. auch Königin Victoria von Schweden, die der Mediziner laut Chatwin „durch gutes Zureden länger am Leben hielt, als sie es offensichtlich beabsichtigt

Villa Munthe – das Interieur ist Geschmacksache

hatte." Später vermachte Munthe die Villa dem schwedischen Königshaus, das heute alljährlich in Gestalt von Carl Gustaf XVI. nebst Gemahlin Silvia seinen Besuch abstattet. Sein autobiografischer Roman von 1931, „Das Buch von San Michele", ist in annähernd 50 Sprachen übersetzt und millionenfach verkauft worden und es verrät dem Leser, dass Munthe geradezu besessen von Kaiser Tiberius war.

Frühjahr ließen sich einst Schwärme von Vögeln auf der Insel nieder, hauptsächlich Wachteln. Die vom Flug erschöpften Vögel waren leichte Beute, sie wurden einfach gegriffen oder in Schlingen gefangen. Noch zu Munthes Zeiten war die Wachteljagd auf Capri verbreitet. Der Tierliebhaber Munthe intervenierte und konnte Mussolini persönlich davon überzeugen, die Zugvögel unter Naturschutz zu stellen.

Das Castello di Barbarossa

Oberhalb der Munthe-Villa befinden sich die Ruinen einer Wehranlage aus dem 12. Jh. Die Festung wurde 1535 von dem berüchtigten türkischen Flottenadmiral *Chair Ad Din*, besser bekannt als *Barbarossa*, zerstört.

In dem 6 ha großen Naturschutzgebiet auf dem Castellohügel *(Monte Barbarossa)* wurde in den 50er-Jahren ein ornithologisches Institut eingerichtet, das dem *World Wide Fund for Nature (WWF)* angeschlossen war. Es beschäftigte sich bis vor wenigen Jahren mit den hier zahlreich vorkommenden Wanderfalken.

Die Verwaltung der Munthe-Villa bietet Führungen zur Festung und zur *Oasi del Falco Pellegrino* an, die einzige Möglichkeit, das Castello und das Naturschutzgebiet zu besichtigen.

Führungen April–Okt., jeden Do, Start 1 Std. bevor das Munthemuseum schließt, max. 20 Personen, kostenlos. Anmeldung unter ☎ 081/8371401. Ca. 1 Std. dauern die englisch- und italienischsprachigen Führungen mit Signora Cornelia.

Der Monte Solaro   (589 m)

An der *Piazza Vittoria* befindet sich die Talstation der *Seggiovia* (Betriebszeiten und Preise → S. 273). Schwindelfrei sollte man schon sein, um den 12-minütigen Flug im modernen Sessellift über den grünen Nordhang des höchsten Inselbergs genießen zu können. Gemächlich schwebt man in seinem Sitz über die Gärten und kleinen Parzellengrundstücke hinweg, vereinzelt ragen Pinien und Steineichen auf und stellenweise bedeckt dichte Macchia den felsigen Boden. – Lohnenswert ist der bequeme Gipfelsturm natürlich nur bei klarer Sicht.

Oben öffnet sich ein großartiges Panorama, ungetrübt kann der Blick in alle Richtungen schweifen und senkrecht stürzt der steile Südhang ins Meer. Die Reste der mittelalterlichen Gipfelfestung sind mittlerweile zu einem Barbetrieb mit Terrasse ausgebaut worden. Eine lebensgroße *Tiberiusstatue* weist den Weg nach Capri – zu Fuß über den Passetiello!

Wanderungen vom Monte Solaro

Über den Passetiello nach Capri-Ort: Gehzeit ca. 1:30 Std., ein Naturpfad für schwindelfreie Wanderer mit Bergerfahrung.

Vom Gipfel zunächst dem Wegweiser „Anacapri/Cetrella" folgen, man läuft ein Stück parallel zur Seggiovia (Sesselliftanlage) und biegt dann durch einen Misch- und Kastanienwald ab. Wenig später taucht rechts eine ausgedehnte Ginsterfläche auf, anschließend Niedrigvegetation bis zur Wegkreuzung mit den drei Kiefern. Dort dem Kachelschild „Cetrella/Eremo" folgen; jetzt immer an der geschichteten Steinmauer entlang bis zum Eremo Santa Maria Cetrella. Diese kleine Klosteranlage ist leider zumeist verschlossen, aber einen Blick über die Mauer kann man wagen.

Am Kloster das Kachelschild „Per il Passetiello" nicht übersehen! Jetzt beginnt ein schmaler Naturpfad leicht ansteigend über Stock und Stein. Er endet am Scheitelpunkt der Steilwand. Herrlicher Blick hinunter nach Capri-Ort, Marina Piccola, Marina Grande und auf die Fahrstraße nach Anacapri.

Steile Südwestflanke des Monte Solaro

Jetzt beginnt der steile, etwas anstrengende Abstieg (rot markiert). Bald erreicht man den eigentlichen *Passetiello*, die Stelle zwischen zwei wuchtigen Felsnasen, die auf einem treppenartigen Absatz überwunden werden muss. Unmittelbar danach überwuchert dichte Vegetation den steil bleibenden Pfad (kaum noch Ausblicke). Später läuft man durch einen kleinen Mischwald, am Maschendrahtzaun dann rechts weiter. Jetzt beginnt ein schönes Wegstück direkt unterhalb der kahlen Steilwand. Bevor man die Zivilisation wieder erreicht, links noch einmal ein Panoramapunkt mit Olivenbaum. Über die Via Torina gelangt man zum Verkehrsknotenpunkt Largo Due Golfi.

Alternativen: Wer sich den steilen Abstieg hinunter nach Capri nicht zumuten möchte, sollte den oben beschriebenen Wanderweg nur bis zur kleinen Klosterkapelle Santa Maria Cetrella und wieder zurück zur Wegkreuzung mit den drei Kiefern laufen. Von dort führt ein gekennzeichneter Wanderweg mittleren Schwierigkeitsgrads hinunter nach Anacapri zur Piazza Vittoria/Villa San Michele.

Ein wirklich schwerer Weg führt hingegen vom Monte Solaro entlang der Schwindel erregenden Steiluferkante zur Punta Carena, der Südwestspitze Capris.

Die Blaue Grotte   (Grotta Azzurra)

Die weltbekannte Blaue Grotte befindet sich an der Nordwestspitze der Insel. Die spitz zulaufende Grottenöffnung liegt größtenteils unter Wasser, Einlass gewährt nur ein kleiner, ca. 1,5 m hoher Spalt in der Felswand – und dann wird man selbst Zeuge des magischen blauen Feuers.

Bereits zu Tiberius' Zeiten war die leuchtend blaue Grotte bekannt und wurde wahrscheinlich als Grottenheiligtum genutzt. Vom Meeresboden konnten zwei antike Poseidon- und Tritonstatuen geborgen werden. Außerdem entdeckte man

Insel Capri
Karte S. 268/269

Gedränge am Eingang zur Blauen Grotte

im hinteren Teil des Grottengewölbes einen Stollen, der mehrere hundert Meter weit in den Fels führte, vermutlich bis hinauf zur römischen *Villa Gradola,* die sich hoch über dem Grotteneingang befand. Und von dort dürfte es einen bequemen Verbindungsweg zur kaiserlichen *Villa Damecuta* (→ S. 299) gegeben haben. Fakten und Fantasie vermischen sich an diesem geheimnisvoll-schönen Ort – so ging es auch *Ferdinand Gregorovius:*

„Ja, ich glaube wohl, dass Tiberius hier badete und unter den schönen Mädchen seines Harems umherschwamm, wie Sueton erzählt. In dieser wollüstig strömenden Phosphorflut glühten dann die Mädchenleiber wie strahlende Leiber von Meerfeen, und nicht hat hier Sirenengesang und Flötenspiel gefehlt, um solches Bad zu einem unsagbaren Wollustspiel zu machen."

Später geriet die Grotte in Vergessenheit, den Einheimischen galt sie sogar als verhext. Ihre Wiederentdeckung durch *August Kopisch* am 17. August 1826 hatte ungeahnte Folgen: Das blaue Grottenwunder von Capri avancierte zur touristischen Weltsensation. Kopisch, der damals in die Grotte hineinschwamm, gab ihr übrigens auch den zündenden Namen *Grotta azzurra* (mehr dazu → S. 270).

● *Mit dem Boot* **Motorboote** pendeln ab Marina Grande ständig zur Grotte, aber wegen des großen Andrangs müssen sie dort oft schaukelige Warterunden drehen. Vor dem Grotteneingang erfolgt das Um

steigen in kleine **Ruderboote,** die höchstens fünf Personen fassen; man kauert am Boden und der wettergegerbte Bootsführer zieht das Bötchen an einer Kette in die Grotte. Je nach Andrang und nach Laune des Bootsführers verweilt man ca. 5 Min. im Grotteninnern. Das ist zu wenig, um die Augen vollständig an die Dunkelheit zu gewöhnen, aber für ein unvergessliches Erlebnis reicht es allemal. – Ein Trinkgeld erhöht in der Regel die Aufenthaltsdauer in der Grotte. Bei unruhiger See ist keine Einfahrt in die Grotte möglich! **Preise** etc. (→ „Bootsausflüge", S. 274).

● *Landweg zur Grotte* mit dem **Inselbus** (Anacapri-Grotta Azzurra) bzw. **zu Fuß** (von Anacapri ca. 45 Min). Der Weg führt durch das weitläufige Wohn- und Parzellengebiet von Anacapri, ist stark abschüssig und nicht ganz leicht zu finden. Hinter der Kirchenpiazza Diaz beginnt die Via Cava, die bald in die Via Lo Pozzo übergeht, an deren Ende stößt man auf die Via Vigna. An der Ecke zur Via Veterino dann dem Hinweisschild „Grotta azzurra" folgen. Am Ende der Via Vecchia Grotta Azzurra hört die Asphaltierung auf; dort beginnt ein steiler Naturpfad hinunter zur Hauptstraße und zum Parkplatz mit Bushaltestelle. Vom Parkplatz führt dann ein Treppenweg zum Grotteneingang, wo sich eine kleine Anlegestelle befindet; dort kann man direkt in die Ruderboote steigen und spart das Geld für den Motorboottransfer von Marina Grande.

● *Baden* Abends, wenn der Ruderbootservice ganz eingestellt worden ist, finden sich immer ein paar mutige Schwimmer ein, die wie einst *August Kopisch* in die Grotte hineinschwimmen.

● *Essen und Trinken* **Bar Nettuno**, über dem Grotteneingang, Snacks und Getränke. Der Barbetrieb verfügt auch über ein **Bagno** mit Swimmingpool (Eintritt ca. 10 €). Via Grotta Azzurra, ✆ 081/8371362.

Add'o Riccio, sehr beliebtes Terrassenristorante über den Klippen, Blick auf den Grottenverkehr, ausgezeichnete Fischküche, leicht gehobene Preise, mittags tägl., abends nur Do–So geöffnet. Via Grotta Azzurra, ✆ 081/8371380.

> **Warnung**: Bei rauer See, wenn die Ruderboote die Grotteneinfahrt nicht passieren können, ist es auch für Schwimmer sehr gefährlich. Es gab schon mehrere tödliche Unfälle!

Die Villa Damecuta

Eine der zwölf Göttervillen des Tiberius, an der Nordwestspitze der Insel gelegen. Sie erlebte das gleiche Schicksal wie die Villa Jovis und die anderen altrömischen Monumentalbauten auf Capri: Sie wurde zerstört, geplündert und anschließend als Steinbruch benutzt. Zu sehen sind deshalb nur noch Mauerfundamente. Wer die Villa Jovis ausgiebig besichtigt hat, kann sich die Damecuta sparen. Auf dem Gelände steht auch der *Torre Damecuta,* dabei handelt es sich allerdings um einen mittelalterlichen Rundturm.

● *Anfahrt* **Inselbus** Anacapri–Grotta Azzurra, an der Haltestelle Damecuta aussteigen; von dort ca. 1 km Küstenpanoramaweg (Via A. Maiuri) am *Eliporto* (Hubschrauberlandeplatz) vorbei. Von der Villa Damecuta gibt es keinen direkten Fußweg hinunter zur Blauen Grotte, man muss also zurück zur Bushaltestelle.

● *Öffnungszeiten* tägl. 9 Uhr bis 1 Std. vor Sonnenuntergang, Eintritt frei.

Punta Carena/Baden

Der südwestlichste Zipfel der Insel wird von einem macchiabegrünten Felsfinger geformt, auf dessen Spitze ein wuchtiger Leuchtturm steht. Dieser *Faro,* eine Konstruktion aus dem späten 19. Jh., ist einer der leistungsfähigsten Leuchttürme Italiens. Er strahlt über 50 km weit und bildet einen Orientierungspunkt entlang der Nordafrikaroute. Unten öffnet sich eine kleine Felsbucht, eingerahmt von bizarren Gesteinsformationen – für mich die schönste und friedlichste Badestelle der Insel. Bunte Fischerboote dekorieren das Felsufer und eine Betonplattform erleichtert den Weg ins Wasser.

● *Anfahrt* **Inselbus** Anacapri–Faro (Punta Carena).

● *Sehenswertes unterwegs* An der Hauptstraße Via Nuova del Faro befindet sich der

Insel Capri
Karte S. 268/269

Torre di Materita. In diesem Wehrturm (14. Jh.) beendete *Axel Munthe* (→ S. 295) angeblich seinen Erfolgsroman, nachdem ihn eine Augenkrankheit zwang, seine lichtdurchflutete Villa gegen die finstern Räume dieses mittelalterlichen Wohnturms einzutauschen. Am letzten Knick der Hauptstraße mal auf das große **Eulengesicht** in der Felswand achten, mit ein bisschen Fantasie erkennt man Augenhöhlen, Schnabel und spitze Ohren.

Punta Carena mit Leuchtturm

● *Baden* frei zugängliche Uferzone, ideale Bucht zum Schwimmen und Schnorcheln. Außerdem **Bagno Lido del Faro** mit Pool, Liegestühlen und Sonnenschirmen, Eintritt ca. 10 €.

● *Essen und Trinken* mehrere Barbetriebe unmittelbar an der Bucht, Snacks und Getränke, teils auch Liegestuhlvermietung. **Lido del Faro**, rustikales Terrassenristorante über den Klippen, solide Fischküche, akzeptable Preise, ☎ 081/8371798.

● *Wandern* Der neu angelegte, 5 km lange Wanderweg **Il Sentiero dei Fortini** verläuft entlang der Westküste. Der gekennzeichnete Naturpfad (Ausgangspunkt Punta Carena) verbindet einige der Küstenwachtürme miteinander und endet kurz vor der Blauen Grotte. Gehzeit 3–4 Std., eine bebilderte Wanderkarte dazu gibt es im Infobüro.

Der Belvedere di Migliera

Eine himmlische Aussichtsterrasse – der Blick schweift über die extrem schroffe Steilküste bis zum Faro. Ein Stück oberhalb befindet sich ein zweiter Aussichtspunkt, von dem aus sogar die *Faraglioni-Klippen* zu erkennen sind. Der weitgehend eben verlaufende Fußweg zum Belvedere beginnt an der Talstation des Sessellifts und führt auf der schmalen Via Caposcuro/Via Migliera durch ein weitläufiges Wohn- und Parzellengebiet.

Seit 1997 erinnert am Belvedere eine kleine Bronzegedenktafel an *Willy Kluck*, Bildhauer, Maler und Philosoph. Während des Zweiten Weltkriegs ließ sich der Eremit Kluck auf Capri nieder, wo er ein Landhaus in der Nähe des Belvedere bewohnte. 90-jährig verstarb er hier, und da keine deutschen Angehörigen mehr ausfindig gemacht werden konnten, versteigerten die italienischen Behörden seinen Nachlass, der überwiegend aus eigenen Gemälden bestand. Von dem Erlös konnte die Beerdigung bezahlt werden. Zu Lebzeiten hatte Kluck Verbindung zur Gastronomenfamilie von *Da Gelsomina*, die auch die Bronzetafel stiftete.

● *Übernachten/Essen und Trinken* **Da Gelsomina**, fast am Ende des Wegs zum Belvedere, beliebtes Ausflugslokal, sehr sympathischer Familienbetrieb. Authentische capresische Land- und Fischküche, Fleisch, Gemüse, Salat und Wein aus eigener Produktion, leckere hausgemachte Nachspeisen. Von der lauschigen Speiseterrasse blickt man hinüber nach Ischia. Ein Swimmingpool steht zur Verfügung (Eintritt. In einem ruhig gelegenen Nebengebäude sind sechs komfortable Gästezimmer eingerichtet worden, mit kleiner Terrasse und Vorgarten. DZ 120–140 € inkl. Frühstück und Poolbenutzung. Via Migliera 72, ☎/🖷 081/8371499, www.dagelsomina.com.

● *Wandern* Für schwindelfreie und trittsichere Wanderer führt ein rot markierter Naturpfad vom Belvedere auf den **Monte Solaro** (Gehzeit 1:30–2 Std.).

Atrani – im Kern beschaulich

Amalfitanische Küste   (Costiera Amalfitana)

Eine betörend schöne Küstenlandschaft mit dem aufregendsten Steilufer des gesamten italienischen Mittelmeers. Ungezügelt stürzen die schroffen Gebirgsausläufer der Monti Lattari ins Meer und tauchen nahezu senkrecht ab. Insgesamt ca. 40 km extreme Steilküste. Nur dort, wo Nischen im abweisenden Felsufer klaffen, entstanden Fischersiedlungen.

Aus ihnen sind mittlerweile beliebte Ferienorte geworden, während die Bergdörfer noch in relativer Abgeschiedenheit vor sich hin dämmern. Seit weit über einem Jahrhundert ist die Costiera Amalfitana ein Reiseziel der Extraklasse mit den berühmtesten Küstenperlen Süditaliens: Positano und Amalfi. Erst 1997 entschloss sich die UNESCO, diese einzigartige Natur- und Kulturlandschaft zum Weltkulturerbe zu erklären, was wenig später zur Einrichtung des Naturschutzparks *Parco Regionale dei Monti Lattari* geführt hat.

Im Rücken des Golfo di Napoli, abgeschirmt von der hohen Gebirgskette der Monti Lattari, zieht sich die Costiera Amalfitana von *Positano* bis *Vietri sul Mare*. Eine ungestüme Küstenlandschaft mit einem unvergleichlichen Formen- und Farbenspiel. Vom Meer aus betrachtet ein atemberaubender Anblick: azurblau bis smaragdgrün das Wasser, bizarr zerklüftet das Ufer, Klippen wie Felsnadeln, steil aufragende, silbergraue Kalksteinwände, sattgrüne Macchiaflächen, leuchtende Zitrusgärten auf den Bergterrassen, blühende Feigenkakteen und kräftige Schirmpinien. Dazwischen die Küstenorte in tiefen Felsnischen und Buchten mit den farbenfrohen Fassaden der pyramidenartig gestapelten Würfelhäuser. Darüber posieren vereinzelte Villen, eine geradezu artistische Hangbebauung. Und ganz oben in den Bergen stecken abgeschiedene Dörfer wie Adlerhorste.

Die Lebensader dieser Bilderbuchküste ist die berühmte *Amalfitana*, die abenteuerlichste Küstenstraße Italiens. Teils in den Fels gesprengt, windet sie sich auf halber Höhe um die schroffen Küstenhänge: kühne Viadukte, spitze Überhänge, extreme Kurven und unvermittelte Blicke aufs Meer. Seit ihrer Fertigstellung Mitte des 19. Jh. verbindet sie die Küstenorte. Alles, was entlang der Strecke liegt, prosperiert seitdem und die touristische Erschließung der Costiera Amalfitana ist durch den Straßenbau überhaupt erst möglich geworden.

Jenseits der pulsierenden Amalfitana tut sich hingegen eine völlig andere Welt auf. Insbesondere die Bergdörfer, die keine bequeme Straßenanbindung haben, vermitteln den Eindruck von zeitloser Rückständigkeit. Kennzeichnend für den krassen Unterschied zwischen Küsten- und Bergwelt sind die jahrhundertealten Treppenwege, auf denen man auch heute noch in eine unvermutete, bäuerliche Abgeschiedenheit vordringen kann: z. B. auf den „1000 Stufen", die *Amalfi* mit dem Bergdorf *Pontone* verbinden.

Doch allmählich erobert der Straßenbau auch die letzten Refugien der amalfitanischen Bergwelt: *Nocelle* beispielsweise, das kleine Bergdorf oberhalb von Positano, erhielt erst 2001 seine Straßenanbindung an die Amalfitana. Ein historisches Ereignis, vor allem für die älteren Dorfbewohner, die sich darüber freuen, diesen Zivilisationsschritt noch miterlebt zu haben, und ihre Mulis schnell gegen ge-

Amalfitanische Küste

1,5 km

brauchte Fiats eintauschten, während man als Urlauber eher dazu neigt, am Sinn dieses Fortschritts zu zweifeln.

Bereits im 19. Jh. entdeckten die sehnsüchtigen Italienreisenden aus dem Norden Europas auch die Costiera Amalfitana für sich. Begeistert schwärmten sie in ihren Heimatländern von dieser einzigartigen Traumküste und lösten damit einen regelrechten Urlauberstrom aus, der bis heute anhält. *Richard Wagner*, um nur einen prominenten Italienliebhaber des 19. Jh. zu nennen, fand hier, genauer gesagt im romantischen Bergstädtchen *Ravello*, Klingsors Zaubergarten und konnte endlich seinen „Parsifal" beenden.

Aber so kommod wie zu Wagners Zeiten, der Ravello mit der Karosse erreichte, reist man heute längst nicht mehr. Die touristische Erschließung fordert eben ihren Tribut, dass spürt man vor allem zur Hauptreisezeit, wenn sich endlose Blechkarawanen über die schmale Amalfitana schieben und die Küstenorte schier zum Platzen bringen. Dann wird die Küstenstraße zur Herausforderung für jeden Fahrer und nicht selten kommt es vor, dass Reise- und Linienbusse sich verkeilen und den Verkehr eine ganze Weile lahm legen. Wer mit dem eigenen Pkw unterwegs ist, wird vor allem beklagen, dass es kaum Haltemöglichkeiten gibt, um die herrlichen Ausblicke, die die Amalfitana gewährt, auch genießen zu können. Ganz zu schweigen von den malerischen Küstenorten, deren Beschaulichkeit vom hochsommerlichen

Ttypische Küstenarchitektur

Andrang arg überschattet wird. – Genießer und Costiera-Süchtige kommen deshalb bevorzugt in der Nebensaison oder gar in den milden Wintermonaten.

*A*nfahrt/*V*erbindungen/*U*nterwegs

● *Pkw* Es gibt mehrere Zufahrtsmöglichkeiten zur Amalfitana, landschaftlich reizvoll sind vor allem die Passstraßen über die Monti Lattari. Unbedingt vorher volltanken, denn an der Küstenstraße sind Zapfsäulen knapp.

Schnellste Verbindung: Autobahn A 3 Napoli–Salerno, Abfahrt „Vietri sul Mare". Hier beginnt die Amalfitana (S 163); allerdings zähfließender Verkehr in Vietri.

Alternativen: Die A 3 schon in *Angri* verlassen und von dort auf der Landstraße über San Lorenzo und Corbara nach Cesarano. Dann herrliche Bergstraße um den Gipfel des Monte Cerreto (1316 m), die Straße steigt auf ca. 700 m (Pass) an und führt über Ravello zur Amalfitana (zeitaufwändige, aber schöne Strecke).

Eine andere Strecke führt von Corbara zur weitläufigen Berggemeinde *Tramonti* und anschließend durch das Tal des Gebirgsbachs Torrente Regina nach Maiori.

Die reizvollsten Passstraßen: Eine unvergessliche Strecke führt von *Castellammare* über die Pasta-Hochburg *Gragnano* (→

S. 241), *Pimonte* und *Agerola* zur Amalfitana. Ein langer Tunnel durchstößt hinter Pimonte das Gebirgsmassiv der Monti Lattari; anschließend fantastische Serpentinenabfahrt durch das zerklüftete *Furoretal* zur Küste.

Besonders eindrucksvoll ist auch die Anfahrt von *Sorrent* über *Sant'Agata* nach Positano. Anfangs kurvenreiche Fahrt quer über den Sorrentiner Bergrücken. Hinter *Fontanelle/Colli di San Pietro* öffnet sich dann ein spektakuläres Küstenpanorama, das einem schier den Atem verschlägt – hier beginnt die Amalfitana. Bis Positano dann eine im wahrsten Sinne des Wortes aufregende Küstenstrecke mit extremen Kurven hoch über der Uferlinie. Auch routinierte Fahrer sind hier gefordert, deshalb langsam und vorausschauend fahren.

● *Bus* effizienter SITA-Busverkehr an der Costiera mit Verbindungen ins Hinterland. Die blauen bzw. graugrünen SITA-Busse steuern sämtliche Küstenorte an, z. T. befinden sich die Haltestellen jedoch weit oberhalb des Ortskerns (so z. B. in Positano).

Tickets und Fahrpläne: gibt es in Tabacchi-Bars, Zeitungskiosken, einigen Läden und Hotelrezeptionen, zumeist in der Nähe der Haltestellen. Am besten fährt man seit der drastischen Preiserhöhung für Einzeltickets mit den *Unicocostiera-Tickets* (Tagesticket 7,20 €, 3-Tage-Ticket 18 €).

Busbahnhöfe: Die SITA-Endhaltestellen sind in Sorrent und Salerno, wichtigste Drehscheibe ist Amalfi.

• *Bahn* **keine Verbindungen** entlang der Costiera Amalfitana. Ab Salerno bzw. Sorrent muss man auf SITA-Linienbusse umsteigen.

• *Küstenfähre* Mit Abstand die genussvollste Fortbewegungsart an der Costiera Amalfitana. Die ganze Dramatik der Küstenlandschaft erschließt sich vom Schiff aus auf einen Blick. Doch die privaten Pendelfähren haben ihren stolzen Preis.

Eine preiswerte Alternative zu den privaten Fähren ist die staatlich subventionierte **Metro del Mare** der *Regione Campania*. Mehrere Linien verkehren von Juni bis September an der gesamten Golfküste (inkl. Capri) sowie entlang der Amalfitanischen Küste bis nach Salerno. Die Vernetzung der kampanischen Küstenorte und die Erreichbarkeit der antiken Ausgrabungsstätten soll damit verbessert werden. Die Preise sind moderat, die Fährfrequenz allerdings gering. Bei schlechtem Wetter fallen die Verbindungen ganz aus. Infos und Fahrpläne ℡ 199/600700, www.metrodelmare.com.

> Zur Hauptreisezeit dürfen Reisebusse die Amalfitana nur in Richtung Salerno befahren, das erhöht den Verkehrsfluss auf der stark belasteten Küstenstraße erheblich; aber Achtung, der öffentliche SITA-Busverkehr rollt in beiden Richtungen! Die Linienbusse machen sich mit einem unverwechselbaren Hupsignal bemerkbar, also an jeder unübersichtlichen Kurve die Ohren spitzen!

Die privaten Reedereien *Travelmar*, *Alicost*, *Cooperativa Sant'Andrea* etc. bieten im Hochsommer häufige Verbindungen, Preisunterschiede gibt es kaum. Außer Amalfi, Positano und Salerno werden auch Minori und Maiori angelaufen.

Fährverkehr nur von Ostern bis Mitte Oktober; in dieser Zeit auch regelmäßige Verbindungen nach *Capri* und *Sorrent*.

> Busfahrten auf der Amalfitana erreichen durchaus den Erlebniswert von Karussellfahrten! Schwindelfrei? – Leute mit schwachen Nerven sollten auf jeden Fall die Fensterplätze mit Küstenblick meiden, denn die überraschenden Ausblicke in die Tiefe lassen so manches Herz in die Hose rutschen. Aber keine Angst, die hiesigen SITA-Busfahrer sind erprobte Lenkradvirtuosen. Gefahr droht nur vom Sitznachbarn, falls der sich übergeben muss!

*Ü*bernachten

Reisezeit: Die Amalfitanische Küste ist ein Ganzjahresurlaubsgebiet, auch wenn längst nicht alle Hotelbetriebe im Winter geöffnet haben. Wer kann, sollte die hektischen Ferienmonate Juli und August meiden, denn dann ist hier alles belegt und die Urlaubermassen drängen sich in den kleinen Küstenorten. Außerdem sind die Preise im Hochsommer auf dem Höchststand. Genießer kommen im Frühjahr, Herbst oder gar in den milden Wintermonaten, wie es schon die Reisenden des 19. Jh. taten.

Das **Unterkunftsangebot** reicht von der luxuriösen Klosterherberge bis zur einfachen Familienpension; außerdem findet man recht günstige *Affittacamere* (Privatzimmer) sowie viele nette B&Bs und preiswerte *Ostelli* (Herbergen). Das Preisniveau schwankt je nach Aufenthaltsort zwischen dem von Capri und Sorrent – ist also relativ hoch.

Eine frühzeitige **Reservierung** ist auch in der Nebensaison absolut notwendig.

Campingplätze gibt es an der gesamten Costiera aufgrund der extremen Steilheit keine! Mehrere empfehlenswerte Campingplätze bietet allerdings die Sorrentiner Steilküste (→ S. 249).

Essen und Trinken

An der Amalfitanischen Küste wird in erster Linie typisch kampanisch gekocht, **Cucina di mare** und **Cucina di terra** befruchten sich dabei gegenseitig. Lediglich manche Hotelküchen haben sich den Gewohnheiten ihrer Gäste angepasst und servieren auch internationale Gerichte. Zu den lokalen Mare-Terra-Spezialitäten zählen z. B. *Seppie/Calamari con patate* (Tintenfisch mit Kartoffeln). Das *Coniglio alla conchese* (Kaninchen in Weißwein mit Limonenscheiben) macht dem ischitanischen *Coniglio alla cacciatora* Konkurrenz. Aber vor allem die hiesigen *Parmigiane di melanzane* (Auberginenaufläufe) schlagen alle Rekorde. *Pomarola-*

und Salatfreunde sollten nach den kleinen aromatischen *Pomodorini del piennolo* (Wildtomaten) fragen. Ausgezeichnet sind die Käsesorten *Mozzarella, Provola, Scamorza* aus den Dörfern der **Monti Lattari („Milchberge")**, wo die Kühe, Schafe und Ziegen auf Bergwiesen weiden. Die lokalen Pastasorten heißen *Scialatielli* und *Cannelloni*.

Aufgeschlossene Weintrinker werden von den Weinen aus *Ravello* begeistert sein. Es gibt sie weiß, rot und rosé. Besonders interessant ist der frische und trockene Roséwein, der gut zu Gemüse- und Fischgerichten passt. Geradezu ein Geheimtipp ist das Weinanbaugebiet von *Furore*.

Baden/Surfen/Tauchen

Costiera-Urlauber müssen trotz zerklüfteter Steilküste nicht auf das erfrischende Bad im Meer verzichten. Die Wasserqualität ist im Allgemeinen tadellos; einzig nach starken Regenfällen im Hinterland schwemmen zahlreiche Gebirgsbäche Erde ins Meer. Bevor die Selbstreinigungskraft des Meers die Trübungen beseitigt hat, vergehen zumeist einige Tage.

Im Normalzustand schimmert das Küstengewässer in den Farben Azurblau und Smaragdgrün. Positano und Amalfi besitzen **kiesige Stadtstrände** mit den üblichen ge-

bührenpflichtigen *Bagni*. Die schönste Badebucht hat – für meinen Geschmack – die kleine Marina di Conca, die sich nach dem tragischen Erdrutsch von 1996 endlich wieder in voller Pracht zeigt. Das ultimative Strandbad heißt hingegen Gavitella One Fire Beach (→ S. 321). Die längsten **Sandstrände** der Costiera findet man in Minori und Maiori. Der kleine Stadtstrand von Cetara ist auch ein beliebtes **Surfrevier** mit auflandigen Winden (→ S. 349). Professionelle **Tauchbasen** gibt es in Positano und Praiano.

Wandern

Wanderer kommen an der Amalfitanischen Küste allemal auf ihre Kosten, aber ein bisschen Kondition ist vonnöten, denn auf allen

Wegen müssen enorme Höhenunterschiede überwunden werden. Für viele Urlauber ist schon der steile Weg vom Hotel

Den **Wanderkarten-Klassiker** des italienischen Alpenvereins CAI zum Gebiet erhält man vor Ort nur noch mit Glück: „Monti Lattari, Penisola Sorrentina e Costiera Amalfitana, Carta dei sentieri" (1:30.000), hrsg. vom Club Alpino Italiano, Sezioni Napoli e Cava dei Tirreni. Auf der großformatigen Faltkarte finden Sie den kompletten Höhenweg der Monti Lattari von Corpo di Cava bis zur Punta Campanella sowie sämtliche Verbindungswege zur Küste und zu den höchsten Gipfeln der Umgebung (Monte San Michele, Monte Cerreto, Monte Faito etc.). Im Versandhandel u. a. erhältlich bei www.karten-schrieb.de.

Eine überaus brauchbare Alternative sind die drei Wanderkarten „Sentieri della Costiera Amalfitana" im Maßstab 1:10.000. Karte 1 reicht von Vietri sul Mare bis Maiori, die zweite deckt Amalfi und Umgebung ab und Karte 3 den Küstenabschnitt von Marina di Conca bis Positano. Auch kürzere Treppenwege und Verbindungen zwischen den Ortsteilen und Weilern sind übersichtlich eingezeichnet. Die Karten kosten ca. 5 € und sind in ausgewählten Tabacchi-Läden und einigen Reisebüros vor Ort erhältlich (www.carteguide.com).

Keine wirkliche Alternative ist die ungenaue **Kompass-Wanderkarte** „Penisola Sorrentina – Costiera Amalfitana" (Nr. 682; Maßstab 1:50.000)!

zur Bushaltestelle eine regelrechte Belastungsprobe. Wanderprofis hingegen wird es reizen, einige Etappen des **Höhenwegs der Monti Lattari (Alta via dei Monti Lattari)** abzulaufen. Dazu braucht man allerdings eine detaillierte und aktuelle Wanderkarte.

Einige **Wanderungen im Küstenhinterland** werden in den jeweiligen Ortskapiteln genauer beschrieben, z. B. der Weg aller Wege, der *Sentiero degli dei* (Götterweg) von Agerola über Nocelle nach Montepertuso.

*E*inkaufen/*S*ouvenirs

Keramik: Überall in den Küstenorten stößt man auf farbenprächtige Kunst- und Gebrauchskeramik mit fantasievollen Formen, Verzierungen und Motiven. Größtenteils stammt diese beliebte Souvenirware aus den traditionsreichen Keramikwerkstätten von Vietri sul Mare, wo sie seit Generationen hergestellt wird. Sogar ein Museum (in Raito) beschäftigt sich mit der Geschichte der örtlichen Keramikproduktion.

Büttenpapier: die Herstellung von handgeschöpftem Papier ist ein weiteres Handwerk mit Tradition, v. a. in Amalfi, wo einst Dutzende von Papiermühlen im *Valle dei Mulini* betrieben wurden. Auch in Amalfi bringt ein Museum Interessierten die Geschichte der örtlichen Papierproduktion näher.

Mit **Bademoden** hat sich hingegen Positano einen Namen gemacht.

Felsinseln Li Galli

Diese mythischen Sireneninseln, die der Amalfitanischen Küste weithin sichtbar vorgelagert sind, sind im Lauf der Zeit keineswegs unberührt geblieben. Die größte der drei Inseln namens *Gallo Lungo* avancierte sogar zur Künstlerkolonie. *Léonide Massine,* russischer Tänzer und Choreograf (1896–1979), ließ sich hier eine Ferienvilla bauen, und zwar von keinem Geringeren als dem Stararchitekten *Le Corbusier.* Zu den prominenten Gästen des Hauses gehörten auch *Igor Strawinsky* und *Picasso.* Später erwarb der russische Tänzer *Rudolf Nurejew* die Massinevilla. Er starb jedoch, bevor er sie zu dem geplanten Tanzausbildungszentrum umbauen konnte. Mittlerweile hat eine Hoteliersgruppe aus Sorrent den kleinen Archipel erworben und vermietet ihn inklusive Jacht und Koch an außerordentlich gut betuchte Urlauber.

Inseln der Sirenen

Wer kennt sie nicht, die sagenumwobenen Sirenen, diese unwiderstehlichen Fabelwesen der griechischen Mythologie. In den Homerischen Schriften werden sie als jungfräuliche Schwestern und fischschwänzige Meeresdämonen beschrieben, die auf einer Insel des Thyrrenischen Meers lebten. Sie lockten die vorbeifahrenden Seeleute durch unwiderstehlich süßen Gesang an, um diese zu töten, denn sie selbst sollten den Tod finden, wenn auch nur ein Seefahrer ihrem Gesang widerstand. Der tapfere Odysseus war es schließlich, der an den Sirenen vorbeisegelte und ihrem tödlichen Treiben für immer ein Ende bereitete. Die Sirenen stürzten sich nach Odysseus' glücklicher Durchfahrt ins Meer und verwandelten sich in Felsinseln, und zwar in den kleinen *Archipel Li Galli,* der in der Antike Sirenuse genannt wurde. Sage hin, Legende her – geht man einmal ganz nüchtern davon aus, dass die Meerenge zwischen Capri und der Halbinsel von Sorrent den Helden des griechischen Altertums als schwierige Passage galt, wo zahlreiche Schiffe von den unberechenbaren Strömungen auf die Klippen getrieben wurden, scheinen die sagenhaften Sirenen wohl nichts anderes gewesen zu sein als fantasievolle Verkörperungen realer Naturgewalten.

Amalfitanische Küste
Karte S. 302/303

Positano – Inbegriff für Tourismus in Reinkultur

Positano (ca. 3.500 Einwohner)

Noch steht der Mund sperrangelweit offen angesichts der spektakulären Steilküste, da taucht plötzlich das mondäne Positano auf. Wie ein aufgeklappter Sonnenkollektor steckt der weltberühmte Ferienort des internationalen Jetsets in einem tiefen Küsteneinschnitt. Nahezu pyramidenartig stapeln sich die Würfelhäuser mit ihren markanten Arkadenbögen in die Höhe, die bunte Palette ihrer Fassaden leuchtet zwischen mediterranem Grün und kobaltblauer Uferlinie.

Seit Anfang des 20. Jh. kamen sie zahlreich, die Intellektuellen, Schriftsteller, Maler, Choreografen, Komponisten, Regisseure und Schauspieler. Alle waren sie fasziniert von der anmutigen Lage Positanos und beeindruckt von der herzlichen Gastfreundschaft der Einheimischen – auf deutscher Seite Bert Brecht ebenso wie Paul Klee. Der in Berlin geborene Maler Max Ihlenfeld wurde sogar sesshaft und nannte sich fortan Massimo Campigli.

Wie nachhaltig die Anwesenheit einiger Künstlergruppen die Entwicklung Positanos beeinflusst hat, zeigt sich heute vor allem in den alljährlichen *Preisverleihungen*. Da gibt es den *Premio Leonide Massine* in Erinnerung an den russischen Choreografen Massine, weltweit die einzige Auszeichnung für die Genies der internationalen Tanzkunst. Der *Premio Vittorio De Sica* hingegen, mit dem Jahr für Jahr herausragende Regisseure und Schauspieler geehrt werden, drückt den ganzen Stolz auf die Filmszene aus, die sich in den 50er Jahren in Positano tummelte. Außerdem gibt es noch die Modeschöpfer zu erwähnen. Anfangs waren es hochwertige geklöppelte Spitzen und später setzte die hier kreierte Bademode Akzente. Positano, so heißt es, machte 1959 den *Bikini* in Italien salonfähig. Modebewusst ist der Urlaubsort bis heute jedenfalls geblieben – zumindest gibt es im strandnahen Zentrum unglaublich viele Modeboutiquen.

Trotz großer Beliebtheit sollte man aus Positano nicht mehr machen als es ist, nämlich ein Paradebeispiel für Tourismus in Reinkultur: Das Ortsbild ist makellos und puppenstubenhaft, die Gastgeber sind professionell freundlich, der Strand ist gepflegt und weitgehend gebührenpflichtig, die Kulisse ist pittoresk, Hobbymaler halten die schönsten Ansichten unentwegt in Öl und Aquarell fest und für stören-den Hundekot gibt es sogar vorbildliche Streubehälter – was will man mehr!

Geschichte: Historisch lässt sich dieses viel gepriesene Positano jedoch schlecht fassen, denn die Chroniken sind vage und widersprüchlich wie selten in Italien: Eine griechisch-römische Gründung scheint ausgeschlossen zu sein, obwohl im Be-reich der Pfarrkirche *Santa Maria Assunta* Fundamente einer römischen Villa ent-deckt worden sind. Etymologische Überlegungen bringen Positano mit dem alt-römischen Wort für freigelassene Sklaven („Posidii") in Verbindung – reine Spe-kulation. Auch für die Theorie einer Sarazenenniederlassung im 9. Jh. mangelt es an Beweisen. Hartnäckig hält sich auch die Legende, der Ort sei von Flüchtlingen aus Paestum gegründet worden, die von den Sarazenen vertrieben wurden. Nicht einmal sicher ist, ob Positano überhaupt zum Städtebund um die mittelalterliche Seerepublik Amalfi gehörte. Unter den Anjou (14. Jh.) soll es hier eine befestigte Kolonie für Strafgefangene gegeben haben. Daher die Küstenwachtürme? Zweifel-haft erscheint vor allem der angebliche Reichtum Positanos im 16. Jh., basierend auf Handelsverbindungen mit dem Vorderen Orient. Im späten 18. Jh., da sind sich die verschiedenen Chroniken wieder einig, begann Positano zu verelenden. – Eine Vergangenheit mit vielen Fragezeichen. – Vielleicht handelte es sich ja schlichtweg um eine kleine Fischersiedlung, unbedeutend und abgeschieden, die erst mit dem Bau der amalfitanischen Küstenstraße in der Mitte des 19. Jh. erschlossen wurde. Dann wäre die unmittelbar anschließende touristische Entdeckung Positanos so etwas wie eine historische Geburtsstunde. Dieser Annahme macht der fein herausgeputzte Ferienort jedenfalls alle Ehre.

Information/Wichtige Telefonnummern und Adressen

● *Information* **AAST-Informationsbüro**, zu Füßen der Kirchentreppe, in Strandnähe. Gut geführt, mehrsprachig, viel nützliches Informationsmaterial, Stadt- und Umge-bungsplan. Außerdem hilft das Büro bei der Zimmersuche vor Ort. Mo–Sa 8.30–14 Uhr, in der HS auch nachmittags 15–20 Uhr. Via del Saracino 4, ✆ 089/875067, www.aziendaturismopositano.it.

● *Vorwahl* ✆ 089 für Positano und die ge-samte Amalfitanische Küste. Auch bei Orts-gesprächen muss die Vorwahl immer mit-gewählt werden.
● *Post* Via Marconi 320 (Chiesa Nuova), ✆ 089/875142.
● *Internet* **Net Art Café La Brezza**, szenige Bar mit mehreren Terminals am Hafen. Via Regina Giovanna 2, ✆ 089/875811.

Anfahrt/Verbindungen/Unterwegs

Pkw/Parken: Die Anfahrt mit dem eigenen Fahrzeug endet auf den gebührenpflichti-gen Parkdecks im oberen Ortsteil. Wer ei-nen längeren Aufenthalt plant, sollte bei der (rechtzeitigen) Hotelreservierung am bes-ten auch schon einen Stellplatz reservieren, der sich dann zumeist in der Nähe des Ho-

tels befindet. Tagestouristen finden auch entlang der Ortsdurchgangsstraße einige gebührenpflichtige Parkplätze (pro Std. 3-4 €).

Bus: häufige **SITA-Linienbusse** zwischen Sorrento-Positano-Amalfi-Salerno, Fahr-pläne verteilt u. a. das Informationsbüro,

Amalfitanische Küste

Karte S. 302/303

Unicocostiera-Tagesticket 7,20 €. Es gibt zwei SITA-Haltestellen in Positano (Torre Sponda und Chiesa Nuova).

Nach unten ins Zentrum und zum Strand geht es dann über steile Treppenwege zu Fuß oder mit dem orangefarbenen **Stadtbus** (*Interno Positano*, Einzelticket 1,10 €, auch im Bus erhältlich). Er verbindet alle Ortsteile miteinander auf einem Rundkurs, aber bis man den Streckenverlauf so richtig begriffen hat, hat man sich auch schon an das ständige Treppensteigen gewöhnt. Stadtbusse auch hoch nach Montepertuso/Nocelle und bis nach Praiano, Einzelticket 2,40 €.

Fähren: regelmäßige Verbindungen nach Amalfi/Salerno, Capri und Sorrent (siehe → S. 305). Die Tickets kauft man an der Anlegestelle, wo auch die genauen Abfahrtszeiten aushängen.

Am Hauptstrand *Spiaggia grande* hat sich ein **Bootsverleih** (Motorboote und Kanus) etabliert, der auch **Ausflugsfahrten** entlang der Küste und zur Grotta dello Smeraldo anbietet.

Scooter-Vermietung: Eine tolle Möglichkeit, sich an der Amalfitana fortzubewegen, jedoch in Positano alles andere als günstig. Ab 50 €. *Rent a Scooter*, Via Pasitea 280, auf dem Parkdeck, ☎ 089/8122077.

Feste/Veranstaltungen/Souvenirs

Mariä Himmelfahrt, 15. August, historische Bootsprozession mit Feuerwerk.

Sagra del Pesce, stimmungsvolle Kirmes rund um den Fisch, Ende September.

Piccolo Festival, internationales Musikfest, Juli.

Musica d'estate, Konzerte, klassische Musik, August.

Premio Vittorio De Sica, Filmvorführungen und Preisverleihung, September.

Defilé di Moda, Modenschau, September.

Premio Leonide Massine, Tanzveranstaltungen und Preisverleihung, erster Samstag im September.

Ceramiche Casola, hochwertige lokaltypische Keramik. Ausstellung und Verkauf in Positano, Via G. Marconi 66. Produktion, Ausstellung (und weltweiter Versand) direkt an der Amalfitana, oberhalb der Spiagga di Laurito (s. u.), Via Laurito 49, www.ceramicacasola.com.

Übernachten (siehe Karte S. 312/313)

Große Auswahl an Luxusherbergen, familiär geführten Pensionen, Apartments, Privatzimmern und B&Bs. Unbedingt rechtzeitig reservieren, vor allem im Juli/August ist alles weit im Voraus ausgebucht. Besonders die Hotels mit angeschlossenem Restaurant bestehen auf halb Pension. Die zentral gelegenen Apartments mit Küche sind ideal für Familien mit Kindern. Privatzimmer werden in der Regel nur für einen mehrtägigen Aufenthalt vergeben. Wenn Sie ohne Reservierung anreisen, wenden Sie sich am besten direkt an das AAST-Informationsbüro. Dort ist bekannt, welche Hotels noch freie Zimmer haben. Außerdem hilft das Büro bei der Vermittlung von Privatzimmern und Apartmentwohnungen.

***** San Pietro (10), traumhaftes Luxushotel, ruhige Panoramalage über der kleinen San-Pietro-Bucht. Luxus pur, stilvoll bis ins Detail, vornehmes Restaurant, etwas für unvergessliche Flitterwochen. DZ ab 420 € inkl. Frühstück. Via Laurito 2, außerhalb, an der Küstenstraße in Richtung Amalfi, ☎ 089/875455, 🖅 089/811449, www.ilsanpietro.it.

***** Le Sirenuse (8), ältestes Luxushotel Positanos, architektonisch ansprechende Patriziervilla mit Dependancen. Große, komfortable Balkonzimmer, idyllischer Garten, Swimmingpool, feines Restaurant. DZ ab ca. 250 € inkl. Frühstück. Ortsdurchgangsstraße Via C. Colombo 30, ☎ 089/875066, 🖅 089/811798, www.sirenuse.it.

**** Buca di Bacco (14), seit Jahrzehnten eine regelrechte Institution, in den 50er Jahren der Prominententreff mit legendärem Nachtclub. Das alte Hauptgebäude am Stadtstrand ist mittlerweile um eine angrenzende Dependance erweitert worden, die meisten Zimmer haben Blick aufs Meer. Das Frühstück wird auf der Terrasse der Dependance serviert, das beliebte Hotelrestaurant liegt direkt über dem Strand. DZ ab 200 € inkl. Frühstück. Via Rampa Teglia 4, ☎ 089/875699, 🖅 089/985731, www.bucadibacco.it.

***** Covo dei Saraceni (20), komfortabler Hotelkomplex am Fähranleger, im Lauf der Zeit um mehrere Nebengebäude gewach-

Stolzes Positano

sen. Balkonzimmer mit Blick aufs Meer, Swimmingpool auf der Dachterrasse, großes, vornehmes Restaurant mit gemütlicher Terrasse. DZ ab 250 € inkl. Frühstück. Via Regina Giovanna 5, ✆ 089/875400, ✉ 089/875878, www.covodeisaraceni.it.

**** Palazzo Murat (7), stilvoller Barockpalazzo, ehemalige Sommerresidenz Joachim Murats (engster Weggefährte Napoleons und neapolitanischer Interimskönig). Prächtiger Innenhof mit Palmen und Agrumenbäumen. Kunstvolle Stuckdekorationen und wertvolle Kachelfußböden, die Zimmer sind z. T. antik möbliert, aber es gibt auch ein Nebengebäude mit modern eingerichteten Zimmern. Lauschiges Gartenrestaurant mit Gourmetniveau. DZ ab 220 € inkl. Frühstück. Via dei Mulini 23, ✆ 089/875177, ✉ 089/811419, www.palazzomurat.it.

*** Vittoria (22), modernisiertes, ortstypisches, weißes Stadthaus in schöner Hanglage über dem Fornillostrand. Helle, schlichte Balkonzimmer, kleiner Garten, Restaurant. DZ 120–170 € inkl. Frühstück. Via Fornillo 15, ✆ 089/875049, ✉ 089/811037, www.hotelvittoriapositano.com.

*** Pupetto (26), einziges Strandhotel am kleinen Stadtstrand Spiaggia del Fornillo, alteingesessener Familienbetrieb. Wer etwas zurückgezogen logieren will, ist hier richtig. Einfache, saubere Zimmer, große

Speiseterrasse über dem Strand, gutes Restaurant. DZ 130–220 € inkl. Frühstück. Via Fornillo 37, ✆ 089/875087, ✉ 089/811517, www.hotelpupetto.it.

*** Montemare (23), gepflegte, alte Stadtvilla, schöne Lage an der Ortsdurchgangsstraße, familiäre Atmosphäre, geschmackvoll eingerichtet, große Dachterrasse und Hotelrestaurant. DZ 130–200 € inkl. Frühstück. Via Pasitea 119, ✆ 089/875010, ✉ 089/811251, www.hotelmontemare.it.

** Le Sirene (12), tolle Lage in der winzigen Bucht von Laurito. Kleine Strandpension, absolut isoliert, nur im Sommer geöffnet, Bootsservice nach Positano. Ristorante mit leckerer Fischküche. Nur acht DZ, Zusatzbetten auf Wunsch, DZ 115–180 €. Spiaggia Laurito, außerhalb, an der Küstenstraße in Richtung Amalfi, ✆/✉ 089/875490, www.lesirenepositano.com.

** Maria Luisa (24), einfache Pension am Treppenweg Via Fornillo, Nähe Hotel Vittoria. Ideal für Selbstversorger, Küche und Frühstücksraum stehen zur Verfügung. DZ 70–85 €. Via Fornillo 42, ✆/✉ 089/875023, www.pensionemarialuisa.com.

Casa Celeste (21), Privatzimmer/Affittacamere, sympathischer Familienbetrieb. Große, hübsch eingerichtete Zimmer mit tollem Blick auf Ortschaft und Meer. Frühstück wird auf der Sonnenterrasse serviert. DZ

Karte S. 302/303

Amalfitanische Küste

mit Bad ca. 90 € inkl. Frühstück. Via Fornillo 10, ℡/📠 089/875363, www.casaceleste.net.

Villa Flavio Gioia (11), Albergo/Residence, stilvoller Palazzo an der zentralen Kirchenpiazza. Geschmackvoll und komfortabel eingerichtete Apartments mit Küche, ansonsten Service wie im Hotel (Reinigung etc.), Zimmer nur teilweise mit Blick aufs Meer. Lebensmittelgeschäft in unmittelbarer Nähe. Apartment (2–4 Pers.) pro Tag 139–310 €. Piazza Flavio Gioia 2, ℡ 089/875222, 📠 089/811992, www.villaflaviogioia.it.

Casa Cuccaro (4), B&B im Bergdorf Nocelle, oberhalb von Positano, absolut dörfliche und abgeschiedene Lage, etwas für Individualisten. Geschmackvoll restauriertes Privathaus im Ortskern, sehr ordentlich geführt von der bescheidenen Familie Cuccaro. Große, gemütliche und saubere Zimmer, alle mit Balkon und Meerblick. Gefrühstückt wird auf der großen Sonnenterrasse des Hauses mit ungetrübter 5-Sterne-Aussicht. DZ 75–85 € inkl. Frühstück. Via Nocelle 28, ℡/📠 089/875458, www.casacuccaro.it.

La Maliosa d'Arienzo (15), B&B oberhalb der Spiaggia d'Arienzo (s. u.), an der Küstenstraße. Terrassengrundstück mit Olivenbäumen und schattigen Pergolen. Geräumige, saubere Zimmer mit winziger Gartenterrasse davor, Meerblick. Treppenweg zum Ufer. DZ 85–120 €. Via Arienzo 74, ℡/📠 089/811873, www.lamaliosa.it.

Ostello Brikette (5), 1-A-Privat-Herberge, im Stil einer Jugendherberge geführt. Typisches Positano-Haus im oberen Ortsteil, Nähe SITA-Haltestelle Chiesa Nuova. Freundlich, sauber, zwanglos und gesellig, hier stimmt die Atmosphäre für junge und etwas ältere Low-Budget-Urlauber. Übernachtung im Mehrbettzimmer 22–25 € pro Pers., DZ mit Bad 75–110 €, ohne Bad 65–85 €, Frühstück ca. 3 €, Gemeinschaftsküche

und kleiner Barbetrieb. Abendessen auf Wunsch. März–Nov. geöffnet. Via Marconi 358, ℡/📠 089/875857, www.brikette.com.

*E*ssen und *T*rinken

Einige stimmungsvolle Fischrestaurants am Stadtstrand bilden das gastronomische Zentrum von Positano und jeden Abend vollzieht sich hier dasselbe Ritual: Zunächst flaniert man ein wenig an der Uferpromenade, nippt irgendwo einen *Aperitivo*, trifft Freunde oder macht Urlaubsbekanntschaften. Und dann nimmt man Platz zur ausgiebigen Mahlzeit – für die meisten ein abendfüllendes Programm. Die gesalzenen Preise werden stillschweigend akzeptiert, Preisvergleiche sind gar verpönt. Wer Alternativen zum gastronomischen Brennpunkt an der Spiaggia grande sucht, wird im oberen Ortsteil und in den nahen Bergdörfern fündig (s. u.).

La Cambusa (16), an der Strandpiazza Vespucci, alteingesessen und einst sehr beliebt. Die ausgezeichneten Fischgerichte

nach traditionellen Rezepten genießen heute vor allem US-amerikanische Touristen, die bereit sind, die übertriebenen Preise zu

Essen & Trinken

1 Il Ritrovo
2 Santa Croce
3 La Tagliata
6 Il Grottino Azzurro
9 Da Bruno
13 Next 2
14 Buca di Bacco

16 La Cambusa
17 Osteria O Caporale
18 Chez Black
19 Da Vincenzo
25 Lo Guarracino
26 Pupetto

Positano

Montepertuso

*Chiesa di Santa
Maria Assunta*

*SITA
BUS*

S 163

*Amalfi,
Spiaggia
d'Arienzo*

Torre Sponda

Spiaggia La Porta

Spiaggia Grande

*Torre
Fornillo*

Positanesi d'America

Übernachten

4 Casa Cuccaro
5 Ostello Brikette
7 Palazzo Murat
8 Le Sirenuse
10 San Pietro
11 Villa Flavio Gioia
12 Le Sirene

14 Buca di Bacco
15 La Maliosa d'Arienzo
20 Covo dei Saraceni
21 Casa Celeste
22 Vittoria
23 Montemare
24 Maria Luisa
26 Pupetto

Positano

100 m

Capri, Neapel   *Amalfi, Salerno*

zahlen. Schlichter Speiseraum, Tische auch auf der Piazza. Piazza Vespucci 24, ✆ 089/812051 oder 875432.

Chez Black (18), an der Uferpromenade, ein regelrechter Touristenmagnet. Maritimes Ambiente, flinke Bedienung, große Speisekarte, appetitliche Fischvariationen, Pizza aus dem dekorativen Steinofen, teuer. Via del Brigantino 19, ✆ 089/875036.

Osteria O Caporale (17), etwas am Rand der extrovertierten Ufergastronomie. Intimer Speisesaal mit Kerzenlicht und Tische an der zugigen Via Regina Giovanna, freundliche Bedienung. Vorwiegend Meeresküche, ausgezeichnete *Spaghetti vongole*, akzeptables Preis-Qualitäts-Verhältnis, Menü 30–40 €. ✆ 089/875374.

Buca di Baco (14), das beliebte Hotelres-taurant hängt förmlich über dem Strand. Authentische kampanische Küche, sättigende Portionen, schnelle Bedienung, aber recht teuer. Die Fensterplätze sind für Hotelgäste reserviert. Darunter, direkt am Strand, befindet sich die große Speiseterrasse des zweiten Hotelrestaurants **La Pergola**, wo vor allem Pizza serviert wird, Pizzapreise um die 12 €. ✆ 089/875699.

Lo Guarracino (25), liegt abgeschieden am Felsuferweg zum Fornillostrand. Einfaches, kleines Ristorante, ungetrübter Blick aufs Meer, schmackhafte Fischküche, mal die Linguine mit *Riccio* (Seeigel) oder die hausgemachten Ravioli probieren, auch Pizza, Menü 30–40 €. ✆ 089/875794, Di Ruhetag.

Pupetto (26), Hotelrestaurant, am Fornillostrand. Große Speiseterrasse über dem

Strand, freundliche Bedienung, regionale Spezialitäten, leckere Primi mit Muscheln, offener Wein, das Preis-Qualitäts-Verhältnis stimmt. ✆ 089/875087.

Il Ritrovo (1), unser Tipp im Bergdorf Montepertuso, weithin bekanntes Ausflugslokal. Raffinierte Land- und Meeresküche, Zutaten z. T. aus eigenem Anbau. Hier schmecken auch die Nebengerichte, z. B. die aromatischen Wildtomaten, der frische Bergkäse und die hausgemachten Nachspeisen. Menü 30–40 €. Ex-Bundeskanzler Schröder hat hier übrigens während seines Positano-Urlaubs 1999 mit Schriftsteller De Crescenzo gespeist. Kostenloser Shuttlebus von/nach Positano! An der zentralen Piazza Cappella 77, ✆ 089/812005, Mi Ruhetag.

Da Vincenzo (19), geräumiges Ristorante an der Ortsdurchgangsstraße. Eine echte Alternative zu den Fischlokalen an der Uferpromenade, alteingesessene leidenschaftliche Wirtsfamilie. Tadellose Hausmannskost, appetitliche Meeresfrüchte-Antipasti, Gemüseaufläufe, knackige Salate, Fleisch und Fisch vom Holzkohlengrill. Menü ab 30–40 €. Via Pasitea 172–178, ✆ 089/875128.

Da Bruno (9), einfache, kleine Trattoria, ebenfalls an der Ortsdurchgangsstraße, Nähe Hotel Le Sirenuse. Netter Familienbetrieb, schlichter Speiseraum, Tische an der Straße mit Blick auf die Spiaggia grande. Deftige Meeres- und Landküche zu vernünftigen Preisen. Via C. Colombo 157, ✆ 089/875392.

La Tagliata (3), ebenfalls ein Tipp, Ausflugslokal an der Verbindungsstraße von Montepertuso nach Nocelle. Rustikales Ambiente, schöne Aussicht auf Positano und die Küste. Unverfälschte bäuerliche Küche, eigene Kleintierhaltung, Fleisch vom Holzkohlengrill (Fisch nur auf Bestellung), sättigende Antipasti-Platte, Menü 20–30 €. Stadtbus Positano–Nocelle (Haltestelle an der Trattoria). Via Tagliata 22, ✆ 089/875872. Ex-Kanzler Schröder und Gattin haben auch hier gespeist; beim Gegenbesuch in Berlin hat Schröder der Wirtsfamilie sein Büro gezeigt.

Il Grottino Azzurro (6), volkstümliche Trattoria im oberen Ortsteil, an der SITA-Haltestelle Chiesa Nuova. Schnörkellose Hausmannskost, Gemüse- und Nudelaufläufe, offener Wein, ehrliche Preise. Via Marconi 158, ✆ 089/875466.

Santa Croce (2), authentisches Ristorante mitten im Bergdorf Nocelle (s. u.). Alteingesessener Familienbetrieb (die Einheimischen sagen: *esiste da sempre* – gibt es schon immer). Herrliche Panoramalage, große Speiseterrasse, täglich wechselnde Gerichte, hausgemachte Pasta, Fleisch, Fisch und Gemüse vom Grill, leckere Nachspeisen, Menü 20–25 €, vorzügliche Flaschenweine zu kleinen Preisen, auch guter offener Wein. Der Weg lohnt sich. Via Nocelle 19, ✆ 089/811260.

Next 2 (13), neues, szeniges Weinlokal (Vineria) an der Ortsdurchgangsstraße von Positano, mit Gärtchen. Via Pasitea 240.

Sehenswertes

Pfarrkirche Santa Maria Assunta: mit der bunten Majolikakuppel und dem stillen Vorplatz die Sehenswürdigkeit im unteren Teil der Stadt. Einst zierte ein byzantinischer Mosaikfußboden die Kirche, von dem nur noch ein Stückchen übrig geblieben ist, das wie eine kostbare Reliquie hinter Glas geschützt wird (am Altar). Wirklich stolz und anmutig erhebt sich die dunkelhäutige „Madonna mit Kind" über dem Hauptaltar, ein Tafelbild aus dem 13. Jh. Der Legende nach gab sie dem Ort seinen Namen: Als Beutegut der Sarazenen befahl die Madonna den muselmanischen Dieben auf der Seefahrt nach Neapel anzuhalten. „Posa, posa!" (absetzen, absetzen), rief die energische Madonna und die Sarazenen gehorchten. Interessant ist auch das mittelalterliche Marmorrelief über der Tür des benachbarten Glockenturms. Es zeigt ein Seeungeheuer, begleitet von einem Fischschwarm und einer jagenden Hyäne.

Oberstadt: Wie groß Positano tatsächlich ist, das zeigt sich erst im oberen Ortsteil. Eine kurvige Durchgangsstraße zieht sich einige Kilometer lang durch das gesamte Hangviertel. Zwischen den ausladenden Straßenschleifen verlaufen immer wieder schmale Treppenwege und bilden ein gigantisches Wegelabyrinth, das man auch am Ende eines ausgedehnten Positano-Urlaubs noch nicht vollständig erschlossen hat. Im oberen Ortsteil herrscht ein anderes Klima als unten in Strandnähe. Alles ist hier einfacher, die Menschen sind zugänglicher, die Läden und Restaurants authentischer. Zu Fuß ist man eine ganze Weile unterwegs in diesem sympathischen, weitläufigen Hangviertel, und wer gar den höchsten Aussichtspunkt, das *Belvedere* von Positano erreicht hat, der hat sich den fantastischen Panoramablick redlich verdient. Bequem hingegen ist die Stadtrundfahrt mit dem Stadtbus, der auf einem ca. 6 km langen Rundkurs alle Ortsteile miteinander verbindet.

Postkartenidylle

Baden

Spiaggia grande: der Hauptstrand, feiner und grober Kies. Für amalfitanische Uferverhältnisse ein recht großer Strand. In der Hauptsaison nahezu komplett von den *Bagni* (Strandbädern) vereinnahmt. Ein Liegestuhl mit Sonnenschirm kostet dann pro Tag ca. 15 €. Gemütliche Strandbars sind ausreichend vorhanden.

Spiaggia del Fornillo: zweiter Stadtstrand, etwas weniger frequentiert, aber auch hier belegen die Bagni den größten Teil der Strandfläche, die aus grobem Kies besteht. Von der Fähranlegestelle erreicht man den Fornillostrand über einen schmalen Steiluferweg.

• *Strandtipp/Tauchen* **Da Ferdinando**, Strandbar und Bagno, sympathischer Familienbetrieb. Liegestuhl, Sonnenschirm und Stranddusche ca. 10 € pro Tag. Tagsüber leckere lokaltypische Snacks, Bru- schetta, Salate und mehr auf der Holzterrasse der Strandbar.

Centro Sub, Kontaktadresse für Taucher, im Untergeschoss des Strandhotels Pupetto, ☎ 089/812148, www.centrosub.it.

Spiaggia d'Arienzo, Spiaggetta di San Pietro, Spiaggia di Laurito: So heißen die winzigen Badebuchten, die sich im zerklüfteten Felsufer östlich von Positano verstecken. Sie sind über Treppenwege von der Küstenstraße aus zugänglich. Bequem erreicht man diese friedlichen Badebuchten mit Mietbooten bzw. im Rahmen organisierter Bootstrips von der Spiaggia grande aus, wo sich ein kleiner Bootsverleih etabliert hat.

Amalfitanische Küste

Karte S. 302/303

Diesen Küstenblick muss man sich erwandern

Wanderungen im Küstenhinterland

Wanderung von Positano nach Santa Maria del Castello (Gehzeit ca. 1:30 Std., Steigung): Ausgangspunkt ist die *Bar Internazionale* im oberen Ortsteil von Positano (SITA-Haltestelle). Ein schmaler Treppenweg führt zur Chiesa Nuova. Von dort geht es weiter bergauf; man quert die Straße nach Montepertuso (Via Monsignor Cinque) und steigt dann auf dem gekennzeichneten, uralten Treppenweg nach Santa Maria del Castello auf, vorbei an der kleinen Chiesa San Giuseppe. Bald hat man die letzten Bauernhäuser und Nutzgärten hinter sich gelassen; immer wieder fantastische Ausblicke zurück auf die Küstenlinie. Häufig schweben hier Gleitschirmflieger durch die Lüfte, die in Santa Maria starten.

Santa Maria del Castello selbst ist ein kleiner Weiler, der sich auf einem natürlichen Treppenabsatz der Monti Lattari (685 m) um einen mittelalterlichen Festungskern gruppiert. Wer Marschverpflegung dabei hat, findet am Kirchenvorplatz einen schönen Picknickplatz; zum Einkehren empfiehlt sich das *Ristorante Zi Peppe* (→ S. 258). Auf dem gleichen Weg zurück – oder um den Monte Gambera nach Montepertuso: Vom Restaurant die Straße in Richtung Monte Faito weiterlaufen und kurz vor der Einfahrt zum Agriturismo *La Ginestra* (→ S. 258) den ausgeschilderten Pfad nach Montepertuso einschlagen; immer auf dem ebenerdig verlaufenden Pfad bleiben, der herrliche Ausblicke auf Positano und auf die Küste bietet. Nach ca. 30 Min. die rechte Alternative wählen und an einer kleinen Steinhütte, die dem *Padre Pio* geweiht ist, sowie an einer Lourdes-Grotte vorbei nach Montepertuso absteigen, von dort entweder mit dem Stadtbus zurück nach Positano oder zu Fuß auf dem Treppenweg absteigen (→ Il Sentiero degli dei); Gesamtgehzeit ca. 2:30 Std.

Il Sentiero degli dei (Der Götterweg): Wie der Name schon vermuten lässt, handelt es sich bei diesem Höhenweg von Positano/Montepertuso nach Agerola um eine der schönsten Wanderstrecken der gesamten Costiera Amalfitana. Um diesen auf ca. 600 m ü. d. M. verlaufenden Naturpfad so richtig genießen zu können, sollte man ihn von Agerola nach Montepertuso laufen und nicht umgekehrt. Das hat einerseits den Vorteil, dass der Weg abgesehen von einigen Steigungen angenehm abschüssig verläuft, und andererseits läuft man ab Colle la Serra stets in Blickrichtung Punta Campanella und Capri – ein wirklich atemberaubender Anblick.

Mit dem Bus bzw. der Küstenfähre geht es zunächst nach Amalfi, von dort mit dem SITA-Bus (Amalfi–Napoli via Agerola) nach *Agerola*, Haltestelle Bomerano (ca. 40 Min. Fahrzeit, Ticket 2,40 €). Die Busstrecke mit ihren abenteuerlichen Haarnadelkurven lässt bereits einen Vorgeschmack aufkommen. Von der Haltestelle in Bomerano ca. 300 m hoch zur schattigen *Dorfpiazza Capasso* laufen. Dort gibt es mehrere Lebensmittelgeschäfte sowie eine Bäckerei für die Marschverpflegung.

An der Piazza befindet sich auch ein Umgebungsplan, auf dem der „Sentiero degli dei" (Weg Nr. 6) grob eingezeichnet ist. Insgesamt handelt es sich um eine relativ leichte Wanderung ohne besondere Schwierigkeitsgrade, schwindelfrei sollte man jedoch schon sein. Außerdem sind feste Wanderschuhe unentbehrlich sowie eine Kopfbedeckung (kaum Schatten).

Wegbeschreibung von Agerola nach Montepertuso (Gehzeit ca. 3:30 Std.): Los geht es auf 638 m ü. d. M. an der Piazza von Agerola/Bomerano links neben dem *Albergo Gentile* in die *Via Pennino* hinein (WP 1; rotweiße Markierung). Bis zum Ortsrand läuft man teils im Schatten von Kastanien und Walnussbäumen, hinter den letzten Häusern an der kleinen Brücke rechts halten (geradeaus führt der absteigende Treppenweg nach *Furore;* WP 2), dann weiter das Asphaltsträßchen entlang, bis sich am Ende der Straße der erste schöne Panoramablick auf Weinterrassen an

den umliegenden Berghängen und die tief unten liegende Bucht von Praiano öffnet. Jetzt beginnt der Naturpfad, vorbei an bizarren Felsformationen führt er zum *Colle la Serra* (578 m). Hier abermals aufgepasst: Nach links steigt ein eindeutig erkennbarer Pfad nach *Praiano* ab, während es nach Positano rechts weitergeht; rechts oberhalb sind auf einem kurzen felsigen Abschnitt einige Markierungen zu erkennen (WP 3).

Hinter der Passhöhe überblickt man erstmals den gesamten Küstenverlauf bis zur Punta Campanella mit Capri im Hintergrund. Ab hier macht der Götterweg seinem Namen alle Ehre. Einen weiteren Höhepunkt der Wanderung bildet dann die Stelle, an der Positano in voller Schönheit ins Blickfeld rückt. Auf dem vorwiegend leicht abschüssigen Höhenweg durchquert man tiefe Schluchten, erblickt zerklüftete Gipfel, kommt an abgelegenen Bauernhöfen vorbei und überquert verlassene Terrassenfelder. Da die rotweiße Markierung an manchen Gabelungen zu wünschen übrig lässt, im Zweifelsfall immer landeinwärts halten.

Ins Bergdorf *Nocelle* (420 m) führt dann ein relativ steiler Pfad, der in einen Treppenweg übergeht. Auf der kleinen Kirchenpiazza Maria Santissima Del Carmelo sollte man es sich eine Weile gemütlich machen, denn bald hat einen die Zivilisation wieder eingeholt. Jetzt nicht den breiten Treppenweg zur *Spiaggia d'Arienzo* runter (nur mit Badesachen im Rucksack eine erfrischende Variante!), sondern an der künstlichen Grotte mit Quelle (WP 4) der schmalen Dorfgasse durch Nocelle folgen. Dieses friedliche Bergdorf, das sage und schreibe erst im Jahr 2001 eine Straßenanbindung bekommen hat, verlässt man auf dem Fußweg unterhalb des neuen Parkdecks wieder. Zum Einkehren in Nocelle empfiehlt sich das alteingesessene *Ristorante Santa Croce*; frische Panini bekommt man hingegen im kleinen Lebensmittelgeschäft am Ortseingang; wer bleiben mag, dem sei das *B&B Casa Cuccaro* empfohlen (→ „Übernachten", S. 312).

Die Asphaltstraße führt direkt in den Nachbarort *Montepertuso*; etwas unterhalb verläuft der alte Treppenweg nach Montepertuso durch eine wirklich dramatische Schlucht. Der alte Verbindungsweg stößt noch vor der Straßenbrücke auf die neue Straße, an der sich auch das Ausflugsrestaurant *La Tagliata* befindet (→ „Essen und Trinken", S. 314). Oberhalb erkennt man jetzt ein riesiges Loch in der Felswand, dabei handelt es sich um ein seltenes Naturphänomen, das es in dieser ausgeprägten Form weltweit angeblich nur dreimal gibt. An der Piazza von Montepertuso (WP 5) entweder den Stadtbus nach Positano nehmen oder nach links den alten Treppenweg *Via Pestella* hinunter, der am kleinen sehenswerten Friedhof von Positano vorbeiführt. Wer ein wenig sucht, stößt hier auch auf einige Gräber der europäischen Positano-Besessenen des frühen 20. Jh. Der Treppenweg endet in Positano an der Küstenstraße (WP 6).

Agerola

Weitläufige Berggemeinde mit den Ortschaften Bomerano, Pianillo, Campora und San Lazzaro, die sich auf einem riesigen, grünen Bergplateau erstrecken. Das beschauliche Zentrum von Bomerano bildet die mediterrane Piazza Paolo Capasso. Die *Tabaccheria Sabato Cuomo* wenige Schritte unterhalb der Piazza ist ein guter Info-Point für Wanderer. Der Inhaber kennt sich bestens mit den Wegen rund um Agerola aus und führt auch den Wanderkarten-Klassiker „Monti Lattari" (→ S. 306). Via Principe di Piemonte 13, ☎ 081/8791020, www.sabietabacchi.com.

Das **Info-Büro Pro Loco** in Agerola/ Bomerano befindet sich direkt an der Piazza und hat werktags von 8.30–13 Uhr und von 15–19 Uhr geöffnet, an Sonn- und Feiertagen nur vormittags. Gute Ortsinfos zu Agerola. ✆ 081/8791064, www.proagerola.it.

• *Übernachten/Essen und Trinken* In **Agerola/San Lazzaro** (SITA-Busverbindung) befindet sich ein kleines, aber feines **Ostello,** das dem italienischen Jugendherbergsverband angeschlossen ist. Insgesamt nur 18 Betten in drei Mehrbettzimmern sowie zwei komfortable Doppelzimmer.

Übernachtung im Mehrbettzimmer 12 € pro Pers. ohne Frühstück (aber Küchenbenutzung!), DZ mit Bad 60–80 € inkl. Frühstück. Auf dem Ostello-Grundstück besteht eine **Campingmöglichkeit** (Zelt und Caravan), 2 Pers., Zelt und Auto 15–18 €, auch Bungalowvermietung. **Ostello Campeggio Beata Solitudo**, San Lazzaro di Agerola, Piazza G. Avitabile 4, ✆ 081/8025048, www.beatasolitudo.it.

Eine gute Adresse in **Agerola/Bomerano** ist das **Ristorante Da Giannino** mit Plätzen im Freien. Via Villani 56, ✆ 081/8731219, in der Nähe der Esso-Tankstelle.

Die Costiera bei Praiano

Praiano
(ca. 2000 Einwohner)

Die weitläufige Gemeinde zieht sich um den zerklüfteten Felsvorsprung des *Capo Sottile*. An dieser Stelle ist die Amalfitanische Küste besonders schroff und unzugänglich, fjordartige Felseinschnitte graben sich tief in den Küstenhang, während die Bebauung in Stufen ansteigt. Bergdorf oder Küstenort? Beides, denn die Gemeinde Praiano setzt sich aus den miteinander verbundenen Ortsteilen *Vettica Maggiore, Praiano (Alto)* und *Marina di Praia* zusammen. Die Ortsgrenze zwischen Vettica und Praiano verläuft ungefähr auf der Höhe des Straßentunnels, der die Felsspitze Capo Sottile an ihrem steilsten Punkt durchstößt.

Insgesamt bietet Praiano all denjenigen eine Standortalternative, die dem Rummel und nicht zuletzt auch den hohen Preisen der benachbarten Küstenperlen Positano und Amalfi ausweichen und sich dennoch mitten im Herzen – *nel Cuore* – der

Amalfitanische Küste

Karte S. 302/303

Costiera Amalfitana einnisten wollen. Während Positano und Amalfi vorwiegend in angelsächsischer Hand sind, fühlen sich hier besonders deutsche Urlauber gut aufgehoben.

• *Information* **Infobüro**, an der Durchgangsstraße, Nähe Chiesa San Gennaro. Hilfe bei der Zimmersuche, tägl. 9–13 Uhr und 17–20 Uhr, Via Capriglione 116/B, ✆ 089/874557, www.praiano.org.

• *Mietfahrzeuge/Fahrräder* **Rent a Scooter**, an der Straße nach Praiano Alto. Verschiedene Scooter und die neuesten Vespa-Modelle, 50 € pro Tag, inkl. Helm. Via Marconi 45, ✆ 089/813082, www.praiacosta.com.

Raffaele Milano, ein weiterer Verleih an der Durchgangsstraße neben der Trattoria San Gennaro, unbürokratisch und preiswert, ab 35 € pro Tag. Via Capriglione 100, ✆ 089/813071.

• *Übernachten/Essen und Trinken/Nachtleben* ***** Il Pino**, am Ortsanfang von Vettica Maggiore, küstentypische Architektur und moderne Einrichtung, Zimmer mit Terrasse und Meerblick. Und im Zentrum der Hotelanlage steht die namengebende, majestätische Riesenpinie. DZ ab ca. 100 € inkl. Frühstück. Via Capriglione 13, ✆/℡ 089/874389, www.hotelilpino.it.

*** Onda Verde, oberhalb der Badebucht Marina di Praia gelegen. Hoteleigenes Parkdeck an der Küstenstraße, von dort Fahrstuhl zur Rezeption. Die Hotelanlage ist in den Steilhang gebaut und besteht aus einem Hauptgebäude mit Restaurant sowie mehreren Nebengebäuden, in denen die konfortablen und geräumigen Zimmer untergebracht sind (vorwiegend mit Balkon und Blick aufs Meer). Gutes Hotelrestaurant mit täglich wechselnden Gerichten. Geöffnet Feb.–Nov. DZ 100–250 € inkl. Frühstück. Es stehen auch Drei- und Vier-Bett-Zimmer zur Verfügung. Via Terramare 3, ✆ 089/874143, ℡ 089/8131049, www.ondaverde.it.

* La Conchiglia, einfache Pension, bescheidener, weißer Flachbau in Marina di Praia,

netter Familienbetrieb, ganzjährig geöffnet. Acht DZ mit Meerblick und Klimaanlage. Schräg gegenüber befindet sich das gleichnamige Ristorante, rustikaler Speiseraum und Terrasse, herzhafte Hausmannskost, Fisch und Fleisch vom Holzkohlengrill, ehrliche Preise. DZ 60–100 € inkl. Frühstück. Via Lamberti 1, ✆/℡ 089/874313, www.laconchigliapraiano.it.

San Gennaro, Trattoria und Pizzeria an der Kirchenpiazza von Vettica Maggiore, ein Lesertipp! Solide lokaltypische Küche, große Portionen, recht preiswert, Tische im Freien. Auch Zimmervermietung in der **Villa Rosa**, DZ schon ab 45 € inkl. Frühstück, ✆ 089/874293, www.ilsangennaro.it.

Hostaria Il Pino, Terrassenlokal neben dem Hotel Il Pino (s. o.), aber nicht etwa das Hotelrestaurant, sondern eine fulminante Neueröffnung mit gehobener *Cucina di Terra e Mare*, die es sofort zu überregionaler Bekanntheit gebracht hat. Am besten man folgt der täglich wechselnden Empfehlung, kleines Menü 25 €, großes Menü 45 €, erlesene Flaschenweine. Via Capriglione 13, ✆ 089/874400, www.hostariailpino.it.

Il Pirata, lauschige Openair-Trattoria mit Barbetrieb und Lounge, am Felsuferweg der Marina. Ideal für einen ausgiebigen Aperitivo, gehobene Meeresküche, Menü 30–40 €, Via Terramare, ✆ 089/874377.

Disco Africana, Mega-Disco am Ende des Uferwegs der Marina, bereits in den 70ern die beliebteste Diskothek der Costiera. Eine riesige Gerüstkonstruktion in eine Meeresgrotte hineingebaut, schrille Lichteffekte. Pkw-Zufahrt von der Küstenstraße. Gratis-Bootsservice von Positano und Amalfi. An Wochenenden viel Rummel, den Anwohnern eher ein Dorn im Auge. Mai–Sept. jeden Sa, in der Hauptsaison tägl. geöffnet. ✆ 089/874042, www.africananightclub.com.

Ortsteile und Sehenswertes

Vettica Maggiore: klebt wie ein Straßendorf an der Amalfitana, ja es hängt geradezu am Tropf der vitalen Verkehrsader, die den Touristenstrom unentwegt durch diese faszinierende Küstenlandschaft lenkt. Knapp unterhalb der Küstenstraße erhebt sich die *Chiesa San Gennaro* mit der schönen Majolikakuppel und dem kachelverzierten Vorplatz – ein beliebter Tummelplatz der Einheimischen und herrlicher Aussichtspunkt zum Verweilen. Von hier führt ein Treppenweg mit 330 Stufen hinunter zur kleinen Kiesbucht *Cala della Gavitella* (s. u.).

Praiano Alto: liegt oberhalb der Küstenstraße und versprüht noch viel ländliche Atmosphäre und dörfliche Geschlossenheit. Eine schmale Serpentinenstraße windet sich zwischen den parzellierten Gartenterrassen und Häusern bis auf eine Höhe von ca. 300 m. Den Ortskern bildet die *Chiesa di San Luca* aus dem 16. Jh. Der große Kirchenvorplatz hängt wie ein Balkon über dem Meer und bietet ein grandioses Panorama. Im Innern der Kirche gibt es einen farbenprächtigen Majolikafußboden zu sehen.

> **Wandertipp: von Praiano Alto auf den Colle la Serra (578 m)**, gekennzeichneter Treppenweg und Naturpfad auf den Serrapass. Gehzeit ca. 2 Std., zurück ca. 1:30 Std. oder auf dem *Sentiero degli dei* (→ S. 316) weiter ins Bergdorf Montepertuso und über Positano mit dem Bus zurück nach Praiano.

Marina di Praia: am östlichen Ortsausgang. Kurioserweise gehört nur die Hälfte der Praiabucht zur Gemeinde Praiano, während die andere Hälfte bereits zur Gemeinde Furore gezählt wird. Die steilwandige Bucht mit den verstreuten Fischerhäusern liegt wie ein Trichter im ansonsten unzugänglichen Felsufer – ein beschaulicher Ort und eine idyllische Badestelle. Vom Kiesstrand führt ein bequemer Felsuferweg zum weithin sichtbaren Küstenwachturm und zur o. g. Disco-Grotte. Am *Torre a mare* hat sich der Keramik-Künstler *Paolo Sandulli* eingerichtet; seine heiteren Terrakottafiguren verschönern diesen friedlichen Ort.

● *Bootstouren und -verleih* **Noleggio** Barche La Sibilla, am Strand von Marina di Praia. Organisierte Küsten- und Inseltrips mit Badestopp sowie Bootsvermietung mit und ohne Skipper, ☏ 089/874365, www.lasibilla.org.

● *Tauchen* **Boa Diving**, professionelle Tauchbasis in Marina di Praia, ☏ 089/813034, www.laboa.com.

Cala della Gavitella: Lange Zeit war die versteckte *Gavitellabucht* unterhalb von Praiano/Vettica Maggiore ein Geheimtipp. Jetzt hat eine Gruppe Einheimischer in diesem Buchtidyll das ultimative Strandbad der Amalfitana eröffnet – *One Fire Beach.* Die bizarren Fels- und Grottenformationen sowie der feine Kiesstrand sind respektvoll mit einer funktionalen Strandarchitektur versehen worden. Liegen und Sonnenschirme leuchten in warmen Orangetönen, Kanus und Tretboote stehen bereit, organisierte Bootstrips werden angeboten und einmal am Tag gibt es erfrischende Wassermelone gratis. Strandküche und -bar servieren Salatkreationen und kühle Drinks. Tagsüber Animation für Kinder und Erwachsene, abends Bühnenevents, Livemusik und Kinovorführungen.

Kostenloser Boot-Shuttle mit dem orangefarbenen One-Fire-Beach-Boat von Marina di Praia (10.30, 12 und 13 Uhr) und von Positano (11.15 Uhr). Zwei Liegen mit Sonnenschirm kosten 20 €. **One Fire Beach Team**, ☏ 338/3508555.

Der Fjord des Furoretals   (Il Fiordo del Vallone di Furore)

Der tiefe Fjord am Ausgang des Furoretals wird von einem kühnen Viadukt der Küstenstraße überbrückt und vom Meer durch schroffe Klippen abgeschirmt. Das anschließende „Tal des Zorns" scheint manchmal tatsächlich zornig zu sein, denn nach starken Regenfällen füllt ein Sturzbach die wildromantische Schlucht und prallt im schmalen Fjord auf die Brandung des aufgewühlten Meeres. Zumeist aber zeigt sich der *Fiordo* friedlich und einladend. Vom Viadukt gelangt man über eine alte Steintreppe hinunter zur *Marina di Furore* mit winzigem Kiesstrand und einigen Fischerhäusern, wo sich das jüngst eingerichtete *Ecomuseo* befindet (Mitte

Amalfitanische Küste   Karte S. 302/303

Mai bis Mitte Sept. geöffnet). Es informiert über die Zeit, als die Papiermühlen im Vallone di Furore noch aktiv waren. Heute existieren nur noch wenige Privat- und Museumsmühlen in Amalfi (→ S. 325). Außerdem erfährt man Interessantes über das Furoretal als Drehort von zwei *Roberto-Rossellini*-Filmen mit der populären Schauspielerin *Anna Magnani*. SITA-Haltestelle am Viadukt!

• *Essen und Trinken/Übernachten* Ein guter Tipp ist die kleine Bar und Trattoria **Al Monazeno** direkt am Fjord, herrliche Terrasse in wildromantischer Umgebung, freundlicher Service und tägl. wechselnde Fischgerichte zu fairen Preisen. Via Anna Magnani 17, ✆ 349/0772544.

B&B Da Claudio, einfache, nette Privatunterkunft, gleich hinter dem Fjord, direkt an der Steilküste, mit Zugang zum Meer. DZ 50–100 €. Via Smeraldo, ✆ 089/831621, www.euroconca.it.

• *Wandern* Ein steiler Treppenweg führt vom Fjord ins Bergdorf **Furore** (s. u.); ein weiterer, weniger anstrengender Pfad beginnt auf der anderen Seite des Flusses am Eingang zum Ecomuseo, führt zunächst tief in die vegetationsreiche Schlucht hinein und steigt später nach **Conca dei Marini** auf (Gehzeit jeweils ca. 1 Std.).

Furore   (ca. 650 Einwohner)

Das Bergdorf Furore erstreckt sich weit oberhalb des *Fiordo* auf den Ausläufern der Monti Lattari wie eine Streusiedlung ohne deutliches Zentrum. Von der turbulenten Amalfitana führt zwar eine kurvenreiche Straße (S 366) hinauf nach Furore und

Il Fiordo

weiter nach Agerola, aber trotzdem hat diese bäuerlich geprägte Gegend nur einen sehr bescheidenen touristischen Anschluss gefunden. Wer jedoch Ruhe, Abgeschiedenheit und ein ausgezeichnetes Wanderrevier sucht, der ist hier oben richtig und hat sogar die Wahl zwischen schön gelegenen Agriturismo-Höfen, einer familiär geführten Pension mit Spitzenrestaurant und einem Wellness-Luxushotel. Außerdem gibt es ein Weinanbaugebiet zu entdecken, das für Furore sorgt, denn die hiesigen Weine gehören unter Kennern mit zu den besten Kampaniens.

• *Übernachten/Essen und Trinken*

***** **Furore Inn Resort**, modernes, auf Hangterrassen gebautes Luxushotel mit Wellness-, Fitness- und Beauty-Angebot, vor allem der Bäder- und Saunabereich hat einen guten Ruf, qualifiziertes Personal. Im Hotelrestaurant La Volpe Pescatrice arbeitet mit Antonio Sorrentino einer der Spitzenköche der Costiera Amalfitana. Website mit Informationen zum Furore-Fjord und zum dortigen Ecomuseo, dessen Errichtung vom Furore Inn unterstützt wurde. DZ 260–460 €, Menu degustazione ab 60 €. Via Dell'Amore, Contrada S. Elia, ✆ 089/8304711, ✆ 089/8304777, www.furoreinn.it.

*** **Albergo di Bacco/Hostaria di Bacco**, eine Logis-d'Italia-Herberge, von denen es mittlerweile über hundert in ganz Italien gibt (www.logis.it). Sie zeichnen sich durch eine familiäre Atmosphäre, ordentliche Zimmer, eine ausgezeichnete regionale Küche und ein gutes Preis-Leistungs-Verhältnis aus. Hier trifft alles voll zu! Die Hostaria di Bacco übertrifft mit ihrer kreativen und zugleich bodenständigen Küche sogar alle Erwartungen, die Weinauswahl ist exzellent und ehrt den Weingott Bacco (Menü 30–45 €). An der SITA-Bus-Strecke Amalfi–Agerola bzw. mit dem Pkw die S 366. DZ 104–114 € inkl. Frühstück, HP 70–85 pro Pers. Via Lama 9, im Zentrum von Furore, ☎ 089/830360, ☎ 089/830352, www.baccofurore.it.

Agriturismo Sant'Alfonso, Urlaub auf dem Land in einem ehemaligen Bergkloster aus dem 16. Jh., die Kirche ist noch intakt, originale Holzträume und Wandfresken schmücken die Nebengebäude. Herrliche Panoramalage weit oberhalb der Marina di Praia, direkt am Höhenwanderweg der Monti Lattari. Von engagierten jungen Leuten geführt, die sich auch um die Landwirtschaft, vor allem den Weinanbau, kümmern. Unterbringung in den geräumigen Zimmern des Haupthauses. Serviert wird schnörkellose Hausmannskost, selbstverständlich Cucina di terra (Menü 20 €). DZ mit Bad 65–90 € inkl.Frühstück. Ganzjährig (außer Nov.) geöffnet. Via Sant'Alfonso 6, am Ortsrand von Furore, ☎/☎ 089/830515, www.agriturismo santalfonso.it.

● *Wandern* Der Wanderlust sind hier oben keine Grenzen gesetzt. Man hat sozusagen direkten Anschluss an den *Sentiero degli dei* (→ S. 316). Ein uralter Treppenweg führt hinunter zum *Fiordo di Furore*. Außerdem bemüht sich die Gemeinde Furore um die Instandsetzung des Treppenwegs nach *Marina di Praia*, der mit ein bisschen Wandererfahrung und Vorsicht aber jetzt schon begehbar ist.

● *Weinprobe* bei der örtlichen Winzergemeinschaft **Gran Furor Divina Costiera** mit dem renommierten Erzeuger **Cantina Marisa Cuomo**. Oberhalb des Albergo di Bacco, Via Lama 14–18, ☎ 089/830348, www.granfuror.it.

Grotta dello Smeraldo

Die smaragdgrün leuchtende Meeresgrotte, die gerne mit der Blauen Grotte von Capri verglichen wird, ist eine der touristischen Hauptattraktionen der Costiera Amalfitana.

Die romantische Grotte befindet sich im Steilufer der *Conca dei Marini,* einer großen, muschelförmigen Felsbucht mit einem weit ins Meer laufenden Felsfinger, auf dem ein wuchtiger Küstenwachturm steht. Vom Parkplatz an der Küstenstraße führt ein abenteuerlicher Aufzug hinunter zum Grotteneingang, erst dort werden die Tickets verkauft. In einem unförmigen Boot wird man über den Grottensee gerudert.

Die Grottenkapitäne Mario, Andrea und Ernesto werden nicht müde, das Geheimnis der Smaragdgrotte zu lüften: 1932 wurde sie von einem einheimischen Fischer entdeckt, damals hatte sie nur eine unterseeische Öffnung, der heutige Eingang ist also künstlich angelegt worden. Die Wasseroberfläche schimmert wundersam smaragdgrün, ein irrealer Lichteffekt, der auf Tageslicht beruht, das durch einen ca. 15 m langen Felstunnel unter dem Meeresspiegel in die Grotte gelangt. Außerdem gibt es eine Reihe von Tropfsteinformationen zu bewundern, die zu fantasievollen Deutungen anregen. Künstlich (abgesehen vom Eingang) sind nur die Krippenfiguren auf dem Grund des flachen Grottensees, die alljährlich zur Weihnachtszeit von den Kameras der staatlichen Fernsehanstalt RAI abgefilmt werden und suggestiv über die italienischen TV-Bildschirme flimmern.

● *Öffnungszeiten/Ausflugsboote* tägl. 9–16 Uhr, Eintritt 5 €. Man muss den richtigen Besichtigungszeitpunkt abpassen, sonst ist man zusammen mit ganzen Reisebusladungen unterwegs. Hinsichtlich des Lichteffekts ist der Sonnenstand zwischen 12 und 14 Uhr ideal. An den Fähranlegern von Positano und Amalfi werden Bootstouren zur Grotta dello Smeraldo angeboten. Bei hohem Wellengang ist die Grotte geschlossen.

Kleiner Traumstrand, aber die Sonne geht hier früh unter

Marina di Conca   (ca. 700 Einwohner)

Fast unscheinbar liegt dieser alte Fischerort im Rücken der Muschelbucht Conca dei Marini; sicherlich die abgeschiedenste und anmutigste Küstensiedlung der gesamten Costiera Amalfitana.

Waghalsig klettern die Häuser das felsige Steilufer hinunter; nur die *Via Marina*, ein schmaler Treppenweg, führt durch den friedlichen Ort und mündet auf dem kleinen Kiesstrand. An diesem Treppenweg stehen einige alte Küstenvillen mit idyllischen Terrassengärten und Pergolen, darunter auch die ehemalige Villa des Sektbarons *Chandon,* ein etwas verwittertes Traumhaus über dem Meer, leicht zu erkennen an den himmelblau gestrichenen Fensterläden.

Unten am Kiesstrand bot sich jahrelang ein Anblick der Verwüstung, denn 1996 zerstörte ein Erdrutsch einen Teil der Uferzone. Betroffen waren vor allem zwei Strandhäuser, die von Felsbrocken nahezu verschüttet wurden. Längst sind die Aufräum- und Absicherungsarbeiten beendet und das Leben ist zurückgekehrt. Die Fischer von Marina di Conca haben ihr Strandrevier wieder in Besitz genommen und Einheimische wie Touristen zieht es verstärkt an den idyllischen kleinen Strand. Auch das zerstörte Strandrestaurant *La Tonnarella* hat seinen Betrieb wieder aufgenommen. In Sichtweite – seinerzeit vom Erdrutsch völlig verschont geblieben – klebt das Luxushotel *Il Saraceno* wie eine uneinnehmbare Ritterburg am Felsufer.

● *Übernachten/Essen und Trinken* ****** Belvedere**, oberhalb von Marina di Conca an der Küstenstraße, moderne, komfortable Hotelanlage am Steilufer. Der Pool hängt wie eine riesige Badewanne über dem Meer. Vornehmes Restaurant. DZ 160–240 € inkl. Frühstück. Via Smeraldo 19, ☎ 089/831282, 📠 089/831439, www.belvederehotel.it.

*** Le Terrazze, neben dem Belvedere, jüngst renoviert und jetzt auch mit Restaurant. 25 hübsch eingerichtete, klimatisierte Zimmer (Doppel- und Familienzimmer) auf vier Terrassenebenen, alle mit Meerblick. Großes Parkdeck für Hotelgäste gratis. Restaurant „Il Corallo" (nur Abendessen, Menü ca. 30 €). DZ ab 100 € inkl. Frühstück. Via Smeraldo 11, ℡ 089/831290, ℻ 089/831296, www.hotelleterrazze.it.

La Tonnarella, Strandrestaurant, einst vom Erdrutsch zerstört, jetzt freut sich die sym-pathische Wirts- und Fischerfamilie wieder über Arbeit. Tadellose Hausmannskost, *terra e mare*, große Portionen, eine Primo-Spezialität sind die Scialatielli mit Zucchini. Der Vino bianco wird (auf Wunsch) mit frischen Pfirsichstücken serviert. Menü 20–30 €. Marina di Conca, ℡ 089/831939.

Die amalfitanische Zitrusküste: Vor Amalfi verdichten sich die terrassierten Zitronenhaine zu einer regelrechten Plantage. Ganze Berghänge glänzen im Dunkelgrün der dichtbelaubten Pflanzen, die hier baumgroß werden können. Die intensiv bewirtschafteten Hangterrassen prägen das romantische Bild der Amalfitanischen Küste – wo die sprichwörtlichen Zitronen blühen. Der Duft der Blüten liegt in der Luft. Der hiesige Zitrusanbau ist jedoch nicht nur ein Balsam für die Sinne, sondern er hat auch eine enorme landwirtschaftliche Bedeutung, und zwar weit vor dem Weinbau. Im Straßenverkauf werden die faustgroßen saftigen Früchte manchmal von Kleinbauern angeboten, aber der größte Teil der Ernte geht in die Produktion des köstlichen *Limoncello* (→ S. 64). Ohne Verkostung dieses aromatischen Zitronenlikörs darf man die amalfitanische Zitronenküste nicht verlassen und Gelegenheiten dazu gibt es etliche. Eine Kuriosität unter den hiesigen Zitronen sind die kindskopfgroßen *Cedro*-Früchte, auch *Limone di Pane* genannt. Als Tafelobst ist das „Zitronenbrot" ein unvergleichlicher Genuss; man entfernt die gelbe Schale und stückelt den ganzen Kern samt weißer Zwischenschicht zum Zitronensalat, der häufig auch mit Blattsalat gemischt wird – Buon appetito!

Amalfi (ca. 6000 Einwohner)

Der geografische Mittelpunkt und das pulsierende Herz der Costiera Amalfitana. Wie ein massiges Tortenstück steckt der weltberühmte Ferienort im Mündungstrichter eines tiefen Tals. Amalfi ist überraschend urban und wird von mehrstöckigen Palazzi mit rostroten Ziegeldächern geprägt.

Weiß und hellgelb strahlen die Häuserfronten aufs offene Meer – vom kunterbunten Fassadencharme kleiner Fischersiedlungen nicht die geringste Spur. Amalfi ist eine stolze Küstenstadt, wenn auch in Miniatur. Hier neigt sich sogar die Küstenstraße bis zur Uferlinie. Die erhöhten Eckpunkte der Stadtansicht bilden zwei mittelalterliche Klosteranlagen, die schon vor Jahrzehnten zu Luxushotels umgebaut worden sind. Dazwischen verläuft eine breite Front herrschaftlicher Uferpalazzi. Alle meerseitigen Eingänge ins labyrinthische Zentrum streben auf die weite Dompiazza zu, wo sich die „orientalischste" Kathedrale Italiens erhebt. Landeinwärts drängt sich die Bebauung ins enge *Valle dei Mulini (Mühlental)* und verliert sich dort allmählich.

Geschichte: Ganz anders als der Golf von Neapel tauchte die Amalfitanische Küste erst nach dem Untergang des Römischen Reichs aus der Bedeutungslosigkeit auf und schwang sich im Mittelalter zu historischer Größe auf. Das politische Machtvakuum, das der Zusammenbruch des Imperiums (offizielles Ende 476) in Süditalien hinterließ, füllte zunächst das Byzantinische Reich aus. Vom 6.–8. Jh. gehörte die Amalfitanische Küste zum byzantinischen Einflussgebiet und zu dieser Zeit baute das noch unbedeutende Amalfi bereits erste Handelsbeziehungen mit

Amalfitanische Küste Karte S. 302/303

Amalfi – durch und durch städtisch

dem islamischen Orient auf. Auch im 9. Jh., als die Schutzmacht Byzanz von den Langobarden zurückgedrängt wurde, konnte Amalfi seinen Orienthandel weiter ausbauen.

Es entwickelte sich in der Folgezeit zu einer wohlhabenden Handelsmetropole am Tyrrhenischen Meer, die eine starke eigene Flotte unterhielt. Trotz der politischen Wirren des Mittelalters behauptete sich Amalfi und gründete 920 sogar eine *autonome Seerepublik* – die älteste Italiens! Zusammen mit den benachbarten Seehäfen Gaeta und Neapel bildete Amalfi bald darauf einen mächtigen Verbund kampanischer Seestädte – und zwar noch vor der Zeit der großen italienischen Seerepubliken Venedig, Pisa und Genua. Ab dem 11. Jh. wurden die Normannen der bestimmende Machtfaktor der Region, sie blieben bis ins späte 12. Jh. hinein die unangefochtenen Beherrscher Süditaliens. Aber der mächtige Seestädteverbund Amalfi, Neapel und Gaeta konnte seine Autonomie auch unter der Fremdherrschaft der Normannen weitgehend behaupten. Amalfi behielt seine Handelsrechte im Orient, prosperierte weiterhin und zählte Ende des 11. Jh. sogar über 50.000 Einwohner. Zur blühenden Republik Amalfi gehörten damals auch die benachbarten Küstenorte Atrani, Minori und Maiori sowie das höher gelegene Ravello, das ebenfalls einen eigenen Hafen besaß und seinerseits über 35.000 Bürger zählte. – In Anbetracht der heutigen Einwohnerzahlen (Amalfi ca. 6000, Ravello ca. 2500) ganz erstaunliche Ausmaße.

Mit ihren großen Handelsgaleeren brachten die amalfitanischen Kaufleute wertvolle Stoffe, Teppiche, Parfüm, Kaffee u. v. m. aus dem Orient nach Hause und trieben damit einen lukrativen Handel im nordwestlichen Mittelmeerraum. Als reiche Fernhandelsmacht gründete die junge Seerepublik in Jerusalem sogar einen Orden, den der Johanniter. Ganz der Seefahrt verpflichtet, unterhielt Amalfi eigene *Arsenali* (Schiffswerften) und revolutionierte das mittelalterliche Seerecht durch die erstmalige Niederschrift einer Seerechtsverordnung, der *Tavole Amalfitane*, die bis ins 16. Jh. gelten sollte. In Süditalien und im östlichen Mittelmeerraum zirkulierte die amalfitanische Währung *Tari* als gängiges Zahlungsmittel, eine Goldmünze mit einem Malteserkreuz in der Mitte. Schon früh erhielt die wohlhabende Republik Amalfi, die wie Venedig von einem Dogen regiert wurde, ein prächtiges Stadtbild mit Bürgerhäusern, Adelspalästen und einer großartigen Kathedrale.

Obwohl politisch und wirtschaftlich eng verbunden, gab es zwischen den Mitgliedern der Republik Amalfi auch Konflikte. Vor allem Ravello rebellierte mehrmals – allerdings erfolglos – gegen Amalfis Vormachtstellung. Doch der eigentliche Feind kam von außen. Pisa entwickelte sich nämlich zur dominierenden Seerepublik im Tyrrhenischen Meer und zwang Amalfi samt Ravello im Kampf um die Handelshoheit im Mittelmeer systematisch nieder. Außerdem vernichtete ein fürchterliches Seebeben im frühen 14. Jh. einen Großteil des Hafens von Amalfi und dezimierte die Bevölkerung vermutlich um die Hälfte. Damit war der Höhenflug der ältesten Seerepublik Italiens jäh gestoppt worden und auch die Amalfitanische Küste versank wieder zurück in die Bedeutungslosigkeit.

*I*nformation/*W*ichtige *T*elefonnummern und *A*dressen

• *Information* **AAST-Informationsbüro**, an der Uferstraße, im Hof zwischen dem Rathaus und der kleinen Kirche San Benedetto; angrenzend die öffentliche Bedürfnisanstalt. Hotelliste erhältlich, aber keine Hotelvermittlung! Tägl. (außer So) 9–13 Uhr und 15–18 Uhr. Corso delle Repubbliche Marinare 19, ℡ 089/871107, www.amalfi touristoffice.it.

• *Vorwahl* ℡ 089 für Amalfi und die gesamte Amalfitanische Küste. Auch bei Ortsgesprächen muss die Vorwahl immer mitgewählt werden.

• *Post* Corso delle Repubbliche Marinare 35, Nähe Informationsbüro.

• *Internet* Internet-Terminals in der Travel-Agentur *L'Altra Costiera* im Zentrum (auch **Auto- und Scooter-Vermittlung**, kein eigener Fuhrpark). Via Lorenzo d'Amalfi 34, ℡ 089/8736082, www.altracostiera.com.

*A*nfahrt/*V*erbindungen

Pkw/Parken: Das eigene Auto erweist sich in Amalfi als Hindernis. Selbst die Hotels der gehobenen Kategorie sind auf private Stellplatzvermieter angewiesen; Kostenpunkt ab 15 € pro Tag. Kurzparker finden an der Hafenpiazza gebührenpflichtige Parkplätze (ca. 3 € pro Std.). In der HS wird außerdem in endlosen Schlangen an der Küstenstraße geparkt, wo man allerdings einen Strafzettel riskiert.

Bus: Amalfi ist der Knotenpunkt des SITA-Verkehrs zwischen Salerno und Sorrent. Außerdem regelmäßige Busverbindungen nach Ravello und Scala (Einzelfahrt 2,40 €),

Pogerola und Agerola. Ticketverkauf und Fahrplanauskunft in der zentralen Tabacchi-Bar an der Hafenpiazza gegenüber dem Busparkplatz. *Unicocostiera*-Tagesticket für alle Verbindungen 7,20 €.

Fähren: regelmäßige **Pendelfähren** nach Salerno, Positano und Capri. Tickets und Fahrpläne an den Bretterbuden der unteren Hafenmole. Preisbeispiel: Amalfi–Positano 6 € (25 Min. Fahrzeit). Außerdem **Ausflugsboote** zur Grotta dello Smeraldo. Der Fährverkehr der **Metro del Mare** reicht bis in den Golf von Neapel.

*F*este/*V*eranstaltungen

Festa Sant'Andrea, stimmungsvolles Patronatsfest vom 25.–27. Juni. Höhepunkt dieses städtischen Hauptfests ist der Moment der Prozession, an dem die 500 kg schwere Patronatsfigur des heiligen Andreas von 35 Trägern im Laufschritt die Domtreppen

hoch getragen wird. Ein unglaublich spannungsgeladener Moment, den alle Augenzeugen mit angehaltenem Atem begleiten. **Sagra dei limoni**, Kirmes und heiteres Volksfest rund um die Zitrone, September.

Amalfitanische Küste

Karte S. 302/303

Regata storica delle Antiche Repubbliche Marinare, die Regatta der vier historischen Seerepubliken Italiens, findet jährlich im Wechsel mit Venedig, Pisa und Genua statt. Erstmals wurde die aufwändige Vier-Städte-Ruderregatta 1955 ausgetragen, der nächste Termin in Amalfi ist der erste Sonntag im Juni 2012. Die Ruderboote (*Galeoni*) gleichen den venezianischen Gondeln und sind mit den jeweiligen Wappentieren der Städte verziert – das geflügelte Pferd steht für Amalfi. Am Tag der Regatta findet auch ein farbenprächtiger Festzug mit historischen Kostümen statt sowie ein Gottesdienst in der Kathedrale. Die Ruderboote sind in den Arsenali (→ „Sehenswertes", S. 334) ausgestellt.

Übernachten

Vielfältiges Angebot zwischen luxuriös und schlicht. Entweder man logiert in einer stilvollen Klosterherberge oder einer familiären Altstadtpension. Low-Budget-Reisende sind besser im benachbarten Atrani aufgehoben. Ein prominenter Blickfang im oberen Ortsteil von Amalfi ist die ehemalige Klosteranlage **Cappuccini Convento,** heute eine luxuriöse Klosterherberge mit teilweise erhaltenem Kreuzgang und intakter Klosterkirche, die nach umfangreichen Bau- und Renovierungsmaßnahmen jetzt wieder an der Spitze der örtlichen Hotellerie steht.

***** Grand Hotel Convento di Amalfi (7),** isolierte Panoramalage am westlichen Stadtrand. Luxuriöse Klosterherberge mit idyllischem Garten, eine Oase der Ruhe. Strahlt nach dem jüngsten Umbau zur Nobelherberge ganz in Weiß. Man schläft in komfortablen Mönchszellen mit Meerblick. Pool, feines Ristorante, Aufzug von der Küstenstraße, Treppenweg in den Ortskern. DZ ab 260 €. Via Annunziatella 46, ℘ 089/8736711, 📠 089/8736704, www.nh-hotels.com.

**** Luna Convento & Torre Saracena (16),** ehemalige Klosteranlage mit romantischem Kreuzgang, am östlichen Stadtrand neben dem Küstenwachturm (Torre Saracena). Angeblich soll von hier Franz von Assisi zu seiner Missionsreise ins Heilige Land aufgebrochen sein. Prominentenherberge seit über 170 Jahren, im Gästebuch stehen z. B. Richard Wagner und Ingrid Bergman. Luxuriös eingerichtet, Frühstück wird im Kreuzgang serviert, ausgezeichnetes Hotelrestaurant im Torre, Swimmingpool. DZ ab 190 € inkl. Frühstück. Via Pantaleone Comite 33, ℘ 089/871002, 📠 089/871333, www.lunahotel.it.

**** Marina Riviera (15),** in einem stattlichen Uferpalazzo am östlichen Ortsausgang, Aufzug an der Straße. Geschmackvoll und komfortabel eingerichtet, Zimmer mit Meer- und Hafenblick, Frühstück wird auf dem Balkon serviert, kein Restaurant. DZ ab 230 € inkl. Frühstück. Via Pantaleone Comite 19, ℘ 089/871104, 📠 089/871024, www.marinariviera.it.

*** Amalfi (8),** gepflegtes, familiär geführtes Altstadthotel, etwas versteckt im engen Gassenlabyrinth gelegen. Ansprechend modernisiert, Dachterrasse und kleiner Zitrusgarten, ohne Restaurant, Hotelgarage. DZ 80–170 € inkl. Frühstück. Via dei Pastai 3, ℘ 089/872440, 📠 089/872250, www.hamalfi.it.

*** Floridiana (10),** jüngst eröffnetes Albergo in einem Altstadtpalazzo aus dem 18. Jh. gleich hinter dem Duomo. Hübsche Zimmer mit Vietri-Keramik gefliest, im ehemaligen Salone mit restauriertem Deckenfresko wird gefrühstückt, familiäre Atmosphäre. DZ 80–155 € inkl. Frühstück und Garage. Via Brancia 1, ℘ 089/8736373, 📠 089/873907, www.hotelfloridiana.it.

*** La Bussola (9),** großes Hotel am Sporthafen, internationaler Standard, Zufahrt von der Hafenpiazza, hoteleigener Parkplatz, Restaurant. Unbedingt Zimmer mit Hafenblick verlangen, der morgendliche Busrangierverkehr kann u. U. etwas stören. DZ 98–200 € inkl. Frühstück (15 € Parkplatz). Lungomare Cavalieri 16, ℘ 089/871533, 📠 089/871369, www.labussolahotel.it.

** La Conchiglia (12),** kleines Strandhotel am Westende der Hafenstraße, etwas versteckt neben dem Hotel Aurora gelegen. Sympathischer Familienbetrieb, elf hübsche Zimmer mit Blick aufs Meer, hoteleigenes Strandstück an der Spiaggia delle Sirene, hoteleigener Parkplatz, kein Restaurant (mehr). DZ 90–106 € inkl. Parkplatz, Frühstück 7 €, zwei

Positano   Salerno

Übernachten

2 Villa Lara
7 Convento di Amalfi
8 Amalfi
9 La Bussola
10 Floridiana
12 La Conchiglia
15 Marina Riviera
16 Luna Convento/
    Torre Saracena

Essen & Trinken

1 Il Mulino
3 Da Meme
4 La Taverna del Duca
5 Il Teatro
6 Dolceria Antico Portico
11 Da Gemma
13 Da Barracca
14 La Marinella

Strandliegen und Sonnenschirm 10 € am Tag. Piazzale dei Protontini 9, ☎/📠 089/871856, www.amalfihotelconchiglia.it.

Villa Lara (2), stattliche Villa aus dem 19. Jh. am Ausgang des Mühlentals mit tollem Blick auf Amalfi, ruhige Randlage im Grünen, geschmackvoll eingerichtete Zimmer, kein Restaurant. DZ 90–195 € inkl. Frühstück. Via delle Cartiere 1, ☎ 089/8736358, 📠 089/9830119, www.villalara.it.

Essen und Trinken

Das kulinarische Angebot ist ebenso vielfältig wie das Übernachtungsangebot, entlang der Altstadtgasse gibt es sowohl ausgewiesene Feinschmeckerlokale als auch einfache Trattorie mit schnörkelloser Hausmannskost. Ein Tipp für zwischendurch ist die **Pasticceria Pansa** an der Dompiazza, hier wird seit 1830 die hohe Kunst der Feinbäckerei praktiziert. Das stimmungsvollste Straßencafé an der Dompiazza ist die **Bar Francese** mit dem wohl schönsten Blick auf die Domfassade.

La Taverna del Duca (4), fast am Ende der Hauptgasse an der Piazza Santo Spirito, früher volkstümlich, jetzt ein feines, kleines Ristorante, einige Tische auf der lauschigen Brunnenpiazza. Hausgemachte Pasta, schmackhafte Fisch-Secondi, auch

Pizza. Menü 30–40 €, ☎ 089/831946, Do geschlossen.

Da Gemma (11), Altstadtrestaurant mit Tradition und seit Jahrzehnten ein Tipp für gehobene Ansprüche. Feinste regionale Spezialitäten, vorwiegend Fisch. Gemütlicher, verwinkelter Speisesaal, lauschige Terrasse oberhalb der Altstadtgasse. Appetitliche Meeresfrüchte-Antipasti und Fischsuppen, verschiedene Fisch-Primi und -Secondi. Und zum Abschluss vielleicht Auberginen in Bitterschokolade *(Melanzane dolce)*. Die neue Bewirtung hält allerdings nicht ganz das Preis-Qualitäts-Niveau ihrer Vorgänger. Menü ab 50 €. Via Fra Sasso 11, ☎ 089/871345; Mi Ruhetag.

Il Teatro (5), ein Lesertipp! Etwas versteckt im hinteren Teil der Altstadt gelegen. Schlichtes Ambiente, tadellose *Cucina casalinga* (Hausmannskost), auch Pizza, moderate Preise. Via E. Marini 19, ☎ 089/872473.

Da Meme (3), stimmungsvolle Trattoria in den Sakralräumen des ehemaligen Klosters San Nicola, wenige Außenplätze. Lokale und regionale Fisch- und Meeresfrüchtegerichte, hausgemachte Pasta, auch Pizza.

Menü 30–40 €. Salita Marino Sebaste 8, ☎ 089/8304549.

Da Barracca (13), an der kleinen Piazza dei Dogi, dem Marktplatz von Amalfi. Einfache Trattoria mit Veranda, Tische auch im Freien. Freundlicher Familienbetrieb, der trotz steigender Fischpreise ein gutes Preis-Qualitätsverhältnis bietet, hier essen auch Einheimische gern. Mal die *Scialatielli* mit Meeresfrüchten probieren oder die *Grigliata mista* bzw. die leckere Fischsuppe, Menü 30–40 €. ☎ 089/871285.

Dolceria Antico Portico (6), in den Arkaden der Altstadtgasse, modern eingerichtet. Das Frühstückslokal vieler Einheimischer, tagsüber Stehcafé, mittags und abends Aperitifbar. Supportico Rua 10.

La Marinella (14), großes, beliebtes Fischrestaurant am Hafen, stimmungsvoll bis laut. Fisch und Meeresfrüchte in allen Variationen, akzeptables Preis-Qualitäts-Verhältnis. Lungomare Cavalieri, ☎ 089/871043.

Il Mulino (1), Nähe Papiermuseum. Der absolute Preisbrecher, deftige Hausmannskost und Pizza. Via delle Cartiere, ☎ 089/872223.

Sehenswertes

Duomo Sant'Andrea: Von der Hafenpiazza mit dem *Gioia-Denkmal* (s. u.) gelangt man in wenigen Schritten auf die stimmungsvolle Dompiazza, wo eine monumentale Freitreppe hinauf zur Eingangsloggia der Kathedrale führt. Wem es gelingt, alle 67 Stufen ohne Atem zu holen nach oben zu steigen, der hat nach altem Volksglauben einen Wunsch frei. Die orientalisch anmutende *Fassade* ist ein regelrechter Blickfang. Seit der vollständigen Wiederherstellung im 19. Jh. erstrahlt sie im farbenprächtigen Glanz ihres ursprünglichen romanisch-arabischen Baustils.

Der Dombau erfolgte zur Blütezeit der Republik Amalfi im 11. Jh. Seine markanten Stilelemente erhielt er beim Umbau im Jahr 1203. Kunstgeschichtlich besonders wertvoll ist das *Bronzeportal* mit den Reliefplatten, die 1066 in Byzanz gegossen wurden. Der seitlich aufragende *Glockenturm* hat noch einen original romanischen Unterbau und zeigt ebenso wie die Fassade eine prächtige Formen- und Farbenvielfalt im oberen Teil.

Im dreischiffigen *Innenraum* erschlagen einen fast die üppigen Barockdekorationen aus dem frühen 18. Jh. mit vergoldeter Holzdecke und zahlreichen Ölgemälden. Von der ursprünglichen Ausstattung sind nur noch einige antike Marmorsäulen und Mosaikverzierungen am Hauptaltar übrig geblieben. Eine Augenweide sind die farbigen Marmorverkleidungen der unteren Innenwände.

Chiostro del Paradiso: Der Eingang zu diesem Besichtigungshöhepunkt befindet sich am linken Ende der Loggia neben dem Glockenturm. Dieser anmutige Kreuzgang aus dem 13. Jh. scheint aus einem Märchen aus „1001 Nacht" zu stammen. Blendend weiß leuchtet das gotische Arkadengefecht über den zierlichen Doppelsäulenreihen.

Moschee oder Kathedrale?

Die Nischen der Gänge sind teilweise noch mit Fresken verziert. Der „paradiesische" Chiostro ist ein Paradebeispiel architektonischer Harmonie und ein wirklich kontemplativer Ort. Das anschließende *Museo* enthält wertvolle sakrale Kunstschätze, darunter viel bischöflicher Ornat und einige interessante Reliquiengefäße. Zu sehen sind außerdem Originalfragmente der Kanzel *(Pulpito)* aus dem 13./14. Jh. sowie Marmorreliefs und Fresken. Unterhalb dann die dem Kirchenheiligen Andreas geweihte barockisierte *Krypta* mit den Reliquien des Märtyrers, die die Amalfitaner im 13. Jh. aus Konstantinopel (Byzanz) hierher brachten.

Öffnungszeiten Duomo, Chiostro mit Museo und Krypta tägl. 9–19 Uhr, Eintritt 3 € (der Dom ist vom Kreuzgang aus zugänglich).

Der Kompass der christlichen Seefahrt

An der Hafenpiazza von Amalfi steht die Statue des berühmtesten Sohnes der Stadt. Dieser *Flavio Gioia* gilt als Erfinder des Kompasses. Stolz hält sein Standbild den revolutionären nautischen Magnetkompass in der Hand. Doch diesen amalfitanischen Erfinder namens Gioia – was wörtlich übersetzt Freude heißt – hat es vermutlich gar nicht gegeben. Hier hat man höchstwahrscheinlich einer Legende ein Denkmal gesetzt.

Die Erfindung des Kompasses wird ganz unbestritten den Chinesen zugeschrieben, denen die magnetischen Eigenschaften des Eisens schon früh bekannt waren und die die Richtwirkung der Magnetnadel um 1100 entdeckten. Über fernöstliche Handelswege gelangte der *Magnetkompass* dann in den islamischen Orient, wo ihn abendländische Seeleute erstmals kennen lernten. Wahrscheinlich handelte es sich um italienische Seefahrer aus Amalfi, die den Kompass mit nach Europa brachten – aber erfunden haben sie ihn gewiss nicht.

Altstadt: An der Dompiazza mit der Brunnenstatue des heiligen Andreas beginnt die Hauptgasse *Via d'Amalfi/Via Capuano* durch die Altstadt. Anfangs eine gepflegte Geschäftsstraße mit Boutiquen, Souvenirläden und appetitlich dekorierten Lebensmittelgeschäften. Erstaunlich viele Treppenwege führen ins seitliche Wohngebiet, wo sich ein unvermutetes Labyrinth aus mittelalterlichen Gassen, Gängen, Nischen und Gewölben auftut. Weiß getünchte Tunnelgänge mit vereinzelten Läden, die abends raffiniert beleuchtet sind, verbreiten ein wenig arabische Kasbah-Atmosphäre. Hinter der kleinen *Piazza Santo Spirito* geht die belebte Hauptgasse abrupt in ein eher tristes Wohn- und Werkstättengebiet über. Unter dem Straßengitter rauscht der kanalisierte Gebirgsbach und signalisiert, dass wir uns bereits am Anfang des berühmten Mühlentals befinden.

Valle dei Mulini (Tal der Mühlen): Im Mittelalter war Amalfi ein bedeutendes Zentrum der Papierherstellung und in diesem Mühlental standen Dutzende mit Wasserkraft betriebene Papiermühlen. Heute produzieren hier nur noch zwei uralte *Cartiere* (Papiermühlen) in erster Linie Souvenirs und ein kleines Museum, das in einer ehemaligen Mühle eingerichtet wurde, dokumentiert die Geschichte der örtlichen Papierherstellung

Cartiera von Antonio Cavaliere: Die unscheinbare Manufaktur findet man auf der linken Seite des Mühlentals in der Via Fiume. Ihr mittlerweile verstorbener Besitzer galt als regelrechtes Fossil in der traditionellen Herstellung handgeschöpften

Büttenpapiers. Jahrzehntelang betrieb Antonio Cavaliere seine Papiermühle, heute setzt Tochter Rita die Familientradition fort. Die Apparaturen und Arbeitsvorgänge sind noch authentisch mittelalterlich. Als Grundstoff werden wie früher größtenteils Baumwollreste verwendet, heute jedoch mit Altpapier vermischt. Die Fertigstellung eines Büttenblatts dauert etwa zehn Tage, wobei die Trocknung die meiste Zeit beansprucht. Rita Cavaliere verkauft in ihrem kleinen Laden in der Hauptgasse (Via Capuano 30) u. a. Klappkarten, in die Blätter und Gräser eingearbeitet sind, die im Gegenlicht durchschimmern. Eine wirklich einzigartige Gelegenheit, die traditionelle Büttenherstellung kennen zu lernen und Produkte aus der vielleicht ältesten aktiven Papiermühle der Welt zu erwerben.

Piazza dei Dogi

Museo della carta: Ein Stück weiter befindet sich das offizielle Papiermuseum, eingerichtet in den Räumlichkeiten einer mittelalterlichen Papiermühle. Zu sehen gibt es zahlreiche Fotografien und Gerätschaften sowie alte Drucke und Schriftstücke. Auf einigen Fotos erkennt man die Mühlenruinen des Valle dei Mulini – und auch Antonio Cavaliere in jüngeren Jahren. Im Untergeschoss findet dann die eigentliche Mühlenbesichtigung statt, wo die ganze mittelalterliche Mühlenmechanik samt Handwerkszeug bestaunt werden kann.

Öffnungszeiten tägl. 10–18.30 Uhr, Eintritt 4 €; Via delle Cartiere 24, ☎ 089/8304561, www.museodellacarta.it.

Papier-Geschichte

Bereits im Hochmittelalter wurden in Amalfi die ersten Papiermühlen errichtet. Das technische Wissen dazu brachten amalfitanische Kaufleute aus dem Vorderen Orient mit, wo die Herstellung von Büttenpapier aus Baumwollabfällen *(Bambagia)* längst bekannt war. *El-Marubig* hieß das arabische Papierhandelszentrum, wo sich Amalfi anfangs mit Papier und dann mit Rohstoffen zur Papierherstellung versorgte. Büttenpapier war damals eine relativ preisgünstige Alternative zum wertvollen Pergament und zum fast unbezahlbaren Papyrus. Im Lauf der Jahrhunderte etablierte sich im Valle dei Mulini sowie in den Bergtälern um Amalfi eine regelrechte Papierindustrie mit Dutzenden von Papiermühlen. Bis ins 19. Jh. hinein florierte der örtliche Industriezweig und die weithin bekannten Markenzeichen bürgten für die erstklassige Qualität der Büttenblätter aus Amalfi. Erst die industrielle Massenherstellung führte zur Aufgabe der amalfitanischen Papiermühlen.

Amalfitanische Küste
Karte S. 302/303

Antica Cartiera Armatruda: Außer der Papiermühle von Antonio/Rita Cavaliere gibt es ganz am Ende der Via delle Cartiere noch diese Manufaktur, in der ebenfalls Büttenpapier im traditionellen Verfahren hergestellt und gebunden wird. Interesse an neugierigen Besuchern besteht hier allerdings nicht.

Museo della Civiltà Contadina: Eine ganz andere Tradition wird hier gepflegt, nämlich die bäuerliche Kultur der *Limoncello*-Produktion samt Kostprobe. Ebenfalls im hinteren Mühlen-Viertel.
Öffnungszeiten werktags von 9–13 Uhr und 15–18.30 Uhr. Via delle Cartiere 55, Eintritt frei.

Souvenirkeramik im Stadtzentrum

Antichi Arsenali: Zurück am Hafen lohnt sich ein Blick in die alten Werfthallen der Seerepublik Amalfi. In diesen kathedralenartigen Gewölbehallen am Ufer wurden einst die Hochseegaleeren gezimmert. Die größten Ruderschiffe hatten damals 116 Ruderbänke und verfügten außerdem über zwei Masten mit Dreiecksegeln. 1343 vernichtete ein fürchterliches Seebeben den Hafen und die Werften weitgehend. In den beiden übrig gebliebenen Säulenhallen werden heute die Ruderboote (*Galleoni*) aufbewahrt, die bei der historischen Vier-Städte-Regatta (→ „Feste und Veranstaltungen") zum Einsatz kommen. In den Arsenali finden außerdem wechselnde Ausstellungen statt.
Öffnungszeiten tägl. 9.30–12.30 Uhr und 16–19 Uhr, Eintritt frei.

Museo civico: Dieses kleine Stadt- und Schifffahrtsmuseum ist im Rathaus (*Municipio*) an der Uferstraße untergebracht und beherbergt u. a. eine Originalfassung der mittelalterlichen Seerechtsverordnung der Republik Amalfi. Bei diesen *Tavole Amalfitane* handelt es sich um den ersten schriftlich fixierten Seerechtskodex überhaupt. Das Gesetzbuch regelte u. a. Fragen zum Warenimport sowie die Arbeitsbedingungen der Seeleute. Außerdem gibt es noch *Tari* (amalfitanische Goldmünzen) und andere Raritäten aus der Zeit der glorreichen Republik zu sehen.
Öffnungszeiten Mo–Sa 8–14 Uhr, Eintritt frei.

Umgebung von Amalfi

In den beiden Bergdörfern *Pogerola* und *Pontone* oberhalb von Amalfi spürt man deutlich, dass die amalfitanische Küsten- und Bergwelt seit eh und je grundverschieden waren. Als an der Küste der Tourismus schon fast ein Jahrhundert lang florierte, herrschte in den kleinen bäuerlichen Bergdörfern noch die totale Abgeschiedenheit. Erst in den 50er Jahren des 20. Jh. erhielten Pogerola und Pontone Straßenanbindungen, bis dahin waren die Treppenwege nach Amalfi die einzigen Verbindungen zur Außenwelt. Ich habe dort oben ältere Leute angetroffen, die ihr halbes Leben lang die *1000 Stufen nach Amalfi* mindestens einmal täglich auf und ab gelaufen sind, zurück ins Dorf meistens mit Lasten bepackt. Heute bieten diese mittelalterlichen Treppenwege Urlaubern die bequeme Gelegenheit, durch eine uralte Kulturlandschaft zu wandern, in der vor allem üppige Zitronenhaine das Auge erfreuen. Pogerola und Pontone erwecken auch heute noch ein bisschen den Eindruck zeitloser Rückständigkeit – Orte, um die Seele ein wenig baumeln zu lassen.

• *Essen und Trinken* **Trattoria Da Rispoli,** in Pogerola unmittelbar am Ende des Treppenwegs (→ „Wanderung nach Pogerola"). Sympathischer Familienbetrieb in der dritten Generation, schmackhafte *Cucina casareccia* (Hausmannskost). Küche durchgehend geöffnet, kühler Speiseraum und Terrasse mit Blick auf Ravello, ehrliche Preise. Pogerola, Via Riulo 3, ✆ 089/830080.

Große und kleine Umgebungswanderungen

Wanderung durchs Valle dei Mulini (Mühlental) zu den Ruderi delle Ferriere (Eisenhütten), hin und zurück ca. 2 Std. Gehzeit. Gegenüber dem *Museo della Carta* beginnt der Wanderweg durch das enge Mühlental, vorbei an terrassierten Nutzgärten, verstreuten Bauernhäusern und den Ruinen der mittelalterlichen Papiermühlen. Das Rauschen des Gebirgsbachs begleitet die Wanderung durch das üppige Tal, in dem auch seltene Farne gedeihen. Bald stößt man auf die Ruinen der mittelalterlichen Eisenhütten (Ruderi delle Ferriere), die noch im 18. Jh. in Betrieb waren. In der Umgebung befinden sich einige imposante Wasserfälle sowie die Überreste eines Aquädukts.

• *Verlängerung* Eine ausgedehnte Wanderung durch das anschließende Naturschutzgebiet **Valle delle Ferriere** führt auf dem CAI-Wanderweg Nr. 57 vorbei an der imposanten Steilwand unterhalb der Festungsruine **Il Castello** und durch das Bergdorf **Campidoglio** nach **Scala** (umgekehrte Wegbeschreibung → S. 344), von wo Busse nach Amalfi zurückfahren. Für diese anspruchsvolle Wanderung unbedingt eine detaillierte Wanderkarte (→ S. 306) besorgen.

Wanderung nach Pogerola: Gehzeit knapp 1 Std., Beginn an der Via delle Cartiere. Zunächst geht man auf der links ansteigenden Asphaltstraße an den Carabinieri und dem Schulgebäude *(Scuola)* vorbei. Nach ca. 100 m endet die Straße und es beginnt der bequeme Treppenweg aus dem Mittelalter. Stufe für Stufe steigt man durch kleine Nutzgärten. Später öffnet sich ein tiefer Küstenblick auf Amalfi, oben erkennt man Ravello in herrlicher Lage. Der Weg endet im friedlichen Zentrum von Pogerola.

Wanderung nach Pontone: Start rechts an der Via delle Cartiere/Ecke Salita dei Patroni. Ebenfalls ein romantischer Treppenweg in ein verschlafenes Bergdorf. Gehzeit eine gemütliche Stunde. Von dort entweder auf dem gleichen Weg zurück oder über das Mühlental nach Amalfi absteigen. Eine Alternative ist die Fortsetzung des Anstiegs über Minuta nach *Scala* und von dort wieder mit dem Bus nach Amalfi (ausführliche Wegbeschreibung von Scala nach Amalfi → S. 344).

Wanderung über Atrani nach Ravello: Der beliebte Wanderweg beginnt am östlichen Ende der Uferpromenade Amalfis. Vor dem Hotel Luna geht's die Treppenstufen aufwärts und in engen Gassen hoch über der Küstenstraße nach Atrani. Von der zentralen Piazza steuert man die Chiesa Santa Maria Maddalena mit dem charakteristischen Glockenturm an, von dort bis Ravello auf einem markierten Treppenweg, der oben an der Piazza Duomo endet.

Amalfitanische Küste

Karte S. 302/303

Atrani
(ca. 1000 Einwohner)

Nur einen Katzensprung von Amalfi entfernt. Ein kleines Juwel am steilwandigen Ausgang des Dragonetals mit der – ohne jede Übertreibung – anmutigsten Piazza der Costiera Amalfitana.

Das wuchtige Viadukt schirmt den tiefliegenden Ortskern vom Meer ab, wo sich ein kleiner, nicht unbedingt badetauglicher Strand erstreckt. Atrani liegt so nah an Amalfi, dass die Ortsränder fast zusammengewachsen sind. Und mitten im verwinkelten Treppengassengewirr steckt die Bilderbuchpiazzetta: formschön, lebendig und von leicht verwitterten Fassadenfronten geschützt. Hinter dieser beschaulichen *Piazza Umberto I* – namensgleich mit der weltberühmten Piazzetta Capris – staffelt sich die Ortschaft wagemutig das Tal hinauf, förmlich bedroht von einer mächtigen Steilwand, die nach jahrelangen Absicherungsarbeiten gewissermaßen zur Ruhe gekommen ist, denn ein nahezu unsichtbares Stahlnetz schützt den Ort jetzt definitiv vor Steinschlag.

• *Feste und Veranstaltungen* In der 3. Augustwoche findet alljährlich die Fischerkirmes **Sagra del pesce azzurro** statt.

• *Übernachten/Essen und Trinken* Fast gänzlich ohne Hotels wirkt Atrani auf den ersten Blick weniger einladend als Amalfi; Traveller finden jedoch im Ostello A'Scalinatella ein ideales Quartier. Die örtliche Gastronomie bietet vor allem lokaltypische Fischgerichte.

A'Scalinatella, kleines Ostello, wie eine Jugendherberge geführt (Doppel- und Mehrbettzimmer), aber Altersbeschränkungen gibt es nicht. Das Hauptgebäude liegt an der Piazza Umberto I, der Treppenaufgang befindet sich gleich hinter dem Bogentor der Kirche. Ganzjährig geöffnet, Gemeinschaftsräume mit Kochmöglichkeit. Mehrbettzimmer 25–30 € pro Pers. inkl. Frühstück, DZ mit Bad 70–90 €. Piazza Umberto I 5, ✆ 089/871492, ✉ 089/871930, www.hostel scalinatella.com.

A Paranza, die beliebte und alteingesessene Osteria im hinteren Ortsteil ist seit Jahren ein zuverlässiger Tipp. Lokale Spezialitäten zu angemessenen Preisen, mal den Primo *Scialatielli alla Paranza* (mit frischen Wildtomaten und Meeresfrüchten) probieren. Sättigende 3-Gänge-Menüs 30–40 €, gute lokale und regionale Flaschenweine. Via Dragone 1, ✆ 089/871840, Di Ruhetag.

Zaccaria, volkstümliches Ristorante oben an der Küstenstraße (direkt am Straßentunnel nach Amalfi). Eingerichtet wie eine Taverna, mit spektakulärer Panoramaterrasse. *Cucina di mare* (kein Fleisch!), Fisch und Krustentiere hauptsächlich vom Holz-

Atranis pittoreske Piazza

kohlengrill. Nicht preiswert, aber besonders abends stimmungsvoll. Via Colombo 9, ✆ 089/871807, Mo Ruhetag. (Im Januar 2010 zerstörte ein kleiner Erdrutsch das Lokal, der Koch kam dabei ums Leben; eine baldige Wiedereröffnung ist fraglich, aber nicht ausgeschlossen.)

Da Luisella, urgemütliche Osteria und Enoteca unter den Arkaden der pittoresken Piazza Umberto I, landestypische Fischge-richte, die Wohlgerüche ziehen durch die Räume und Arkaden, gute Weinauswahl, Menü 20–30 €. ✆ 089/871087.

Bar La Risacca, einfaches Piazzacafé und Weinstube, prominente Lage an der Piazza Umberto I. Treffpunkt für jedermann, abends je nach Stimmung lange geöffnet. Wein, Bier vom Fass, *Spremuta* (frisch gepresster Zitronensaft), Cocktails, Eis, Snacks, Internet-Point.

Sehenswertes

Insgesamt sechs Kirchen zählt das kleine Atrani. Die auffälligste ist die *Kollegiatskirche Santa Maria Maddalena* mit der Majolikakuppel und dem alles überragenden Glockenturm. Im Innern befindet sich ein schönes Gemälde des „Ungläubigen Thomas" von *Andrea Sabatini* aus Salerno (16. Jh.).

Am interessantesten ist jedoch die *Chiesa San Salvatore* oberhalb der Piazza. Ein Kirchenbau aus dem 10. Jh., der 1810 klassizistisch umgestaltet wurde. Das kunstgeschichtlich wertvolle Bronzeportal (11. Jh.) stammt aus Byzanz und ist dort nur zwei Jahrzehnte nach dem berühmten Portal der Kathedrale von Amalfi gegossen worden. Zur Zeit der mittelalterlichen Seerepublik wurden die Dogen von Amalfi in dieser Erlöserkirche gewählt und erhielten dort in einer feierlichen Zeremonie die Dogenmütze *(Berretto ducale)* überreicht. Außerdem diente sie den amalfitanischen Dogen als Grabkirche.

Ravello   (ca. 2500 Einwohner)

Romantisches mittelalterliches Bergstädtchen, auf einem schmalen Gebirgsausläufer etwa 350 m oberhalb der Küstenlinie gelegen und umgeben von fruchtbaren Wein- und Zitrusgärten.

Das Zentrum der lang gestreckten Ortschaft bildet die weitläufige *Piazza Vescovado* mit der schlichten Domfassade, die vom prunkvollen Innenraum der *Basilika San Pantaleone* noch nichts verrät. Das Ortsbild wird von den verstreuten mittelalterlichen Adelspalästen beherrscht, die ein einzigartiges Ensemble maurisch geprägter Architektur bilden, das an die glorreiche Zeit des amalfitanischen Städtebundes erinnert. Die vielleicht schönste Gesamtansicht Ravellos hat man vom gegenüberliegenden Bergdorf Scala (s. u.).

Geschichte: Als Mitglied der mittelalterlichen Seerepublik Amalfi kam auch Ravello schon früh zu wirtschaftlicher Macht und überregionalem Ansehen. Angelockt von der geschützten Höhenlage zogen vor allem reiche Adelsfamilien der amalfitanischen Republik in das Bergstädtchen, wo sie sich prächtige Paläste bauten. Und ganz im Gegensatz zur Küste gab es in Ravello auch genügend Platz für ausgedehnte Park- und Gartenanlagen. Das bevorzugte Wohngebiet des Adels war das so genannte *Toroviertel* oberhalb der Dompiazza entlang der heutigen Via San Giovanni del Toro. Die damals mächtigste Großfamilie bildeten die *Rufoli*, die auch den Dom finanzierten und deren prunkvolle Villa der deutsche Historiker *Gregorovius* wegen des maurischen Baustils, der einst die ganze Stadt prägte, „kleine Alhambra" nannte. Den geschichtlichen Hintergrund dieser städtebaulichen Besonderheit bildet der mittelalterliche Orienthandel Ravellos, der auch zum fruchtbaren

Stimmungsvolle Piazza vor dem Dom

Kulturaustausch mit den Sarazenen (Arabern) führte. Und über die Rufoli berichtete einer ihrer Gäste, der große humanistische Dichter *Boccaccio* schon in seiner berühmten Novellensammlung „Decamerone", dass sie steinreich waren und ihre Villa den schönsten florentinischen Renaissancepalästen in nichts nachstand.

Im 12. und 13. Jh., auf dem Höhepunkt seiner Blütezeit, zählte Ravello sagenhafte 36.000 Einwohner und die reichen Kaufmannsfamilien brachten allen Luxus in die Stadt, den sie in ihren östlichen Handelsniederlassungen angehäuft hatten. Ähnlich wie Amalfi, das zu dieser Zeit den Aufbau einer einträglichen Papierindustrie betrieb, prosperierte Ravello durch das Monopol für die Baumwollfärberei, das es vom neapolitanischen König *Karl von Anjou* erhalten hatte. Doch schon bald, im Zuge des Untergangs der amalfitanischen Republik, verlor auch Ravello an Bedeutung. Die Adelsfamilien starben langsam aus und die Stadt entvölkerte sich kontinuierlich.

Die Stunde der Wiederentdeckung fiel in die Zeit der Romantik. Der englische Maler *William Turner* war einer der ersten großen Romantiker, den es nach Ravello zog. Seine suggestiven Landschaftsbilder von der Amalfitanischen Küste lösten bei seinen Landsleuten eine leidenschaftliche Italiensehnsucht aus. Einige Jahrzehnte später stattete der schaffensmüde *Richard Wagner* seinen legendären Besuch in Ravello ab und schöpfte angesichts der Rufologärten neue Kräfte. Noch vor Wagner bewunderte *Ferdinand Gregorovius* das maurische Ravello und weckte die Neugier auf dieses vergessene Bergstädtchen mit Sätzen wie: „Ich könnte noch mancherlei Dinge von Ravello erzählen, zumal vom alten Dom, den Niccolo Ruffuli im 11. Jh. erbaute, wo eine seltsam mosaizierte Kanzel und alte Bronzetüren zu sehen sind, und in einer Ampolla das Blut des San Pantaleon so gut flüssig wird wie jenes des San Gennaro; aber es sei genug, denn man muss weder zu viel sehen noch zu viel erzählen."

Information/Vorwahl

• *Information* **AAST-Informationsbüro** in der Nähe des Doms (ausgeschildert), perfekt organisiert, gute Ortspläne, aktuelle Fest- und Veranstaltungstermine, bei der Zimmervermittlung behilflich. Tägl. 9– 20 Uhr, im Winter von 9–17 Uhr, ☎ 089/ 857096, www.ravellotime.it.

• *Vorwahl* ☎ 089 für Ravello und die gesamte Amalfitanische Küste. Auch bei Ortsgesprächen muss die Vorwahl immer mitgewählt werden.

Verbindungen/Wanderungen

Bus, ab Amalfi (kleine SITA-Busse, Einzelfahrt 2,40 €), Rückfahrt nach Amalfi über Scala.
Pkw, gebührenpflichtige Parkmöglichkeiten entlang der Zufahrtsstraße, die sich vor dem Straßentunnel gabelt, und auf dem Domparkplatz (unterhalb der Piazza Vescovado) 1–2,50 € pro Std. Achtung, saftige Strafgebühren bei Überziehen der Parkdauer! Der Ortskern von Ravello ist autofrei.

Eine empfehlenswerte Alternative zum Auto und zum Bus ist der **Fußweg** von Amalfi über Atrani, der auf der Piazza Duomo von Ravello endet. Eine spannende Fortsetzung ist der Abstieg nach **Minori** (umgekehrte Wegbeschreibung → S. 347). Weitere Umgebungswanderungen beginnen in Scala (→ S. 344).

Feste/Veranstaltungen

Patronatsfest San Pantaleone, am 27. Juli, feierliche Messe mit Blutverflüssigungszeremonie.
Festival di Ravello, Ende Juni bis Ende September. Seit 1953 findet dieses Festival in den Gärten der Villa Rufolo sowie auf anderen Freilichtbühnen statt. Vom reinen Wagnerfestspiel hat es sich mittlerweile zum internationalen Festival für Kammermusik, Sinfoniekonzerte, Ballettaufführungen sowie Jazz- und zeitgenössische Musik entwickelt. *Programm- und Kartenservice*: Fondazione Ravello, ☎ 089/858360, ☏ 8586278, www.ravellofestival.com bzw. im AAST-Infobüro.

Seit 2010 hat das Ravello-Festival mit dem futuristischen **Auditorium Oscar Niemeyer** eine neue Konzerthalle. Die Stahlbetonkonstruktion ist aufs Meer ausgerichtet und zeichnet sich durch das für den brasilianischen Stararchitekt Oscar Niemeyer typische Augenmotiv aus; der Eingangsbereich gleicht einer geweiteten Pupille. Das weltweit beachtete Auditorium ist die erste und einzige überdachte Bühne des ambitionierten Ravello-Festivals, das seine Spielzeit in den nächsten Jahren verlängern und das Programm auch thematisch erweitern wird (Kunst, Kino etc.).

Einkaufen/Souvenirs

In den Nebengassen der Dompiazza stecken zahlreiche Souvenirläden; vor allem entlang der Via San Francesco (Richtung Villa Cimbrone) herrscht ein regelrechter Belagerungszustand. Neben lokalen Kera-

mikerzeugnissen findet man dort auch allerlei Antiquitäten und Kuriositäten.
Der sympathischste Delikatessen- und Weinladen Ravellos befindet sich in der Via Roma: **Gusti e delizie**.

Übernachten

Ravello ist ein idealer Standort für all jene, die dem Rummel der Küstenorte entfliehen wollen. Wer Ruhe, Beschaulichkeit und eine friedliche Abendstimmung sucht, findet sie hier. Die örtlichen Luxusherbergen (mittelalterliche Adelspaläste) befriedigen auch höchste Ansprüche. Obwohl die Luxuskategorie in Ravello eindeutig den Ton angibt, kann man bei rechtzeitiger Reservierung auch viel preiswerter in alteingesessenen Pensionen und Gästezimmern wohnen.

***** Palumbo**, im mittelalterlichen Palazzo Confalone. Das prächtig restaurierte Gebäude steht unter Denkmalschutz und ist

stilvoll bis ins Detail. Nur wenige Zimmer und Suiten, das Gästebuch liest sich wie ein internationales VIP-Verzeichnis. Viel

Amalfitanische Küste Karte S. 302/303

Grün, vornehmes Restaurant auf Gourmet-niveau. DZ ab 400 € inkl. Frühstück. Via San Giovanni del Toro 16, ☎ 089/857244, 📠 089/8586084, www.hotelpalumbo.it.

***** **Caruso**, herrschaftlicher Palazzo aus dem 12. Jh., kürzlich renoviert und seither unumstritten das erste Haus am Ort, stilvolles Hoteljuwel, edles Interieur, das keine Wünsche offen lässt. DZ ab 600 € inkl. Frühstück. Piazza San Giovanni del Toro 2, ☎ 089/858801, 📠 089/858806, www.hotelcaruso.com.

***** **Villa Cimbrone**, jüngst renovierter, edler mittelalterlicher Palazzo im gleichnamigen Park, beliebte Künstler- und Prominentenherberge, feines Restaurant. DZ ab 330 € inkl. Frühstück. Via S. Chiara 26, ☎ 089/857459, 📠 089/857777, www.villacimbrone.com.

**** **Bonadies**, historischer Palazzo mit schöner Arkadenfassade. Alteingesessener Familienbetrieb, erst jüngst in die 4-Sterne-Kategorie aufgestiegen, aber relativ preiswert geblieben. Gartenterrasse und einige Zimmer mit Blick aufs Meer, Restaurant. DZ ab 130 € inkl. Frühstück. Piazza Fontana 5, ☎ 089/857918, 📠 089/858570, www.hotelbonadies.it.

*** **Parsifal**, neben dem Hotel Bonadies, ehemalige Klosteranlage mit stillem Innenhof und Meerblick. Die "Mönchszellen" sind recht bequem ausgestattet. Lauschige Restaurant- und Frühstücksterrasse, gute lokaltypische Küche. DZ ab ca. 100 € inkl. Frühstück. Via D'Anna 5, ☎ 089/857144, 📠 089/857972, www.hotelparsifal.com.

*** **Toro**, kleines Albergo in Domnähe, erst jüngst in die 3-Sterne-Kategorie aufgestiegen. Freundlicher Familienbetrieb, gemütliche Zimmer, kleiner Garten, Restaurant. DZ 120 € inkl. Frühstück. Via Roma 16, ☎ 089/857211, 📠 089/858592, www.hoteltoro.it.

Da Salvatore, geschmackvoll eingerichtete Gästezimmer mit kleiner Terrasse und Meerblick vermietet die Wirtsfamilie des gleichnamigen Restaurants (s. u.). DZ ca. 100 € inkl. Frühstück. Via della Repubblica 2, ☎ 089/857227, 📠 089/8586000, www.salvatoreravello.com.

Agriturismo Monte Brusara, kleiner Bauernhof ca. 3 km außerhalb in Richtung Valico di Chiunzi (ausgeschildert), viel Ruhe, viel Grün. Nur zwei Zimmer, bodenständige Küche. Man spricht Deutsch! DZ 80 € inkl. Frühstück, HP 55 € pro Pers. Via Monte Brusara 32, ☎ 089/857467, www.montebrusara.com.

Essen und Trinken

Wer in seinem Hotel nicht zur Halbpension verpflichtet ist, findet im Ort einige Trattorie und Ristoranti mit traditioneller lokaler Küche zu vernünftigen Preisen. Spätestens hier sollten Sie den viel gelobten Ravellowein versuchen, es gibt ihn rot, weiß und rosé. Von den Straßencafés an der weitläufigen Dompiazza sitzt man im alteingesessenen **Caffè San Domingo** recht gemütlich; dort mal das hausgemachte Gelato, die leckeren Zitronensüßspeisen oder die *Granita di limone* probieren.

Vittoria, hübsches Ristorante mit Pizzeria, Nähe Dompiazza. Solide Regionalküche, große Pizzaauswahl, offener Wein, akzeptable Preise. Via Dei Rufolo 3, ☎ 089/857947.

Da Salvatore, außerhalb des Zentrums, Nähe Tunnelausgang! Herrliche Panoramalage, gemütliche Speiseterrasse, freundliche Wirtsfamilie. Raffinierte *Cucina terra e mare* mit Akzent auf Fisch, hausgemachte Pasta, auch Pizza. Menü ca. 30 €. Empfehlenswerte Gästezimmer (s. o.). Via della Repubblica 2, ☎ 089/857227.

Cumpa Cosimo, seit Jahren ein zuverlässiger Tipp, alteingesessene, stimmungsvolle Trattoria in der zentralen Via Roma, eine regelrechte Gastro-Institution. Ausgezeichnete lokale und regionale Spezialitäten, z. B. Fusilli mit frischen Wildtomaten, frittierte Sardellen, Auberginenauflauf, überbackener Büffelkäse, Fisch- und Fleischgerichte aus dem Backofen, grillte Gemüse-Contorni, offener Wein. Menü ca. 30 €. Via Roma 42, ☎ 089/857156.

Sehenswertes

Duomo San Pantaleone: Seit Beendigung der Restaurierungsarbeiten im Jahr 1975, bei denen auch die Barockausschmückung radikal entfernt worden ist, zeigt sich die dreischiffige Basilika wieder im ursprünglichen romanischen Baustil. Begonnen wurde der Kirchenbau im Jahr 1086, der Campanile stammt aus dem 13. Jh.

Kunstgeschichtlich besonders wertvoll ist das jüngst restaurierte *Bronzeportal* im byzantinischen Stil (12. Jh.) mit den 54 Basreliefeldern, die die Leidensgeschichte Christi erzählen. Dieses in Bronze gegossene Kunstwerk von *Barisano da Trani* wurde im Gegensatz zum Domportal von Amalfi in Italien selbst hergestellt. Hinter diesem vielbestaunten Sesam-öffne-dich steigt der Kirchenfußboden zum Altarraum hin leicht an. Im Mittelschiff steht eine prachtvolle *Marmorkanzel* mit Mosaikverzierungen, die von sechs ebenfalls mosaikgeschmückten, gewundenen Säulen getragen wird, die wiederum auf sechs kleinen Löwenskulpturen ruhen. Diese großartige Kanzel mit der Adlerfigur am Lesepult stammt von *Niccolo da Foggia,* der sie 1272 im Auftrag der Adelsfamilie Rufoli schuf. Unter dem Kanzelkasten steht ein Triptychon unbekannten Alters, dessen Mittelbild eine anmutige schwarze Madonna zeigt. Schräg gegenüber befindet sich eine weitere Marmorkanzel im byzantinischen Stil (12. Jh.), deren farbenprächtige Mosaikverzierung das Jonaswunder darstellt: Jonas wird der Legende nach von einem großen Fisch verschlungen und nach drei Tagen wieder an Land entlassen.

Die reich verzierte *Domkapelle,* in der die Blutreliquie des *Kirchenpatrons Pantaleone* aufbewahrt wird, betritt man links neben dem Hochaltar. Wie in der neapolitanischen Kathedrale San Gennaro so wird auch im Dom von Ravello das Blut des heiligen Märtyrers alljährlich am 29. Juli in einer feierlichen Zeremonie verflüssigt.

Kunstvolle Marmorkanzel im Dom

Öffnungszeiten tägl. 9–12 Uhr und 17–19 Uhr, Eintritt frei.

Krypta/Museo del Duomo: Vom rechten Seitenschiff führt eine Treppe hinunter in die Krytpa, wo das kleine Dommuseum eingerichtet worden ist. Es beherbergt zahlreiche interessante Ausstellungsstücke, darunter Urnenbehälter aus Marmor, verschiedene Reliquiengefäße, Marmorsarkophage, Skulpturen, Büsten, Bischofsornate sowie Fragmente einer Kanzel. Zum Kirchenschatz gehört auch eine besonders sinnliche Frauenbüste; dabei handelt es sich um ein Porträt der Adelsdame Sigilgaita Rufolo und nicht etwa um eine Heilige.

Öffnungszeiten tägl. 9–12 Uhr und 17–19 Uhr, Eintritt 2 €.

Villa Rufolo: Von der Dompiazza erreicht man auch den etwas tiefer liegenden Palazzo der Rufoli, den mittelalterlichen Wohnsitz der einflussreichen Adelsfamilie. Am Eingang erhebt sich ein großer Wehrturm, der der weitläufigen Anlage Festungscharakter verleiht. Noch Mitte des 19. Jh. bot dieser viel besuchte Ort einen Anblick der Verwüstung. Erst als der Brite *Sir Neville Reid* das verlassene Anwesen erwarb und vom Schutt befreien ließ, kam auch die geheimnisvolle Aura dieses geschichtsträchtigen Orts wieder zum Vorschein. Wie ein märchenhafter Kalifenpalast muss dieser großzügige Gebäudekomplex einst ausgesehen haben. 300 Räume verteilten sich auf drei Stockwerke und alles war von den Farben und Formen arabisch-maurischer Architektur durchdrungen. Himmlische Gärten, Innenhöfe und Bäder ergänzten den prunkvollen Bau, der noch heute eine Vorstellung vom unermesslichen Reichtum der Erbauerfamilie vermittelt, die eng mit dem neapolitanischen Königshaus verbunden war.

Vor allem der zentrale, mehrstöckige Innenhof, der so genannte *maurische Kreuzgang*, besitzt noch deutliche orientalische Stilelemente. Überall stößt man auf kunstvolle Architekturfragmente und antike Fundstücke, aber auch auf viel schmucklose mittelalterliche Bausubstanz.

Der anschließende *Terrassengarten* mit dem Säulengang und dem fantastischen Küstenblick lässt wiederum erahnen, was *Richard Wagner* am 26. Mai 1880 fühlte, als er die Rufologärten betrat und jubelte: „Klingsors Zaubergarten ist gefunden". *Öffnungszeiten* tägl. 9–20 Uhr, Eintritt 5 €. In den Sommermonaten finden hier alljährlich die Veranstaltungen des **internationalen Ravello-Festivals** statt (→ „Feste und Veranstaltungen", S. 339).

Villa Cimbrone: Zu diesem mittelalterlichen Palazzo am äußersten Ortsrand führt ein schöner beschilderter Spazierweg durch ein Wohn- und Parzellengebiet mit hohen Mauern, vorbei an den beiden *Klosteranlagen San Francesco* (13. Jh.) und *Santa Chiara* (14. Jh.). Die eigenwillige Cimbronevilla, die sich ein englischer Dandy Anfang des 20. Jh. herrichten ließ, beherbergt heute ein luxuriöses Hotel. Zu besichtigen ist nur der Kreuzgang, der mit zahlreichen mittelalterlichen Architekturfragmenten und Fundstücken aus dem alten Ravello gespickt ist. An diesen eher enttäuschenden Kreuzgang schließt eine umso beeindruckendere *Parkanlage* mit uralten Bäumen, schattigen Laubengängen, kunstvollen Skulpturen, Grotten, Pavillons, Tempeln, Brunnen und lauschigen Sitzgelegenheiten an. Den Höhepunkt bildet das ebenso legendäre wie spektakuläre *Belvedere* (Foto S. 343) mit den verwitterten Marmorbüsten auf der Balustrade, das wie ein Balkon über dem Abgrund schwebt und den schönen Namen *Terrazza dell'Infinito* (Terrasse der Unendlichkeit) trägt. Eine faszinierendere Panoramaansicht der Amalfitanischen Küste dürfte es an keiner anderen Stelle dieser bizarren Steilküste geben. *Öffnungszeiten* tägl. von 9 Uhr bis 1 Std. vor Sonnenuntergang, Eintritt 6 €.

Toroviertel: oberhalb der Dompiazza, von dort über die Via R. Wagner zu erreichen. Dieses mittelalterliche Adelsviertel strotzt nur so von wuchtigen Palästen, die heute weitgehend in Luxushotels umgewandelt worden sind. Den imposanten Auftakt macht das *Hotel Palumbo*. Ein Blick in diese mit kostbaren Kachelfußböden, antiken Säulen und gotischen Spitzbögen verzierte Nobelresidenz endet wohl für die meisten Ravellobesucher an der Rezeption.

Ein Stück weiter dann die romanische *Chiesa San Giovanni del Toro* aus dem 11. Jh., mittlerweile säkularisiert und gelegentlich als Kongresssaal genutzt. Als Gründungsdatum wird das Jahr 1065 angegeben, womit das einstige Gotteshaus

Die ,,Terrasse der Unendlichkeit''

des Toro-Adels älter wäre als der städtische Dom. Antike Säulen schmücken den Innenraum ebenso wie eine mosaikverzierte Marmorkanzel aus dem 12. Jh. Kunstgeschichtlich besonders wertvoll sind auch die Fresken aus dem 14. Jh., die sich in den Apsiden der Krypta (Untergeschoss) sowie am Aufgang der Marmorkanzel befinden.

Besichtigung auf unbestimmte Zeit wegen Restaurierung nicht möglich.

Am Ende des Toroviertels stößt man auf die kleine *Brunnenpiazza Moresca* und hinter dem Hotel Bonadies öffnet sich ein herrlicher Blick auf den tief unterhalb liegenden Küstenort Minori. Die anschließende Via Lacco führt durch ein eher bescheidenes Wohnviertel zum mittelalterlichen Wachturm *Torrione*.

Chiesa Santa Maria a Gradillo: unterhalb der Dompiazza, über die schmale Bummelgasse Via Roma zu erreichen. Diese romanische Kirche aus dem 12. Jh. mit dem formschönen, verzierten Campanile lässt den starken arabisch-maurischen Einfluss auf die städtische Sakralarchitektur noch am deutlichsten erkennen. In unmittelbarer Umgebung der Kirche befinden sich auch einige Mauerreste der ehemaligen Stadtbefestigung.

Scala

(ca. 1500 Einwohner)

Friedliches, kleines Bergdorf mit großer Vergangenheit vis-à-vis von Ravello. Der Kirchenvorplatz mit dem angrenzenden Rathaus bildet gewissermaßen den Ortskern. Dörfliche Stille prägt nicht nur an Sonntagen die Atmosphäre.

Als Mitglied der amalfitanischen Republik kam auch Scala früh zu Reichtum. An die mittelalterliche Blütezeit erinnert allerdings nur noch der romanische *Dom San Lorenzo* aus dem 12. Jh., dessen wuchtige Apsis man bereits von Ravello aus erkennt. Den Kirchenraum schmücken ein motivreicher Majolikafußboden (19. Jh.) und eine mosaikverzierte Marmorkanzel. In der hohen Krypta befindet sich ein kostbares Holzkruzifix aus dem 13. Jh.

• *Übernachten* ***** La Margherita Villa Giuseppina**, freundliche Familienpension mit schönem Blick auf Ravello, verteilt sich auf zwei unterschiedliche Gebäudekomplexe (La Margherita und Villa Giuseppina) in Hanglage, geräumige Balkonzimmer. Bar, Swimmingpool, großer Garten, Parkplätze und angeschlossenes Restaurant (s. u.). DZ 80–100 € inkl. Frühstück (im La Margherita), 120–130 € (in der Villa Giuseppina). Via Torricella, ☎ 089/857106, 🖷 089/857183, www.lamargheritahotel.it.

• *Essen und Trinken* **La Margherita**, großes Ausflugslokal mit deftiger Land- und Meeresküche, an der Durchgangsstraße im hinteren Ortsteil von Scala. Wird von derselben Familie betrieben wie die das gleichnamige Hotel (s. o). Via Torricella, ☎ 089/857219.

Wanderungen im Küstenhinterland

Scala ist ein idealer Ausgangspunkt für kleinere und größere Wanderungen in der Umgebung. Wanderer, die z. B. von Scala nach Amalfi möchten, haben gleich mehrere Möglichkeiten zur Auswahl, vom kurzen Abstieg auf einem direkten Treppenweg bis zu mehrstündigen Touren, die weit in das Naturschutzgebiet *Valle delle Ferriere* und das Mühlental (*Valle dei Mulini*) hineinführen. Bei den längeren Wanderungen sollte man Trittsicherheit und etwas Wandererfahrung mitbringen – und vor allem nur mit einer guten Karte im Gepäck (→ S. 306) losmarschieren.

Wasserfall im Valle delle Ferriere

Treppenweg von Scala nach Amalfi, Gehzeit ca. 1 Std. Von Ravello aus am besten mit dem Bus nach Scala (Haltestelle an der Kirchenpiazza). Von dort geht es auf der Landstraße ins Nachbardorf *Minuta*. Gleich am Ortsanfang von Minuta führt ein kurzer Treppenweg hinunter zur *Chiesa dell'Annunziata*. Unmittelbar neben der Kirche beginnt der steile Treppenweg nach *Pontone* und von dort führen dann die romantischen *1000 Stufen* nach Amalfi (→ S. 325).

Wanderung von Scala durch das Valle dei Mulini nach Amalfi, Gehzeit ca. 2 Std. Wie oben zunächst auf dem Treppenweg über Minuta nach Pontone absteigen, dann aber den Weg nach rechts ins Mühlental hinein nehmen, der zunächst ein ganzes Stück ebenerdig verläuft und zum Schluss auf Serpentinen die Talsohle erreicht. Unten stößt man auf die Ruinen der Eisenhütten (*Ruderi delle Ferriere*). Von hier geht es, begleitet vom Mühlenbach, durch das Tal geradewegs nach Amalfi.

Wanderung durch das Naturschutzgebiet Valle delle Ferriere: Diese mittelschwere Wanderung führt ebenfalls von Scala nach Amalfi, ist aber mit knapp

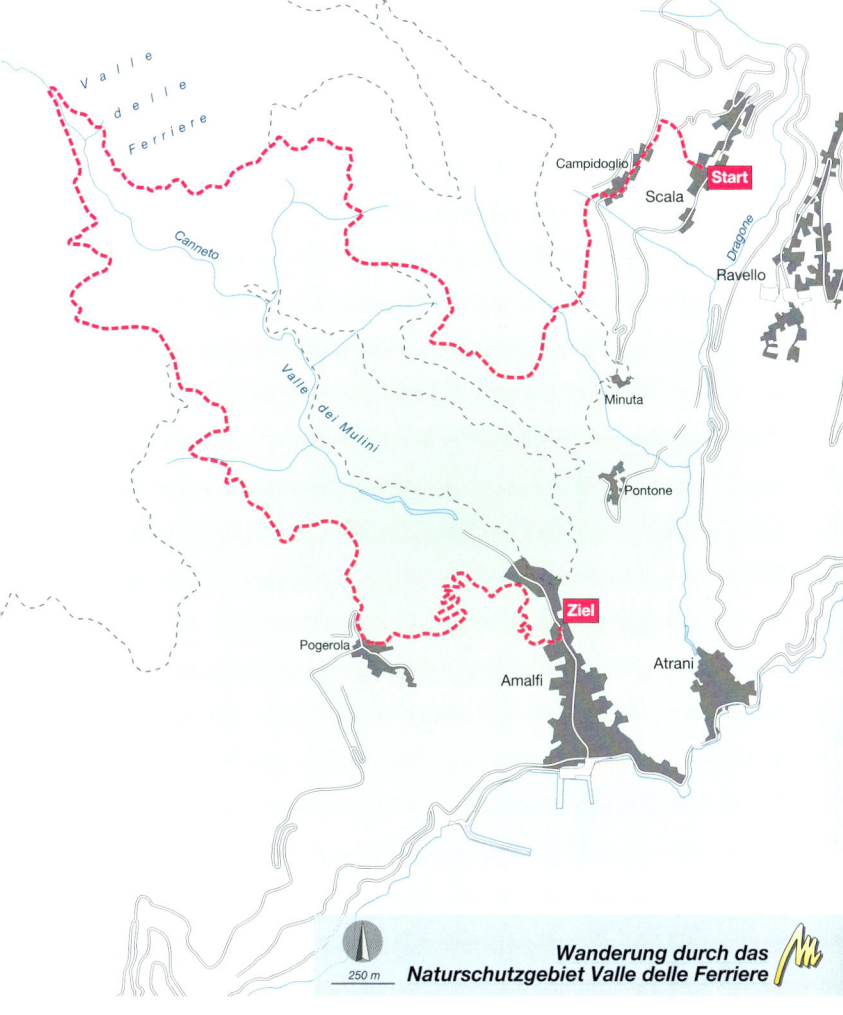

Campidoglio

Start

Scala

Ravello

Minuta

Pontone

Ziel

Pogerola

Amalfi

Atrani

Valle delle Ferriere

Canneto

Valle dei Mulini

Dragone

250 m

Wanderung durch das Naturschutzgebiet Valle delle Ferriere

4 Std. Gehzeit erheblich länger und erfordert etwas Geschick, denn es sind ein paar kurze felsige Passagen zu überwinden.

Wegbeschreibung: Mit dem Rücken zur Kirche in Scala geradeaus durch einen gemauerten Bogen die Piazza verlassen und auf dem sich anschließenden Treppenweg ins Bergdorf *Campidoglio* aufsteigen. Dieser mündet an einer Kirche auf die Dorfstraße, auf der es links weitergeht. Nach 200 m befindet sich an einem Zebrastreifen rechts an der Mauer eine rote CAI-Markierung: Hier den nach rechts abzweigenden Treppenweg einschlagen (CAI-Wanderweg Nr. 57), der bald darauf verflacht und herrliche Ausblicke auf Ravello und den Golf von Salerno bietet. Der eindeutig erkennbare und recht breite Weg beschreibt einen großen Rechtsbogen und führt dabei immer weiter von der Küste weg ins Landesinnere hinein. Rechter Hand dann eine steile Felswand, die oben in eine flache, wilde Hochebene übergeht, während sich links tief unten das Mühlental erstreckt. Die hektische Küste scheint hier Lichtjahre entfernt zu sein, erst recht am hinteren Talende, wo der Weg auf den Mühlenbach stößt. Besonders nach regenreichen Tagen sprudelt das Wasser in munteren Kaskaden talwärts. Fast wie von selbst findet man einige einsame, schattige Picknickplätze an Wasserfällen.

Am tiefsten Punkt des Valle delle Ferriere macht der Wanderweg eine scharfe Spitzkehre und führt auf der anderen Seite des Tals wieder in Richtung Küste zurück. Zunächst den Bach auf Steinen überqueren und dann dem Weg folgen, der sich jetzt immer mehr zu einem Pfad verengt. Es kommen nun die eingangs erwähnten steinigen Passagen. Jetzt ist etwas Konzentration gefragt, besonders weil sich der Pfad mehrmals teilt. Nach 30 Min. (von der Spitzkehre aus gerechnet) zunächst die rechts ansteigende Alternative wählen, nach einer weiteren halben Stunde an einem Maschendrahtzaun zur Linken auf der ebenerdig führenden Variante links weiterwandern (der andere Weg steigt durch die Felswand auf das Hochplateau hinauf und ist wirklich nur geübten Wanderern zu empfehlen). Langsam meldet sich jetzt die Zivilisation zurück: Ein kleines Gehöft links liegenlassen und dem Pfad durch bewirtschaftete Terrassen an einer Steinmauer entlang folgen, bis sich die Route abermals teilt: An dieser Stelle auf dem eindeutigen Treppenweg nach links absteigen, wenig später gelangt man in das Bergdorf *Pogerola* und steht plötzlich auf der Piazza vor der Kirche (Einkehrmöglichkeiten siehe → S. 335). Jetzt kann man gemächlich auf der *Via Nuova per Amalfi* hinunter ins Tal wandern. Der letzte Treppenweg endet im hinteren Ortsteil von Amalfi am Eingang zum Mühlental.

An der Küstenstraße: Zwischen Atrani und Minori reihen sich traumhafte Küstengrundstücke aneinander, alles Privatbesitz vom Feinsten. Schmucke Villen verstecken sich in gepflegten Gärten. Einen bequemen Zugang zum Meer gibt es nach *Castiglione*, dem mittelalterlichen Hafen von Ravello (!), erst wieder in Minori. Gewissermaßen verlässt man jetzt das „touristische" Herzstück der Amalfiküste. Auf die Landschaft hat dies allerdings keine Auswirkungen, sie wirkt im weiteren Verlauf fast noch zerklüfteter und wilder, falls Steigerungen überhaupt noch möglich sind.

Minori
(ca. 3000 Einwohner)

Der kleine Küstenort wird häufig mit dem gesichtslosen Nachbarort Maiori über einen Kamm geschoren. Unverständlich, denn Minori ist auf alle Fälle weitaus hübscher.

Die wuchtige, weiße *Basilika Santa Trofimena* aus dem 19. Jh. bildet den Ortsmittelpunkt. Alte Uferpalazzi, teils verwittert, teils restauriert, säumen die schattige Strandpromenade mit den hohen Dattelpalmen, davor erstreckt sich ein grauer Sand-Kies-Strand mit betoniertem Bootssteg. Und im Hafenbecken legen mittlerweile auch die Pendelfähren an, die zwischen Salerno und Positano/Amalfi verkehren. Ein Resultat des lautstarken Protests der Einheimischen, die jahrelang beklagt haben, dass die Küstenfähren keinen Zwischenstopp in Minori einlegen, obwohl dort ein geeigneter Hafen zur Verfügung steht. Jetzt freuen sich Einheimische und Touristen gleichermaßen über die neuen Fährverbindungen.

• *Information* Das **Pro-loco-Büro**, in Ufernähe an der zentralen Piazza Umberto I. Werktags von 9–13 Uhr und 16–20 Uhr. Via Roma 38, ☎ 089/877087, www.proloco.minori.sa.it.

• *Übernachten/Essen und Trinken* ***** Santa Lucia**, Neubau im westlichen Ortsteil, Ufernähe, 60er-Jahre-Schick, ordentlicher Gesamteindruck, Zimmer mit Balkon, familiäre Atmosphäre, Restaurant. DZ 77–140 €

Nymphäum der Villa marittima romana

inkl. Frühstück. Via Nazionale 44, ☏ 089/877142, ✆ 089/853636, www.hotelsantalucia.it.

Altamarea, an der Uferstraße, einfaches Ristorante, klimatisierter Speisesaal, geschützte Tische im Freien an der Straße, leckere Fischküche, auch Pizza, vernünftige Preise. Via Roma 80, ☏ 089/877576.

Il Giardiniello, in der Fußgängerzone im Zentrum, alteingesessene Trattoria, innen hell, außen lauschiger Zitrusgarten, freundliche Be-

dienung. Lokaltypische Fischküche, hausgemachte Pasta, z. B. die Bandnudeln *Laganelle alla marinara*, Risotto mit Meeresfrüchten, auch Pizza, offener Wein. Menü ca. 30 €. Corso Vittorio Emanuele 17, ☏ 089/877050.

Café/Pasticceria De Riso, an der Uferpromenade. Diese alteingesessene Konditorei steht im Verdacht, die besten *Delizie al limone* (Zitronenköstlichkeiten) zwischen Salerno und Neapel herzustellen. Piazza Cantilena 1.

Sehenswertes/Villa marittima romana: An der westlichen Ortseinfahrt befindet sich die Hauptattraktion von Minori, die Überreste einer römischen Küstenvilla aus dem 1. Jh. v. Chr. Das tief liegende Ausgrabungsgelände (ca. 2500 qm) wurde schon mehrfach von Überschwemmungen verwüstet, zuletzt 1954. Gleich hinter dem Eingang betritt man den *Portikus* (Säulenhof), wo auch ein Wasserbecken zu erkennen ist. Die angrenzenden freigelegten unterirdischen Räume mit den Tonnengewölben weisen noch einige interessante Fußboden- und Wanddekorationen auf. Recht gut erhalten ist auch das mosaik- und freskenverzierte *Nymphäum* der einst zweigeschossigen Villa romana.

Im angrenzenden *Antiquarium* sind die wesentlichen antiken Fundstücke ausgestellt, darunter intakte Amphoren und Kleinkunst sowie abgelöste Wandfresken in einem hervorragenden Erhaltungszustand.

Öffnungszeiten tägl. von 9 Uhr bis 1 Std. vor Sonnenuntergang, Eintritt frei.

Wandern: Ein reizvoller Treppenweg verbindet Minori mit *Ravello*, Gehzeit 1 Std. Von der Piazza Umberto I in die schmale Via Capo einbiegen, im hinteren Ortsteil geht es nach links und immer die Treppenstufen hoch. Oberhalb von Minori lädt die idyllische Piazzetta vor der Chiesa San Gennaro mit einem Brunnen zu einer

Amalfitanische Küste Karte S. 302/303

ersten Pause ein. Der übrige Weg ist ausgeschildert und endet an der Piazza Duomo von Ravello.

Üppige Zitronengärten und so manches Bauernhofidyll streift der etwas längere Küstenweg zur Schwesterstadt *Maiori*, Gehzeit 1:30 Std. Hinter der Hauptkirche Santa Trofimena noch einige Schritte landeinwärts und dann rechts halten. Immer wieder schöne Ausblicke auf die Küste, bevor der Weg zwischen Bauerngärten in ein kleines Seitental hineinführt. Schließlich steigt man auf Treppen ab und landet an der imposanten Chiesa Santa Maria a Mare von Maiori, wo einige Tafeln daran erinnern, dass 1948 hier eine Szene des italienischen Kultfilms „L'Amore" gedreht wurde.

Maiori   (ca. 6000 Einwohner)

Die flache Uferzone hat hier eine raumgreifende Bebauung zugelassen. In den 50er-Jahren zerstörten die über die Ufer getretenen Schlamm- und Wassermassen des normalerweise friedlichen Gebirgsflusses Regina die historischen Bauten von Maiori weitgehend.

Die eilige Neuentstehung der Ortschaft erinnert ein wenig an den Charme des einstigen ostdeutschen Plattenbaus. Zweckmäßigkeit schien dabei das Hauptkriterium gewesen zu sein. Die etwas tristen, mittelgroßen Hotelbauten bieten in der Nachsaison allerdings absolute Schnäppchenpreise. Die gepflasterte Uferpromenade macht hingegen einen sehr einladenden Eindruck: Platanen, Dattelpalmen und Strandkiefern spenden viel Schatten. Davor erstreckt sich der längste Sand-Kies-Strand der Amalfitanischen Küste, der in der Mitte jedoch von der Mündung des kanalisierten Gebirgsflusses Regina unterbrochen wird. Die wenigen Fischer von Maiori hat man ganz an den Ortsrand in ein Hafenbassin gesperrt – ein trauriger Anblick.

Oberhalb der Ortsausfahrt thront das wie eine wuchtige Spielzeugburg wirkende *Castello di San Nicola* (15. Jh.), das sich auf einer Gesamtfläche von 7500 qm erstreckt und dessen langjährige Restaurierung jetzt abgeschlossen ist (Besichtigung nur nach Voranmeldung, Tel 089/852600, da Privatberitz).

Küstenabschnitt hinter Maiori: einer der extremsten der gesamten Costiera Amalfitana, ungezügelt stürzen sich die zerklüfteten Küstenhänge ins Meer. Dichter Macchiabewuchs klammert sich an die schroffen Felswände. Ein Stück unberührbare Naturlandschaft, in die nur der Straßenbau eine Bresche ge-

Maiori – in der Oberstadt beschaulich

schlagen hat. Den schönsten Blick auf diese bizarre Steilküste hat man vom *Belvedere di Capo* **d'Orso**. Ein Stück weiter führt ein Felspfad von der Küstenstraße zum Leuchtturm des Kaps.

Erchie: in einem tiefen Küsteneinschnitt gelegen, dichte Zitrus- und Weinterrassen bedecken auch hier die steilen Hänge. Tourismus ist in Erchie ein Fremdwort, sogar der SITA-Bus passiert den Ort nur weit oberhalb. Der örtliche Badestrand wird vor allem an Wochenenden von Jugendlichen aus Salerno bevölkert. Einziger architektonischer Lichtblick ist der restaurierte Küstenwachturm.

Cetara (ca. 2300 Einwohner)

Hübscher Küstenort mit überschaubaren Proportionen, in dem die Einheimischen eindeutig den Ton angeben. Eine touristische Infrastruktur fehlt in dieser sympathischen Ortschaft, die noch weitgehend vom Fischfang lebt, nahezu vollständig.

Am tiefsten Punkt der Durchgangsstraße wölbt sich das Dach der *Chiesa San Francesco*, daneben breitet sich der schattige Kirchenvorplatz aus, auf dem die Alten von Cetara stundenlang gesellig herumsitzen. Ein paar Schritte weiter unten ragt die wuchtige, barocke *Pfarrkirche San Pietro* auf.

Am Ende der Hauptgasse erstreckt sich der kleine Kiesstrand, der mehr von Fischerbooten als von Badenden eingenommen wird. Im angrenzenden, großen Hafenbecken dümpelt die örtliche Hochseeflotte. Und tatsächlich ist der Thunfischfang auch heute noch ein einträglicher Erwerbszweig in Cetara. Vermutlich leitet sich sogar der Ortsname vom römisch-lateinischen Wort für Thunfischfang („Cetaria") ab. Alljährlich im Sommer (Ende Juli/Anfang August) wird die jahrhundertealte Fischfangtradition mit der Thunfischkirmes *Sagra del Tonno* gefeiert. Aber auch kleine Fische hat Cetara nie verschmäht, denn das örtliche Sardellenfest *Sagra delle Acciughe* hat ebenfalls eine lange Tradition und wird gleichzeitig mit dem Tonnofest gefeiert. – Insgesamt ein liebenswerter Ort, den man nicht links liegen lassen sollte.

Die örtlichen Fischspezialitäten gibt es nicht nur zur Kirmeszeit: in zahlreichen Geschäften kann man die nach alter Tradition in Olivenöl eingelegten Thunfischfilets kaufen, z. T. in kiloschweren,

Hier haben die Fischer noch uneingeschränkte Strandrechte

bauchigen Gläsern. Eine weit über die Ortsgrenze hinaus bekannte Spezialität ist die *Colatura di alici*, das *Garum* der Antike, eine sehr würzige Sauce, die aus in Salz eingelegten Sardellen hergestellt wird. Sogar die Neapolitaner scheuen den weiten Weg nicht, um die Garum-Gerichte der hiesigen Gastronomie genießen zu können.

• *Information* **Pro Loco**, örtliches Informationsbüro, am Corso Garibaldi 15, ✆ 089/261593, www.prolococetara.it. Alternativ gibt auch das private Büro der Agentur **Cetour** auf der anderen Seite der Küstenstraße Auskünfte. Werktags von 9–13 Uhr und 16–19 Uhr. Piazza Ungheresi 59, ✆ 089/261042, www.cetour.it.

• *Parken* Einige wenige Parkplätze im Zentrum an der Küstenstraße, weitere Plätze befinden sich unten am Hafen.

• *Wassersport/Pescaturismo* **Wind Amici di Guido**, privater Surfclub am Hafenstrand, Kanu- und Surfbrettvermietung. Wer bei leichter auflandiger Brise mal wieder aufs Brett steigen will, kann es hier probieren, 1 Std. ca. 10 €. ✆ 089/339316.

Am Strand können Ruderboote gemietet werden, auch Pescaturismo ist möglich. Entweder die Fischer direkt ansprechen oder bei der Agentur **Seasun** direkt am Hafen nachfragen. Nachtausfahrten mit den Fischern ab 35 € pro Pers. Via Cantone 10, ✆ 0897261176, www.seasuncetara.it.

• *Übernachten/Essen und Trinken* Die Agentur Cetour (s. o.) bietet hübsche **Ferienwohnungen in Cetara** auf ihrer Website an.

**** Cetus, einziges Hotel im Einzugsbereich von Cetara, etwas außerhalb an der Küstenstraße, gut geführt, modern, komfortabel, mit Parkdeck, Restaurant und Hotelstrand. Große, bequeme Zimmer mit kleinem Balkon und Meerblick. DZ ab 140 € inkl. Frühstück, April–Okt. geöffnet. Strada statale 163, ✆/✆ 089/261388, www.hotelcetus.com.

Al Convento, volkstümliches Restaurant mit Pizzeria, im alten Konventsgebäude der Franziskuskirche. Großer, heller Speisesaal mit Fresken, Tische auch im Freien, beliebt bei den Einheimischen. Deftige Land- und Meeresküche, große Primi- und Pizzaauswahl, Thunfisch-, Sardellen- und Garumspezialitäten, offener Wein. Menü 20–30 €. Piazza San Francesco 16, ✆ 089/261039, www.alconvento.net.

San Pietro, neben der Chiesa San Francesco, weithin bekanntes Fischrestaurant mit tadelloser, der Tradition verpflichteter Küche. Tische auch im Freien. Eine Primo-Spezialität sind die *Paccheri cetarese di tonno* (Zwiebel- und Thunfischsauce), als Secondo mal *Tonno in Salsa Salmoniglio* probieren (Thunfischscheiben nur leicht gegrillt, mit preisverdächtiger Sauce), selbstverständlich gibt es auch Garum-Gerichte, Flaschenwein. Menü 30–40 €. Piazza San Francesco 2, ✆ 089/261091, www.sanpietroristorante.it.

Vietri sul Mare   (ca. 10.000 Einwohner)

End- bzw. Anfangspunkt der Costiera Amalfitana und quirliger Küstenvorort von Salerno. Nahezu die gesamte keramische Souvenirware, die in den amalfitanischen Urlaubsorten angeboten wird, stammt aus Vietri.

Die örtliche Keramikproduktion ist nach wie vor ein wichtiger Wirtschaftszweig und prägt deutlich sichtbar das Stadtbild. Entlang der Durchgangsstraße sowie in den engen Gassen der Altstadt schmücken fantasievolle und motivreiche Kachelbilder die Fassaden der Werkstätten, Läden und Wohnhäuser. Wer ernsthafte Kaufabsichten hat, findet hier mit Sicherheit ein erschwingliches Stück Kunst- oder Gebrauchskeramik für zu Hause. Im benachbarten Bergdorf *Raito* ist das einschlägige Museum zur Geschichte der örtlichen Keramikproduktion untergebracht, wo man u. a. auch etwas über den spezifisch deutschen Einfluss auf die hiesige Keramikkunst des 20. Jh. erfährt.

Ganz anders als die erst spät erschlossene Amalfitanische Küste war Vietri bereits in der Antike besiedelt. Etrusker sollen den Ort an der alten Handelsstraße nach Süden am Ausgang des *Cavatals* gegründet haben. Mit den Etruskern gelangte angeblich auch die Kunstfertigkeit der Tonbearbeitung nach Vietri – das in der Antike *Marcina* hieß. Doch etruskische Spuren sucht man in der modernen Keramikkunst vergebens, es dominiert bunte, dekorative Massenware.

• *Information* Ein freundliches **Info-Büro** (CTA) oberhalb der Piazza Matteotti, gute Stadtpläne und viele Insidertipps zu den aktuell angesagten Kunstkeramik-Werkstätten. Mo–Fr von 10–13 Uhr und 17–20 Uhr, Sa von 10–13 Uhr. Piazza Matteotti, ✆ 089/211285, www.comune.vietri-sul-mare.sa.it/cta.

• *Parken* Wenige Parkplätze im Zentrum (Piazza Matteotti), weitere Plätze unten an der Marina di Vietri.

• *Bus/Zug* Neben der überregionalen SITA-Linie Amalfi–Salerno verkehren regelmäßig Stadtbusse (orange) nach Salerno. Der Bahnhof von Vietri liegt nördlich des Stadtzentrums, von hier Verbindungen nach Salerno.

• *Einkaufen/Souvenirs* Eine große Auswahl an fantasievoller Kunst- und Gebrauchskeramik bietet u. a. die alteingesessene Werkstatt **Ceramiche Artistiche Pinto** am zentralen Corso Umberto I 27.

Die größte Keramikauswahl gibt es zweifellos im **Palazzo Solimene** an der Hauptstraße nach Salerno, allein das Gebäude, erbaut 1954–56, lohnt einen Besuch. Der Architekt Paolo Soleri ließ sich vom Guggenheim-Museum in New York inspirieren und hat tatsächlich später in den USA Karriere gemacht. Mo–Fr von 8–19 Uhr, Sa von 8–13.30 Uhr und 16–19 Uhr.

• *Übernachten/Essen und Trinken* **** **Bristol**, beste Wahl in Vietri, schöne Panoramalage an der Uferstraße, oberhalb des Stadtstrands. Freundlich und gepflegt, Zimmer mit Balkon und Meerblick, Pool, Garten und Restaurant mit Speiseterrasse im Garten. DZ 100–130 € inkl. Frühstück und PKW-Stellplatz. Via C. Colombo 2, ✆ 089/210800, ✆ 089/761170, www.hotelbristolvietri.com.

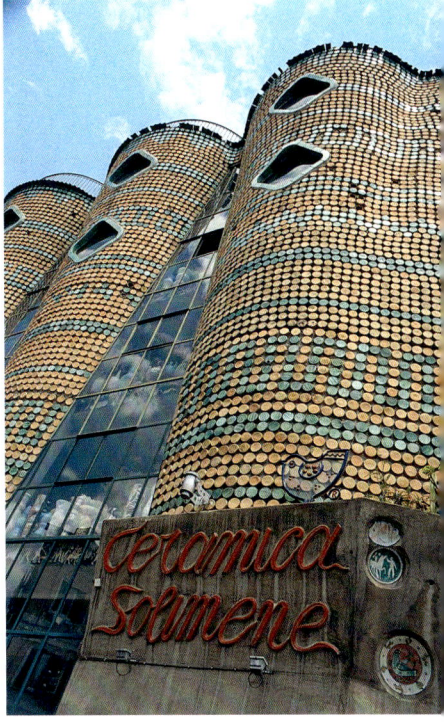

Keramik-Eldorado Vietri

La Sosta, beliebtes, volkstümliches Ristorante am Altstadtrand, ehemalige Postkutschenstation, zwei große, grottenartige Speiseräume. Hier hat 1986 die deutsche Fußballnationalmannschaft gespeist (Fotos!). Lokaltypische Fischküche, *Pesce alla brace* (Fisch vom Holzkohlengrill), auch Pizza, offener Wein. Menü 20–30 €. Via Costiera 6, ✆ 089/211790, Mi Ruhetag.

Sehenswertes/Museo della ceramica: Dieses interessante Kunstgewerbemuseum befindet sich im mittelalterlichen Turm und in einem Gebäudeflügel der *Villa Guariglia* im benachbarten Bergdorf *Raito*. Es dokumentiert in erster Linie die örtliche Keramikherstellung des 17. und 19. Jh. Kennzeichnend für das 17. Jh. ist die Produktion sakraler Kunstkeramik in Form von Weihwassergefäßen, Votivkacheln etc. Im 19. Jh. verlagerte sich die Produktion auf dekorative Gebrauchskeramik sowie die Herstellung von Wand- und Bodenfliesen, die heute noch in fast allen älteren Villen und Hotelbauten entlang der Amalfitana zu finden sind. Anfang des 20. Jh., als das hiesige Handwerk etwas stagnierte, begann die so genannte deutsche

Amalfitanische Küste

Karte S. 302/303

Phase *(il periodo tedesco)*. In den 20er Jahren ließen sich vor allem deutsche Künstler und Kunsthandwerker in Vietri nieder und belebten die Keramikproduktion mit neuen Ideen.

Il Tedesco – der Keramikkünstler Richard Dölker

Zu Beginn des 20. Jh. lag die Keramikproduktion Vietris am Boden, weil die neue Emaille-Technik das Interesse am traditionellen Handwerk abflauen ließ. Dies änderte sich, als 1923 der Maler und Batik-Künstler Richard Dölker (1896–1955) in Vietri hängen blieb und sich für die Keramikmalerei begeisterte. In der Folgezeit gelang es ihm, die Herstellung von Kunstkeramik anzukurbeln: Das berühmte Maulesel-Motiv, das noch heute in allen Läden zu finden ist, gilt als seine Kreation. Andere Künstler nördlich der Alpen folgten „Ricardo" Dölker, wie man ihn hier noch immer liebevoll nennt, und bildeten in den 20er-Jahren bei Vietri eine Künstlerkolonie. Auch nach 1945, als Richard Dölker schon längst wieder in Deutschland weilte, hielt der Zustrom namhafter Künstler an, u. a. kam 1948 der Schriftsteller *Stefan Andres* hierher. *Susanne Dölker*, die Tochter Richards, besucht Vietri noch jedes Jahr, um für zwei Monate hier zu malen. In bester Tradition ihres Vaters betreibt die mittlerweile fast 80-Jährige im Schwäbischen eine Batikwerkstatt. Heute verfügt die Stadt über eine bemerkenswerte Dichte an hochqualifizierten Keramikkünstlern.

Öffnungszeiten Di–Sa 8–13.15 Uhr und 14–15 Uhr, Eintritt frei. Via Nuova Raito, am Ortseingang, ☎ 089/211835.

Die Abbazia della Santissima Trinità di Cava

Der wuchtige Klosterkomplex im bergigen Hinterland entstand im 11. Jh. nach dem Vorbild der französischen Benediktinerabtei von Cluny an der Stelle einer mittelalterlichen Eremitenklause. Unter Abt Pietro Papacarbone unterstanden der Abtei zeitweise mehr als 500 Kirchen und Klöster zwischen Rom und Palermo.

Die *Klosterkirche* wurde im 18. Jh. vollständig erneuert. Hinter der Barockfassade öffnet sich ein dreischiffiger Innenraum mit sehenswerten Kuppelfresken, romanischer Marmorkanzel und gut erhaltenem Renaissanceportal (Sakristei).

Im angrenzenden Kloster gelangt man zunächst in den *Kapitelsaal* mit schönem Majolikafußboden aus dem 18. Jh. und Wandfresken aus dem 17. Jh. Der anschließende kleine *Kreuzgang* stammt noch weitgehend aus dem 11. Jh. und ist teils in den Fels gebaut. Unmittelbar darunter befindet sich der langobardische Friedhof. Kunsthistorisch besonders interessant ist die *Cappella del Crocifisso* mit einem Majolikafußboden aus dem 15. Jh. und einem Basrelief aus dem 14. Jh. In den angrenzenden Räumlichkeiten gibt es dann noch zahlreiche antike Säulen, Kapitelle und Sarkophage, spätmittelalterliche Skulpturen sowie wertvolle Gemälde des 16. und 17. Jh. zu sehen. Die *Klosterbibliothek* mit ihren über 15.000 mittelalterlichen Pergamentschriften ist Studierenden vorbehalten.

● *Anfahrt/Öffnungszeiten* Der Klosterkomplex befindet sich in **Corpo di Cava**, 4 km südwestlich von Cava dei Tirreni. Das eigene Fahrzeug ist für den Ausflug dorthin unentbehrlich. Nur vormittags von 9 bis 12 Uhr geöffnet, So keine Besichtigung, Eintritt ca. 3 €.

Salerno hat sein touristisches Schattendasein überwunden

Salerno

(ca. 135.000 Einwohner)

Großstadt mit süditalienischem Temperament, die krasse architektonische Gegensätze vereint: Die uniforme Neustadt erstreckt sich an der kilometerlangen Uferpromenade, dahinter zieht sich die verwinkelte mittelalterliche Altstadt den sanften Stadthang hinauf, überragt vom prächtigen romanisch-normannischen Dom San Matteo und beherrscht vom wuchtigen Castello di Arechi.

Als *Robert Guiscard*, der normannische Eroberer Süditaliens, 1076 in Salerno einzog und es zur neuen Hauptstadt seines süditalienischen Reiches erklärte, erlebte die Stadt eine ganz besondere Blütezeit, die durch den stilbildenden Dombau gekrönt wurde. Ebenfalls im Hochmittelalter entstand hier die erste medizinische Hochschule (*Scuola Medica Salernitana* → S. 358), deren guter Ruf sich in ganz Europa verbreitete. Ein ganz anderes Kapitel der Stadtgeschichte ereignete sich, als gegen Ende des Zweiten Weltkriegs die Alliierten bei Salerno landeten und die Stadt bei den Kämpfen gegen die deutschen Besatzungstruppen erheblichen Schaden erlitt. In den 50er Jahren folgten dann verheerende Überschwemmungen und 1980 machte das letzte große Erdbeben in der Region über 20.000 Menschen auf einen Schlag obdachlos.

Bedeutend war und ist Salerno vor allem als Verkehrsknotenpunkt mit guten Straßen-, Zug-, Bus- und Fährverbindungen. Die touristische Attraktivität hingegen ließ in der Vergangenheit zu wünschen übrig, wie folgende wahre Begebenheit veranschaulicht: Eine 10-köpfige französische Reisegruppe hatte ihren Kultururlaub am Golf von Neapel im Sommer 1998 selbst organisiert und Salerno als Quartier gewählt. Eine sensationelle Standortentscheidung, die Salerno Ehre mache, raunte die Lokalpresse. Tag für Tag spulten die Franzosen, die mit einem eigenen Kleinbus angereist waren, ihr kompaktes Besichtigungsprogramm ab (Neapel, Pompeji, Costiera Amalfitana, Capri, Paestum etc.). Aber Salerno selbst stand nicht auf dem Sightseeingplan.

Doch längst pfeifen es die Spatzen von den Dächern: Salerno befindet sich im Aufbruch! Einen wesentlichen Anteil daran hatte die kluge Sanierungs- und Stadtplanungspolitik unter Bürgermeister *Vincenzo De Luca*. Fein herausgeputzt wurden meerseitig der kilometerlange *Lungomare* und der anschließende Stadtpark *Villa Comunale*, ein Bindeglied zwischen Hafen und Altstadt. Aber auch der jahrzehntelang vernachlässigten Altstadt wird neues Leben eingehaucht, wie die gezielten Sanierungen von Wohn- und Ladengassen, Plätzen und öffentlichen Gebäuden erkennen lassen. Kein Zweifel, die touristische Attraktivität Salernos ist in den letzten Jahren deutlich gestiegen: Der Eintritt zu den meisten Museen ist frei, und vielerorts informieren zweisprachige Tafeln über die Sehenswürdigkeiten. Vor allem der bedeutende Dombau im Herzen des *Centro storico* zieht immer mehr Golftouristen in die Stadt.

Auch das Nachtleben spiegelt die *Movida salernitana* wider: Abend für Abend, besonders an den Wochenenden, füllen sich die Plätze der Altstadt und die breite Via Roma mit Menschen, die von Lokal zu Lokal ziehen, nach der neuesten Mode gekleidet – in diesem Ausmaß fast einzigartig im Süden Italiens. Mittlerweile beginnen sogar schon etablierte Reiseveranstalter, einen Nachtbesuch von Salerno in ihr Pauschalprogramm einzubauen. Ein kleiner Szeneladen für Kleidung in der Altstadt nennt sich „Bahnhof Zoo" und zeigt, dass man sich hier weniger an Neapel als vielmehr an den trendigen europäischen Metropolen orientiert.

*I*nformation/*W*ichtige *T*elefonnummern und *A*dressen

● *Information*   **EPT-Informationsbüro** an der Bahnhofspiazza, Mo–Sa 9–14 Uhr und 15–20 Uhr, gute Stadtpläne, Material zur Stadt und zur gesamten Provinz Salerno. Piazza Veneto 1, ☎ 089/231432, www.eptsalerno.it und www.comune.salerno.it.

E Essen & Trinken
3 Vecchia Salerno
4 Vicolo della Neve
5 Santa Lucia
6 Trianon

Ü bernachten
1 Ave Gratia Plena
2 Villa Avenia
5 Santa Lucia
7 Italia
8 Hotel Plaza
9 Grand Hotel

Salerno

150 m

AAST-Informationsbüro, Auskünfte, Stadtpläne und aktuelle Veranstaltungshinweise. Mo–Fr 9–13 Uhr und 15.30–19.30 Uhr, Sa 9–12 Uhr. Lungomare Trieste 7/9 (Nähe Molo Manfredi), ☎ 089/224916, www.aziendaturismo.sa.it.

• *Vorwahl* ☎ 089 für Salerno und die gesamte Amalfitanische Küste. Auch bei Ortsgesprächen muss die Vorwahl immer mitgewählt werden.

• *Post* An der Hauptstraße zwischen Bahnhof und Altstadt, Nähe Lungomare. Corso Garibaldi 203.

• *Internet* Mehrere Internetbars, u. a. in Bahnhofsnähe. **Euroservice**, Via Diaz 19, werktags von 9–14 Uhr und 16–21 Uhr. In der Altstadt die In-Bar **Zona Traffico Limitato** zwischen Dom und Jugendherberge (Piazza Abate Conforti).

• *Anfahrt/Verbindungen* **Pkw/Parken**, Autobahn (A 3) Napoli-Salerno, die A 3 auf dem Weg zur Amalfitanischen Küste schon in Vietri verlassen; mit Ziel Paestum erst hinter Salerno in Battipaglia runter.

Tagsüber gebührenpflichtige Parkplätze an der Via Roma; von dort sind es nur wenige

Fußminuten in die verkehrsberuhigte Altstadt. Großparkplätze mit Ticketautomaten am Hafen/Molo Manfredi, auf der Piazza Mazzini/Molo Masuccio.

Bahn, der Bahnhof liegt zentral an der Piazza Vittorio Veneto. Gepäckaufbewahrung, fast stündlich Züge von/nach Neapel und Paestum. An der Bahnhofsplazza beginnt die breite, belebte Fußgängerzone in die Altstadt (Via Vittorio Emanuele).

> **Transfer-Tipp**: 4-mal täglich fahren von der Piazza Veneto am Bahnhof SITA-Busse direkt zum Flughafen nach Neapel, einfach 7 €, Fahrzeit 50 Min.

Bus, Fernbusse, u. a. nach Amalfi, (SITA) am Bahnhofsvorplatz und an der Via Roma vor dem Teatro G. Verdi. Busse nach Paestum und Pontecagnano fahren von der Piazza Concordia am Porto Turistico ab (besser jedoch mit dem Zug nach Paestum).

Fähre, Fähranleger an beiden Molen des Lungomare, *Molo Masuccio* (Piazza della Concordia, Bahnhofsnähe) und *Molo Manfredi*. Häufige Pendelfähren der privaten Reedereien *Travelmar* und *Alicost* nach Amalfi und Positano sowie Ausflugsfahrten nach Capri, Ticketverkauf an den Bretterbuden der Reedereien am Anleger.

Außerdem verkehrt die subventionierte **Metro del Mare** von Juni bis September an der gesamten Golfküste (inkl. Capri) sowie entlang der Amalfitanischen Küste bis nach Salerno. Die Metro-del-Mare-Fähren der *Regione Campania* legen am Molo Manfredi an. Die Preise sind moderat, die Fährfrequenz ist allerdings gering. Infos und Fahrpläne ℘ 199/600700, www.metrodelmare.com.

• *Taxi* Eine Alternative für Besucher mit wenig Zeit, die z. B. das Castello di Arechi oder das Etruskermuseum in Pontecagnano besuchen möchten. Taxistand vor dem Bahnhof oder auf der Piazza Amendola beim Stadtpark Villa Comunale. ℘ 089/229947 (Bahnhof) oder ℘ 089/757575 (Funk).

• *Mietfahrzeuge* Mehrere Autovermietungen in Bahnhofsnähe rund um die Piazza Veneto, u. a. vermietet die Agentur **Targarent** Scooter und Kleinwagen zu günstigen Preisen (Pkw ab 60 €, Scooter ab 30 € pro Tag, Scooter nur von Mitte Juni bis Ende Aug.). Piazza Veneto 36, ℘ 089/254741, www.unirentsalerno.it.

• *Feste und Veranstaltungen* An zahlreichen Sonn- und Feiertagen sind der Lungomare und Teile der Innenstadt wegen diverser Festivitäten für den Autoverkehr gesperrt. Die Stadtverwaltung will so die Attraktivität der Provinzhauptstadt zusätzlich stärken.

San Matteo, städtisches Hauptfest zu Ehren des Schutzpatrons, Prozession und Feuerwerk am 21. September.

Salerno Estate, Openair-Konzerte an der Hafenpiazza della Concordia und an anderen Plätzen im Juli und August, genaue Termine im AAST-Infobüro erfragen.

Festival delle Culture Giovani, Ende April/Anfang Mai beleben zahlreiche Events mit jungen Künstlern die Altstadt. Das Programm reicht von klassischer Musik und Theater bis zu Kino und Performance. ℘ 089/662565, www.festivalculturegiovani.it.

• *Kultur und Freizeit* **Teatro Giuseppe Verdi**, in den 1860er Jahren nach dem Vorbild des Opernhauses San Carlo von Neapel errichtet. Allein der Bühnenvorhang ist schon eine Inszenierung, die Bildergeschichte erzählt die Vertreibung der Sarazenen aus Salerno. Theaterstücke, Konzerte und Opern von Sept. bis Juni. Piazza Luciani, neben dem Stadtpark Villa Comunale, Ticketverkauf an der Theaterkasse Mo–Sa 10–13 und 17–20 Uhr, ℘ 089/662141, www.teatroverdisalerno.it.

Antiquitätenmarkt, rund 60 Aussteller präsentieren ihre Schätze jeweils am dritten und vierten Wochenende im Monat auf dem Domplatz – nach Neapel der größte Markt dieser Art in Kampanien.

Pescaturismo, Angeltouren mit professionellen Fischern, los geht es tägl. am Molo Masuccio mit dem Kutter *Il Pellicano II*, inkl. Verpflegung an Bord. Buchung bei *Il Pellicano*, Via De Crescenzo 5 (Piazza Concordia), ℘ 089/753607.

• *Einkaufen* Salerno hat sich innerhalb weniger Jahre zu einer trendigen Shoppingmetropole entwickelt und macht sogar Neapel Konkurrenz. Italienische Mode, Schuhe und Lederwaren gibt es reichlich auf dem Corso Vittorio Emanuele und in den Seitenstraßen, während viele kleine, teils sehr interessante Szeneläden, Boutiquen mit junger Mode oder Kunsthandwerk die Altstadt beleben.

Die Buchhandlung **Mondolibri** in einer kleinen Seitengasse zum Corso Emanuele führt die meisten Wanderkarten zu Kampanien und zur Amalfiküste. Via Papio 10.

*Ü*bernachten *(siehe *K*arte *S*. 354/355)*

**** Grand Hotel Salerno (9), jüngst eröffnetes modernes Großhotel am Meer, bahnhofsnah, helle Zimmer im Stil kühler Eleganz, internationaler Standard, eher Business- als Holiday-Atmosphäre, Restaurant, Pool. DZ ab ca. 200 €. Lungomare Tafuri 1, ✆ 089/7042026, ✉ 089/7042030, www.grandhotelsalerno.it.

*** Italia (7), Bahnhofsnähe, in der Fußgängerzone. Ein ideal gelegenes Mittelklasse-Hotel, modern, gut geführt, internationaler 3-Sterne-Standard. Garage in der Nähe. Ganzjährig geöffnet. Keine Hotel-Website! DZ ab ca. 80 € inkl. Frühstück. Corso Vittorio Emanuele 84, ✆/✉ 089/226653.

*** Hotel Plaza (8), nicht von der Lage abschrecken lassen, trotz Bahnhofs- und Busbahnhofsnähe nicht laut. Gut geführt, sehr ordentlicher Gesamteindruck. DZ ca. 100 € inkl. Frühstück. Piazza Vittorio Veneto 42, ✆ 089/224477, ✉ 089/237311, www.plazasalerno.it.

* Santa Lucia (5), kleine Pension des gleichnamigen Ristorante (s. u.), einfache Zimmer, zentrale Lage am Rand der Altstadt im Zentrum des Nachtlebens. DZ ca. 60 € inkl. Frühstück. Via Roma 184, ✆/✉ 089/225828.

B&B Villa Avenia (2), Altstadt-Logis für Genießer, ruhige Lage Nähe Minerva-Garten, Aufzug von der Piazza d'Aiello. Herrliche Aussicht, idyllischer Hinterhofgarten mit Säulenterrasse, antikes Mobiliar, gemütliche Zimmer, opulentes Frühstück. DZ ca. 100 € inkl. Frühstück. Via Tasso 83 (Via Porta di Ronca 5), ✆ 089/252281, ✉ 089/555555, www.villaavenia.com.

Ave Gratia Plena (1), eine der schönsten Jugendherbergen Italiens und ideales Quartier für aufgeschlossene Low-Budget-Individualisten. Mitten im Centro storico, unweit des Doms. Restauriertes, ehemaliges Klostergebäude mit Kreuzgang. Schlichte Einzel-, Doppel- und Mehrbettzimmer, moderne Sanitäreinrichtungen. Keine Altersbegrenzung, Internationaler Jugendherbergsausweis kann vor Ort erworben werden. Bar, Restaurant und Internetpoint vorhanden. Schlafsaal 15 € pro Pers., EZ 32 €, DZ 45 €, Frühstück 3 €, Check-in ab 14 Uhr. Via Canali, ✆ 089/234776, ✉ 089/2581874, www.ostellodisalerno.it.

---

*E*ssen & *T*rinken *(siehe *K*arte *S*. 354/355)*

Vecchia Salerno (3), alteingesessene Altstadttrattoria, grottenartiger Speiseraum, Tische im Freien, solide kampanische Küche, auch Pizza, akzeptable Preise. Via Arechi 3, ✆ 089/220508, Mo Ruhetag.

Vicolo della Neve (4), älteste Trattoria Salernos und längst kein Geheimtipp mehr (steht sogar im Gastroführer *Gambero rosso*). Der tadellose Ruf der gemütlichen *Trattoria e Pizzeria antica* spricht für sich, Menü 20–30 €. Etwas versteckt im Vicolo della Neve 24, ✆ 089/225705, www.vicodellaneve.it, Mi geschlossen.

Trianon (6), Ableger der gleichnamigen, traditionsreichen neapolitanischen Pizzeria. Schöne Lage an der Piazza Flavio Gioia.

Santa Lucia (5), ebenfalls alteingesessenes Ristorante an der quirligen Via Roma, eher junges Publikum, gute Fischküche und leckere Pizza, offener Wein, Bier vom Fass, Menü 20–30 €. Via Roma 182, ✆ 089/225696, Mo geschlossen.

• *Konditoreien/Eis* **Pantaleone**, seit 1868, eine regelrechte Törtchen-Institution, die ihr verführerisches Angebot sogar der Jahreszeit anpasst. Via dei Mercanti 75.

Die Pasticceria **Ronolo** in Bahnhofsnähe präsentiert in ihren Regalen eine große Auswahl an süßen Leckereien. Via Garibaldi 33.

Das beliebteste Eiscafé der Stadt heißt **Nettuno**, in der Nähe der Uferpromenade. Mal die mit Eiscreme gefüllten *Brioche* probieren – ein erfrischender Snack! Via Lungomare Trieste 136.

• *Nachtleben* Die **Via Roma** zwischen Lungomare und Altstadt hat sich in den letzten Jahren zum Mittelpunkt des Nachtlebens entwickelt. Die Anzahl der Bars, Pubs, Cafés, Birrerie, Cocktailbars und Clubs ist groß, Empfehlungen sind kaum möglich, da die Lokale häufig ihr Konzept und Outfit ändern und ständig neue hinzukommen. Aber garantiert ist für jeden Geschmack etwas dabei.

Sehenswertes

Duomo San Matteo: Nach dem Vorbild der berühmten Klosterkirche von Montecassino von 1076–1085 unter dem Normannen *Robert Guiscard* als dreischiffige Säulenbasilika errichtet und von *Papst Gregor VII.* geweiht, der bald darauf in Salerno starb und im Dom beigesetzt wurde. Der wuchtige *Campanile* mit seinen arabisch-sarazenisch beeinflussten Verzierungen stammt aus dem 12. Jh. und war stilbildend für viele mittelalterliche Glockentürme Kampaniens. Der Fassade ist ein zweigeschossiger Atriumhof (so genanntes Paradies) vorgesetzt, dessen Portikus aus antiken Säulen besteht, die angeblich aus Paestum stammen. Die *Bronzetür* des Mittelportals ist im Jahr 1099 in Byzanz gegossen worden. Vergleichbar, aber noch älter ist diejenige von Amalfi.

In den Pfeilern des Innenraums sind ebenfalls antike Säulen eingelassen. Romanisch-byzantinische Mosaiken schmücken die Apsiden und Fußböden. In der rechten der drei halbkreisförmigen Apsiden befindet sich die so genannte *Kapelle der Kreuzzüge (Capella delle Crociate)*, in der die normannischen Kreuzritter ihre Waffen segnen ließen. Besondere Beachtung verdienen auch die beiden reich verzierten *Kanzeln*, die sich im Mittelschiff gegenüberstehen – hier könnte man regelrechte Rededuelle ausfechten. Die prachtvoll barokisierte *Krypta* beherbergt die Reliquien des heiligen Matthäus, die 954 von Paestum nach Salerno gebracht wurden. Im benachbarten *Dommuseum (Museo Diocesano)* gibt es u. a. einen seltenen Altarvorsatz (12. Jh.) aus Elfenbein zu sehen, dessen 54 Basreliefs Geschichten aus dem Alten und dem Neuen Testament darstellen.

Öffnungszeiten Duomo, tägl. 7.30–12 und 16–19 Uhr. Museum, Mo–Fr 9–13 Uhr, Eintritt frei.

Pinacoteca provinciale: Die jüngst eröffnete städtische Gemäldegalerie im vollständig restaurierten Altstadtpalazzo Pinto zeigt Werke von der Renaissance bis

Akademische Hochkultur – La Scuola Medica Salernitana

Eine wissenschaftliche Institution, von praktizierenden Ärzten im 10. Jh. gegründet, sorgte im Mittelalter für Furore: die Medizinschule Salernos. In Forschung und Lehre vereinigte man die verschiedensten Wissensgebiete rund um Ernährung, Pflanzenkunde, Hygiene und Anatomie. Das um 1050 verfasste „Regimen Sanitatis Salernitanum" empfahl bereits, die Mahlzeiten mit einer Portion Käse zu beschließen. Denn Käse hilft, so wörtlich: „die übrige Nahrung zu verdauen, wie all jene behaupten, die über medizinische Kenntnisse verfügen." Als der Stauferkaiser Friedrich II. die Universität in Neapel gründete, leitete dies den allmählichen Niedergang der salernitanischen Medizinschule ein. Ein Museum beschäftigt sich mit der einflussreichen Institution:

Museo della Scuola Medica Salernitana: Das Museum, das in der ehemaligen *Chiesa San Gregorio* untergebracht ist, dokumentiert die ruhmreiche Geschichte der Medizinschule von Salerno. Via dei Mercanti 72, tägl. von 9–13 und 16–19 Uhr, So nur vormittags.

Giardino della Minerva: In einer schmalen Gasse verbirgt sich hinter hohen Mauern diese Oase der Ruhe. Im Mittelalter fungierte der Ort als Heilkräutergarten für die Medizinschule (*Hortus Sanitatis*). Interessant ist auch das ausgeklügelte Bewässerungssystem. Via Ferrante Sanseverino 1, Di–Sa von 10–13 und 17–20 Uhr, Eintritt 2 €.

zur ersten Hälfte des 20. Jh. Ein ganzer Raum widmet sich dem Renaissance-Maler *Andrea Sabatini* aus Salerno.
Öffnungszeiten Di–So 9–20 Uhr, Eintritt frei.

Museo Archeologico: Die Exponate des archäologischen Museums reichen von der Frühgeschichte bis ins Hochmittelalter, darunter der beeindruckende Bronzekopf des Apollo aus späthellenistischer Zeit (1. Jh. v. Chr.), der 1930 in den Küstengewässern Salernos gefunden wurde.
Öffnungszeiten Di–So 9–19.30 Uhr, Eintritt frei.

Castello di Arechi: thront weithin sichtbar über der Altstadt und ist nach der jüngst abgeschlossenen Restaurierung wieder zu besichtigen. Der älteste Baukern stammt aus byzantinischer Zeit. Der Langobardenfürst *Arechi II.*, nach dem die Festung benannt ist, gab ihr im Wesentlichen das jetzige Aussehen; Normannen, Staufer, Anjou und Aragonesen bauten sie jedoch weiter aus. Im Burgmuseum ist die Entstehungsgeschichte von Castello und Stadt ausführlich dokumentiert. Ein kurzer Spaziergang führt zur höhergelegenen *Bastiglia*, unterwegs immer wieder tolle Ausblicke auf den Golf von Salerno.
Anfahrt/Öffnungszeiten Bus 19 von der Via Roma/Via Diaz, tägl. 9–14 Uhr und 16 Uhr bis 1 Std. vor Sonnenuntergang, Eintritt frei, Via Benedetto Croce.

Forte La Carnale: Am südlichen Ende des Lungomare steht der trutzige Küstenwachturm aus der zweiten Hälfte des 16. Jh. Weitaus größer als ähnliche Wachtürme an der Amalfiküste diente er einer Reitergarnison als Stützpunkt. Seit Sommer 2007 steht er Besuchern offen, mit einem 38 m hohen Aufzug gelangt man bequem auf die Plattform und kann von oben die Aussicht auf Salerno genießen.

Acquedotto medioevale: Etwas abgelegen, aber der Weg zu den beiden sich kreuzenden mittelalterlichen Wasserleitungen lohnt sich. Das Aquädukt-System versorgte seit dem 9. Jh. die Bevölkerung Salernos mit Trinkwasser aus den Bergen und wurde von den Benediktiner-Mönchen gewartet (Via Arco/Via Velia).

Museo Archeologico Nazionale di Pontecagnano: Seit 2007 steht das neue Prunkstück unter den archäologischen Museen den Besuchern offen – der ganze Stolz der Provinz Salerno. Der Neubau wurde notwendig, um die zahlreichen Fundstücke aus dem nahegelegenen Ausgrabungsgelände in Pontecagnano zu präsentieren. Unter Mithilfe von britischen Museumsfachleuten entstand hier unbestritten eine der attraktivsten Dauerausstellungen Italiens – didaktisch und präsentationstechnisch auf dem neuesten Stand. Die gezeigten Funde reichen von der Vorgeschichte bis in die römische Antike, wobei die etruskische Kultur Süditaliens einen besonderen Schwerpunkt bildet. Regelmäßige Sonderausstellungen ergänzen die Dauerausstellung.

Anfahrt/Öffnungszeiten Mit dem Zug eine Station in Richtung Paestum, 5 Fußmin. vom Bahnhof Pontecagnano (ausgeschildert), auch Busse von der Piazza della Concordia. Di–So 9–13.30 Uhr, Eintritt 2 €. Via Lucania, ☎ 089/848181, www.archeosa.beni culturali.it.

Salerno blüht auf

Der Poseidontempel in Paestum

Paestum (Museo e Scavi di Paestum)

Ein atemberaubender Anblick, wenn die drei bestens erhaltenen dorischen Tempel plötzlich in majestätischer Größe aus dem flachen Küstenland ragen. Wie Skelette von Dinosauriern stehen die wuchtigen Sakralbauten mit ihren offenen Säulenreihen in den trocken gelegten Sumpfwiesen der Piana del Sele.

Zwar ist der Golf von Neapel voll und ganz vom Hauch der griechischen Antike durchdrungen, aber die eindrucksvollsten Überreste der Griechenkultur befinden sich weiter südlich auf dem archäologischen Ausgrabungsgelände von Paestum in der breiten Mündungsebene des Flusses Sele. Der Abstecher vom Golfgebiet aus lohnt sich für Interessierte unbedingt, denn das weltberühmte Paestum konserviert die imposantesten Tempelruinen des antiken Griechentums in Unteritalien. Es handelt sich um die Kernbauten des heiligen Bezirks einer griechischen Kolonie aus dem 7. Jh. v. Chr., die erst Mitte des 18. Jh. wiederentdeckt wurden. Seit der jüngsten gründlichen Reinigung strahlen die Säulentempel in einem warmen Goldgelb und wirken dadurch umso prächtiger. Nach fast einem Jahrzehnt sind mittlerweile auch die Baugerüste verschwunden, die bislang den freien Blick auf die Tempel etwas beeinträchtigt haben. Vom Rest der Griechenstadt sind nur noch Fundamente erhalten geblieben, darunter auch die ca. 4,5 km langen Stadtmauern mit einer durchschnittlichen Breite von 5 m. Dem weitläufigen Ausgrabungsgelände ist außerdem ein Museumsbau mit einzigartigen antiken Fundstücken angeschlossen.

Am Rande des Ausgrabungsgebiets erstreckt sich auch das moderne Paestum, nicht mehr als ein Dorf, angereichert mit Souvenirshops, Restaurants, Bars und den üblichen Nutznießern einer gut besuchten Touristenattraktion.

Tipp: Es empfiehlt sich, zunächst das Museum zu besichtigen, da es die Ausgrabungen anschaulich im geografischen und historischen Kontext darstellt. Anschließend lassen sich die Fundorte einiger Ausstellungsstücke besser auf dem Gelände lokalisieren.

Geschichte: Paestum hieß ursprünglich *Poseidonia* und wurde in der ersten Hälfte des 7. Jh. v. Chr. von griechischen Siedlern aus dem legendären, an der kalabrischen Südküste gelegenen *Sybaris* gegründet. Der griechische Chronist *Strabon* berichtet in seinen historischen Schriften von Sybariten, die ihre Mauern um eine Ortschaft errichteten, die nahe dem Meer gelegen war und deren ursprüngliche Bevölkerung sich bei der Ankunft der Griechen sofort ins Landesinnere flüchtete. Zu Ehren des Meeresgottes Poseidon (röm. Neptun) nannten sie ihre Stadt Poseidonia und errichteten ihm einen ca. 60 x 25 m großen Tempel. Dank des fruchtbaren Schwemmlands entwickelte sich die Griechenkolonie zu einem bedeutenden landwirtschaftlichen Zentrum mit eigenem Hafen. Um 400 v. Chr. eroberten Lukaner aus der heutigen Basilikata die Griechensiedlung, adaptierten das griechische Kulturgut jedoch weitgehend.

273 v. Chr. geriet die Kolonie unter römische Herrschaft und erhielt als Municipium den Namen *Paestum*. Zwar veränderten die Römer das Stadtbild erheblich und errichteten ihre Forumsbauten, ließen aber die griechischen Tempelanlagen unversehrt. Mit dem Untergang des Römerreichs verarmte Paestum und eine Malariaseuche dezimierte die Bevölkerung. Im frühen Mittelalter lebte hier eine kleine Christengemeinde, die den griechischen Cerestempel in eine Kirche umwandelte und später vermutlich eine frühchristliche Basilika – die heutige Pfarrkirche von Paestum – errichtete, in der die Reliquien des heiligen Matthäus verehrt wurden (heute im Dom von Salerno zu finden). Im 9. Jh. plünderten Sarazenen die Stadt und vertrieben die Bevölkerung in die Berge. In der Folgezeit verschwand Paestum buchstäblich im Sumpf und selbst die Erinnerung an seine Lage ging verloren. Einen besserer Schutz für die Tempelbauten hätte es nicht geben können. Rein zufällig, angeblich beim Bau der Küstenstraße, wurde die antike Siedlung 1752 wiederentdeckt und unter den Bourbonen begann die systematische Ausgrabung, die sich als einer der wichtigsten Beiträge zur Erforschung des Griechentums in Italien erwies.

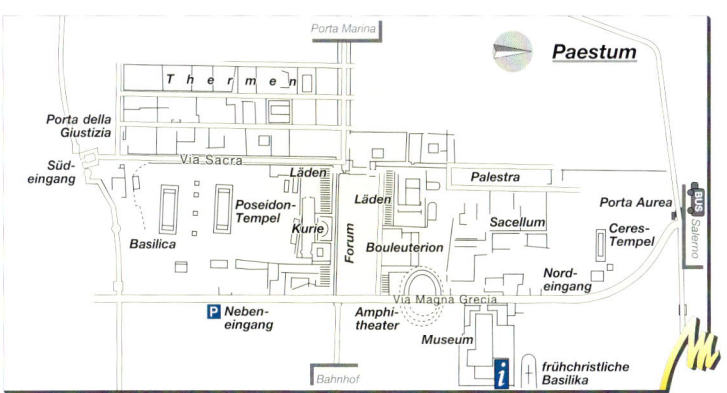

Karte S. 361

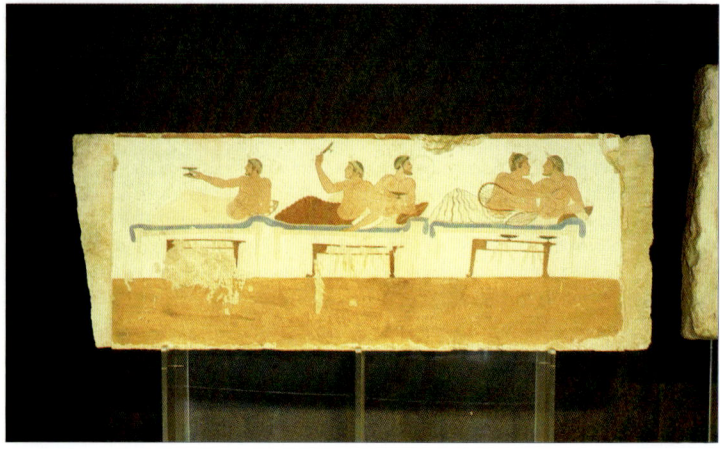

Szenen eines Gastmahls

• *Information* **Informationsbüro**, in Museumsnähe, neben der sehenswerten frühchristlichen Basilika. Mo–Sa 9–14 Uhr, ✆ 0828/811016, www.paestum.it.

• *Anfahrt/Verbindungen* **Pkw/Parken**, Autobahn Neapel/Salerno (A 3) in Battipaglia verlassen und auf der S 18 weiter in Richtung Paestum/Agropoli. Gebührenpflichtige Großparkplätze am Ausgrabungsgelände.
Bahn, Nahverkehrszüge zwischen Salerno und Agropoli mit Stopp im *FS-Bahnhof Paestum*, 40 Min. Fahrzeit hin und zurück ca. 6 €. Vergewissern Sie sich, dass der Zug auch in Paestum hält und Tickets vor dem Fahrtantritt abstempeln *(convalidare)*! Der Bahnhof von Paestum liegt mitten im Nirgendwo, man geht auf einem recht schönen Sträßchen ca. 1 km zum Ausgrabungsgelände und passiert dabei ein gut erhaltenes antikes Stadttor.
Bus, *CSTP*-Busse, Salerno–Paestum–Agropoli, ab Piazza della Concordia, Fahrzeit ca.

1 Std. 15 Min., hin und zurück ca. 6 €. Den Fahrer zur Sicherheit informieren, dass Sie in Paestum aussteigen wollen, und unbedingt fragen, wann der letzte Bus zurückfährt, sonst sitzen Sie u. U. fest. Von der Bushaltestelle ca. 300 m zum Museum und zum Ausgrabungsgelände.

• *Essen und Trinken/Verpflegung* **Nettuno**, lauschiges Gartenrestaurant am Südeingang der Ausgrabungsstätte, mit Barbetrieb. Akzeptables Menu turistico für ca. 25 €, ✆ 0828/811028.
La Basilica, Bar und Pizzeria Nähe InfoBüro, Museum und Basilika. Man sitzt sehr ruhig nach hinten raus im Garten, gute Pizza und appetitliche Snacks. Via Magna Grecia 145, ✆ 0828/811301.
Selbstversorger, die mit dem Bus anreisen, können sich in dem kleinen **Lebensmittelgeschäft** an der Bushaltestelle mit Getränken, Panini (belegte Brötchen) etc. eindecken.

Museo di Paestum: ein modernisierter postfaschistischer Bau, dessen Hauptraum in Form eines Tempels konzipiert ist. Das Museum ist didaktisch vorbildlich eingerichtet mit vielen Schautafeln und Grafiken. Zu den einzigartigen Ausgrabungsfunden gehören Grabbeigaben aus Ton und Bronze, bemalte Urnen, Münzen, Schmuck, Relief- und Grabplatten, Statuetten, Statuen und Architekturfragmente.

Einen Glanzpunkt der Ausstellung bilden die so genannten *Metopen des Thesauros*, die auf dem Ausgrabungsfeld des Heiligtums der *Hera Argiva* (8 km nördlich von Paestum an der Sele-Mündung) entdeckt wurden. Dabei handelt es sich um den vielleicht bedeutendsten Tempelfries der griechischen Kunst aus dem 6. Jh. v. Chr.

Sprung ins Reich der Toten?!

Von den insgesamt 36 Metopen (Reliefplatten im dorisch-griechischen Gebälkfries eines Tempels) konnten immerhin 33 unversehrt geborgen werden. Sie befinden sich im Hauptraum des Museums, schmücken die originalgetreue Nachbildung des archaischen Tempels und stellen mythologische Szene sowie die Taten des Herkules dar.

Ebenfalls nachhaltig beeindruckend sind die großen *Bronzevasen* mit den ziselierten Henkeln sowie die bemalten Amphoren (zweihenklige, enghalsige Keramikgefäße mit Fuß zur Aufbewahrung von Wein, Öl, Honig etc.), die aus dem ominösen *Sacellum* von Paestum stammen. Und eine der ausdruckstärksten Terrakottastatuen stellt die sitzenden Göttin Hera mit einem Granatapfel in der Hand dar.

Eine weitere Hauptattraktion unter den ausgestellten Kammergräbern ist das erst 1968 entdeckte *Grab des Tauchers* (5. Jh. v. Chr.) mit den einzigen vollständig erhaltenen griechischen Malereien! Zentralstück der fünf anmutig dekorierten Grabplatten ist das Fresko des namengebenden Tauchers. Es stellt einen griechischen Jüngling dar, der in einem eleganten Bogen von einem Sprungturm in die Tiefe hechtet: der Sprung ins Reich der Toten?!

Mittlerweile bereichern eine Abteilung zur römischen Epoche Paestums sowie eine Abteilung zur vor- und frühgeschichtlichen Zeit das Museum.

Öffnungszeiten tägl. (außer am 1. und 3. Mo eines Monats) 8.45–19.45 Uhr, Eintritt mit **Artecard** (→ S. 67), Einzelticket 4 €, Kombiticket Museo/Scavi 6,50 €, ✆ 0828/811023, www.archeosa.beniculturali.it.

Scavi di Paestum (Ausgrabungsgelände): Am Südeingang an der *Porta della Giustizia* beginnt die gepflasterte Hauptstraße von Paestum, die *Via Sacra*, die die drei Tempelbauten miteinander verbindet. Die beiden großen dorischen Tempel namens Basilica und Tempel des Poseidon sind benachbart. Man muss sich die rohen, skelettartigen Baukörper mit einem Dach und farbenprächtigen Stuckverzierungen vorstellen, um einen Eindruck von ihrem ursprünglichen Aussehen zu bekommen. – Leider darf der Innenbereich der drei Tempel seit der gründlichen Reinigung nicht mehr betreten werden.

Paestum
Karte S. 361

Kopfbedeckung nicht vergessen! Man ist auf dem weitläufigen Gelände der prallen Mittagshitze ziemlich schutzlos ausgesetzt!

Bei der so genannten *Basilica* (ca. 54 x 25 m) handelt es sich um den ältesten Tempel von Paestum aus der Mitte des 6. Jh. v. Chr. Er war der *Göttin Hera* geweiht. Die Säulen (18 an der Längsfront) verjüngen sich stark nach oben und haben in der Mitte eine erhebliche Bauchung *(Entasis)* – was von weitem den Eindruck einer perfekten Gradlinigkeit vermittelt. Typisch archaische Baumerkmale weisen auch die gequetschten Säulenabschlüsse (Kapitelle) auf, die wie runde Brotlaibe aussehen. In der zentralen *Cella,* dem heiligen Hauptraum des Tempels, wurde die Schutzgöttin Hera in der Gestalt einer Statue verehrt.

Der benachbarte *Poseidontempel* (ca. 60 x 24 m) ist einer der besterhaltenen dorischen Tempel überhaupt, sogar einige Giebelfelder (Metopen) im Dachgebälk sind fast unversehrt. Die Säulen weisen noch Spuren ihrer einstigen Stuckdekoration auf. Der Tempel besaß zwei Altäre – aber welche Gottheit neben Poseidon hier noch verehrt wurde, ist nicht bekannt.

Dreharbeiten in Paestum

Das anschließende *Forum* (ca. 150 x 57 m) wurde zur Römerzeit angelegt, an der Stelle der ehemaligen griechischen *Agora.* Vom umlaufenden Portikus sind nur noch die Säulenfundamente zu erkennen. Auch die Forumsbauten (Comitium, Thermen, Bouleuterion etc.) sind bis auf die Grundmauern zerstört. In unmittelbarer Nähe konnte die Hälfte des kleinen *Amphitheaters* freigelegt werden.

Das unterirdische *Sacellum* mit dem Ziegeldach gibt den Archäologen nach wie vor Rätsel auf, vermutlich diente es einem Fruchtbarkeitskult.

Am nördlichen Ende der Stadt steht der kleinste der drei Tempel, der so genannte *Cerestempel* (ca. 33 x 15 m). Seine im Vergleich zu den anderen beiden Tempeln fast schon zierlichen Säulen weisen eine deutlich geringere Bauchung auf. Er war der Minerva bzw. Athena geweiht. Architektonisch ist er mit der Basilica verwandt und steht wie diese auf einem zweistufigen Unterbau. Der Altar befindet sich vor dem Tempel.

Öffnungszeiten tägl. von 9 Uhr bis 1 Std. vor Sonnenuntergang, Eintritt mit **Artecard** (→ S. 67), Einzelticket 4 €, Kombiticket Scavi und Museo 6,50 €.

Verlagsprogramm

- *MM-Wandern*
  Ligurien & Cinque Terre
- Liparische Inseln
- Marken
- Mittelitalien
- Oberitalien
- Oberitalienische Seen
- Piemont & Aostatal
- *MM-Wandern* Piemont
- *MM-City* Rom
- Rom & Latium
- Sardinien
- *MM-Wandern* Sardinien
- Sizilien
- *MM-Wandern* Sizilien
- Südtirol
- Südtoscana
- Toscana
- *MM-Wandern* Toscana
- Umbrien
- *MM-City* Venedig
- Venetien

Kanada
- Kanada – der Osten
- Kanada – der Westen

Kroatien
- Istrien
- Kroatische Inseln & Küste
- Mittel- und Süddalmatien
- Nordkroatien –
  Kvarner Bucht

Malta
- Malta, Gozo, Comino

Marokko
- Südmarokko

Montenegro
- Montenegro

Neuseeland
- Neuseeland

Niederlande
- *MM-City* Amsterdam
- Niederlande

Norwegen
- Norwegen
- Südnorwegen

Österreich
- Salzburg &
  Salzkammergut
- Wachau, Wald- u.
  Weinviertel
- *MM-City* Wien

Polen
- *MM-City* Krakau
- Polnische Ostseeküste
- *MM-City* Warschau

Portugal
- Algarve
- Azoren
- *MM-City* Lissabon
- Lissabon & Umgebung
- Madeira
- *MM-Wandern* Madeira
- Nordportugal
- Portugal

Russland
- *MM-City* St. Petersburg

Schweden
- Südschweden

Schweiz
- Genferseeregion
- Graubünden
- Tessin

Slowakei
- Slowakei

Slowenien
- Slowenien

Spanien
- Andalusien
- *MM-Wandern*
  Andalusien
- *MM-City* Barcelona
- Costa Brava
- Costa de la Luz
- Gomera

- *MM-Wandern* Gomera
- Gran Canaria
- *MM-Touring*
  Gran Canaria
- Ibiza
- Katalonien
- Lanzarote
- La Palma
- *MM-Wandern* La Palma
- *MM-City* Madrid
- Madrid & Umgebung
- Mallorca
- *MM-Wandern* Mallorca
- Menorca
- Nordspanien
- Spanien
- Teneriffa
- *MM-Wandern* Teneriffa

Tschechien
- *MM-City* Prag
- Südböhmen
- Tschechien
- Westböhmen &
  Bäderdreieck

Türkei
- *MM-City* Istanbul
- Türkei
- Türkei – Lykische Küste
- Türkei – Mittelmeerküste
- Türkei – Südägäis von
  İzmir bis Dalyan
- Türkische Riviera –
  Kappadokien

Tunesien
- Tunesien

Ungarn
- *MM-City* Budapest
- Westungarn, Budapest,
  Pécs, Plattensee

USA
- *MM-City* New York

Zypern
- Zypern

Aktuelle Informationen zu allen Reiseführern finden Sie im Internet unter

www.michael-mueller-verlag.de

Michael Müller Verlag GmbH, Gerberei 19, 91054 Erlangen
Tel. 0 91 31 / 81 28 08-0; Fax 0 91 31 / 20 75 41; E-Mail: info@michael-mueller-verlag.de

Etwas Italienisch

Mit ein paar Worten Italienisch kommt man erstaunlich weit – es ist nicht mal schwer, und die Italiener freuen sich auch über gut gemeinte Versuche. Oft genügen schon ein paar Floskeln, um an wichtige Informationen zu kommen. Der Übersichtlichkeit halber verzichten wir auf wohlgeformte Sätze und stellen die wichtigsten Ausdrücke nach dem Baukastensystem zusammen. Ein bisschen Mühe und guter Wille lohnen sich wirklich – besonders in abgelegeneren Gegenden, in denen die Italiener nicht auf den "Würstel con Kraut"-Tourismus eingestellt sind.

Aussprache

Hier nur die Abweichungen von der deutschen Aussprache:

c: vor e und i immer *"tsch"* wie in *rut-schen*, z. B. *centro* (Zentrum) = *"tschentro"*. Sonst wie *"k"*, z. B. *cannelloni* = *"kannelloni"*.

cc: gleiche Ausspracheregeln wie beim einfachen **c**, nur betonter: *faccio* (ich mache) = *"fatscho"*; *boccone* (Imbiss) = *"bokkone"*.

ch: wie *"k"*, *chiuso* (geschlossen) = *"kiuso"*.

cch: immer wie ein hartes *"k"*, *spicchio* (Scheibe) = *"spikkio"*.

g: vor e und i *"dsch"* wie in *Django*, vor a, o, u als *"g"* wie in *gehen*; wenn es trotz eines nachfolgenden dunklen Vokals als *"dsch"* gesprochen werden soll, wird ein i eingefügt, das nicht mitgesprochen wird, z. B. in *Giacomo* = *"Dschakomo"*.

gh: immer als *"g"* gesprochen.

gi: wie in *giorno* (Tag) = *"dschorno"*, immer weich gesprochen.

gl: wird zu einem Laut, der wie *"lj"* klingt, z. B. in *moglie* (Ehefrau) = *"mollje"*.

gn: ein Laut, der hinten in der Kehle produziert wird, z. B. in *bagno* (Bad) = *"bannjo"*.

h: wird am Wortanfang nicht mitgesprochen, z. B. *hanno* (sie haben) = *"anno"*. Sonst nur als Hilfszeichen verwendet, um c und g vor den Konsonanten i und e hart auszusprechen.

qu: im Gegensatz zum Deutschen ist das u mitzusprechen, z. B. *acqua* (Wasser) = *"akua"* oder *quando* (wann) = *"kuando"*.

r: wird kräftig gerollt!

rr: wird noch kräftiger gerollt!

sp und **st**: gut norddeutsch zu sprechen, z. B. *specchio* (Spiegel) = *"s-pekkio"* (nicht *schpekkio*), *stella* (Stern) = *"s-tella"* (nicht *"schtella"*).

v: wie *"w"*.

z: immer weich sprechen wie in *Sahne*, z. B. *zucchero* (Zucker) = *"sukkero"*.

Die Betonung liegt meistens auf der vorletzten Silbe eines Wortes. Im Schriftbild wird sie bei der großen Mehrzahl der Wörter nicht markiert. Es gibt allerdings Fälle, bei denen die italienischen Rechtschreibregeln Akzente als Betonungszeichen vorsehen, z. B. bei mehrsilbigen Wörtern mit Endbetonung wie *perché* (= weil, warum).

Der Plural lässt sich bei vielen Wörtern sehr einfach bilden; die meisten auf "a" endenden Wörter sind weiblich, die auf "o" oder "e" endenden männlich; bei den weiblichen wird der Plural mit "e" gebildet, bei den männlichen mit "i", also: *una ragazza* (ein Mädchen), *due ragazze* (zwei M.); *un ragazzo* (ein Junge), *due ragazzi* (zwei J.). Daneben gibt es natürlich diverse Ausnahmen, die wir bei Bedarf im Folgenden zusätzlich erwähnen.

Elementares

Frau …	*Signora*
Herr …	*Signor(e)*
Guten Tag, Morgen	*Buon giorno*
Guten Abend (ab nachmittags!)	*Buona sera*
Guten Abend/ gute Nacht (ab Einbruch der Dunkelheit)	*Buona notte*
Auf Wiedersehen	*Arrivederci*
Hallo/Tschüss	*Ciao*
Wie geht es Ihnen?	*Come sta?/ Come va?*
Wie geht es dir?	*Come stai?*
Danke, gut.	*Molto bene, grazie/ Benissimo, grazie*
Danke!	*Grazie/Mille grazie/ Grazie tanto*
Entschuldigen Sie	*(Mi) scusi*
Entschuldige	*Scusami/Scusa*
Entschuldigung, können Sie mir sagen...?	*Scusi, sa dirmi...?*
Entschuldigung, könnten Sie mich durchlassen/ mir erlauben.. (beliebt bei älteren Damen, die sich durch Super- märkte drängen, und aller Art eiliger Italiener; ist im Sinne von "ich erlaube mir..." zu gebrauchen)	*Permesso...*
ja	*si*
nein	*no*
Ich bedaure, tut mir leid	*Mi dispiace*
Macht nichts	*Non fa niente*
Bitte! (im Sinne von *gern geschehen*)	*Prego!*

Bitte (als Einleitung zu einer Frage oder Bestellung)	*Per favore...*
Sprechen Sie Englisch/Deutsch/ Französisch?	*Parla inglese/ tedescso/ francese?*
Ich spreche kein Italienisch	*Non parlo l'italiano*
Ich verstehe nichts	*Non capisco niente*
Könnten Sie etwas langsamer sprechen?	*Puo parlare un po` più lentamente?*
Ich suche nach...	*Cerco...*
Okay, geht in Ordnung	*va bene*
Ich möchte/ Ich hätte gern	*Vorrei*
Warte/ Warten Sie!	*Aspetta/ Aspetti!*
groß/klein	*grande/piccolo*
Es ist heiß	*Fa caldo*
Es ist kalt	*Fa freddo*
Geld	*i soldi*
Ich brauche ...	*Ho bisogno ...*
Ich muss ...	*Devo ...*
in Ordnung	*d'accordo*
Ist es möglich, dass ...	*È possibile ...*
mit/ohne	*con/senza*
offen/geschlossen	*aperto/chiuso*
Toilette	*gabinetto*
verboten	*vietato*
Was bedeutet das?	*Che cosa significa?* (sprich sinjifika)
Wie heißt das?	*Come si dice?/cosa significa?*
zahlen	*pagare*

Equivoco!
Eine Art Allheilmittel: "Es liegt ein Missverständnis vor". Wenn etwas schief gelaufen ist, ist dies das Friedensangebot. Ein Versprechen wurde nicht eingehalten? – Nein, nur "è un equivoco"!

Fragen

Gibt es/Haben Sie...?	*C'è ...?*
	(auszusprechen als tsche)
Was kostet das?	*Quanto costa?*
Gibt es (mehrere)	*Ci sono?*
Wann?	*Quando?*
Wo? Wo ist?	*Dove?/ Dov'è?*
Wie?/Wie bitte?	*Come?*
Wieviel?	*Quanto?*
Warum?	*Perché?*

Smalltalk

Ecco!
Hat unendlich viele Bedeutungen. Es ist eine Bestärkung am Ende des Satzes: Also! Na bitte! Voilà... Zweifel sind dann ausgeschlossen.

Ich heiße ...	*Mi chiamo ...*
Wie heißt du?	*Come ti chiami?*
Wie alt bist du?	*Quanti anni hai?*
Das ist aber schön hier	*Meraviglioso!/Che bello!/Bellissimo!*
Von woher kommst du?	*Di dove sei tu?*
Ich bin aus München/Hamburg	*Sono di Monaco, Baviera/di Amburgo*
Bis später	*A più tardi!*

Orientierung

Wo ist bitte...?	*Per favore, dov'è..?*
... die Bushaltestelle	*...la fermata*
... der Bahnhof	*...la stazione*
Stadtplan	*la pianta della città*
rechts	*a destra*
links	*a sinistra*
immer geradeaus	*sempre diritto*
Können Sie mir den Weg nach ... zeigen?	*Sa indicarmi la direzione per..?*
Ist es weit?	*È lontano?*
Nein, es ist nah	*No, è vicino*

Bus/Zug/Fähre

Fahrkarte	*un biglietto*	Verspätung	*ritardo*
Stadtbus	*il bus*	aussteigen	*scendere*
Überlandbus	*il pullman*	Ausgang	*uscita*
Zug	*il treno*	Eingang	*entrata*
hin und zurück	*andata e ritorno*	Wochentag	*giorno feriale*
Ein Ticket von X nach Y	*un biglietto da X a Y*	Feiertag	*giorno festivo*
Wann fährt der nächste?	*Quando parte il prossimo?*	Fähre	*traghetto*
		Tragflügelboot	*aliscafo*
... der letzte?	*...l'ultimo?*	Deck-Platz	*posto ponte*
Abfahrt	*partenza*	Schlafsessel	*poltrone*
Ankunft	*arrivo*	Kabine	*cabina*
Gleis	*binario*		

Auto/Motorrad

Auto	*macchina*	Reifen	*le gomme*
Motorrad	*la moto*	Kupplung	*la frizione*
Tankstelle	*distributore*	Lichtmaschine	*la dinamo*
Volltanken	*il pieno, per favore*	Zündung	*l'accensione*
Bleifrei	*benzina senza piombo*	Vergaser	*il carburatore*
Diesel	*gasolio*	Mechaniker	*il meccanico*
Panne	*guasto*	Werkstatt	*l'officina*
Unfall	*un incidente*	funktioniert nicht	*non funziona*
Bremsen	*i freni*		

Baden/Strandleben

Meer	*il mare*	sauber	*pulito/netto*
Strand	*la spiaggia*	tief	*profondo*
Stein	*pietra/sasso (klein)*	ich gehe schwimmen	*vado a nuotare*
Kies	*ghiaia*	braungebrannt	*abbronzata (f)/*
schmutzig	*sporco*		*abbronzato (m)*

Stabilimenti balneari oder **bagni**: Strandabschnitt mit Eintrittsgebühr und Verleih von Liegestühlen und Sonnenschirmen.

Bank/Post/Telefon

Geldwechsel	*il cambio*
Wo ist eine Bank?	*Dove c' è una banca*
Ich möchte wechseln	*Vorrei cambiare*
Ich möchte Reiseschecks einlösen	*Vorrei cambiare dei traveller cheques*
Wie ist der Wechselkurs	*Qual è il cambio?*
DM	*marchi tedeschi*

Postamt	*posta/ufficio postale*	Briefkasten	*la buca (delle lettere)*
ein Telegramm aufgeben	*spedire un telegramma*	Briefmarke(n)	*il francobollo/ i francobolli*
Postkarte	*cartolina*		
Brief	*lettera*	Wo ist das Telefon?	*Dov' è il telefono?*
Briefpapier	*carta da lettere*	Ferngespräch	*comunicazione interurbana*

Camping/Hotel

Haben Sie ein Einzel/Doppelzimmer?
C'è una camera singola/doppia?

Können Sie mir ein Zimmer zeigen?
Può mostrarmi una camera?

Ich nehme es/wir nehmen es
La prendo/la prendiamo

Zelt	*tenda*	Wir haben reserviert	*Abbiamo prenotato*
kleines Zelt	*canadese*		
Schatten	*ombra*	Schlüssel	*la chiave*
Schlafsack	*sacco a pelo*	Vollpension	*pensione (completa)*
warme Duschen	*docce calde*	Halbpension	*mezza pensione*
Gibt es warmes Wasser?	*C'è l'acqua calda?*	Frühstück	*prima colazione*
		Hochsaison	*alta stagione*
mit Dusche/Bad	*con doccia/ bagno*	Nebensaison	*bassa stagione*
ein ruhiges Zimmer	*una camera tranquilla*	Haben Sie nichts Billigeres?	*Non ha niente che costa di meno?*

Zahlen

der Erste	*il primo*		
Zweite	*il secondo*		
Dritte	*il terzo*		
einmal	*una volta*		
zweimal	*due volte*		
halb	*mezzo*		
ein Viertel	*un quarto di*		
ein Paar	*un paio di*		
einige	*alcuni*		

0	*zero*	19	*diciannove*
1	*uno*	20	*venti*
2	*due*	21	*ventuno*
3	*tre*	22	*ventidue*
4	*quattro*	30	*trenta*
5	*cinque*	40	*quaranta*
6	*sei*	50	*cinquanta*
7	*sette*	60	*sessanta*
8	*otto*	70	*settanta*
9	*nove*	80	*ottanta*
10	*dieci*	90	*novanta*
11	*undici*	100	*cento*
12	*dodici*	101	*centuno*
13	*tredici*	102	*centodue*
14	*quattordici*	200	*duecento*
15	*quindici*	1.000	*mille*
16	*sedici*	2.000	*duemila*
17	*diciassette*	100.000	*centomila*
18	*diciotto*	1.000 000	*un milione*

Maße & Gewichte

Liter	*un litro*	100 Gramm	*un etto*
halber Liter	*mezzo litro*	200 Gramm	*due etti*
Viertelliter	*un quarto di un litro*	Kilo	*un chilo, due chili*
Gramm	*un grammo*		*(gesprochen wie im Deutschen)*

Uhr & Kalender

Uhrzeit

Wie spät ist es?	*Che ora è?*
mittags	*mezzogiorno*
	(für 12 Uhr gebräuchlich)
Mitternacht	*mezzanotte*
Viertel nach	*... e un quarto*
Viertel vor	*... meno un quarto*
halbe Stunde	*mezz'ora*

Tage/Monate/Jahreszeit

ein Tag	*un giorno*
die Woche	*la settimana*
ein Monat	*un mese*
ein Jahr	*un'anno*
ein halbes Jahr	*mezz'anno*
Frühling	*primavera*
Sommer	*l'estate*
Herbst	*autunno*
Winter	*inverno*

Juni	*giugno*
	(sprich dschunjo)
Juli	*luglio* *(sprich luljo)*
August	*agosto*
	(Feiertag des 15.8.: ferragosto)
September	*settembre*
Oktober	*ottobre*
November	*novembre*
Dezember	*dicembre*

Wochentage

Montag	*lunedì*
Dienstag	*martedì*
Mittwoch	*mercoledì*
Donnerstag	*giovedì*
Freitag	*venerdì*
Samstag	*sabato*
Sonntag	*domenica*

Gestern, heute, morgen ...

heute	*oggi*
morgen	*domani*
übermorgen	*dopodomani*
gestern	*ieri*
vorgestern	*l'altro ieri*
sofort	*subito*
	(dehnbarer Begriff)
später	*più tardi*
jetzt	*adesso*
der Morgen	*la mattina*
Mittagszeit	*l'ora di pranzo*
Nachmittag	*il pomeriggio*
der Abend	*la sera*
die Nacht	*la notte*

Monate

Januar	*gennaio*
Februar	*febbraio*
März	*marzo*
April	*aprile*
Mai	*maggio*

Einkaufen

Haben Sie	*Ha...?*
Ich hätte gern...	*Vorrei...*
etwas davon	*un poco di questo*
dieses hier	*questo qua*
dieses da, dort	*quello là*
Was kostet das?	*Quanto costa questo?*

Geschäfte

Apotheke	*farmacia*
Bäckerei	*panetteria*
Buchhandlung	*libreria*
Zeitungskiosk	*edicola*
Fischhandlung	*pescheria*
Laden, Geschäft	*negozio*
Metzgerei	*macelleria*
Reinigung (chemische)	*lavanderia/ lavasecco*
Reisebüro	*agenzia viaggi*
Touristen- information	*informazioni turistiche*
Schreibwarenladen	*Cartoleria*
Supermarkt	*alimentari, supermercato*

Drogerie/Apotheke

Seife	*il sapone*
Tampons	*i tamponi, i o.b.*
Binden	*assorbenti*
Waschmittel	*detersivo*
Shampoo	*lo shampoo*
Toilettenpapier	*carta igienica*
Zahnpasta	*pasta dentifricia*
Schmerztabletten	*qualcosa contro il dolore*
Kopfschmerzen	*mal di testa*
Abführmittel	*lassativo*
Sonnenmilch	*crema solare*
Pflaster	*cerotto*

Arzt/Krankenhaus

Ich brauche einen Arzt	*Ho bisogno di un medico*	**Hilfe!**	*Aiuto!*
		Erste Hilfe	*pronto soccorso*

Krankenhaus	*ospedale*
chmerzen	*dolori*
Ich bin krank	*Sono malato*
Biss/Stich	*puntura*
Fieber	*febbre*
Durchfall	*diarrea*
Erkältung	*raffreddore*
Halsschmerzen	*mal di gola*
Magenschmerzen	*mal di stomaco*
Zahnweh	*mal di denti*
Zahnarzt	*dentista*
verstaucht	*slogato*

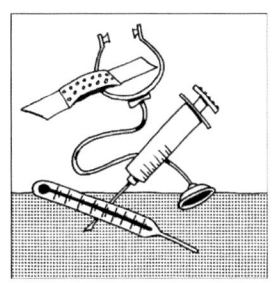

Im Restaurant

Haben Sie einen Tisch für x Personen?
C'è uno tavolo per x persone?
Die Speisekarte, bitte
Il menu/la lista, per favore
Was kostet das Tagesmenü?
Quanto costa il piatto del giorno?
Ich möchte gern zahlen
Il conto, per favore

Ich habe Hunger	*Ho fame*
Ich habe Durst	*Ho sete*
Gabel	*forchetta*
Messer	*coltello*
Löffel	*cucchiao*
Aschenbecher	*portacenere*
Mittagessen	*pranzo*
Abendessen	*cena*
Eine Quittung, bitte	*Vorrei la ricevuta, per favore*
Es war sehr gut	*Era buonissimo*
Trinkgeld	*mancia*
(lässt man aber ohne große Erklärungen am Tisch liegen)	

Speisekarte

Extra-Zahlung für Gedeck, Service und Brot	*coperto/pane e servizio*
Vorspeise	*antipasto*
erster Gang	*primo piatto*
zweiter Gang	*secondo piatto*
Beilagen zum zweiten Gang	*contorni*
Nachspeise (Süßes)	*dessert*
Obst	*frutta*
Käse	*formaggio*

Getränke

Wasser	*acqua*
Mineralwasser	*acqua minerale*
mit Kohlensäure	*con gaz (frizzante)*
ohne Kohlensäure	*senza gaz*

Wein	*vino*
weiß	*bianco*
rosé	*rosato*
rot	*rosso*
Bier	*birra*
hell/dunkel	*chiara/scura*
vom Fass	*alla spina*
Saft	*succo di...*
Milch	*latte*
heiß	*caldo*
kalt	*freddo*
Kaffee	*un caffè*
(das bedeutet espresso)	
Cappuccino	*un cappuccino*
(mit aufgeschäumter Milch, niemals mit Sahne!)	
Kaffee mit wenig Milch	*un latte macchiato*
Milchkaffee	*un caffelatte*
Kalter Kaffee	*un caffè freddo*
... ist was sehr Erfrischendes, wird im Glas mit Eiswürfeln serviert und schmeckt mit viel Zucker	
Tee	*un tè*
mit Zitrone	*con limone*
Cola	*una coca*
Milkshake	*frappè*
ein Glas	*un bicchiere di...*
eine Flasche	*una bottiglia*

Speiselexikon

Alimentari/Diversi – Lebensmittel, Verschiedenes

aceto	*Essig*	olive	*Oliven*
bombolone	*Pfannkuchen*	Olivenöl	*olio di oliva*
brodo	*Brühe*	pane	*Brot*
burro	*Butter*	panino	*Brötchen (auch belegt zu kaufen)*
frittata	*Omlett*	saccarina	*Süßstoff*
gnocchi	*kleine Kartoffelklöße*	salame	*Salami*
marmellata	*Marmelade*	salsiccia	*Frischwurst*
minestra/zuppa	*Suppe*	l'uovo/le uova	*Ei/Eier*
minestrone	*Gemüsesuppe*	zabaione	*Wein-Eier-Creme*
olio	*Öl*	zucchero	*Zucker*

Erbe – Gewürze

aglio	*Knoblauch*	prezzemolo	*Petersilie*
alloro	*Lorbeer*	rosmarino	*Rosmarin*
basilico	*Basilikum*	sale	*Salz*
capperi	*Kapern*	salvia	*Salbei*
origano	*Oregano*	senapa	*Senf*
pepe	*Pfeffer*	timo	*Thymian*
peperoni	*Paprika*		

Preparazione – Zubereitung

affumicato	*geräuchert*	frutta cotta	*Kompott*
ai ferri	*gegrillt*	cotto	*gekocht*
al forno	*überbacken*	duro	*hart/zäh*
alla griglia	*ü. Holzkohlefeuer*	fresco	*frisch*
con panna	*mit Sahne*	fritto	*frittiert*
alla pizzaiola	*Tomaten/Knobl.*	grasso	*fett*
allo spiedo	*am Spieß*	in umido	*im Saft geschmort*
al pomodoro	*mit Tomatensauce*	lesso	*gekocht/gedünstet*
arrosto	*gebraten/geröstet*	morbido	*weich*
bollito	*gekocht/gedünstet*	piccante	*scharf*
alla casalinga	*hausgemacht* *(nach Hausfrauenart)*	tenero	*zart*

Contorni – Beilagen

asparago	*Spargel*	finocchio	*Fenchel*
barbabietole	*Rote Beete*	insalata	*allg. Salat*
bietola	*Mangold*	lattuga	*Kopfsalat*
broccoletti	*wilder Blumenkohl*	lenticchie	*Linsen*
carciofo	*Artischocke*	melanzane	*Auberginen*
carote	*Karotten*	patate	*Kartoffeln*
cavolfiore	*Blumenkohl*	piselli	*Erbsen*
cavolo	*Kohl*	polenta	*Maisbrei*
cetriolo	*Gurke*	pomodori	*Tomaten*
cicoria	*Chicoree*	riso	*Reis*
cipolla	*Zwiebel*	risotto	*Reis mit Zutaten*
fagiolini	*grüne Bohnen*	sedano	*Sellerie*
fagioli	*Bohnen*	spinaci	*Spinat*
funghi	*Pilze*	zucchini	*Zucchini*

Pasta – Nudeln

cannelloni	*gefüllte Teigrollen*	tagliatelle	*Bandnudeln*
farfalle	*Schleifchen*	tortellini	*gefüllte Teigtaschen*
fettuccine	*Bandnudeln*	tortelloni	*große Tortellini*
fiselli	*kleine Nudeln*	vermicelli	*Fadennudeln ("Würmchen")*
lasagne	*Schicht-Nudeln*		
maccheroni	*Makkaroni*	Gnocchi	*(Kartoffel-) Klößchen*
pasta	*allg. Nudeln*		
penne	*Röhrennudeln*		

Pesce e frutti di mare – Fisch & Meeresgetier

Fisch allgemein heißt *il pesce* (sprich pesche; nicht zu verwechseln mit le pesche, sprich peske, dem Plural von Pfirsich)

aragosta	*Languste*	orata	*Goldbrasse*
aringa	*Heringe*	ostriche	*Austern*
baccalà	*Stockfisch*	pesce spada	*Schwertfisch*
calamari	*Tintenfische*	polpo	*Krake*
cozze	*Miesmuscheln*	razza	*Rochen*
dentice	*Zahnbrasse*	salmone	*Lachs*
gamberi	*Garnelen*	sardine	*Sardinen*
granchio	*Krebs*	seppia/totano	*großer Tintenfisch*
merluzzo	*Schellfisch*		
muggine	*Meeräsche*	sgombro	*Makrele*
nasello	*Seehecht*	sogliola	*Seezunge*

tonno	*Thunfisch*	trota	*Forelle*
triglia	*Barbe*	vongole	*Muscheln*

Carne – Fleisch

agnello	*Lamm*	lombatina	*Lendenstück*
anatra	*Ente*	maiale	*Schwein*
bistecca	*Beafsteak*	maialetto	*Ferkel*
capretto	*Zicklein*	manzo	*Rind*
cervello	*Hirn*	pernice	*Rebhuhn*
cinghiale	*Wildschwein*	piccione	*Taube*
coniglio	*Kaninchen*	pollo	*Huhn*
fagiano	*Fasan*	polpette	*Fleischklöße*
fegato	*Leber*	trippa	*Kutteln*
lepre	*Hase*	vitello	*Kalb*
lingua	*Zunge*		

Frutta – Obst

albicocca	*Aprikose*	lamponi	*Himbeeren*
ananas	*Ananas*	limone	*Zitrone*
arancia	*Orange*	mandarino	*Mandarine*
banana	*Banane*	mela	*Apfel*
ciliegia	*Kirsche*	melone	*Honigmelone*
cocomero	*Wassermelone*	more	*Brombeeren*
dattero	*Dattel*	pera	*Birne*
fichi	*Feigen*	pesca	*Pfirsich*
fichi d'india	*Kaktusfeigen*	pompelmo	*Grapefruit*
fragole	*Erdbeeren*	uva	*Weintrauben*

Register

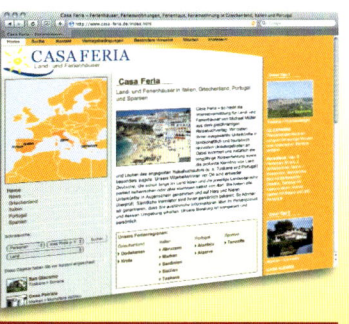

Fotoverzeichnis